Hans-Heinrich Bass, Tobias Knedlik, Mareike Meyn,
Maren Wiegand-Kottisch (Hg./Eds.)

Ökonomische Systeme im Wandel der Weltwirtschaft
Economic Systems in a Changing World Economy

Institut für Weltwirtschaft und Internationales Management

herausgegeben von
Prof. Dr. Andreas Knorr, Prof. Dr. Alfons Lemper,
Prof. Dr. Axel Sell und Prof. Dr. Karl Wohlmuth

Band 16

LIT

Hans-Heinrich Bass, Tobias Knedlik, Mareike Meyn,
Maren Wiegand-Kottisch (Hg./Eds.)

Ökonomische Systeme im Wandel der Weltwirtschaft

Festschrift zum 65. Geburtstag
von Professor Dr. Karl Wohlmuth

Economic Systems in a Changing World Economy

Festschrift in Honour of the 65th Birthday
of Professor Dr Karl Wohlmuth

LIT

Bibliographic information published by the Deutsche Nationalbibliothek
The Deutsche Nationalbibliothek lists this publication in the Deutsche
Nationalbibliografie; detailed bibliographic data are available in the Internet
at http://dnb.d-nb.de.

ISBN 978-3-8258-0968-3

A catalogue record for this book is available from the British Library

© LIT VERLAG Dr. W. Hopf Berlin 2007
Auslieferung/Verlagskontakt:
Fresnostr. 2 48159 Münster
Tel. +49 (0)251–62 03 20   Fax +49 (0)251–23 19 72
e-Mail: lit@lit-verlag.de   http://www.lit-verlag.de

Distributed in the UK by: Global Book Marketing,
99B Wallis Rd, London, E9 5LN
Phone: +44 (0) 20 8533 5800 – Fax: +44 (0) 1600 775 663
http://www.centralbooks.co.uk/acatalog/search.html

Distributed in North America by:

Transaction Publishers
New Brunswick (U.S.A.) and London (U.K.)

Transaction Publishers
Rutgers University
35 Berrue Circle
Piscataway, NJ 08854

Phone: +1 (732) 445 - 2280
Fax: + 1 (732) 445 - 3138
for orders (U. S. only):
toll free (888) 999 - 6778
e-mail:
orders@transactionspub.com

Vorwort der Herausgeber

Dieses Buch ist ein Geschenk von Schülern, Freunden, Kollegen und Weggefährten an Professor Dr. Karl Wohlmuth aus Anlass der Vollendung seines 65. Lebensjahres am 8. Dezember 2007. Die unterschiedlichen Themen der Festschriftbeiträge ergaben sich zwanglos aus den weitgefächerten wirtschaftswissenschaftlichen Interessen von Karl Wohlmuth: Systemtheorie, Entwicklungstheorie, Arbeitsmarkttheorie, Transformationstheorie und Innovationstheorie – um nur einige der Felder zu benennen, die er unter weltwirtschaftlichen Aspekten bearbeitet.

Der Blick auf das „große Ganze", die Weltwirtschaft, ist heute nicht außergewöhnlich – der Begriff der Globalisierung sogar ubiquitär. Für Karl Wohlmuth ist dies jedoch keine Mode, sondern war essentieller Bestandteil seiner wissenschaftlichen Arbeit von Anfang an – so absolvierte er schon (von 1960 bis 1964) sein Studium an einer international orientierten akademischen Lehranstalt, der renommierten Hochschule für Welthandel in Wien, der heutigen Wirtschaftsuniversität Wien.

In den folgenden Jahren war Karl Wohlmuth zunächst Forschungsstipendiat in Wien, dann Wissenschaftlicher Assistent und Lehrbeauftragter an der Johann-Kepler-Universität in Linz a. d. Donau; die Promotion zum Dr. rer. comm. erfolgte bereits 1967. Im Jahre 1970 folgte er seinem wissenschaftlichen Lehrer Hajo Riese an die Freie Universität Berlin. Karl Wohlmuth wurde dort Assistenzprofessor. Kurze Zeit später erhielt er einen Ruf an die gerade als Reformhochschule neu gegründete Universität Bremen, wo Karl Wohlmuth seit 1971 Professor für den Vergleich ökonomischer Systeme ist.

Auf diesem Lehrstuhl hat Professor Wohlmuth sich sowohl mit theoretischer Analyse als auch mit empirischen Arbeiten beschäftigt. Ohne andere Weltregionen außer Acht zu lassen, gilt dabei sein Hauptinteresse wohl Afrika. Umfangreiche Länderstudien, etwa zum Sudan und zur Republik Südafrika sind dafür Beleg, sowie natürlich seine „Lebensaufgabe", ein internationales, politikrelevantes Periodikum zu den Entwicklungsperspektiven Afrikas zu etablieren und dieses zunehmend auch zu „afrikanisieren" – also dem Kontinent selbst eine international beachtete Stimme zu geben. Seine vorerst letzte Arbeit führte ihn an die Anfänge seiner länderspezifischen Afrikaforschung zurück: die Leitung eines internationalen Forschungsprojektes über Regierungsführung und gesellschaftliches Handeln im Sudan nach dem Friedensabkommen von 2005.

Andere Weltwirtschaftsregionen, mit denen Karl Wohlmuth sich wissenschaftlich ausführlich beschäftigte, waren China und Japan, Polen und Weißrussland, der Nahe Osten, Indien und Südamerika.

Der Österreicher Wohlmuth wurde aber auch Bremer – für ihn keine den Zufällen geschuldete Beliebigkeit, sondern eine Verpflichtung auch für die eigene wissenschaftliche Tätigkeit. Bremen als Wirtschaftsstandort, Bremen im internationalen Wettbewerb, Bremen als Hochtechnologiestandort – dies waren für Professor Wohlmuth Themen, denen er sich mit dem gleichen Enthusiasmus widmete wie dem Sudan, China oder Südafrika.

Karl Wohlmuth ist ein akribischer Wissenschaftler, der den kleinsten Verästelungen theoretischer Argumente folgt, stets auch über Details hervorragend informiert ist, und der es in seinen Publikationen nicht auf „Eye Catcher" anlegt, sondern um wissenschaftliche Vollständigkeit bemüht ist. Was er von sich verlangt, verlangt er ganz selbstverständlich auch von seinen Schülern. Mehrhundertseitige Dissertationen wurden so die Regel, nicht die Ausnahme unter den von ihm betreuten Qualifizierungsarbeiten – die er alle von der ersten bis zur letzten Seite las und mit detaillierten Kommentaren auf ein Niveau brachte, das seinen Schülern manche durcharbeitete Nacht, aber später auch ein ausgezeichnetes Standing in der *Scientific Community* bescherte.

Bei allem Bemühen um wissenschaftliche Korrektheit und Vollständigkeit ist Karl Wohlmuth aber nie ein „neutraler" Wissenschaftler ohne eigenen Standpunkt, ohne Engagement, *sine ira et studio*. In der besten Tradition der Reformuniversität Bremen hat Professor Wohlmuth Wissenschaft immer auch begriffen als Instrument zur politischen und gesellschaftlichen Einflussnahme auf als unrecht empfundene Zustände. Davon zeugen die Themen des unter seiner Leitung seit 1989 erscheinenden African Development Perspectives Yearbook, beginnend im Band I mit einem Plädoyer für die Beachtung der "menschlichen Dimensionen" der wirtschaftlichen Anpassung. Davon zeugt auch sein – durchaus gelegentlich mit persönlichen Nachteilen verbundenes – Eintreten dafür, auch die politische und soziale Opposition in von ihm wissenschaftlich untersuchten Ländern zu Wort kommen zu lassen.

Trotz der immensen Publikationstätigkeit vernachlässigte Karl Wohlmuth jedoch nie die beiden anderen Pfeiler der Arbeit eines Hochschullehrers: die akademische Selbstverwaltung und die Hochschullehre. In der akademischen Selbstverwaltung der Bremer Universität war Karl Wohlmuth als Professor der ersten Stunde maßgeblich an der Erarbeitung der bremischen Spezifika beteiligt – dem projektorientierten, interdisziplinären Ansatz im akademischen Unterricht und der Orientierung auf die gesellschaftliche Praxis. Beide Ansätze kehren im Übrigen, nach einer Phase des Unbehagens und der Distanzierung, heute als Bestandteile des Bolognaprozesses aus der europäischen Hochschulreform in leicht veränderter Form an die Universität Bremen zurück. Tatsache ist allerdings auch, dass es in den ersten Jahren der Universitätsgründung in Bremen einige Fehlentwicklungen, überzogene Positionen vielleicht, gab. Diese auf den Boden der nüchternen Aufgaben akademischer Lehre zurückzuholen, auch daran hatte Karl Wohlmuth Anteil – mit Geschick und Beharrlichkeit in der Arbeit der universitären Gremien. Zudem war er – im Wechsel mit seinen Kollegen Professor Axel Sell, Professor Andreas Knorr und Professor Alfons Lemper – Direktor des von ihm mitgegründeten Instituts für Weltwirtschaft und Internationales Management, das durch Tagungen und Publikationen den Transfer wissenschaftlicher Erkenntnisse in die unternehmerische, gesellschaftliche und politische Praxis anstrebt.

Und schließlich – nicht nur in Bremen, sondern auch bei Professor Wohlmuths Ausbildungstätigkeit für internationale Organisationen, insbesondere für das International Labor Office – haben Studentinnen und Studenten stets verstanden und sehr geschätzt, dass Karl Wohlmuth hohe Ansprüche stellte, an sich selbst und an sie – aber den Studierenden immer auch alle Hilfen gab, um diese Ansprüche zu erfüllen.

Für eine Bewertung von Karl Wohlmuths Lebenswerk ist es viel zu früh. So möge dann diese Festschrift als Zwischenbilanz verstanden werden – als Versuch, darzustellen, auf welchen Gebieten Karl Wohlmuth bislang die

Wirtschaftswissenschaft inspiriert hat und welche Perspektiven sich ergeben können durch das Aufnehmen von Ansätzen, die er prägte.

Neben allen Autoren dieser Festschrift, möchten wir an dieser Stelle auch dem Fachbereich Wirtschaftswissenschaft der Universität Bremen sowie der Bremer Gesellschaft für Wirtschaftsforschung e.V. für die finanzielle Unterstützung zur Drucklegung dieser Festschrift danken.

Bremen, im Dezember 2007
Hans-Heinrich Bass,
Tobias Knedlik,
Mareike Meyn,
Maren Wiegand-Kottisch

Preface of the Editorial Team

This book is a gift to Professor Karl Wohlmuth, written by former students, friends, colleagues, and companions, to honour him on his 65th birthday, December 8th, 2007. The various subjects of this *festschrift* (celebration publication) reflect Karl Wohlmuth's diverse interests in economics: system theory, development theory, labour market theory, transformation and innovation theories – to mention only a few of the areas which Karl Wohlmuth has addressed from a world economist's perspective.

A global approach to economics is not at all exceptional today; the term globalisation has become quite ubiquitous. For Karl Wohlmuth, however, the consideration of the interdependencies of the world economy has been anything but a fashion, rather an essential element of his scientific work right from the very beginning of his studies of economics (from 1960 to 1964) at the renowned internationally-oriented Vienna University for World Trade (*Hochschule für Welthandel*, now Vienna University of Economics and Business Administration).

In the following years Karl Wohlmuth held a research scholarship in Vienna and worked as a Lecturer and Researcher at Johann-Kepler-University in Linz, Austria. As early as 1967 he was awarded his doctorate (*rerum commercialium*).

In 1970, he followed his academic teacher Hajo Riese to the Free University of Berlin, where Karl Wohlmuth became an Assistant Professor. Shortly thereafter, in 1971, he was offered a chair at the newly founded "Reform University" in Bremen. Since then he has been Professor for the Comparison of Economic Systems at the University of Bremen.

As a chair Karl Wohlmuth has focused on both theoretical analysis and empirical work. Though he did not neglect other world regions, Africa has been central to his research interests. This is not only mirrored by comprehensive country studies, for instance on Sudan and South Africa, but most of all by his 'life's work' – the creation of an international, policy-relevant periodical on Africa's development perspectives. It has always been important for Karl Wohlmuth to 'Africanise' the African Development Perspectives Yearbook and to use the Yearbook to give the continent a voice that is internationally perceptible. His last project – to date – brought him back to the beginnings of his country-specific research on Africa. Since 2005 he has been heading the research project "Governance and Social Action in Sudan after the Peace Agreement of January 9, 2005: local, national and regional dimensions".

Other regions which Karl Wohlmuth has worked on extensively are China and Japan, Poland and Belarus, the Middle East, India and South America.

It should be emphasized, however, that the Austrian Karl Wohlmuth has also become a citizen of Bremen, which he did not consider merely as a matter of course, but as a willingly fulfilled obligation resulting from his scientific work at the University of Bremen. Bremen as a business location, Bremen's position in international competition, Bremen as a location for high-technology – to Karl Wohlmuth these topics have always been as relevant as his research on Sudan, China or South Africa.

Karl Wohlmuth is a meticulous academic who follows the most complex theoretical arguments and is always excellently informed about even minor empirical details. In his publications he is not interested in creating an "eye catcher" but in achieving academic excellence.

He has also applied these high standards on his students. Dissertations of several hundred pages have become the norm – all of which he reads and comments on in detail, resulting in hard work for his students but for many the reward of an excellent standing in the Scientific Community.

Although Karl Wohlmuth has always aimed to achieve academic excellence, he has never been a 'neutral' academic without his own point of view, without commitment, *sine ira et studio*. In the best tradition of the Bremen "Reform University", Karl Wohlmuth regarded academia as an instrument to influence unjust political and social conditions. This is, for instance, visible in the "African Development Perspectives Yearbook" (1989), which from the outset, in its first volume, started with a plea to consider the 'human dimension of economic adjustment". This is also visible in his advocacy for the political and social opposition in countries on which he conducted research.

Despite his prolific publication activities Karl Wohlmuth has never neglected the other two dimensions of his role as professor, namely academic self-management and teaching. As one of the first professors at the newly created University of Bremen, Karl Wohlmuth played a significant role in the development of its specific features: a project-oriented, interdisciplinary approach to teaching and the application of theory in social reality. Interestingly, after a period of discomfort and distance, both approaches have now re-entered German universities in a slightly different form via the European University Reform ("Bologna Process"). It is, however, also true that the first years after the creation of the University of Bremen brought along some false developments and misjudgements. Karl Wohlmuth played his part in bringing these positions back to earth and to the prosaic tasks of academia – a process demanding both skill and steadfastness in his work on the University's bodies.

Additionally, he has been – in alternation with his colleagues Professor Axel Sell, Professor Alfons Lemper and Professor Andreas Knorr – the Managing Director of the "Institute for World Economics and International Management" (IWIM), which was founded in 1987. With its conferences and publications, this institute has always strived for the transfer of academic research into social, political and entrepreneurial practice.

Not only at the University of Bremen but also in Karl Wohlmuth's training work for international organisations, such as the International Labour Office, have his students always understood and appreciated his ambitious approach to their work combined with all necessary support to reach their aims.

It is far too early to make a final appraisal of Karl Wohlmuth's lifework. We understand this *festschrift* rather as an interim report, as an attempt to show which fields of economics have been influenced by Karl Wohlmuth's work and the perspectives when applying the approaches that he formed.

At this point we have to thank all authors for their contributions as well as the Faculty of Business Studies and Economics of the University of Bremen and the Bremer Gesellschaft für Wirtschaftsforschung e.V. for giving donations to print and publish this *festschrift*.

Bremen, December 2007

Hans-Heinrich Bass,
Tobias Knedlik,
Mareike Meyn,
Maren Wiegand-Kottisch

Inhaltsverzeichnis – *List of Contents*

Vorwort der Herausgeber I
Preface of the Editorial Team V
Inhaltsverzeichnis – *List of Contents* IX
Abkürzungsverzeichnis – *List of Abbreviations* XV

Kapitel / Chapter 1
Wandel nationaler Wirtschaftssysteme in der Globalisierung
National Economic Systems in the Globalisation

Tobias Knedlik
Determinanten des Erfolgs im Transformationsprozess der mittel- und osteuropäischen Länder – eine empirische Würdigung der Beiträge von Karl Wohlmuth
Determinants of Success in the Transformation Process of Middle and Eastern European Countries – an Empirical Appraisal of the Work of Karl Wohlmuth 3

Karl Wolfgang Menck
Die Einführung der Flat Tax – eine Fallstudie zu den Reformen auf dem Weg von der Planwirtschaft zur Marktwirtschaft in den Transformationsstaaten
The Introduction of a Flat Tax – a Case Study of the Reforms Undertaken in the Transformation States from Planned Economies to Market Economies .. 15

Alfons Lemper
Systementscheidungen in der Globalisierung – das Beispiel Indien
Systematic Decisions in the Globalisation – the Example of India 33

Tobias Schauf
Weltwirtschaftliche Veränderungen und ihre Auswirkungen auf Wirksamkeit und Marktkonformität der Forschungs- und Technologiepolitik
Global Changes and their Implications on the Impact and Market Conformity of Scientific and Technology Policy 47

Martin Missong / Anja Rolf
Utility Based Regional Purchasing Power Parities
Nutzenbasierte regionale Kaufkraftparitäten 67

Toshihiko Hozumi
Schumpeter's Contribution to the Evolutionary and Institutional Economics
Schumpeter's Beitrag zur Evolutionären und Institutionellen Ökonomik 83

Chunji Yun
Economic Integration Agreements and Industrial Policy in East Asia:
A Possible Way under New Constraints
Ökonomische Integrationsabkommen und Industriepolitik in Ostasien: Ein möglicher Weg unter neuen Schwierigkeiten 103

Kapitel / Chapter 2
Globalisierung und staatliche Entscheidungsprozesse
Globalisation and National Policies

Detlef Ehrig / Uwe Staroske
Industriefeudalismus und makroökonomisches Gleichgewicht – einige kreislauftheoretische und politökonomische Anmerkungen
Industrial Feudalism and Macro-Economic Equilibrium – Some Theoretical Comments from Circular Flow and Political Economy Perspective 125

Axel Sell
Außenwirtschaftspolitik, Internationale Unternehmensplanung und Logistik: Was Außenwirtschaft heute macht und warum
International Trade, International Corporate Planning and Logistics: What does International Trade Theory Mean Today and Why? 143

Philippe Burger
Economic Governance in South Africa
Wirtschaftspolitik in Südafrika 159

Dirk Hansohm
Sudan's Economic Strategies 1956 – 2007: Constancies dominate Changes
Sudans Wirtschaftsstrategien 1956 – 2007: Konstanten dominieren Veränderungen 173

Achim Gutowski
Die Entwicklung des Drei-Schluchten-Staudammprojektes in der VR China
The Development of the Three-Gorges-Project in the PR China *193*

Kapitel / Chapter 3
Unternehmen und Entwicklungsprozesse in der Globalisierung
Business and Development Processes in the Globalisation

Gerhard Feldmeier
KMU – Zwangsläufige Verlierer der Globalisierung und Standortflüchtlinge in zweiter Generation?
SME – The Inevitable Losers of Globalisation? *209*

Robert Kappel
Das Wachstum von Unternehmen und seine Relevanz für Armutsreduktion
The Growth of Enterprises and its Relevance for Poverty Alleviation *229*

Meine Pieter van Dijk
Urban-Rural Dynamics and Entrepreneurial Acitivities in Tanzania
Städtisch-ländliche Dynamiken und unternehmerische Aktivitäten in Tansania *247*

Afeikhena Jerome / Dipo T.Busari
The Impact of Privatization on Enterprise Performance in Nigeria
Der Einfluss von Privatisierungen auf die Unternehmensperformance in Nigeria *271*

Kapitel / Chapter 4
Globalisierung und Arbeitsgesellschaft
Globalisation and Labour

Heinz Schäfer
Bevölkerungsentwicklung in Deutschland und Trends in der Verteilung des Volkseinkommens
The Population Development in Germany and Trends in the Distribution of the National Income *289*

Rudolf Hickel
Deutschland in der Internationalen Arbeitsteilung: Das Konzept der
Basarökonomie auf dem Prüfstand
*Germany and the International Division of Labour: Scrutinizing the Concept
of the Bazaar Economy* *301*

Dieter Spethmann / Otto Steiger
Social Contributions and Real Rates of Interest: On the Causes of Germany's
High Unemployment
*Sozialabgaben und der Realezinssatz: Ursachen der hohen Arbeitslosigkeit in
Deutschland* *319*

Praveen Jha
Contemporary Globalisation, Agricultural Transformation and
Well Being of Labour in Rural India
*Globalisierung, landwirtschaftliche Transformation und das Wohl der
Arbeiter im ländlichen Indien* *337*

Hans-Heinrich Bass
Außenhandelsliberalisierung und Arbeitsmärkte in China: ein Beitrag zur
Debatte um die Entwicklungseffekte der Globalisierung
*Trade Liberalisation and Labour Markets in China: a Contribution
to the Debate on Development Effects of Globalisation* *355*

Kapitel / Chapter 5
Neue Herausforderungen für Entwicklungsländer
New Challenges for Developing Countries

Markus Wauschkuhn
Messung des Fortschritts im Entwicklungsprozess: Die Millenniumsziele
*Measuring Progress in Development – The Millennium Development
Goals* *375*

Elke Grawert
The Aid Business in South Sudan after the Comprehensive Peace Agreement
*Das Entwicklungshilfegeschäft im Südsudan nach dem umfassenden
Friedensabkommen* *387*

Oluyele Akinkugbe
Fostering Africa's Growth through South-South Cooperation:
South Africa's Role
*Wachstumsförderung in Afrika durch Süd-Süd-Kooperationen:
Die Rolle Südafrikas* 403

Osmund O. Uzor
Is Africa really the Loser from Globalisation? The Case of Nigeria
Ist Afrika wirklich Verlierer der Globalisierung? Der Fall Nigerias 429

Mareike Meyn
Die Wirtschaftspartnerschaften der EU mit den Ländern Afrikas,
der Karibik und des Pazifiks – der richtige Weg für Handel und Entwicklung?
*The EU's Economic Partnership Agreements with African, Caribbean and
Pacific Countries – are the Trade and Development Components
Compatible?* 447

Temesgen Kifle
Promoting Renewable Energy Technologies in Africa: Efforts and Challenges
*Die Förderung erneuerbarer Energietechnologien in Afrika: Bestrebungen
und Herausforderungen* 463

Andreas Knorr
Luftverkehr in Afrika: Können „schwarze Listen" den
Sicherheitsstandard substantiell erhöhen?
*Air Transportation in Africa: Will „Blacklisting" Substantially Increase
Safety Standards?* 473

Tino Urban
Erdölproduktion und deren Implikationen auf globaler und
nationaler Ebene: Arme Importländer – Reiche Exportstaaten?
*Oil Production and its Implications on a Global and National Level: Poor
Importers – Rich Exporters?* 495

Autorenverzeichnis – *List of Contributors* 511

Abkürzungsverzeichnis – *List of Abbreviations*

Abb.	Abbildung
ACP	Africa, Caribbean, Pacific
AfDB	African Development Bank
AG	Aktiengesellschaft
AIA	ASEAN Investment Area
AKP	Afrika, Karibik, Pazifik
ANC	African National Congress
APEC	Asia-Pacific Economic Cooperation
ASEAN	Association of Southeast Asian Nations
ASGISA	Accelerated and Shared Growth Initiative – South Africa
AU	African Union
Aufl.	Auflage
B.C.	British Columbia
BBBEE	Broad-Based Black Economic Empowerment
BEST	Business Environment Strengthening
bfai	Bundesagentur für Außenwirtschaft
BIP	Bruttoinlandsprodukt
BIT	Bilateral Investment
BLNS	Botswana, Lesotho, Namibia, Swaziland
BMF	Bundesministerium der Finanzen
BPO	Business Process Outsourcing
bspw.	beispielsweise
bzw.	beziehungsweise
c. p.	ceteris paribus
ca.	circa
CDM	Clean Development Mechanism
CDU	Christlich Demokratische Union Deutschlands
CE/S	Capital Expenditure to Sales
CEMAC	Economic and Monetary Community of Central Africa
CEPGL	Economic Community of the Great Lakes Countries
CEPR	Centre for Economic Policy Research
CG/S	Cost of Goods Sold to Sales
CLSY	China Labor Statistical Yearbook
CNOE	Change in the Number of Employees,
COMESA	Common Market for Eastern and Southern Africa
COSATU	Congress of South African Trade Unions
CPA	Comprehensive Peace Agreement
CPPCC	Chinese People's Political Consultative Conference
CS/TA	Capital Spending to Total Asset

CSY	China Statistical Yearbook
d. h.	das heißt
DC	Developing Countries
ders.	derselbe
DIHK	Deutscher Industrie- und Handelskammertag
Diss.	Dissertation
DIW	Deutsches Institut für Wirtschaft
DTI	Department of Trade and Industry (South Africa)
e. g.	for example
EAC	Eastern African Community
EBRD	European Bank for Reconstruction and Development
EBRD-Bank	Index of Banking Sector Reform
EBRD-Com	Index of competition policy
EBRD-Ent	Index of Enterprice Reform
EBRD-Gov	Daten zum Budgetdefizit
EBRD-Inflation	Daten zur Inflationsrate
EBRD-Trade	Index of Forex and Trade Liberalisation
EC	European Commission
ECB	European Central Bank
ECOWAS	Economic Community of Western African States
Ed.	Editor
Eds.	Editors
EFA	Education For All
EG	Europäische Gemeinschaft
EIA	Economic Integration Agreements
EKST	Einkommenssteuer
EMU	European Economic and Monetarian Union
EOI	Eport-Orientation
EPA	Economic Partnership Agreement (EU-AKP Wirtschaftspartnerschaftsabkommen)
EPZ	Export Processing Zone
ER	External Resources
erw.	erweitert
ESA	Eastern Southern African
et al.	und andere
etc.	et cetera
EU	Europäische Union
EZB	Europäische Zentralbank
F&E	Forschung und Entwicklung
f.	folgende
FAA	Federal Aviation Association
FAZ	Frankfurter Allgemeine Zeitung
FB	Fachbereich
FDI	Foreign Direct Investment

FEDSAL	Federation of South African Labour
f.	folgende
FIAS	Foreign Investment Advisory Services
Fig.	Figure
FR-Labor	Arbeitsmarktliberalisierungskomponente des ökonomischen Freiheitsindizes des Fraiser-Institut
FS	Formeller Sektor
FTA	Free Trade Agreement
G	Gewinnbezieher
G/K	Profitrate
GATS	General Agreement on Trade in Services
GATT	General Agreement on Tariffs and Trade
GD	Generaldirektion
GDCF	Gross Domestic Capital Formation
GDP	Gross Domestic Product
GDR	German Democratic Republic
GE	Government Expenditure
GEAR	Growth, Employment And Redistribution (Strategy)
GER	Gross Enrolment Rate
GFA	Global Coalition for Africa
GGE	General Government Expenditure
GMA	Global Media Alliance (South Africa)
GNI	Gross National Income
GNP	Gross National Product
GNU	Governance of National Unity
GoS	Government of Sudan
GoSS	Government of South Sudan
GPN	Gobal Poduction Networks / globales Produktionsnetzwerk
GSP	General System of Preferences
GVC	Global Value Chain
h	Stunde
HD	Human Development
HDI	Human Development Index
HE-Prop	Heritage Index of Properties
HE-Score	Heritage Index of Economic Freedom
HE-Trade	Heritage Index of Trade
hrsg.	herausgegeben
Hrsg.	Herausgeber
HWWA	Hamburgisches Welt-Wirtschafts-Archiv
i. d. R.	in der Regel
i. e.	that is
IASA	International Aviation Safety Assessment
IATA	International Air Transport Association

ibid	ibidem / ebenda
ICAO	Internationale Zivilluftfahrtsorganisation
ICP	International Cooperation Partner
ICSU	International Council for Science
ICT	Information, Communication and Technology
IDC	Industrial Development Corporation
IDP	Internally Displaced People
IE/TD	Interest Expense to Total Debt
IEA	International Energy Agency
IES	Income and Expenditure Survey
IFO	Institute for Economic Research (Information und Forschung)
IG Metall	Industriegewerkschaft Metall
IG	Industriegewerkschaft
IKSF	Institut für Konjunktur- und Strukturforschung
ILO	International Labour Organisation
IMD	Institute for Management Development
IMF	International Monetary Fund
INGO	International Non-Governmental Organisation
IOSC	Information Office of the State Council
IPR	Intellectual Poperty Rght
IRN	International Rivers Network
IRP	Integrated Road Program
IS	Informeller Sektor
I-S-Gleichgewicht	Spar- und Investitions-Gleichgewicht
ISI	Import-Substitutions-Industrialisierung
IT	Informationstechnologie
ITRI	(Taiwan) Industrial Technology Research Institute
IWIM	Institut für Weltwirtschaft und Internationales Management
JAM	Joint Assessment Mission
JETRO	Japan External Trade Organization
JIPSA	Joint Initiative for Priority Skills Acquisition
K	Kapitaleinsatz
K/Y	Kapitalkoeffizient
KfW	Kreditanstalt für den Wiederaufbau
KIST	Korea Institute of Science and Technology
km	Kilometer
KMU	Kleine und mittlere Unternehmen
KP	Kommunistische Partei
kwH	Kilowattstunden
L	Lohnbezieher
l	Lohnquote
L/Y	Lohnquote

LDC	Least Developed Country
LIUP	Local Industry Upgrading Programme
LOEN	Normalised Level of Employees
m	Meter
m. E.	meines Erachtens
m³	Kubikmeter
m³/s	Kubikmeter pro Sekunde
MAPS	Marrakech Action Plan for Statistics
max	Maximal
MDGs	Millennium Development Goals
MDTF	Multi-Donor-Trust Funds
MENA	Middle East and Northern Africa
MERCOSUR	Mercado del Sur
MFEP	Ministry of Finance and Economic Planning
MFN	Most-Favoured Mation
Mill.	Million
Mio.	Million
MIT	Massachusetts Institute of Technology
MNC	Multinational Corporations
MoU	Memorandum of Understanding
Mrd.	Milliarde
MRU	Mano River Union
MSP	Minimum Support Price
Mtoe	Million tons of oil equivalents
MW	Megawatt
n. a.	not available
NABARD	National Bank for Agriculture and Rural Development
NACTU	National Council of Trade Unions (in South Africa)
Nafcoc	National African Federated Chamber of Commerce (in South Africa)
NAFTA	North American Free Trade Agreement
NBFCs	Non Banking Financial Companies
NBSC	National Bureau of Statistics of China
NCB	National Central Bank
NDP	National Development Plan
NEPAD	New Partnership for Africa's Development
NFS	National Financial System
NGO	Non-Governmental Organisation
NIS	National Innovation System
No.	Number
NSS	National Sample Survey Organisation
NT	National Treatment
o. V.	ohne Verfasser
OCA	Optimal Currency Area

ODA	Official Development Aid
OECD	Organisation for Economic Co-operation and Development
OECDOI/S	Operating Income to Sales
OLS	Operation Lifeline Sudan
OPEC	Organisation of Petrol Exporting Countries
p.	page
PC	Personal Computer
PE	Private Expenditure
PKW	Personenkraftwagen
pp.	pages
PPP	Purchasing Power Parity
PRC	People's Republic of China
PRSP	Poverty Reduction Strategy Paper
PSD	Private Sector Development
r	Kapitalrentabilität
R	Südafrikanische Rand
R&D	Research and Development
RCE	normalised capital expenditure
RDP	Reconstruction and Development Plan
REC	Rural Electrification Corporation
RET	Renewable Energy Technologies
RI	Regional Integration
RIDF	Rural Infrastructure Development Fund
ROA	Return on Assets
ROE	Return on Equity
ROS	Return on Sales
S	Sparquote
S.	Seite
SA	South Africa
SACU	Southern African Customs Union
SADC	Southern African Development Community
SADCC	Southern African Development Coordination Conference
SADCC	Southern African Development Coordination Conference
SAFA	Safety Assessment of Foreign Aircraft
SAP	Structural Adjustment Programmes
SCM	Agreement on Subsidies and Countervailing Measures
SI-SPA	Systems Improvement Scheme under Special Project Agriculture
SMEs	Small and Medium Enterprises
SOEs	State Owned Enterprises
SPLA	Sudan People's Liberation Army
SPLM	Sudan People's Liberation Movement
SPLM/A	Sudan People's Liberation Movement/Army

Abkürzungsverzeichnis / List of Abbreviations   XXI

SRRA	Sudan Relief and Rehabilitation Association
SSA	Sub-Saharan Africa
SSRRC	Southern Sudan Relief and Rehabilitation Commission
SUV	Sports Utility Vehicles
t	Tonne
Tab.	Tabelle
TE	Total Expenditure
TGE	Total Government Expenditure
TGP	Three-Gorges-Project
TPSF	Tanzania Private Sector Foundation
TPES	Total Primary Energy Supply
TPG	Three-Gorges Project (Drei-Schluchten-Staudamm)
TRIM	Trade-Related Investment Measures
TRIP	Trade-Related Aspects of Intellectual Property Rights
Tsd.	Tausend
TUL-Prozess	Transport, Umschlag, Lagerung sowie Verpacken und Kommissionieren
u. a.	unter anderem
UIS	Urbaner Informeller Sektor
ULPA	University of Leipzig Papers on Africa
UMA	Arab Maghreb Union
UN	Vereinte Nationen
UNCTAD	United Nations Conference on Trade and Development
UNDP	United Nations Development Programme
UNECA	United Nations Commission for Africa
UNEP	United Nations Environment Programme
UNESCO	United Nations Educational, Scientific and Cultural Organization
UNIDO	United Nations Industrial Development Organization
Univ.	Universität
US	United states
USA	Vereinigte Staaten von Amerika
USOAP	Universal Safety Oversight Audit Programme
usw.	und so weiter
v	Kapitalkoeffizient
VAT	Value Added Tax
VC	Value Chain
versch.	verschiedene
vgl.	vergleiche
Vol.	Volume
VRC	Volksrepublik China
VW	Volkswagen
w	Akkumulationsrate
WFP	World Food Programme

WHO	World Health Organisation
WTO	World Trade Organization
WZB	Wissenschaftszentrum Berlin für Sozialforschung
Y	Volkseinkommen
z. B.	zum Beispiel
z. Zt.	zur Zeit

Kapitel / Chapter 1

Wandel nationaler Wirtschaftssysteme in der Globalisierung

National Economic Systems in the Globalisation

Determinanten des Erfolgs im Transformationsprozess der mittel- und osteuropäischen Länder – eine empirische Würdigung der Beiträge von Karl Wohlmuth

Determinants of Success in the Transformation Process of Middle and Eastern European Countries – an Empirical Appraisal of the Work of Karl Wohlmuth

Tobias Knedlik[1]

Abstract

In his academic career Karl Wohlmuth is, among others, concerned with questions of the economics of transformation. In early contributions regarding the transformation process of Eastern European countries, he deducts policy recommendations for a successful transformation process. The present paper summarizes the analyses of Wohlmuth and empirically evaluates - as an ex post analysis - determinants of success in the transformation process. The central question is whether the determinants as identified by Wohlmuth had a significant influence on the success of transformation. The results are that the factors 'reform of the private sector', 'liberalization of the labor market', and 'fiscal consolidation' have been of special importance. It could therefore be shown that the factors that have been early identified by Wohlmuth played in deed an important role in the transformation process. Thus, his recommendations are of relevance for the ongoing process of transformation.

---

[1] Der Autor bedankt sich bei Franziska Nowak und Katja Schlösser für deren Forschungsassistenz.

Kapitel 1: Wandel nationaler Wirtschaftssysteme in der Globalisierung
Chapter 1: National Economic Systems in the Globalisation

Zusammenfassung

Karl Wohlmuth befasst sich in seinem Werk unter anderem mit Fragen der Transformationsökonomik. In frühen Beiträgen zur Transformation der Länder Osteuropas leitet er Empfehlungen für einen erfolgreichen Transformationsprozess ab. Im vorliegenden Papier werden zunächst die Arbeiten von Wohlmuth zusammengefasst. Im Anschluss daran werden verschiedene bei Wohlmuth genannte Erfolgsfaktoren für den Transformationsprozess im Sinne einer ex-post Analyse empirisch überprüft. Die zentrale Fragestellung ist dabei, ob die von Wohlmuth aufgeführten Faktoren einen empirisch signifikanten Einfluss auf den Transformationserfolg hatten. Das Ergebnis der empirischen Arbeit ist, dass die Faktoren ‚Reform des Unternehmenssektors', ‚Liberalisierung des Arbeitsmarktes' und ‚fiskalische Konsolidierung' von besonderer Bedeutung waren. Damit konnte gezeigt werden, dass die von Wohlmuth schon frühzeitig erkannten Faktoren tatsächlich eine wichtige Rolle spielten. Seine Empfehlungen sind daher auch für den andauernden Transformationsprozess von Bedeutung.

1 Einleitung

Dieser Beitrag befasst sich mit der ex-post Analyse von Erfolgsfaktoren im Transformationsprozess der mittel- und osteuropäischen Länder. Im Besonderen werden die von Prof. Dr. Karl Wohlmuth aufgezeigten politischen und ökonomischen Einflussfaktoren auf den Transformationsprozess untersucht (vgl. Wohlmuth 1991, 1993, 2004). Die Analyse stützt sich auf eine ökonometrische Panel-Daten-Schätzung, und versucht damit empirisch signifikante Einflussfaktoren zu identifizieren. Dabei soll kritisch beleuchtet werden, ob die von Wohlmuth beschriebenen Erfolgsfaktoren tatsächlich einen Einfluss auf den bisherigen Transformationsprozess hatten. Abschließend wird diskutiert, welche Schlussfolgerungen für den weiteren Transformationsprozess aus den Lehren Wohlmuths und den empirischen Ergebnissen abzuleiten sind.

Zunächst ist jedoch zu klären, wie Erfolg im Transformationsprozess definiert wird. Hierzu führt Wohlmuth (1991, S. 3) aus, dass marktwirtschaftliche Reformen an sich nicht das eigentliche Ziel der Transformation sind. Wichtig sei insbesondere das wirtschaftliche Wachstum, das die Legitimation für Reformen darstellt. Im folgenden wird deshalb das wirtschaftliche Wachstum in den mittel- und osteuropäischen Ländern als Kriterium für den Erfolg im Transformationsprozess herangezogen.

Die weiteren Abschnitte des Beitrag gliedern sich wie folgt: In Abschnitt 2 werden die von Wohlmuth aufgezeigten Erfolgsfaktoren im Transformationsprozess zusammengefasst und kurz erläutert. Im dritten Abschnitt werden zunächst die Daten und das Modell für die empirische Untersuchung vorgestellt. Dem folgt die Präsentation der Ergebnisse. Im vierten Abschnitt werden die theoretischen Erfolgsfaktoren den empirisch ermittelten Einflussfaktoren gegenübergestellt. Der fünfte Abschnitt zeigt Schlussfolgerungen für die politische Begleitung des weiteren Transformationsprozesses auf.

2 Theoretische Determinanten des Erfolgs im Transformationsprozess

Das erste Werk von Wohlmuth zum Thema erschien 1991 unter dem Titel „Die Transformation der osteuropäischen Länder in die Marktwirtschaft – Marktentwicklung und Kooperationschancen". Hier wird zunächst geklärt, wie das Konzept der Transformation begrifflich zu fassen ist. Wichtig ist dabei neben der Analyse des Transformationsprozesses selbst die Darlegung des Ausgangs- und des Zielzustandes, ohne die die Transformation nicht beschrieben werden kann. Beginnt man mit dem Ausgangszustand, so sind Faktoren des ordnungspolitischen Rahmens von besonderer Bedeutung. Diese umfassen die Struktur der Eigentumsverhältnisse, die Effizienz des ökonomischen Anreizsystems, die Marktstrukturen und die Funktionsfähigkeit der wirtschaftspolitischen Institutionen. Dabei spielt die Tendenz staatlicher Unternehmen, Verluste zu vergesellschaften eine wichtige Rolle. Schon in dieser Frage zeigen sich die Interdependenzen der Faktoren des ordnungspolitischen Rahmens. Die Ziel der Transformation war am Anfang der 1990er Jahr unklar und meist als „funktionsfähige soziale Marktwirtschaft" angegeben. Entsprechend vage musste deshalb auch der Transformationsprozess beschrieben werden. Dies betraf vor allem die konkrete Umsetzung und den Zeitplan der Reformen und weniger, welche Reformen nötig waren (siehe Wohlmuth 1991, S. 1 - 2).

Die Elemente der Transformation beinhalten die Einführung privaten Eigentums, die Schaffung wettbewerblicher Märkte, die Schaffung der Konvertibilität der Währungen, die Abschaffung nicht-tarifärer Handelshemmnisse, die Schaffung eines zweistufigen Bankensystems, die Liberalisierung des Arbeitsmarktes und die Einführung eines sozialen Sicherungssystems, die Separierung der Unternehmen von der Regierung und insbesondere die Schaffung harter Budgetrestriktionen, die Reduzierung der Budgetdefizite und die Einführung anti-inflationärer Geldpolitik sowie die Ausbildung von Managern und die marktwirtschaftliche Bildung der Bevölkerung. Zudem sind Verfahren zu entwickeln, die den Fortschritt im Transformationsprozess quantitativ erfassen lassen. Dazu sind besonders die Konzentrationsgrade in der Industrie, der Grad der Veränderung der Lohnstruktur, der Grad der Härtung der weichen Budgetrestriktionen sowie der Grad der Mobilität in der Unternehmensstruktur zu nennen (siehe Wohlmuth 1991, S. 3 - 5).

Im zweiten und dritten Abschnitt seines Beitrags befasst sich Wohlmuth (1991, S. 5 - 13) mit der Frage der zeitlichen Abfolge des Transformationsprozesses. Diese Ausführungen werden hier aufgrund der Konzentration auf die Einflussfaktoren nicht ausgeführt.

Das zweite Werk von Wohlmuth zum Thema der Systemtransformation erschien 1993 unter dem Titel „Die Revitalisierung des osteuropäischen Wirtschaftsraumes – Chancen für Europa und Deutschland nach der Vereinigung". Der Beitrag beinhaltet nun auch erste Erfahrungen mit dem Transformationsprozess und kann daher über die Beschreibung des Wünschenswerten hinausgehen und die aktuellen Entwicklungen kritisch beleuchten.

Dabei zeigte sich ein hoher Grad an Reformmüdigkeit. Es wurde deutlich, dass sowohl das Ziel also auch der Weg zum Ziel umstritten waren. Die von Wohlmuth (1991) als so wichtig beschriebenen klaren Definitionen und Beschreibungen von Ist-Zustand, Ziel-Zustand und der zeitlichen Abfolge der Reformschritte waren noch immer nicht bestimmt. Dies führte auf der einen Seite zu Unmut in den Bevölkerungen und auf der anderen Seite zu einem rückgängigen Finanzierungswillen der westlichen Länder. Die wichtigen Schritte der Systemreform standen noch aus, noch nicht einmal die Stabilisierungspolitik war erfolgreich. Wie in seinem ersten Werk betont Wohlmuth (1993), dass die ökonomische Theorie allein nicht ausreicht, um den Transformationsprozess adäquat zu bewerten. Neben den ökonomischen sind insbesondere politische Faktoren wichtig. Dennoch sind beide Felder miteinander verknüpft. So führten auch die negativen Meldungen aus der Wirtschaft (z.b. der Einbruch bei den Anlageinvestitionen) zu politischem Unmut (siehe Wohlmuth 1993, S. 1 - 6).

In seinem Beitrag diskutiert Wohlmuth (1993) drei zentrale Fragen: Die erste betrifft die Entwicklung eines realistischen Reformkonzepts. Wichtige Elemente des Konzepts sind eine ausgewogene Stabilisierungspolitik, institutionelle Reformen, die Überwindung monopolistischer Marktstrukturen, eine spezifische auf die Länder abgestimmte Strukturanpassungspolitik und die Schaffung einer gesicherten Datenbasis zur Vermeidung wirtschaftspolitischer Fehlentscheidungen. Zudem bemängelt Wohlmuth, dass die Erfahrungen bei der Durchführung von Strukturanpassungspolitiken in Entwicklungsländern in den 1980er Jahren praktisch unberücksichtigt blieben. Dazu zählen die Unterschätzung der Komplexität des Anpassungsprozesses, die Anwendung stabilitätspolitischer Instrumente ohne die notwendigen institutionellen Reformen, die unzureichende Abfederung der sozialen Konsequenzen der Reformen, die Fehleinschätzung der Rolle des Staates, der nicht nur weniger sondern vor allem andere Aufgaben erfüllen müsste, die Vernachlässigung der politischen Dimension der Strukturanpassung und die fehlende Koordination des Transformationsprozesses. Deshalb müssten als zentrale Herausforderungen die Privatisierung zur Systemtransformation und die privaten und öffentlichen Investitionen zur Strukturanpassung im Zentrum eines Reformkonzepts stehen (siehe Wohlmuth 1993, S. 7 - 15).

Die zweite Frage befasst sich mit der Rolle von Industrie- und Handelspolitik und deren Verhältnis zum marktwirtschaftlichen Reformprozess. Die Kernthese Wohlmuths (1993, S. 15) ist, dass nur eine konsequente Industrie- und Handelspolitik den fortschreitenden Deindustrialisierungsprozess stoppen könne. Dabei knüpft Wohlmuth an die Erfahrungen anderer Entwicklungsländer, wie beispielsweise Korea an und führt aus, dass dort industriepolitische Staatsinterventionen sowie die Exportförderung und temporäre Protektion durchaus zum Erfolg beigetragen haben (Wohlmuth 1993 S. 15 - 23). Die dritte Frage bezieht sich auf Koordinierung der internationalen Unterstützung des Reformprozesses. Wohlmuth (1993, S. 23 - 30) spricht sich dabei für den

Versuch eines entsprechend angepassten und weiterentwickelten Marshall-Planes aus. Insgesamt führt der Aufsatz keine neuen, in seinem früheren Werk nicht erwähnten Erfolgsfaktoren an, sondern befasst sich mit der Umsetzung der Transformation.

Das dritte Werk Wohlmuths zur Transformation Osteuropas erschien im Jahr 2004 unter dem Titel „Belarus, die EU-Osterweiterung und die Transformation in der Russischen Föderation. Wie wird der Transformationsprozess von Belarus international bewertet?". Hier spiegeln sich nun die Erfahrungen des in Osteuropa weitgehend fortgeschritten Transformationsprozesses wider. Jetzt hat sich die Datenlage, die in Wohlmuths früheren Werken beanstandet wurde, gebessert. Es gibt nun Indikatoren, welche die Einflussfaktoren auf den Erfolg im Transformationsprozess quantitativ widerspiegeln. Wohlmuth nutzt diese Indikatoren, um den Fortschritt im Transformationsprozess in einem Land näher zu beleuchten.

Von besonderer Bedeutung sind die Indikatoren der European Bank for Reconstruction and Development (EBRD). Diese erfassen den Transformationsfortschritt in drei Kategorien: Unternehmen, Märkte und Handel, Finanzinstitutionen. Daneben betont Wohlmuth die Wichtigkeit des ökonomischen Freiheitsindizes der Heritage Foundation. Darüber hinaus gibt Wohlmuth (1993, S. 10) die Wettbewerbsfähigkeitsindizes des International Institute for Management Development (IMD) und des World Economic Forum, den Technology Achievement Index der Vereinten Nationen, den Human Development Index und den Human Poverty Index an. Letztere dienen jedoch eher der Messung des Transformationserfolges und sind damit weniger geeignete Indikatoren für Einflüsse auf den Erfolg im Transformationsprozesses.

Damit etabliert Wohlmuth eine ganze Liste an Einflussgrößen auf den Transformationsprozess. Zusammengefasst sind dies:

- Einführung privaten Eigentums
- Die Schaffung wettbewerblicher Märkte
- Die Abschaffung nicht-tarifärer Handelshemmnisse
- Die Schaffung eines zwei-stufigen Bankensystems
- Die Liberalisierung des Arbeitsmarktes

- Die Reduzierung der Budgetdefizite und anti-inflationäre Geldpolitik.

Wohlmuth stellt in seinen Beiträgen zum Transformationsprozess Thesen zum Erfolg von Transformationsstrategien auf, die sich ex-post empirisch überprüfen lassen. Im Sinne einer kritischen Würdigung seiner Arbeit werden die Erfolgsfaktoren im Folgenden auf ihre tatsächliche Relevanz überprüft.

3 Schätzung der Determinanten des Erfolgs im Transformationsprozess

Zur empirischen Überprüfung der Determinanten des Erfolgs im Transformationsprozess werden die Zeitreihen der EBRD: Index of Enterprice Reform (EBRD-Ent), Index of competition policy (EBRD-Com), Index of Forex and Trade Liberalisation (EBRD-Trade), Index of Banking Sector Reform (EBRD-Bank) verwendet. Zusätzlich dienen Daten zum Budgetdefizit (EBRD-Gov) und zur Inflationsrate (EBRD-Inflation) als Variablen, die ebenfalls von der EBRD bezogen werden (EBRD verschiedene Ausgaben). Hinzu kommen der Heritage Index of Economic Freedom (HE-Score) und zwei Sub-Komponenten des Indizes: Handel (HE-Trade) und Eigentum (HE-Prop) (Heritage Foundation 2007). Zudem wird die Arbeitsmarktliberalisierungskomponente (FR-Labor) des ökonomischen Freiheitsindizes des Fraser-Institut verwendet (Gwartney et al. 2006). Als abhängige Variable dient das Wachstum des Pro-Kopf-Einkommens, dass aus EBRD-Daten ermittelt wird. Alle Daten liegen in jährlicher Frequenz vor. Zusätzlich zur Zeitreihenkomponente wird zur Schätzung eines Datenpanels die Querschnittskomponente berücksichtigt. Der Querschnitt setzt sich aus Daten für die Länder Bulgarien, Tschechien, Estland, Ungarn, Lettland, Litauen, Polen, Rumänien, Slowakei, Slowenien und Ukraine zusammen.

Als Schätzmodell dient ein gepooltes Paneldatenmodell. Aufgrund der geringen Anzahl an Beobachtungen und der Vielzahl potentieller Einflussgrößen wird auf die Modellierung länderspezifischer Effekte (Random oder Fixed Effects Modelle) verzichtet. In die Schätzung fließen neben den oben genannten Variablen auch deren um eine Periode verzögerte Werte ein. Dies betrifft auch die verzögerte endogene Variable. Eine noch tiefergehende Lag-Struktur, die vor allem bei den Variablen, die den ordnungspolitischen Rahmen betreffen, wünschenswert gewesen wären, kann aufgrund der wenigen

Beobachtungen nicht berücksichtigt werden. Fehlende Datenpunkte des Fraiser-Indizes werden durch Interpolation bzw. lineare Fortschreibung ermittelt.

Die Schätzergebnisse des mit dem Programm STATA geschätzten Modells werden in Tabelle 1 zusammengefasst.

Tab. 1: Schätzergebnisse des Gesamtmodells

	Koeffizient	t	P>t
Wachstum (-1)	0,43166	3,89	0,000
EBRD-Ent	0,0845214	0,98	0,332
EBRD-Ent (-1)	-0,0133524	-0,16	0,871
EBRD-Com	-0,0985661	-1,26	0,212
EBRD-Com (-1)	0,0537125	0,68	0,501
EBRD-Trade	-0,0663617	-0,65	0,515
EBRD-Trade (-1)	0,0554586	0,51	0,610
EBRD-Bank	-0,0513855	-0,86	0,393
EBRD-Bank (-1)	0,0457778	0,69	0,493
EBRD-Gov	0,0045361	0,81	0,422
EBRD-Gov(-1)	-0,0009698	-0,18	0,862
EBRD-Inflation	-0,0000605	-0,65	0,517
EBRD-Inflation (-1)	-0,0002953	-2,64	0,010
HE-Score	0,0012009	0,26	0,794
HE-Score (-1)	-0,00186	-0,36	0,723
HE-Trade	-0,0009419	-0,71	0,480
HE-Trade (-1)	0,0006587	0,48	0,635
HE-Prop	0,0008051	0,37	0,709
HE-Prop (-1)	-0,0019386	-0,94	0,352
FR-Labor	-0,051834	-1,91	0,060
FR-Labor (-1)	0,0796359	3,09	0,003
Konstante	0,0143079	0,10	0,924

Beobachtungen	94
F (21 , 72)	3,77
Prob > F	0,0000
R-squared	0,5240
Adj R-squared	0,3852
Root MSE	0,08921

Quelle: STATA-Output, eigene Berechungen.

Tabelle 1 zeigt, dass das Modell insgesamt einen Erklärungsgehalt besitzt; die Nullhypothese, dass alle Koeffizienten nicht von Null verschieden sind, kann mit hoher Sicherheitswahrscheinlichkeit abgelehnt werden. Dennoch zeigen sich nur sehr wenige Signifikanzen bei einzelnen Variablen. Dies verwundert jedoch nicht, wenn man in Betracht zieht, dass hier mit Hilfe von 94 Beobachtungen der Einfluss von 22 Variablen bestimmt werden soll. Deshalb dient diese erste Schätzung nur als Ausgangspunkt für weitere Schätzungen.

Dabei wird das Schätzmodell sukzessive um die Einflussgrößen reduziert, die jeweils die geringste Signifikanz aufweisen. Ziel ist die Ermittlung eines reduzierten Schätzmodells, das nur signifikante Einflussgrößen beinhaltet. Das Ergebnis dieser Schätzprozedur wird in Tabelle 2 zusammengefasst.

Tab. 2: Schätzergebnisse des reduzierten Modells

	Koeffizient	t	P>t
Wachstum (-1)	0,3628343	3,94	0,000
EBRD-Ent	0,0803124	2,15	0,034
EBRD-Gov	0,0085435	2,37	0,020
HE-Prop (-1)	-0,0023764	-2,21	0,030
FR-Labor	-0,0561051	-2,44	0,017
FR-Labor (-1)	0,076106	3,21	0,002
Konstante	-0,1269476	-1,83	0,071

Beobachtungen	94
F(6 , 87)	11,42
Prob > F	0,0000
R-squared	0,4407
Adj R-squared	0,4021
Root MSE	0,08797

Quelle: STATA-Output, eigene Berechnungen.

Tabelle 2 fasst die Einflussgrößen zusammen, für die ein signifikanter Einfluss gezeigt werden kann. Hoch signifikant ist zunächst die verzögerte endogene Größe, das Wachstum des Bruttoinlandprodukts pro Kopf der Bevölkerung. Dies zeigt, dass Erfolge im Transformationsprozess eine gewisse Persistenz aufweisen, die von den anderen ermittelten Einflussgrößen nicht überlagert wird. Die zweite signifikante Variable ist der Index der Unternehmensreform. Da ein höherer Index Fortschritte bei der Reform des Unternehmenssektors widerspiegelt, bedeutet ein positiver Koeffizient, dass die Reform des Unternehmenssektors positiv zum Erfolg im Transformationsprozess beigetragen hat. Außerdem wird die Budgetdefizitvariable signifikant. Der positive Koeffizient deutet an, dass eine geringere Neuverschuldung des Staates zu Fortschritten im Transformationsprozess führt. Ein eher überraschendes Ergebnis ist der negative Zusammenhang zwischen gestärkten Eigentumsrechten und wirtschaftlichem Wachstum. Der Zusammenhang manifestiert sich im Besonderen in Polen, Slowenien und Bulgarien. Diese Länder konnten trotz sinkendem Eigentumsschutz in den letzten Jahren wachsen. Da die Werte für die weiteren Länder eine hohe Konstanz aufweisen, schlägt dieser Einfluss signifikant durch. Besonders interessant sind die Koeffizienten des Indizes zur Arbeitsmarktliberalisierung des Fraiser-Institut. Es zeigt sich, dass die Liberalisierung zunächst negativ auf das Wachstum wirkt. Bereits nach einer Periode zeigen sich jedoch positive Einflüsse der Arbeitsmarktliberalisierung auf den Fortschritt im Transformationsprozess, die den direkten negativen Einfluss überkompensieren. Keinen signifikanten Einfluss zeigen die übrigen Variablen: die Indikatoren zum Wettbewerbsrecht, zur Außenhandelsliberalisierung und zur Bankenliberalisierung sowie die Inflationsraten. Dies bedeutet jedoch nicht, dass die Variablen keinen Einfluss haben können. Zwar ergibt ein F-Test, dass die Null-Hypothese: die nicht signifikanten und in Tabelle 2 nicht berücksichtigten Variablen haben insgesamt keinen signifikanten Einfluss auf den Erfolg im Transformationsprozess, nicht abgelehnt werden. Dennoch könnte dieser Befund auch mit der geringen Anzahl an Beobachtungen erklärt werden.

4 Evaluierung der theoretischen Determinanten des Transformationsprozesses

In Abschnitt 2 wurden die theoretischen Determinanten des Erfolgs im Transformationsprozess benannt: Einführung privaten Eigentums, die Schaffung wettbewerblicher Märkte, die Abschaffung nicht-tarifärer Handelshemmnisse, die Schaffung eines zwei-stufigen Bankensystems, die Liberalisierung des Arbeitsmarktes, die Reduzierung der Budgetdefizite und anti-inflationäre Geldpolitik.

Wird die Einführung privaten Eigentums richtig durch den Index der Heritage Foundation wiedergegeben, so konnte hier zwar ein Einfluss gezeigt werden, dieser entspricht jedoch nicht der erwarteten Richtung. Der theoretische Einfluss dieser Größe auf den Transformationsprozess konnte hier nicht bestätigt werden.

Die Schaffung wettbewerblicher Märkte wurde hier mit zweierlei Maßen berücksichtigt. Dabei wurde der Einfluss des Wettbewerbsrechtindikators nicht signifikant, während der Index der Unternehmenssektorreform einen signifikanten Einfluss hat. Damit konnte ein Einfluss dieses Faktors auf den Erfolg im Transformationsprozess gezeigt werden.

Die Abschaffung nicht-tarifärer Handelshemmnisse wurde hier mit den entsprechenden Indizes der EBRD und der Hertitage Foundation gemessen. Beide Variablen zeigten keine signifikanten Einflüsse auf den Transformationserfolg. Die Schaffung eines zweistufigen Bankensystems, gemessen mit dem Bankensektorliberalisierungsindex der EBRD, konnte ebenfalls nicht als signifikante Einflussgröße ermittelt werden.

Hingegen zeigt die Signifikanz des Arbeitsmarktliberalisierungsindikators des Fraiser-Institut einen positiven Einfluss auf den Transformationsprozess an. Ebenso signifikant ist der Einfluss der Fiskalpolitik auf den Transformationsprozess, während der Einfluss einer stabilitätsorientierten Geldpolitik nicht gezeigt werden konnte.

Zusammenfassend lässt sich festhalten, dass die Faktoren Reform des Unternehmenssektors, Liberalisierung des Arbeitsmarktes und fiskalische Konsolidierung von herausragender Bedeutung für den Erfolg im Transformationsprozess der mittel- und osteuropäischen Länder gewesen sind.

5 Schlussfolgerungen

Die von Wohlmuth aufgezeigten Erfolgsfaktoren im Transformationsprozess wurden in diesem Beitrag empirisch überprüft. Dabei zeigte sich, dass die von Wohlmuth eingeforderten Reformschritte für den Erfolg von großer Wichtigkeit waren. Besonders die Rolle der Reform des Unternehmenssektors wurde von Wohlmuth betont. Wurde die „sanktionslose Abwälzung von Verlusten der Unternehmen auf die Gesellschaft" (Wohlmuth 1991, S. 2) unterbunden, so drückte sich dies positiv im Transformationsfortschritt aus. Das Maßhalten des Staates, das nicht nur eine Reduzierung der Staatsaufgaben, sondern auch deren Neuorientierung beinhaltet, konnte nur für den Teil der fiskalischen Konsolidierung empirisch überprüft werden, doch auch hier sprechen die Ergebnisse für die Empfehlungen von Wohlmuth. Das Gleiche gilt für die Empfehlungen bezüglich der Liberalisierung des Arbeitsmarktes. Hier zeigt sich im Besonderen, dass der Reformprozess nicht einseitig bleiben darf. So war es in der Tat „fatal, dass die sozialen Konsequenzen der Transformation nicht durch angemessene soziale Anpassungsmaßnahmen abgefedert wurden" (Wohlmuth 1993, S. 10). Wie empirisch gezeigt werden konnte sind die Schritte der Arbeitsmarktliberalisierung zunächst mit niedrigem Wachstum und damit einhergehenden sozialen Problemen verbunden gewesen. Der Erfolge stellte sich erst nach Jahresfrist ein, hier wäre eine soziale Absicherung von Nöten gewesen.

Es wird an dieser Stelle jedoch auch deutlich, dass die Zeit für eine umfassende empirische Würdigung des Transformationsprozesses noch nicht reif ist. Es fehlen weitere Beobachtungspunkte, die eine Berücksichtigung der vielfältigen Einflussfaktoren auf den Transformationsprozess ermöglichen. Bis dahin und darüber hinaus ist die Transformationsökonomik weiter auf theoretisch fundierte Vordenker, die über einen umfangreichen Erfahrungshintergrund in der Entwicklungs- und Transformationsökonomik verfügen und sich nicht scheuen, über den Tellerrand der eigenen Zunft zu blicken, angewiesen.

Literatur

EBRD (European Bank for Reconstruction and Development) (verschiedene Ausgaben), Transition Report, EBRD, London.

Gwartney, J. / Lawson, R. / Easterly, W. (2006), Economic Freedom of the World: 2006 Annual Report, Fraser Institute, Vancouver, B.C.

Heritage Foundation (2007), 2007 Index of Economic Freedom, http://www.heritage.org/research/features/index/downloads.cfm [10.04.2007].

Wohlmuth, K. (1991), Die Transformation der osteuropäischen Länder in die Marktwirtschaft – Marktentwicklung und Kooperationschancen, Berichte aus dem Weltwirtschaftlichen Colloquium der Universität Bremen, Nr. 21.

Wohlmuth, K. (1993), Die Revitalisierung des osteuropäischen Wirtschaftsraumes – Chancen für Europa und Deutschland nach der Vereinigung, Berichte aus dem Weltwirtschaftlichen Colloquium der Universität Bremen, Nr. 29.

Wohlmuth, K. (2004), Belarus, die EU-Osterweiterung und die Transformation in der Russischen Föderation. Wie wird der Transformationsprozess von Belarus international bewertet?, Materialen des Wissenschaftsschwerpunktes „Globalisierung der Weltwirtschaft", Band 29.

Die Einführung der Flat Tax – Eine Fallstudie zu den Reformen auf dem Weg von der Planwirtschaft zur Marktwirtschaft in den Transformationsstaaten

The Introduction of a Flat Tax – a Case Study of the Reforms Undertaken in the Transformation States from Planned Economies to Market Economies

Karl Wolfgang Menck

Abstract

Tax reforms in Eastern European transforming economies in the course of the change from the planned economy to the market system are designed according to various different patterns. Hungary, Poland and the Czech Republic applied tax policies which were recommended by international financing organisations and which refer to taxes being collected in Western European countries. Taxes in these Eastern European countries include progressive income taxes, a corporate tax, a value added tax and selected excises. Other Eastern European countries, however, decided to implement a radical reform as the flat tax, and the Check Republic has announced recently another adjustment of the income taxes by a flat tax. This tax is intended to provide resources to the government by collecting revenues exclusively from market-generated personal income and to curb efforts to enhance revenue by enlarging income taxation. Such a tax is assumed to cap the governmental intervention into the market-based economic decision-making, to avoid tax-based distortions of the allocation of productive resources and goods and services as well as to increase to international competitiveness of the respective countries. The paper outlines, that a reform based on the flat tax approach should be implemented as an integral part of market-related economic policy reforms. Additionally, a flat tax has to be supplemented by a fundamental reform of international tax policies.

Zusammenfassung

Steuerreformen in den osteuropäischen Staaten nach dem Wechsel von der Plan- zur Marktwirtschaft folgten unterschiedlichen Modellen. Ungarn, Polen und die Tschechische Republik übernahmen Modelle, die den Vorstellungen von internationalen Finanzierungseinrichtungen folgten und zahlreiche Schnittstellen zu den Steuerordnungen in den westeuropäischen Staaten aufweisen. Eingeführt wurden in diesen Staaten progressive Steuern auf persönliche Einkommen, lineare Steuern auf die Gewinne von Körperschaften, eine Mehrwertsteuer sowie verschiedene Verbrauchsteuern. Andere Länder entschieden sich für eine radikale Reform nach dem Muster der Flat Tax, und Tschechien hat angekündigt, ein zweites Mal die Steuern auf persönliche Einkommen zu ändern und dabei das Modell der Flat Tax zu übernehmen. Mit der Einführung einer derartigen Steuer wird die Absicht verbunden, die öffentlichen Ausgaben durch eine Besteuerung marktbestimmter Einkommen zu finanzieren und den Einfluss des Staates auf die wirtschaftlichen Entscheidungen der Bürger einzugrenzen. Erwartet wurde, einen Impuls zu weiteren marktwirtschaftlichen Reformen außerhalb der Finanzpolitik zu geben und den Steuerstandort im internationalen Steuerwettbewerb aufzuwerten, wie es die internationalen Finanzierungseinrichtungen anregen. Die Analyse zeigt, dass die Flat Tax diese Aufgaben im Transformationsprozess erst dann wahrnehmen kann, wenn die Einführung dieser Steuer Teil eines umfassenden Reformansatzes ist. Dies schließt auch Anpassungen der internationalen Steuerbeziehungen ein.

1 Steuerreformen im Transformationsprozess

Die westlichen Industrieländer – dies zeigt nicht nur die Bundesrepublik Deutschland – tun sich schwer mit umfassenden Reformen der Steuern auf persönliche Einkommen und auf die Einkünfte von Körperschaften, obwohl eine Steuervereinfachung ständig angemahnt wird und die Gründe dafür augenscheinlich sind. Die bestehenden Steuern tragen – so zeigen zahlreiche

Untersuchungen – nicht zu dem Aufkommen bei, das nach dem Gesetz dem Staat zusteht.

Groß war und ist hingegen die Bereitschaft zu Reformen der Steuern auf die persönlichen Einkommen und auf die Gewinne der Körperschaften in Transformationsstaaten (dazu werden im Folgenden die Länder gezählt, die bis zu den marktwirtschaftlichen Reformen im internationalen Sprachgebrauch als nichtmarktwirtschaftliche Industrieländer bezeichnet wurden): im Zuge des Übergangs von der Planwirtschaft zur Marktwirtschaft sind die Steuern, die in der Vorreformphase galten, rasch aufgehoben und durch andere Steuern ersetzt worden. In acht Staaten wurde die Reform „radikal" durchgeführt, indem die Einkommensteuern nach dem Modell einer „Flat Tax" eingeführt werden. Bemerkenswert ist diese Entscheidung insoweit, als in den westlichen Industrieländern die „Flat Tax" zwar wiederholt als Alternative gefordert wurde. Sie blieb und bleibt aber – wie sich auch in Deutschland zeigt – ein Gegenstand akademischer Diskussion und setzt sich unter den Vorschlägen nicht durch, die Parlamente und Regierungen ernsthaft in Betracht ziehen.

Dieser Beitrag wird sich der Frage widmen, ob und wie es zu erklären ist, dass die „Flat Tax" in den Transformationsstaaten besondere Aufmerksamkeit in der Steuerpolitik erfährt und ob das Experiment erfolgreich ist. Die Überlegungen beziehen sich auf Reformprozesse in Transformationsstaaten und greifen zurück auf Untersuchungen von Wohlmuth. Er hat in seinen Veröffentlichungen zu diesem Thema wichtige Erkenntnisse herausgearbeitet.

Der Verfasser lässt sich bei seinen Erwägungen von der Arbeitshypothese leiten, dass die Steuerpolitik – bislang überwiegend national geplant und gestaltet – auch Teil des Globalisierungsprozesses ist: Zwar bestimmen die besonderen Ausgangsbedingungen die Steuerpolitik als zentrales Instrument staatlicher Wirtschaftspolitik. Die Steuerpolitik ist aber auch Teil der nationalen Wirtschaftspolitik und damit ein wichtiger Gradmesser für die Standortattraktivität im internationalen Wettbewerb um Kapital, qualifizierte Arbeitskräfte und kommerziell nutzbares Wissen. Die fortschreitende Integration durch Handel, durch den Kapitalverkehr, durch den grenzüberschreitenden Austausch kommerziell nutzbaren Wissens und durch die Wanderungen von Arbeitskräften legt es nahe, die nationalen Steuersysteme anzupassen. Auf diese Weise werden die Transaktionskosten vermindert, die aus der Unterschiedlichkeit von Steuern und den Verfahren zur Beitreibung der öffentlichen Einnahmen entstehen. Schließlich gehört es zur Globalisierung der Steuerpolitik, dass internationale Finanzierungseinrichtungen Ländern beratend zur Seite stehen, die Kredite aufnehmen wollen für den Transformationsprozess.

2 Steuerreformen und wirtschaftlicher Systemwechsel

2.1 Finanzierung der Staatsausgaben in einer marktwirtschaftlichen Ordnung

In den Transformationsstaaten war die Umstellung der Steuerpolitik aus dem ehemaligen planwirtschaftlichen System im Zuge der Reformen in Richtung auf eine marktwirtschaftliche Wirtschaftsordnung eine wenn auch nicht zentrale, so doch wichtige Maßnahme.

Bis zum Beginn marktwirtschaftlicher Reformen wurde der Begriff „Steuern" in den nichtmarktwirtschaftlichen Industrieländern in einem für die Planwirtschaft geeigneten Verfahren festgesetzt (Kuligin 1998, 175ff., Mutén 1992, 166f., Tanzi 1993, 6ff.). Ein Steuersystem musste mit dem Wechsel zur Marktwirtschaft geschaffen werden, das öffentlichen Einnahmen entstehen ließ ohne Anspruch auf eine individuell zurechenbare Leistung, das die Eigentumsrechte des Pflichtigen achtete und genügend Aufkommen erwarten ließ, um die Güter bereitzustellen, die die Bürger vom Staat erwarteten (Heimann 2005, 89).

2.2 Wirtschaftspolitische und politische Ziele der Steuerreformen

Im Zuge der Transformation von der Plan- zur Marktwirtschaft mussten auch die wirtschaftspolitischen Instrumente neu geordnet werden. Wohlmuth zeigt die vielfältigen Aufgaben beispielsweise bei der Privatisierung öffentlicher Unternehmen, bei der Reform des Vertragsrechts und bei der Anpassung der Sozialpolitik.

Die Anpassung der Steuern im Zuge der Transformation sollte gesamtwirtschaftlich ineffiziente Steuererleichterungen beseitigen, die in der Zeit der Planwirtschaft zur Lenkung der Märkte eingeführt worden waren (Heimann 2005, 330ff). Nach den Reformen der Steuern sollten Preise und Märkte Produktionsfaktoren in die beste Verwendung leiten. Güter und Dienstleistungen sollten nach marktwirtschaftlichen Regeln verteilt werden. Angestrebt wurde, steuerliche Rahmenbedingungen zu schaffen, die ausländische Investitionen attrahieren und international wettbewerbsfähige Arbeitsplätze einrichten.

Des Weiteren musste die Steuerpolitik den Prozess der demokratischen Willensbildung unterstützen. Dies hieß: der Staat ist nicht mehr der allgewaltige Souverän, der nach staatlichen Plänen dem Bürger Güter zuteilt. Die Art, wie der Staat öffentliche Einnahmen durch Steuern erzielt und wie er diese Einnahmen für die öffentlichen Leistungen verwendet, ist ein zentrales Kriterium zum Nachweis der Existenzberechtigung des Staates. In den Transformationsstaaten muss die Steuerpolitik ein zentraler Teil der Reformen sein, weil die Bürger in Erwartung der demokratischen Freiheiten und aus der Erfahrung der Planwirtschaft heraus zwar die Legitimation eines neuen Staates anerkennen, aber nicht ohne weiteres bereit sein werden, dieser neuen und durch eigene Leistungen noch nicht bewährten Einrichtung Zwangsabgaben ohne großes Mistrauen zu gewähren.

2.3 Modelle für die Steuerreformen in Transformationsstaaten

Wohlmuth hat darauf hingewiesen, dass für die Reformen in dem Transformationsprozess keine historischen Vorbilder bestanden. (Wohlmuth 2003, 15ff) Dies gilt auch für die Steuerpolitik. Für alle Bereiche der wirtschaftlichen Anpassungen im Übergang galt die Regel, dass schnell gehandelt werden musste. Die Veränderungen in früheren nicht-markwirtschaftlichen Industrieländern zeichneten sich zudem durch eine sich selbst beschleunigende Dynamik aus, und es wurde befürchtet, dass zögerliches Handeln mit Hinweis auf eine zeitaufwendige Suche nach den besten Lösungen den Reformprozess entweder zurückgedreht oder die alten Staatssysteme zerstört, ohne funktionsfähige neue Staatsordnung entstehen zu lassen.

Die einzelnen Staaten hatten folglich in einem kurzen Zeitraum – oft auch ohne gefestigte demokratische Willensbildungsprozesse – zu entscheiden, ob sie einem Modell folgen, das die westlichen Industrieländer anwenden in voller Kenntnis der damit verbundenen Unvollkommenheiten, oder ob sie einen radikalen Neuanfang mit einem noch nicht getesteten Modell wagen wollten. (Svejnar 2002, S. 13) Einen anderen Weg als die bereits genannten Länder haben nach dem derzeitigen Kenntnisstand acht Transformationsstaaten eingeschlagen, indem sie sich für eine radikale Reform der Besteuerung der persönlichen Einkommen nach dem Muster der Flat Tax entschieden. (Edwards 2005; Mitchell 2006, S. 100ff; Auerbach, Hassett 2005, S. 9) Verschiedene Hinweise zeigen, dass weitere Länder diesem Modell ebenfalls den Vorzug geben wollen. Die tschechische Republik hat im Frühjahr 2007 angekündigt, im Zuge einer weiteren Steuerreform eine Flat Tax einzuführen.

3 Die Flat Tax in Transformationsstaaten

Das Modell der Flat Tax formuliert einen linearen Steuersatz für die persönlichen Einkommen (an Stelle des progressiven Tarif wie in den marktwirtschaftlichen Industrieländern) und für die Gewinne der Körperschaften. Befürworter der Flat Tax schlagen vor, dass beide Tarife übereinstimmen.

Diesem Prinzip sind die einzelnen Staaten nicht durchgängig gefolgt. Eingeführt wurden zwar lineare Tarife für die Besteuerung der persönlichen Einkommen und für die Veranlagung der Gewinne von Körperschaften, aber nur in Estland und Lettland ist der Tarif für die persönlichen Einkommen gleich dem Satz, der bei der Veranlagung von Gewinnen der Körperschaften angewendet wird. Vergleiche der linearen Tarife mit den Sätzen vor den Reformen führen in die Irre, da nicht nur die damals geltenden Sätze nicht inhaltlich mit den jetzt angewendeten Tarifen verglichen werden können. Es müssen auch die Bemessungsgrundlagen vor und nach der Steuerreform betrachtet werden. Soweit erkennbar, sind die Grundfreibeträge in den hier betrachteten Staaten angehoben worden. Dies lässt vermuten, dass Bezieher niedriger Einkommen faktisch von der Steuerpflicht befreit werden sollen

Der Vorschlag der Befürworter, den Tarif der Steuern auf die persönlichen Einkommen und der Steuern auf die Einkünfte von Körperschaften in gleicher Höhe festzusetzen, wurde in Estland und in Lettland aufgenommen.

Tab. 1: Flat Taxes: Anwendungsfälle in Transformationsstaaten, Stand: November 2006

Land	Jahr der Einführung	Steuersatz der Einkommensteuer v. H.	Steuersatz der Körperschaftsteuer v. H.	Veränderung des Grundfreibetrags
Estland	1994	26	26	leichte Erhöhung
Georgien	2005	12	20	aufgehoben
Lettland	1997	25	25	leichte Senkung
Litauen	1994	33	29	nachhaltige Anhebung
Rumänien	2005	16	16	Anhebung
Russland	2001	13	37	leichte Erhöhung
Slowakei	2004	19	19	nachhaltige Anhebung
Ukraine	2004	13	25	Anhebung

Quelle: Eigene Zusammenstellung nach International Bureau of Fiscal Documentation, IMF study: Flat Tax"a craze"; Keen / Kim / Varsano 2003; Heath 2006, S. 82ff; Leibrecht / Bellack 2007, S. 100.

Die Wirkungen jeder Steuer für den Fiskus und den Pflichtigen ergeben sich nicht allein aus dem Tarif, sondern aus dessen Verbindung mit der Bemessungsgrundlage. Das Modell der Flat Tax weicht - vereinfacht formuliert - von der herkömmlichen Besteuerung persönlicher Einkommen dadurch ab, dass es vorschlägt, alle marktbestimmten Einkommen nach dem Nettoprinzip zusammenfasst und synthetisch zu besteuern. Darunter fallen Löhne und Gehälter sowie Renten und Pensionszahlungen. Weit verbreitet ist die Vorstellung, alle Einkünfte im Regelfall nicht beim Empfänger, sondern an der Quelle zu besteuern. Bei linearen Tarifen wird dann die Belastung bei den Empfängern auch im Falle unterschiedlicher Einkünfte nach dem gleichen Steuersatz erfolgen.

Alle steuerpflichtigen Personen sollen nach dem Modell der Flat Tax Grundfreibeträge erhalten, die in den linearen Tarif eingerechnet werden. Dieser Betrag soll ein nicht näher definiertes Grundeinkommen allen Pflichtigen steuerfrei zuzuweisen.

Diesem Modell folgen die Transformationsstaaten in unterschiedlicher Weise. Mit Ausnahme von Georgien werden persönliche Freibeträge bei der Festsetzung der Bemessungsgrundlage anerkannt. Unscharf sind – soweit dies in den zugänglichen Veröffentlichungen dokumentiert ist – in den anderen Staaten die Aussagen über die abzugsfähigen Ausgaben wie privaten Vorsorgeaufwendungen oder Werbungskosten. Dies lässt vermuten, dass derzeit noch ein weiter Gestaltungsspielraum für die Steuerverwaltung ebenso wie für die Pflichtigen besteht. Damit entfällt nicht nur ein wichtiger Bestandteil der Flat Tax: solange wie klaren Abgrenzungen fehlen, werden unzureichend definierte Sachverhalte für abzugsfähige Beträge zum Zweck der Steuerminderung umgedeutet.

Bei der Gewinnermittlung der Körperschaften für die Flat Tax sollen – wie weit verbreitete Vorschläge es definieren – die gezahlten Löhne, erbrachte Pensionsverpflichtungen, alle Materialkosten und die Investitionsausgaben von den Bruttoeinkünften abgezogen werden, um die Bemessungsgrundlage für den steuerpflichtigen Betrag zu ermitteln. Das System verbietet die Abzüge von allen anderen betrieblichen Ausgaben, verzichtet auf die Zurechnung von Einnahmen aus verbundenen Unternehmen und schließt jede Gestaltungsmöglichkeit im Sinne der Zuordnung von Beträgen in der Form einer gewinnkorrigierenden Verlustzurechnung oder einer vom Fiskus erzwungenen Erhöhung der Bemessungsgrundlage durch Zuweisung von steuerpflichtigen Einkünften aus. Die Ausgaben für Investitionen werden in der Periode geltend gemacht, in der sie getätigt werden. Dadurch sollen Fragen zu der Abgrenzung von Investitionen und zu der Höhe der Abschreibungen entbehrlich werden.

In den osteuropäischen Transformationsstaaten werden die steuerpflichtigen Tatbestände für die Flat Tax bei der Besteuerung der Gewinne der Körperschaften nicht wie die Modellvorstellungen definiert. In jedem Land werden unterschiedliche Vorschriften zur Bestimmung der Bemessungsgrundlage für die Gewinne von Unternehmen festgelegt: In Russland ist eine weit gefasste Zuordnung gültig, die die Steuerumgehung eindämmen soll. (Gaddy / Gale 2005) Andere Länder legen engere Abgrenzungen für die steuerpflichtigen Einkünfte zugrunde. Länder, die sehr frühzeitig die Flat Tax eingeführt hatten, besteuern die Einkünfte aus Zinsen und Dividenden nicht (wie Litauen) oder mit einem sehr niedrigen Satz (wie Estland) und praktizieren ein Verfahren, das dem in den nordischen Staaten bei einer Dualen Einkommensteuer nahe kommt.

Tab. 2: Bemessungsgrundlage der Flat Tax in ausgewählten Transformationsstaaten

Land	Bemessungsgrundlage der Flat Tax
Estland	Löhne und Gehälter, Einkünfte aus selbstständiger Tätigkeit, Dividenden, Zinsen, Sachleistungen des Arbeitgebers wahlweise bei dem gewährenden Arbeitgeber (Quellenabzug) oder bei dem Empfänger als steuerpflichtiges Einkommen, Berechnung nach dem Nettoprinzip (Abzug aller Erwerbsausgaben)
Georgien	Löhne und Gehälter (Quellenbesteuerung), Einkünfte aus selbständiger Tätigkeit, Zurechnung von Sachleistungen zu dem steuerpflichtigen Einkommen
Lettland	Alle Einkommen unabhängig davon, ob Geld- oder Sachleistungen
Litauen	Löhne und Gehälter, Einkünfte aus selbständiger Tätigkeit
Rumänien	Löhne und Gehälter, Einkünfte aus selbständiger Tätigkeit, Renten und Pensionen, Gewinne aus Lotterien, Preisgelder, Dividenden, Zinsen, Bemessungsgrundlage berechnet nach Einkunftsarten nach Abzug aller Ausgaben zur Erzielung der Einkünfte
Russland	Löhne und Gehälter, Einkünfte aus selbständiger Tätigkeit, Dividenden und Zinsen
Slowakei	Löhne und Gehälter, Einkünfte aus selbständiger Tätigkeit, Dividenden und Zinsen, Bemessungsgrundlage berechnet nach Einkunftsarten nach Abzug aller Ausgaben zur Erzielung der Einkünfte
Ukraine	Löhne und Gehälter, Einkünfte aus selbständiger Tätigkeit, Dividenden und Zinsen, Bemessungsgrundlage berechnet nach Einkunftsarten nach Abzug aller Ausgaben zur Erzielung der Einkünfte

Quelle: Eigene Zusammenstellung nach International Bureau of Fiscal Documentation; Heath 2006, S. 82ff;
www.lowtax.net/lowtax/html/latvia/jlvpetx.html,13.2.2007;
www.fm.gov./image/file/PAR_IINC(Engl)Doc, 13.2.2007;
www.worldwide-tax.com/lithuania/lithuania_tax-asp, 13.2.2007;
www.cviog.nga.edu/servives/research/ab/ui/ Lazar%20-%20The20%Tax%20Reform%20Iu20Romania.pdf, 13.2.2007;
www.worldwide-tax.com/russia/russia_tax.asp, 13.2.2007.

Das Modell der Bemessungsgrundlage – wie es die Flat Tax vorsieht – haben die osteuropäischen Transformationsstaaten nur in Teilen und mit unterschiedlicher Zielsetzung übernommen. Die Ursachen liegen zum einen darin, dass breite Definitionen fiskalische Ziele umsetzen sollen. Zum anderen kann vermutet werden, dass in den Transformationsstaaten vor dem Hintergrund der erst stufenweise eintretenden Verbreitung von privatwirtschaftlich geführten Unternehmen zum Zeitpunkt der Einführung der Einführung der Flat Tax kein Bedarf bestand, eine weit fassende Liste steuerpflichtiger Einkünfte aufzustellen. Nicht auszuschließen ist aber auch, dass die Regierungen eine enge Definition bevorzugten, weil sie Pflichtige von Steuern freistellt und damit die Zustimmung von wirtschaftlich und politisch einflussreichen Gruppen zu der Flat Tax gewährleistet hat.

4 Der Beitrag der Flat Tax zu den Reformen in den Transformationsstaaten

Die Transformationsstaaten unterstellen, dass die Steuern in Form der Flat Tax nicht nur die öffentlichen Einnahmen sichern. Es wird auch erwartet, dass diese Steuern den Transformationsprozess nachhaltig unterstützen, indem die Lenkungsfunktion von Märkten und Preisen gestärkt wird. Zudem soll die Flat Tax die Integration dieser Staaten in die Weltwirtschaft erleichtern, und nicht zuletzt kann eine radikale Abkehr von den Mustern herkömmlicher Einkommensteuern den Beweis erbringen, dass die ehedem planwirtschaftlichen und deshalb rückständigen Länder sich als Vorreiter in der Steuerpolitik qualifizieren können.

4.1 Die Sicherung der öffentlichen Einnahmen

Die Tarife und die Bemessungsgrundlage sollen nach dem Modell der Flat Tax ex ante so festgelegt worden, dass nach den in einzelnen Ländern geltenden wirtschaftlichen Rahmendaten (wie Höhe der Einkommen, der Zahl der steuerpflichtigen Personen und Körperschaften) die Einnahmen in der Höhe anfallen können, wie dies zur Finanzierung der öffentlichen Ausgaben notwendig ist. Dieses Vorhaben ist gelungen: Das Aufkommen aus der Flat Tax war in Russland größer als die Einnahmen aus den früher erhobenen Einkommensteuern. Keen und andere Verfasser zeigen, dass in anderen Transformationsstaaten die Einnahmen nach der Reform ähnlich denen waren wie vor der Reform. (Heath 2006, 94) Die Beobachtungen lassen allerdings keinen Nachweis zu, dass das Aufkommen das Ergebnis einer klug voraus schauenden Setzung der Tarife und der Bemessungsgrundlage ist. Aus den

Angaben geht nicht hervor, ob die Flat Tax anders als die herkömmlichen Einkommensteuern eine Steuerausweichung oder -umgehung verhindert hat. (Keen / Kim / Varsano 2006, 21ff)

Wenn dennoch Steuerumgehung oder gar -vermeidung nicht ausgeschlossen werden, so ist zu beachten, dass anders als in traditionell marktwirtschaftlichen Industrieländern die bestehende Steuerverwaltung in den Transformationsstaaten weder von der Aufgabenstellung noch von der Ausstattung darauf vorbereitet ist, diese radikale Reform nachzuvollziehen. Umfangreiche Investitionen und nicht zuletzt ein Umdenken in den Köpfen der Pflichtigen und der Finanzverwaltung, die lange Zeit auf planwirtschaftliche Ordnungen ausgerichtet war und die marktwirtschaftlichen Spielregeln auch erst „verinnerlichen" musste, werden notwendig, und die Umstellung ist selbst unter günstigen Bedingungen ein zeitraubender Prozess.

4.2 Die Stärkung der Lenkungsfunktion von Preisen und Märkten

Mit der Einführung der Flat Tax übernehmen die Transformationsstaaten die dem Modell der Flat Tax zugrunde gelegte Vorstellung eines wirtschaftspolitisch neutralen Staates, der mit allen planwirtschaftlichen Elementen bricht. Die Flat Tax wird auch als ein Beitrag verstanden, um eine ausufernde Staatstätigkeit zu unterbinden: diese Steuer wird als Alternative zu einer ständigen Änderung von Steuern mit dem Ziel angesehen, das Aufkommen den wachsenden, als unverzichtbar angesehenen öffentlichen Ausgaben anzupassen, und begrenzt somit quasi automatisch die Ausbreitung öffentlicher Ausgaben.

In den Transformationsstaaten, die die Flat Tax eingeführt haben, sind derartige Wirkungen freilich nicht zu erkennen. Der Transformationsprozess wird zwar definiert als ein Schritt, die staatliche Bevormundung zu überwinden und eigenwirtschaftliches Handeln zu unterstützen. In diesen Ländern wird der Staat aber auch als ein „Akteur" definiert, der durch die Gestaltung der öffentlichen Einnahmen und Ausgaben den Einzelnen in der Phase des Übergangs unterstützen soll. Radikale Reformen – wie die Einschränkung staatlicher Ausgaben als mittelbare Folge der Flat Tax – scheitern wie tiefe Einschnitte in anderen Bereichen der Wirtschaftspolitik in Transformationsstaaten an diesem Zielkonflikt: „...raising tax revenue is not simply a money-raising exercise to fund government activities, it is heavily politicized. Governments use the tax system to implement their own philosophy, to engage in social engineering, to influence the individual behavior, and to bribe the electorate into returning the ruling junta back into power." (Johnson 2005).

4.3 Die Integration in die Weltwirtschaft und die Anpassung an den internationalen Steuerwettbewerb nach der Einführung der Flat Tax

Von Anfang an war die Transformation in den osteuropäischen Staaten mit der Vorstellung verbunden, die bislang von den marktwirtschaftlichen Industrieländern abgeschlossenen Volkswirtschaften in die Weltwirtschaft zu integrieren und dadurch den Zugang zu Absatz- und Beschaffungsmärkten zu gewinnen. Die grenzüberschreitende privatwirtschaftliche Zusammenarbeit sollte vertieft und dadurch kommerziell nutzbares Know-how und Kapital erschlossen werden. Die Entscheidung für die Flat Tax war in diesen Staaten auch davon bestimmt, einerseits im internationalen Steuerwettbewerb günstige Standortbedingungen zu schaffen. Sie sollten andererseits den Auf- oder Umbau bestehender Unternehmen im Zuge der Anpassung an die Bedingungen in konkurrierenden Industrie- und Schwellenländern erleichtern. Dies verlangte, dass die Steuern im Inland nach Tarif und Bemessungsgrundlage nicht höher sein durften als in den wettbewerbsfähigen Volkswirtschaften. Mit Blick auf die grenzüberschreitenden Transaktionen mussten die Kosten für die Steuerplanung, die -veranlagung und -zahlung für die beteiligten Unternehmen nicht höher sein als bei vergleichbaren grenzüberschreitenden Kooperationen mit Unternehmen in anderen Volkswirtschaften.

Die Wirkung der Flat Tax lässt sich nicht eindeutig nachweisen: Nur langsam konnten sich inländische Unternehmen als international leistungsfähige Anbieter qualifizieren. Gleichzeitig konnten die Transformationsstaaten ausländische Investitionen in vergleichsweise großem Umfang attrahieren.

Die Ursachen dafür sind nach allen Bekundungen nicht allein in der Steuerpolitik zu suchen. Die Gründe für den eher zögerlichen Umbau bestehender inländischer Unternehmen in den Transformationsstaaten sind in der Scheu vieler Eigentümer und Manager zu suchen, die sich den neuen Aufgaben als Folge unzureichenden Know-how nicht gewachsen fühlten. Investoren wurden abgeschreckt durch Engpässe in der Infrastruktur und durch den fortdauernden geringen Schutz von privaten Eigentumsrechten. Ausländische Investoren sahen in expansiven Konsumgütermärkten, in niedrigen Löhnen und Lohnnebenkosten sowie in weichen Standards bei der Genehmigung ihrer Investitionsanträge Vorteile gegenüber den Bedingungen in den traditionell markwirtschaftlichen westeuropäischen Industrieländern. Die Steuerpolitik der Transformationsstaaten war demgegenüber zweitrangig, zum einen, weil beträchtliche Steuervorteile ausgenutzt werden konnten, und zum anderen, weil in den unternehmerischen Kalkülen erfahrungsgemäß Steuern und die damit verbundenen Kosten der Planung, der Veranlagung und der Erhebung als weniger belastend angesehen wurden und werden.

Langfristig wird die Flat Tax im Widerspruch zu Bemühungen stehen, die Integration in die Weltwirtschaft zu erleichtern. Verschiedene Transformationsstaaten, die die Flat Tax eingeführt haben, sind bereits der Europäischen Union beigetreten oder verhandeln über eine Mitgliedschaft. Mit dem Erwerb der Vollmitgliedschaft gelten für die Steuerpolitik die gemeinschaftlichen Normen, und Sonderregelungen sind nur soweit zulässig, wie sie mit denen der Gemeinschaft vereinbart werden können. Dann müssen sich auch diese Staaten den Normen der gemeinschaftlichen Steuerpolitik unterwerfen und alle bestehenden steuerlichen Erleichterungen beseitigen, die gegen die Regeln eines fairen Steuerwettbewerbs verstoßen. Zwar gibt es keine gemeinschaftlichen Bestimmungen für die Tarife der Steuern auf persönliche Einkommen und auf die Einkünfte der Körperschaften. Gemeinschaftliche Vereinbarungen und die Rechtsprechung des Europäischen Gerichtshofs grenzen aber die nationalen Gestaltungsmöglichkeiten bei der Eingrenzung der Bemessungsgrundlage ein, sofern grenzüberschreitende Transaktionen betroffen ind. Damit stehen die derzeit noch geltenden Regeln nach dem Muster der Flat Tax in den Transformationsstaaten zur Disposition.

4.4 Die Flat Tax als Beweis für die Reformfähigkeit der Transformationsstaaten

Die Transformationsstaaten haben die Einführung der Flat Tax nicht allein mit der eigenen Einsicht in die Notwendigkeit einer radikalen Steuerreform in der Übergangsphase zur Marktwirtschaft erklärt. Berater internationaler Finanzierungseinrichtungen haben auch in den Transformationsstaaten, die Kredite und technische Unterstützung suchen, darauf gedrängt, die notwendigen Voraussetzungen zur Sicherung der Tilgung und zur Bedienung der von diesen Staaten übernommenen Verpflichtungen als Eigenleistung zu schaffen.

Zahlreiche Bekundungen lassen erkennen, dass die Transformationsstaaten, in denen die Flat Tax eingeführt wurde, mit der Einführung einer derartigen Steuer auch ihre Reformfähigkeit international demonstrieren und langfristig die Führerschaft in der Steuerpolitik übernehmen wollten. Die Transformationsstaaten sahen auch in der Übernahme der Flat Tax ein Mittel, das die Bereitschaft unter Beweis stellen sollte, wirtschaftspolitische Vorstellungen aufzunehmen, die in den Vereinigten Staaten von Amerika diskutiert werden. Zahlreiche Wirtschaftsfachleute, die in dem Transformationsprozess über wirtschaftliche und politische Maßnahmen zu befinden hatten, lebten bis zum politischen Wechsel in den Transformationsstaaten in den Vereinigten Staaten von Amerika, sind dort ausgebildet worden und haben dort gearbeitet. Dieser Personenkreis fühlte sich nach dem politischen Wechsel verpflichtet, das ihm zur Verfügung stehende Wissen für den wirtschaftlichen Aufbau des Landes zur Verfügung zu stellen. In den Transformationsstaaten wurde das amerikanische Wirtschaftsmodell (was immer auch darunter verstanden wurde) als Antithese zu dem planwirtschaftlichen Modell und der Unfreiheit weitgehend akzeptiert. Ausländische Berater und Finanzierungseinrichtungen fanden somit Gehör, wenn die Experten und Banken die wirtschaftspolitisch reformwilligen Politiker dazu drängten, radikale marktwirtschaftliche Modelle zu übernehmen.

5 Die Flat Tax als Motor im Transformationsprozess: Schlussfolgerungen

Die Flat Tax hat bislang – zusammengefasst – nur teilweise die in sie gesetzten Erwartungen erfüllen können: gesichert ist deren fiskalische Funktion, die wirtschaftspolitischen Impulse für den Übergang von der Plan- zur Marktwirtschaft und zu der Integration der Transformationsstaaten bleiben bislang begrenzt. Die Transformationsstaaten erscheinen als ein Testlauf für eine alternative Einkommensteuer ohne weitere Akzeptanz in den marktwirtschaftlichen Industrieländern.

Relevant ist für die begrenzte Wirkung der Flat Tax in den Transformationsstaaten, dass dieser Schritt nicht mit anderen notwendigen Reformen verbunden worden ist. Diese Steuer erfüllt ihre Funktionen allein, wenn auch der dafür notwendige rechtliche Rahmen im Unternehmensrecht, die organisatorischen Voraussetzungen in der Steuerverwaltung und die ordnungspolitischen Bedingungen wie ein uneingeschränktes Eintreten für die Marktwirtschaft erfüllt sind. Die Flat Tax setzt die Anerkennung des privaten Eigentums und einen funktionsfähigen Wettbewerb voraus. Nicht in allen Transformationsstaaten, die die Flat Tax eingeführt haben, sind auch die dafür erforderlichen ergänzenden Maßnahmen erfolgt. An diesem Beispiel bestätigt sich die Feststellung Wohlmuths, dass „eine erfolgreiche Transformation nicht nur ein möglichst umfassendes Herangehen an alle wesentlichen Politik- und Strukturreformen voraussetzt, sondern auch die politisch-ökonomischen Faktoren der Transformation Beachtung finden müssen." (Wohlmuth 2003, 16) Wohlmuth hat in seiner Bilanz der Reformpolitiken einen Weg aufgezeichnet, der auch bei der Einführung der Flat Tax in den Transformationsstaaten Erfolg verspricht. Die Einführung dieser Steuer muss – nach den Erkenntnissen von Wohlmuth – eingebettet sein in einen umfassenden wirtschaftlichen, sozialen und politischen Anpassungsprozess in den Transformationsstaaten. Der Staat soll aus seiner umfassenden Pflicht als „purposeful state" entlassen und unabdingbare öffentliche Aufgaben müssten eng definiert werden. Verzichtet werden muss auch auf Vorstellungen, staatliche Instrumente zur Lenkung der Produktionsfaktoren und zur Umverteilung von Einkommen und Vermögen außer Kraft zu setzen. Die Industrieländer sind aufgefordert, Hindernisse für den Steuerwettbewerb zu beseitigen.

Literatur

Auerbach, A. / Hassett, K. A. (2005), Introduction, in: Toward Fundamental Tax Reform, Edited by Alan J. Auerbach and Kevin A. Hassett, Washington, D.C., S. 1 – 10.

Gaddy, C. G. / Gale, W. G. (2005), Demythologizing the Russian Flat Tax, Tax Notes International, March 14, 2005, www.brookings.edu/printme.wb5?pagedef/$0999c6c4bb32ff3e7fff989b0 a1415cb/xme, 30.11.2006.

Edwards, C. (2005), Catching Up to Global Tax Reforms, Cato Institute, Tax & Budget Bulletin No. 28, November, www.cato.org/pubs/tbb-0511-28.pdf, 4.5.2007.

Heath, A. (2006), Flat Tax: Towards a British Model, www.taxpayersalliance.com/issues/flat_ tax_paper.php, 24.7.2006.

Heimann, B. (2005), The comparison of the Polish tax system with the tax systems in the EU countries. Implications for the international location competitiveness, Schriftenreihe des Instituts für Weltwirtschaft und Internationales Management, Band 12, Knorr, A. / Lemper, A. / Sell, A. / Wohlmuth, K. (Hrsg.), Münster / Hamburg.

IMF study: Flat Tax a "a craze", www.euractiv.com/en/taxation/imf-study-flat-tax-craze/article158903,19.12.2006.

International Bureau of Fiscal Documentation, Taxation and Investment in Central and Eastern European Countries (Incorporating Certain Central Asian Countries), Binder, Amsterdam.

Johnson, T. (2005), It's a Flat World – Or Is It? , in: Tax Notes International vom 7.11.2005.

Keen, M. / Kim, Y. / Varsano, R. (2003), The "Flat Tax(es)": Principles and Evidence, IMF Working Paper WP/06/218, www.imf.org/external/pubs/ft/wp06218.pdf, 3.1.2007.

Kuligin, P. I. (1998), Taxation in Countries of Central and Eastern Europe, in: Studies on Russian Economic Development, Volume 9, Number 2, S. 175 – 181.

Leibrecht, M. / Bellak, C. (2007), Besteuerung von Körperschaften und ausländischen Direktinvestitionen in zentral- und osteuropäischen Mitgliedstaaten der EU, in: Wirtschaft und Gesellschaft, 33. Jahrgang, Heft 1, S. 93 – 118.

Mitchell, D. J. (2006), Will Europe's Flat Tax Revolution Spread form East to West? , in: E.U. Tax Bulletin, January/ February, S. 100 – 105.

Mutén, L. (1992), Income tax reform, in: Vito Tanzi, Editor, Fiscal Policies in: Economics in Transition, Washington D.C., S. 166 – 187.

Svejnar, J. (2002), Transition Economies: Performance and Challenges, in: Journal of Economic Perspectives, Volume 16, Number 1, S. 3 – 28.

Tanzi, V. (1993), Financial Markets and Public Finance in the Transformation Process, in: Vito Tanzi, Editor, Transition to Market. Studies in Fiscal Reform, Washington, D.C., S. 1 – 30.

Wohlmuth, K. (2003), Eine Dekade der Transformation in Mittel- und Osteuropa – Systeminnovationen in Politik, Wirtschaft und Gesellschaft, in: Sell, A. / Schauf, T. (Hrsg.), Bilanz und Perspektiven der Transformation in Osteuropa, Band 10 der Schriftenreihe des IWIM, Münster / Hamburg, S. 15 – 42.

Systementscheidungen in der Globalisierung – das Beispiel Indien

Systematic Decisions in the Globalisation – the Example of India

Alfons Lemper

Abstract

The process of globalisation is along its implications, premises and consequences one of the dominating topics in political and scientific discussion nowadays (see e. g., Wohlmuth 2003). Especially the critics of globalisation often misinterpret the concept and the nature of the process, which leads them to ambiguous conclusions and claims.

The following brief contribution will emphasize the innovation-driven and not controllable character of the globalisation process. This article further leads to a deeper consideration of a number of factors that influence the process. One of these factors is the decision of each country about its political and economical system (system decision). Every country – apart from countries with satellite-character – should come to this decision independently. Such a decision can have a positive as well as a negative effect on the position of the country in the global competition.

India is chosen as an example to show the effect of system decisions. After gaining the independence in 1947, India decided to establish a system of government-controlled economy like the Soviet Union, an interior orientation and a strategy of import substitution, a decision which eventually was disastrous for the country. It led to a high level of disengagement from the world market, to a loss of competition skills and a corresponding loss of growth.

Increasing appearances of crisis forced the country from 1991 onwards to a change in system through gradual liberalization, an opening of the market, enforcement of foreign trade and promotion of foreign direct investments as in China. The success came quickly. Today India is next to China one of the most promising developing countries and a decent ally in the global competition.

Zusammenfassung

Der Globalisierungsprozess mit seinen Implikationen, Voraussetzungen und Folgen ist eines der dominierenden Themen in der gegenwärtigen politischen und wissenschaftlichen Diskussion. (vgl. auch Wohlmuth 2003).Vor allem bei den Kritikern der Globalisierung bestehen oft recht unklare Vorstellungen über die Natur dieses Prozesses, was sich dann in ebenso unklaren Folgerungen und Forderungen widerspiegelt.

In diesem kurzen Beitrag wird deshalb zunächst der innovationsgetriebene, nicht steuerbare Grundcharakter des Globalisierungsprozesses herausgestellt, der indessen Raum lässt für eine Vielzahl von Einflussmöglichkeiten im einzelnen. Eine dieser Möglichkeiten besteht in der Grundentscheidung in jedem Land über das jeweils zu etablierende politische bzw. wirtschaftliche System (Systementscheidung), eine Entscheidung die – abgesehen von Ländern mit Satelliten-Charakter – jedes Land in ureigener Autonomie zu treffen hat. Eine solche Entscheidung kann im positiven wie im negativen Sinne maßgeblich die Position eines Landes im globalen Wettbewerb determinieren.

Als Fallbeispiel für die Wirkung solcher Systementscheidungen ist hier Indien ausgewählt. Nach der Unabhängigkeit im Jahre 1947 entschied sich Indien für mehr als vier Jahrzehnte für das System einer gelenkten Wirtschaft nach dem Vorbild der Sowjetunion und für eine Binnenorientierung und Strategie der Importsubstitution, eine Entscheidung, die sich für das Land als verhängnisvoll erwies. Sie führte zu einer weitgehenden Abkoppelung vom Weltmarkt, zu einem Verlust an Wettbewerbskompetenz und entsprechenden Wachstumsverlusten.

Zunehmende Krisenerscheinungen zwangen das Land ab 1991 zu einem Systemwechsel mit schrittweisen Liberalisierungen, Marktöffnung, Forcierung des Außenhandels und Förderung von ausländischen Investitionen nach dem Muster Chinas. Die Erfolge zeigten sich rasch. Heute gilt Indien neben der VR China als eines der aussichtsreichsten Entwicklungsländer und als respektabler Partner im globalen Wettbewerb.

1 Der Globalisierungsprozess und seine Steuerbarkeit

1.1 Globalisierung in historischer Perspektive

Die im Zwei-Jahres-Rhythmus stattfindenden sog. Weltwirtschaftsgipfel der G 8-Staaten spülen regelmäßig das Thema der Globalisierung nach oben mit der Folge ausufernder Diskussionen und z. T. wütender Proteste sog. Globalisierungsgegner bzw. -kritiker. Fast allen diesen Diskussionen und Protesten liegt ein höchst diffuser, unscharfer Globalisierungsbegriff zugrunde. Jeder bzw. jede Gruppe versteht etwas anderes darunter. Entsprechend diffus und unscharf sind die Forderungen, die dann an die Politik gerichtet werden.

Auch die Wissenschaft hat seit einigen Jahren dieses Thema für sich entdeckt, die einzelnen Aspekte ausgeleuchtet und es auf eine hohe, teils sehr abstrakte Ebene gehoben, oft allerdings auf Kosten relativ einfacher, verwertbarer Grundaussagen. Dabei ist der Sachverhalt selbst, nämlich die Tatsache, dass Märkte verschiedener Art zunehmend die Tendenz entwickeln, sich weder lokal oder regional zu begrenzen, sondern als Aktionsraum den ganzen Globus zu beanspruchen und damit einen weltweiten Wettbewerb auszulösen, keineswegs neu. Wenn W. Woodruff (Woodruff 1977) die Entstehung der internationalen Wirtschaft zwischen 1700 und 1914 in allen Einzelheiten beschreibt und von Schätzungen berichtet, dass der Wert des Welthandels zwischen 1750 und 1913 um das Fünfzigfache zugenommen habe, so beschreibt er damit frühe Formen der Globalisierung (frühere Epochen lassen wir einmal unberücksichtigt). Es waren auch damals wichtige Innovationen, die als Triebkräfte für die Globalisierung des Handels dienten, wie etwa der Übergang von der Segelschifffahrt zur Dampfschifffahrt, die Innovationen auf dem Gebiet der Textilproduktion, die Erfindung der Kühlanlagen für den Fleischtransport., die Erfindung der Telegrafie etc. Auch die vielfältigen Arbeiten von Andreas Predöhl (A. Predöhl passim) über die sich herausbildende Struktur der Weltwirtschaft im 19. und 20 Jahrhundert analysierten Aspekte einer Globalisierung. Und es gab auch damals, wie in allen dynamischen Entwicklungsprozessen (vgl. J. Schumpeters Entwicklungstheorie) Vorreiter und Nachahmer, Gewinner und Verlierer. Alles das ist also nicht neu. Ganz neu ist indessen die Qualität des Prozesses den wir etwa seit der Mitte des vorigen Jahrhunderts beobachten können, ausgelöst durch die Kumulation mehrerer durchschlagender Innovationen:

- Mit an vorderster Stelle stehen die Innovationen auf dem Gebiet der Mikroelektronik. Es gibt praktisch kein Gebiet in Produktion, Verkehr oder Dienstleistung, das durch diese Innovationen nicht einen revolutionären Umbruch erlebt hat mit der Folge einer dramatischen Beschleunigung der Prozesse, Steigerung der Produktivität, Verkürzung der Produktzyklen und Ausweitung der Märkte.

- In engem Zusammenhang damit stehen die Innovationen auf dem Gebiet der Informationstechnologie (IT), die völlig neue Märkte kreieren und gänzlich neue Möglichkeiten auf dem Gebiet der Kommunikation eröffnen. Die Beispiele dafür sind jedermann augenfällig.

- -Durchschlagende Innovationen weist der Verkehrssektor auf, ob im Bereich des Seeverkehrs mit der Erfindung des Containers, mit den vielfältigen Neuerrungen in der Straßenverkehrstechnik oder der rasanten Entwicklung der Luftverkehrstechnik (z. B. Düsenantrieb).

- Die vorgenannten Innovationen haben in der Konsequenz Entwicklungen auf den Finanz- und Kapitalmärkten nach sich gezogen, die vor 50 Jahren noch unvorstellbar waren, von der Explosion der bewegten Finanzvolumina über die Revolutionierung des gesamten Bankensektors bis zu der Entstehung der sog. Hedge-Fonds, deren Zahl heute bereits auf über 6.000 geschätzt wird und von denen niemand so recht weiß, wie man sie bändigen kann.

- Alle diese Innovationen, die wie ein Netzwerk ineinander greifen, haben wesentlich zur Multinationalisierung vieler Unternehmen beigetragen.. Unternehmen folgen bekanntlich ihren Märkten. Wenn Märkte unter dem Einfluss der neuen Technologien zunehmend global werden, passen sich die Unternehmen an. Auch dieser Prozess ist in der Literatur vielfältig dokumentiert und analysiert.

Welche ungeheure Dynamik durch die genannten Innovationen freigesetzt wurde, mag man ermessen, wenn man bedenkt, dass allein der Welthandel in dem halben Jahrhundert von 1950 bis 2000 wertmäßig etwa um den Faktor 100 zugenommen hat, ein Mehrfaches dessen, was in vergleichbar langen früheren Perioden der Fall war. Dass solche kaum noch überschaubaren und praktisch alle Lebensbereiche der Menschen tangierenden Prozesse bei vielen

Menschen Ängste auslösen, ist ebenso verständlich wie die Versuche oder zumindest Forderungen, diese Prozesse irgendwie zu steuern oder zu kanalisieren.

1.2 Die Steuerbarkeit der Globalisierung

Wie oben dargelegt, ist die Globalisierung an sich kein neues Phänomen. Neu sind allerdings die Wucht, die Universalität und das Tempo, mit denen sie seit der Mitte des letzten Jahrhunderts zutage tritt. Um hier nicht zu diffusen Ängsten zu führen oder zu ebenso diffusen wie aussichtslosen Aktionen aufzufordern, ist es sinnvoll, das Problem der Steuerbarkeit des Prozesses ein wenig auszuleuchten.

Innovationen sind spontane Phänomene. Sie entstehen aus dem Forscher- und Erfindungsgeist besonders kreativer Menschen, wenn diese ein entsprechendes forschungsfreundliches und ordnungspolitisches Umfeld vorfinden. Die Innovationen des gleichen Zeitraumes sind oft netzartig miteinander verbunden und befruchten sich gegenseitig. Sie können im übrigen weder von Staaten noch Behörden geplant, befohlen oder sonst wie provoziert werden. Sie sind eben so wenig steuerbar wie freie Gedanken seitens einer Obrigkeit steuerbar sind. Insofern sind sie Naturphänomene, in gewissem Sinne Naturereignisse, wie diese unbeeinflussbar und unvorhersagbar. Deshalb ist auch etwa die Frage, ob die derzeitige Globalisierung gut oder schlecht sei, eben so müßig wie die Frage, ob der allmorgendliche Sonnenaufgang gut oder schlecht sei.

Dagegen kann auf die Ausgestaltung des Prozesses im einzelnen sehr wohl Einfluss genommen werden. Den Akteuren in diesem globalen Spiel, Einzelnen wie Gruppen, Kommunen wie Unternehmen, nicht zuletzt auch den beteiligten Ländern steht ein Vielzahl von Instrumenten und Möglichkeiten zur Verfügung, um in den Gang der Dinge einzugreifen und um ihre Position zu kämpfen. Dabei sehen sich die Beteiligten durchaus unterschiedlichen Ausgangspositionen gegenüber, Vorteilen wie Benachteiligungen oder gar bestimmten Mechanismen, die einzelnen Gruppen kollektive Vor- oder Nachteile verschaffen (z. B. Zollregime, WTO-Beschlüsse o. ä.), z. T. von den Industrieländern erfunden und von ihnen zum eigenen Vorteil eingesetzt.

Ein einfaches Bild mag den Zusammenhang zusätzlich illustrieren: Die großen Innovationen produzieren einen großen Strom von Geschehnissen, der in seiner Wucht alles mitreißt. Niemand kann sich ihm entziehen oder sich gegen ihn wenden. Innerhalb dieses Stromes kämpft jeder der Beteiligten um seine Position oder gar um sein Überleben. Man kann sich gegenseitig helfen oder auch behindern. Wer erfolgreich ist, gehört zu den Gewinnern, andernfalls gehört er zu den Verlierern. Zahlreiche Beispiele belegen, dass es immer wieder einzelnen Akteuren trotz widriger Ausgangsposition gelingt, mit Energie und geschickter Politik sich nicht nur zu behaupten, sondern sogar erfolgreich zu sein.

Auf die Realität übertragen: Zu den Ländern, denen es trotz ungünstiger Ausgangsposition mit geschickter und kluger Politik gelungen ist, die Niederungen der Unterentwicklung und der Armut zu verlassen und sich einen respektierten Platz im Wettbewerb zu verschaffen, gehören etwa Südkorea, Taiwan, aber auch Irland, Finnland und das Baltikum. Die VR China und Indien sind auf dem besten Wege. Natürlich kennen wir auch gegenteilige Beispiele, in denen Länder mit an sich günstiger Ausgangsposition (z. B. aufgrund vermarktungsfähiger Rohstoffressourcen) wegen Stammesfehden und Bürgerkriegen, Missmanagement, Korruption oder unfähigen Regierungen im Sumpf der Armut verharren. Als Beispiele mögen hier besonders einige Länder Afrikas dienen (Nigeria, Zimbabwe, Angola, Kongo u. a.).

Die Realität zeigt uns aber noch ein weiteres: Wenn einzelne Länder im globalen Wettbewerb erfolgreich waren, so verdanken sie dies in der Regel in erster Linie der eigenen Kraft und Initiative, seltener einer Hilfestellung von außen (Entwicklungshilfe) oder seitens internationaler Institutionen.

Durchschlagenden Einfluss auf die Position eines Landes im globalen Wettbewerb haben politische Entscheidungen, die das jeweilige Wirtschaftssystem oder die Wirtschaftsordnung betreffen. Nicht wenige Länder haben im Verlauf ihrer Geschichte die Chance, grundlegende Weichenstellungen dieser Art vorzunehmen. Solche Systementscheidungen haben etwa die Bundesrepublik Deutschland und die Deutsche Demokratische Republik nach dem II. Weltkrieg getroffen, mit den allbekannten Konsequenzen. Ähnliches gilt für die VR China unter Deng Xiaoping, für Südkorea um 1960, für die osteuropäischen und baltischen Staaten nach der Wende von 1989/90. Die Beispiele ließen sich leicht fortsetzen.

Ein sehr markantes Beispiel für die Konsequenz günstiger oder ungünstiger Systementscheidungen bietet uns Indien nach seiner Unabhängigkeit im Jahre 1947 bis heute. Ihm wollen wir uns im folgenden zuwenden.

2 Systementscheidungen in Indien und ihre Auswirkungen

2.1 Die Periode 1947 – 1991

Mit der Teilung Indiens in das islamisch geprägte Pakistan und den mehrheitlich hinduistischen Süden des Subkontinents entstand im Jahre 1947 mit der Unabhängigkeit das heutige Indien. Zunächst übernahm Gandhis Mitstreiter J. Nehru die Regierung des riesigen Bundesstaates bis 1964, danach führten, mit kurzen Unterbrechungen dessen Tochter Indira und deren Sohn Rajiv Gandhi das Regime der Nehru-Dynastie weiter.

Vor der Unabhängigkeit konnte der Subkontinent bereits auf mehrere tausend Jahre einer höchst wechselvollen Geschichte zurückblicken, deren letzte Jahrhunderte, etwa nach der Gründung der Ostindischen Kompanie starken europäischen, vorwiegend britischen Einflüssen ausgesetzt waren. Die Briten haben es verstanden, dem Riesenland mit seinen geografischen und klimatischen Gegensätzen, seiner Vielzahl von Ethnien mit mehreren hundert Sprachen und verschiedenen Religionen ihren Stempel aufzudrücken. Als sie das Land 1947 in die Unabhängigkeit entließen, verfügte es bereits über ein Verwaltungssystem nach englischem Vorbild, über ein umfassendes Eisenbahnnetz, über ein relativ modernes Bankenwesen und über relativ gute Hochschuleinrichtungen mit zahlreichen Universitäten (Rothermund 1995). Aber auch in anderer Hinsicht lehnte sich Indien an das britische Vorbild an. Es übernahm in weiten Teilen das englische Rechtssystem, das Gewerkschaftssystem und die demokratisch-parlamentarische Regierungsform Auch die Einteilung Indiens in Bundesstaaten, Verwaltungseinheiten und Distrikte sind ein Erbe der britischen Zeit, das bis heute Bestand hat. Mit Stolz nennt sich Indien die (bevölkerungsmäßig) größte Demokratie der Welt.

Diese politische Struktur in einem derart ethnisch, religiös und kulturell zerklüfteten Land hat natürlich erhebliche Konsequenzen bezüglich der Regierbarkeit des Subkontinents. Die bundesstaatliche Struktur mit entsprechender Meinungs- und Interessenvielfalt führt zu schwerfälligen Entscheidungsprozessen, wofür gerade jetzt auch Europa hervorragendes Anschauungsmaterial liefert. Es gehört sicherlich zu den großen Leistungen der Nehru-Dynastie, die das Land mit kurzen Unterbrechungen über vier Jahrzehnte (1947 – 1991) regiert hat, die Einheit des Landes erhalten und gefestigt zu haben und ihm außenpolitisch eine gewichtige Stimme verliehen zu haben. Gleichwohl hatten entwicklungspolitisch der hohe Freiheitsgrad, die Vielfalt der Interessen und die politische Struktur ihren Preis, wenn man als Vergleich etwa die VR. China heranzieht. Dort führt das straffe Regime durch die kommunistische Partei zwar zu erheblich geringeren Freiheitsgraden, dafür sind die zentralgesteuerten Entscheidungswege erheblich rascher und kürzer., was sich besonders auf die Attraktivität für ausländische Investitionen auswirkt.

Bereits bald nach der Unabhängigkeit traf Indien unter J. Nehru ein wichtige, aus der späteren Perspektive verhängnisvolle Systementscheidung, indem es sich nach dem Vorbild der Sowjetunion für eine gelenkte Wirtschaftsform mit ausgeprägter Binnenorientierung entschied. Mit sozialistischen Grundvorstellungen, Fünfjahresplänen, mit forciertem Ausbau der Schwerindustrie und der Verstaatlichung der Banken suchte J. Nehru und später seine Tochter Indira, die das Land äußerst autoritär führte, das Problem der Unterentwicklung und der Armut zu lösen (Gutowski 2003).

Die konsequente Binnenorientierung beruhte vermutlich auf dem theoretischen Konzept der „self reliance" bzw „collective self ‚reliance", das zu der damaligen Zeit die entwicklungspolitische Diskussion beherrschte. Ausgangspunkt des Konzepts war die Annahme, dass das Problem der Unterentwicklung wesentlich verursacht sei durch eine strukturelle Benachteiligung im Weltmarktzusammenhang. Folglich sei es angezeigt für das Entwicklungsland, sich für eine Weile weitgehend aus dem Weltmarktzusammenhang auszuklinken, sich durch eigene Entwicklungsanstrengungen auf internationales Entwicklungsniveau zu heben und sich dann wieder in den internationalen Wettbewerb einzuschalten. Als praktische Strategie wird dazu die Strategie der Importsubstitution empfohlen.

Indien ist gleich nach der Unabhängigkeit nach diesem Muster verfahren und hat in der Folge ein Außenhandelssystem etabliert, das als eines der restriktivsten der Welt bezeichnet worden ist (Steingröver 1998, S. 141). Hauptbestandteil dieser Strategie war ein System sog. nicht-tarifärer Handelshemmnisse. Der gesamte Import wurde einem Netz von Importlizenzen unterworfen. So war der Import von Konsumgütern grundsätzlich verboten mit Ausnahme solcher Konsumgüter, die für wichtig erachtet wurden bzw. im Lande selbst nicht in ausreichendem Maße vorhanden waren. Für Zwischenprodukte und Kapitalgüter wurde ein kompliziertes Lizenzierungssystem eingerichtet, dessen Einzelheiten hier nicht dargestellt werden können (Gutowski 2003, S. 171). Die außerordentlich restriktiven nicht-tarifären Handelsbeschränkungen wurden unterstützt durch Importzollsätze die ebenfalls zu den höchsten der Welt gehörten. Auch der Export unterlag weitgehenden Restriktionen, die allesamt das Ziel hatten, die heimische Produktion zu schützen.

Das Ergebnis war die weitgehende Abkoppelung Indiens vom Weltmarkt, entsprechend dem Konzept der „self-reliance". Der Anteil Indiens an den Weltexporten sank im Zeitraum von 1950 bis 1990 von 2% auf 0,5% (Gutowski 2003, S. 177). Im weitgehenden Schutz vor Auslandskonkurrenz, unter dem Bürokratismus, Nepotismus und ein schwerfälliger Verwaltungsapparat prächtig gedeihen konnten, verlor Indiens Industrie dramatisch an Wettbewerbskompetenz. Man konnte in den 1980er Jahren in Indien Trucks beobachten, die noch immer auf der Basis von Lizenzen von Daimler-Benz aus den frühen 50er Jahren gebaut wurden, ohne jede Spur von Weiterentwicklung. Auf anderen Gebieten sah es ähnlich aus.

Es kann nicht verwundern, dass das Auslandskapital, das seit den 80er Jahren in großen Mengen in die VR China strömte, um Indien einen großen Bogen machte, obwohl das Land mit seiner Bevölkerung von nahezu 1 Mrd. Menschen, einer beträchtlichen kaufkräftigen Mittelschicht, einem funktionierenden Bankensystem, einem im Vergleich zu China wesentlich dichteren Eisenbahnnetz und einem europäisch geprägten Rechtssystem an sich hervorragende Investitionsmöglichkeiten bieten sollte. Während China den ausländischen Investoren u.a. mit der Einrichtung sog. Sonderwirtschaftszonen und zahlreichen anderen Vergünstigungen bevorzugte Bedingungen bot, verhielt sich Indien zumindest bis zum Beginn der Reformen 1991 gegenüber dem Auslandskapital außerordentlich abweisend. So waren ausländische Direktinvestitionen, bei denen die Ausländer die Kapitalmehrheit hatten, grundsätzlich verboten. Der Staat reservierte Bereiche der Privatindustrie für die Kleinindustrie. Darüber hinaus wurde die Privatindustrie durch ein umfassendes Lizenzsystem vom Staat kontrolliert. Diese und ähnliche Restriktionen, verbunden mit einem völlig überbesetzten und verbürokratisierten Verwaltungssystem und endlosen Entscheidungsprozessen schreckten das Auslandskapital ab. Statt sich durch den internationalen Wettbewerb herauszufordern, isolierte sich das Land hinter hohen Schutzmauern. Dabei hatte es partiell durchaus Erfolge aufzuweisen, z. B. mit dem Ergebnis der sog. „Grünen Revolution", die die Erträge der Landwirtschaft enorm steigerte und das Problem der bisherigen periodischen Hungersnöte trotz stark wachsender Bevölkerung vergessen machte.

Insgesamt war die System-Entscheidung der Nehru-Regierung in den frühen 50er Jahren, in Indien eine staatlich gelenkte Wirtschaft einzuführen, mit Bevorzugung der Schwerindustrie nach russischem Muster, weitgehender staatlicher Planung und nach außen abgeschotteten Märkten für das Land ex post außerordentlich verhängnisvoll. Selten ist ein theoretisches Konzept durch die Realität so diskreditiert worden wie das seinerzeit so gepriesene Konzept der „self-reliance". Etwas spekulativ ist natürlich die Vorstellung, wo das Land heute stehen würde, wenn die Reformen, die 1991 eingeleitet wurden, bereits vor 40 Jahren eingeführt wären. Eine wichtige Konsequenz darf man allerdings aus dem bisher Gesagten wohl ziehen: Für die derzeitige Situation des Landes sind – von dem Erbe der Kolonialzeit einmal abgesehen –weniger schicksalhafte äußere Einflüsse als eigene interne Entscheidungen und Entwicklungen verantwortlich, was durch die Fortschritte seit Einleitung der Reformen noch verdeutlicht werden wird.

2.2   Die Reformen seit 1991

Nach der Ermordung Indira Gandhis im Jahre 1984, die zumindest in ihren letzten Jahren ein recht autoritäres Regime gepflegt hatte, was die vormalige Isolation des Landes eher noch verstärkt hatte, über nahm unmittelbar ihr Sohn Rajiv Gandhi die Regierung. Dieser praktizierte einen anderen, weitaus liberaleren Regierungsstil. Er hatte sich vor allem den Kampf gegen die Korruption, eine Straffung der Verwaltung sowie den Aufbau und die Stärkung der IT-Branche zum Ziel gesetzt. Damit legte er bereits damals den Grundstein für die noch heute vorhandene Kompetenz des Landes auf diesem Sektor. Auch nach außen gab es erste Anzeichen einer Liberalisierung. Trotz anfänglich hoher Sympathiewerte verlor er aber nach und nach Rückhalt vor allem in der Landbevölkerung, die sich von ihm nicht genügend vertreten fühlte, und musste nach verlorenen Kongresswahlen die Regierung abgeben. Als auch seine Nachfolger V. Singh und C. Shekhar ebenfalls keinen Erfolg hatten und Neuwahlen ausschreiben mussten, bewarb sich R. Gandhi erneut, wurde aber im Jahre 1991 wie seine Mutter ermordet.

Da Gandhis Ehefrau Sonia, eine gebürtige Italienerin, die ihr angetragene Führung der Kongresspartei ablehnte, war damit die langjährige Nehru/Gandhi-Dynastie an ihr Ende gekommen, und es begann eine recht wechselvolle politische Phase. Allein in den Jahren zwischen 1991 und 2002 sah Indien acht Premierminister.

Bereits in den Jahren vor 1991 mehrten sich die Anzeichen, dass Indien immer mehr auf eine ökonomische Krise zutrieb. Die Haushaltsungleichgewichte vergrößerten sich zusehends. Das Haushaltsdefizit stieg von 6% des BIP im Jahre 1980/81 auf 8,4% in 1990/91 an. Es mussten zunehmend Ressourcen gebunden werden, um das Haushaltsloch zu stopfen. Der rigide Protektionismus und Isolationismus hatte die Wettbewerbsfähigkeit stark geschwächt, das Leistungsbilanzdefizit in die Höhe getrieben und die Auslandsverschuldung stark ansteigen lassen. Das Land stand kurz vor dem Bankrott und war nicht mehr in der Lage, seinen Zahlungsverpflichtungen nachzukommen (Rothermund 1995).

In dieser Krisensituation blieb der Regierung keine andere Wahl, als das Steuer energisch herumzuwerfen. Das Jahr 1991 gilt allgemein als das Jahr der wirtschaftspolitischen Zeitenwende. Erklärtes Ziel der nachfolgenden Regierungen wurde es, den Weg des Isolationismus zu verlassen, die Wirtschaft schrittweise in die Weltwirtschaft zurückzugliedern und die Politik der Importsubstitution und der „self-reliance" aufzugeben. (Gutowski 2003, S. 182). Damit traf das Land eine zweite, gravierende Systementscheidung, die von allen Regierungen nach 1991 nachvollzogen oder gar bekräftigt wurde.

Wenngleich die Reformschritte keineswegs abrupt, sondern allmählich und in kleinen Schritten vollzogen wurden, stellten sich alsbald erste Erfolge ein: Die Erhöhung der Freiheitsgrade führte zu einer allgemeinen Belebung der Wirtschaft. Bereits 1995/96 betrug das Wirtschaftswachstum 7,1%. Die Exporte wie die Importe stiegen deutlich an. Aufgrund der allmählichen Verringerung der Restriktionen für ausländisches Kapital wurde der Subkontinent, der mit seiner Bevölkerung von derzeit 1,3 Mrd. Menschen (2006) und einer bereits ansehnlichen kaufkräftigen Mittelschicht naturgemäß ein attraktives Ziel für ausländische Investoren darstellt, zunehmend von ausländischen Investoren entdeckt. Dass Indien trotzdem in dieser Beziehung deutlich hinter der VR China zurückbleibt, hat viele, hier nicht im einzelnen zu erörternde Gründe, von denen die politische Zerklüftung, der mentale Traditionalismus, das noch immer schwerfällige Verwaltungssystem einige der wichtigsten sein dürften. Immerhin hat sich der Außenhandel zwischen 1991 und 2004 mehr als vervierfacht und zeigt auch über 2006 hinaus eine kräftige Aufwärtstendenz. Das BIP wächst seit einigen Jahren mit stabilen Raten von über 8%, mit ebenso günstigen Prognosen für die nächsten Jahre. Der gegenwärtige. Regierungschef M.Singh, der schon als Finanzminister der Vorgänger-Regierung maßgeblich den Reformprozess vorangetrieben hatte, scheint fest entschlossen, diesen Weg weiter zu gehen.

Inzwischen sind wir es gewohnt, Indien wie auch China als eines der künftigen Schwergewichte im globalen Wettbewerb wahrzunehmen. Anderthalb Jahrzehnte haben bereits ausgereicht, um dieses Land aus der Position eines bemitleideten Mauerblümchens herauszuführen. Zwar ist das Armutsproblem bei weitem noch nicht gelöst. Das BIP/Kopf ist mit knapp 800 USD (2006) noch sehr niedrig. Aber die Weichen sind offenbar richtig gestellt. Optimismus und Selbstbewusstsein sind zurückgekehrt. Wenn das Land die Kraft findet, seine internen Probleme (Infrastruktur, Umwelt, Bevölkerungswachstum) zu lösen, wird es in wenigen Jahrzehnten einer der großen Akteure im globalen System sein und maßgeblich dazu beitragen, den Schwerpunkt der Weltwirtschaft zunehmend nach Asien zu verlagern.

Zweifellos gibt es noch immer eine Reihe von Ländern, die aufgrund objektiver Benachteiligungen klimatischer, geografischer oder anderer Art kaum eine Chance haben, im globalen Konzert ohne Hilfe von außen mitzuspielen.

Aber vielleicht sind es weniger, als wir dem ersten Anschein nach glauben mögen. Denn ein Land wie Indien hat uns exemplarisch gezeigt, was Länder aus eigener Kraft vermögen, wenn sie es mit kluger Politik zielstrebig angehen und wie politische Grundentscheidungen im positiven wie im negativen Sinne den Lauf der Geschichte mitbestimmen.

Literatur

Agarwal, J. (1980), Determinants for foreign direct investment, in: Weltwirtschaftliches Archiv, Bd. 116, Kiel.

Gutowski, A. (2003), Standortqualitäten und ausländische Direktinvestitionen. Ein Vergleich zwischen der VR China und Indien, Verlag Dr. Kovac, Diss. Bremen.

Predöhl, A. (1971), div. Schriften, z. B. Außenwirtschaft, 2.Aufl., Göttingen.

Rothermund, D. (1995), Indien – von der Planwirtschaft zur Liberalisierung, Frankfurt.

Steingröver, M. (1998), Reformdynamik exportorientierter Umstrukturierung – ein theoretisches Raster und das Beispiel Indien, München.

Wohlmuth, K. (2003), Chancen der Globalisierung – für wen? Berichte aus dem Weltwirtschaftlichen Colloquium der Universität Bremen, Nr. 81.

Woodruff, W. (1977), Die Entstehung einer Internationalen Wirtschaft 1700-1914, in: C. M. Cipolla und K. Borchardt: Die Entstehung der industriellen Gesellschaften, Stuttgart / New York.

Weltwirtschaftliche Veränderungen und ihre Auswirkungen auf Wirksamkeit und Marktkonformität der Forschungs- und Technologiepolitik

Global Changes and their Implications on the Impact and Market Conformity of Scientific and Technology Policy

Tobias Schauf

Abstract

Innovation is a key factor for economic growth. In his research work, Karl Wohlmuth concentrated amongst other topics on innovation with special focus on the region Bremen, on high developed economies and also on transformation and developing countries. His focal point was the analysis of regional and national innovation systems, the global competition of innovation systems and the globalisation of innovation systems. Karl Wohlmuth led the VI. Annual Economic Conference of the Institute for World Economics and International Management (IWIM) which numerous innovation experts attended. The conference was titled: "Innovation as key factor of a successful business location – national and regional innovation systems in the global competition" (see Wohlmuth, 2000).

One element of these innovation systems is the public research and technology policy. It has the objective to influence the intensity and direction of R&D in the economy. However, globalisation processes change the conditions for an influencing research and technology policy fundamentally.

In the past decades, the request to promote companies' R&D by public policies was justified by intensified global competition which would make public R&D support necessary to guarantee the international competitiveness of companies. The development towards a 'Knowledge Society' and the acknowledgement of the relevance of knowledge for economic welfare add to this request.

The internationalisation of companies is more and more in contradiction to a well directed or indirect public promotion of companies, projects or technologies. If the public promotion of companies is no longer related to the domestic value added it becomes a problematic policy intervention.

A large number of today's commonly accepted public interventions have to be rejected from a regulatory policy perspective. The public research and technology policy faces the challenges of these international changes and has to adapt accordingly.

Zusammenfassung

Die staatliche Forschungs- und Technologiepolitik hat die Aufgabe, auf Intensität und Richtung der Forschungs- und Entwicklungstätigkeiten von Wissenschaft und Wirtschaft in einer Volkswirtschaft Einfluss auszuüben. Die Globalisierung verändert die Bedingungen für solche Einflüsse grundlegend.

In den letzten Jahrzehnten wird der Ruf nach Förderung von Forschung und Entwicklung der Unternehmen auch damit begründet, dass im Rahmen des immer intensiveren weltweiten Wettbewerbs die internationale Wettbewerbsfähigkeit der Unternehmen eines Landes nicht anders zu erreichen bzw. zu erhalten sei. Die Entwicklung hin zu Wissensgesellschaften und das Erkennen der Bedeutung des Wissens für die Wohlfahrt einer Volkswirtschaft verstärken diesen Ruf zusätzlich.

Die Internationalisierung der Unternehmen selbst steht einer gezielten oder indirekten staatlichen Förderung von Unternehmen, Projekten oder auch Technologien immer häufiger entgegen. Ist der Bezug der geförderten Unternehmen zur Wertschöpfung im fördernden Land nicht mehr eindeutig gegeben, so wird die Förderung zu einem fraglichen Politikeingriff. Ordnungspolitisch sind zahlreiche der heute üblichen Eingriffe eindeutig abzulehnen.

Die staatliche Forschungs- und Technologiepolitik steht im Rahmen dieser weltwirtschaftlichen Veränderungen eindeutig vor der Herausforderung, auf die veränderten Bedingungen reagieren zu müssen.

1 Einführung und theoretischer Rahmen

Die Globalisierung - verstanden als zügig zunehmende Internationalisierung von Unternehmen und Märkten - ist ein Prozess, der die Bedingungen für staatliche Eingriffe in zahlreichen Politikbereichen grundlegend verändert.

Die Forschungs- und Entwicklungsanstrengungen der Wirtschaft finden bereits seit längerer Zeit - und viel stärker die Bereiche Absatz und Produktion - zunehmend international organisiert und ausgerichtet statt. Dieses Phänomen wird auch als „Techno-Globalism" bezeichnet. Damit ist die Facette des Globalisierungsbegriffes gemeint, die das technologische Wissen betrifft.

Die Fähigkeit von Unternehmen im internationalen Innovationswettbewerb zu bestehen hängt in hohem Maße von deren Ideen, Kompetenzen und Managementfähigkeiten ab. Daneben wird diese Wettbewerbsfähigkeit maßgeblich von der staatlichen Forschungs- und Technologiepolitik beeinflusst. Die Politik versucht auf vielerlei Weise auf das Ausmaß und die Richtung der privaten Forschungs- und Entwicklungsaktivitäten Einfluss auszuüben.

Staatliche Forschungs- und Technologiepolitik verliert durch die Internationalisierung von Forschung und Entwicklung teilweise ihre Ansatzpunkte in der Wirtschaft und damit ihre Wirksamkeit. Dies gilt sowohl für die großen multinational aufgestellten Unternehmen, wie auch für international tätige kleine und mittelgroße Unternehmen.

In diesem Aufsatz wird zunächst die Herausforderung der Forschungs- und Entwicklungspolitik aufgezeigt; hierbei werden die drei wesentlichen Erscheinungsformen von „Techno-Globalism" skizziert.

Daraufhin wird das Problem herausgearbeitet, das aufgrund der Herausforderung „Techno-Globalism" für die staatliche Forschungs- und Technologiepolitik entstanden ist und immer deutlicher zu Tage tritt.

Hierauf aufbauend stellt sich abschließend die Frage, ob und inwieweit die staatliche Forschungs- und Technologiepolitik auf diese Herausforderungen bereits reagiert hat bzw. reagieren muss. Diese Frage wird ansatzweise beantwortet, wobei an dieser Stelle keine eingehende Analyse der Entwicklung der Forschungs- und Technologiepolitik verschiedener Länder im Hinblick auf die Anpassung an gegebene Herausforderungen erfolgt. Es handelt sich hier um grundsätzliche Überlegungen.

Ziel dieser Ausführungen ist nicht eine ordnungskonforme und den neuen weltwirtschaftlichen Herausforderungen angepasste Forschungs- und Technologiepolitik zu entwickeln; Ziel ist es, die Notwendigkeit einer solchen deutlich zu machen.

Die Analyse basiert auf einem ordnungstheoretischen Vorgehen. Sie geht von der Grundannahme aus, dass forschungs- und technologiepolitische Ziele des Staates im Rahmen einer wettbewerblichen Marktordnung grundsätzlich ordnungstheoretisch legitimiert und die konkret eingesetzten Instrumente ihrerseits ordnungskonform ausgestaltet sein müssen.

Dieses Vorgehen erfordert es, vorab Wertprämissen zu formulieren. Ist dieser normative Schritt geleistet, sind also normative Wertentscheidungen getroffen und darauf aufbauend Ziele formuliert, so können bereits getroffene Maßnahmen auf ihre Ordnungskonformität und Zielerreichung hin überprüft werden. Es bedarf also der Identifikation und Formulierung dieser Wertprämissen. Ein solcher Ansatz wird in diesem Beitrag nicht neu entwickelt, sondern er wird auf dem evolutorischen ordnungstheoretischen Ansatz von Friedrich August von Hayek aufgebaut; Hayek betont die Unwissenheit und leitet daraus die grundsätzliche Notwendigkeit einer dezentralen Koordination der individuellen Handlungen ab (vgl. von Hayek 1969, von Hayek 1983).

Die Kenntnisse und Fähigkeiten der Individuen einer Gesellschaft sind sehr unterschiedlich und das individuell vorhandene Wissen lässt sich nicht beliebig aggregieren; das insgesamt in einer Gesellschaft vorhandene Wissen ist daher immer weitaus umfangreicher als das Wissen, das ein einzelnes Individuum oder eine Institution jemals erlangen könnte. Die Unkenntnis bezieht sich dabei sowohl auf die Pläne und Handlungen anderer Akteure als auch auf die Auswirkungen eigener Handlungen auf andere Akteure und auf die faktische Gesamtordnung der Pläne und Handlungen; dies wird auch als ‚konstitutionelle Unwissenheit' bezeichnet (Hoppmann 1988, S. 385).

Ein Individuum oder eine Institution kann aufgrund dieser Unwissenheit niemals eine Ordnung konstruieren, die einer in einem evolutorischen Entstehungsprozess entstandenen realen Ordnung ebenbürtig wäre.

Aus dieser Erkenntnis folgt für die Ordnungstheorie dreierlei:

(1) Die rationale Gestaltbarkeit von Ordnungen (Konstruktivismus) ist anzuzweifeln.

(2) Die zielgerichtete Lenkung des gesellschaftlichen Ganzen (Interventionismus) ist unmöglich.

(3) Der gesellschaftliche Evolutionsprozess darf nicht behindert werden.

Zudem folgt daraus auch die Notwendigkeit einer dezentralen Koordination der menschlichen Handlungen. Nur so kann das verteilte Wissen genutzt werden. Eine zentrale Lenkung und damit eine Einschränkung der individuellen Freiheit ist immer unterlegen, da sie das Problem der konstitutionellen Unwissenheit nicht lösen kann und daher zwangsläufig ineffizient ist.

Die Betonung der individuellen Freiheit ist ein Werturteil, das hiermit aus dem Sachverhalt der konstitutionellen Unwissenheit abgeleitet wurde.

Die Normativität der Ordnungstheorie ist Hauptkritikpunkt in der wissenschaftlichen Diskussion. Die eindeutige Präferierung der wettbewerblichen Koordinierung von Marktprozessen in der Ordnungstheorie führt dazu, dass die Theorie dem Ideologievorwurf ausgesetzt wird (Holzkämper 1995, S. 97). Die Gestaltung wirtschaftspolitischer Maßnahmen ohne zugrunde liegende Wertprämissen ist jedoch nicht möglich.

Im Fokus steht in der vorliegenden Untersuchung die Forschungs- und Technologiepolitik auf nationaler Ebene in hoch entwickelten Industrieländern. Der Fokus auf die nationale Politik liegt begründet in der nach wie vor dominierenden Rolle dieser Ebene im untersuchten Politikfeld. Diese Dominanz wird auf absehbare Zeit hin weiter bestehen, wenngleich in zumindest einzelnen Bereichen schon heute beispielsweise die EU-Forschungspolitik - also die supranationale Ebene - eine wichtige Rolle eingenommen hat.

Eine Differenzierung nach Unternehmensgrößenklassen - insbesondere zwischen Großunternehmen und KMU - erfolgt nicht, wenngleich im Detail eine Differenzierung an einigen Punkten durchaus denkbar ist. Diese Differenzierung stellt jedoch aus Sicht des Autors die hier dargelegte grundsätzliche Argumentation nicht in Frage. Eine grundsätzliche Unterscheidung zwischen

Großunternehmen und KMUs wird abgelehnt, da sie zu Politikkonzeptionen führt, die aus ordnungstheoretischer Sicht nicht konsistent sind.

2 Weltwirtschaftliche Veränderungen als Herausforderung für die Forschungs- und Technologiepolitik

Die staatliche Forschungs- und Technologiepolitik hat die Aufgabe, auf die Intensität und Richtung der Forschungs- und Entwicklungstätigkeiten von Wissenschaft und Wirtschaft in einer Volkswirtschaft Einfluss auszuüben. Begründungen für diese Eingriffe sind in der Regel die Behebung von Marktversagen (externe Effekte, öffentliche Güter, Unsicherheiten), aber auch außenhandelsbedingte Rechtfertigungen (Neue Wachstumstheorie, Strategische Handelspolitik, Förderung der internationalen Wettbewerbsfähigkeit) oder Zielsetzungen, wie die Erreichung von Synergien und „economies of scale".

In den letzten Jahrzehnten wird der Ruf nach Förderung von Forschung und Entwicklung der Unternehmen verstärkt auch damit begründet, dass im Rahmen des immer intensiveren weltweiten Wettbewerbs die internationale Wettbewerbsfähigkeit der Unternehmen eines Landes nicht anders zu erhalten oder zu erreichen sei. Wertschöpfung in modernen Ökonomien basiert immer mehr auf Wissen, Information, Humankapital, Lernen und Technologie; ein immer größerer Teil aller von Unternehmen getätigten Investitionen fließt in immaterielle Güter. Daher spricht man auch von der „knowledge based economy", welche die produktions- und industrieorientierte Wirtschaft als dominierenden Wertschöpfungsbereich ablöst.

Liberalisierung, Privatisierung und sinkende Transaktionskosten beschleunigten in den vergangenen Jahren die Globalisierung von Absatz und Produktion aber auch von wissensintensiven Unternehmensfunktionen, beispielsweise der Forschungs- und Entwicklungstätigkeit privater Unternehmen. Dies konfrontiert nationale Innovationssysteme immer stärker mit neuen Herausforderungen. Zu nennen sind vor allem veränderte Markt- und Wettbewerbsbedingungen. Der Wettbewerb hat in den meisten Branchen und Ländermärkten zugenommen; begründet ist dies durch zahlreiche neue Wettbewerber auf dem Weltmarkt, die schnelle Weiterentwicklung der Informations- und Kommunikationstechnologien und der damit verbundenen schnellen Verbreitung von Information und Wissen, sowie durch die Tatsache, dass immer mehr einzelne

Technologien entwickelt werden und die Zahl der Technologiekombinationen (auch Technologiefusionen genannt; z.b. die Optoelektronik) zunimmt.

Zusammengefasst kann man die Auswirkungen folgendermaßen skizzieren: Die Innovationszyklen und Produktlebenszyklen werden immer kürzer, die Komplexität der Innovationsprozesse nimmt zu, der Kosten- und Zeitdruck („time to market") im internationalen Wettbewerb wächst und das Risiko bei der Erschließung neuer Märkte steigt (Becker / Vitols 1997, S. 260).

Für das Phänomen Globalisierung in der Welt von Erfindung und technologischer Innovation wird häufig der Begriff „Techno-Globalism" genutzt. Der Begriff entstammt den populärwissenschaftlichen Medien, wurde jedoch durch den akademischen Bereich zügig übernommen.

„Techno-Globalism" drückt aus, dass Generierung, Übertragung und Verbreitung von neuen Technologien zunehmend im internationalen Raum stattfinden (Archibugi / Michie 1995, S. 121).

Dies ist erstens die Globalisierung der Nutzung technologischen Wissens durch Handel, Lizenzvergabe oder Auslandsproduktion („global exploitation"), zweitens die globale Kooperation bei der Generierung neuen technologischen Wissens im Bereich Forschung und Entwicklung („global cooperation"), und drittens die Globalisierung der Generierung neuen technischen Wissens, beispielsweise durch Gründung oder Akquisition von Forschungs- und Entwicklungseinrichtungen im Ausland („global generation") (Archibugi / Michie 1995, S. 121f.).

Diese drei Phänomene lassen sich analytisch weitgehend voneinander abgrenzen und sind einer empirischen Analyse zugänglich. Solcherlei Analysen - beispielsweise des Handels mit forschungsintensiven Gütern, der Zahlungsströme für grenzüberschreitend vergebene Lizenzen, der Direktinvestitionen im Bereich Forschung und Entwicklung, der internationalen Gemeinschaftsforschung oder der internationalen Kopublikationen in der Wissenschaft - liegen für zahlreiche OECD-Länder vor und zeigen weitestgehend übereinstimmend eine rasche Zunahme der skizzierten Aktivitäten.

Unternehmerisches Ziel im „Techno-Globalism" ist eine effizientere Generierung, Diffusion und Nutzung neuen technologischen Wissens. Die Vorteile der internationalen Arbeitsteilung und internationalen Kooperation in Forschung und Entwicklung sowie die Vorteile größerer Absatzmärkte lassen sich so erschließen. Gesamtwirtschaftlich gesehen ist diese Entwicklung - zumindest bei partialanalytischer Betrachtung - wohlfahrtsfördernd und liegt im Interesse der nationalen und supranationalen Politikakteure.

3 Welches Problem ergibt sich für die Forschungs- und Technologiepolitik?

Zunächst stellt sich die Frage, wie die Wirtschaftspolitik insgesamt von der Internationalisierung der wirtschaftlichen Prozesse betroffen ist. In aller Kürze kann man feststellen, dass die beobachtbare Internationalisierung der Wirtschaftspolitik im Wesentlichen ein Reflex auf die Internationalisierung der Wirtschaft allgemein ist.

Die Globalisierung zwingt dazu, die dominierenden wirtschaftspolitischen Konzeptionen den veränderten Rahmenbedingungen anzupassen. Dieser Anpassungsdruck ist auch Konsequenz daraus, dass private Unternehmen zunehmend international agieren und daher Verträge, Planungen, Entscheidungen und Faktorströme gleichzeitig Institutionen in mehreren Ländern oder supranationale Institutionen betreffen. Dieser Anpassungsdruck kann sich auch in einem erhöhten grenzüberschreitenden Regelungsbedarf durch die Politik ausdrücken. Je stärker die wissenschaftliche und wirtschaftliche Verflechtung ist, desto größer wird das Problem einer effizienten Koordination der Wirtschaftspolitik und desto größer werden die Kooperationsanreize für die wirtschaftspolitischen Akteure, um Inkonsistenzen und Ineffizienzen des Systems zu vermeiden (Welfens 1990, S. 9ff.).

Wirtschaft und Politik gehen jedoch zumeist nicht „im Gleichschritt" vor; die unterschiedlichen Anreize und Kosten bzw. Chancen und Risiken der Internationalisierung auf wirtschaftlicher Ebene einerseits und politischer Ebene andererseits führen dazu, dass der Prozess der Internationalisierung auf beiden Ebenen mit unterschiedlicher Intensität und Effizienz voranschreitet.

Für staatliche Politik bietet sich die Herausforderung und Chance, über die Zeit gewachsene Rigiditäten der politisch-ökonomischen Strukturen aufzubrechen; zu denken ist beispielsweise an protektionistische Hürden, Subventionen, Normierungen. Die wachsende Verflechtung der Märkte und Internationalisierung der Unternehmen bietet die Chance für einen internationalen Politikwettbewerb (im Sinne eines Systemwettbewerbs), der zu einer Verbesserung der Qualität der Politik auf nationaler und supranationaler Ebene führen kann. Angesichts der angesprochenen Koordinierungskomplexität könnte eine Zurückführung des Staatsanteils diesen Systemwettbewerbdeutlich fördern. Dabei ist jedoch darauf zu achten, dass die grundlegenden Ordnungsprinzipien der Marktwirtschaft weiterhin erfüllt werden und nicht mittlerweile als völlig selbstverständlich angesehene wesentliche Institutionen und institutionelle Arrangements Schaden nehmen.

Der optimale Internationalisierungsgrad der Wirtschaftspolitik hat eine starke institutionelle Komponente. Die Schaffung supra- oder multinationaler Strukturen und Institutionen führt stets dazu, dass früher oder später auch nachgelagerte Bereiche der Entscheidungsgewalt auf die zentralere Ebene verlagert werden. Ein politischer und ökonomischer Rationalität genügendes effizientes Gleichgewicht zwischen den verschiedenen Politikebenen und Entscheidungsmechanismen (hierarchisch, wettbewerblich) kommt dann dauerhaft nicht zustande.

Das Politikfeld Forschungs- und Technologiepolitik hat engen Bezug zur Wirtschaftspolitik und wird teilweise als Teilbereich der Wirtschaftspolitik verstanden.

Die oben skizzierte Herausforderung „Techno-Globalism" stellt für die staatliche Forschungs- und Technologiepolitik eine Herausforderung dar, da die Politikkonzeption auf Prämissen über die Verhaltensweise von Forschung und Entwicklung betreibenden Unternehmen aufbaut und sich eben diese Verhaltensweisen verändern (Meyer-Krahmer / Reger 1997, S. 196). Verändern sich die Verhaltensweisen und wird dies in den Prämissen der Politikkonzeption nicht berücksichtigt, so verlieren die politischen Eingriffe entweder die Legitimation oder die erhoffte Wirkungsweise oder beides.

Da, wie oben ausgeführt, eben auch Forschung und Entwicklung im Zuge eines neuen internationalen Organisationsmodells internationalisiert sind, ist zu fragen, inwiefern staatliche Politikkonzeptionen an das veränderte Unternehmensverhalten angepasst wurden.

Wenn sich das Unternehmensverhalten verändert und gleichzeitig die Politikkonzeption keinerlei angemessene Anpassung erfährt, so besteht eindeutig ein

Widerspruch zwischen dem Kontrollanspruch des Staates auf der einen Seite und dem Unternehmensverhalten auf der anderen Seite. Durch diesen Widerspruch würde die wirtschaftspolitische bzw., spezieller gesehen, die forschungs- und technologiepolitische Steuerungseffektivität des Staates sinken.

Das veränderte Unternehmensverhalten wurde bereits eingangs skizziert; es steht außer Frage, dass sich im Bereich der internationalen Generierung und Nutzung neuen technologischen Wissens in den vergangenen zwei Jahrzehnten rasante Veränderungen ergeben haben.

Die Verlagerung von Forschung und Entwicklung und/oder die weltweite Vernetzung von Forschungs- und Entwicklungsanstrengungen sind verbunden mit einem möglichen Verlust an technologisch herausragenden Kompetenzen und Potenzialen sowie damit verbundenen internationalen Wettbewerbsvorteilen. Gleichzeitig bieten Verlagerung und Vernetzung Chancen. Diese liegen insbesondere in der Nutzung von Standortvorteilen im Ausland, im Transfer von technologischem Wissen aus dem Ausland ins Inland sowie in der besseren Anpassung an eine weltweit heterogene Nachfrage und in der besseren Kenntnis der einzelnen Märkte.

Anpassungen der staatlichen Politikkonzeptionen haben jedoch nicht in angemessener Weise stattgefunden. Häufig sind zusätzliche national, multinational oder auch supranational orientierte Programme welche speziell die grenzüberschreitende Generierung und Nutzung neuen technologischen Wissens fördern die Antwort. Auch eine offensive Öffnung von Förderprogrammen für ausländische Unternehmen oder Versuche, vertraglich eine gewisse Reziprozität im Wissenszugang zwischen Ländern zu vereinbaren, sind in der Realität vereinzelt zu finden. Gegenteilige Antworten staatlicher Politik auf die Herausforderungen sind eher dem Techno-Nationalismus zuzuordnen, also einer nationalen Abschottung der Technologiegenerierung und -nutzung durch spezielle Förderregeln und -gesetze. Diese Ansätze sollen beispielsweise verhindern, dass nationale Kompetenzen ins Ausland oder an ausländische Unternehmen im Inland abfließen oder im Ausland zu Wertschöpfung auf Kosten des Inlands führen.

Angemessene und nicht angemessene Instrumente - im Sinne der Wirksamkeit und Zielformulierung - stehen innerhalb einer Politikkonzeption häufig nebeneinander. Es werden meist nur zusätzliche neue Ziele und Maßnahmen in die Politikkonzeption aufgenommen, aber keine älteren abgeschafft. Als Beispiel sei hier die direkte finanzielle Projektförderung genannt, in welcher der Bezug zur heimischen Volkswirtschaft und Wertschöpfung häufig bereits in der Forschungs- und Entwicklungsphase sehr eingeschränkt ist. Eine eventuelle spätere Nutzung des neu generierten technologischen Wissens hat ebenso wenig zuverlässig etwas mit dem Standort zu tun, der die finanzielle Förderung leistete. In einer solchen Konstellation erscheint die Förderung aus gesamtwirtschaftlicher Sicht als nicht zielführend.

Die Internationalisierung der Unternehmen selbst steht einer direkten oder indirekten Förderung von Unternehmen, Projekten oder auch Technologien auf nationaler oder sub-nationaler Ebene also immer häufiger entgegen.

4 Muss die Forschungs- und Technologiepolitik reagieren?

Die veränderten Bedingungen muss auch der Staat zur Kenntnis nehmen, wenn es um die Formulierung und Ausübung einer Forschungs- und Technologiepolitik im Rahmen einer konsistenten Wirtschaftspolitik geht. Langfristig entsteht ein sichtbarer Widerspruch zwischen dem Anspruch der Politik und der forschungs- und technologiepolitischen Steuerungseffektivität, wenn der Staat mit einer nicht dem Internationalisierungsgrad der Wirtschaft angepassten forschungs- und technologiepolitischen Konzeption seine Ziele zu realisieren sucht.

Die Politik muss also aus mehrerlei Gründen reagieren: Zunächst kann sie ohne eine Anpassung die Effektivität und Effizienz der Forschungs- und Technologiepolitik nicht aufrechterhalten oder verbessern. Wie oben bereits aufgezeigt stünde die Steuerungseffektivität der Politik in Frage. Auch die ordnungstheoretische Legitimation der Ziele und der eingesetzten Instrumente wäre nicht mehr gewährleistet (beziehungsweise noch viel weniger als ohnehin schon). Dies würde gleichzeitig bedeuten, dass das Ordnungssystem in der Volkswirtschaft als Ganzes Schaden nimmt. Durch dem Wirtschaftsordnungssystem widersprechende Eingriffe und Verletzungen ordnungstheoretisch legitimierter Politikziele würde eine allgemeine Schwächung der volkswirtschaftlichen Leistungsfähigkeit und der dynamischen Funktion des Wettbewerbs eintreten.

Angemerkt sei jedoch auch, dass drastischen Veränderungen in der Konzeption der Forschungs- und Technologiepolitik die Bedeutung der Konstanz und Verlässlichkeit für diesen Politikbereich entgegensteht.

Die Herausbildung einer optimalen Politikkonzeption sollte - unter den Bedingungen der Ordnungskonformität - möglichst weitgehend im wettbewerblichen Prozess stattfinden.

Der Systemwettbewerb spielt auch in der Forschungs- und Technologiepolitik eine wichtige Rolle. Wie auch jeder andere wettbewerbliche Prozess steigert der Systemwettbewerb die ökonomische Effizienz, begrenzt die politische Macht und generiert als Entdeckungsverfahren neues Wissen.

Harmonisierungsbestrebungen, beispielsweise zwischen Bundesländern und auf der Ebene der EU, sind politisch verständlich, da sie die Tiefenintegration und den Nachteilsausgleich befördern, Handelshemmnisse beseitigen, institutionelle Unterschiede reduzieren und wesentliche gesellschaftliche Interessen schützen können. Harmonisierung bedeutet jedoch fast immer auch eine Tendenz zur Zentralisierung und einen Verzicht auf den Wettbewerb als Entdeckungsverfahren. Die Suche nach effizienten institutionellen Arrangements - wesentlich beispielsweise für eine erfolgreiche Erweiterung und Vertiefung der Europäischen Union - wird verhindert.

Neben der ökonomischen Effizienz ist die Begrenzung der ökonomischen und politischen Macht von Politik, Bürokratie, Unternehmen und Interessengruppen ein Vorteil des Systemwettbewerbs. Integrationsprozesse sollten - vor allem aufgrund der auch durch das Subsidiaritätsprinzip nicht aufhaltbaren Harmonisierungs- und Zentralisierungstendenzen - unter dem Primat des Systemwettbewerbs vollzogen werden.

Die Ordnungskonformität der Ziele und Instrumente ist häufig nicht gegeben. Ein wesentlicher Grund dafür ist, dass der Begriff Innovation für die Mehrheit der Wählerinnen und Wähler und die Akteure im politischen und administrativen Bereich deutlich positiv besetzt ist. Die Wahl der Instrumente orientiert sich folglich am Partikularinteresse des Politikakteurs und nicht an der ordnungstheoretischen Konformität. Forschungs- und Technologiepolitik oder -

umfassender verstanden - Innovationspolitik ist eine verführerische Art der Politik. Im Unterschied zu den überwiegend kurzfristigen betriebswirtschaftlichen Einzelpolitiken (im Sinne von Maßnahmen) zeichnen sie sich durch einen langfristigen Wirkungshorizont aus und sind somit einer kurzfristigen Erfolgskontrolle kaum zugänglich. Sie kann zudem - insbesondere im internationalen Bereich - zu einem Subventionswettlauf und Protektionismus führen.

Forschungs- und technologiepolitische Maßnahmen basieren daher häufig auf sehr vagen und unvollständigen Argumentationen bzw. Prognosen, denn die konkreten Wirkungen können ex ante nicht sicher evaluiert werden. In der Politik gilt häufig das Gebot des Handelns; „akademische" Ursachenforschung wird dann nicht als notwendig angesehen. Als Begründungen für die Forschungs- und Technologiepolitik der EU werden beispielsweise übereinstimmend immer wieder europäischer Mehrwert (Synergieeffekte), gemeinschaftliches Interesse, externe Effekte auf internationaler Ebene und die Bündelung der Kräfte („economies of scale") genannt. Die Überprüfbarkeit der den Maßnahmen zugrunde liegenden Annahmen ist - aufgrund der vagen und unvollständigen Begründungen - sehr eingeschränkt (Vetterlein 1991, S. 33). Diese Unzulänglichkeit der Begründungen resultiert auch daraus, dass auch in der Wissenschaft keine umfassende Theorie des technischen Wandels und der Bestimmung der Rolle des Staates dabei existiert.

Vetterlein beschreibt das typische Vorgehen der Administrationen sehr passend wie folgt: „Die Phasen der Politikformulierung (analog zum unternehmerischen Planungsprozess) - Problemanalyse, Operationalisierung der Ziele, Alternativensuche, Wirkungsprognose - werden nicht explizit durchlaufen; es wird vielmehr inkremental vorgegangen: Im Rahmen allgemeiner Zielvorgaben wird auf konkreten Problemlösungsdruck mit dem vorhandenen Instrumentarium reagiert, bestenfalls werden Problemsituationen kurzfristig antizipiert. Dabei handelt es sich in der Forschungs- und Technologiepolitik meist um wissenschaftlich-technische Einzelprobleme oder um (vermutlich) technologisch bedingte Wettbewerbsnachteile einzelner Unternehmen oder ganzer Industriezweige" (Vetterlein 1991, S. 33).

Die Veränderung der Unternehmen und der Unternehmensstrategien bedingt aber auch in anderer Weise Implikationen für die Forschungs- und Technologiepolitik. Unternehmen und ihre Strategien passen sich an Rahmenbedingungen an und sind einem ständigen Veränderungsprozess ausgesetzt. Dieser Wandel von Unternehmen geht mit einer Änderung des gesamten Wirtschaftssystems einher. Schließlich verändern sich daher auch die Rolle des Staates und die Funktion der Wirtschaftspolitik. Ebenso wie von neuen Paradigmen im Management gesprochen wird, ist daher auch die Rede von der „new role of government " (Steg 2005, S. 47ff.).

Historisch gesehen kann man vereinfachend von einer Entwicklung der Forschungs- und Technologiepolitik sprechen, bei der meist nur zusätzliche Ziele und Instrumente zu den bestehenden addiert wurden.

Fier entwickelte hierzu für das Beispiel Deutschland ein Schalenmodell öffentlicher Forschungs- und Entwicklungsförderung (Fier 2002, S. 50ff.). Es zeigt die historischen Entwicklungsphasen und gleichzeitig das technologiepolitische Programmangebot der jeweiligen Zeit. Es weist einen hohen Abstraktionsgrad auf; dennoch erweist es sich als außerordentlich aufschlussreich. Das Modell macht deutlich, dass im Laufe der Jahre seit dem Zweiten Weltkrieg die politischen Ziele und Instrumente zu ihrer Erreichung nicht durch neue ersetzt wurden, sondern stattdessen neue Ziele und Instrumente addiert wurden und lediglich das Ziel- und Instrumentenspektrum qualitativ und quantitativ erweitert wurde (Meyer-Krahmer / Kuntze 1992, S. 101).

Die Ausführungen zum Schalenmodell sind angelehnt an Fier (Fier 2002, S. 52ff.). Ausgehend vom Kernbereich im frühen Nachkriegsdeutschland - der Finanzierung der Grundlagenforschung durch Bund und Länder - wurden bereits in den 50er Jahren Schritte zum Technologietransfer der Hochschulen, zum Personaltransfer aus der Wissenschaft in die Wirtschaft und zum verbesserten Zugang zu Fachinformationen unternommen. Dieser Aufgabenbereich hat bis heute weiterhin Bestand.

Die erste Schale zeigt die spezielle Förderung der Großforschung, der militärischen Forschung und Entwicklung sowie der technischen Grundlagenforschung ab Mitte der 50er Jahre. Zunächst betraf dies insbesondere die Atomforschung, später auch die Bereiche Rüstung, Luft- und Raumfahrt und Datenverarbeitung. Die Felder orientierten sich eng an den technologiepolitischen Zielen der USA und der Diskussion um die „technological gap".

Die zweite Schale bildet die Förderung von so genannten Querschnitts- und Schlüsselindustrien sowie die Betonung marktnaher, anwendungsorientierter Forschung und Entwicklung. Als Querschnitts- und Schlüsselindustrien galten beispielsweise die Materialforschung und die Verkehrs- und Transportforschung. Die Forschungs- und Technologiepolitik fördert die Anstrengungen der Industrie in immer breiteren Bereichen und es erfolgt zunehmend auch eine Förderung von kleineren Unternehmen und/oder Projekten.

In den 70er Jahren erfolgt - dargestellt durch eine dritte Schale - eine Erweiterung der bisher eher rein industriepolitischen Ziele um gesellschaftspolitische Ziele. Ausdruck findet dies in Programmen zur Erforschung von Arbeit, Umwelt und Gesundheit.

Die vierte Schale setzt zeitlich gesehen mit dem Ende der 70er Jahre ein. Innovationen und attraktive Rahmenbedingungen für das Hervorbringen von Innovationen stehen im Vordergrund. Hierbei wird besonders auch auf kleine und mittlere Unternehmen gesetzt, da hier eine schnellere Umsetzung neuen technologischen Wissens in Innovationen am Markt vermutet wird. Nach einer zuvor stattgefundenen Ausweitung der Projektförderung auf immer mehr Themen findet in dieser Zeit ein Umschwenken auf breitenwirksamere Instrumente und die Verbundförderung statt. Für diese Zeit kann von einer Rückführung der forschungs- und technologiepolitischen Aufgaben auf die ursprünglichen Aufgaben gesprochen werden. Die Förderung technologieorientierter Unternehmensgründungen beginnt ebenfalls in dieser Periode.

Die 90er Jahre - dargestellt durch die fünfte Schale - sind geprägt durch die hohe Zunahme des internationalen Wettbewerbsdrucks, die schnell wachsende Bedeutung moderner Informations- und Kommunikationstechnologien und die Restrukturierung der ostdeutschen Forschungslandschaft. Die Förderbereiche werden in geringerem Maße vorgegeben; die einzelnen Akteure erhalten größere Freiheit und Mitsprache bei den konkreten Förderzielen und der Staat sieht sich stärker in einer moderierenden Funktion. Durch Wettbewerbe hofft man auf kreativere Ansätze in Forschung und Entwicklung. Durch spezifische Programme erhält die Entwicklung innovativer Innovationsnetzwerke auf regionaler Ebene in dieser Periode besondere Bedeutung. Die Effizienz des Nationalen Innovationssystems mit seinen zahlreichen Akteuren ist ein weiterer Schwerpunkt.

Wie oben bereits erwähnt, sind im Laufe der Jahre immer neue Ziele und Maßnahmen hinzugekommen und die Schwerpunkte haben sich verlagert. Es ist jedoch nicht dazu gekommen, dass formulierte Ziele oder etablierte Maßnahmen im Zeitablauf von Grund auf revidiert / zurückgenommen wurden.

Dies hat zu einer erheblichen Unübersichtlichkeit geführt, die erst in den vergangenen Jahren ein wenig wieder zurückgeführt wurde. Vom wünschenswerten und gebotenen Maß an Klarheit und Einfachheit ist die deutsche Forschungs- und Technologiepolitik jedoch noch weit entfernt.

Aufgrund der skizzierten Entwicklungen ist in der deutschen Forschungs- und Technologiepolitik - und ähnliches trifft auf zahlreiche OECD-Länder zu - eine große Anzahl von häufig konträren Zielen und Maßnahmen entstanden, die unter anderem das Ziel haben, es allen starken Interessengruppen innerhalb des Landes recht zu machen. Wettbewerbsverzerrungen oder durch den politischen Eingriff irgendwie geartete Diskriminierungen wurden häufig durch weitere Eingriffe abgesichert.

Politisches Handeln wird dann bestimmt durch wenig zielgerichtete Überlegungen, wie etwa nach dem Motto: „Der eine Bereich (Branche, Technologie, Unternehmensgröße, Region) muss gefördert werden, weil auch der andere Bereich bereits eine Förderung erhält." Wettbewerbsverzerrungen werden durch Wettbewerbsverzerrungen auszugleichen versucht; ein diskretionärer Eingriff führt fast zwangsläufig zu weiteren Eingriffen dieser Art.

Ein anderes problematisches Feld sind regelmäßig zu beobachtende technologische Wettläufe zwischen Nationen, die zwangsläufig entstehen, wenn außenhandelspolitische Ziele (strategische Handelspolitik, Neue Wachstumstheorie, Förderung der internationalen Wettbewerbsfähigkeit) in der Forschungs- und Technologiepolitik verfolgt werden. Technologische Wettläufe - seien sie bewusst oder unbewusst initiiert - zwischen mehreren Ländern oder Ländergruppen sind bezüglich ihrer Auswirkungen auf die heimische Volkswirtschaft sehr kritisch zu sehen. Beispiele sind neue Technologien, wie die Nanotechnologie, oder auch etabliertere Industrien, wie die Luftfahrtindustrie, in denen ein deutlicher internationaler Förderungswettbewerb, aber teilweise auch einer zwischen Regionen innerhalb der Länder zu beobachten ist.

Wenn auch ohne inländische Unternehmen international Konkurrenz herrscht, so ist „free-rider"-Verhalten im Falle eines geförderten technologischen Wettlaufs und damit Subventionswettlaufes rational. Als „free-rider" wird ein Akteur bezeichnet, der ohne nennenswerte Investition in den betreffenden Technologiebereich und ohne Beitrag zum Wissenspool rund um diese Technologie am Markt agiert. Er greift dann jeweils - soweit irgend möglich - als Produzent auf das Wissen der Konkurrenten bzw. als Konsument auf die von den ausländischen Anbietern angebotenen Produkte oder Dienstleistungen zurück (Meyer 1995, S. 225ff.).

International kann ein solches Verhalten unter bestimmten Voraussetzungen zu einem „free-rider"-Gefangenendilemma führen. In diesem Zustand haben alle die Subventionierung eines Technologiebereiches aufgegeben, weil sie als „free-rider" am Markt agieren wollen. Das Gefangenendilemma besteht darin, dass keiner der Akteure startet, in dem betreffenden Technologiebereich wieder zu investieren und Wissen zu generieren, da er das „free-rider"-Verhalten der anderen Akteure scheut (Meyer 1995, S. 225ff.). Zu unterscheiden sind Subventionswettläufe bei konstanten Durchschnittskosten und bei mit steigender Produktion sinkenden Durchschnittskosten (aufgrund hoher „economies of scale", Lernkurveneffekte, Fixkosten). Bei konstanten Durchschnittskosten ist eine Beteiligung am Subventionswettlauf sinnlos, da das jeweils angreifende Land selbst den größten Schaden erleidet. Bei fallenden Durchschnittskosten kann unter restriktiven Bedingungen ein Vorteil für das Inland auf Kosten des Auslands erzielt werden (Klodt 1987, S. 8ff.).

Es ist offensichtlich, dass solcherlei Politikkonzeptionen den Anforderungen an die Konformität in einem wettbewerblichen Ordnungssystem nicht genügen können.

5 Zusammenfassung

Der internationale Standortwettbewerb verführt die Politik zu Interventionen. Selektive Industriepolitik und sehr spezifisch ansetzende Forschungs- und Technologiepolitik im Inland sind wähler- und politikwirksam zurechenbar. Die sozialen Kosten solcher Eingriffe sind für die Politik kaum entscheidungsrelevant. Dies ist ein Hauptgrund für die immer größere Zahl an industrie-, forschungs- und technologiepolitisch motivierten Eingriffen in den Wettbewerbsprozess. Anhand des Schalenmodells von Fier wurde deutlich gemacht, dass im Laufe der Zeit in der Forschungs- und Technologiepolitik vor allem zusätzliche Ziele und Maßnahmen hinzugefügt wurden, aber im Gegenzug kaum bestehende Ziele oder Maßnahmen aufgegeben wurden.

Die Politikkonzeption für den Bereich Forschung und Entwicklung ist daher heute in den meisten hoch entwickelten Industrieländern - und so auch in Deutschland - als nicht ordnungskonform zu klassifizieren.

„Techno-Globalism" stellt nun eine zusätzliche Herausforderung dar. Langfristig entsteht ein sichtbarer Widerspruch zwischen dem Anspruch der Politik und der forschungs- und technologiepolitischen Steuerungseffektivität, wenn der Staat mit einer nicht dem Internationalisierungsgrad der Wirtschaft angepassten forschungs- und technologiepolitischen Konzeption seine Ziele zu realisieren sucht. Für die Politik bedeutet ein solcher Widerspruch das Risiko eines Machtverlustes; gesamtwirtschaftlich birgt er die Gefahr von erheblichen Wohlfahrtsverlusten.

Der vorliegende Beitrag zeigt aufbauend auf der Beschreibung der neuen Herausforderungen die dringende Notwendigkeit einer Anpassung der forschungs- und technologiepolitischen Konzeption. Elemente einer solchen ordnungskonformen Forschungs- und Technologiepolitik müssen entwickelt werden; zahlreiche Ansätze hierzu sind vorhanden, die an dieser Stelle jedoch nicht thematisiert werden.

Literatur

Archibugi, D. / Michie, J. (1995), The globalisation of technology: a new taxonomy, in: Cambridge Journal of Economics, No. 19, S. 121 - 140.

Balthasar, A. (1999), Second Generation Governance Instruments: Eine erfolgversprechende Antwort des Staates auf die Herausforderung globalisierter Arenen, in: Grimmer, K. / Kuhlmann, S. / Meyer-Krahmer, F. (Hg.), Innovationspolitik in globalisierten Arenen, Opladen , S. 121 - 134.

Becker, C. / Vitols, S. (1997), Innovationskrise in der deutschen Industrie? Das deutsche Innovationssystem der neunziger Jahre, in: Naschold, F. / Soskice, D. / Hancké, B. / Jürgens, U. (Hg.), Ökonomische Leistungsfähigkeit und institutionelle Innovation (WZB-Jahrbuch 1997), Berlin, S. 251 - 268.

Boutellier, R. / Gassmann, O. (1996), Internationales Innovationsmanagement - Trends und Gestaltungsmöglichkeiten, in: Gassmann, O. / von Zedtwitz, M. (Hg.), Internationales Innovationsmanagement. Gestaltung von Innovationsprozessen im globalen Wettbewerb, München, S. 282 - 301.

Bräunling, G. / Maas, M. (1989), Nutzung der Ergebnisse aus öffentlicher Forschung und Entwicklung in der Bundesrepublik Deutschland, Kommission der Europäischen Gemeinschaften, Luxembourg.

Edler, J. / Döhrn, R. / Rothgang, M. (2003), Internationalisierung industrieller Forschung und grenzüberschreitendes Wissensmanagement. Eine empirische Analyse aus der Perspektive des Standortes Deutschland, Heidelberg.

Fier, A. (2002), Staatliche Förderung industrieller Forschung in Deutschland. Eine empirische Wirkungsanalyse der direkten Projektförderung des Bundes, Baden-Baden.

Holzkämper, H. (1995), Forschungs- und Technologiepolitik Europas, Japans und der USA - Eine ordnungstheoretische und empirische Analyse, Bayreuth.

Hoppmann, E. (1988), Meinungswettbewerb als Entdeckungsverfahren, in: Hoppmann, E. (Hg.), Wirtschaftsordnung und Wettbewerb, Baden-Baden, S. 376 - 411.

Klodt, H. (1987), Wettlauf um die Zukunft: Technologiepolitik im internationalen Vergleich, Kieler Studien 206, Tübingen.

Kuhlmann, S. (1999), Politisches System und Innovationssystem in „postnationalen" Arenen, in: Grimmer, K. / Kuhlmann, S. / Meyer-Krahmer, F. (Hg.), Innovationspolitik in globalisierten Arenen, Opladen, S. 11 - 42.

Meyer, M. (1995), Forschungssubventionen aus wettbewerbspolitischer Sicht, in: Veröffentlichungen des HWWA-Institutes für Wirtschaftsforschung-Hamburg, Bd. 16, Baden-Baden.

Meyer-Krahmer, F. (1989), Der Einfluß staatlicher Technologiepolitik auf industrielle Innovationen, Baden-Baden.

Meyer-Krahmer, F. / Kuntze, U. (1992), Bestandsaufnahme der Forschungs- und Technologiepolitik, in: Grimmer, K. / Häusler, J. / Kuhlmann, S. / Simonis, G. (Hg.), Politische Techniksteuerung, Opladen 1992, S. 95 - 118.

Meyer-Krahmer, F. / Reger, G. (1997), Konsequenzen veränderter industrieller F&E-Strukturen für die nationale Forschungs- und Technologiepolitik, in: Gerybadze, A. / Meyer-Krahmer, F. / Reger, G. (Hg.), Globales Management von Forschung und Entwicklung, Stuttgart, S. 196 - 173.

Starbatty, J. (1987), Die ordnungspolitische Dimension der EG-Technologiepolitik, in: ORDO - Jahrbuch für die Ordnung von Wirtschaft und Gesellschaft, Bd. 38, S. 155 - 181.

Steg, H. (2005), Innovationspolitik in transnationalen Innovationssystemen. Relevanz – Institutionelle Gestaltung – Wirkung, Aachen.

Vetterlein, U. (1991), Entwurf einer systematischen Erfolgskontrolle für die Technologiepolitik der Europäischen Gemeinschaften, Wissenschaftsrecht und Wirtschaftspolitik, Bd. 218, Baden-Baden.

von Hayek, F. A. (1969), Wettbewerb als Entdeckungsverfahren, in: ders. (Hg.), Freiburger Studien, Tübingen, S. 249 - 265.

von Hayek, F. A. (1983), Die Verfassung der Freiheit, 2. Aufl., Tübingen.

Welfens, P. J. J. (1990), Internationalisierung von Wirtschaft und Wirtschaftspolitik - Eine Analyse der Dynamik und Gestaltbarkeit von Wirtschaft und Politik in einer sich wandelnden Weltwirtschaft, Heidelberg.

Utility Based Regional Purchasing Power Parities[1]

Nutzenbasierte regionale Kaufkraftparitäten

Martin Missong / Anja Rolf

Zusammenfassung

Die Ermittlung von Kaufkraftparitäten anhand des beobachteten Verbraucherverhaltens in verschiedenen Ländern beruht implizit auf der Annahme international einheitlicher Präferenzen der Konsumenten.

Der vorliegende Beitrag zeigt, dass auf diese unrealistische Annahme verzichtet werden kann, wenn lediglich 'regionale Kaufkraftparitäten' ermittelt werden sollen, d.h. wenn sich der Kaufkraftvergleich auf Gebiete mit nur geringen Unterschieden in den Preisniveaus bezieht. Auf Grundlage neuerer Methoden zur Bestimmung von Äquivalenzskalen wird ein Modell regionaler Kaufkraftparitäten entwickelt. Besonderes Augenmerk wird dabei auf empirische Schätz- und Testmöglichkeiten gelegt. Eine Anwendung des Modells auf Daten der Einkommens- und Verbrauchsstichprobe von 1998 erlaubt die Quantifizierung der (damaligen) Kaufkraftunterschiede zwischen West- und Ostdeutschland.

Abstract

Calculation of purchasing power parities based on observed consumer behaviour typically relies on the existence of some kind of 'international preferences'. We argue that this unrealistic assumption can be abandoned in 're-

---

[1] In numerous publications, Karl Wohlmuth provided in-depth analyses of regional economic development, characteristics of regional or national growth patterns, and determinants causing differences in regional development. In our paper, we discuss how to quantitatively measure regional welfare differentials by means of purchasing power parities.

gional' studies of purchasing power, where prices in both territories under study might differ only slightly. Drawing on recent results for the derivation of equivalence scales, we develop a model of regional purchasing power and discuss several procedures for testing model specification. The model is applied to data of the German Income and Expenditure Survey 1998 to estimate the wedge between purchasing power in the western and eastern part of Germany.

1 Introduction

Purchasing power parities (ppp) are mainly used to either render international comparisons of monetary aggregates (like the GDP) possible or to measure differences in the cost of living across countries. In this paper we focus on the latter use of ppp. For the calculation of ppp, (price) indices of the Laspeyres or Paasche type are widely used. Purchasing power is measured by comparing the value of a particular commodity basket in the base country and abroad. From the 'cost of living' perspective this approach is frequently criticized for two reasons: On the one hand, the choice of any commodity basket (assumed to be consumed in both of the countries) is arbitrary to some extent. On the other hand, focussing on a single commodity basket ignores substitution effects in consumption and leads to biased results. The latter problem may be overcome by 'averaging' the Laspeyres and the Paasche scheme[2] of weighing prices by quantities, preferably by using the Törnqvist index as an approximation to the 'true cost of living index'; see Deaton and Muellbauer (1980, pp. 169-175, and the references given there). Even with these corrections, calculation of ppp implicitly rests on the assumption, that the domestic household's demand, but not his preference ordering (or utility function) changes when he is confronted with the 'new', i.e. foreign, price regime.[3] This is unlikely to be the case. It is far more realistic to assume that the preference ordering of the

---

[2] Concerning ppp, an index of the Laspeyres type uses a 'typical domestic' quantity basket, and employing a 'typical foreign' commodity basket can be interpreted as application of a Paasche index.

[3] The following point of critique also applies to models assuming some kind of 'international preferences' identical across countries. For example, Neary and Gleeson (1997) assume that international preferences can be represented by a unique Stone-Geary utility function, hence household demands follow a Linear Expenditure System. See Balk (2001, pp. 32-36, for a general discussion of this strand of research).

household changes with the environmental endowment he faces, say climate, geographical situation, provision of non market and public goods etc.[4] Hence, it makes a difference for the domestic consumer whether she faces foreign prices at home or abroad. Her consumption pattern will be different in both situations, and only incorporation of the latter situation leads to a meaningful calculation of ppp.

The problem can be clarified using more formal notation. Let $C(z, p, U)$ denote the household's cost function. p is the vector of prices for market goods, and z are 'taste shifters' comprising socio-demographic characteristics like number of persons living in the household, age of household members, but also the geographical location of the household. The cost function indicates the minimum expenditure necessary for the household to attain utility level U. The cost of living index for a household in two different price regimes is simply the ratio of the two cost values, evaluated at the respective price levels. Let p^D denote domestic prices and p^A prices abroad. Calculation of ppp as a true cost of living index L is simply $L(p^D, p^A, z, U) = C(z, p^A, U) / C(z, p^D, U)$, ruling out potential differences in preferences or in the utility function for the household at home and abroad. A 'true utility based purchasing power parity' *UBP* instead would require the explicit inclusion of households' location (domestic D or abroad A) in the vector of household characteristics z, i.e.

$$UBP(z^A, z^D, p^D, p^A, U) = C(z^A, p^A, U) / C(z^D, p^D, U) \ . \tag{1}$$

Alas, empirical estimation of *UBP* seems to be not at all promising: The approach turns out to be very data consuming as a fully parameterized cost function has to be specified and estimated. Moreover, unless experimental data were available, a serious identification problem arises due to the multicollinearity obviously inherent to observed data on z and p.[5]

---

[4] One may distinguish between unconditional preferences and preferences conditional on the household's environmental endowment. Only the former may be invariant to the household's location. In what follows, we assume that the 'basic' utility a household derives from a particular environmental endowment per se is the same at any location, whereas changes in environmental endowment cause changes in the households preferences for market goods.

[5] In an experimental setting, households' would be confronted successively with p^D and p^A, with households' location remaining unchanged.

However, things are simplified whenever differences between p^D and p^A can be considered as being minor, compared to differences between (conditional) preferences at home and abroad. With $p^D = p^A$ holding at least approximately, (1) simplifies to

$$S(z^A, z^D, p, U) = C(z^A, p, U) / C(z^D, p, U) \ . \tag{2}$$

In welfare economics, this expression defines the 'equivalence scale': If income of a household characterized by z^A resembles S(·)-times the income of household z^D ('reference household'), both of the households reach the same utility level (provided that they face identical prices). We choose the notation S like 'scale' to denote ppp at identical prices and we use the expression 'scale' synonymous with 'parity' below.

In this paper, we focus on the empirical derivation of ppp according to (2). As the exclusion of spatial variation in prices is crucial to these parities, and as prices are assumed to be constant across different regions of a particular area, we call parities defined by (2) 'regional ppp'. Hence, the resulting parities may not be applied to comparisons where 'abroad' is 'far away', but 'regional ppp' prove to be meaningful whenever their application is restricted to areas within a homogenic economic territory where differences in prices are less pronounced.[6] In Section 2 a theoretical model of regional ppp is developed. This model accommodates the fundamental identification problem as discussed in the equivalence scale literature. A convenient parametrical specification for the model is presented in Section 3 and specification tests are suggested in Section 4. Results of an empirical application to compare purchasing power in East and West Germany in 1998 are discussed in Section 5. Conclusions are drawn in the final section of the paper. Our study is related to the work of Ferrari (2003), who recently used a similar model to compare purchasing power in 19 regions of Italy. However, due to a richer data base, we are able to abstain from numerous parametrical restrictions necessary in Ferraris model. Moreover, we focus on procedures for model validation, whereas Ferrari does not report any results of specification tests.

---

[6] Hence, our approach may by appropriate for deriving 'Germany-Sweden ppp' or 'Germany-Spain ppp', but not for calculating a 'Germany-India ppp'.

2 Parities independent of base utility

As is well known from the analysis of equivalence scales, deriving parities according to (2) is not possible without additional identifying assumptions, as utility U is an ordinal, not a cardinal measure.[7] One solution to overcome the identification problem is to postulate that scales do not vary with the utility level. This solution was developed independently by Blackorby and Donaldson (1988) and Lewbel (1989). This assumption of 'independence of base utility (IB)' implies that the cost function can be factorized according to $C(z, p, U) = m(z, p)\tilde{C}(p, U)$. Hence, with the IB-assumption, the utility dependent cost factor is the same for both households and the parity (2) reduces to $S(z^A, z^D, p, U) = m(z^A, p) / m(z^D, p)$. Let the domestic household be the 'reference household' and use the normalization $m(z^D, p) = 1$. Then the parity reads $S(z^A, z^D, p, U) = m(z^A, p)$.

Note that the IB assumption is not testable by statistical procedures. However, IB restricts the (shape of the) resulting demand curves. These restrictions can be interpreted as necessary conditions for base independence, and they can be tested using household expenditure data. Obviously, parities estimated under the IB assumption are not reliable whenever the data do not conform to the restrictions implied by IB.

Implications of the IB assumption for households' income-expenditure relations (Engel curves) are clearly derived by Blundell et al. (1998), starting from the (log) indirect utility function. As we restrict our analysis to two households[8] characterized by z^A and z^D, respectively, and parities are assumed to be independent of utility, we shortly write $S(z^A, z^D, p, U) = S(p)$. Recalling the definition of the parity (or scale) $S(p)$, indirect utility of both of the households is linked by

$$\ln V (\ln p, \ln y, z^A) = \ln V (\ln p, \ln y - \ln S(\ln p), z^D) \ . \tag{3}$$

---

[7] Any strictly increasing transformation of U leaves households' observed demand behavior unchanged. However, as the tranformation may depend on household characteristics z, the scale may be affected by the particular transformation. Hence, equivalence scales can not be identified from market data alone. See Blundell et al. (1994).

[8] See footnote 10 concerning an extension of the analysis allowing for more than two households/countries.

With m commodity groups, p denotes a vector of m prices, q indicates quantities and y is household income.[9] Budget share demand equations for each commodity group i, $i = 1, \ldots, m$ are derived using Roy's identity

$$w_i = -\frac{\partial \ln V(\cdot)/\partial \ln p_i}{\partial \ln V(\cdot)/\partial \ln y}, \qquad w_i = \frac{p_i q_i}{y}. \qquad (4)$$

Applying (4) to (3), the resulting budget share Engel curves are

$$w_i(\ln p, \ln y, z^A) = w_i(\ln p, \ln y - \ln S(\ln p), z^D) + \eta_i(\ln p) \quad i=1,\ldots, m \ . \quad (5)$$

$\eta_i(\ln p) = \partial \ln S(\cdot) / \partial \ln p_i$ denotes the price elasticity of the parity (scale). Geometrically, (5) states that in ($w_i \times \ln y$) space, budget share Engel curves for households A and D can be made congruent merely by horizontal and vertical shifts, a property frequently called 'shape invariance' (Pendakur 1999). The size of the horizontal shift measures the (log) parity of both households, n S. Figure 1 gives an illustration in case of log-quadratic budget share Engel curves.

Fig. 1:   Shape invariance and log-quadratic Engel curves

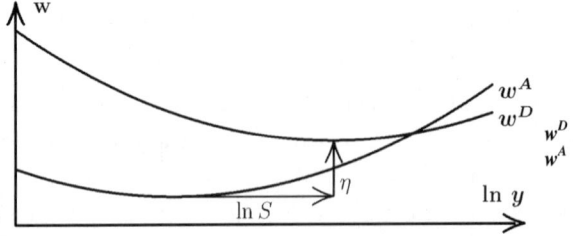

3   A quadratic model of base independent parities

Note that inference in the IB model (5) does not call for a particular functional form of households' Engel curves. Pendakur (1999) uses a semiparametric framework to derive equivalence scales from (5) for British households. However, as (5) requires a single scale, i.e. an identical horizontal shift of

---

[9]   Due to the static character of the model we abstract from households' savings and use the term 'income' synonymous with 'total expenditure'.

Engel curves for all commodities, a theoretically consistent application of semi- or nonparametric approaches turns out to be cumbersome if not impossible, as it is not clear how cross equation restrictions (across commodity groups) can be incorporated in the analysis.

Fortunately, the log-quadratic specification of budget share Engel curves proves to be a convenient parametric approach to analyze IB parities. This specification conforms to neoclassical demand theory and can be interpreted as a quadratic generalization of the Almost Ideal Demand System, see Banks et al. (1997).

To simplify notation further, we start with considering a single commodity group. This allows suppressing commodity index i. Moreover, we shortly write S instead of $S(p)$. According to (5), IB specification in a log-quadratic model leads to

$$w^D = \beta_1(\ln y - \beta_2)^2 + \beta_0 , \qquad (6)$$

$$w^A = \beta_1(\ln y - \beta_2 - \ln S)^2 + \beta_0 + \eta . \qquad (7)$$

The (observable) reduced form corresponding to (6) and (7) is

$$w^D = c^D(\ln y)^2 + b^D \ln y + a^D ,$$
$$w^A = c^A(\ln y)^2 + b^A \ln y + a^A . \qquad (8)$$

Structural and reduced form coefficients are linked by the following relations:

$c^D = \beta_1, \quad c^A = \beta_1, \quad b^A = -2\beta_1\beta_2, \quad a^D = \beta_1\beta_2^2 + \beta_0, \quad b^A = -2c^D \ln S + b^D$

and $\qquad a^A = c^D(\ln S)^2 - b^D \ln S + a^D + \eta_i$.

With $c^A = c^D = c \; (= \beta_1)$, the parity is given by[10, 11]

$$\ln S = \ln S_{D,A} = (b^D - b^A)/ 2c . \qquad (10)$$

---

[10] The price elasticity of the parity can be calculated as

$$\eta = \eta_{A,D} = a^A - a^D + b^D \ln S_{D,A} - c(\ln S_{D,A})^2 . \qquad (9)$$

[11] Equation (10) reveals that in the log-quadratic specification, parities for more than two countries prove to be transitive by construction. For a third country (index T) $S_{D,T} = S_{D,A} \cdot S_{A,T}$, as base independence requires $c^A = c^D = c^T = c$, and

$$\ln S_{D,A} = \frac{(b^D - b^T) - (b^A - b^T)}{2c} = \ln S_{D,T} - \ln S_{A,T} \text{ according to (10)}.$$

4 Specification tests

Empirical validity of the log-quadratic specification can be tested using procedures that compare nonparametric Engel curve estimates with their parametric counterparts. Testing consequences of the IB assumption in the log-quadratic framework is straightforward. So far we have suppressed the commodity index, regarding a single commodity group. However, analysis can be easily extended to m commodity groups. As base independence requires Engel curves to exhibit shape invariance for each commodity group,

$$c_i^A = c_i^D = c_i \quad i = 1,\ldots, m \ . \tag{11}$$

is a necessary condition for base independence. Moreover, under base independence parities have to be identical for each commodity group. Hence $(b_1^D - b_1^A)/(2c_1) = (b_2^D - b_2^A)/(2c_2)$ is required, or, in general,

$$b_i^A = b_i^D - \frac{c_i}{c_1}\left(b_1^D - b_1^A\right) \quad i = 2, \ldots, m \ . \tag{12}$$

(11) restricts the curvature and (12) additionally restricts the horizontal shifts of Engel curves to be identical across commodity groups. (11) poses m restrictions, and (12) $m - 1$ further parameter restrictions on the system of Engel curves. Hence, we are able to test the base independence assumption or shape invariance hypothesis

$$H^{IB} : \text{Both (11) and (12) do hold.} \tag{13}$$

using conventional parameter tests. Note that the 'curvature condition' and the 'shift condition' may be tested separately. Obviously, the 'curvature condition' reads

$$H^{curv.} : (11) \text{ holds.} \tag{14}$$

For the 'shift condition', (12) has to be recalculated allowing for $c_i^A \neq c_i^D$. This results in

$$b_i^A = \frac{c_i^A}{c_i^D}b_i^D - c_i^A \frac{c_1^A b_1^D - c_1^D b_1^A}{c_1^A c_1^D} \quad i = 2, \ldots, m \ . \tag{15}$$

Hence, the 'shift condition' implies the hypothesis

$$H^{shift} : (15) \text{ holds.} \tag{16}$$

5 Empirical application: Regional ppp for East and West Germany in 1998

In our empirical application we aim at calculating ppp for East and West Germany, i.e. the FGR excluding the territory of the former GDR (WEST) and the Neue Laender (EAST, territory of the former GDR). This comparison is of particular interest, as for instance after the reunification separate wage regimes were observed in both the public and the private sector as well, with lower nominal wages in the East. As prices also were generally lower in the Neue Laender, the sign of differences in real wages was indeterminate. With wage differentials continuing to exist (mainly due to a still lower productivity in East Germany), while prices in both regions roughly resemble each other in the end of the 1990s, it remains an open question as to whether the standard of living in both of the regions differed, or whether income inequality was offset by differences in the regional utility based purchasing power. Another question of particular interest is whether an analysis along the lines described above leads to a regional ppp of 1. Merely in this case assuming a 'representative German consumer' in empirical aggregate (macroeconomic) models for Germany is justified.

We draw on a 80%-sample of the 1998 German Income and Expenditure Survey. As preference shifts may differ for households of different demographic composition, we apply the model separately to data for three household types: Single households, childless married couples and married couples with two children. Sample sizes are given in Table 1.

Table 1: Household types and sample sizes

Household Type		Number of observations	
		WEST	EAST
Single, 18-64 years old	S0	6492	1383
Married Couple, both 18-64 years old, no children	C0	6268	1891
Married Couple, 2 children younger than 18 years old	C2	5540	1304

Household expenditure is analyzed for 6 commodity groups: FOOD, CLOTHING, SHELTER, MOBILITY (including communication), EDUCATION (including leisure) and OTHERS.[12, 13]

---

[12] When estimating the system of Engel curves, the equation for OTHERS was dropped to account for the system´s adding-up constraint.

In a first step we estimated both unrestricted log-quadratic budget share Engel curves and nonparametric Engel curves as well, broken down by regions, householdtypes and commodity groups. For nonparametric estimation, the Nadaraya-Watson estimator was employed using a quartic kernel and the optimal bandwidth according to crossvalidation. Nonparametric estimation results are displayed in the appendix.

The assumption concerning functional (log-quadratic) form of Engel curves was tested using the 'smooth-conditional-moments, SCM' technique proposed by Gozalo (1997). The test procedure is based on the difference between parametric and nonparametric estimates, and the SCM bootstrap procedure was based on 1000 replications. Results of the SCM bootstrap test are given in Table 2. With the exception of MOBILITY in West Germany there is no systematic rejection of the log-quadratic functional form for Engel curves in the sample. Even though there are rejections for particular commodities for each of the household types, we consider the log-quadratic as an adequate 'work horse' for the analysis to follow.

Table 2: Test results for log-quadratic Engel curves

Commodity	WEST			EAST		
	S0	C0	C2	S0	C0	C2
FOOD						
FOOD					*	
CLOTHING					*	*
SHELTER			*			
MOBILITY	*	*	*	*		
EDUCATION		*			*	
OTHERS	*	*				

The asterisk * indicates rejection of the log-quadratic functional form hypothesis as compared to a nonparametric alternative with $\alpha = 0.05$.

Estimated parities for the three household types under study are presented in Table 3. WEST was used as the reference region (domestic, D). Note that estimation was carried out for the three household types separately. Hence, it is remarkable that the values resemble each other, at roughly 0.8. The fact that each estimated value turns out to be significantly different from 1, indicates pronounced differences in consumption patterns in the East and the West of

---

[13] Note that for SHELTER, the assumption of identical prices in the EAST and in the WEST is questionable. However, it is extremely difficult to disentangle mere price differences and quality differences concerning housing in both of the regions.

Germany in 1998.[14] An estimated parity of 0.8 for East Germany means, that a household moving from the west to the east would require only 80% of the income he has in the west, to be equally well off at both of the locations. This estimate is rather low and could be used to justify wage differences in the East and the West from a cost of living perspective only if the model proves to be reliable, i. e. compatible with the data used.

Table 3: Estimated base independent purchasing power parities for East Germany

Household Type	Estimate	Standard er-
S0	0.851	0.0345
C0	0.754	0.0280
C2	0.779	0.0282

Unfortunately, this turns out to be rather questionable. As indicated in Table 4 a), the IB assumption has to be clearly rejected for all of the three household types. Testing for curvature and identical shifts separately shows that it is mainly the assumption of an identical curvature of budget share Engel curves in the East and the West that leads to rejection of IB and therefore of the model, see Table 4 c)). The structure of consumption differences in both parts of Germany are enlightened by the results given in Table 4 b), indicating that the shift condition is not strongly rejected for S0 and C2.

Table 4: Results of model specification tests (Likelihood-Ratio-Tests)

a) Test of H^{IB}: Base independence (shape invariance), see (13)

Household Type	Test statistic	p-value
S0	50.86	0.000
C0	98.00	0.000
C2	46.37	0.000

---

[14] We also evaluated data of the 1993 German Income and Expenditure Survey. In 1993, results were more favourable for the log-quadratic functional form. Alas, the model failed specification tests. Therefore, we do not report detailed results here. It should be mentioned, however, that estimates for utility based parity came to 0.410, 0.435 and 0.557 for S0, C0 and C2, respectively. In conjunction with the results displayed in Table 3, these estimates indicate the process of converging consumption patterns in the East and the West of Germany.

b) Test of H^{shift}: Identical horizontal shifts of Engel curves, see (16)

Household Type	Test statistic	p-value
S0	8.58	0.127
C0	22.50	0.000
C2	12.00	0.035

c) Test of H^{shift}: Identical curvature of Engel curves, see (14)

Household Type	Test statistic	p-value
S0	27.09	0.000
C0	53.39	0.000
C2	21.45	0.002

6 Conclusion

Whenever ppp are used to compare 'true cost of living' at home and abroad, particular measures of welfare or utility have to be applied. Ordinality of the utility concept requires additional identifying assumptions, whenever empirical analysis is based only on market data. Hence, estimated parities are reliable only if validity of these assumptions is tested for (at least for those assumptions that are testable at all).

The model presented in this paper is theoretically consistent as it is derived immediately from neoclassical demand theory. We have focussed on procedures for testing model specification and we have shown how these tests work in an empirical application. As the model had to be rejected for a ppp comparison concerning the East and the West of Germany in 1998, it is of particular interest to apply the model to the data of the 2003 German income and expenditure survey. As differences in the consumption patterns of households living in both of these regions are discarded in the course of the analysis, this investigation could also reveal whether the existence of a 'representative German consumer' can be accepted in the meantime.

As our model is 'regional' in that it calls for identical prices in the territories analyzed, an obvious field of application can be seen in modelling parities for countries in the European Community, as parities of such kind could be used when deciding on particular schemes of transfer payments within the EC. In addition, harmonization of national European household surveys will provide a rich and suitable data base for these applications of the model.

References

Balk, B. M. (2001), Aggregation Methods in International Comparisons: What have we learned?, Report Series Research in Management ERS-2001-41- MKT, Erasmus Research Institute of Management, Rotterdam.

Banks, J. / Blundell, R. / Lewbel, A. (1997), Quadratic Engel Curves and Consumer Demand, The Review of Economics and Statistics, 79, 527-539.

Blackorby, C. / Donaldson, C. (1988), Adult-Equivalence Scales and the Economic Implementation of Interpersonal Comparisons of Well-Being, Discussion Paper 88-27, University of British Columbia.

Blundell, R. / Duncan, A. / Pendakur, K. (1998), Semiparametric Estimation and Consumer Demand, Journal of Applied Econometrics, 13, 435- 461.

Blundell, R. / Preston, I. / Walker, I. (1994), An Introduction to Applied Welfare Analysis, in: Blundell, R., Preston, I. Walker, I. (eds.): The Measurement of Household Welfare, Cambridge, S. 1-50.

Deaton, A. / Muellbauer, J. (1980), Economics and Consumer Behavior, Cambridge.

Ferrari, G. (2003), Using Equivalence Scales as Spatial Deators: Evidence in Inter-Household Welfare Regional Comparisons from Italian HBS Micro- Data, in: C. Dagum, G. Ferrari (eds): Household Behaviour, Equivalence Scales, Welfare and Poverty, Heidelberg and New York, 273-294.

Gozalo, P. (1997): Nonparametric Bootstrap Analysis with Applications to Demographic Effects in Demand Functions, Journal of Econometrics, 81, 357-393.

Lewbel, A. (1989), Household Equivalence Scales and Welfare Comparisons, Journal of Public Economics, 39, 377-391.

Neary, J. P. / Gleeson, B. (1997), Comparing the Wealth of Nations: Reference Prices and Multilateral Real Income Indexes, The Economic and Social Review, 28, 401-421.

Pendakur, K. (1999): Semiparametric Estimates and Tests of Base-Independent Equivalence Scales, Journal of Econometrics, 88, 1-40.

Appendix

Figure A.1.: Nonparametric Engel Curves for singles (S0)

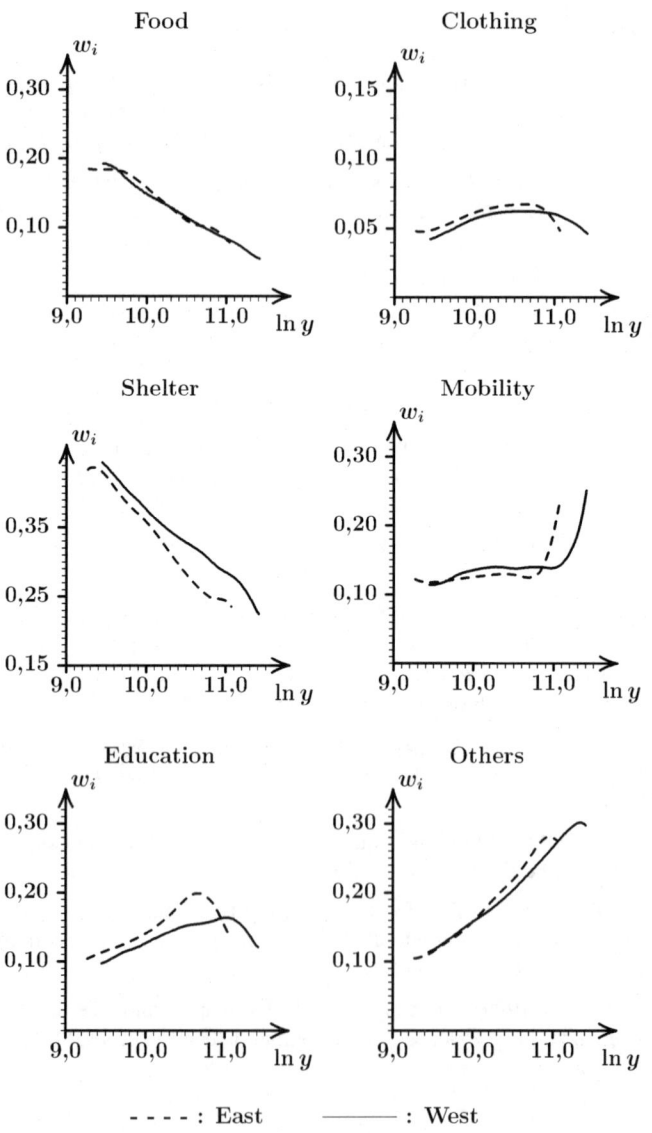

- - - - : East   ———— : West

Figure A.2: Nonparametric Engel Curves for married couples (no child) (C0)

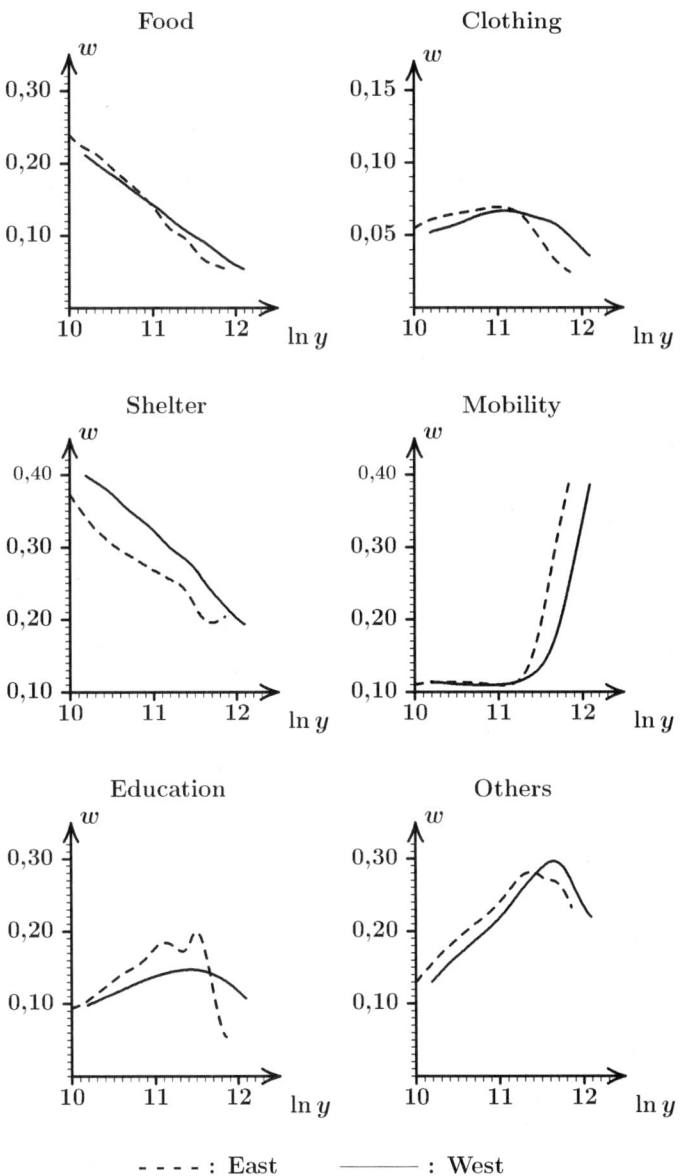

- - - - : East   ——— : West

Figure A.3.: Nonparametric Engel Curves for married couples with 2 children (C2)

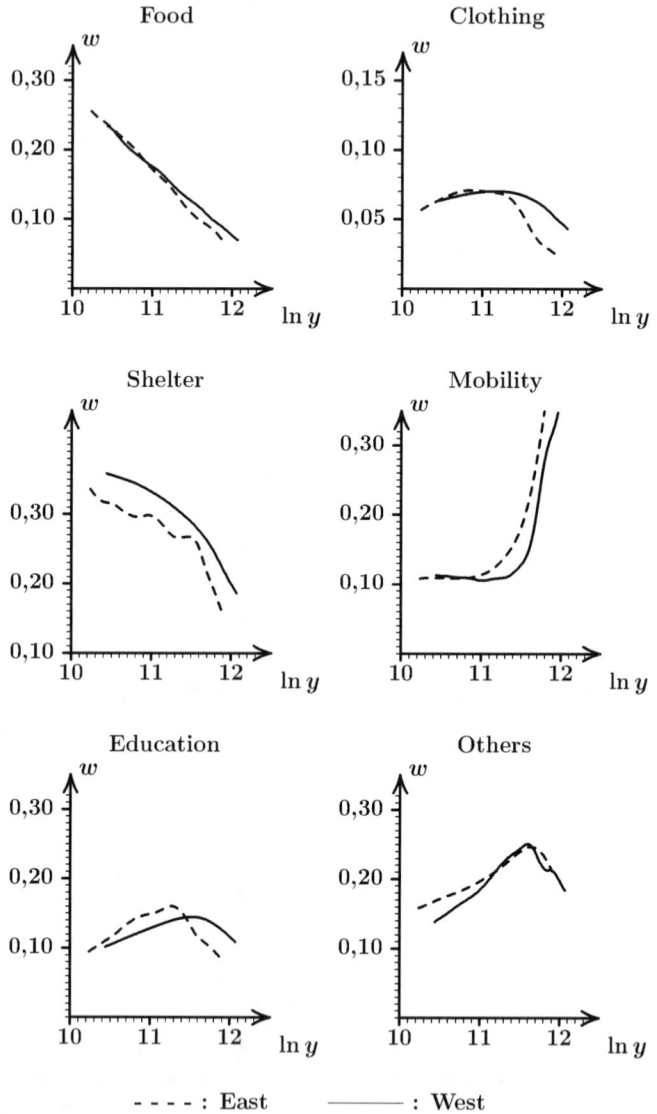

- - - - : East   ——— : West

Schumpeter's Contribution to the Evolutionary and Institutional Economics

Schumpeters Beitrag zur Evolutionären und Institutionellen Ökonomik

Toshihiko Hozumi

Zusammenfassung

In dieser Arbeit möchte ich Schumpeters Beitrag zur evolutionären und institutionellen Ökonomie untersuchen, da es zu dieser Frage unterschiedliche Auffassungen gibt. Zu diesem Zweck habe ich zunächst das Konzept der evolutionären und institutionellen Ökonomie erforscht und bin auf unterschiedliche Interpretationen dieses Konzeptes durch Prof. R. R. Nelson und Prof. U. Witt gestoßen. Dies ist hinsichtlich der Beziehung von evolutionärer Ökonomie und Darwins Evolutionstheorie relevant. Sie warfen die Frage auf, ob und wie Darwins Evolutionstheorie die evolutionäre Ökonomie beeinflusst hat. Zweitens habe ich den Disput zwischen Prof. M. Kelm und Prof. G. M. Hodgson über den Einfluss von Darwins biologischer Evolutionstheorie auf Schumpeters Ökonomie untersucht. Dieser Disput führt zu der Frage, ob Darwins biologische Evolutionstheorie Schumpeters Theorie der ökonomischen Entwicklung beeinflusst hat.

Prof. Kelm versuchte zu zeigen, dass Schumpeters Theorie der ökonomischen Entwicklung die Idee der Darwinschen Theorie der biologischen Evolution genutzt hat, da die Struktur von Schumpeters Theorie der ökonomischen Entwicklung mit der der Darwinschen Evolutionstheorie übereinstimmt. Andererseits meint Hodgson, dass Schumpeter hoffte, die Dynamik von Walras' Statik (Theorie des allgemeinen Gleichgewichts) anzuführen und entwickelte die evolutionäre Ökonomie nicht mit Hilfe biologischer Metaphern wie z. B. die des Darwinschen Evolutionismus. Er glaubt, dass Schumpeter mehr durch

Marx und Hegel als durch Darwin beeinflusst war. Und drittens habe ich den Wandlungsprozess von Schumpeters ökonomischen Gedanken zurück verfolgt, der die Theorie der ökonomischen Entwicklung und die Rolle des Unternehmers betont. Nach diesen Studien habe ich versucht, Schumpeters Beitrag zur evolutionären und institutionellen Ökonomie aufzuzeigen. Meiner Meinung nach hoffte Schumpeter die Dynamik der Ökonomie, ausgehend von Walras' Statik, schon früher zu entwickeln, aber während seines Aufenthaltes in Deutschland in den zwanziger Jahren und in Amerika in den dreißiger Jahren des letzten Jahrhunderts begann er, die ökonomische Entwicklung und den Wirtschaftskreislauf nicht nur mit Hilfe der ökonomischen Theorie zu erklären, sondern auch durch historische und statistische Forschung. Es gibt einen methodischen Unterschied zwischen der "Theory of Economic Development" (1912) und den "Business Cycles" (1939). Früher versuchte er die ökonomische Entwicklung hauptsächlich aus Sicht seiner Theorie des Unternehmers und der Innovation zu erklären. Aber in seinen späteren Lebensjahren begann er die ökonomische Entwicklung und den Wirtschaftskreislauf aus einer weiterreichenden Perspektive heraus zu erklären.

Abstract

In this essay, I would like to research Schumpeter's contribution to the Evolutionary and Institutional economics, because there are different opinions on this question. For this purpose, I firstly investigated the concept of evolutionary and institutional economics and found a different interpretation of this concept between Prof. R. R. Nelson and Prof. U. Witt. This is relevant to the relation of evolutionary economics and Darwin's evolutionism. They raised the question whether and how Darwin's evolutionism influenced Evolutionary Economics. I secondly investigated the dispute between Prof. M. Kelm and Prof. G. M. Hodgson about the influence of Darwin's biological evolutionism on Schumpeter's economics. This disputation relates to the problem whether Darwin's biological evolutionism influenced Schumpeter's theory of economic development.

Prof. Kelm tried to demonstrate that Schumpeter's theory of economic development used the idea of the Darwin's theory of biological evolution, because the structure of Schumpeter's theory of economic development corresponds to that of Darwin's evolutionism. On the other hand, Hodgson thinks that Schumpeter wished to lead the dynamics from Walras' statics (theory of general equilibrium) and didn't construct the evolutionary economics by using biological metaphors such as Darwin's evolutionism. He thinks that Schumpeter was influenced more by Marx and Hegel than by Darwin. And thirdly I traced Schumpeter's changing process of his economic thought focussing on his theory of economic development and the role of the entrepreneur. After these studies, I tried to show Schumpeter's contribution to the evolutionary and institutional economics. According to my opinion, Schumpeter wished to construct the dynamics of economy starting from Walras' statics in earlier time, but while staying in Germany in the 1920s and in America in the 1930s he began to explain the economic development and business cycle using not only economic theory but also historical and statistical research. There is a methodological difference between "Theory of economic development" (1912) and "Business Cycles" (1939). Earlier he tried to explain economic development mainly from his theory of entrepreneur and innovation. But later in his life he started to explain economic development and business cycle from a more extensive perspective.

1 Theme of this report

In this thesis, I would like to explain Schumpeter's contribution to the evolutionary economics. For this purpose, I firstly examine some explanations of the concept of evolutionary economics by representative evolutionary economists. So I refer to the lectures of Prof. R. R Nelson and Prof. U. Witt proposed at the inaugural general meeting of the Japanese Society of Evolutionary Economics (Kyoto, March 28-29, 1997). And secondly, I investigate the dispute about the influence of Darwin's biological evolutionism on Schumpeter's economics between Prof. M. Kelm and Prof. G. M. Hodgson in the "Journal of Evolutionary Economics" (Vol. 7, Number 2, 1997). And thirdly, I intend to research the content and character of Schumpeter's economics from "Theory of Economic Development" (1912) over some articles of 1920er and 1930er to his main bock "Business Cycles" (1939), in order to find his contribution to the evolutionary and institutional economics.

2 What is evolutionary economics from the viewpoint of the present understanding?

Evolutionary economics considers the evolution of economic systems. It tackles economic evolution where Darwin and Lamarck deal with biological evolution and H. Spencer deals with social evolution. Prof. Hodgson sees the genealogy of evolutionary economics as follows; the theory of economic development is divided into the theory of development, which includes Marx, Schumpeter, evolutionary sociologists and social anthropologists; then there is the theory of hereditary evolution, which tries to explain the process of evolution from genes and has two types, the ontogenial type as proposed by Adam Smith and Carl Menger, and the phylogenial type of T. H. Malthus and T. Veblen. So Prof. Hodgson tries to classify evolutionary economics by analogy with the evolutionary biology (The Elgar Companion to IAEE, Vol.1, pp. 218 - 223). In this article, he wrote "Although Schumpeter is often associated with the new wave of evolutionary theorizing since the 1980s he explicitly rejected the employment of the biological analogy in economics." (Ibid, p. 222). I am interested in this characterization of Schumpeter's theory by Hodgson.

Evolutionary economists deal with economic societies which are composed of many different enterprises and systems. They consider how such units get the vitality of continuity (namely what is the gene of this society), how such eminent units come into existence (namely how does the mutation occur) and further how eminent units are chosen and how inferior units are eliminated (namely how does the natural selection occur). In my opinion, in the process of solving these problems, different types of theory of economic evolution emerge.

I would like to consider here the two understandings of evolutionary economics by Prof. Nelson and Prof. Witt proposed at the inaugural general meeting of the Japanese Society of Evolutionary Economics (Kyoto, March 28-29, 1997).

According to Prof. Nelson, the writings of evolutionary economics have two main features; first, "the central interest is in characterizing the dynamic process" and second, "almost all of them assume, or have built into them, path dependency" (Nelson 1997, p. 2). And he distinguishes three subgroups, namely "evolutionary game theory, theorizing that attaches itself to the new mathematical writings on nonlinear dynamic systems, and variation-selection models" (Ibid). Nelson recognizes that his theory of evolutionary economics belongs to the third group and explains the characteristics of his theory.

Nelson aims to explain the dynamic process of the economy and the working of economic systems in cooperation with other social sciences. He tries to analyze the economic process from the viewpoint of the law of cause and effect through considering "path-dependency" and working of accidental circumstances as part of the evolutionary process, and he takes the empirical and inductive method. Although the ability to specialize in the process of selection is important for making a model of evolution, evolutionary economics cannot attain that goal. But according to Prof. Nelson, evolutionary economics is superior to neo-classical economics in the point of the analysis of systems and the dynamic progress of the economy.

On the other hand, Prof. Witt has an objection to attempt to use Darwin's theory of biological evolution directly (as in the case of game theory or Hayek's social philosophy) or indirectly (as in the case of Nelson and Winter). But according to Witt, it is unreasonable to explain economic evolution directly or indirectly on the basis of Darwin's concepts. He says "However, unlike the amazingly simple and yet powerful principles of genetic variation and natural selection which, as Darwin discovered, underline the evolution of the species, the regulation which economic evolution may follow seems to operate in a way that is far more complex." (Witt 1977, p. 35). A reason for that is "in the domain of economics, there is no structure comparable in its continuity with the genetic mechanisms that have led to the emergence of species in nature" (Witt 1997, pp. 35 - 36).

He criticizes "attempts to construct analogies between genetic and economic evolution" (Witt 1997, p. 25). He sets a question against these attempts, "what then would the objects of economic selection be, or what would have to be thought of as the evolving entity in the domain of economics?" (Ibid). One answer was "product ", or the other answer "firm". But according to him there is nothing in economic evolution such as the gene in the biological evolution. So the point of Witt's criticism is that the evolution of behavioural routines can not be explained by economic natural selection, because there is no agent of continuity such as the gene of biological evolution. So he concludes that the explanation of economic evolution by analogy with biological evolution is impossible because there is nothing equivalent to the gene and natural selection of biological evolution. He thinks that the mechanism of the transfer of knowledge is not sufficiently explained and so it is difficult to interpret this mechanism in an evolutionistic way.

Now how does Prof. Witt deal with the evolutionary economics? He identified the main features of economic evolution as the "growth of human population", the growth of "both improved human knowledge and cheap non human energy", "the strongly improved 'term of trade' between human labor and nature's products", and "the demand side of the market" namely the growth of "mankind's consumption" (Witt 1997, pp. 31 - 33). So he understands that economic evolution is not achieved by simple factors such as the genes in biological evolution, but by very different factors. The reason for this is "that, in the domain of economics, there is no structure comparable in its continuity with the genetic mechanisms that have led to the emergence of species in nature" (Witt 1997, pp. 35 - 36). But he proposes to find some regularity through empirical research on long-term economic development and those regularities can be explained by evolutionary concepts. He says, "an inspection of long-term economic development can, however, help identify certain regularities which can be explained by evolutionary concepts as long as these are defined in a broader sense" (Witt 1977, p. 38).

As we have seen, the understandings of evolutionary economics by Prof. Nelson and Prof. Witt, both representative scholars of evolutionary economics, are entirely different. So generally speaking, we can say that evolutionary economics aims to grasp the dynamic process of economic path-dependently, and it is classified into two large groups. One group uses directly or indirectly Darwin's concepts of evolutionary biology (for example the evolutionary game theory, Hayek's social philosophy, and Nelson's and Winter's theory) and another group tries to understand economic evolution without Darwin's help.

3 Debate about the theoretical contribution of Schumpeter to Evolutionary Economics

Now how does the Schumpeter's theory of economic evolution contribute to evolutionary economics? How can we evaluate Schumpeter's theory of economic development from the viewpoint of evolutionary economics? What is the contribution of Schumpeter to evolutionary economics? Two theses in relation to this problem appeared in the "Journal of Evolutionary Economics" (Vol.7, No.2, 1997). One is Prof. M. Kelm's thesis "Schumpeter's theory of economic evolution: a Darwinian Interpretation" and the other is Prof. G. M. Hodgson's thesis "The evolutionary and non-Darwinian economics of Joseph Schumpeter", which criticizes the opinions of the former thesis. I would like to consider this problem looking at the opinions of these two theses.

Although Kelm's thesis is bulky and has many interesting points, its main argument is that Schumpeter's economic theory can be interpreted from the viewpoint of Darwin's theory of evolution, and that the factors affecting the evolutionary process of the economic system can be characterized from this viewpoint. In the first half of his thesis, Kelm examines Hodgson's argument that Schumpeter did not contribute to evolutionary economics and disputes the meaning of his starting from Walras' theory of equilibrium.

Kelm proposes a Darwinian interpretation of Schumpeter's theory of economic evolution in the latter half of his thesis. According to Kelm, the core of Darwin's theory of biological evolution is as follows; "(1) a mechanism of information storage by which some relatively stable characteristics are preserved over time, (2) a mechanism of endogenous change by which new variations are constantly generated, (3) a mechanism of selective retention by which the frequency of some variation relative to others is increased" (Kelm 1997, p. 111). The first factor is the genetic inheritance, the second factor is the mutation and the third factor is the natural selection in Darwin's theory.

According to Kelm, Schumpeter's theory of economic evolution has three factors corresponding to Darwin's theory of biological evolution. Firstly, the mechanism of information storage in economic evolution is "individual habits and organizational routine". Secondly, the endogenous change in economic evolution is "innovation and entrepreneurship", the result of the new initiatives different from ordinary routine. Thirdly, there is "learning and competition" among entrepreneurs. Many entrepreneurs adapt to this innovation, because it brings profits to them. But inadaptable entrepreneurs are removed by competition from others. As inadaptable entrepreneurs are removed in the process of spreading innovation, this process can be seen as one of selective retention.

So Kelm interprets Schumpeter's theory of economic evolution in this way; business routine is information storage, innovation is a mechanism of endogenous change, and learning and competition are the mechanism of selective retention.

Hodgson, however, refutes Kelm's interpretation and maintains that Schumpeter's theory of economic evolution should not be interpreted by analogy with the theory of biological evolution or Darwinianism. He maintains that Schumpeter did not attempt to apply Darwin's theory to economic evolution. According to Hodgson, Schumpeter has a philosophically positivistic attitude and rejected the use of Darwin's theory as a metaphor. And he criticizes Kelm's attempt to interpret Schumpeter's theory from the viewpoint of Darwinianism.

So Hodgson's evaluation of Schumpeter's theory is quite different to Kelm's opinion. While Kelm finds in Schumpeter's theory three factors corresponding to the core factors of Darwin's biological evolution and evaluates Schumpeter's theory as Darwinian theory, Hodgson criticizes Kelm's understanding of Darwinianism as Lamarckian and so evaluates Schumpeter's theory as Lamarckian. Hodgson thinks Schumpeter's theory is more positive and is effected more by Hegel and Marx than by Darwin. Hodgson does not deny the evolutionistic quality that Schumpeter's theory has, but says the contemporary evolutional economics was influenced more by the Institutional School of Veblen than by Schumpeter's theory. He thinks the influence of Schumpeter on modern evolutionary economics was less than Kelm surmises.

According to my opinion, Schumpeter changed his thought on the development of economy from the earlier days to the latter term. In early days, he was influenced by L. Walras' economic theory and accepted his theory of general equilibrium as an explanation of static economy. And when he wrote "Theory of Economic Development" as an explanation of dynamic economy, he had surely known the evolutionary biography of C. Darwin and the Social Darwinism of H. Spencer, because he stayed in England and had enough time to get to know English economists such as A. Marshall and American economists such as Veblen.

We can guess that Schumpeter had investigated the ideas of evolutionary biography and Social Darwinism of Spencer when he wrote his book on theory of economic development. Kelm's interpretation of Schumpeter's theory of economic development is reliable from this point of view.

But after Schumpeter immigrated to America, he evaluated G. Schmoller's historical method and also statistical research. As a result, he analyzed the economic development of modern Europe from the methods of economic theory, economic history and statistical research in his main book "Business Cycles" (1936).

4 Change of Schumpeter's theory of economic development

Here I would like to trace the development of Schumpeter's economic thought in order to find his contribution to the evolutionary economics.

Schumpeter tried to explain economic development in his book "The Theory of Economic Development" (1912). According to his theory, profit is not produced in a static economy, but it is produced after an entrepreneur begins to innovate and production grows after many imitators imitate this innovation. But when this innovation is generalized, the profit from that innovation will disappear. The economy develops as a result of this occurrence and the disappearance of innovation.

Schumpeter starts from the statistic economy as L. Walras (1834 - 1910) did. The statistic economy is an economy circulating on the same scale or a continuously and quantitatively enlarging economy. The dynamic economy is the change of a circulating economy due to endogenous change. He wrote "Unter 'Entwicklung' sollen also nur solche Veränderungen des Kreislaufs des Wirtschaftslebens verstanden werden, die die Wirtschaft aus sich selbst heraus zeugt, nur eventuelle Veränderungen der 'sich selbst überlassenen', nicht von äußerem Anstoße getriebenen Volkswirtschaft." (Schumpeter 1926, p. 95).

Now what is the endogenous change of an economy, how does it happen and by whom is it done? Schumpeter considers the production as a combination of productive factors, and the new circumstances inside an economy as a new combination of productive factors. He writes "Form und Inhalt der Entwicklung in unserem Sinn ist dann gegeben durch die Definition: Durchsetzung neuer Kombinationen." (Schumpeter 1926, p. 100). He lists as new combinations: (1) production of new commodities, (2) introduction of new productive methods, (3) opening up of new markets, (4) acquisition of new sources of supply of materials and half-finished goods, and (5) the realization of new organization. When productive factors are removed from old combinations and transferred into new combinations for building new combination, then banker and capitalist supply the funds for such a new combination.

The making of new combinations is called enterprise and the undertaker of this work is called the entrepreneur. Schumpeter explains how difficult the making of the new combination is, and he argues about the type of entrepreneur and the character of his behavior. While old style production depends upon old knowledge and the habitual behavior of the entrepreneur and is based on the habitual orbit of usual life, there is in the pursuit of innovation the difficulty of leaving the habitual orbit, of doing a new thing, and there is also the resistance in the social environment by those around one. To carry out innovation while conquering these difficulties is the leading activity of the entrepreneur. The motivation of the entrepreneur is, according to him not seeking profit but the dream and will to construct his own dynasty and also a winner's will and the joy of creation. In this way, Schumpeter understood economic development as a discontinuous development through the immanent causes of economy around the entrepreneur's activities of innovation.

Prof. Hanusch characterizes Schumpeter's theory of economic development in his book "Theory of economic development" as "to explain 'economic evolution' as a process coming out from the economic system" (Hanusch 1999, p. xxi). He looks at the immanent factors in economic systems which develop the economy dynamically. The system has the mechanisms within itself which can change the system. This view reminds me of Hegel's and Marx's theory of totality, namely their doctrine that a social system should be seen as a total system which is superior to the parts. Has Schumpeter dealt with the economic system as total system? Such an opinion is not evident. But he does take the position that economic evolution is caused as a result of changes from the inside.

But later, when he published "Capitalism, Socialism and Democracy" (1942), he saw not the individual entrepreneur but a big stock company as the subject developing new techniques and making innovations. This change of opinion came after his emigration to America in 1932 and the deepening of his understanding of American capitalism.

In his thesis "Entrepreneur" (1928), he looked back historically at the forms of categories of entrepreneur and explained the character, function and type of entrepreneur in contrast to the capitalist. In this thesis, he shows four types of entrepreneur such as factory owner and merchant in a competitive period, industrial commander, director based on a contract of employment, and promoter. And he asked whether the significance of the entrepreneur's function was in a rising trend or a falling trend, and answered that the importance of the function of the entrepreneur was falling as time went on because of the widening of the accountable field in the economy.

Also in his thesis "Entrepreneur in modern national economy" (1928), after he had mentioned the characteristics of an entrepreneur, he argued about the functions of an entrepreneur in a trustified economy and indicated that trust organization does not change the function of an entrepreneur, but mechanization and bureaucratization of the formation of intention does.

According to the argument in his thesis "Creative response in economic history" (1928), there are two kinds of human response to change an economic situation, namely "adaptive response" that tries to continue with the old method and "creative response" that tries to start new method. In the last part of this thesis, he treated the subject "transition of the function of an enterprise" and mentioned that the function of an entrepreneur would decline as "not personal talent but rather professional team exercised greater influence" (Schumpeter 1947, p. 229).

Schumpeter found the entrepreneur very significant in his early work "Theory of economic development" (1912), a man who left the old orbit of habit and carried out innovation, but as time went on, he came to consider the role of entrepreneur less important as a result of the trustization of the economy. For example, he argued the uselessness of entrepreneur in the second part of his book "Capitalism, Socialism and Democracy" (1942). And he mentioned the reason as the following. "Technological progress is increasingly becoming the business of teams of trained specialists who turn out what is required and make it work in predictable ways" (Schumpeter 1947, p. 132). As it was not the entrepreneur but a group of specialists who make technical evolution, the importance of the entrepreneur to make innovation was declining. This caused a decline in the role of the bourgeois in the capitalist economy.

"The capitalist process" where the economy evolves thanks to the innovation of entrepreneur, on the one hand, "unavoidably attacks the economic standing ground of the small producer and trader" (Schumpeter 1947, p. 140) and on the other hand "attacks its own institutional framework – let us continue to visualize 'property' and 'free contracting' as parts pro toto – within the precincts of the big unit." (Ibid, p. 141). So as the capitalist process goes on, the entrepreneur as agent of this process and the institutional framework of capitalism, for example private property and free contracting, weakens. In addition, intellectual criticism intensifies. It was said "the modern corporation, although the product of the capitalist process, socializes the bourgeois mind" and "the disintegration of the bourgeois family" (Ibid, pp. 156 - 157) is evident. Finally Schumpeter concluded "there is inherent in the capitalist systems a tendency toward self-destruction (Ibid, p. 162).

While Schumpeter argues that the capitalist development was based on innovation by entrepreneurs in his earlier book "Theory of economic development" (1912), in his later book "Capitalism, Socialism and Democracy" (1942) he sees that enterprises themselves pursue innovation and that the entrepreneur becomes less important as the capitalist process evolves. This is what is meant when we say that evolution of the capitalist process brings about socialism. Because of degeneration of the function of the entrepreneur and the declining role of the bourgeois, the state comes to manage the means of production and so production itself. According to Prof. Hanusch, for Schumpeter, "socialism is an order of society wherein the means of production are owned or governed by the state and where all decisions concerning production are dictated by a public authority and not by private firms" (Hanusch 1999, p. xxviii).

Schumpeter understood economic development as a discontinuous development through the immanent causes of economy around the entrepreneur's activities of innovation in his early book "Theory of economic development". After he moved to the USA, he came to think not entrepreneur but trustier company do innovation through its institute. But the rule of a trustier company leads to the degeneration of the entrepreneur and a declining rate of bourgeois. This means the end of capitalist economy.

5 What is the contribution of Schumpeter to the evolutional and evolutionary economics?

As you can see above, Hodgson sees that Veblen contributes more to evolutionary economics than Schumpeter does, and considers it an error to see Schumpeter as a greatest contributor to evolutionary economics. According to another of his thesis "Thothein Veblen and Josepf A. Schumpeter in evolutionary economics" (Hodgson 1999), Schumpeter's theory of economic evolution is affected more by Marx' and Hegel's dialectical theory of evolution than by Darwin's theory of biological evolution. Since Schumpeter is also influenced by L. Walras theory of general equilibrium, he puts Walras' theory as the starting point of his theory of dynamics. Both theories have in common the concept of "change within system". In Schumpeter's case, this change is based on the innovation of the entrepreneur. According to him, innovation causes the dynamic process of economic evolution, as the process moves to another equilibrium. But Hodgson criticizes the dilemma that the mechanism of non-equilibrium coexists with the mechanism of equilibrium in Schumpeter's theory. So he opposes to name the increase of interest in evolutionary economics from the 1980s as Schumpeterian or Neo-Schumpeterian.

Hodgson evaluates Schumpeter's contribution to Evolutionary economics negatively; he admits that Schumpeter is one of the great economists in the 20th century. But it is unclear to what point Hodgson admits Schumpeter's contribution to evolutionary economics. And he maintains that Schumpeter's theory of economic evolution is affected more by Hegel and Marx than Darwin, but it is unclear exactly what he means by this assertion. Therefore in order to understand Schumpeter's theory of economic evolution in line with Hodgson's assertion, it is necessary to compare Schumpeter's theory of economic evolution with Marx' and Hegel's social theories.

Even if T. Veblen had and has more effect on evolutionary thinking in economic thoughts of Anglo- American societies than J. A. Schumpeter, we can evaluate that Schumpeter also contributed to the evolutionary and institutional economics. According to this economics, as the economic institutions and systems evolve always, you should consider this character of institutions and systems in order to understand national or world economy. And J. A. Schumpeter succeeded to explain many institutions such as entrepreneur and especially its evolutional character.

6 Where does Schumpeterian economic theory stand in relation to evolutional and institutional economics?

When I surveyed Nelson's and Witt's concepts of evolutionary economics in the first section of this report, I found different understandings of evolutionary economics. As I investigated the debate between Kelm and Hodgson on the character of Schumpeter's theory of economic evolution in the fourth and fifth sections, I found that the former deals with Schumpeter's theory of economic development by analogy with Darwin's theory, but the latter considers Schumpeter's theory unrelated to Darwin's theory.

I think that there is a basic difference of opinion on the concept of evolutional and institutionary economics and the interpretation of Schumpeter's theory of economic evolution, and that is whether we understand economic evolution from the model of Darwin's theory or from many factors different from this model. Nelson and Kelm understand evolutionary economics by analogy with Darwin's theory of evolution, while Witt and Hodgson deny the relationship between evolutionary economics and Darwin's theory of biological evolution.

G. M. Hodgson researched influences of biology or Darwinism on economics from the 1880s to the 1980s (Hodgson 2005). He treated it as "the use of biological metaphors". According to him, German economists such as K. Knies, W. Roscher, P. v. Lilienfeld, and A. Schaeffle were dependent on the organic metaphor. But after C. Mengar criticized the method of the Historical School the Methodenstreit began and lasted two decades, "the use of the organic analogy had become unpopular in Germany." (Hodgson 2005, p. 110). In England in the period from 1870 to 1920, H. Spencer, A. Marshall and J. Hobson were influenced by biological metaphor and "biological reductionism was commonplace." (Ibid). In the United States, under the influence of the German historical school and H. Spencer's Social Darwinism, Veblen began institutionalism in America. He thinks Economics is an evolutionary science, but he rejected biological reductionism. But later, the reaction against biology began and lasted in American social science. For example, Boar and his followers maintained that not innate biological factors but culture and social environment influence human character.

So from Hodgson's research, we can understand that out of the German Historical School, English economists such as Marshall and J. Hobson and American Institutionalism such as Veblen, many economist and social scientist would not use long time biological metaphors and the evolutionism of Darwinism. But after 1980s the evolutionary economics has revived in America, Europe and Japan.

Hodgson considered also the relation between Schumpeter and the evolutionary process at the chapter 10 of his book "Economics and Evolution" (1993). The evolutionary economics has not a friendly relationship with the theory of general equilibrium and the mechanism of physics, but biology or specially Darwin's evolutionism. Schumpeter wished to lead the dynamics from the statics of Walras' theory and to explain economic evolution in this way. He enlarged Walras' concept of enterprise and gave a new concept of 'creative destruction'. But the situation that Schumpeter explained with the concept such as creative destruction was similar to the situation that Marx explained with concepts such as dialectical and developmental evolution. So you can say that Schumpeter was influenced not only by Darwin but also by Marx. At last Hodgson evaluated "contrary to many admirers, however, Schumpeter provides neither a systematic theory nor an ideal epitome for a new evolutionary economics, if that is to be a precise and meaningful term". (Hodgson 1996, p. 151). Hodgson attaches importance to T. Veblen, because Veblen contributed to the evolutionary economy more than Schumpeter.

So there is a difference on evaluation of Schumpeter's contribution to evolutionary and institutionary economics between Hodgson and the new wave of evolutionary theorists (Iwai, Nelson and Winter, Rahmeyer, Silverberg and so on were named by Hodgson) (Schumpeter 1996, p. 149).

Now Prof. Yoshinori Shiozawa, a central figure of the Japanese Society of Evolutionary Economics, compares the theory of biological evolution and the evolutionary economics in his thesis "What is the task of evolutionary economics ?" (Shiozawa 2000). According to his opinion, it is an advantage for the study of evolutionary economics that we have various kinds of theory of biological evolution in Japan and he maintains "we can learn important things from the heretical theories of biological evolution" (Shiozawa 2000, p. 33). He expresses the viewpoint that evolutionary economics can learn from the theory of biological evolution. He appoints "commodity, behavior, technology, and institution" as duplicators of economic evolution like the gene of biological evolution. He further maintains that it is necessary to research positively "in what fields and occasions" these duplicators can "change" and to explain the mechanisms of this process in each event" (Shiozawa 2000, p. 35). And evolutionary economics can consider again the concept of "selection" from the biological evolution. He maintains that "advance selection" , so to speak, is achieved in biological evolution, but "selection after the fact (ex post facto) "or "selection based on actual result" is achieved in economic evolution (Ibid, pp. 37 - 38).

But in conclusion, he admits the difficulty of arguing economic evolution by analogy with biological evolution. He writes "the task of explaining the phenomenon of evolution theoretically is very difficult. Shiozawa maintains it is necessary understand economic evolution through a joining positive research and research by simulation. He attaches great importance to join positive research on the realities of economic evolution and research of evolution by the method of simulation.

Although Darwin's theory of evolution is the greatest finding of the natural sciences, it seems unlikely that the theory of biological evolution over hundred of thousands years and the theory of economic evolution over a few thousand or a few hundreds years are based on the same principle. So, it is difficult to explain Schumpeter's theory of economic evolution only by analogy with Darwin's theory of biological evolution. If you take notice only of the immanent logic of economic development in Schumpeter's "Theory of economic development" (1912), you can state that Schumpeter's theory is an application of Darwin's theory in economic evolution as Kelm concluded. But is it not an oversimplification to see Schumpeter's theory only as an application of Darwin's theory into economic evolution? Schumpeter maintains in his book "Business Cycles" (1936) that you must use not only the theoretical approach but also an economic historical approach, and a statistical approach, in order to understand economic evolution. It follows from the foregoing that the characteristics of Schumpeter's theory of economic evolution should be evaluated as pluralistic, where economic evolution is understood on the basis of plurality of causes.

Prof. Wohlmuth organized a joint project on researching the Asian economy from the view point of Schumpeterian economics for IWIM and the postgraduate school of Aichi university and held an international workshop twice (one in Bremen 1998, another one in Toyohashi 2000). As I have been belonging to the Japanese Society for Evolutionary Economics since 1994, I was interested in Schumpeterian Economics. Since my subject is History of Political Economy, I am interested in Schumpeter's theory itself, the development of his theory, and the historical and theoretical significance of his theory. So I presented my thesis "The introduction of Schumpeterian economics into Japanese society" in our book "Schumpeter and the Dynamics of Asian Economy" (Wohlmuth / Hozumi 2000).

On the other hand, Prof. Wohlmuth wished to get some concepts from Schumpeterian economy and further to analyze the causes and consequences of the Asian crisis of 1997 and "Impacts of the Asian Crisis on Developing Economics" by these concepts. Prof. Wohlmuth tried to analyze the Asian Crisis and its impacts on developing economies as economic realities. In his report "Impacts of the Asian Crisis on Developing Economies. The Need for Institutional Innovations" (Wohlmuth / Hozumi 2000), he proposed the National Innovation Systems (NISs) and National Financial Systems (NFSs) as key concepts for analyzing the Asian crisis and its impact. He also proposed "the international institutional innovations needed to avoid the huge costs for developing and transition countries in the future "(Ibid, p. 2). After he had analyzed these concepts, he concluded "that an unequal development of these two systems (namely NFS and NIS) can retard growth, can lead to crisis, not only to currency and banking crises, but also to crises in production systems by retarding structural changes and by eroding innovative capacities."(Ibid, p. 45). He concluded at last "The study of the Asian Crisis by using Schumpeterian methodologies is therefore highly relevant for the ongoing discussion about policy reforms for the 21st century" (Ibid, p. 47).

References

Hanusch, H. (1999), Schumpeter's Life, Work and Legacy, in: The Legacy of Joseph A. Schumpeter, Edger Elgar Publisher.

Hanusch, H. (1988) (ed.), Evolutionary Economics. Applications of Schumpeter's Ideas, Cambridge University Press.

Hodgson, G. M. / Samuels, W. J. / Tool, M. R. (ed.) (1994), The Elgar Companion to Institutional and Evolutionary Economics, Edward Elar.

Hodgson, G. M (1996), Economics and Evolution. Bringing Life Back into Economics. Policy Press. 1stedition 1993. (Japanese Translation, by Nishibe, Morioka, Tanaka, Yoshikawa and Egashira, 2003, Toyo-Keizai-Shinpo-Sha.).

Hodgson, G. M. (1997), The evolutionary and non-Darwinian economics of Joseph Schumpeter, in: Journal of Evolutionary Economics, Vol.7. No. 2, pp. 131 - 145.

Hodgson, G. M.(1998), Thorstein Veblen and Joseph Schumpeter on Evolutionary Economics (draft, attachment of his E-mail to me).

Hodgson, G. M. (2002), Darwinism in economics: from analogy to ontology. In: Journal of Evolutionary Economics, Vol.12, No.3, 2002, pp. 281.

Hodgson, G. M. (2005), Decomposition and growth: biological metaphors in economics from 1880s to the 1980s, in: The Evolutionary Foundations of Economics (ed. by Dopfer, K.,Cambridge 2005).

Kelm, M. (1997), Schumpeter's theory of economic evolution: a Darwinian interpretation. In: Journal of Evolutionary Economics, Vol.7, No. 2, pp. 97 - 130.

Nelson, R. R. (1997), Why the World Change: A Viewpoint on Evolutionary Economic Theory. In: Evolutionary Economics in Kyoto. Papers of the First Annual Conference of the Japan Association for Evolutionary Economics, Kyoto, March 28-29, 1997, pp. 1 - 18.

Shiozawa, Y. (2000), Task of Evolutionary Economics, In: Evolution as Method (ed. by The Japan Association for Evolutionary Economics Shiozawa, Springer Verlag Tokyo), pp. 1 - 50.

Schumpeter, J.-A. (1912), Theorie der Wirtschaftlichen Entwicklung. Eine Untersuchung über Unternehmergewinn, Kapital, Kredit, Zins und den Konjunkturzyklus. Zweite neubearbeitete Auflage, München / Leipzig, 1926, originally Leipzig.

Schumpeter, J.-A. (1928), Der Unternehmer in der Volkswirtschaft von heute. In: Strukturwandlungen der Deutschen Volkswirtschaft, Berlin, pp. 295-312, 2. Aufl. 1929, pp. 303 - 325.

Schumpeter, J.-A. (1928), Unternehmer, in: Handwörterbuch der Staatswissenschaften 1928, Bd.VIII, pp. 476 - 487.

Schumpeter, J.-A. (1942), Capitalism, Socialism and Democracy. London: George Allen & Unwin LTD, 1943, Harper & Brothers, originally New York.

Schumpeter, J.-A. (1947), The creative response in economic history. In: Essays. On Entrepreneurs, Innovations, Business Cycles, and the Evolution of Capitalism, 221-231, originally in: Journal of Economic History, Nov. 1947, pp. 149 - 159.

Witt, U. (1997), Economics and Darwinism. In: Evolutionary Economics in Kyoto. Papers of the First Annual Conference of The Japan Association for Evolutionary Economics.Kyoto, March 28-29, 1997, pp.19 - 41.

Wohlmuth, K. / Hozumi, T. (2000) (eds.), Schumpeter and the Dynamics of Asian Development, LIT Verlag, Münster.

Wohlmuth, K. / Hozumi, T. / Knedlik, T. (eds.) (2003), After the Asian Crisis. Schumpeter and Reconstruction, LIT Verlag, Münster.

Economic Integration Agreements and Industrial Policy in East Asia: A Possible Way under New Constraints

Ökonomische Integrationsabkommen und Industriepolitik in Ostasien: Ein möglicher Weg unter neuen Schwierigkeiten

Chunji Yun

Zusammenfassung

Seit der Gründung der Welthandelsorganisation ist die bilaterale und multilaterale Institutionalisierung unerwartet durch die unterschiedlichen ökonomischen Integrationsvereinbarungen (EIAs), wie z. B. das Freie Handelsabkommen (FTA), das Wirtschaftliche Partnerschaftsabkommen (EPA) und dem Bilateralen Investmentvertrag (BIT) vorangeschritten. Die Weltwirtschaft ist derzeit in eine neue Phase des ‚globalen Regionalismus' eingetreten. Entgegen dem Argument, dass die EIAs Maßstäbe für die wechselseitige Liberalisierung gesetzt haben und daher zu gleichen Wettbewerbsbedingungen beitragen, verdecken die EIAs eher das asymmetrische Gefüge zwischen den Industrie- und den Entwicklungsländern. Mit der Maßgabe, dass die Weltwirtschaft aus vielfältigen Volkswirtschaften auf verschiedenen Entwicklungsstufen mit verschiedenen industriellen Strukturen und Kapazitäten besteht, haben einheitliche Regularien ungleichmäßige Auswirkungen auf diese.

Dies trifft beispielsweise auf Ostasien zu, eine Region, die als wirtschaftliche Gemeinschaft dafür bewundert wurde, am erfolgreichsten die dynamische Kraft der Weltwirtschaft internalisiert zu haben. Die regionale Wirtschaft hat das hyper-ökonomische Wachstum durch die Teilnahme an globalen Produktionsnetzwerken (GPNs) erreicht, während unterschiedliche industrielle Taktiken unterschiedliche lokale Leistungsvermögen generiert haben, die zu vielfältigen industriellen Strukturen führen. Dieses Kapitel steht unter der Zielsetzung zu erforschen, wie die sich stark vermehrenden EIAs den entwicklungspolitischen Spielraum einschränken und machbare taktische Orientierungen aus Sicht der ostasiatischen Länder aufzuzeigen. Das Papier ist folgendermaßen strukturiert:

In Abschnitt 2 beginnen wir zunächst damit, unsere These mit der Heterogenität der industriellen Strukturen unter den Ostasiatischen Ökonomien in Verbindung mit ihren vorhergehenden Entwicklungsabläufen und industriellen Taktiken zu untermauern. Die Problemstellung des Abschnitts 3 zeigt, wie die EIAs zusammen mit den Maßgaben der WTO die nationale politische Autonomie einschränken. Und schließlich werden wir in Abschnitt 4 eine neue industrielle Strategieorientierung vorschlagen, die unter den neuen institutionellen Beschränkungen und in solch einem begrenzten Handlungsspielraum im Kontext des sich entwickelnden Kräftespiels der GPNs möglich wäre.

Abstract

Since the inception of WTO, bilateral or plurilateral institutionalisation has been unexpectedly proceeding through various economic integration agreements (EIAs), such as free trade agreement (FTA), economic partnership agreement (EPA) and bilateral investment treaty (BIT). Now, the world economy entered a new phase of 'global regionalism'. However, contrary to the argument that they set rules of reciprocal liberalisation and therefore contribute to 'level playing fields', the EIAs are likely to entrench the asymmetrical structure especially between developed and developing countries. Provided that the world economy consists of diverse economies at distinct development stages and with various industrial structures and capacities, uniform rules have uneven effects on them.

This is true of East Asia, a region that has been admired as an economic group most successfully internalising the dynamism of the world economy. The regional economies have achieved the hyper-economic growth though participating in global production networks (GPNs), while different industrial policies have generated different local capacities, leading to a diversification among their industrial structures. Given it, this chapter aims at examining how the proliferating EIAs shrink the 'development policy space' and showing of what feasible policy orientation the East Asian nations can have a view. It is organised as follows.

First in section two, we will start our argument with confirming the heterogeneity of the industrial structures among the East Asian economies, linking to their previous development trajectories and industrial policies. Second, the issue of section three is to show how the EIAs, together with the WTO rules, constrain their national policy autonomy. And finally, in section four, we will suggest a new industrial policy orientation feasible under the new institutional constraints and in such a shrinking policy space, given the emerging dynamics of GPNs.

1 Introduction

Since the inception of the World Trade Organisation (WTO), various economic integration agreements (EIAs), such as free trade agreement (FTA), economic partnership agreement (EPA) and bilateral investment treaty (BIT), have been proliferating, which spawns a new phase of the world economy. They tend to cluster within specific regions, accelerating institutionalisation of the regional economies.

This is true of East Asia, which had been characterised by 'regionalisation without regionalism'. The economic group, achieving the unprecedented high growth, has created a substance of an economic zone in expanding and deepening global production networks (GPNs), while any strengthening of a preferential relationship among specific economies through a FTA/ EPA had been regarded as unnecessary and inadequate, owing to the colonial history and the complex regional political dynamics. Yet, recently, the situation has drastically changed; the two regional powers, Japan and China, as well as ASEAN adopted a FTA/ EPA as a commercial policy measure, and the region as a whole entered an era of regionalism. Their industrial development trajectories are now faced with the changing international institutional environment.

Noteworthy here are a diversity of their industrial structures and a hierarchy among them. Though they have achieved the rapid catching-up based on the common logic and mechanism of GPNs, their distinctive industrial policies have generated different local capacities and determined their entry modes into GPNs, leading to a hierarchical regional production structure of the heterogenous economies. And a more recent industrial dynamism deriving from global or regional relocation of value chains enables latecomer firms to move up into higher value-added activities, but it is also likely to force them to lock in lower value-added ones, depending on conditions. The basic determinant of these two paths is also local capacity reducible to state policies.

Embarking on the regionalism era, however, such policy autonomy of the late-industrialisers is significantly constrained. Most of the EIAs include investment liberalisation provisions, narrowing the room for the national policy toward industrial upgrading in GPNs. This chapter aims at examining how the proliferating EIAs shrink development policy space and showing of what feasible policy orientation the East Asian nations can have a view.

2 Variety of Industrial Structure and the Role of State

2.1 Heterogeneity of Industrial Trajectories

As is commonly known, the East Asian economies have upgraded their export structures throughout the hyper-growth phase since the late 1980s. In fact, the exports of high-technology products have rapidly expanded: in NIEs and ASEAN4 (Indonesia, Malaysia, Thailand, and the Philippines), they accounted for about 40 percent of total exports, and even in China, the share reached more than 30 percent in 2003[1] (Figure 1). The export upgrading does not mean a homogenisation of their industrial structures as the base. According to an estimation by Kuroiwa (2006), local contents as percentage of total inputs in manufacturing sector (as of 2000) were highest in China (89.9) and Indonesia (84.2), followed by Korea (79.9) and Taiwan (71), and the ratios of Thailand, the Philippines, Malaysia and Singapore lowest with 67.4, 65.1, 57.1, and 51.4 respectively. This tendency is reinforced in the electronics and, to a lesser extent, automobile sectors[2].

---

[1] But they have not upgraded their export structure step by step. The high-tech exports have outpaced the low-and medium-tech ones in ASEAN4 from the beginning of the 1980s. In terms of geographical distribution, NIEs has held the largest shares of all categories, while ASEAN4 was overtaken by China in medium-and high-tech exports in the early 2000s.

[2] For instance, the ratios of the electronics sector are less than 40 percent in ASEAN4. See Kuroiwa (2006) for detail analysis including that of cumulative local contents.

Fig. 1: Export Structure by Technological Level (As % of total export)

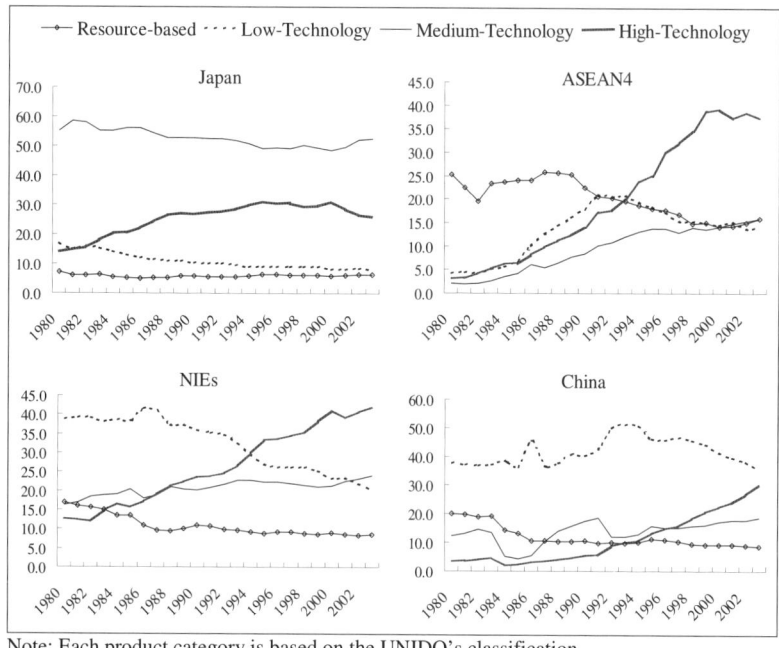

Note: Each product category is based on the UNIDO's classification.

Source: UNCTAD, Handbook of Statistics on-line.

Apart from Indonesia heavily dependent on resource-based and low-tech exports (local content ratios of them, by nature, tend to be higher), we can distinguish between NIEs and China with relatively integrated domestic linkages and the Southeast Asian economies strengthening external ones. This distinction, to no small extent, reflects their different industrial development trajectories, particularly a variety of their modes of incorporation into GPNs.

Previously, most authors have pointed as the East Asian model the successful shift of the industrialisation strategy from import-substitution (ISI) to export-orientation (EOI). By contrast, the Korean and Taiwanese development path was, so to say, a double-linear one, which simultaneously drove EOI in the labour-intensive sectors and ISI in the capital-intensive (export-oriented as well) ones. Their relatively strong domestic input linkages have been created by complementarity of import-substitution and export growth: the external economies of ISI support EOI, while export growth enhances backward linkage effects to the domestic economy (Kim 1997, Lall 2000, Yun 2005).

Contrastingly, the infant industry protective ISI of the Southeast Asian economies had not achieved solid results except for the resource-based industry. Consequently, their EOI was dominated by foreign affiliates, and developed through a deep incorporation into vertical process specialisation of multinational corporations (MNCs). Among them, the 'EOI without ISI' in Malaysia, Thailand, and Indonesia has led to a creation of an enclave-like or dualistic economy strengthening external, rather than internal, backward linkages and lacking domestic linkages between foreign assemblers and local suppliers (Doner / Ritchie 2004, Hobday 2000, Hayter / Edgington 2003).

The recent rise of China also results from the geographical expansion of GPNs organised by MNCs from the US, Europe, Japan as well as NIEs. But the new Asian giant had experienced, though inefficient and low productive, a greater degree of ISI based on local firms in the socialist economic era. Therefore, despite entering high-tech sectors later than ASEAN4, the pre-eminent local firms, such as TCL, Haier, Konka, and Lenovo, have grown up, technologically learning from foreign affiliates, and its potential massive demands promote an agglomeration of both foreign and local suppliers, generating domestic backward linkages. In fact, the local content ratios are very high with 91 percent in the automobile and 75.3 percent even in the electronics sectors (Lall 2000, Yun 2005, Kuroiwa 2006).

2.2   Industrial and FDI Policy as a Determinant

The aforementioned diversification is largely a product of their different industrial, especially foreign direct investment (FDI) policies. Among them, Korea and Taiwan had implemented the most interventionist and selective policy. They fostered local firms in selected strategic industries through performance-based export subsidies, directed credits, tax incentives and so on, expanding domestic markets through maintaining their real wage (of male workers) at relatively high level (Chang 2003, Kim 1997, Lall 2005, Wade 1990). More important relating to the later argument was their restrictive policy to FDI. It is not that they were hostile to foreign affiliates. As in the electronics sectors, they attracted FDIs especially from Japan and the US in their first stage of industrialisation, which contributed to the initial manufacturing capacities. A key was to keep them under strict national management.

The Korean government confined entry of wholly foreign-owned firms within free trade zones, whereas elsewhere encouraging joint venture projects with local majority ownership in limited sectors. Then, it selected foreign partners, who were willing to transfer technology, screened its quality and imposed strict local contents requirement to maximise technological spillover from foreign presence. Taiwan also imposed the similar restrictions on FDI to a lesser extent, widely utilising performance requirements for local contents, export, and technological upgrading. Unlike Korea with vertical integration based on large conglomerates (chaebol), it focused on strengthening input-output linkages to foreign firms, generating small-and medium-sized supplier networks around them. In short, in both economies, MNCs were not regarded as the main actor of industrialisation, but as the catalyst for technological learning. Indeed, with their accumulation of manufacturing technologies and skills, the joint ventures were dissolved or spun off, and they changed learning channels into licensing and importation of components and machines (Amsden / Chu 2003, Chang 2003, Kim 1997, Wade 1990).

By contrast, industrial policies of ASEAN4, by and large, failed to foster competent local manufacturers: those of Thailand and Indonesia targeted just preferential projects of agro-processing and aircraft industry respectively; in Malaysia with a relatively systematic policy regime, they were a part of the distributive policy to ease the ethnic conflict. Therefore, despite strict equity restrictions, owing to the lack of effective local partners, even joint ventures were virtually dominated by foreign partners, and their local contents requirement for developing supporting industries accelerated foreign suppliers' entry, creating industrial clusters of foreign assemblers and suppliers. Thus, the enclave-like structure was reinforced by the industrial policies themselves (Hayter / Edgington 2003, Intarakumnerd 2005).

Dominance of MNCs, however, dose not exclude chances of industrial upgrading, which is well illustrated by Singapore. Its industrial development is also attributable to its interventionist policy. Faced with a difficulty of labour-intensive industries due to the narrow domestic market and the constraint on labour supply as early as the 1970s, the city-state urged low value-added activities to withdraw through raising wages and appreciation of its currency value, while successfully bringing in the higher value-added segments appropriate to the higher wages from international division of labour by giving various incentives to MNCs with specific advanced technologies and by preparing a pool of high-quality personnel generating through training and educational programs of the Skill Development Fund, the Productivity and Standard Board, and the Institute for Technical Edcuation[3]. The Singaporean experience suggests that the state can play pivotal roles in determining the 'comparative advantage' and the entry mode of the economy into GPNs by intervening in the factor markets (Lall 2005, Yun 2005).

The coincidental development of the heavy foreign presence and the emerging local firms in China is also a product of its national policy. The government had fostered local firms through subsidies and various discriminative measures (e. g. licensing, foreign trade right, import quota of specific products, and VAT especially against ICs) and made the utmost use of its market potential to require foreign affiliates for cost-reduction and new markets in the severe global competition to enhance local linkages (so-called 'exchange of market with technology transfer'). Since the acceding to WTO, these policy measures are gradually being eliminated, but practically even today, some informal or de facto discrimination continues against foreign firms[4].

3 New International Constraints on Policy Space

3.1 WTO Rules and NAFTA-Style of Investment Provisions

The East Asian industrial development is path-dependent, but, to a considerable degree, embedded in the dynamics of GPNs. The recent technological innovation increases the pace of product standardisation and spurs on fragmentation of production, while the intensified global competition forces leading firms to relocate spatially the fragmented activities to organise a flexible

---

[3] The Local Industry Upgrading Programme (LIUP) has contributed to upgrading local firms and reinforcing their linkages to foreign affiliates. As a result, some have evolved from domestic suppliers to global first-tier suppliers (UNCTAD 2001).

[4] The local contents requirement is, though officially abolished, virtually imposed through the New Auto Industry Policy; they impose the same duty and VAT as a entire car on imported parts and components, if the value of the latter is more than 60 percent of price of the former.

production and sourcing system in response to the shortening product cycle and speed-to-market. In this situation, it is increasingly difficult to create an integrated input-output structure based on only local firms. However, at the same time, it implies that moving up a ladder of a value chain is possible, only if they have commensurate capacity (Henderson et al. 2002, Yeung 2006).

Serious in this context is that changes of the international institutional environment unprecedentedly constrain national autonomous abilities. Indeed, most of the interventionist measures implemented by Korea and Taiwan are no longer feasible under the WTO regime. For instance, the Agreement on Trade-Related Investment Measures (TRIMs) prohibits local contents requirement for enhancing backward linkage effects to a host economy and the Agreement on Subsidies and Countervailing Measures (SCM) makes illegal subsidies linked to export performance and local contents. On the other hand, it was the soft national intellectual property right (IPR) regime featured by short patent duration, limited coverage, and utility models that enabled the East Asian technological 'learning by doing' through joint ventures, licensing, reverse engineering and contract manufacturing. Such adaptation, absorption and imitation of foreign technologies are considerably restricted by the Agreement on Trade-Related Aspects of Intellectual Property Rights (TRIPs). Availability of technological 'backlogs' accumulated by developed countries ('advantages of backwardness' coined by A. Gerschenkron) is now strictly controlled (Kim 1997, Kumar 2002, 2005, Shadlen 2005, Wade 2005).

Nevertheless, it is not that there is no legal right of making some strategic industrial policy. The WTO rules still leave some room for a national autonomy. They have not yet set any clear definition and criteria of TRIMs, not covering service sectors, and therefore the member countries retain rights to decide what are trade-distorting TRIMs[5]. They can require technology transfer, equity restriction, and human resource development of foreign affiliates. Non-specific subsidies to firms and industries and those aiming at R&D, regional development and environmental adaptation are non-actionable. Since

---

[5] The Agreement illustrates just measures inconsistent with GATT Articles III and XI, i.e. local content, trade balancing, import substitution, foreign exchange, and export limitation.

three criteria of patentability (novelty, inventiveness, and utility) of TRIPs are ambiguous, the members have prerogatives to determine patent breadth, impose strict disclosure on patented information, and encourage its public uses.

The proliferating EIAs are steadily shirking the remaining national policy space. The previous investment treaties aimed only at protecting investors and investment, whereas the focus of the recent EIAs shifts to extensive investment liberalisation. The pioneer was NAFTA. Its investment provisions included in Chapter 11 cast a long shadow on the subsequent EIAs especially between developed and developing countries (UNCTAD 2004, 2005).

NAFTA prescribes a negative-list way of liberalisation commitment as a comprehensive manner and applies national treatment (NT) and most-favoured nation (MFN) to both pre- and post establishment[6]. Performance requirements are extensively prohibited in a negative-list way, covering service sectors and beyond the TRIMs Agreement (see Table 2 for more detail). Furthermore, it adopts a broader definition of investment, extends the scope of protection into 'indirect expropriation' or 'regulatory takings', and allows for a dispute settlement of state vs. investor in a tribunal established under the UNCITAL rules and subject to the proceedings.

These core provisions replace a part of sovereignty of the host nation by 'rights to investment'. Heretofore, the right of establishment has been thought to belong to the host, not to foreign investors, whereas granting NT and MFN even at a pre-establishment stage apparently reverses this convention. And the state vs. investor dispute settlement does not only go against international conventional laws but also denies so-called 'Calvo Doctrine', which most developing countries have emphasised, that any dispute with a foreign investor should be exclusively dealt in the host's law and court. Moreover, the result-oriented provision on regulatory takings likely forces the host to refrain from some policy change, and along with the extensive prohibition of performance requirements, it would largely constrain FDI regulations.

---

[6] The General Agreement on Trade in Services (GATS) applies a negative-list to MFN and a positive-list way to NT, and the negotiations are based on members' requests-and-offers.

3.2 Asymmetrical Investment Liberalisation

The NAFTA-type of investment provisions can be widely seen in the US BITs and the regional agreements in Latin America. More recently, they are rapidly seeping in the EIAs involving the East Asian nations (Table 1 and 2).

Table 1: Investment Provisions of the EIAs of Selected East Asian Countries

	Liberalisation Commitment				Right of Establishment	Prohibition of Performance Requirements	Protection		State vs. Investor Dispute Settlement
	Manufacturing		Service				Takings	IPR	
	MFN	NT	MFN	NT					
NAFTA	N	N	N	N	◎	extensive	◎	◎	◎
Intra-region									
JMEPA	N	N	N	P	◎	TRIM s	◎	◎	◎
JPEPA	N	N	N	P	◎	extensive	◎	◎	postponed
JSEPA		N		P	◎	extensive	◎	◎	◎
JTEPA	P	P	P	P	◎	positive-list	◎	◎	◎
JKBIT	N	N	N	N	◎	extensive	◎	◎	◎
JVBIT	N	N	N	N	◎	extensive	◎	◎	◎
KSFTA		N		N	◎	extensive	◎	◎	
AIA	N	N	GATS		◎				
Extra-region									
SUSFTA	N	N	N	N	◎	extensive	◎	◎	◎
SNZFTA	N	N		P	◎			◎	◎
SAUFTA		N		N	◎		◎	◎	◎
KUSFTA	N	N	N	N	◎	extensive	◎	◎	◎
TAUFTA	◎	P		P	◎		◎	◎	◎
TNZFTA	◎	P	postponed		◎		◎	◎	◎

Note: MFN: Most-Favoured Nation, NT: National Treatment, IPR: Intellectual Property Right, N: Negative-list, P: Positive-list, JMEPA: Japan-Malaysia EPA, JPEPA: Japan-Philippines EPA, JSEPA: Japan-Singapore EPA, JTEPA: Japan-Thailand EPA, JKBIT: Japan-Korea BIT, JVBIT: Japan-Vietnam BIT, SKFTA: Korea-Singapore FTA, AIA: ASEAN Investment Area, SUSFTA: Singapore-US FTA, SNZFTA: Singapore-NZ FTA, SAUFTA: Singapore-Australia FTA, KUSFTA: Korea-US FTA, TAUFTA: Thailand-Australia FTA, TNZFTA: Thailand-NZ FTA.

Source: Author's own construction based on each agreement or treaty.

For example, the Agreement on ASEAN Investment Area (AIA) prescribes NT and MFN in a negative-list way and guarantees the right of establishment. It is, however, not fully NAFTA-type, because of lacking provisions on performance requirements and a dispute settlement of state vs. investor. By contrast, the EIAs of Japan, Korea and Singapore cover most of the core elements of the NAFTA model. Among them, Japan has most widely spread this kind of investment rules in the region, though adopting the GATS-style of commitment in service sectors and except for the EPA with Thailand based on a positive-list way of liberalisation.

Table 2: Prohibitions of Performance Requirements in the EIAs of East Asia

	NAFTA	JSEPA	JMEPA	JPEPA	JTEPA	JKBIT	JVBIT	KSFTA	KUSFTA	SUSFTA
Commitment	N	N	N	N	P	N	N	N	N	N
Coverage	M	M	M	M	M	M	M	M	M	M
	S	S		S		S	S	S	S	S
Export	●	○		○	○	○	○	○	●	●
Local Content	○	○	○	○	○	○	○	○	○	○
Local Procurement	○	○	○	○	○	○	○	●**	○	○
Trade Balancing	○	○	○	○	○	○	○	○	○	○
Domestic Sales	○	○		○	○*	○	○	○	○	○
Technology Transfer	●	●		●	●*	●	●	●	●	●
Headquarter		●		●	●*	●	●			
R&D	●	●		●	●*	●	●		●	●
Supply Destination	●	●		●	●*	●	●	●	●	○
Hiring Nationality				●	●*	●				
Nationality of Executives etc.	○			○	○*	○	○		○	

Note: N: Negative-list; P: Positive-list; M: Manufacturing Sectors; S: Service Sectors; ○ : unconditional prohibition; ● : permission as the condition of giving an advantage; * Only Japan made commitments with these items; ** Permission only for service sectors

Source: Author's own construction based on each agreement or treaty.

The investment liberalisation based on the NAFTA-style of provisions might be 'reciprocal', if there were two-way of FDI flows. The rules to 'level playing fields' could be 'fair and equitable', if firms from both parties had nearly equal competitiveness and capacities. But in reality, the intra-regional investment flows of East Asia are quite asymmetry, and there are widening gaps between firms from the investor countries and those from the hosts[7].

The East Asian economies generally divide into an investor group of Japan and NIEs and a host group of ASEAN4 and China. The most important investor, Japan, has made 84.1 billion dollars of outward investment in the region in the stock basis in the end of 2005, compared to only 6.6 billion dollars of inward investment from there (most of which came from NIEs) (JETRO,

---

[7] The similar gaps can be seen in IPRs. See Belderbos (2006).

Japanese Trade and Investment Statistics database). This is true of Korea and Taiwan in relation to ASEAN4 and China. On the other hand, certainly, Malaysia and Thailand, following the Singaporean regionalisation strategy, have also promoted outward FDI to increase competitiveness of their domestic manufacturing bases. As a result, ASEAN4 and Singapore rapidly increased mutual investments up to 30.4 billion dollars in the cumulative basis between 1995 and 2004. But only Singapore accounts for 62.7 percent of them (ASEAN Secretariat, ASEAN FDI Database 2005).

Given this one-way flow of FDI, the aforementioned reciprocal rules would actually compel unilateral liberalisation and elimination of regulatory measures on the part of the hosts. At least, they could no longer use the selective industrial policy resources that Korea and Taiwan had mobilised in the past. Indeed, it is a trade-off between FDI and development policy space that is engaged under the name of improvement of investment climate. Without policy capacity against FDI, it would be all the more difficult to generate interactions between foreign affiliates and local firms. This is a deep-rooted problem for ASEAN4 with the severe dualistic industrial structure. As far as a narrow range of products (e. g. PC and peripherals, memory chips, liquid crystal panels etc.) are concerned, there are some competent NIEs firms such as Samsung, LG, and Acer, whereas there are few of such ASEAN4-based local companies. Therefore, 'level playing fields' does not necessarily have equitable effects. Rather, it is likely to offer 'legal enclaves' to foreign firms and make a reverse discrimination against local companies.

4 New Industrial Policy toward Human Capability

As NAFTA did, the East Asian EIAs could also contribute to expanding and deepening of GPNs through increasing FDI. But as illustrated by the experience of ASEAN, it would not automatically generate positive spillovers into the host economies. Actually, MNCs strengthen the tendency to internalise their core technologies to avoid leakage to rivals in the intensified competition. For instance, intra-firm transactions accounted for 75.9 percent of Japanese technology exports in manufacturing sectors in 2005; the ratios were highest (90.7 percent) in the auto industry and more than 70 percent even in the electronics sectors excepting parts and devices (Japanese Statistics Bureau, Survey of Research and Development 2005).

For this reason, first and most significant is still to create a solid domestic linkage structure. As R. Wade argues, in an economy with a dense set of input-output linkages, a wage means its domestic demand and it is possible to create a virtuous cycle that the higher wage generates the higher level of consumption and production. By contrast, in an internally unarticulated economy, a wage is regarded as just a cost and its domestic production is not well connected to its domestic consumption. Consequently, only export is left as an economic stimulus, but such external integration erodes internal one, entrenching an enclave-like structure (Wade 2005, pp. 94 - 95). As far as it is inevitable to participate in GPNs under the institutional constraints, a feasible policy orientation is to reinforce linkages between foreign firms and local suppliers. As shown by the experiences of Singapore and Taiwan, strong linkages would offer channels for diffusing knowledge and skill, contributing to a creation of bases for industrial deepening and upgrading through circulation of well-trained labour and personnel, or spin-off (UNCTAD 2001, p. 129).

It is not to say that there was no such policy attempt in ASEAN4. Particularly, Thailand and Malaysia have actively promoted matchmaking between foreign affiliates and local suppliers, granting various incentives under the Vendors' Meet Customer Programme and the Vendor Development Programme respectively, but with few successful results except the Malaysian Penang region (Doner / Ritchie 2003, pp. 202 - 205). This is true of their incentive-linked technology transfer requirement, one of a few feasible policy options under the TRIMs Agreement and the EIAs. Those measures make sense only when there exist effective and competent local suppliers.

Another policy orientation is to promote R&D activities. They could help latecomer firms to enhance their capacity for all kinds of upgrading in GPNs; process, product, function (a new combination of value added activities), and value chain per se (shift to a new value chain of a more technology-intensive product), while in this area, the SCM Agreement does not prohibit subsidies and the EIAs also allow for incentive-linked performance requirement. However, at least so far, the successful participants in internationalisation of R&D are confined to Korea, Taiwan, Singapore and China, although MNCs apparently tend to diffuse their R&D locations in developing countries. In fact, developing countries, transition economies and CIS accounted for only 8.4 percent of the world total of R&D expenditure in 2002, 66.2 percent of which were spent in these four countries (UNCTAD 2005). In terms of R&D as patent applications originating East Asia, MNCs from Europe, the US, and Japan concentrate their activities on them (though the former two relatively conduct R&D in Malaysia) (Belderbos 2006). Also in this area, a hierarchy has been already created in East Asia; Korea, Taiwan and Singapore are catching up with developed nations in R&D expenditure and personnel, followed by China, whereas ASEAN4 has established only a weak base (Table 3).

The gaps are attributable to the diversification of the national innovation systems (NISs)[8]. Indeed, in Korea and Taiwan, public institutes, such as the Korea Institute of Science and Technology (KIST) and the Taiwan Industrial Technology Research Institute (ITRI), played essential parts in intermediating between industry and bureaucrat, monitoring new technologies, products, and processes of international competitors, and organising technology transfer. Even in Singapore with the MNC-induced technological learning, the Economic Planning Board and the Council for Professional and Technical Education have promoted a strong collaboration among universities, polytechnics, and technical education institutes as the skills coordinator, gearing the future needs for skills to the national developmental objectives. Contrary, the NISs of Thailand and Malaysia had been quite fragmented, not connected even to their development strategies, until the Malaysian Vision 2020 or the Multimedia Super Corridor project and the Thai Science and Technology Action Plan were launched. Therefore, like the matchmaking, incentives such as tax deduction and financial support were not accompanied with increasing R&D activities. Lacking also here is local capacity for inducing innovative activities (Doner / Ritchie 2003, Intarakumnerd 2005, UNCTAD 2005).

---

[8] On the framework of NIS based on the Neo-Schumpeterian approach and it application to East Asia, see Wohlmuth (1999).

Table 3: Gross R&D Expenditure and Personnel of the East Asian Countries

Country	Ch	HK	Tw	Kr	Si	Ml	In	Ph	Th	Jp	US	De
Year	2003	2002	2003	2003	2003	2002	2001	2002	2003	2003	2003	2003
As % of GDP	1.3	0.6	2.3	2.6	2.2	0.7	0.1	0.1	0.3	3.1	2.7	2.6
Personnel (1000 persons)	1094.8	11.0	119.6	186.2	23.5	10.7	51.5	5.0	42.4	882.4		472.5

Note: Ch: China, HK: Hong Kong, Tw: Taiwan, Kr: Korea, Si: Singapore, Ml: Malaysia, In: Indonesia, Ph: Philippines, Jp: Japan, De: Germany

Source: UNESCO, Statistical Database, Rep. of China, Taiwan Statistical Data Book 2006.

In short, the two feasible directions under the today's international institutional constraints, strengthening linkages and stimulating R&D, are reducible to one issue, enhancing local capacities. They are necessary conditions or essential ingredients, even if interactions within GPNs are not negligible. Then, the core element of them is human resource. Access to skills is a determinant of R&D location of MNCs as well as their utilisation of local suppliers. Actually, the common denominator of the economic success of NIEs was, if any, the emphasis on human capital in all dimensions. Not to mention Singapore, the main role of KIST has been to support engineers and researchers in response to the needed technological level, and ITRI has more directly trained experts, promoted their spin-off (e. g. into the Hsinchu Science Park), and sent them to the strategic industries as essential R&D resources. In addition, both Korea and Taiwan have actively called back scientists, researchers, and professional engineers with their nationalities and working abroad (so-called 'brain circulation' policy). The case of China is also suggestive in this context. It has successfully attracted R&D centres of MNCs by conditioning their entry modes and purposefully intensifying competition among them, while the ample R&D personnel supply is stimulating interactions including R&D between foreign and local firms (e. g. about 14,000 high-tech firms including 1,600 foreign ones are agglomerated in the Zhongguancun Science Park) (Amsden / Chu 2003, Lall 2006, UNCTAD 2005, Yeung 2006).

Moreover, the recent global industrial restructuring and technological innovation, especially in high-tech sectors, heighten the need for human resource development. Global leading firms increasingly specialise in the highest value-added activities at both ends of a value chain (R&D, design, marketing, branding and sales), externalising most of depreciating manufacturing stages. On the other hand, modularisation of parts and component and development of micro-fabricating equipments polarise the needed skills into unskilled labour for assembly processes of modular components and highly skilled one for operating and managing such equipments and designing and developing product and process. This implies that existing participants in GPNs are facing a growing need for fostering personnel with professional expertise for survival, because of decreasing technological barriers to enter into manufacturing stages (Gereffi et al. 2005, Henderson et al. 2002, Yeung 2006).

Thus, the new industrial policy in the era of globalism and regionalism intersects with the most recent developmental thought at one point of human capability. As A. K. Sen argues, the East Asian economies including Japan 'have done remarkably well in spreading the economic opportunities through an adequately supportive social background, including high levels of literacy, numeracy, and basic education; good general health care' and so on. They illustrate that enhancing human capability can expand a person's ability to be more productive and not the other way around (Sen 1999, pp. 90 - 91). In the emerging international rules of the game, the selective and interventionist industrial policy is no longer permissible and they are forced to shift to more functional or horizontal one (e. g. education, training, infrastructure development, etc.). The new policy orientation focusing on human capability is feasible in such a shrinking policy space and regarded even as desirable, given the transformation of GPNs. P. Evans and S. Lall, the most influential authors on the East Asian industrial policy, call it a 'capability-centred development approach' after Sen (Evans 2005, pp. 208 - 212, Lall 2005, pp. 62 - 64).

It should be noted here that the 'new' industrial policy was invented and is implemented by the already industrialised nations, which no longer needed 'older' one, and it takes on an imperative derived from their neoliberalist tendencies (Evans 2005, Weiss 2005). And as a part, they actively try to attract professional personnel even from developing countries. The East Asian late-industrialisers would face a new competition for avoiding such brain drain, and rather promoting brain circulation. Also in this sense, they should establish, as it were, a neo-developmental state to utilise their resources effectively.

5 Conclusion

Historically, there was no industrialised nation, which could move up in the hierarchy of the world system without using any active industrial policy. The lessons from the East Asian experience also lead us to the importance of the role of state in this respect. Nevertheless, contemporary globalism or regionalism trumpets a retreat of the state and imposes various constraints, narrowing the national policy space as if they were a straightjacket. On the other hand, the expansion and transformation of GPNs increasingly intensify the entry competition into them and require existing participants to upgrade their activities in value chains for survival. What they need are local capacities to internalise the dynamics of GPNs and a national system to generate and reinforce them. This is an inevitable subject even for the East Asian economies, especially ASEAN4, which have been so far admired as the most successful GPN-dependent industrialisers.

Acknowledgement

This paper is written, much inspired by the work on the East Asian NIS of Professor Dr. Karl Wohlmuth. I would like to thank him and the editorial team for giving me the prestigious opportunity to contribute to this volume.

References

Amsden, A. / Chu, W.-W. (2003), Beyond Late Development: Taiwan's Upgrading Policies, Cambridge, Massachusetts, The MIT Press, London.

Belderbos, R. (2006), R&D Activities in East Asia by Japanese, European, and US Multinationals, JCER Discussion Paper, No.100.

Chang, H. J. (2003), Foreign Investment Regulation in Historical Perspective: Lessons for the Proposed WTO Investment Agreement,' United Nations University INTECH, Discussion Paper, No.2003-12.

Doner, R. / Ritchie, B. (2003), Economic Crisis and Technological Trajectories: Hard Disk Drive Production in Southeast Asia, in: Keller, W.W./ Sammuels, R. J. (eds.), Crisis and Innovation in Asian Technology, Cambridge: Cambridge University Press, pp. 187 - 225.

Evans, P. (2005), Neoliberalism as a Political Opportunity: Constraint and Innovation in Contemporary Development Strategy, in: Gallagher, K.P. (ed.), Putting Development First, Zed Books, London / New York, pp. 195 - 215.

Gereffi, G. et al. (2005), The Governance of Global Value Chains, Review of International Political Economy, Vol.12 No.1, pp. 78 - 104.

Hayter, R. / Edgington, D.W. (2004), Flying Geese in Asia: The Impacts of Japanese MNCs as a Source of Industrial Learning, Tijdschrift voor Economische en Sociale Geografie, Vol.95 No.1, pp. 3 - 26.

Henderson, J. et al. (2002), Global Production Networks and the Analysis of Economic Development, Review of International Political Economy, Vol. 9 No.3, pp. 436 - 464.

Hobday, M. (2000), East versus Southeast Asian Innovation System: Comparing OEM- and TNC-led Growth in Electronics,' in: Kim, L./ Nelson, R. R. (eds.), Technology, Learning and Innovation, Cambridge University Press, Cambridge, pp. 129 - 169.

Intarakumnerd, P. (2005), Government Mediation and Transformation of Thailand's National Innovation System, Science, Technology & Society, Vol.10 No.1, pp. 87 - 104.

Kim, L. (1997), Imitation to Innovation: The Dynamics of Korea's Technological Learning, Harvard Business School Press, Boston.

Kumar, N. (2002), Intellectual Property Rights, Technology and Economic Development: Experiences of Asian Countries, RIS Discussion Paper No.25.

Kumar, N. (2005), Performance Requirements as Tools of Development Policy: Lessons from Developed and Developing Countries, in Gallagher, K. P. (ed.), ibid., pp. 179 - 194.

Kuroiwa, I. (2006), Rules of Origin and Local Content in East Asia, IDE Discussion Paper No.78.

Lall, S. (2000), Technological Change and Industrialization in the Asian Newly Industrializing Economies: Achievements and Challenges, in: Kim, L./ Nelson, R. R. (eds.), ibid., pp. 13 - 68.

Lall, S. (2005), Rethinking Industrial Strategy: The Role of the State in the Face of Globalization, in: Gallagher, K. P. (ed.), ibid., pp. 33 - 68.

Sen, A. K. (1999), Development as Freedom, Knopf, New York.

Shadlen, K. C. (2005), Exchanging Development for Market Access? Deep Integration and Industrial Policy under Multilateral and Regional-Bilateral Trade Agreements, Review of International Political Economy, Vol.12 No.5, pp. 750 - 775.

UNCTAD (2001), World Investment Report 2001, United Nations, New York and Geneva.

UNCTAD (2004), International Investment Arrangements, Vol.1, United Nations, New York and Geneva.

UNCTAD (2005), World Investment Report 2005, United Nations, New York and Geneva.

UNESCO (2006), Statistical Database, Rep. of China, Taiwan Statistical Data Book 2006.

Wade, R. H. (1990), Governing the Market, Princeton University Press. Princeton.

Wade, R. H. (2005), What Strategies Are Viable for Developing Countries Today? The World Trade Organization and the Shrinking of "Development Space", in: Gallagher, K. P. (ed.), ibid., pp. 80 - 101.

Weiss, L. (2005), Global Governance, National Strategies: How Industrialized States Make Room to Move under the WTO, Review of International Political Economy, Vol.12 No.5, pp. 723 - 749.

Wohlmuth, K. (1999), Global Competition and Asian Economic Development: Some Neo-Schumpeterian Approaches and their Relevance, Berichte aus dem Weltwirtschaftlichen Colloquium der Universität Bremen, No. 63.

Yeung, H. W. (2006), From Followers to Market Leaders: Asian Electronics Firms in the Global Economy, ICSEAD Working Paper, Vol. 2006-16.

Yun, C. (2005), Japan and East Asian Integration: Myth of Flying Geese, Production Networks and Regionalism, LIT, Münster.

Kapitel / Chapter 2

Globalisierung und staatliche Entscheidungsprozesse

Globalisation and National Policies

Industriefeudalismus und makroökonomisches Gleichgewicht – einige kreislauftheoretische und politökonomische Anmerkungen

Industrial Feudalism and Macro-Economic Equilibrium - Some Theoretical Comments from Circular Flow and Political Economy Perspective

Detlev Ehrig / Uwe Staroske

Abstract

Our paper deals with the interrelation between circular flow, growth and wealth. The starting point is the coexistence of circular flows of the poor and the rich. This raises the question whether a stable equilibrium of growth, employment and distribution that deviates from the steady state is possible.

In the development of macroeconomics, authors like Keynes, Harrod and Domar, Kalecki and Kaldor made major contributions on how to model the determination of income. Notwithstanding their merits, none of the authors was able to integrate the determinants of income, accumulation and distribution into a stable macroeconomic model. A simultaneous solution of all three variables causes the problem of over-determination. As soon as the income and capacity variables are determined, the necessary degree of freedom for the determination of distribution equilibrium is lost.

There are two possible options to determine the distribution equilibrium in the macroeconomic context. On the one hand one may chose an egalitarian approach, i.e. the redistribution in favour of wage earners and the provision that the claims for return on investment are not too high. On the other hand one may follow Kalecki's alternative of "industry-feudal back doors", e. g. by means of increasing the propensity to consume of profit earners.

Hence, it is necessary to discuss the question of the compatibility of investment capacity equilibrium with distribution equilibrium within the framework of the political economy of stabilisation. In this context, it has to be emphasized that the margin for political measures is not a narrow one but offers a wide range of political options.

Zusammenfassung

Ein wirtschaftlich und politisch stabiles Nebeneinander von Reichtums- und Armutskreisläufen beherrscht zunehmend die gesellschaftliche Wirklichkeit – auch in Deutschland. Dies provoziert die Frage, ob es nicht ein stabiles Gleichgewicht aus Einkommen, Wachstum und Verteilung neu zu definieren gilt, das auch unter dem Regime eines Abweichens vom steady-state Gültigkeit hat.

Ein Blick auf die Ideengeschichte zeigt, dass diese Frage durchaus nicht neu ist. Keynes, Harrod und Domar, Kalecki und Kaldor sind Namensgeber für ein multiples Kreislaufregime. Es als „steady state" simultan bestimmen zu wollen, bringt eine Überdetermination der zu stabilisierenden Kreislaufvariablen mit sich. Sind Einkommens- und Kapazitätsgleichgewichte bestimmt, bleibt für das Verteilungsgleichgewicht kein Freiheitsgrad. Mögliche Lösungen liegen entweder in egalitären Umverteilungen bei hinreichend niedrigen Renditeansprüchen oder in industriefeudalistischen Auswegen einer Förderung des Konsum- oder des Investitionskreislaufs aus Gewinneinkommen zulasten von Massenkaufkraft.

Die Erörterung von stabilen Verteilungsungleichgewichten eröffnet die Frage nach der Zukunftsfähigkeit eines industriefeudalistischen Entwicklungspfades. Seine politische Akzeptanz hängt entscheidend davon ab, inwieweit er mit Vorstellungen einer Verteilungsgerechtigkeit, etwa im Rawls´schen Sinne, verbunden werden kann. Angestoßen werden soll auf diese Weise eine Diskussion über die politische Ökonomie der Verteilung jenseits der Rationalität gleichgewichtiger Modellwelten.

1 Einleitung

Die Analyse der langfristigen Entwicklung ökonomischer Systeme und ihr Vergleich nehmen im Schaffen von Prof. Dr. Karl Wohlmuth einen zentralen Platz ein. Hierbei stehen häufig Transformationsökonomien, Entwicklungsländer oder Schwellenländer im Mittelpunkt der Betrachtung ebenso wie die nationalen Innovationssysteme von nationalen Ökonomien. Auch unser Beitrag befasst sich mit dem Themenkomplex der Stabilität und Stabilisierbarkeit von marktwirtschaftlich organisierten Volkswirtschaften mit einer besonderen Berücksichtigung von Verteilungsverhältnissen.

Verteilungsfragen hatten lange Zeit keine Konjunktur: zu sehr stand und stehen für die makroökonomische Performance europäischer Volkswirtschaften Wachstum und Preisstabilität im Mittelpunkt des Interesses. Vor allem der Beitritt der Länder Mittel- und Osteuropas zur Europäischen Wirtschafts- und Währungsunion seit dem Jahr 2004 hat den Blick auf künftige Wachstumsaussichten gelenkt. Ein nachhaltiges Wirtschaftswachstum und mit ihm ein Konvergenzpfad sollen die neuen Länder an das Euro-Währungsgebiet heranführen. Schlüsselbegriffe in diesem Aufholprozess sind ein Umbau des Arbeitsmarktes, eine glaubwürdige Geldpolitik und nachhaltige Anstrengungen zur Verbesserungen des unternehmerischen Geschäftsumfeldes einschließlich Investitionen in Humankapital (EZB 2007, S. 97). Inwieweit sich dieser Konvergenzprozess auch an einer von einer breiten Bevölkerungsschicht getragenen Teilhabe an Einkommen und Konsum orientiert, ist nicht ausdrücklich Gegenstand von europäischen Entwicklungsszenarien. Nur ein zeitgeistbedingter Zufall, erklärbar durch eine in den letzten Jahren nur schwach ausgeprägte verteilungspolitische Debatte, bei der abhängig Beschäftigte in der wirtschaftspolitischen Defensive gestanden haben, oder auch Ausdruck eines theoretisch begründbaren makroökonomischen Stabilisierungsverständnisses, das bewusst gleichgewichtige Verteilungserfordernisse anderen kreislauftheoretischen Gleichgewichten aus Einkommen und Akkumulation unterordnet?

Immerhin zeigt der Blick auf die makroökonomische Realität, dass lang anhaltende Phasen mit nur bescheidenen Wachstumsraten bei hoher Arbeitslosigkeit und zunehmenden Einkommensdisparitäten sich innerhalb Europas als politisch und ökonomisch erstaunlich stabil erwiesen haben. Dies provoziert die Frage nach den Stabilitätseigenschaften von Ungleichgewichten. Diese Frage ist freilich nicht neu. Sie ist dogmengeschichtlich eng mit den Namen Keynes, Kalecki und Kaldor verbunden. Sie haben die Probleme einer simultanen Bestimmung von Kreislaufgleichgewichten aus Investitionen, Kapazitäten und Verteilung erörtert und – wie Keynes – mit der Vorstellung eines Gleichgewichts bei Unterbeschäftigung, beantwortet. Allerdings haben sie auch ein weiteres Problem thematisiert: die (Un-)Möglichkeit eines Simultangleichgewichts aus Einkommen, Wachstum und Verteilung.

Es zeigt sich in der Modellwelt sehr schnell, dass eine Simultanlösung aller Gleichgewichtserfordernisse eine Überdetermination von zu stabilisierenden Kreislaufvariablen mit sich bringt. Sind Einkommens- und Kapazitätsgleichgewichte bereits bestimmt, bleibt für das Verteilungsgleichgewicht kein Freiheitsgrad. Die Lösung des marktwirtschaftlichen Verteilungsgleichgewichts sucht somit nach Auswegen.

Hierbei deuten sich zwei Entwicklungspfade an. Auf der einen Seite steht ein egalitärer Ansatz über eine Umverteilung von Einkommen zugunsten von Lohnempfängern unter den Bedingungen hinreichend niedriger Renditeansprüche. Auf der anderen Seite bietet sich seit den Arbeiten von Kalecki in den dreißiger Jahren des 20. Jahrhunderts ein industriefeudaler Ausweg an, der sich in einer Erhöhung der Konsum- und Investitionsausgaben von Gewinnempfängern äußert. Sinkende Löhne und eine sinkende Lohnquote führen in einem Regime nachlassender Akkumulationsdynamik dann zum Gleichgewicht, wenn anstelle eines ausbleibenden Konsums von beschäftigungslosen oder gering entlohnten Arbeitern ein Konsum von Gewinnempfängern tritt. Die Aufforderung, über Lohnsenkungen einen Beitrag zur Wiedergewinnung von Investitionsdynamik zu liefern, könnte auf diese Weise ins Leere laufen, weil sie weder notwendig noch hinreichend ist zur Stabilisierung eines Kreislaufzusammenhangs. Gleiches könnte aber ebenso gegen eine Politik der Stärkung der Massenkaufkraft ins Feld geführt werden. Drücken sich somit ungleiche Verteilung und nachlassende Wachstumsdynamik in einem industriefeudalistischen, gleichwohl stabilen, Entwicklungspfad aus? Ist er gar ein zukunftsweisender Weg für eine entwickelte Marktwirtschaft? Fragt man nach empirischen Anhaltspunkten für dieses theoretische Szenario, offenbart bereits der Augenschein das Nebeneinander von Luxustempeln des Konsums und Armenküchen als ein innerstädtisches Bild, auch in Deutschland.

Den empirischen Nachweis zu führen, ist allerdings, was die Datenlage angeht, ungleich schwieriger, als es die Augenfälligkeiten nahe legen. Aussagen über funktionelle und personelle Einkommensverteilungen Konsummustern für unterschiedliche Einkommensklassen einander gegenüber zu stellen, ist statistisch nur mit erheblichen Einschränkungen möglich[1]. Gleichwohl bleibt als Agenda für den gesellschaftlichen Diskurs eines offensichtlich: Die Notwendigkeit einer politischen Ökonomie der Stabilisierung, die die Frage erörtert, wie sich ein Einkommens- und Wachstumsgleichgewicht einerseits mit dem marktwirtschaftlichen Verteilungsgleichgewicht andererseits vereinbaren lässt. Unterschiedlichen Szenarien von Gleichgewichten und deren Stabilisierung zu folgen, bedeuten konträre politische Handlungsoptionen. Sie sind letztlich der Frage untergeordnet, inwieweit sie nicht nur wirtschaftstheoretisch erklärbar sind, sondern auch für (wirtschafts-)politisch akzeptierte gleichgewichtige Verhältnisse sorgen. Was die Wirtschaftswissenschaft auf diese Weise organisiert, ist dabei nichts weiter als eine Stärkung des Politischen gegenüber der Macht der scheinbar alternativlosen ökonomischen Analyse. Letztlich ist es die Schaffung und Bewahrung von sozialer Akzeptanz, die den Prozess der Rückkoppelung von theoretischen wie praktischen Möglichkeiten unterschiedlicher ökonomischer Gleichgewichtsregime organisiert.

2 Die Bedingungen gleichgewichtiger makroökonomischer Entwicklungen: Ein Überblick

Die Entwicklung makroökonomischen Denkens findet seinen unmittelbaren Ausdruck in der Entwicklung von unterschiedlichen Gleichgewichtskonzeptionen. Seinen Ausgang hat es mit Keynes´ Arbeiten zu einem Ein-Periodengleichgewicht aus Einkommensentstehung und Einkommensverwendung genommen, oder anders ausgedrückt: in der Gleichheit von Spar- und Investitionsentscheidungen. In unmittelbarer Folge zur Makroökonomik des Einnahmen - Ausgabenkreislaufs in der kurzen Frist ist die Makroökonomik der langen Frist, die Wachstumstheorie, und die Makroökonomik der Verteilung

---

[1] Für eine empirische Illustration der hier entwickelten Thesen vgl. Ehrig / Staroske 2006.

des Einkommens, die Verteilungstheorie, entstanden. Das Gleichgewichtsproblem beschreibt nunmehr ein Einkommens-, ein Kapazitäts- und ein Verteilungsgleichgewicht. Auf deren jeweilige Gleichgewichtsbeschreibungen gilt es nunmehr einzugehen.

2.1 Das Einkommensgleichgewicht

Bei aller Skepsis von Keynes hinsichtlich eines Gleichgewichtskonzepts aus den Phänomenen der unsicheren Erwartungen hat auch er sich, ganz in der Kreislauftradition, die Vorstellung eines Ein-Periodengleichgewichts auf den Gütermärkten zu eigen gemacht. Das Gleichgewicht aus monetär wirksamen Spar- und Investitionsentscheidungen, das sogenannte I-S-Gleichgewicht, ist die rudimentärste Form einer allgemeinen Darstellung eines verallgemeinerten, aus der mikroökonomischen Sicht abgeleiteten, Gleichgewichts. Jedoch sorgt bei Keynes nicht etwa eine zinsgesteuerte Anpassung der Investitionsneigung an die Sparneigung für die Stabilität des Gleichgewichts, sondern umgekehrt lösen Investitionen Multiplikatoreffekte aus, die über Einkommensanpassungen Spar- und Investitionsneigung zur Übereinstimmung bringen. Dieses Gleichgewicht als statischer Zustand ist es, den Harrod als Ruhelage bezeichnet, weil die Gesamtproduktion zum herrschenden Preis auf eine gleichgroße Nachfrage trifft. Es gibt mithin keinen Anlass zur Planrevision (Harrod 1949, S. 32).

2.2 Das Kapazitätsgleichgewicht

Es war dem als postkeynesianisch apostrophierten Zweig der Wachstumstheorie vorbehalten, die multiplikativen Einkommenseffekte bei Variation exogener Variablen, namentlich der Investitionen, um deren kapazitativen Effekte zu erweitern und somit einen wesentlichen Schritt zu einer Analyse von Bedingungen eines güterwirtschaftlichen Gleichgewichts und dessen Stabilitätsmuster beizutragen. Die Genesis dieser Problemstellung ist dabei auf die Überwindung eines Gleichgewichtsbegriffs gerichtet, in dem konstante und positive Nettoinvestitionen und damit ein wachsender Kapitalstock lediglich auf die Einkommensströme abgebildet werden. Die Hauptfrage des postkeynesianischen Wachstumsparadigmas ist damit zugleich charakterisiert: Wie stark müssen die Nettoinvestitionen bei gegebener Produktivität bzw. gegebenem Kapitalkoeffizienten, dem Quotienten aus Kapitalstock und Einkommen, wachsen, damit auch langfristig ein gesamtwirtschaftliches Angebots- und Nachfragegleichgewicht möglich ist, bei dem das Volkseinkommen mit einer Rate wächst, die zur Erhaltung der Vollbeschäftigung erforderlich ist (Domar 1947, S. 35).

Wenn Unterbeschäftigung für Domar entsprechend Keynes' Worten dadurch entsteht, dass sich die Menschen die Sterne vom Himmel wünschen und sich ihr Wunschobjekt, das Geld, auf etwas richte, was nicht produziert werden könne, so ist die Nichthortung zwar die notwendige, aber eben nicht hinreichende Bedingung für die Aufrechterhaltung des Vollbeschäftigungsgleichgewichts. Danach reiche es eben nicht aus, dass die Ersparnisse von gestern die Investitionen von heute bilden; sie müssen vielmehr die Ersparnisse von gestern übersteigen.

Gleichwohl war vor allem Harrod weit davon entfernt anzunehmen, ein Wachstumsgleichgewicht garantiere Vollbeschäftigung und verfüge über jene Stabilitätseigenschaften, dass es nicht durch Erwartungsänderungen kumulativ gestört werden könne. Es ist das Bild eines ruhenden Balles auf einer abschüssigen Wiese, das Harrod immer wieder bemüht hat, um die Brüchigkeit des Wachstumsgleichgewichts zu charakterisieren (Harrod 1949, S. 106ff.).

2.3 Wachstums- und Verteilungsgleichgewichte

Funktionale Verteilungsaspekte zum Gegenstand einer Erklärung gleichgewichtigen Akkumulationsverhaltens gemacht zu haben, verbindet sich vor allem mit Kaldors Arbeiten. Bekanntlich gibt Kaldor die im rudimentären keynesianischen Einnahmen- Ausgabenmodell vorherrschende Identität von Sparquoten unterschiedlicher Klassen von Einkommensbeziehern auf. Statt dessen sieht er die Notwendigkeit, Sparraten in einer Ökonomie zu disaggregieren, damit der Profit-und Einkommensmechanismus hinreichend große Ersparnisse generiere, um sie mit den unternehmerischen Investitionsentscheidungen in Übereinstimmung zu bringen (Kaldor / Mirrless 1962, S. 175). In ihr liegt der Schlüssel für die Herleitung einer Einkommensverteilung aus den Ergebnissen investiver Entscheidungen. Über Änderungen der Einkommensverteilung wird der Konsum und in der Folge mit ihm das Sparen in Kaldors Welt zu einer abhängigen Größe.

Im Gleichgewicht werden die Akkumulationswünsche aus laufenden Ersparnissen aus Profiten und Löhnen finanziert. Akkumulations- und Profitrate sind ebenso wie die Einkommensverteilung und die sich im Kapitalkoeffizienten ausdrückenden Produktionsbedingungen nunmehr die Determinanten des gleichgewichtigen Wachstumsprozesses.[2]

Unter dem Gesichtspunkt eines Verteilungsgleichgewichts muss das gleichgewichtige Kapazitätswachstum allerdings einhergehen mit einer hinreichenden Gewinn- bzw. Rentabilitätserwartung. Diese kann formuliert werden als mindestens konstante Gewinnquote oder konstante Kapitalrentabilität.

Soll somit unter Wahrung der Gleichgewichtsbedingungen des Einkommens und der Kapazität auch noch die Lohn- bzw. die Gewinnquote konstant gehalten werden, muss die Investitionsquote der Sparquote entsprechen. Praktisch stellt sich aber das Problem, wie eine stabile Investitionsquote erhalten werden soll. Zu erwarten, dass eine nachlassende Konsumdynamik (z. B. in der Krise) durch eine forcierte Investitionstätigkeit kompensiert werden könnte, lässt sich unter diesen Gleichgesichtspunkten nur dann sicherstellen, wenn entweder die Lohnquote angehoben wird, das Lohneinkommen nivelliert wird im Interesse einer Erhöhung der Konsumquote oder aber die Arbeitszeit bei vollem Lohnausgleich verkürzt wird mit dem Ergebnis einer Anhebung der Lohnquote. Das Ergebnis wäre eine Absenkung der Gewinnquote. Dies aber widerspricht der als Gleichgewichtsbedingung formulierten Konstanz der Gewinnquote.

Eine vierte Möglichkeit könnte ins Spiel kommen: eine Verstärkung der Einkommensungleichheit mit dem Ziel der Stärkung der Konsumfähigkeiten der

---

[2] Technisch ergibt sich aus der Umformung des Wachstumsgleichgewichts nach Harrod und Domar unter Berücksichtigung unterschiedlicher Sparquoten s für Gewinn- *(G)* und Lohnbezieher *(L)* (sichtbar mit dem entsprechenden Suffix) die gleichgewichtige Wachstumsrate w als

$$w = \frac{s}{v} = s_g \cdot \frac{G}{K} + s_l \cdot \frac{L}{Y} \div \frac{K}{Y}$$

mit v als Kapitalkoeffizienten, K als Kapitaleinsatz, Y als Volkseinkommen, G/K als Profitrate, L/Y als Lohnquote und K/Y als Kapitalkoeffizient.

Selbstständigen und der neuen Mittelschichten. Der formale Zusammenhang[3] zwischen Lohnquote und Kapitalrentabilität wird aus den entsprechenden Identitäten für die Lohnquote und die Kapitalrentabilität deutlich, wonach eine unveränderte Rentabilität des Kapitals bei steigendem Kapitalkoeffizienten nur möglich ist, wenn die Lohnquote sinkt.

Umgekehrt ist klar, dass der zur Gewährleistung des Kapazitätsgleichgewichts notwendige Lohnquotenanstieg umso größer sein muss, je geringer die künftige Zunahme der Nettoinvestitionen im Verhältnis zum Inlandsprodukt ausfällt. Die Investoren haben es somit kreislauftheoretisch in der Hand, durch entsprechend hohe Investitionszunahmen den zur Kapazitätsauslastung notwendigen Lohnquotenanstieg niedrig zu halten. Damit beeinflusst die Investitionszunahme auch die Rentabilitätsentwicklung, die aber unter Verteilungsgesichtspunkten c.p. geschmälert wird bei steigendem Kapitalkoeffizienten, bzw. niedrigerer Kapitalproduktivität im Zuge einer Investitionsausweitung.

3 Exogene und endogene Stabilisierungsparameter

Die zentralen Strukturvariablen zur Analyse des Stabilisierungsprozesses eines gleichgewichtigen Wachstums unter den Bedingungen einer hinreichenden Profitrate sind formal nichts weiter als ein System von zwei[4] Gleichungen zur Bestimmung der Lohnquote und der gleichgewichtigen Akkumulationsrate mit insgesamt 4 unabhängigen Variablen: Akkumulationsrate, Profitrate, Lohnquote und Kapitalkoeffizient. Die Sparquoten mögen als gegeben gelten. Damit erhält das Gleichungssystem zwei Freiheitsgrade, die je nach Besetzung unterschiedliche Theoriemuster prägen (Ipsen 1983, S. 21ff., Schmid 1980, S. 153). Aus der Summe der ökonomisch sinnvollen Bestimmungen der Akkumulationsparameter beschränken wir uns im Folgenden auf die stabilisierungspolitisch relevanten neoklassischen und keynesianisch-kaldorianischen Spezifizierungen.

---

[3] Dies folgt aus der Identitätsgleichung für die Lohnquote l und die Kapitalrentabilität r. $r = \frac{(1-l) \cdot Y}{K}$ bzw. $l = 1 - r \cdot v$ mit v weiterhin als Kapitalkoeffizienten.

[4] Formal sind es die Identitätsgleichung für die Lohnquote l und die gleichgewichtige Akkumulationsrate w. Vgl. die entsprechenden Hinweise in beiden vorherigen Fußnoten.

Folgt man den Überlegungen einer linear-homogenen Produktionsfunktion und einer Faktorentlohnung nach ihrem jeweiligen Grenzprodukt entsprechend der vorgegebenen Produktionsfunktion, gehören der Kapitalkoeffizient und die Lohnquote zu den exogenen Parametern; Profitrate und Akkumulationsrate erfahren eine endogene, wirtschaftspolitisch steuerbare Anpassung. Die Wirksamkeit relativer Güterpreise sorgt dafür, dass der Kapitalkoeffizient wie die Lohnquote exogenisiert werden (Solow 1956, Surrey 1976, S. 200ff.).

Im Gegensatz zu diesem neoklassischen Stabilisierungsmodell steht in der keynes´schen Tradition ein durch das marktwirtschaftliche Entscheidungsgefüge begründetes Modell, das die gleichsam automatische Anpassung der Akkumulationsrate an die exogen vorgegebene Sparrate aufhebt. Die Akkumulationsrate erfährt stattdessen eine exogene Setzung. Ist der Kapitalkoeffizient durch die Technik vorgegeben, werden entsprechend dem Akkumulations- und Verteilungsgleichgewicht Profitrate und Lohnquote endogen; die Verteilung wird durch das Akkumulationsverhalten bestimmt. Umgekehrt eröffnet eine exogene Änderung der Verteilungsrelationen Möglichkeiten einer entsprechenden Änderung von Akkumulationsgleichgewichten.

Durch die Festlegung der entsprechenden Systemvariablen in den Systemgleichungen zur Bestimmung der Akkumulations- und Profitrate als exogen oder endogen werden die im Gleichungssystem enthaltenen überzähligen Freiheitsgrade auf die Zahl der Gleichungen reduziert. Das Gleichungssystem ist damit eindeutig lösbar. Was passiert aber, wenn sich als ein langfristiges Stabilitätserfordernis eines Wachstumsgleichgewichts die Konstanz und eben nicht die Variabilität von Verteilungskoeffizienten präsentiert oder wenn Preisniveauvariationen bei Verteilungskonstanz in der Vollbeschäftigung ausgeschlossen bleiben müssen, weil sie wirtschaftspolitische Daten sind, mithin modelltheoretisch exogenisiert werden müssen? Wenn das Gleichungssystem bei nunmehr nur noch einer endogenen Variablen zwei voneinander unabhängige Gleichungen vorfindet, ist das System überdeterminiert. So lässt sich eine Änderung der Lohnquote nur vereinbaren mit einer gegenläufigen Änderung der Profitquote. Nun sind aber die Rentabilitätsbedingungen hinreichend, um ein investives Gleichgewicht herzustellen. Dann aber ist der Lohnquotenanstieg nicht mehr wegen seiner inversen Beziehung zur Profitquote ausreichend, um ein kapazitatives Wachstum auch in seiner Spezifizierung als Konsumgüterwachstum gleichgewichtig sicherzustellen. Oder aber die Lohnquote ist hinreichend groß für ein privates Konsumnachfragegleichgewicht, dann aber wird das Rentabilitätserfordernis in der Form der Profitquote affiziert mit dem Ergebnis einer zu geringen investiven gleichgewichtigen Tätigkeit. Das entscheidende Hindernis zur Stabilisierung eines gleichgewichtigen Akkumulationsprozesses ist damit skizziert: Es ist die Gewährleistung von Verteilungsansprüchen, denen zwar durch Regulation von Kapitalkoeffizienten, Sparquoten und Lohnquote im Prinzip Rechnung getragen werden könnte, aber zugleich destabilisierende Eingriffe in die gleichgewichtigen übrigen Stabilisierungsimperative bedeuten würde.

Gleichwohl lassen sich Auswege formulieren. Wir konzentrieren uns im Folgenden auf einen, dem unter den möglichen Entwicklungspfaden in den europäischen Marktgesellschaften eine besondere Beachtung zukommt: Das Nebeneinander von lang anhaltender Wachstumszurückhaltung bei gleichzeitig politisch wie ökonomisch stabilen (Um)-Verteilungsrelationen.

4 Sinkende Akkumulationsrate und industriefeudalistische Auswege

Was passiert, wenn die Akkumulationsrate sinkt und zugleich nicht mehr der zuvor mögliche Gewinn realisiert wird, ist zunächst banal: Modelltheoretisch sinkt dann die Rentabilität. Wie aber lässt sich dann das Gleichgewicht stabilisieren? Dass hierbei vor allem die Unternehmer als Klasse von Gewinneinkommensbeziehern eine strategische Rolle einnehmen, hat zunächst Keynes hervorgehoben. Kaldor hat diesen Gedanken später wieder aufgegriffen.

Gehe man, so Kaldor und Kalecki, von einem Einnahmen-Ausgabengleichgewicht aus, so bedeute dies, dass die Reallöhne genau so hoch sein müssten, dass die Gesamtausgaben von Arbeitern und Kapitalisten gerade dem Güterangebot entsprechen müssten. Aber während die Einnahmen der Arbeiter unter den Bedingungen einer klassischen Sparhypothese deren Konsum entsprechen, könnten Kapitalisten zwischen Konsum- und Investitionsausgaben wählen. Eine Zeitverzögerung zwischen Einnahmen- und Ausgabenströmen der Kapitalisten unterstellt, seien laufende Einkommen der Kapitalisten von ihren laufenden Akkumulationswünschen durchaus trennbar, während Arbeiter immer mehr ausgeben würden, wenn sie mehr verdienen würden. Mit anderen Worten wenn der Reallohn steigen und die Profite bei gleichzeitig konstantem Volkseinkommen sinken würden, würde die Gesamtnachfrage nach Gütern steigen, weil Kapitalisten ihrerseits nicht aus sinkenden laufenden Einnahmen auch gleichzeitig weniger ausgeben müssten.

Kreislauftheoretisch betrachtet, werden Unternehmer auf diese Weise zu Herren ihres eigenen Geschicks, indem Arbeiter das ausgeben, was sie verdienen, während Unternehmer das verdienen, was sie ausgeben. Kaldor wie Kalecki repräsentieren somit Keynes´ zentrale Idee, dass die Festlegungen der Investitionsquote und des Konsums der Unternehmer die Profitquote und damit die funktionale Einkommensverteilung determinieren, sieht man vom Sparen der Lohnempfänger einmal ab. Profite sind somit der unerschöpfliche Witwenkrug, der immer wieder durch die Ausgaben der Unternehmer gespeist wird (Keynes 1971, S. 125).

Je mehr das nachfragewirksame Volkseinkommen sich auf die Investitionsnachfrage zulasten der Konsumnachfrage konzentriert, umso größer muss unter investiven Gleichgewichtsbedingungen die gesamtwirtschaftliche Sparquote steigen (bei unverändertem Volkseinkommen). Diese steigt in Kaldors Welt aber nur unter der Voraussetzung einer Umverteilung zulasten der Gewinn-einkommen. Bei gegebenem Sparverhalten von Profit- und Lohnbeziehern wird dann der Profit von den Investitionen gesteuert. Eine klassische Konsumfunktion für die Lohneinkommen unterstellt, hängen die ex-post-Gewinne nur noch von der Unternehmernachfrage ab. Gewinne entstehen in der Höhe, in der sich die Unternehmen durch Konsum und Investition gegenseitig die Waren abkaufen. Um es in einem Bild zu fassen: Der Produzent goldener Badewannen verkauft einem Hotelier ebenjene Badewannen, in dessen Hotel der Produzent seinen Urlaub verbringt.

Ebenso trivial wie richtig ist allerdings der Hinweis auf den ausschließlichen Kreislaufcharakter der Darstellung. Nur insoweit Unternehmer als Kollektiv handeln, können sie einen Güter- und Geldkreislauf innerhalb der eigenen Klasse mit den durch unternehmerische Ausgabenentscheidungen entstandenen Gütern errichten.

Indem Gewinnempfänger ihren (Dienstleistungs-)konsum ausweiten, lässt sich kreislauftheoretisch die gleichgewichtige Akkumulationsrate reduzieren,

Es lässt sich auf diese Weise eine Unternehmerwirtschaft mit einem „industriefeudalistischen" Weg zeichnen (Zinn 1978, S. 79ff.). Die unerschöpfliche Gabe des Kruges der Witwe wäre es; die Klasse der Unternehmer als ein geschlossener Kreislauf, Kapitalismus in einer Klasse, die sich gegenseitig zu Gewinnen verhilft.

Die Ausweitung des Oberschichtenkonsums wegen nicht ausreichender Konsummöglichkeiten der Lohnempfänger würde dafür sorgen, das ökonomische Gleichgewicht in Zeiten nachlassender Wachstumsdynamik zu stabilisieren. Luxusgüterproduktion bei gleichzeitiger Zunahme von ‚working poor' durch Ausdehnung der personenbezogenen Dienstleistungen in Haushalten wären somit die möglichen Konsequenzen. Man leistet sich Personal. Es ist dies die Spaltung zwischen Beziehern von Lohnersatzleistungen und Transfereinkommen auf der einen Seite und den Gehaltsbürgern auf der anderen Seite.

Lohnsenkungen als Voraussetzungen zu höheren, gleichgewichtsstiftenden Investitionen gehen somit unter Zugrundelegung dieser Sichtweise an der Realität vorbei. Es findet vielmehr eine Umlenkung der Konsumnachfrage auf die Gewinnempfänger und auf die Empfänger hoher Einkommen statt. Sie sorgt für die Stabilisierung eines gleichgewichtigen Akkumulationsprozesses. Gleiches gilt aus der Sicht einer theoretischen Gleichgewichtsstabilisierung für den umgekehrten Fall: Eine Stärkung der Konsummöglichkeiten breiter Einkommensschichten durch eine Politik der Entfaltung von Massenkaufkraft ist genauso wenig theoretisch zwingend notwendig.

5 Einige Schlussfolgerungen zum Verhältnis von ökonomischen Modellwelten und politökonomischem Diskurs

Die Betrachtungen der modelltheoretischen ökonomischen Gleichgewichte und ihrer Stabilität hatten sich zum Ziel gesetzt, die Komplexität der wirtschaftspolitischen Stabilisierungsnotwendigkeit anhand einer repräsentativen Klasse möglicher theoretischer Modellierungen deutlich zu machen. Die ‚Tour d'horizon' über die theoretischen Möglichkeiten zur Etablierung von makroökonomischen Gleichgewichten hat deutlich gemacht, dass sich Anknüpfungspunkte auch bei sinkendem Masseneinkommen und nachlassender Wachstumsdynamik ergeben. Sie gar bewusst zum Gegenstand einer politischen Gleichgewichtsstrategie zu machen, lässt sich mit dem Stichwort des

„industriellen Feudalismus" umreißen. Er ist somit eine der möglichen theoretischen Gleichgewichtsoptionen und hat darüber hinaus ihre bisherige politische Akzeptanz unter Beweis gestellt. Dies macht die Strategie eines industriellen Feudalismus als modellhaftes Szenario auch real zukunftsfähig. Was dies bedeutet, liegt auf der Hand: Eine (Neu)-Bestimmung des Verhältnisses von politökonomischem Diskurs und ökonomischer Modellwelt.

Unser Blick auf einen Aspekt ökonomischer Theoriebildung – Kreislaufgleichgewichte des Einkommens, der Beschäftigung, des Wachstums und der Verteilung – hat keine alternativlosen Einsichten präsentiert, sondern mögliche, theoretisch abbildbare und gar reale Szenarien. Damit kommt die Wirtschaftswissenschaft nicht umhin, sich ihrer Rolle als politischer Ökonomie zu stellen. Für Keynes war sie noch Hüterin des reinen ökonomischen Sachverstandes, genährt aus dem geistigen und politischen Überlegenheitsanspruch gegenüber einer nur der individuellen Wohlfahrt begrenzten Einsicht. Durch Überwindung der eigenen Kurzsichtigkeit durch eine Kreislaufanalyse des realen Prozesses werde das wirtschaftliche Problem der fehlerhaften Allokation lösbar. Dann werde das Studium der Wirtschaftsfragen eine Beschäftigung für nützliche, zugleich unauffällige Spezialisten, gerade so wie Zahnheilkunde (Keynes 1972, S. 332). Die Rollenzuweisung der Ökonomie als Ingenieurwissenschaft zur Bestimmung der gleichgewichtigen gesellschaftlichen Entwicklung überrascht bei Keynes, wird doch auf der anderen Seite gerade ihm das Verdienst zugesprochen, das Moralproblem in die Nationalökonomie zurückgebracht zu haben, indem er die neoklassischen Harmonie zwischen privatem Egoismus und öffentlichem Wohl zerstört habe (Robinson 1972, S. 102). Die Nationalökonomie sei durch Keynes wieder zur Politischen Ökonomie geworden, so Joan Robinson (Robinson 1972, S. 94). Aber in welchem Sinne ist sie das geworden? Nicht allein die Nähe oder Ferne zu den Welten des ‚Laissez-Faire' sind es, die über die Ausfüllung der spezifischen Richtung der Politischen Ökonomie entscheiden, sondern auch ihr Analyseraum.

Im Kampf um die Deutungshoheit hat sich vor und nach Keynes immer wieder eine auf Ricardo berufende Arbeitswertlehre durchgesetzt und die Kostenbestimmtheit durch den Faktor Arbeit zur Universallehre erhoben. Politisch zu beseitigende Ungleichgewichte sind somit ausschließlich dem Handeln zu falschen Preisen geschuldet (Ricardo 1972, S. 238f.).

Die wirtschaftswissenschaftliche Theorie wird, um einen bekannten Marx'schen Aphorismus zu verfremden, dann zur materiellen Gewalt, wenn sie im Deutungswettstreit um die realen Probleme die wirtschaftspolitischen Entscheidungsträger erreicht. Dies wird sie umso mehr, je mehr sie die Überzeugung vermittelt, alternativlose wissenschaftliche Erkenntnis zu generieren. Bezogen auf die Wirtschaftswissenschaft ist sie dann aber nicht mehr das Ergebnis einer intellektuellen Überlegenheit, sondern ein die Erkenntnis wie das Interesse gleichermaßen berührende Auseinandersetzung um die Frage, was die politische Ökonomie eigentlich ausmacht: Ihre Eigenschaft als Priester oder als Zahnarzt (Scherf 1986, S. 136ff.). Keynes glaubte an die Überlegenheit seiner Theorie gegenüber dem Paläolithikum individueller Rationalitätskalküle der Mengen und Preise in der Welt des Bentham'schen Utilitarismus (Keynes 1926). Überlegenheitsansprüche reklamiert in gleicher Weise eine revitalisierte neoklassische Theorie der rationalen Agenten für sich. Eine naturwissenschaftliche Fortschrittsgläubigkeit gegenüber der eigenen Theorie lässt vergessen, was eine politische Ökonomie nur sein kann, eine gegen ihre eigene instrumentelle Vernunft, d.h. eine gegen ihre eigene Zweckrationalität offen gehaltene Kritik der ökonomischen Vernunft (Scherf 1986, S. 164).

Dies kann nur auf eine Selbstbescheidung hinauslaufen. Sie enthebt die Ökonomie der analytischen Falle einer naturwissenschaftlichen Wahrheitsgewissheit. Sie lässt der Sphäre des Politischen ihren gestalterischen Raum, indem sie die Annahmen über die Geschlossenheit der theoretischen Konzepte macht, und somit über die Summe möglicher realer Verläufe. Verhalten sich Menschen wirtschaftlich so, wie sie es in den theoretischen Welten tun, sollten sie es tun, oder sollten sie sich ganz anders verhalten? Ist der industriefeudalistische ein notwendiger, weil ökonomisch-theoretisch möglicher gleichgewichtiger und damit richtiger Weg in die Zukunft der Marktgesellschaften, oder lassen sich auch gänzlich andere, neu zu gestaltende Gleichgewichte denken, für deren politische Akzeptanz einzutreten theoretisch-ökonomisch genau so möglich sein kann? Es ist jene politische Rationalität, die die Ökonomie wieder erst zu einer politischen macht, indem sie Wahlhandlungsmöglichkeiten bereithält, die sich jenseits naturgesetzlich verengter Eindeutigkeiten ergeben. Letztlich sorgt dann nicht die Logik des Ökonomischen für die Ausgestaltung des wirtschaftlichen Gleichgewichts, sondern die politische

Vorstellung von Gerechtigkeit mit ihrer Möglichkeit zur Teilhabe am gesellschaftlichen Reichtum, ganz im Rawls´schen Sinne (Rawls 1979, S. 74ff.). Eine solcherart die politische Rationalität installierende ökonomische Wissenschaft könnte dann beweisen, was bereits Werner Sombart in seiner Analyse über dem Umgang mit Theorien für die politische Praxis in Anspielung an Goethe literarisch in die Worte gekleidet hat: „Was fruchtbar ist, allein ist wahr" (Sombart 1928, S. 256) – und was die Saat des gesellschaftlichen Wohlergehens für alle aufgehen lässt, möchte man hinzufügen.

Literatur

Domar, E. D. (1947), Expansion and Employment, in: The American Economic Review, Vol. 37, S. 34 - 55.

Ehrig, D. / Staroske, U. (2006), Makroökonomische Gleichgewichte und ungleiche Verteilung – eine kreislauftheoretische Betrachtung, Universität Bremen, Fachbereich 7, IKSF Discussion Paper, No. 36.

EZB (2007), Bestimmungsgrößen des Wachstums in den EU-Mitgliedsländern Mittel- und Osteuropas, in: Europäische Zentralbank, Monatsbericht Mai, S. 97 - 110.

Harrod, R. F. (1949), Dynamische Wirtschaft. Einige neuere Entwicklungen der Wirtschaftstheorie und ihre Anwendung auf die Wirtschaftspolitik, Wien, Stuttgart.

Ipsen, D. (1983), Die Stabilität des Wachstums. Theoretische Kontroversen und empirische Untersuchungen zur Destabilisierung der Nachkriegsentwicklung, Frankfurt/M., New York.

Kaldor, N. / Mirrless, J. A. (1962), A New Model of Economic Growth, in: The Review of Economic Studies, Vol. 29, S. 174 - 192.

Keynes, J. M. (1926), Das Ende des Laissez-Faire. Ideen zur Verbindung von Privat- und Gemeinwirtschaft, München, Leipzig.

Keynes, J. M. (1971), A Treatise on Money. The Pure Theory of Money, The Collected Writings of John Maynard Keynes, Vol. V, London, Basingstoke: Macmillan.

Keynes, J. M. (1972), Economic Possibilities for our Grandchildren, The Collected Writings of John Maynard Keynes, Vol. IX, London, Basingstoke: Macmillan, S. 321 - 332.

Rawls, J. (1979), Eine Theorie der Gerechtigkeit, Frankfurt/M.

Ricardo, D. (1972), Grundsätze der politischen Ökonomie und der Besteuerung. Der hohe Preis der Edelmetalle. Ein Beweis für die Entwertung der Banknoten, Frankfurt/M.

Robinson, J. V. (1972), Doktrinen der Wirtschaftswissenschaft. Eine Auseinandersetzung mit ihren Grundgedanken und Ideologien, 3. Aufl., München.

Scherf, H. (1986), Marx und Keynes, Frankfurt/M.

Schmid, A. (1980), Postkeynesianische Ökonomie, in: Kredit und Kapital, 13. Jg., S. 149 - 177.

Solow, R. M. (1956), A Contribution to the Theory of Economic Growth, in: The Quarterly Journal of Economics, Vol. 70, S. 65 - 94.

Sombart, W. (1928), Die Wandlungen des Kapitalismus, in: Weltwirtschaftliches Archiv, Bd. 28 II, S. 243 - 256.

Surrey, M. J. C. (1976), Macroeconomic Themes. Edited Readings in Macroeconomics with Commentaries, Oxford: Oxford University Press.

Zinn, K. G. (1978), Der Niedergang des Profits. Eine Streitschrift zu den Risiken der kapitalistischen Wirtschaftskrise, Köln.

Außenwirtschaftspolitik, Internationale Unternehmensplanung und Logistik: Was Außenwirtschaft heute macht und warum

International Trade, International Corporate Planning and Logistics: What does International Trade Theory Mean Today and Why?

Axel Sell

Abstract

Today, the theories of international trade, international corporate planning and logistics have become overlapping disciplines dealing partly with the same research questions and using similar approaches. It is argued that this is the result of neglecting corporate planning as a core discipline in academic teaching. Thus, the discipline of logistics expanded and deals now also with integrated international value chains, which used to be an integral part of the discipline of integrated strategic corporate planning. With the increase of international production and production networks, the focus of international trade theory has also changed. Today, international trade, international production and strategic decision making in multinational corporations have become important parts of international trade theory. Though all disciplines tackle basically the same research area, the perspective of corporate planning and logistics is on the company while the perspective of international trade theory and international economics is on national and regional development planning.

Zusammenfassung

Außenhandelstheorie, internationale Unternehmensplanung und Logistik sind heute überlappende Disziplinen geworden und behandeln teilweise identische Fragestellungen mit ähnlichen Methoden. Er wird argumentiert, dass dies das Ergebnis der Vernachlässigung von Unternehmensplanung als eine Kerndisziplin in der akademischen Lehre ist. Daher ist Logistik in diesem Bereich expandiert und behandelt neben den traditionellen Spezialfragen auch die Gestaltung von integrierten internationalen Wertschöpfungsketten, früher eine Domäne der internationalen strategischen Unternehmensplanung. Mit dem Wachstum der internationalen Produktion und dem Entstehen von Produktionsnetzwerken änderte sich auch der Fokus der internationalen Handelstheorie. Heute sind internationaler Handel, internationale Produktion und strategische Entscheidungsfindung im multinationalen Konzern bedeutende Teile der Disziplin geworden. Wenn die Disziplinen auch das gleiche Feld behandeln, unterscheiden sie sich doch in der Perspektive; die in der Unternehmensplanung und Logistik beim Unternehmen und in der Außenwirtschaftspolitik bei der regionalen und nationalen Entwicklungsplanung liegt.

1 Einführung

In der universitären Landschaft werden in der Lehre und in der Gliederung der Fakultäten einzelne Fächer unterschieden, denen in Forschung und Lehre mehr oder wenig fest umrissene Forschungsfelder und Lehraufgaben zugewiesen sind. In der Betriebswirtschaft knüpft die Unterscheidung an den Funktionen an, die in einem Betrieb zu erbringen sind. Es kann sich dabei um Funktionen handeln, bei denen Problemstellungen, Methoden der Analyse und Entscheidungsfindungen relativ unabhängig von anderen behandelt werden können und genügend Raum für ein eigenes Fach bieten, sogenannte Längsschnittfunktionen wie Beschaffung, Absatz, Produktion, Lagerhaltung, Finanzierung. Daneben gibt es übergreifende Funktionen, bei deren Erfüllung mehrere oder alle Längsschnittfunktionen überlagert werden. Diese Funktionen haben in der Regel gleichzeitig die Aufgabe, Entscheidungen in den Längsschnittfunktionen zu koordinieren. Eine solche Querschnittfunktion ist die Unternehmensplanung. Trotz der herausragenden Bedeutung gerade dieser

Funktion wird sie in vielen Lehrprogrammen wirtschaftswissenschaftlicher Studiengänge nicht angeboten, so dass die entstehende Lücke von speziellen Lehren mit abgedeckt wird, die damit ihre Reichweite ausweiten. In der Volkswirtschaftslehre fiel die Koordination spezieller Lehrgebiete der Wirtschaftspolitik zu, die im Idealfall in ihre Modelle Erkenntnisse spezieller Politiken wie der Sozialpolitik, Arbeitsmarktpolitik, Regionalpolitik, Außenwirtschaftspolitik, Geld- und Währungspolitik etc. integriert. Solche Modelle kumulierten in den ersten Dekaden der Nachkriegszeit in Modellen vom Tinbergen-Typ (Tinbergen 1968), deren Stellenwert nach einer Euphorie des Hantierens mit gesamtwirtschaftlichen Modellen und dem Aufstellen von Entwicklungsplänen allerdings stark abgenommen hat. Die speziellen Volkswirtschaftslehren dienen heute denn auch nicht mehr so sehr der Bereitstellung von Detailanalysen, die in solche gesamtwirtschaftliche Modelle eingebaut werden könnten, sondern einer stärkeren mikroökonomischen Fundierung, wodurch es zu Überschneidungen mit betriebswirtschaftlichen Ansätzen und zur Behandlung gleicher realer Phänomene aus unterschiedlicher Perspektive kommt, was auch für die Außenwirtschaftstheorie im hohen Maße zutrifft.

2 Erweiterung von Perspektiven spezieller Lehren und Überschneidungen von Teildisziplinen

Überall dort, wo Querschnittfunktionen nicht ausreichend wahrgenommen werden, ergibt sich die Notwendigkeit für ursprüngliche Längsschnittfunktionen, sich auch mit übergreifenden Fragestellungen intensiv auseinander zu setzen, was zum Teil fruchtbare Kontakte zu anderen Teildisziplinen, aber auch Überlastungen und Doppelungen bedeutet. Das gilt auch für die, gemessen an ihrer Bedeutung, starke Vernachlässigung der koordinierenden Unternehmensplanung (Sell 2003, 2006). Auch die meisten Lehrbücher zur Unternehmensplanung sind sehr „breit" geschrieben und enthalten eine Vielzahl von Informationen über spezielle Methoden und Techniken der Funktionsbereiche, so dass die eigentliche spezifische Aufgabe kaum noch erkennbar ist.

Unter Unternehmensplanung versteht man die gedankliche Vorwegnahme künftigen Handelns in einer prognostizierten Umwelt durch das Abwägen verschiedener Handlungsalternativen und das Aufzeigen des günstigsten Weges zur Erreichung eines Zieles (Kreikebaum 1997, Fischer 1997). Werden in der taktischen Unternehmensplanung meist Entwicklungen fortgeschrieben ohne eine grundlegende Neuausrichtung, so werden in der strategischen Unternehmensplanung bestehende Strukturen und Ausrichtungen auf den Prüfstand gestellt. Alle Unternehmensfunktionen wie Absatz, Beschaffung, Produktion, Finanzierung, Steuerplanung usw. sind dabei zusammen zu betrachten und aufeinander abgestimmt zu planen. Aus organisatorischen Gründen ist trotz des inhaltlichen Zusammenhanges eine Unterteilung des Planungsprozesses für die Detailplanung in Subsysteme erforderlich. Das ist schon notwendig,

- um Verantwortungsbereiche in den Unternehmen festzulegen,
- um Budgets von Teilbereichen für die nächste Periode festzulegen und schließlich auch
- für ein Controlling der Aktivitäten.

An etlichen Universitäten gibt es das Fach einer übergreifenden Unternehmensplanung und einer koordinierenden Wirtschaftspolitik nicht. Die Zusammenhänge werden Studierenden oft in den Einführungsveranstaltungen zur Betriebswirtschaft und Volkswirtschaft nahe gebracht, zu einem Zeitpunkt, bei dem das Verständnis für diese Fragen, auch mangels Einblick in die speziellen Lehren, noch nicht vorhanden sein kann. Die dadurch entstehende Lücke wird in der Betriebswirtschaftslehre teilweise dadurch aufgefangen, dass sich die traditionellen Längsschnittfunktionen nach der Klärung spezifischer Problemstellungen verstärkt den Schnittstellen mit anderen Funktionen zuwenden und, aus dem eigenen Bereich heraus kommend, die Perspektive einer alle Funktionen integrierenden Gesamtunternehmensplanung.

So sind für den Absatz offenkundig nicht nur Kommunikationspolitiken relevant, sondern auch das Qualitätsmanagement in der Produktion, die Auswahl von Bezugsquellen, die Auswahl und Planung von Forschungs- und Entwicklungsprozessen. Das Verständnis von Marketing kann daher die Gestaltung der gesamten Wertschöpfungskette beinhalten. Mit der Zunahme der internationalen Waren- und Faktorströme sowie den Fortschritte im Transport- und Kommunikationswesen sind auch die originären logistischen Funktionen stärker in den Focus der Unternehmensplanung gerückt. Gleichzeitig hat sich auch die Logistik in den letzten Jahrzehnten im Hinblick auf die Fragestellungen gewandelt und ihre Perspektive einer gesamtheitlich gesteuerten Unternehmung entwickelt (Baumgarten 2004). Mit diesem „Ausbrechen" aus dem zunächst engen Verständnis der Teildisziplinen ergeben sich heute viele fruchtbare Überschneidungen, aber auch Doppelungen, wodurch die Trennschärfe zwischen den Forschungs- und Aufgabengebieten verloren geht und auch Parallelwelten entstehen. Das wird im Folgenden nachgezeichnet.

Der Unternehmensplanung als originäre Querschnittfunktion ist dieses Expansionsstreben der Funktionslehren nicht fremd und, wo sie gelehrt wird, adaptiert sie die für die Gesamtsicht eines Unternehmens oder Konzerns besonders wichtigen Elemente auch als „Engpassplanung". Bereiche, die in der jeweiligen Unternehmensumwelt besonders wichtig und kurzfristig knapp erscheinen, werden zum Ausgangs- und Bezugspunkt der Gesamtplanung gemacht. Das kann der Absatzmarkt sein, das können aber auch in Zeiten knapper werdender Rohstoffe Bezugsmärkte und anderes sein. Mit der Zunahme der weltwirtschaftlichen Integration haben sich auch die Schwerpunkte der Unternehmensplanung verändert. Besonderheiten der internationalen Wirtschaftsbeziehungen berühren nicht nur die großen Multinationalen Unternehmen, sondern zunehmend auch kleine und mittlere Unternehmen. Die zentrale Unternehmensplanung befasst sich daher wesentlich intensiver als früher mit Fragen eines internationalen Marketings, eines weltweiten Sourcing, mit internationalen Steuerfragen, internationalen Kapitalmärkten und Bedingungen an internationalen Standorten. Sie befasst sich auch intensiver als bislang mit den Besonderheiten des Außenhandels und, seit dem enormen Bedeutungsanstieg der internationalen Produktion, auch mit anderen Aspekten einer Außenwirtschaftspolitik, so dass sich zunehmend Berührungspunkte und Überschneidungen zu traditionell volkswirtschaftlichen Fragen ergeben.

Die Bündelung von Erkenntnissen spezieller Volkswirtschaftslehren in gesamtwirtschaftlichen Modelle hat im Anschluß an Keynes und die darauf aufbauende modelltheoretische Wachstumstheorie eine Hochkonjunktur erlebt, ihren einmal erreichten Stellenwert in der Lehre und im Gedankengebäude der Nationalökonomie aber nicht halten können. Das trifft auch auf die in der Nachkriegszeit mit großen Hoffnungen verfolgten Entwicklungsplanungen in Ländern der 3. Welt zu. Die Gründe dafür liegen zum Teil in einer übertriebenen Erwartungshaltung an solche Modelle und daran anknüpfende Steuerungsmöglichkeiten, die mit einer zunehmenden Entwertung nationaler wirtschaftspolitischer Instrument im Zuge der Globalisierung immer weniger gegeben waren. Ein anderer Grund mag in der überschätzten Konstanz von Verhaltensparametern gelegen haben, denn prognostizieren und steuern kann man nur dann verlässlich, wenn man die Reaktionen auf wirtschaftspolitische Maßnahmen kennt. Mit Keynes und der Überzeugung von der makroökonomischen Steuerbarkeit von Volkswirtschaften hatte die Volkswirtschaftslehre an Strahlkraft und Ansehen gewonnen, mit dem Bedeutungsverlust hat sie beides zum großen Teil wieder verloren. Die Rückbesinnung auf die ordnungspolitischen Ansätze von Hayek, Schumpeter und Eucken, die Betonung der Bedeutung von Institutionen mag sachlich gerechtfertigt sein, hat Fehlentwicklungen und falsche Weichenstellungen in vielen Volkswirtschaften aufgezeigt und ist auch für Transformationsökonomien unstrittig aktuell von größter Bedeutung (vgl. hierzu auch die Konferenzbände Hozumi / Wohlmuth 2000 und Hozumi / Wohlmuth / Knedlik 2003). Dennoch wird z. B. eine tiefgründige Betrachtung der Bedeutung des Konkursrechtes und seiner Ausgestaltung nie den Appeal für Politiker und auch für Studierende haben können, den eine modellgestützte Diskussion darüber gehabt hat, welche Wirkungen ein Drehen an den Stellgrößen Zins oder Wechselkurs für einzelne Wirtschaftszweige und für die Beschäftigung hat. Im ersten Fall fühlt man sich leicht verloren im Dickicht der Interaktionen institutioneller Regeln, im zweiten Fall konnte man der (vielleicht illusionären) Vorstellung als Steuermann einer Region oder Volkswirtschaft nachhängen.

Während die monetäre Außenwirtschaftstheorie immer enge Verknüpfungen mit gesamtwirtschaftlichen Modellen hatte, hat die reale Theorie eine davon eher abgekoppelte Entwicklung erlebt. Auch, oder gerade sie hat in den letzten Jahrzehnten einen erheblichen Wandel erlebt. In den 50er bis 70er Jahren des letzten Jahrhundert wurden außenwirtschaftstheoretische Abhandlungen meist in der Tradition Ricardos und der Außenhandelstheoretiker Heckscher und Ohlin aus der Sicht von Nationalstaaten behandelt, die miteinander Handel auf der Grundlage der in den Ländern vorhandenen Produktionsfaktoren betreiben. Mit der Öffnung von Märkten nicht nur für Güter, sondern auch für Produktionsfaktoren wie Kapital und Technologie, treffen diese Prämissen immer weniger zu, so dass die Fragestellungen der traditionellen Theorie immer weniger Relevanz besitzen. Lehrbücher und auch Lehrpläne adaptieren neue Erkenntnisse und Verlagerungen der Relevanz von Untersuchungsgegenständen mitunter sehr langsam. Aber schon ältere Lehrbücher zu Internationalen Wirtschaftsbeziehungen gehen nur kurz auf die traditionellen Theorien ein, so z. B. das Buch von Eckart Koch (in der ersten Auflage 1992) auf gerade sechs Seiten. Im Lehrbuch Sell (1. Aufl. 1991) finden sich die Ansätze unter dem Titel eines dogmenhistorischen Abrisses. Krugman (1987) datiert das Ende der Dominanz der Theorie der komparativen Vorteile auf das Ende der 70er Jahre. Modernere Ansätze des Außenhandels beruhen auf transaktionskostentheoretischen Analysen und beziehen die Theorie der multinationalen Unternehmen und das Wechselspiel zwischen internationaler Produktion und internationalen Handel sowie andere Alternativen der Internationalisierung ein (z. B. Dunning 1981, 1992, Gray 1996), bieten allerdings keinen so geschlossenen formalen Erklärungsansatz wie die traditionelle Theorie. Der Bedeutungsverlust der traditionellen Theorie ist auch deshalb so schnell vonstatten gegangen, weil heute die internationale Produktion von Töchtern multinationaler Unternehmen den Welthandel übersteigt, multinationale Unternehmen an etwa zwei Drittel des Welthandels beteiligt sind, und etwa ein Drittel des Welthandels ‚intra-firm trade' ist, also Austausch innerhalb des Konzerns.

Inzwischen wurden und werden in der Außenhandelstheorie nicht nur die strategische Handelspolitik von Staaten und ihre Einwirkung auf institutionelle Regelungen wie GATT und WTO thematisiert, auch die Multinationalen Unternehmen mit ihrer Bedeutung für den Außenhandel sowie für den Kapital- und Technologietransfer rücken verstärkt in den Focus der Betrachtung, wodurch sich auch Volks- und Betriebswirtschaftslehre stärker verzahnen bzw. sich auf diesem Forschungsgebiet sehr ähnlich werden. Die Diskussion von Netzwerken, Handelswiderständen, Handelbarkeit von Produkten und Faktoren sind inzwischen wichtige Elemente einer neuen Außenhandelstheorie, gleichzeitig aber auch Gegenstand einer (internationalen) Unternehmensplanung multinationaler Unternehmen. Die Außenwirtschaftstheorie hat damit die ihr vorgeworfene Unternehmensblindheit (Lemper 1974, 1975) abgelegt. Es werden die direkten Akteure, multinationale Unternehmen, gestaltende Wirtschaftspolitiker, internationale Organisationen und dahinter stehende Interessen sowie die wechselseitigen Beziehungen thematisiert. Außenhandel und Auslandsproduktion werden damit gemeinsam betrachtet. Ein Unterschied zur betriebswirtschaftlichen Analyse besteht in dem Interesse an der internationalen Aufteilung von Wertschöpfungsketten und den Konsequenzen auf Regionen und Nationalstaaten.

3 Logistik, Unternehmensplanung und Außenwirtschaft

3.1 Von der traditionellen Logistik zur Planung von Wertschöpfungsketten

Die Logistik ist eine der Disziplinen, die in den letzten Jahrzehnten einen bedeutenden Wandel erlebt hat und in Teilen heute Aufgaben wahrnimmt, die auch in anderen Disziplinen behandelt werden.

Historisch hat die Logistik ihren Ursprung im Militärwesen. Sie stellte den Nachschub für die Streitkräfte sicher. Sicherstellung heißt:

- zeitgerecht
- verlässlich (sicher) und
- kostengünstig.

Traditionelle Aufgaben sind Materialwirtschaft, d. h. Beschaffung, Lagerung (Vorratshaltung) von Rohstoffen und Komponenten. Als typische Problemstellung: ergaben sich daraus die optimale Routenplanung, optimale Bestellmengen, Lagerhaltung- und Lagerorganisation, die Aufteilung des Transportaufkommens auf Verkehrsträger nach Kosten-, Zeit- und Kapazitätsgesichtspunkten.

Aus der heutigen Sicht ist die Logistik nicht auf die Beschaffung und Lagerhaltung von bezogenen Rohstoffen, Komponenten etc. beschränkt, sie betrifft auch die Produktion und den Absatz. Logistik kann daher definiert werden als integrierte Planung, Organisation, Steuerung, Abwicklung und Kontrolle des gesamten Material- und Warenflusses mit den damit verbundenen Informationsflüssen

- beginnend beim Lieferanten,
- durch die (eigenen) betrieblichen Wertschöpfungsstufen (z. B. Produktions- und/oder Distributionsstufen),
- bis zur Auslieferung der Produkte beim Kunden,
- inklusive der Abfallentsorgung und des Recyclings.

Es werden verschiedene Entwicklungsphasen der Logistik unterschieden. In den 70er und 80er Jahren gab es die klassische Logistik als Unternehmensfunktion. Sie konzentriert sich auf die physischen Abläufe des Material- und Warenflusses, hat die optimale Zeit- und Raumüberwindung als Ziel. Im Vordergrund steht die Optimierung von Transport, Umschlag, Lagerung sowie Verpacken und Kommissionieren (TUL-Prozess). In den Unternehmensorganisationen sind die einzelnen Teilfunktionen separat in die bestehenden Abläufe eingebettet. Sie werden getrennt voneinander geplant und gesteuert, sie folgen dem logischen Ablauf der Auftragsabwicklung und Distribution.

Ziel in den 80er Jahren war es, die Logistikleistungen an den Schnittstellen zwischen Beschaffung und Produktion einerseits sowie Produktion und Vertrieb andererseits funktionsübergreifend in die gesamtunternehmerischen Abläufe zu integrieren, die Logistik integriert Funktionen zu Prozessketten, damit werden die vorher abgrenzbaren Aufgaben der Logistik integriert und zu einer Querschnittfunktion, die in weiten Teilen deckungsgleich mit der Unternehmensplanung wird.

In den 90er Jahren kommt es zu einem Aufbau und zur Optimierung kompletter Wertschöpfungsketten: Lieferant → Produzent → Handel → Kunde.

Die 2000er Jahre sind durch die Bildung unternehmensübergreifender weltweiter Prozessketten geprägt (Baumgarten 2004).

3.2 Planung von Wertschöpfungsketten als Aufgabe der Unternehmensplanung und aus außen- und gesamtwirtschaftlicher Sicht

Mit dem Aufbau und der Optimierung kompletter Wertschöpfungsketten und der Organisation unternehmensübergreifender Wertschöpfungsketten hat die Logistik Ansprüche, die deckungsgleich mit den Aufgaben einer internationalen Unternehmensplanung sind. Bezugspunkt der Optimierung ist jeweils das betrachtete Unternehmen bzw. der weltweit tätige Konzern. Nun ist die Gestaltung von Wertschöpfungsketten nicht nur aus der Sicht der Unternehmen von Bedeutung, die Gestaltung solcher Ketten entscheidet auch über Einkommen, Beschäftigung und Arbeitsbedingungen in Regionen und Volkswirtschaften. Verlagerungen von Aktivitäten (Stichwort „internationales Outsourcing") sind damit auch von volkswirtschaftlichem Interesse, wobei hier der Focus auf dem Nationalstaat liegt. Gewählte Politiker und nationale wirtschaftspolitische Instanzen erhalten von den Wählern regelmäßig den Auftrag, die nationale oder regionale Wohlfahrt zu steigern und Politiker nähren diese Erwartung regelmäßig durch Versprechen im Wahlkampf. Reimut Jochimsen und Helmut Knobel (1971) stellen in ihrem zur damaligen Zeit einflussreichen Sammelband „Gegenstand und Methoden der Nationalökonomie den Charakter einer Nationalökonomie als Handlungswissenschaft. Sie ziehen aus diesem Grunde auch den Begriff der Nationalökonomie dem der Wirtschaftswissenschaft vor: „Mit dem Begriff der Nationalökonomie assoziieren wir jedoch eher als mit der häufig mehr platonisch als realwissenschaftlich oder praktisch ausgerichteten ‚Wirtschaftswissenschaft' das programmatische Postulat einer ‚politischen Ökonomie', d. h. einer Nationalökonomie als Handlungswissenschaft, deren realwirtschaftliche Methode und ideologiekritisches Fundament die Tradition der Klassiker auf die Grundlage der Wissenschaftstheorie stellen, die soziologischen und politik-wissenschaftlichen Dimensionen einbeziehen sowie normative und praxeologische Probleme systematisch anpacken" (Jochimsen / Knobel 1971, S. 9).

Beispiele für internationale Wertschöpfungsketten, die auch von der Öffentlichkeit wahrgenommen werden, sind Lieferketten der Textilindustrie, in der Möbel- und Spielzeugindustrie, in der Automobilindustrie und im Flugzeugbau. Unternehmen konzentrieren sich auf ihre Kernkompetenzen und bringen die in die Leistungskette ein. Konkurrenz findet nicht mehr zwischen einzelnen Herstellern, sondern zwischen Ketten statt. Die Organisation solcher Netze erscheint gleichermaßen als ein logistisches Problem als auch ein Problem der strategischen Unternehmensführung, in der Unternehmen entscheiden, in wieweit sie ihre Kompetenzen in Netzwerke einbringen und sich selber in ihren Entscheidungen binden und über Erhalt und Weiterentwicklung der eigenen Fähigkeiten wachen. Mit steigender Bedeutung solcher Leistungsketten bestimmt die Ausgestaltung, die Einbeziehung oder Ausgrenzung von Volkswirtschaften allerdings auch die Außenwirtschaftsstruktur und die Wachstumschancen von Regionen. Themen wie internationales Outsourcing und Global Sourcing stehen daher im Focus aller drei angesprochenen Fachgebiete. Durch diese Entwicklung wird allerdings ein traditionelles Aufgabengebiet von Volkswirten, die Analyse von Märkten, an den Rand gedrängt, da die

Koordination und Führung der Leistungsketten durch starke Unternehmen die Koordination durch Märkte teilweise ersetzt.

Optionen und das Verhalten führender Unternehmen sind für die Erklärung der Entwicklung in einzelnen Volkswirtschaften inzwischen von so großer Bedeutung, so dass die Außenwirtschaftstheorie nicht umhin kommt, sich auch mit den in der internationalen Unternehmenstheorie und in der Logistik behandelten Fragen zu befassen. So sind am Institut für Weltwirtschaft und Internationales Management mehrere Dissertationen aus diesem Themenkreis entstanden (Hauschild 1997, Faber 1998, Straatman 2000, Meyer-Ramien 2007). Aus gesamtwirtschaftlicher, entwicklungspolitischer und weltwirtschaftlicher Sicht ist die Frage der Führerschaft von Wertschöpfungsketten von besonderem Interesse. Wie Karl Wohlmuth in einer seiner Studien feststellt, kann für Entwicklungsländer bei einer Konzentration der wertschöpfungsstarken Bereiche in den Industrie- und einigen Schwellenländern leicht ein Prozess der Verstärkung der Ungleichheiten mit negativen Verteilungs- und Terms-of-Trade-Effekten entstehen (Wohlmuth 2004, S. 22).

Chunji Yun, der über längere Zeit als Gastprofessor an der Universität Bremen unter Betreuung von Karl Wohlmuth tätig war, spricht in seinen Analysen von internationalen Produktionsnetzwerken (Yun 2003, 2005). Augenmerk sollte bei der Analyse des internationalen Handels nicht auf die Länder gelegt werden, sondern auf die Unternehmen und die Einbettung in internationale Produktionsnetzwerke. Er definiert ein Internationales Produktionsnetzwerk als eine internationale Arbeitsteilung, bei der die einzelne Funktion oder Teilaufgabe der Wertekette räumlich auf die effizienteste Weise aufgeteilt ist und durch unterschiedliche Firmen, darunter multinationale Unternehmen und lokale Firmen, wahrgenommen werden. Sie bedeuten Abhängigkeiten in einer hierarchischen Organisation, die dennoch in der Lage ist, die technologische Basis der lokalen Produktion zu verbessern. Sie schließen auch einen gegenseitigen Nutzen der Teilnehmer nicht aus. Durch den Ausbau effizienterer Produktionssysteme, in denen ‚economies of scale' ausgenutzt werden wie die Vorteile einer dezentralisierten Organisation, wird auch ein Technologietransfer erreicht und es ist auch ein Aufstieg von ‚latecomers' in höhere Wertschöpfungsaktivitäten möglich. Die Rolle des Staates wird darin gesehen, die Voraussetzungen zu schaffen, dass höherwertige

Wertschöpfungsaktivitäten in seinem Einflussbereich bleiben oder sich ansiedeln. Es gibt unterschiedliche Netzwerkstrukturen, die von den Strategien der Kernunternehmen und deren Umweltbedingungen abhängen und die den beteiligten Unternehmen unterschiedliche Chancen einräumen und damit auch den Heimatländern der beteiligten lokalen Firmen. Im Ostasiatischen Kontext unterscheidet Yun zwei Typen, und zwar japanische und US-amerikanischen Internationale Produktionsnetzwerke, wobei die Systeme sich in ihrer geographischen Ausdehnung, in den unterschiedlichen Kernkompetenzen der die Netze führenden Unternehmen, dem Grad der Abhängigkeit eingebundener Unternehmen und dem Anteil an der Wertschöpfung unterscheiden. Bei den japanischen Netzwerken wird die Kernkompetenz vor allem in der Technologie gesehen, bei den amerikanischen Netzwerken mehr in Soft-Kompetenzen wie Marketingfähigkeiten, Kontrolle von Absatzkanälen und Markennamen. Die Rolle des Staates wird darin gesehen, die Voraussetzungen dafür zu schaffen, dass höherwertige Wertschöpfungsaktivitäten in seinem Einflussbereich bleiben oder sich dort ansiedeln. Damit wird auch das starke Eintreten der USA für Patent- und Markenschutz und andere gewerbliche Schutzrechte verständlich.

4   Die einzel- und die gesamtwirtschaftliche Perspektive

Einzelne Teildisziplinen der Wirtschaftswissenschaften haben die Reichweite der behandelten Aufgaben in den letzten Jahrzehnten zum Teil erheblich ausgeweitet. Das ist am Beispiel der Logistik aufgezeigt worden, die von den Aufgaben Beschaffung und Lagerhaltung kommend die weltweiten Optimierung von Wertschöpfungsketten zum Ziel hat und damit deckungsgleich mit einer internationalen gesamtwirtschaftlichen Steuerung und Planung wird. Adressat in beiden Fällen ist das Unternehmen bzw. der Konzern.

Auf den Wandel des Schwerpunktes der Außenhandelstheorie wurde bereits hingewiesen. Außenhandel kann nicht isoliert von Fragen der internationalen Standortwahl und von Direktinvestitionen analysiert werden. Die Standortwahl wird maßgeblich durch die vorhandenen Standortfaktoren und Investitionsanreize beeinflusst, woraus sich eine stark internationale Interdependenz wirtschaftspolitischer Entscheidungen der einzelnen Länder ergibt. Maßnahmen in einem Land zur Kontrolle bzw. Beeinflussung multinationaler Unternehmen betreffen durch die starke Mobilität unmittelbar auch andere Länder und bewirken auch dort Änderungen der Rahmenbedingungen. Multinationale Unternehmen können keine Chance auslassen, ihre Kosten zu reduzieren und die Effizienz ihrer Organisation (im Weltmaßstab) durch Verlagerung von Produktion zu verbessern. Der relevante Absatz- und Bezugsmarkt ist der Weltmarkt. Die Unternehmen verfolgen Unternehmensinteressen, die im Widerspruch zu nationalen Interessen stehen können. Durch Unternehmensentscheidungen kann es aus der Sicht des nationalen Standorts zu einem Verlust von Ressourcen, kommen, die direkt oder indirekt für inländische Wertschöpfung gesorgt haben. Regierungen können in einer solchen Situation nur versuchen, die mobilen Produktionsfaktoren durch eine positive Standortpolitik im Lande zu halten und/oder den Abfluss in andere Länder durch einen Zufluss von Ressourcen aus anderen Ländern zu kompensieren. Und interessengebunden werden sich Regierungen um eine Politikkoordination (im Rahmen der EU oder der UN) bemühen, um die Standortkonkurrenz zu mindern. Aufgabe der Außenwirtschaftstheorie als Handlungswissenschaft ist daher zunehmend auch der internationale Vergleich von Ländern im Hinblick auf Standortbedingungen, das Erkennen von Veränderungen und die Analyse der Auswirkungen nationaler und internationaler Politik. Vorrangige Adressaten der Erkenntnisse sind, anders als in den betriebswirtschaftlichen Ansätzen, nicht die Unternehmen, sondern wirtschaftspolitische Entscheidungsträger in Staaten und in Regionen.

Literatur

Baumgarten, H. (2004), in: Baumgarten, H. / Darkow, I.-L. / Zadek, H. (Hrsg.), Steuerung und Services in der Supply Chain – Logistik-Dienstleister managen globale Netzwerke – Best Practices, Berlin et al., S. 1 - 11.

Dunning, J. H. (1981), International Production and the Multinational Enterprise, London.

Dunning, J. H. (1992), The global economy, domestic governance, strategic and transnational corporations : interactions and policy implications, Transnational Corporations, Vol.1, no. 3, S. 7 - 45.

Faber, A. (1998), Global sourcing: Möglichkeiten einer produktionssynchronen Beschaffung vor dem Hintergrund neuer Kommunikationstechnologien / Frankfurt a.M.: Lang, (Europäische Hochschulschriften: Reihe 5, Volks- und Betriebswirtschaft; 2384): Bremen, Univ., Diss.

Fischer, H. (1997), Unternehmensplanung, München.

Gray, P. (1996), The eclectic paradigm: the next generation, Transnational Corporation, Vol. 5 (Spring), S. 51 - 66.

Hauschild, R. J. (1997), Internationales Outsourcing. Einzelwirtschaftliche Entscheidungen und gesamtwirtschaftliche Wirkungen / Marburg: Tectum Verlag, (Edition Wissenschaft/ Reihe Wirtschaftswissenschaft; 91); (zugl. Bremen, Univ., Diss.).

Hozumi, T. / Wohlmuth, K. (Hrsg.) (2000), Schumpeter and the Dynamics of Asian Development, LIT Verlag, Hamburg, Münster u.a.

Hozumi, T. / Wohlmuth, K. / Knedlik, T. (Hrsg.) (2003), After the Asian Crisis. Schumpeter and Reconstruction, Münster-Hamburg-London: LIT Verlag, Münster.

Jochimsen, R. / Knobel, H. (Hrsg.) (1971), Gegenstand und Methoden der Nationalökonomie, Neue Wissenschaftliche Bibliothek Wirtschaftswissenschaften, Kiepenheuer & Witsch, Köln.

Koch, E. (1992), Internationale Wirtschaftsbeziehungen, München.

Kreikebaum, H. (1997), Strategische Unternehmensplanung, 6. Aufl., Stuttgart, Berlin und Köln.

Krugman, P. (1987), Is Free Trade Passé? Journal of Economic Perspectives, Vol. 1, no. 2, S. 133 - 144.

Lemper, A. (1974), Handel in einer dynamischen Weltwirtschaft, München.

Lemper, A. (1975), Handelstheorie als Erfahrungswissenschaft, München.

Meyer-Ramien, A. (2007), Strategische Gruppen in der Mobiltelekommunikationsindustrie: Eine globale Wettbewerbsanalyse der Mobiltelekommunikationsoperatoren, Hamburg: Kovac, Bremen, Univ., Diss.

Sell, A. (2006), Corporate Planning. Global Management Tools: An Introduction to Standardised Middle- and Long-Term Corporate Planning, Materialien des Wissenschaftsschwerpunktes "Globalisierung der Weltwirtschaft".

Sell, A. (2003), Mittel- und langfristige Unternehmensplanung. Eine praxisorientierte Einführung (deutsch und russisch), National Business Institute, Moskau.

Sell, A. (1991), Einführung in die internationalen Wirtschaftsbeziehungen, 1. Aufl. Berlin.

Straatmann, U. (2000), Internationale Unternehmenskooperationen: eine theoretische und empirische Analyse unter besonderer Berücksichtigung des Mercosur, Hamburg: Kovac, (Schriften zur Konzernsteuerung; Bd. 9): Bremen, Univ., Diss.

Tinbergen, J. (1968), Wirtschaftspolitik, Freiburg im Breisgau 1968, Originaltitel: Economic Policy: Principles and Design, Amsterdam, Übersetzung nach der revidierten vierten Auflage.

Wohlmuth, K. (2004), Chancen der Globalisierung – für wen? in: Bass, H.H./ Melchers, S. (Hrsg.), Neue Instrumente zur sozialen und ökologischen Gestaltung der Globalisierung, LIT-Verlag Münster, S. 15 - 80.

Yun, C. (2003), International Production Networks and the Role of the State: Lessons from East Asian Developmental Experience, The European Journal of Development Research, Vol. 15, No. 1, June, pp. 170 - 193.

Yun, C. (2005), Japan and East Asian Integration. Myth of Flying Geese, Production Networks, and Regionalism, LIT Verlag, Hamburg u.a.

Economic Governance in South Africa

Wirtschaftspolitik in Südafrika

Philippe Burger

Zusammenfassung

Seit 13 Jahren herrscht Demokratie in Südafrika. Obwohl das Land seit 1994 Erfolg an mehreren Fronten vermelden kann, beispielsweise im Bereich Wirtschaftswachstum, Fiskalpolitik und der Bereitstellung von Basisinfrastruktur, gibt es weiterhin starke Gegensätze im Bereich Einkommensverteilung, Wohlfahrt und Bildung. Darüber hinaus sind die Armuts- und Arbeitslosenraten der schwarzen, weiblichen und ländlichen Bevölkerung sowie bei der Bevölkerung der ehemaligen ‚Homelands' besonders hoch – unabhängig von den verwendeten Indizes. Auch die Bereitstellung von Dienstleistungen kommunaler Träger bleibt problematisch. Die südafrikanische Regierung hat seit 1994 umfangreiche Maßnahmen ergriffen, um diese Herausforderungen zu meistern. Der Beitrag zeigt, dass die diesbezüglichen Strategien Südafrikas in zwei Phasen unterteilt werden können. Die erste Phase von 1994 - 1999 konzentrierte sich auf die Stabilisierung der Wirtschaft und die Wiederherstellung fiskalischer Stabilität. Die zweite, noch andauernde Phase, die im Jahre 2000 begonnen hat, umfasst die umfangreiche Ausweitung des sozialen Wohlfahrtssystems. Der Artikel diskutiert beide Phase und wägt ab in welche Richtung sich die Politik bewegt und welche Reformen notwendig wären.

Abstract

It has been 13 years since the dawn of democracy in South Africa. Though the country can boast progress on several fronts since 1994, including improved economic performance, a healthier fiscal position and improved delivery of houses, electricity, water and sanitation, it still faces significant discrepancies in the allocation of income, wealth and skills. In addition, poverty and unemployment levels among Blacks, females and those living in rural and ex-homeland areas are very high irrespective of the benchmark used. Service delivery by some local authorities also remains problematic. Since 1994 the government has implemented a wide range of policies to address these challenges. This paper shows that policy developments in South Africa since 1994 can be divided into two phases. The first is the period 1994 - 1999 that focused on the stabilisation of the economy and the eradication of the fiscal chaos that the new government inherited from its predecessor. The second phase is the still ongoing period that started in 2000. This period saw the significant expansion of the social welfare system. The paper considers and contrasts these two phases to consider in what direction policy might be moving and might need to be moving in future.

1 Introduction

In 2007 the 'new' South Africa of 1994 is thirteen years old. These thirteen years saw significant changes in the South African economy. In 1994 economic growth was very low, even negative in real per capita terms, while in 2007 it has improved significantly with real economic growth hovering around 5%, while inflation, though already decreasing, was still relatively high. In 2007 inflation is contained within the 3% to 6% target range pursued by the South African Reserve Bank while economic growth improved. In terms of social service delivery the South Africa of 2007 is a much better place than the South Africa of 1994. The delivery of houses, electricity, water and sanitation improved significantly. In addition, by 2007 government has rolled out what is for an emerging market country an extensive welfare system, while by the end of the decade government wants to implement a full-scale social security system. However, despite these improvements there still remain some very significant issues to address such as high unemployment and poverty, as well as large income disparities.

Since 1994 the government has implemented a wide range of policies to address these challenges. This paper sets out a very brief overview of these policies. Policy developments in South Africa since 1994 can be divided into two phases. The first is the period 1994 - 1999 that focused on the stabilisation of the economy and the eradication of the chaos of public finances that the new government inherited from its predecessor. As such, this period focused on the creation of a sound economic and fiscal foundation. The second phase is the period starting in 2000 and that is still ongoing. This period saw the significant expansion of the social welfare system. What is notable about the expansion is that it never threatened the health of public finance. However, before reviewing these two phases, the next section first provides an overview of the developmental, growth and employment challenges that South Africa faces.

2 The state of development, growth and employment

Up to the mid-1970 economic growth in South Africa was strong with economic growth rates peaking at 6% per annum in the 1960s. However, due to the political turmoil that started in the mid-1970s and worsened in the 1980s, economic growth in South Africa weakened significantly, with per capita growth turning negative in the period 1981 - 1995. Since then economic growth, both in aggregate and per capita terms improved into positive territory. Nevertheless, it would seem as if the growth rates registered in the period since 1994 did not significantly affect the unemployment rate, the level of poverty or inequality. If anything, some of the figures seem to have worsened.

The main problem facing the economy is that of unemployment. Judged by any international standard current levels of unemployment in South Africa are very high. Comparing September Labour Force Survey data for September 2001 to September 2006, the official unemployment rate stood at 25.5% in September 2006, being at 29.4% in September 2001 and reaching a high of 30.4% in September 2002. However, the expanded definition of unemployment stood at 37.3% in September 2006. The difference between the official and the expanded definition is the inclusion in the expanded definition of discouraged work seekers, i.e. those willing and able to work, but due to failure to find a job in the past are not anymore actively seeking a job.

Reasons for the high unemployment rate are found in the political and economic history of the country. Wohlmuth (1996, pp. 8 - 16) discusses six interrelated reasons for the high level of unemployment:

1. The decline in macroeconomic indicators such as output and productivity over the thirty year period preceding 1994, mostly as a result from increasing international isolation due to apartheid.

2. Extreme spatial concentration of production and income towards metropolitan and sub-metropolitan areas and away from peripheral and homeland areas;

3. Industrial concentration and concentration of agricultural land ownership that led to overly intensive capital structures and undermined the proper functioning of markets for products, capital, land and labour;

4. A system of tariffs and subsidies to protect industries that skewed the structure of the economy;

5. Lack of training and thus skilled personnel;

6. Apartheid caused all factor markets to be distorted structurally, that is the land market, the capital market as well as the labour market.

In addition to unemployment, South Africa also suffers from large income disparities (which are not unrelated to the high unemployment rate). Based on 1996 and 2001 Census data and 1995 and 2000 Income and Expenditure Survey (IES) data, Bhorat / Kanbur (2005, p. 4) note that income inequality and poverty increased. Using a $2 a day poverty line they show that between 1995 and 2000 the headcount index measuring poverty increased from 32% to 34% using IES data, or 26% to 28% using Census data (Bhorat / Kanbur 2005, p. 4). They also show that with the same $2 a day standard the gap between the income of the average poor household and the poverty line increased from 11% to 13% between 1995 and 2000.

3   Creating a sound foundation? The 1994 - 1999 phase

The first phase saw the introduction of two key policy documents, namely the Reconstruction and Development Plan (RDP) (ANC 1994) and the Growth, Employment and Redistribution: A Macro-economic Strategy (GEAR) (1996) (Department of Finance 1996).

The RDP was the election platform for the African National Congress (ANC) in 1994. After the election the RDP document was turned into a White Paper in 1994 (South Africa 1994). The RDP focused on the improvement of service delivery to the poor and the creation of an environment engendering human development. As a basic point of departure the RDP White Paper stated that economic growth and development are interdependent and as such, the South African government would focus on both. The main objective of the RDP was to foster sustainable human development and to eradicate inequality and poverty. To reach these objectives the RDP foresaw an increase in government social expenditure on education, health, welfare and housing, though not through an increase in total expenditure, but through a redirection of expenditure in the budget so that recurrent expenditure would not increase (South Africa 1994, p. 4). The RDP White Paper also stated as an objective the reduction of government dissaving and an increase in the proportion of government investment expenditure (South Africa 1994, p. 4).

Following the introduction of the RDP concerns were raised as to the ability of government to deliver on the objectives, while also ensuring that recurrent expenditure does not increase and the deficit and debt burden decrease. Amidst this uncertainty the business community lobby group called the South Africa Foundation (1996) released a document entitled 'Growth for all' while the Congress of South African Trade Unions (COSATU) and its allies released a document entitled 'Social equity and job creation' (COSATU, NACTU and FEDSAL 1996). These two documents made rather diverging proposals and added to the policy uncertainty at the time. Following this and after some exchange rate pressure due to capital outflows, the government released GEAR in 1996.

Essentially GEAR is a neoclassical macroeconomic stabilisation policy along the lines of the so-called Washington Consensus. It had a five year term, 1996 - 2000. Given that its focus, as its full name states, is macroeconomic, social issues received less attention than in the RDP. The GEAR policy envisaged the elimination of dissaving to release more resources for public and private investment, with a preference for private investment (Department of Finance 1996, p. 2). The focus on a reduction of dissaving as a precondition for higher investment explains its neoclassical nature. Higher investment, in turn, should lead to a higher national income and employment. Thus, GEAR saw a prudent fiscal policy as a means towards the ultimate end, which is development, poverty reduction and the reduction of inequality.

As part of the prudent fiscal policy, GEAR also stated as objective to reduce the budget deficit/ GDP ratio to 3% by 1999 and 2000 (Department of Finance 1996). Through the reduction of the deficit government wanted to stabilise and even reduce the public debt/ GDP ratio. Government succeeded in stabilising this ratio at approximately 50% by 1999 / 2000 (currently it is budgeted to decrease below 30%). The reduction of the debt burden would have the added benefit that interest payments on the debt make a smaller claim on government revenue. This would leave more room for government to spend on other expenditure categories, such as social expenditure. When the debt burden was at its highest interest payments on government debt constituted the second largest expenditure post on the budget. Only education expenditure exceeded it. Hence government aimed directly at the reduction of the interest burden (National Treasury 2000) and reduced it to below 20% of total government expenditure in the 2000 / 2001 budget (National Treasury 2001).

GEAR furthermore aimed at a reduction in tariffs as well as a restructuring and possible privatisation of state assets. It also argued for a commitment to moderate wage demands, prudent monetary policy to contain inflation and larger infrastructure investment (Department of Finance 1996). Though South Africa did not borrow from the IMF or World Bank, all these proposals fitted well with the type of conditions that the IMF placed on countries who were participating in its conditional loan and structural adjustment programmes. Hence the conclusion that GEAR fitted well with the Washington Consensus and as such could be seen as a self-imposed structural adjustment programme. Government hoped that by self-imposing it, it would demonstrate to foreign (and domestic) investors that it can be trusted with economic policy.

Ultimately the success of GEAR hinged on an increase in investment, primarily private and foreign investment, and an increase in employment. Though government largely succeeded in decreasing the deficit and government dissaving (Department of Finance 2000), GEAR failed to stimulate investment. Not only was private investment not forthcoming to the extent foreseen by GEAR (by the end of the decade it even decreased in the aftermath of the

Asian crisis), but even government investment instead of increasing, decreased. Employment also did not increase significantly with the unemployment rate even increasing in the late 1990s.

Several reasons may exist for the failure of GEAR to increase investment and reduce unemployment. These may include the effects of the Asian and emerging market crises of the late 1990s and the reaction of the South African Reserve Bank to these crises. (To stem the outflow of capital during the crisis in 1997 / 1998, the South African Reserve Bank engineered a significant increase in interest rates that impacted very negatively on investment.) The government might also have been too hasty in expecting foreign investors to react positively to GEAR and its prudent fiscal policy. Before investing in the country many investors might still have been waiting to see whether or not the country can built a positive track record in terms of being democratic and market-friendly. Furthermore, as Wohlmuth (1996, p. 7) warned in 1996, demographic factors, international integration factors resulting from opening up the economy, technological transfers needed to adapt to international best practice and technology, as well as adapting socio-political institutions (such as provincial government) might impact on the labour market and employment growth in South Africa and cause the absorption capacity of the formal sector to be limited in the years to come. His warning at the time seems to have been vindicated. Thus, once these changes were made and once the country established a track record as a country with sound economic and fiscal management, the fruits of GEAR in the form of higher investment and growth might be forthcoming, but only after the term of GEAR expired.

4 Forging ahead: The phase since 2000

With government finances in a much better position and with macroeconomic policy on a sound basis by 2000 government could afford to increase its social expenditure. Government also turned its attention to more microeconomic issues. As a result by 2007 the social grant system expanded to approximately double its size between 2003 and 2007. Government also announced plans in the 2007 / 2008 budget to implement a full-scale social security system by the end of the decade (National Treasury 2007a). A further development is the implementation of the Accelerated and Shared Growth Initiative – South Africa (ASGISA), announced in 2006.

Underlying these policy announcements and steps is a very nuanced but yet observable relaxation of the conservative fiscal stance embodied in GEAR and that characterised the first phase. Whereas the focus of GEAR was very macroeconomic, emphasising the causality running from prudent fiscal policy to investment and growth and on to human development, the 2005 / 2006 budget speech by the minister of finance states:

"More rapid growth makes greater progress in social development possible, and, in turn, well-targeted investments in human capabilities contribute to rising productivity and sustained growth."

Thus, whereas GEAR very much emphasises a unidirectional causality, government through ASGISA now recognises bidirectional causality between growth and development. According to President Mbeki, in his 2006 State of the Nation Address, ASGISA is "…not intended to cover all elements of a comprehensive development plan", that it is a "…limited set of interventions…", to serve as catalyst for accelerated and shared growth. The main objectives of ASGISA are to increase the economic growth rate to 4.5% in 2005 - 2009 and 6% in 2010 - 2014 and halving unemployment and poverty by 2014 (to fit with the Millennium Development Goals).

Government lists six so-called 'binding constraints' (though, what makes them binding and what they bind is not too clear). The constraints are (South Africa 2006, pp. 2 - 4):

- Volatility and level of Rand
- The cost, efficiency and capacity of national logistics system
- Shortage of suitably skilled labour
- Barriers to entry, limits to competition and limited new investment opportunities
- Regulatory environment and the burden on SMEs
- Deficiencies in state organisation, capacity and leadership

To address these constraints government devised selected interventions that it categorises into the following categories (South Africa 2006, pp. 4 - 12):

- Infrastructure: This includes expenditure to the value of R370 billion, mostly on power generation, power distribution, rail transport, harbours and an oil pipeline.

- Sector strategies: In particular these strategies should encourage business process outsourcing (BPO) and tourism.

- Education and skills: The focus should be on the quality of education, ABET and the training of artisans. Government also wants to implement the Joint Initiative for Priority Skills Acquisition (JIPSA), to identify the types of skills that are in short supply in South Africa.

- Interventions in the second economy (i.e. the informal sector): Government wants to build bridges between the formal and informal sectors so as to integrate the informal into the formal sector, thereby eliminating the second economy. Measures to do this include increased expenditure to develop small businesses and broad-based empowerment, support to Nafcoc to establish 100 000 SMEs per annum, the implementation of preferential procurement and the implementation of broad-based black economic empowerment (BBBEE). The minister of labour will also lead a review on the impact of labour law on small businesses.

- Public Administration: The aim is to improve public service delivery and to improve skill levels on local government level through Project Consolidate.

- Macroeconomic: Government wants to find ways to reduce exchange rate volatility. A further objective is better cooperation between fiscal and monetary policy to ensure better growth. It also wants to address the problem of over estimating expenditure and under estimating revenue collection. Government furthermore wants to improve expenditure management.

Criticism against ASGISA may be raised on several levels. First there is the question as to whether or not the growth and especially the employment targets of ASGISA are realistic. Secondly, the growth and employment objectives are loosely stated since ASGISA does not demonstrate how the various interventions relate and contribute to the objectives, and whether, in fact, these interventions are sufficient (or even necessary) to ensure the growth and employment objectives. In short, ASGISA lacks structure and fails to demonstrate clearly the nature of the link between its objectives and the interventions. Thirdly, ASGISA does not even mention the possible implications of the HIV / AIDS epidemic, both for the implementation of the various interventions and the overall growth and employment objectives of ASGISA. Currently HIV prevalence rates in South Africa are some of the highest in the world. Dorrington et al. (2006, p. 17) report that in 2005 5.4 million South Africans were HIV positive, with an HIV prevalence rate of 11% (their population estimate was 47.5 million people). The 11% figure masks the fact that the prevalence rate among males between 25 and 44 is in excess of 20%, peaking at 26.5% for those between 30 and 34 (Dorrington et al. 2006, p. 10). For females between 20 and 39 the prevalence rate is also in excess of 20% peaking at 28.2% for those between 30 and 34 (Dorrington et al. 2006, p. 10).

Therefore, though ASGISA displays several shortcomings, and even lacks the focus or structure of the RDP and GEAR, it represents an improvement over GEAR in that it recognises many of the institutional shortcomings that hamper growth and employment creation. In addition, the various policies and interventions mentioned in the ASGISA document contain significant detail (also because many of them are existing policies).

Parallel to ASGISA government is also busy with a major roll-out of a substantial welfare system in South Africa. In what constitutes another indication of the difference between the first and second phases of economic governance in South Africa, the South African welfare system has undergone a significant expansion, with the amount of social grant beneficiaries doubling between April 2003 and April 2007. During this period the amount of grant beneficiaries increased from 5.8 million to 12 million. Therefore, with a total population equals to 47.5 million according to the September 2006 Labour Force Survey, 25% of the South African population receives a grant of some or another sort. This is a significant achievement for an emerging market country. The largest increases occurred in the foster care and child support grants that registered average per annum growth rates of 28.7% and 31.6%.

The significant increase in the number of beneficiaries also meant that social grant expenditure by government (on national and provincial level) increased from R37 billion to R57,7 billion between the 2003 / 2004 and 2006 / 2007 fiscal years (in nominal terms) and is set to increase further to R73 billion by

2009 / 2010 (see Table 10). However, as percentage of GDP the increase is much less dramatic, with social grants as percentage of GDP increasing from 2.9% in 2003 / 2004 to 3.3% in 2006 / 2007 and budgeted to remain there over the medium term. As percentage of consolidated national and provincial expenditure it increased with a mere 1.1 percentage points to 12.1% and is budgeted to decrease again with a percentage point over the medium term.

Though the South African government's involvement in social security through the payment of grants is already rather extensive, it plans to expand it to a full social security system by 2010 that involves the mandatory earnings related social security tax to fund a retirement fund (National Treasury 2007c, p. 1). Each person in formal employment will contribute between 13% and 18% of their earnings, up to a maximum threshold, to this fund (National Treasury 2007c, p. 3). This contribution, paid into an individual's account at the fund, will provide for an old-age pension, death and disability payment as well as unemployment compensation. As such the fund will be a funded, rather than a pay-as-you-go system (National Treasury 2007b, p. 112). Government also considers setting the threshold at R60.000, meaning that the contribution will be calculated as a percentage of income below and up to R60.000 (National Treasury 2007c, p. 3). A 15% contribution will then imply payments up to a maximum of R750 per month (National Treasury 2007c, p. 3). In principle, the implementation of the social security system will provide a more sound basis for retirement planning at all levels of income and will reduce the dependence of many on the old-age pensions paid by government currently (these are pensions that government pays, usually to those who have no other source of income, without the beneficiaries having made any contributions to fund it during their working lives).

To support people earning low wages to make the social security contribution, government also considers the implementation of a wage subsidy that will take the form of a rebate paid to employees on their social security contribution (National Treasury 2007c, p. 6).

Lastly, though government plans to implement a wage subsidy to help the poor employed in the formal sector to make their social security contributions, there remains the problem of the unemployed and those who are employed in the informal sector. Given that government plans to levy the social security tax on those in formal employment means that those who are unemployed or who are employed in the informal sector will remain outside the social security retirement system. These people will remain dependent on the old-age pensions that government currently pays.

5 Conclusion: The two phases and the way forward

Because of the adverse economic conditions of 1994 (i.e. low aggregate and per capita growth, high unemployment and poverty and relatively high inflation) as well as the unhealthy state of public finances (i.e. high deficits, dissaving and public debt burden), the first phase of post-apartheid economic governance focused on the establishment of a stable macroeconomic and fiscal environment. Through GEAR government self-imposed a structural adjustment programme that decreased the budget deficit and public debt burden to levels not even seen in developed countries. Government was also driven by the wish to demonstrate to foreign investors that it can be trusted with the economy and public purse. As a result government acquired the image of being fiscally very conservative, a perception that endeared it to the business community but placed it at odds with the trade union alliance.

However, with the public debt burden and deficits decreasing since 2000 and the track record of government firmly established as a prudent fiscal manager, there was increasingly more room for fiscal expansion and plans to support economic growth. This need is reflected in ASGISA as well as the substantial expansion of the social welfare system to cover 25% of the South African population through grants. It is further reflected in plans to implement a fully-fledged social security tax and retirement system. Thus, government is steering South Africa in the direction of being a market-orientated welfare state.

Thus, South Africa now experiences the unfolding of a fully-fledged market-orientated welfare state amidst higher levels of economic growth. However, it still has significant unresolved issues that are undiminished despite thirteen years of economic policy since 1994. Unemployment still remains extremely high while significant doubt exists as to whether ASGISA will be able to halve unemployment and poverty by 2014. While government can reduce some of the inequality and poverty by ensuring better access to services, inequality and poverty can ultimately only be eradicated through job creation.

References

African National Congress (1994), Reconstruction and Development Programme, ANC, Johannesburg.

Bhorat, H. / Kanbur, R. (2005), Poverty and Well-being in Post-Apartheid South Africa: An Overview of Data, Outcomes and Policy. Published in Bhorat, H. / Kanbur, R. (ed.) (2006), Poverty and Policy in Post-Apartheid South Africa, HSRC Press: Pretoria.

COSATU, NACTU and FEDSAL (1996), Social equity and job creation: The key to a stable future. Online: www.anc.org.za:80/cosatu/docs/jobs.ht.

Department of Finance (1996), Growth, Employment and Redistribution: A Macroeconomic Strategy, Pretoria: Department of Finance.

Department of Finance (2000), Budget Review, Pretoria: Department of Finance.

Dorrington, R. / Johnson, L. / Bradshaw, D. / Daniel, T. J. (2006), The Demographic Impact of HIV / AIDS in South Africa. National and provincial indicators for 2006, Cape Town: Centre for Actuarial Research, South African Medical Research Council and Actuarial Society of South Africa.

Mbeki, T. (2006) State of the Nation Address. Parliament, Cape Town. National Treasury. 2000. Medium Term Expenditure Policy Statement. Pretoria: National Treasury.

National Treasury (2001), Budget Review. Pretoria: National Treasury.

National Treasury (2007a), Budget Speech 2007 / 2008. Online: www.treasury.gov.za.

National Treasury (2007b), Budget Review. Online: www.treasury.gov.za.

National Treasury (2007c), Social Security and Retirement Reform: Questions and Answers. Online: www.treasury.gov.za.

South Africa (1994), White Paper on Reconstruction and Development – Notice 1954 of 1994, Government Gazette 353(16085).

South Africa (2006), A catalyst for Accelerated and Shared Growth – South Africa (ASGISA) Background document to the media briefing by Deputy President Phumzile Mlambo-Ngcuka, 6 February 2006.

South Africa Foundation (1996), Growth for all: An economic strategy for South Africa, Johannesburg.

South African Reserve Bank (2007), Online download data facility. Online: www.reservebank.co.za.

Wohlmuth, K. (1996), Employment and labour policies in South Africa – An introduction. In: Wohlmuth, K. / Bass, H. H. / Kappel, R. / Wauschkuhn, M. (ed.). Regional perspectives on labour and employment. Africa Development Perspectives Yearbook 1996. Lit Verlag: Münster.

Sudan's Economic Strategies 1956 – 2007: Constancies dominate Changes

Sudans Wirtschaftsstrategien 1956 – 2007: Konstanten dominieren Veränderungen

Dirk Hansohm[1]

Zusammenfassung

Der Sudan, eine Kreation der Kolonialherrschaft, ist der typische Fall eines kriselnden Landes der 'Vierten Welt' in einer globalisierenden Welt. 51 Jahre der politischen Unabhängigkeit waren Zeuge der verschiedensten Experimente der Wirtschaftsplanung: traditionelle Entwicklungsplanung mit Weltmarktausrichtung, regionale Wirtschaftsintegration im arabischen Raum, konventionelle Strukturanpassung, islamische Ökonomie, und Postkonflikt-Wiederaufbau und Entwicklung. Während jeder Ansatz es beanspruchte, ein Neuanfang mit radikaler Neuorientierung zu sein, hat keiner es vermocht, die strukturellen Defizite zu überwinden und entscheidende Entwicklungsfortschritte zu erbringen. Eine gemeinsame Reihe von Mängeln lässt sich aufzeigen, deren Überwindung Voraussetzung von Erfolg wäre: ungenügende Informations- und analytische Grundlage für Strategieformulierung, Mangel an Realismus und Prioritätensetzung, Reduzierung der Herausforderungen auf eine Finanzierungslücke, Vernachlässigung von Implementierung, Management und Koordinierung, wenig Aufmerksamkeit für Institutionen und politische Ökonomie, keine systematische Förderung des Privatsektors, der Glaube an Globalrezepte und die Vernachlässigung des lokalen Kontextes sowie eine

---

[1] The author is currently Senior Economic Advisor at the United Nations Development Programme (UNDP) Country Office Sudan in Khartoum. This article is written in the author's personal capacity and does not necessarily reflect the position of the UNDP. I am grateful to Samia el Nagr and Gunnar Sorbo for valuable comments. Any errors remain of course entirely my responsibility.

Überschätzung dessen, was externe Akteure beeinflussen können. Das 2005 unterzeichnete Friedensabkommen kann nur dann die Chance zu einem Neuanfang werden, wenn die Lehren aus diesen Erfahrungen gezogen werden.

Abstract

Sudan, created by colonialism, is a case study of a 'Fourth World' crisis country in a globalising world. 51 years of political independence witnessed various experiments of economic planning in all colour: traditional development planning, regional Arab economic integration with massive investments in agriculture, conventional structural adjustment, Islamic economics, and post-conflict reconstruction and development.

While each new approach claimed to be a new beginning with a radically new orientation and promised to achieve high improvements in broad based welfare, none of them delivered to overcome the structural deficits and to achieve substantive development progress. This chapter argues that this is because all periods share some key shortcomings: lack of realism, prioritisation and sequencing, insufficient information and analysis, reduction of challenges to a finance gap, too little attention to implementation, management and coordination, little attention to the importance of institutions and political economy, an overestimation of what external actors can change, a belief in blueprints and neglect of the importance of local context.

The signing of a peace agreement two years ago has opened the possibility for another new start. However, this possibility can only be turned into reality if the lessons of Sudan's past are learned.

1 Introduction

Sudan is a textbook case for the history of mixed development efforts and challenges of a 'Fourth World' country in an increasingly integrated world economy. It is a country whose attempts to catch up with high income economies were not successful, that continues to have low levels of human development in all its dimensions and of governance, and that also continues to be plagued by internal conflict. Independent Sudan had phases of democratic and military rule. A variety of strategies have been tried, all built on a radical critique of previous attempts and with high promises. But they largely failed on these. The success of its present strategy is at a critical stage right now. A careful review of past experiences may lead it to success.

This article briefly reviews the history of these various attempts from an economist's point of view. Although Sudan's long-standing challenges are of a multi-faceted rather than purely economic nature, any solution has an economic dimension. The chapter builds on Professor Wohlmuth's extensive and ongoing research on the Sudan since the 1970s, my privilege to be part of his experience during the 1980s (see references), and my present opportunity to serve in Sudan again.

Since then, 20 years have passed. During this time, the world economy has highly increased its multi-dimensional integration, and increased the speed of this integration. This gave poor countries the potential for catching up to today's rich countries much quicker than previously. Globalisation presents vast new opportunities for economic and social progress, but also potential costs and risks – instabilities and marginalisation of countries and individuals not equipped to take advantage of globalisation's opportunities.

The chapter starts by setting out the endowments and structural conditions of the Sudan (section 2). The main section reviews the different phases of economic policy making in Sudan. Section 4 presents the results of development efforts in Sudan in terms of economic, social and governance indicators. Section 5 points to some continuity of the economic strategies as explanation for the disappointing results. On this basis, the final section concludes with lessons that can be taken from Sudan's rich experience.

2 Endowments and structural conditions of the Sudan

With a surface area of 2.5 mill. km^2, Sudan is the largest African state. However, with a large part in the Sahara and Africa's biggest swamp, its population is only estimated at 36 million. Sudan lies at the Red Sea, borders Egypt, Eritrea, Ethiopia, Kenya, Uganda, Congo, the Central African Republic, Chad, and Libya.

Although degrees of statehood existed previously in different parts of its territory, Sudan as an entity was only created by colonial invaders – Egypt in the

19th century and Britain from 1898 - 1956. Its borders are artificial, cutting across ethnic groups and economic entities. This led and leads to ongoing conflicts in the country and with neighbouring countries and/or groups living on both sides of the border (presently notably with Chad and Uganda).

Due to economic development, but mainly civil conflict, large geographical movements of population have taken place. More importantly, people have many identities, more or less important for each individual: ethnic, religious, economic, political.

Sudan has remained a structurally heterogeneous country. The key contrast is between the privileged urban area of Khartoum and the marginalised rural areas. Although accentuated by oil resources in the South (and possibly in the West) and the political compromise reached in the Comprehensive Peace Agreement (CPA) between the central government and the Southern rebel movement of 2005, arguably the urban-rural discrepancy is the central underlying cause for Sudan's predicament, rather than religious or cultural cleavages.

Sudan was a typical poor agricultural producer (more than 90% of its exports), until oil was discovered in the late 1990s and is processed. Other important exports are cotton, sesame, livestock, groundnuts, gum arabic and sugar. Oil turned around the economy in this decade. It is now most important export good (85%) and also most important contributor to government revenue. Due to the oil exports, China is now most important export destination (70%), followed by Japan and Saudi Arabia. Major imports are food, manufactured goods, refinery and transport equipment.

3 Phases of economic strategizing in Sudan

Five periods can be distinguished after the colonial economic system: early strategies in the 1950s and 60s, the 'Breadbasket Strategy' of the 70s, structural adjustment policies of the 80s, Islamic economics of the 90s, and the current first experiences of post-conflict reconstruction and development. Although the three short periods of democracy (1956 - 58, 64 - 69, 86 - 89) are seen as exemplary in post-colonial Africa, the democratic legitimate governments did not manage to put the country on a solid basis, but provided the ground for the military coups d'etat that ended them. Socio-economic disparities and political fragmentation, already present in the colonial period, were sharpened.

3.1 The colonial heritage (pre 1956)

As argued above, Sudan as a country with a specific structure and territory is a colonial heritage. Although the once common argument of Third World elites to blame colonial rule for the ills of their countries has worn thin as an apology for non-achievement of their own goals, the heritage of borders and a specific structure need to be recognised as the basic framework.

In addition to forming Sudan, colonial administration created a modern sector with urban industry, trade, transportation, irrigated and mechanised farming, cattle ranching, surrounded by a traditional sector of subsistence-oriented agriculture and nomadic or semi-nomadic cattle raising. These sectors differed markedly in income, mode of production, forms of property, technological standard, living standard. The main economic linkages did not connect sectors of the Sudanese economy, but its modern sectors with Britain, the colonial power via export of agricultural raw materials and import of consumer and capital goods.

The colonial administration's development policy was confined to provide basic infrastructure for foreign private investment. Imports rose in line with exports. However, only the wealthy and growing elite in trade, administration and modern services could afford most of the imported consumer goods.

After World War II, the colonial administration began some commitment to accelerated development. Still, the main emphasis of public investment continued to be in the provision of infrastructure and was limited to the size of state revenue. Development programmes continued to be a collection of isolated, unrelated projects without an overall frame of objectives.

Besides its stimulus towards modernisation, two results of Sudan's colonial heritage are important to note for its further development: First, with its regional concentration it laid the basis for the country's uneven development. Second, the dominant role it gave to the state in controlling the production and distribution of resources created a pattern of centralised control with vested interests. Both have been remained problematic constancies.

3.2 Early strategies (1950s and 60s)

After independence, the national government, being more development-oriented, built on the dominant state activity and started to institutionalise development planning. The emphasis of investment programmes shifted from infrastructure and social sectors to productive schemes in irrigation, mechanised farming and agricultural processing.

In 1962 the first comprehensive plan for economic development was presented, the Ten-Year Plan (1961/62 - 1970/71). This plan formulated for the first time broad national objectives. Although the private sector was assumed to take a lead role, a private sector investment strategy was not presented - its behaviour was simply assumed. Furthermore, this plan did not aim at any substantial transformation of the economy. Development policies remained confined to the modern sectors.

Its successor, the Five Year Plan (1970/71 - 1974/75) was more elaborate, more detailed and more ambitious. The aimed increase in per capita income increased from 2.4% to 4.8%. The emphasis on agriculture was maintained, investment in industry and public utilities came at the cost of transport, communication, social services and administration. With exception of the 1969-71 phase that had a declared socialist policy, this phase maintained encouragement of the private sector.

During these two plan periods external debt rose considerably. The debt service rose from 4% to 22.3% in 1961 and 1972 respectively. In the same time, the foreign exchange reserves fell to almost nil, so that in 1966 and 67 the first stand-by credits from the IMF had to be arranged.

Although agriculture remained the most important sector in production, trade, investment and employment, its share in GDP fell from 61 to 38% in 1955/56 and 1971/72. Its share in labour force fell from 86.9% (1955/56) to 79.7 (1969/70). However, neither a mass consumption goods production nor an adequate domestic capital goods sector developed. Furthermore, attention concentrated on the modern agricultural sector, consisting of irrigation (the public Gezira scheme between Blue and White Nile was the world's largest irrigation scheme) and mechanised rain-fed farming. The 'traditional' sector, including subsistence oriented farmers and animal breeders, was largely neglected and actually marginalised.

3.3 The Breadbasket Strategy (1970s)

In the 1970s government initiated an ambitious development programme – the 'Breadbasket Strategy'. This strategy involved a massive restructuring of Sudan's production and trade structure. This was to take advantage of an Arabic division of labour and to achieve a higher degree of regional self-sufficiency: Sudan was envisaged to provide food to the oil-rich Arab states, based on their investments, applying Western technology. Supply of grains, sugar, oilseeds, fruit, vegetables and meat to the Arab countries was to overcome the dependence on cotton, groundnuts, sesame, gum Arabic for the world market.

The Six-Year-Plan (1977/78 - 1982/83) seemed to reflect the need to overcome the traditional economic structure. Its objectives included: balanced growth (regionally and socially), development of the 'traditional' sector, and self-sufficiency in food. However, these priorities were not reflected in the actual allocation of resources. Emphasis on the modern sectors and concentration on the privileged East-central region were maintained.

Large investments went into mechanised farming. Government subsidised a type of production that was hardly economically feasible, directed to short-term profits accepting high ecological costs, leading to income inequality, and displacing the original producers – it was firmly anti-poor.

The huge overall investments necessary resulted in new distortions and imbalances, between public revenues and expenditure, investments and savings, exports and imports, while the debt structure worsened. While the 1970s turned around the negative growth of the 60s, these imbalances were unsustainable.

In the end, the concept of Pan-Arabism did not hold: while the Arab states were willing to invest in projects, they were not prepared to give Sudan the necessary balance of payments aid for the time up to completion of projects. Instead, they made payments conditional on IMF agreements. A shift from long-term to short-term loans and from project to balance of payment loans led to a vicious cycle, reducing government's options increasingly. Overoptimistic planning assumptions, lack of coordination, high capital and import dependence, lack of infrastructure, shortage of skilled labour, neglect of the traditional sector, neglect of existing projects, falling terms of trade, led to increasing inflation, debt, falling production and exports.

3.4 Conventional structural adjustment of the 1980s

IMF and World Bank – that had previously encouraged Sudan actively for the described elements of the breadbasket strategy - were now pressing for the standard structural adjustment programmes (SAPs). Their analysis started with the imbalances between consumption and savings, investment and savings, exports and imports, public revenues and expenditures, and physical and management capacities in the economy. Thus, the IMF demanded devaluation, credit ceiling, government deficit reduction (current and development), reduction of subsidies, and consumption restraint. The World Bank added some supply-side targets as removal of price and cost distortions, price incentives for export production, removal of price controls, shift from large projects to support to small scale entrepreneurs, liberalisation of production relations in public agricultural schemes, reallocation of land from food crops to cotton and groundnuts.

Some of these elements address the distortions and go in a pro-poor direction. However, because of the existing market structure and an exploitative credit system the benefits of liberalisation did not filter down to the small producers, but enriched further big traders. The shift from crop sharing to cost recovery systems in the public agricultural schemes favoured large farm units. The planned and implemented private sector measures only targeted big domestic and international investors, mainly in the trade sector.

While the strategy of privatisation was substantiated by the inefficiencies of parastatals, private enterprises were failing in the same sectors as parastatals. The engagement of foreign investment often had very negative results for the Sudanese economy: production shift to luxury goods, income redistribution.

Two elements of the IMF/World Bank programmes were contradictory: the drive to rapidly increasing export production and the reduction of imports and current and development expenditures. The import dependent modern agricultural sectors (irrigation, mechanised farming) suffered from input shortages due to devaluation and foreign exchange shortages. The adverse effects of lifting food subsidies further aggravated income inequalities.

The SAPs enforced regional concentration on the central Sudan, the modern sectors and the traditional commodities (cotton, groundnuts). Vital infrastructural projects were neglected once more.

Although in 1978 government had refused to accept IMF conditions because of their negative social impacts, from 1979 onwards it fell in line and Sudan witnessed a six year long history of austerity policies containing five devaluations, expenditure restraints, a moratorium on most new schemes, credit ceilings and subsidy cuttings on imported food, medicines, petrol and other commodities. However, this chain of programmes did not manage to turn the economy around.

3.5 Islamic economics of the 1990s

The concept of Islamic economics promises to be an all-comprehensive concept for individual acting and public policy (economic and social policy) leading to more transparency, abolition of corruption than conventional programmes. In the wane of the second military regime (1969-85) with largely politically failed socialist and breadbasket experiments, it turned in 1983 to a new basis of legitimacy: Islamic rule[2]. While this triggered off the new civil war, it did not turn around the economic decline described above and was short-lived: in 1985 a popular revolt led to its overturn.

However, the military regime that took power in 1989 had a distinctive programme that promised 'salvation in the Islamic way' (MFEP 1990, Chandulal 1999, Deng Bior 2000, Lichtenberger 2002). While the first attempt tried an orthodox Islamic economic policy (1983 - 85), el Bashir's policies were pragmatic-modernistic (1989 - 2005).

The failure of past political systems was to be radically restructured according to Islamic principles. The evils of corruption and nepotism and the disastrous economic situation were to be overcome by an Islamic orientation and an authentic economic philosophy. Emphasis was to be given to home-grown solu-

---

[2] This article does not discuss the question whether the applied policies are in fact 'Islamic' or otherwise.

tions, to agriculture as the leading sector, to the role of the private sector, institutional reform. Remarkably, the Islamisation was compatible with the IMF agenda of subsidy elimination, price liberalisation, and devaluation – all measures that hit particularly the weakest groups in society. But steps were to be taken to protect the poor during the adjustment period.

However, actual economic policies were not consistent with the stipulated principles: There was a multitude of uncoordinated and competing institutions to promote investment. Despite general liberalisation, over-regulation with little transparency continued or deepened. Also, as by the Breadbasket Strategy, new big projects were planned instead of rehabilitating existing ones. Overall, there were grave contradictions between proclaimed aims and practical measures. As previously, aims and principles were not consistently formulated.

Nevertheless, the economic contraction was overcome and despite the international isolation that followed the 1989 coup d'etat, Sudan received very good assessments by the IMF for its orthodox policy of economic stabilisation. As mentioned above, this is also vital for a successful strategy of global integration. However, the element of social protection did not get the necessary attention.

All in all, Sudan's Islamic economic models have not shown as yet to be better able than others to avoid economic injustice, create more redistribution, guarantee transparency. In the view of many, the policy of privatization gave priority to the own clientele of the ruling government. In addition, particularly the first system (1983 - 85) was characterised by a high degree of planlessness and led to the collapse of the economy leading to the popular uprising ending a 16 year phase of military rule. Like the phases before, the Islamic economics did not show an ability to develop an economic system that is just for the entire country, as it did again exclude the largely non-Islamic and poorest South.

3.6 Post-conflict reconstruction and development (since 2005)

The Comprehensive Peace Agreement (CPA) reached between the Government and the rebel movement, at war since 1983, with strong involvement of both neighbouring and Western countries, was a landmark in Sudan's history.

It raised high hopes that at last the basis for broad based development was laid. The CPA was not only signed by all these others countries involved, in addition to the previous belligerents. Those international cooperation partners also committed themselves to large provision of finance for reconstruction and development.

Parallel to the CPA, a Joint Assessment Mission (JAM) with GoS, SPLM, World Bank and United Nations was done in 2004-05. It produced an ambitious document that was regarded and agreed as the new development strategy: the Framework for Sustained Peace, Development and Poverty Eradication (JAM 2005). Based on the 'unprecedented window of opportunity to turn the devastation of years of war, displacement, and underdevelopment into a new era of peace and prosperity' (JAM 2005: 9), the strategy envisaged sweeping reforms of governance, the creation of new institutions, a significant capacity building at all levels of government, the concept for a Poverty Eradication Strategy, and reaching the MDGs as a framework. A key element to address the regional inequalities is a substantial degree of decentralisation. Important roles were envisaged for community-driven rehabilitation and a vibrant civil society. The international community was to provide financial support. The parties also agreed on a monitoring framework. Over a period of 12 months, the JAM exercise was characterised by a high degree of government ownership, but also by civil society and international cooperation partner (ICP) engagement.

This JAM strategy is advanced as compared to previous ones. It is based on stronger analysis, latest international experience, and broad ownership. A number of innovative mechanisms are tried: In addition to the JAM process, these include two Multi-Donor-Trust Funds (MDTF) on the national level and for the South, government-ICP working groups following the JAM process, working budget sector working groups (in the South) in order to maximise contribution of ICP funds to government plans, five ICP established a joint donor office in the South. Many ICP channel some or all of their Sudan funds to the MDTF. Attention is also given to the special circumstances of conflict and post-conflict countries (e. g. Haslie / Borchgrevink 2007). However, JAM also lacked prioritisation and did not base systematically budgets on the analysis. Donor coordination also remained in practice often limited.

After two years the balance in reconstruction and development is disappointing in comparison to the very high expectations when the CPA was signed. At this point in time, there is disillusionment in Government, beneficiary and ICP circles. Coordination and coherence problems between Government institutions and between Government and ICP are substantial, adding to the internal bureaucracies of Government and ICPs. According to an assessment by the Ministry for International Cooperation, over the past two years only 7.2% of funds pledged to MDTF were spent by implementing agencies (which does still not equate reaching the beneficiaries, not to speak of the outcomes achieved).

While no review has yet been undertaken and an overall analysis remains to be seen, it appears that the difficulties of implementation have been vastly underestimated. More importantly, at the cost of ownership, the conflict dimension and the political-economic implications, and the internal contradiction between the desire to deliver quickly a 'peace dividend' and developing local capacities have not been given the attention they need.

4   Results of the development efforts

A straightforward way to measure the success of economic strategies is to look at its results: the record of a country in its economic growth and its reflection in human development, as reflected in the Millennium Development Goals (MDGs). The degree of openness and the share of investment in GDP are important indicators for the implementation of a growth and development strategy. Lastly, this section reviews indicators on the quality of governance and institutions, reflecting the insight that this is a major determinant of the success of development (Rodrik 2000). Unfortunately some of the latter are not available for the entire period. Of course, as most of these indicators measure outcomes of development, most of them will occur with time lags. i.e. they cannot be attributed directly to the respected phases of development. Rather, this section will try to give a sense of the overall effects and trends of development efforts.

Although since recently improving, the quality of statistical data on Sudan is low, questionable, and in most cases the data are outdated. Thus, the following information has to be treated with caution.

Internationally comparable growth figures are available for the period 1965 - 2002. During 1965 - 69, as early strategies were tried, Sudan had negative growth. During the 1970s, the Breadbasket Strategy period witnessed an average 2.5% per annum growth (higher than average Africa, but lower than comparator countries). In the stabilisation phase of the 1980s, growth fell again to an average -0.2% p.a. Islamic economics of the 1990s witnessed higher growth of 2.8% p.a. Recent years witnessed higher growth: It was 6.0% in 2004, but estimates for 2006 are 9%. Key stimulus for this is oil, supplemented by peace.

For the overall period of 38 years, Sudan achieved an average of 1.3% of annual growth, as compared to 0.06% of sub-Saharan and 0.7% for all Africa, but 4.1% by comparator countries, certainly lower than possible with Sudan's resources. Sudan's current GDP is estimated as US$ 36 billion (2006) with an estimated GNI per capita of US$ 530.

Sudan is characterised by wide-spread poverty and skewed wealth inequality. Human development rankings (education, health, social infrastructure) are very low: the country is at rank 141 (of 177 countries) on the country list (2003; UNDP 2006). Recent surveys underscore widespread poverty in the country. Government estimates poverty in the range of 50-60% in the north of the country and much higher in the South (JAM 2005, GNU 2007). It is concentrated in rural areas, although it has also become common in urban areas due to internal displacement.

Hunger and malnutrition are widespread. The prevalence of underweight children under five years is 29.6% (improved from 33% in 1990). The population below the minimum level of dietary energy consumption is 26% (improved from 31% in 1990). Life expectancy increased from 41 to 57% between 2000 and 2005.

Progress has been made in primary education. The net enrolment ratio was 53% and 41% for the years 2006 and 1991 resp. Adult and youth literacy levels were 45.8% and 65% in 1991 resp. The figures for 2006 are 60.9% and 77.2% resp. All these human development indicators show stark regional differences with very low levels for rural, but especially the South and conflict affected areas.

Openness to trade can be measured by the shares of exports and imports in the GDP. Although Sudan's openness has increased over recent years (to 18 and 28% resp. in 2005), it is still substantially lower than that of the region – sub-Saharan Africa (33 and 35%), Middle East and North Africa (26 and 36%), low income countries (24 and 27% [in 2004]).

Sudan increased its gross capital formation substantially between 2000 and 2005 (18 to 23%), these are higher than in sub-Saharan Africa (19%), but remain well below those of Middle East and Northern Africa (26%), and low income countries (27% [in 2004]).

Governance indicators give a good sense of the level of institutional development. Sudan's governance indicators are among the world's most alarming. Since 1989 the country was characterised as 'unfree' by Freedom House's political and civil rights indicators. During brief periods – 1979 - 1983/84 and again 1986 - 89 – they had been upgraded to 'partly free'. The new Failed States Indicators ranked Sudan the worst (of 146 countries) in 2006, compared with 3rd worst a year before. The Doing business rankings of Sudan are also among the worst: the ease of doing business was ranked as 151 (of 154 countries).

In short, one can safely conclude that the development outcomes fall far short of the promises of the various development strategies and what the country on base of its resource base is able to achieve. In the course of global integration, Sudan is presently not well prepared to gain from its opportunities – massive obstacles are in the way. As importantly, the country and its citizens, in particular the poor, are faced with the risk of increasing marginalisation through lack of competitiveness.

5 Constancies in Sudan's economic strategies

As shown above, past development strategies of Sudan have fallen short of delivering what they promised, what other countries achieved and what was agreed between all heads of states as the MDGs. As elsewhere, development strategies and their application have evolved. However, as this article argues, while Sudan's strategies are different in focus, language and emphasis, a number of common underlying characteristics remain that hindered, if not prevented significant breakthroughs. They emphasize some strategic elements, while neglecting important dimensions. These are typical for countries as Sudan, but even amplified, because of the country's size and complexity.

The constancies in Sudan's economic strategies can be clustered under the following headings, although they are highly interrelated. Most of the following headings and their discussions will not come as a surprise to most readers. To be sure, some of these are nowadays emphasized by most actors. However, mentioning and applying is a different story.

In broad terms, Prof. Wohlmuth's and my conclusions of the 1980s appear still as valid. Our proposed remedy for Sudan had been to design a comprehensive, integrated strategy, including trade, foreign investment, the energy, agriculture (with special focus on its 'traditional' parts), industry, services, transport, training and manpower sectors, public sector policies (a public investment programme and public enterprises), resource mobilisation, legal and institutional measures (in particular to improve the investment climate and to secure land rights of traditional agricultural producers), and debt management. Its overall aim was to minimise economic, social, and human costs of adjustment.

However, these elements have to be complemented by a stronger emphasis on governance, institutional capacity building, and attention to the circumstances of post-conflict countries. A lot of insights can inform a broad approach to a development strategy (e. g. Collier 2003). In particular, local insights have to inform more systematically policy making (see references). This has still to be done.

The following headings summarise the constancies:

Insufficient information and analytic basis for strategies

Necessary basis for any sound development strategy is sufficient information and analysis for policy making. The quality of national accounts and other vital statistics available at the moment does not allow to develop a detailed understanding of the economy that is necessary so as to understand the effect policy changes will have on economic activities and linkage effects on related sectors. No development strategy that is more than a wish list, needs however, such ingredients as an analytical basis. This element has also not received due attention in the current phase.

Lack of realism, prioritization, sequence

All of the strategies, including the present, are overambitious in terms of time and resources necessary – a fact common to many countries. Not least in order to let strategies look attractive and feasible, they regularly underestimate the constraints to be overcome, the time that is necessary and the financial resources required.

From independence until now economic strategies abound with priorities to the point not to be anymore priority. Furthermore, all or too many are to be addressed at the same time – there is a lack of sequencing, according to binding constraints at the time.

Reduction of challenges to a financing gap

At the time of Sudan's independence development economics started off with the belief that capital is the missing basis for growth ('financing gap'). Finance was the panacea: once it is forthcoming, through investment or aid, growth and development are to follow. Although this belief was contradicted by evidence and experience long ago, it continued to be the basis for development strategies in Sudan and elsewhere (Easterley 2001). Following a series of new panaceas, the financing gap has now returned to the limelight as the means that will solve all other development constraints (Sachs 2004, UN 2005). It brings the danger of neglecting any others.

Too little attention to implementation, management, coordination

A belief in the necessity of a plan coexists with the tendency to equate the plan with the reality it is supposed to achieve. The dimensions of implementing and managing programmes have been regularly undervalued.

In a similar way undervalued is the task of coordination between projects, programmes and institutions. The instances of competing institutions that are blocking each other are multiple. This phenomenon has only increased over the years.

Reduced understanding of institutional capacity development

Sudan has built capacities for planning, implementing, monitoring and evaluating across the country, and particularly in economic policy making and management, particularly in the 80s. However, economic stagnation, decline and civil conflict have eroded these capacities and Sudan has lost substantial skills through brain drain.

Virtually all development projects or programmes have now elements of capacity development. However, most simply equate it with skills provision, neglecting the institutional dimension. Furthermore, there is no systematic capacity assessment, monitoring and evaluation of the state and progress in capacity development.

No systematic private sector development

Although it is recognized for some time, also by Sudan government, that the private sector is the engine of growth, its development has not been addressed in any systematic way under any of the strategies. In particular the small scale and micro sector that can be expected to have a high potential, was neglected. At best, there have been isolated and often nontransparent efforts to assist. As a result, the private sector is faced with a multitude of obstacles for efficient operation and growth.

Blueprints of international 'best practice' at cost of local context

Sudan's development strategies have largely been written in a belief in international blueprints for development from the shelf by foreign experts and based on foreign knowledge and experiences with too little attention to local context and knowledge. Even when local experts were part of the drafting team, they were often in a junior position and/or not sufficiently knowledgeable of local circumstances.

One of the mixed blessings of globalisation that gives access to knowledge from all over the world is the belief in 'best practices'. In reality, practices from elsewhere are only transferable in an unaltered way to few fields. In most, while valuable lessons can be learnt from past successes and mistakes elsewhere, local context, local knowledge is vital (see Johnson 2003, Morton 1994).

Overestimation of the role of external actors

In addition to blueprints, from independence until now the role of external actors has been perceived as crucial, even decisive. A variant to the usual strategies that are Western inspired were the Islamic economics that are borrowed from the Arab countries. But experiences of other countries show that only domestically led strategies have been successful.

6 Conclusion: Lessons for development strategies

From the above, some lessons for economic strategies can be derived, not only applicable to Sudan. These include:

- Build a solid information and analytical basis to inform continuously and increasingly economic policy decision making.
- Formulate sound economic strategies with priorities, quantities and sequences, according to the changing binding constraints, based on sound analysis, rigorous planning, and capacity available.
- Strengthen aid management and coordination at all levels of government so as to lead the various ICPs.
- Establish capacity development as an integrated part of institutional reform and relate policy implementation appropriate to growing capacities.
- Mix lessons of international experiences with a solid understanding of local context.
- Strengthen accountability through civil society in order to increasingly supplement and dominate international accountability.

- Formulate a private sector development strategy in order to raise living standards by reduced transaction costs and to create a dynamic engine of growth.
- Use costing exercises of strategies, including MDG costing, as ways to stimulate an informed policy debate on policy choices with its costs and benefits.

References

Ali, A. A. G. / El Badawi, I. A. / El Battahani, A. (2005), Sudan's civil war. Why has it prevailed for so long?, in: Paul Collier and Nicholas Sambanis (Eds.), Understanding Civil War, Vol 1: Africa. The World Bank, 193-219.

Taha, E. A. / Ahmed, Y. A. / Mohamed, E. A. M. / Omer M. A. / Mohamed, S. I. (1990), Towards alternative economic policies for Sudan, Bremen, Discussion paper 20, Sudan Economy Research Group, University of Bremen.

Badawi, I. A. (2006), An MDG-based strategy for re-building the post-conflict Sudanese economy, World Bank: World Bank.

Chandulal, S. (1999), The Sudanese strategic report 1997: Some questions to real progress, Bremen, Discussion paper 30, Sudan Economy Research Group, University of Bremen.

Collier, P., et al. (2003), Breaking the conflict trap. Civil war and development policy, World Bank and Oxford University Press.

Easterley, W. (2001), The elusive quest for growth. Economists' adventures and misadventures in the tropics, Cambridge, Mass/London: MIT Press.

Foreign Investment Advisory Services (FIAS 2006), Sudan. A review of administrative barriers to investment, June, draft.

Global Coalition for Africa (GFA 2003-04), Annual Report 2003-04, Washington: GFA.

Governance of National Unity (GNU 2007), MDGs in Sudan; Current Status, Achievement and Prospect. Sudan consortium, Pre-consortium Technical sessions, March 19, Khartoum.

Hansohm, D. (1993), Die Grundprobleme der sudanesischen Wirtschaft und die Wirtschaftspolitik 1985-89, in: Wuquf 7-8, pp. 397-410.

Hansohm, D. (1986), The "Success" of IMF/World Bank Policies in Sudan, in: Peter Lawrence (Ed.), The World Recession and the Food Crisis in Africa, London: James Currey, pp. 148-156.

Hansohm, D. (1989), IMF / World Bank Policies in Sudan and Its Critics, in: Karl Wohlmuth (Ed.), Structural Adjustment in the World Economy and East-West-South Economic Cooperation, Bremen: University of Bremen, pp. 259-280.

Haslie, A. / Borchgrevink, A. (2007), International engagement in Sudan after the CPA, Report on the piloting of OECD / DAC's 'Principles for good international engagement in fragile states' for the case of Sudan, Oslo: Norwegian Institute of International Affairs, Paper 714.

Johnston, D.H. (2003), The roots of Sudan's civil wars, Oxford et al: James Currey et al.

Joint Assessment Mission (JAM 2005), Synthesis. Framework for sustained peace, development and poverty eradication, Vol.1.

Lichtenberger, M. (2002), Die Islamisierung der Ökonomie des Sudan. Wirtschaftspolitik zwischen Macht, Markt und Moral, Berlin: Freie Universität Berlin, Fachbereich Wirtschaftswissenschaft, Fachgebiet Volkswirtschaft des Vorderen Orients, Diskussionspapier 89.

Ministry of Finance and Economic Planning (MFEP 1990), The national economic salvation programme 1990-1993, Khartoum, June.

Morton, J. (1994), The poverty of nations. The aid dilemma at the heart of Africa, London/New York: British Academic Press.

Rodrik, D. (2000), Institutions for high-quality growth: What they are and how to acquire them, NBER, Working Paper 7540.

UNDP (United Nations Development Programme 2006), Human Development Report 2006, New York.

Wohlmuth, K. (1992), Alternative strategies for the Sudan, Bremen: University of Bremen, Sudan Economy Research Group, Discussion paper 26.

Wohlmuth, K. (1993), Die Wirtschaftspolitik des Bashir-Regimes seit 1989, Bremen: University of Bremen, Sudan Economy Research Group, Discussion paper 28.

Wohlmuth, K. / Hansohm, D. (1984), Economic policy changes in the Democratic Republic of the Sudan, Bremen: University of Bremen, under a consultancy arrangement with the World Bank, 8 July.

Wohlmuth, K. / Hansohm, D. (1986), Sudan: A case for structural adjustment policies, Bremen: University of Bremen, Sudan Economy Research Group, Discussion paper 8.

Die Entwicklung des Drei-Schluchten-Staudammprojektes in der VR China

The Development of the Three-Gorges-Project in the PR China

Achim Gutowski

Abstract

This article on the Three-Gorges-Project at the Yangtze River in the PR China reflects, on the one hand, the benefits of the worlds' largest dam project, such as the supply of energy, flood control, better shipping possibilities, an increased standard of living and increased tourism. On the other hand, selected disadvantages are analysed, such as the high costs of construction, the risk of dam failure, the failed resettlement policy as well as ecological problems. The analysis covers mainly the developments made since 2000 and builds on a comprehensive study of the author.

Zusammenfassung

Dieser Beitrag über das Drei-Schluchten-Staudammprojekt am Yangtzefluss in der VR China reflektiert einerseits die Vorteile des weltweit größten Staudammprojektes, wie beispielsweise die Generierung von Energie, den Hochwasserschutz, die verbesserte Schiffbarkeit, die Erhöhung des Lebensstandards und verstärkten Tourismus. Andererseits werden ausgewählte Aspekte diverser Problembereiche, wie die immensen Baukosten, das Dammbruchrisiko, die Umsiedlungsproblematik und Korruption sowie die ökologischen Auswirkungen analysiert. Die Ausführungen stellen die aktuelle Entwicklung des Projektes seit dem Jahre 2000 dar und bauen auf einer umfassenden Studie des Autors auf.

1 Einleitung

Mit dem Baubeginn des Drei-Schluchten-Staudammprojektes bzw. Three-Gorges-Project (TGP) am Yangtzefluß in der VR China im Jahre 1994 wurde ein weit reichender Eingriff für Natur und Menschen im Staugebiet vorgenommen. Vor allem die ökologischen und ökonomischen Strukturveränderungen sowie die Zwangsumsiedlungen waren und sind bis heute stark umstritten. Die Unterschlagung von hohen Geldsummen stellt weiterhin ein Problemfeld dar.

Die prognostizierten Folgewirkungen des weltweit größten Staudammprojektes werden in einigen wissenschaftlichen Veröffentlichungen als auch in diversen journalistischen Äußerungen kontrovers dargestellt. Die Befürworter begründen die Notwendigkeit mit den Vorteilen im Hochwasserschutz, der Energieerzeugung und der Verbesserung der Schifffahrt. Vor allem der große Energiebedarf hat im ökonomischen System Chinas im Wandel der Weltwirtschaft, verbunden mit dem Aufstieg zu einer der führenden Wirtschaftsmächte, in den letzten Jahren immens zugenommen. Die Gegner befürchten Nachteile durch die ökologischen Folgen, die geologischen Gefährdungspotentiale und die soziokulturellen Folgen des Projektes.

Die Ausführungen dieses Beitrages stellen in erster Linie die Entwicklung und den Fortgang des Projektes zwischen den Jahren 2000 und 2007 dar, da eine vorherige umfassende Ausarbeitung aus dem Jahre 2000 mit den diversen Problemfeldern, Kosten/Nutzen-Analyse, Durchführbarkeitsstudie etc. zur Thematik verfasst wurde (Vgl. dazu Gutowski 2000). Interessant ist dabei z.B. die Beobachtung, in welcher Form und in welchem Ausmaß sich die gesamten Planungen von der realen Entwicklung im Zeitablauf differenzieren und teilweise stark divergieren. Dazu gehören z.B. die ausufernden Baukosten, die erhöhte Umsiedlungsproblematik und Korruption, die Verschmutzung und Abfallbeseitigung, die Sedimentation und Erosion, die Bedrohung von Tierarten sowie der Umfang der Zerstörung von Landschaft und Kulturdenkmälern.

Im Dezember 1994 wurde mit dem Bau des TGPs begonnen, wobei die Fertigstellung aller drei Teilprojekte (Staudamm, Wasserkraftwerk, Schleuse) nach 17-jähriger Bauzeit im Jahre 2011 abgeschlossen sein soll (einige Schätzungen gehen von einer 15-jährigen Bauzeit mit Abschluss im Jahre 2009 aus). Seitdem arbeiten über 26.000 Arbeiter 24h im Drei-Schichten-Betrieb auf der Baustelle. Das Projekt gilt aufgrund der Ausmaße als eines der am kontrovers diskutiertesten und umstrittensten so genannten „gigantischen Entwicklungsprojekte" weltweit. Im Rahmen dieses Projektes wird die Errichtung eines Staudammes, eines Wasserkraftwerkes und einer Schiffsschleuse durchgeführt, wobei sich einige Teilprojekte noch in der Bauphase befinden.

Im Mai 2006 wurde die 113 m hohe Staumauer des Damms fertig gestellt. Nach 12 Jahren Arbeit, der Beteiligung von bis zu 26.000 Wanderarbeitern und zwangsverpflichteten Soldaten sowie der Vertreibung von knapp 2 Mio. Menschen. Ursprünglich sollten 1,3 Mio. Menschen umgesiedelt und entschädigt werden. Die Schleuse, mit deren Hilfe Schiffe die 190m hohe Staumauer des Damms überwinden, ist nach chinesischen Angaben die größte der Welt. Diese zu passieren ist eine langwierige Prozedur. Bei der ersten offiziellen Fahrt im Juni 2003 benötigte eine Fähre 2,5h (Die Welt 2003, 13). Andere Quellen nennen als Dauer 4h für die Passage der 1,6 km langen fünfstufigen Doppelschiffschleuse. Schneller soll es mit dem sehr modernen Schiffshebewerk gehen, mit dem ab 2008 die Differenz überbrückt werden kann (Die Welt 2006, 32). Ursprünglich war eine Gesamtfallhöhe der Schleusen von 113 m geplant.

Das größte Wasserkraftwerk der Welt soll bis 2009, wenn alle 26 Turbinen installiert sind, ein Zehntel des chinesischen Energieverbrauchs decken und jährlich ca. 84 Mrd. kWh Strom produzieren. 14 Turbinen mit einer Leistung von 700 MW am linken Ufer sind bereits seit Oktober 2006 in Betrieb (China.org 2006, 1). Mit einer Gesamtlänge von 2,3 km staut die Mauer das Wasser des längsten Flusses in Asien.

Durch die Sperre entsteht ein riesiges Wasserreservoir als Staugebiet, das sich über eine Länge von 660 km ausbreitet und über eine Kapazität von ca. 40 Mrd. m³ verfügt. Mehr als 100 Mio. m³ Erde wurden für den Staudamm ausgebaggert, über 30 Mio. m³ Beton und Stahl verarbeitet.

2 Nutzen und Problembereiche des Projektes

2.1 Nutzen des Projektes

Hinter dem TGP steht mehr als nur der einfache Wunsch, im wirtschaftlich explodierenden China die nötige Energie von 18.200 MW (entspricht ca. 15 Atomkraftwerken) zur Verfügung zu stellen[1]. Auch können Kohlekraftwerke ersetzt werden, die die Umwelt ungleich stärker belasten als saubere Wasserkraft. Ideologisch wird die Natur nicht gezähmt, sondern diese soll „vom Menschen beherrscht werden". Man spricht „vom Stolz der chinesischen Rasse".

In diesem Fall geht es um die Kontrolle über einen Fluss, der über gewaltige Kräfte verfügt und dessen verheerende Flut- und Überschwemmungskatastrophen seit Jahrtausenden als „Strafe der Götter" betrachtet wurden. In den vergangenen 100 Jahren starben mehr als 100 Mio. Menschen durch Überschwemmungen am Yangtze. Mit dem Damm kann der Wasserstand nun vom Normalstand mit ca. 150 m auf bis zu 185 m über dem Meeresspiegel steigen – und damit insgesamt bis zu ca. 40 Mrd. m³ Wasser speichern. Ohne das Wasser des Yangtze, der von Tibet bis Shanghai nach über 6.300 km ins Meer fließt – mit einer Geschwindigkeit von 30.000 m³/s – könnte die Landwirtschaft in den neun angrenzenden Provinzen nicht überleben. Ferner ermöglicht der Monumentalbau Frachtern mit bis zu 10.000 t Gewicht die Passage zur Metropole Chongqing im Inland; die Schiffbarkeit nimmt daher zu (Die Welt 2006, 32). Dai Qing, Kritikerin, bemerkt dazu: „Um die Energiegewinnung zu maximieren, müsste das Staubecken bis zum Rand gefüllt werden. Zum Schutz vor Hochwasser sollte es dagegen leer gehalten werden. Die chinesische Regierung hat bisher nicht erklärt, wie der Damm beide Aufgaben gleichzeitig erfüllen kann" (Wikipedia 2007, 5).

Lokale Interviews propagieren in Quellen den erhöhten Wohlstand durch das TGP für die VR China: mehr Energie, erhöhter Lebensstandard, Flutkontrolle, gesteigerter Tourismus. Dies vor dem Hintergrund, dass China gemäß einer Prognose der World Tourism Organisation bis 2015 zum Reiseziel Nummer eins weltweit aufsteigen soll (Die Welt 2002, 7).

---

[1] Zur Rolle Chinas in der Weltwirtschaft vgl. Bass / Wohlmuth 1996. Zur dynamischen Entwicklung Asiens vgl. Hozumi / Wohlmuth 2000.

2.2 Problembereiche des Projektes

Der Yangtze, ein Fluss von Mythen und Legenden, die Wiege der chinesischen Zivilisation, ist nun von 27 Mio. t Beton durchtrennt. Die Ankündigung des offiziellen Endes der Bauarbeiten des Staudamms im Mai 2006 war wider Erwarten nicht Anlass für große Feierlichkeiten, wie es von der chinesischen Partei-Propaganda zu erwarten war. Nach offizieller Lesart wünschten die Verantwortlichen für den Bau aus Bescheidenheit und Kostenersparnis keine teuren Feierlichkeiten. Das jedenfalls will Xinhua, die staatliche chinesische Presseagentur, der Bevölkerung Glauben machen. Ungewöhnlich, wenn eine Partei eine solche Gelegenheit zur Propaganda ungenutzt lässt und den offensichtlichen Grund eher verschweigt: Ihre große Besorgnis.

Andererseits stellt das Projekt ein Symbol für den Durchsetzungswillen der kommunistischen Partei (KP) dar: auf einer riesigen Schautafel prangt der Slogan „Sich den Drei-Schluchten für ein militärisch mächtiges China widmen", untermalt mit militärischer Triumphmusik (Die Welt 2006, 32).

Mit einer veranschlagten Produktion von jährlich 84 Mrd. kWh wird das TGP etwa 2-4% der in China benötigten Energie decken. Dies entspricht lediglich annähernd der jährlichen Energie-Wachstumsrate (Girard / Weiß 2006, 2). Andere Quellen hingegen nennen eine Stromversorgung von 25% durch das TGP (Die Welt 2002, 7). Kritische Ingenieure bemängeln jedoch, dass der Damm über das marode chinesische Stromnetz sehr weit auseinander liegende Städte mit Energie versorgen soll. Teuer produzierter Strom gehe so verloren. Alternativ könnten viele kleine Dämme an den Yangtze-Oberläufen viel mehr Strom produzieren als auch effektiver das Hochwasser regulieren. Nach vorerst ablehnender Haltung will die Regierung Chinas nun beides: große und kleine Dämme. Am Oberlauf des Yangtze und an seinen Seitenarmen sollen bis zum Jahre 2026 ca. 100 neue Wasserkraftwerke entstehen, die den Mutterfluss nutzen sollen (Die Welt 2006, 32; vgl. Wohlmuth 1993 zur Thematik Energieprojekte in Entwicklungsländern).

Kritische Stimmen der CPPCC-Mitglieder (Chinese People's Political Consultative Conference; China's top non-Communist Advisory Board) warnen jedoch vor einer Zunahme von Wasserkraftwerken sowie vor Überschwemmungen und schlechterer Trinkwasserqualität: „the construction of an excessive number of dams on Yangtze tributaries will flood farmland and forests, and make environmental problems much worse. Building too many dams also causes water quality to deteriorate, as a river's ability to deal with pollutants is reduced. This poses a threat to the drinking water that people living in the valley depend upon" (Three Gorges Probe 2007a, 3). Ebenfalls könnte verstärkt und gezielt Aufforstung betrieben werden, um die Ausmaße der Überschwemmungen wenigstens teilweise zu verringern.

2.2.1 Kosten des Projekts

Das erste offizielle kalkulierte Baukostenbudget des riesigen Bauwerks betrug umgerechnet rund 22 Mrd. US-Dollar. Bis 2002 wurden allerdings bereits 50 Mrd. US-Dollar verbaut, so dass Schätzungen von Gesamtkosten von ca. 75 Mrd. US-Dollar bis 2013 ausgehen. Andere inoffizielle Aussagen, auch ausländischer Experten, zu Baukosten variieren zwischen 50 und 100 Mrd. US-Dollar (Girard / Weiß 2006, 1ff.; Die Welt 2002, 7).

Doch eigentlich weiß niemand, wie teuer das Bauwerk wirklich geworden ist – geschweige denn, was die Umsiedlung wirklich gekostet hat, welche Werte im Wasser untergegangen sind und wie hoch die Umweltschäden zur Zeit sind und bis zu welchem Ausmaß sich diese entwickeln werden (FAZ 2006, 2). Ein neuer Finanzierungsplan soll die ausufernden Kosten decken: ca. 90% sollen durch eine Stromsteuer aufgebracht werden, die vom chinesischen Volk zu tragen ist. Eine weitere Sondersteuer ist im Gespräch. Ebenfalls wurden Kredite der staatlichen chinesischen Entwicklungsbank gegeben. Die restlichen ca. 10% sollen durch ausländische Investoren gedeckelt werden. Außerdem ist der Strom des TGPs der teuerste. Die staatlichen Stromversorger müssen das Doppelte zahlen als sonst üblich. Der TGP-Chefbuchhalter meint, „dass die offiziellen Kosten von ca. 18 Mrd. € zehn Jahre nach der vollen Inbetriebnahme eingespielt sein sollen" (Vgl. FAZ 2006, 2)

2.2.2 Dammbruchrisiko

Seit dem Jahr 2000 zeigen sich immer mehr Risse im Damm (angeblich „unbedeutend"), die laut Experten langfristig zum Dammbruch führen könnten. Bereits seit 2001 wird die Wasserqualität im Staubecken immer schlechter. Bereits 2005 machten sich die Auswirkungen des Staudamms auf die Umwelt bis zum 900km entfernten Shanghai bemerkbar, obwohl der massive Eingriff noch nicht in vollem Umfang zum Tragen kam, da der Damm erst Mitte 2006 fertig gestellt wurde.

Staudammbrüche treten zwar nur mit geringer Wahrscheinlichkeit auf, können jedoch nie ganz ausgeschlossen werden. So brachen zwischen 1918 und 1958 allein in den USA 33 Dämme. In den Jahren bis 1965 barsten weltweit 9 große Staudämme. 1976 ereigneten sich 6 weitere Katastrophen. Die Staudammbrüche wurden alle durch Fehler in der Planung oder Konstruktion, durch mangelhafte Standortwahl sowie durch Naturereignisse (Stürme, Erdbeben etc.) ausgelöst (Mark / Stuart 1977, 1160). Auch in der VR China gab es des öfteren Dammbrüche. Neben dem Dammbruch von Gouhou im Jahre 1993 wurden zwei weitere Staudämme aufgrund von Hochwasser zerstört, wobei technische Mängel eine entscheidende Rolle spielten. Diese Ereignisse wurden von den offiziellen Stellen jedoch verheimlicht.

Laut Aussagen von Experten sollen sich ca. 30-50% der ca. 85.000 Staudämme in der VR China in einem schlechten Zustand befinden (Mufson 1995, 8). Weiterhin liegt der Stausee auf einer seismisch aktiven Zone; ein Erdbeben kann nicht ausgeschlossen werden. Das Leben unzähliger Chinesen am Fluss hängt von der Sicherheit des Staudamms ab; eine 175m hohe Flutwelle würde Tausende Menschen mit sich reißen (Die Welt 2002, 7). Aufgrund dieser Erfahrungen und mangelnder Qualität der chinesischen Bauweise sowie technischer und geologischer Probleme lässt sich ein Bruch des TGP nicht vollständig ausschließen.

2.2.3 Umsiedlungsproblematik und Korruption

Der erhebliche Vorbehalt gegenüber dem Bau entstand durch die Notwendigkeit der Umsiedlung der Anwohner des Staugebietes, also der Bewohner der Städte und Dörfer entlang des 660 km langen Stausees.

Nach offiziellen Schätzungen werden bis zur vollständigen Inbetriebnahme des TGP ca. 1,13 Mio. Menschen umgesiedelt. Andere Schätzwerte gehen von ca. 1,4 oder auch von 1,80 bis 2,0 Mio. Menschen aus (Die Neue Epoche, 2006, 1ff.; Gutowski 2000, 49ff.).

International Rivers Network (IRN) beauftragte einen Langzeitbeobachter mit dem regelmäßigen Besuch der Baustelle. Er sollte ferner Berichte über die

Umsiedlung und die Entschädigung erstellen. Anhand zahlreicher Beispiele belegt er, dass die Entschädigung für die Zwangsumgesiedelten weit unter dem Wert ihres in Realität eingetretenen Verlustes liegt. Auch existieren die von der Regierung versprochenen ländlichen oder städtischen Zonen und Jobs, die den Umsiedlern in Aussicht gestellt wurden, gewöhnlich nicht.

Es gibt jedoch auch verhalten positive Beispiele: ein 54-jähriger Umsiedler, der früher in einem Souvenirgeschäft Waren an Touristen verkaufte, ist in einen Neubau 200m oberhalb des Flusses gezogen; einer Ansammlung von Plattenbauten und Betonsilos. Umgerechnet ca. 1.200€ habe er bekommen; die Höchstsumme, die die Regierung allen Umsiedlern zahlt als Entschädigung für den Verlust ihres sozialen Umfeldes und als Starthilfe für den Neuanfang. Immerhin hat die Familie nun erstmals in ihrem Leben eine Wohnung mit Strom und fließend Wasser, was den Tausch wert sei (Die Welt 2002, 7).

Die Fehlallokation und Mittelunterschlagung von Teilen des Umsiedlungskapitals belegen diverse Quellen. Das nationale Überwachungsbüro besagt, dass der Bau „von vielen als goldene Gelegenheit gesehen wird, um sich zu bereichern". Gerade viele örtliche Parteifunktionäre und lokale Verwaltungen haben sich angeblich mit Teilen des Geldes persönlich bereichert, das für die Umsiedler bestimmt war. Die chinesische Führung hatte 2004 und 2005 insgesamt 9,6 Mrd. Yuan in einen Fonds eingezahlt, um zu entschädigen (Die Zeit 2007, 1). So seien bereits im Jahre 1989 Gelder veruntreut sowie im ersten Baujahr 1994 ca. 40 Mio. US-Dollar verschwunden (The Age 1999, 5). Andere Quellen, wie Hong Konger Zeitungen, meldeten im Jahre 2001, dass staatliche Baufirmen umgerechnet ca. 125 Mio. € veruntreuten. Zuvor berichtete sogar eine parteinahe Beijinger Wirtschaftszeitung von einem Korruptionsfall im Umfang von ca. 60 Mio. €. Im letzten Fall wurden fast einhundert Beamte schuldig gesprochen. Auch Ende 2004 entdeckten staatliche Prüfer 327 Fälle, wo insgesamt 55,8 Mio. Yuan fehlten. Im Jahr darauf wurde ein Mitarbeiter einer Landzuteilungsstelle wegen Diebstahls von 2,8 Mio. Yuan verurteilt, die umgesiedelte Bauern als Entschädigung erhalten sollten. Der Mann wurde zur Todesstrafe verurteilt, die aber nicht vollstreckt wurde. Weitere örtliche Funktionäre sollen sich im Zeitablauf mit ca. 300 Mio. Yuan (28,5 Mio. €) bereichert haben. (Die Zeit 2007, 1). Zwar wird Korruption in der VR China scharf verfolgt, allerdings wird auch verfolgt, wer darauf aufmerksam macht: im April 2001 wurden vier Landwirte verhaftet und standen in Beijing vor Gericht, weil sie der internationalen Presse Informationen über Korruption beim Staudammprojekt gaben (Wikipedia 2007, 6). Es sei auch keine Stelle für die Einreichung von Beschwerden vorgesehen. Der Prozess der Umsiedlung vollziehe sich „in einer Atmosphäre, die seitens der Behördenmitarbeiter von Geheimhaltung und Einschüchterung gekennzeichnet ist". Die Polizei und die Behörden haben „brutale Mittel" eingesetzt, um die zahlreichen Unruhen zu unterdrücken, die durch die Probleme der Umsiedlung entstanden sind. So sei das Projekt der Drei-Schluchten zu einem „Instrument der Unterdrückung geworden, das massiv Menschenrechte verletzt. Das große Heer der Obdachlosen hat dadurch ebenfalls Zuwachs erhalten" (Girard / Weiß 2006, 3). Viele Menschen scheinen unter ärmlichsten Verhältnissen ohne Aussicht auf Entschädigung oder angemessener Umsiedlung zu leben.

So wurde vermutlich im Zusammenhang mit einem ARD-Interview ein 41-jähriger Bauer in Zigui, Provinz Hubei, von einem unbekannten Schlägertrupp im Mai 2006 niedergeknüppelt und ist seitdem gelähmt. Das Interview erschien kurz vor Eröffnung des Staudamms bei der ARD und dreht sich um Verlust von Heimat, Einkommen und Zukunft. Eine Intervention des ARD-Intendanten auf höchster politischer Ebene blieb resonanzlos; die Regierung schweigt, wobei die Schuldigen in den Reihen der lokalen KP vermutet werden. Die lokalen Behörden weigerten sich zudem, für eine lebensnotwendige Operation aufzukommen. Erst die deutsche Botschaft finanzierte den Eingriff mit knapp 6.000€. Laut Urteil der chinesischen Ermittler hat sich der Dissident die Verletzungen jedoch selbst zugefügt.

2.2.4 Ökologische Auswirkungen und Risiken

Ökologen befürchten und warnen, dass durch den künstlich geschaffenen Stausee seltene Tierarten vom Aussterben bedroht werden. Viele Nationen haben erkannt, dass die Langzeitfolgen eines solchen riesigen Baus nicht vorhersehbar sind. Ein großes Problem besteht darin, dass der Fluss jährlich Millionen Tonnen an Treibsand und Sediment mit sich führt, das nicht nur die Turbinen verstopft, sondern auch die Fließgeschwindigkeit hemmt. Bisher hat man das Problem der Versandung bei großen Talsperren weltweit noch nicht lösen können.

Im Jahre 1999 hat International Rivers Network auf die Problematik der vom Aussterben bedrohten Süßwasserdelphine hingewiesen. Es lebten nur noch 300 Exemplare am Mittel- und Unterlauf, die durch den Bau stark verändert wurden (Gutowski 2000, 42). Diese Spezies starb im Jahr 2006 aus (Wikipedia 2007, 5). Bedroht sind auch 22 weitere Tierarten, die auf der Roten Liste aussterbender Tierarten stehen, wie z.b. der China-Alligator, weitere 300 Fischarten wie z.b. diverse Störarten sowie knapp 3.000 Pflanzenarten.

Nachdem der chinesische State Council einem Schutzgebiet für bedrohte Fischarten erst zugestimmt hatte, wurden jedoch in einem Antrag der TGP Entwicklungsgesellschaft vom April 2005 die Grenzen dieses Schutzgebietes aufgehoben, damit der TGP und zukünftig weitere Dämme im Zentrum des Schutzgebietes gebaut werden können. Die Funktion des Gebietes wäre irreparabel zerstört. „Building dams in the rare fish conservation area is illegal. Construction of the dam would fragment the core-, buffer- and experimental zone, which would become dysfunctional as a result. Breeding and feeding conditions will no longer be suitable for the rare fish [...] one-quarter of the total area of the reserve zone would be lost." (Three Gorges Probe 2007a, 2).

Eine im Jahre 2005 veröffentlichte Studie hat gezeigt, dass durch den Damm bereits negative ökologische Folgen eingetreten sind. Mehrere hundert Kilometer unterhalb der Staumauer wurde eine starke Zunahme von eingewanderten Quallenarten beobachtet. Durch den verringerten Abfluss und damit einhergehender verringerter Sedimentfracht strömt bei Flut mehr Salzwasser vom Meer in das Mündungsgebiet, wodurch ideale Bedingungen für die Quallen entstanden (Xian et al 2005, 41). Das Problem wird durch die Überfischung bekämpfender, vormals im Mündungsgebiet lebender, essbarer Quallen weiter verschärft. Auch Fischereigründe und deren Bestände sind betroffen: „Scientists estimate that annual catches may be reduced by one million tons due to the decline in fresh water and sediment reaching the sea. The Yangtze delta and tidal wetlands are already being badly eroded through the loss of sediment." (International Rivers Network 2007, 1).

Problematisch sind auch die Sedimentablagerungen im Wasser des Yangtze, die das Flussbett nach und nach verstopfen könnten und die Fließgeschwindigkeit vermindern: „...when the reservoir was filled to 156m in 2006, as much as 470 Mio. t of sediment was deposited in the reservoir, about 60% of the total silt load carried by the river from upstream." (Three Gorges Probe 2007a, 1). Dagegen kommt es Flussabwärts durch folglich geringeren Sedimentanteil zu einer erhöhten Fließgeschwindigkeit des Wassers, was wiederum die Deiche und Uferregionen bis zu einer Tiefe von vorerst max. 2m gefährlich unterspült. Entsprechende Frühwarnsysteme sollen nun installiert werden.

Ein weiteres Problem stellt die Wasserqualität oberhalb des Staubeckens dar: die Rückhaltezone wird zum Auffangbecken der Abwässer der gesamten Region. Industrieabfälle werden in das Schwemmland gespült, das hinter dem Staudamm liegt und verschlechtern die Wasserqualität. Dazu Dai Qing, Staudammkritikerin: „die Umweltverschmutzung ist schlimmer, als wir es uns vor dem Baubeginn vorstellen konnten. Das Wasser hat heute schon je nach Saison an den meisten Stellen, insbesondere nahe den Städten, keine Trinkwasserqualität mehr" (FAZ 2006, 1). Die Überreste von verlassenen Städten und Dörfern, die zurückgelassenen Fabriken, Deponien, Tanks und selbst Friedhöfe, die in dem 660km langen Wasserreservoir untergegangen sind, tragen zur Kontaminierung bei. Wohlwissend bohrten Funktionäre für sich lieber Brunnen, ließen das Volk aber im Unklaren.

Außerdem können Erosion und Instabilität von weichen Uferzonen zum Abrutschen kompletter Erdmassen führen, da nur am Staudamm feste Felsen stehen. Diverse Erdrisse sind bereits entstanden und Menschen evakuiert worden, was auf die unterschiedliche Füllhöhe des Staugebietes zurückzuführen sein könnte. „Fears were raised again in April 2007 when residents of Miaohe village discovered a 200m fissure in the Yemaomian landslide. This week, 99 villagers from 22 households were evacuated as a precautionary measure in case the landslide, which carries an estimated 12 Mio. m³ of rock and earth, drops into the Yangtze river. A preliminary investigation cited by one local official suggests the crack was prompted by water level fluctuations in the TGP reservoir. According to local people, the crack was caused by the fluctuation of water levels after the reservoir was filled to 156m in October 2006. Senior water engineers warned that at least 760 landslips can be activated in the 660 km long reservoir"(Three Gorges Probe 2007b, 1f.).

3 Zusammenfassung und Ausblick

Der Aufsatz reflektiert den Nutzen des weltweit größten Staudammprojektes, analysiert jedoch hauptsächlich einige ausgewählte Aspekte der diversen Problembereiche, die primär während der Bauphase bzw. nach dem Jahr 2000 (nach Erscheinen der ersten Publikation, Gutowski 2000) entstanden sind. Dies kann, aufgrund der Quantität und Interdependenz der Schwierigkeiten, nur ansatzweise in einem Kurzbeitrag gelingen.

Weltweit warnten und warnen Wissenschaftler nach wie vor unberechenbaren Auswirkungen und unvorhersehbaren Folgen des Projektes in jeder Hinsicht. Doch aller nationalen und internationalen Mahnungen zum Trotz hielt die chinesische Regierung am Projekt fest. Wohl auch, um den gewaltigen, stets steigenden Energiebedarf ansatzweise zu decken, den Hochwasserschutz voranzutreiben, die Wasserversorgung sicherzustellen und aus Prestigegründen.

Trotz zahlreicher Studien und Untersuchungen vorab scheinen viele Probleme bei der Realisierung des TGPs weiterhin ungeklärt zu sein. Neben den sozialen, soziokulturellen, ökologischen, geologischen und ökonomischen Unsicherheiten tauchen Probleme wie exorbitanter und ungenauer Finanzierungsbedarf als auch ausufernde Korruption auf. Internationale Umweltverträglichkeitsprüfungen, aufgestellt und kontrolliert durch Organisationen wie die Vereinten Nationen, könnten weltweit bei solchen Großprojekten eingesetzt werden, was jedoch mit Sanktionsvollmachten verbunden sein müsste. Alternativ hätten mehrere kleinere Wasserkraftwerke, bei denen die genannten Problemstrukturen in der Regel nicht oder nur begrenzt auftreten, gebaut werden können.

Es bleibt zu hoffen, dass sich die chinesische Regierung der Verantwortung in jeder Hinsicht bewusst ist, die mit dem Bau und dem Betrieb eines solchen Projektes einhergeht.

Literatur

Bass, H.-H. / Wohlmuth, K. (Hrsg.) (1996), China in der Weltwirtschaft, Institut für Asienkunde, Hamburg.

China.org (2006), Drei-Schluchten-Staudamm produziert Strom, 16.10.2006, http://www.china.org.cn, Zugriff 19.05.2007.

Die Neue Epoche (2006a), Chinesischer Staudamm-Kritiker wurde operiert, 20.06.2006, S. 1ff.; http://www.dieneueepoche.com, Zugriff: 30.05.2007.

Die Neue Epoche (2006b), Chinesischer Dissident soll sich Lähmungen selbst zugefügt haben, 27.07.2006, S. 1-2.; http://www.dieneueepoche.com, Zugriff: 30.05.2007.

Die Neue Epoche (2006c), Zwangsumsiedlungen in China, 11.10.2006, S. 1-3; http://www.dieneueepoche.com, Zugriff: 30.05.2007.

Die Welt (2006), Chinas wichtigste Mauer, 20.05.2006, S. 32f.; http://www.welt.de, Zugriff: 30.05.2007.

Die Welt (2003), Die größte Schleuse der Welt, 21.06.2003, S. 13.; http://www.welt.de, Zugriff: 30.05.2007.

Die Welt (2002), 1.352 Dörfer müssen für Chinas Mammutprojekt sterben, 13.07.2002, S. 7.; http://www.welt.de, Zugriff: 30.05.2007

Die Zeit (2007), online Tagesspiegel, 26.01.2007, S. 1f.

FAZ (Frankfurter Allgemeine Zeitung. 2006), Chinas zweite Große Mauer, 21.05.2006, S. 1ff., http://www.faz.net, Zugriff: 23.05.2007.

Girard, A. / Weiß, M., 2006, Der Drei-Schluchten-Staudamm – ein Alptraum für das chinesische Volk, in: Die Neue Epoche, 18.06.2006, S. 1-4.

Gutowski, A. (2000), Der Drei-Schluchten-Staudamm in der VR China – Hintergründe, Kosten-Nutzen-Analyse und Durchführbarkeitsstudie eines großen Projektes unter Berücksichtigung der Entwicklungszusammenarbeit, Materialien des Universitätsschwerpunktes „Internationale Wirtschaftsbeziehungen und Internationales Management", Bd. 19, Institut für Weltwirtschaft und Internationales Management, Universität Bremen.

Hozumi, T. / Wohlmuth, K. (eds.) (2000), Schumpeter and the dynamics of Asian development, Bd. 7, LIT Verlag, Münster / Hamburg / London.

International Rivers Network (2007), http://www.irn.org, Zugriff: 23.05.2007.

Mark, R. / Stuart, A. (1977), Disasters as a part of benefit-cost analysis, in: Science, 11/1977, S. 1160.

Kapitel / Chapter 3

Unternehmen und Entwicklungsprozesse in der Globalisierung

Business and Development Processes in the Globalisation

KMU – Zwangsläufige Verlierer der Globalisierung und Standortflüchtlinge in zweiter Generation?

SME – The Inevitable Losers of Globalisation?

Gerhard Feldmeier

Abstract

This article is based on the results of the empirical research project "Internationalization of SME´s in Northern Germany" and shows how regional small and medium sized companies compete successfully on global markets. Their outstanding international market performance is defined by a narrow niche positioning, a quality leadership with specific innovations, mostly in form of a bundling of creativity, flexibility and personal Management competences as well as a strong customer relationship.

These "local secret beauties" are characterized by monopolistic market advantages and intangible assets, which don´t require critical economies of scale or minimum capital resources at all. Further on they have a strong home bias in form of concentrated value chain activities and employment on their local sites, don´t show a strong tendency for site relocations abroad and don´t claim any specific political support related to their size and branches.

As a consequence the specific market positioning of these SME´s differ widely from MU in their market entry and penetration strategies, organization, site policy as well as in their political premises and attitudes towards political support.

These perceptions comply widely with the scientific notions, results of research works and contents in publications of our highly respected economic scientist and future optimist Karl Wohlmuth, who considers globalization itself as formable (vgl. Wohlmuth 2002) and as a positive challenge for local SME´s (vgl. Wohlmuth 2003) and who highlights the predominant role of innovations from SME´s as the key factor for a successful development of the regional economy (vgl. Wohlmuth 2000).

Zusammenfassung

Die aus einem eigenen empirischen Forschungsprojekt gewonnenen wissenschaftlichen Erkenntnisse über die Internationalisierung von KMU im norddeutschen Raum zeigen auf, auf welche innovative Weise erfolgreiche mittelständische Unternehmen auf die Herausforderungen der Globalisierung reagieren, sich mit meist gebündelten Vorteilen aus Kreativität, Flexibilität, Exklusivität und persönlichen Managementqualitäten im Auslandsgeschäft erfolgreich etablieren und nachhaltig im internationalen Wettbewerb behaupten. Als „secret beauties" im Schatten namhafter Großunternehmen gelingt es ihnen nicht nur im offener werdenden Weltmarkt Wachstums- und Kostensenkungspotenziale zu nutzen, sondern gleichzeitig mit ihrer verbleibenden Heimatstandortverwurzelung die nationale Wirtschaftsleistung zu stärken und dabei im Unterschied zu klassischen „global playern" wesentliche Wertschöpfungs- und Beschäftigungspotentiale ohne größere wirtschaftspolitische Flankierungsmaßnahmen am Inlandsmarkt zu belassen.

Vor allem aufgrund ihrer besonderen Strukturen und Marktbesonderheiten weicht der allgemeine und spezifische wirtschaftspolitische Handlungsbedarf dieser internationalen KMU von gängigen standortpolitischen Forderungen ab, was deren Allgemeinverbindlichkeitsanspruch etwas relativieren dürfte. Nicht zuletzt deshalb sollte in künftigen standortpolischen Debatten stärker auf diese ermutigenden „best practise-" KMU-Beispiele verwiesen und deren „home bias"-Vorteile explizit herausgestellt werden.

Dies dürfte vor allem auch ein Anliegen des Jubliars und Zukunftsoptimisten Karl Wohlmuth sein, der - um nur drei aus seinem breiten literarischen Spektrum zu nennen - die Globalisierung gestaltbar (vgl. Wohlmuth 2002), in ihr durchaus auch eine Chance für heimische KMU sieht (vgl. Wohlmuth 2003) und für den gerade deren Innovationen einen Schlüsselfaktor für einen erfolgreichen Wirtschaftsstandort darstellen (vgl. Wohlmuth 2000).

1 Vorwort

Als langjähriger akademischer Weggefährte, sei es als Studierender, als wissenschaftlicher Mitarbeiter am „Institut für Weltwirtschaft und Internationales Management", während meiner beruflichen Praxis in den Diensten der Selbstverwaltung der Wirtschaft als auch seit meiner Berufung als Hochschullehrer, fühle ich mich Prof. Dr. Karl Wohlmuth in besonderer Weise verbunden, so dass ich ihm gerne anlässlich seines 65. Geburtstages diesen Beitrag widme und hoffe, dass er ihm Freude bereitet.

Als einer meiner wesentlichen geistigen Mentoren beeinflusste Karl Wohlmuth nicht nur meinen beruflichen Werdegang, sondern dient mir zugleich auf wissenschaftlichem Gebiet als Vorbild, nicht zuletzt weil er es stets verstand, wissenschaftliche Strenge mit menschlicher Wärme und Sympathie zu verknüpfen. Mit seiner hohen wirtschaftswissenschaftlichen Expertise und seiner sinnvollen Verknüpfung eigenständiger Wissensgebiete innerhalb der Wirtschaftswissenschaft gelang es ihm nicht nur neue wissenschaftliche Akzente zu setzen, sondern auch interdisziplinäre Fragestellungen aufzugreifen und fundiert zu vermitteln und dabei Denkprozesse anzuregen, die den Verfasser zu eigenen wissenschaftlichen Aktivitäten ermutigten.

2 Analyse und Hintergründe des Themas

Die Globalisierung von Märkten stellt nicht nur eine Herausforderung für Großunternehmen dar, sondern betrifft in zunehmendem Maße auch mittelständische Firmen. Kleine und mittelgroße Unternehmen (KMU) engagieren sich heute im Zuge neuer technologischer Entwicklungen, neuer Märkte und insbesondere neuer Dienstleistungen stärker auf Auslandsmärkten als vielfach angenommen und statistisch erfasst (vgl. Feldmeier 2006, S. 343 f.). Vor allem aufgrund ihrer Innovationsdynamik werden KMU heute zu einem immer größer werdenden Bestimmungsfaktor der internationalen Wettbewerbsfähigkeit der nationalen und regionalen Volkswirtschaft. Vor allem aufgrund verstärktem (inländischen und ausländischen) Wettbewerbsdrucks, zu geringer regionaler und nationaler Marktpotentiale und enger Marktbetätigungsfelder sind KMU heute mehr denn je gefordert, sich stärker auf Auslandsmärkten zu positionieren. Hierbei unterscheiden sie sich meist von Großunternehmen, indem sie bewusst alternative Wege bei der Erschließung und Bearbeitung von Auslandsmärkten bzw. den gewählten Stufen der Internationalisierung einschlagen und sich durch meist unternehmensgrößenunabhängige qualitative Bestimmungs- und Erfolgsfaktoren und firmenspezifische Besonderheiten auszeichnen, mit denen sie herausragende Wettbewerbspositionen begründen und somit nicht zwangsläufig zu den Verlierern der Globalisierung zählen (vgl. Feldmeier 2007, S. 150 f.).

Im Rahmen eines Verbundforschungsvorhabens mit insgesamt acht Industrie- und Handelskammern aus dem IHK-Nordverbund untersuchte das an der Hochschule Bremerhaven ansässige „Institute for Management and Economics" die konkreten Erfolgskonzepte international erfolgreicher mittelständischer Unternehmen aus dem norddeutschen Raum. Die Ergebnisse wurden der Studie „Internationalisierung mittelständischer Unternehmen - Erfolgskonzepte und Handlungsempfehlungen" im April 2007 veröffentlicht (vgl. Dieckmann 2007) und den beteiligten Projektpartnern offiziell übergeben.

Ziel dieser empirischen Untersuchung war es vor allem, konkrete Informationen über die internationale Etablierung und die marktentscheidenden Erfolgskonzepte international erfolgreicher mittelständischer Unternehmen zu erheben, zu analysieren und daraus neue wissenschaftliche Erklärungsansätze und praktische Handlungsempfehlungen abzuleiten. Die hierfür relevanten Informationen wurden auf Basis persönlicher Interviews mit den zuständigen Entscheidungsträgern in ausgewählten Unternehmen erhoben. Die Untersuchung beinhaltete die Analyse einer Gruppe von 65 mittelständischen Unternehmen, die anhand spezieller Indikatoren als international etablierte Unternehmen identifiziert wurden. Als KMU wurden in dieser Untersuchung Unternehmen zugrunde gelegt, die (unabhängig von quantitativen statistischen Unternehmensgrößenabgrenzungen) organisatorisch und rechtlich selbständig sind und ihre Geschäfte konzernunabhängig führen. Dabei handelte es sich in der Regel um inhabergeführte Unternehmen und/oder Unternehmen in Familienbesitz.

Im Ergebnis wurden zahlreiche übereinstimmende branchenübergreifende Merkmale festgestellt, die auf Erfolgspotentiale der Internationalisierung mittelständischer Unternehmen schließen lassen, welche in Kapitel 2 dieses Beitrages zusammenfassend dargelegt werden. Darauf anknüpfend wird in Kapitel 3 der Grundsatzfrage nachgegangen, ob KMU, die mit derartigen Erfolgspotentialen ausgestattet sind, im Gefolge großer Unternehmen zunehmend ihre Wertschöpfungsaktivitäten ins Ausland verlagern und/oder weiterhin ihren Heimatstandorten treu bleiben. In den anschließenden Kapiteln 4 und 5 wird anhand der gewonnenen standortpolitischen Erkenntnisse der allgemeine und konkrete wirtschaftspolitische Handlungs- und Unterstützungsbedarf für eine KMU-gerechte Wirtschaftsförderpolitik im internationalen Kontext herausgestellt. Ein Fazit in Kapital 5 schließt diesen Beitrag ab.

3 Erfolgsfaktoren international etablierter KMU

Die in diesem Abschnitt herausgestellten Erkenntnisse basieren auf den Ergebnissen des oben beschriebenen empirischen Forschungsprojekts an der Hochschule Bremerhaven (vgl. Dieckmann 2007).

Sie bestätigen, dass die Internationalisierungserfolge nicht auf einzelnen, in der Literatur meist isoliert betrachtenden Faktoren gründen, sondern in der Regel auf einer sinnvollen Verknüpfung einzelner Erfolgskomponenten basieren. Gerade die daraus resultierenden Bündel aus einer engen Nischenmarktpositionierung, einem spezifischem know how, einem Netzwerk langfristiger Geschäftsbeziehungen, vorhandener Markterfahrungsvorsprünge, individueller und oft unikater Produkt-/Dienstleistungskombinationen, hoher Kundenorientierung, einer intelligenten Gestaltung grenzüberschreitender Wertschöpfungsaktivitäten, effizienter Organisations- und Entscheidungsstrukturen und nicht zuletzt hoch qualifizierter Mitarbeitern verhelfen den mittelständischen Unternehmen dazu, ständige Innovationen hervorzubringen, erreichte Marktgrenzen auszuweiten, neue Geschäftschancen wahrzunehmen und sich gegenüber konkurrierenden Großunternehmen und anderen Konkurrenten im Auslandsgeschäft nicht nur zu behaupten, sondern auch erfolgreich weiterzuentwickeln und mitunter Weltmarktführerschaften einzunehmen.

4 Internationale KMU – Heimatstandortzentriertheit trotz zunehmender aktiver Internationalisierung

Ausgehend von obigen, empirisch ermittelten Erfolgsfaktoren internationaler KMU ergibt sich die Frage, inwieweit diese im Zuge der fortschreitenden

Globalisierung ihre Standorte und Wertschöpfungsaktivitäten ins Ausland verlagern und ihren Heimatstandorten den Rücken kehren.

Resultierend aus der zu beobachtenden zunehmenden Internationalisierung von mittelständischen Unternehmen wird in der Praxis häufig ein Parallelverhalten zwischen Großunternehmen und KMU unterstellt, was deren Standortverlagerungen und Arbeitsplatzexporte betrifft. Empirische Bestätigungen der zunehmenden Verlagerung von Wertschöpfungsaktivitäten von KMU ins Ausland (vgl. Fischmann / Heuser / Lamparter 2005) lassen darauf schließen, dass KMU dem (gesamtwirtschaftlich unerwünschten) Trend von multinationalen Großunternehmen zur Abwanderung inländischer Wertschöpfungskapazitäten ins Ausland und dem damit verbundenen Nettoexport von Arbeitsplätzen folgen. Diese vermeintliche „Fußstapfenmentalität" von KMU bei der Standortflucht wird vorwiegend mit dem zunehmenden Produktionskostendruck im Inland bzw. der Erschließung lukrativer Absatzmärkte im Ausland begründet, welche für KMU aufgrund ihres geringen Diversifizierungsgrades und ihrer geringeren finanziellen Ressourcenausstattung noch dringender als bei Großunternehmen sei (vgl. EU-Kommission 2003, S. 14 f.).

Einschlägige Untersuchungen bestätigen allgemein, dass (unabhängig von der Unternehmensgrößenklasse) die Abwanderungstendenz von inländischen Unternehmen umso mehr steigt, je größer die Lohnkostenunterschiede und je kleiner die inländischen Produktivitätsvorteile sind (vgl. BCG 2004, S. 13 f.). Ferner wird generell konstatiert, dass standardisierte, lohnintensive, gut und schnell transportierbare Produkte und Systeme am stärksten von Standortverlagerungen betroffen sind (vgl. ebenda). Dies wird für KMU und Großunternehmen gleichermaßen unterstellt.

Beide Aspekte treffen tendenziell stark auf Großunternehmen zu, während die prinzipielle Verlagerungsfähigkeit von KMU-Produkten ins Ausland eher gering ist. Dies liegt daran, dass KMU im Wesentlichen über Produkte mit hoher Variantenvielfalt (in Einzel- oder Serienfertigung) verfügen, welche eine signifikante Bedeutung in der Wertschöpfungskette (z. B.. in Form von Systemkomponenten) einnehmen, oft eher transportempfindlich sind, kapitalintensiv hergestellt werden und hohe heimische Verlagerungs- und Schließungskosten mit sich ziehen (vgl. McKinsey, 2005). Ferner konzentrieren sich international etablierte KMU auf hochwertige Investitions- oder langlebige Gebrauchsgüter, die gerade ihre Weltmarktfähigkeit einem positiven „home bias" in Form von Image- und Prestigevorteilen bei einer Produktion im Inland zu verdanken haben (Gütesiegel „made in Germany"). Da diese hochwertigen Produkte sich vorwiegend in einem Qualitätsführerschaftswettbewerb positionieren, eine gewisse Exklusivität vorweisen und die damit verbundenen monopolistischen Wettbewerbsvorteile eine geringe Nachfrageelastizität und höhere Preisdifferenzierungsspielräume gewährleisten, nehmen ihre Herstellungskosten als solche eine eher untergeordnete Bedeutung ein. Meistens beschränken sich bei einer derartigen Marktkonstellation getätigte Kosteneinsparungsmaßnahmen von KMU auf veränderte Beschaffungsstrategien, so dass internationale Kostenvorteile vorwiegend beim Bezug (selektiver) importierter Vorleistungen genutzt werden und weniger durch eine Auslagerung kompletter Produktionsstandorte (vgl. o.V. in FAZ vom 14.11.2005).

Gerade die hohe Dienstleistungsintensität bei KMU-Produkten, verbunden mit der hohen Wissensintensität interner Dienstleistungen, die entweder nur im Inland verfügbar ist oder mit zu hohen internationalen Wissenstransferrisiken verbunden wäre, erschweren komplette Produktionsauslagerungen und Standortwechsel. Insofern erfolgt bei internationalen Standortentscheidungen für KMU meist eine sorgfältige Überprüfung und kritische Abwägung zwischen klar erkennbaren und nachweisbaren lokalen Kompetenzen und ungewissen, schwer zu kalkulierenden Kosteneinsparungen bei potentiellen Standortverlagerungen.

Durch die häufige Qualitätsführerschaft und geringe Standardisierung der Produkte wird die unternehmerische Wettbewerbsfähigkeit bei einer verbleibenden Inlandsfertigung auch nicht zwingend beeinträchtigt. Höchste Qualitätsanforderungen und ein Höchstmaß an Kundenbedarfsanpassung erlauben es den KMU, ohne größere Kostennachteile weitgehend heimisch zu produzieren, zumal die gleiche Qualität im Ausland nicht kostengünstiger hergestellt werden könnte. Ferner bieten die Bereitstellung individueller, maßgeschneiderter Lösungen für anspruchsvolle Kunden sowie die schnellere Lieferfähigkeit, längere Haltbarkeit und hohen Hygienestandards der betroffenen Produkte massive Preiserhöhungsspielräume, die Abwanderungsgedanken erst gar nicht entstehen lassen. Gerade die enge räumliche Koppelung von

Produkt- und Dienstleistungsentwicklung und Fertigung in anspruchsvollen Heimatmärkten und eindeutigen (nationalen und internationalen) Kundenpräferenzen für Heimatlandprodukte gewährleisten oft erst die Weltmarktfähigkeit der betroffenen KMU (vgl. Obstfeld / Rogoff 2000).

Ferner belegen die anhand von persönlichen Tiefeninterviews mit Führungsverantwortlichen in internationalen KMU gewonnenen empirischen Erkenntnisse, dass sich diese in ihren Standortentscheidungen nicht von individuellen Kostenvorteilen in Einzelbereichen leiten lassen, sondern den Kostenaspekt aus ganzheitlicher Perspektive betrachten, vor allem auch schwer quantifizierbare potentielle „sunk costs" in ihre Kalkulation einfließen lassen und von „worst case-Szenarien" ausgehen, die letztlich das Verbleibrisiko gegenüber dem Abwanderungsrisiko als geringer erscheinen lassen. Gerade in intransparenten Entscheidungssituationen in KMU im internationalen Kontext zeigt sich, dass die Entscheidungsträger in ihrem übergeordneten Bedürfnis nach Konsistenz und Kontrolle und mangelndem persönlichen Erfahrungswissen ihre Umwelt eher subjektiv wahrnehmen und sich dabei tendenziell zugunsten des Bekannten (und Bewährten) entscheiden (vgl. Müller / Kornmeier 2002, S. 313 f.). In einer empirisch abgeleiteten und statistisch nicht belegbaren „Faustformel" kann von einer Standortverlagerungsbereitschaft in KMU erst ab einem (intern kalkulierten) durchschnittlichen Gesamtkostenvorteil von 30% ausgegangen werden, was mitunter größere Spielräume bei der Entscheidung für einen Verbleib an Heimatstandorten zulässt.

Somit lässt sich vor allem aus diesen aktuellen empirischen Erkenntnissen folgern, dass Standortkostenvorteile im Ausland für KMU im Unterschied zu Großunternehmen weniger signifikant sind, sich deren zunehmende Internationalisierung mehr auf Absatzmotive als auf Kostenmotive konzentriert, Kostenersparnisse bei kompletten Produktionsverlagerungen von KMU eher von nachrangiger Bedeutung sind, so dass ein signifikanter Anteil ihrer Wertschöpfung nach wie vor in ihrem Ursprungsland bzw. ihrer Heimatregion verbleibt.

Diese unterstellte tendenzielle Heimatstandortzentriertheit bzw. Nichtverlagerung produktionsbasierter Wertschöpfungsaktivitäten seitens internationaler KMU lässt sich im Einzelnen durch folgende Fakten belegen:

Produktionskostenvorteile durch eine Standortverlagerung ins Ausland ergeben sich für KMU in der Regel erst mittelfristig, da sie kurzfristig durch kapitalaufwändige Anlaufinvestitionen und (einmalige) Erschließungskosten kompensiert würden. Tendenziell niedrigere Eigenkapitalquoten und geringere Bonitäten bei KMU tragen zusätzlich dazu bei, dass auch eine für die Sachkapitalausstattung notwendige Finanzmittelbeschaffung im Ausland selten günstiger als im Inland erfolgen kann und oftmals sogar mit höheren Finanzierungskosten verbunden wäre. Ferner erfordert die im Ausland vorhandene Infrastruktur oft vom Inlandsstandard abweichende (und somit kostenträchtige) Fertigungsprozesse und auch notwendige, explizit zu installierende Qualitätssicherungsmaßnahmen erweisen sich im Vergleich zu Inlandsstandorten als wesentlich umsetzungs- uns somit kostenaufwändiger. Umgekehrt sind Standortkostenunterschiede in Ländern mit vergleichbaren Infrastruktur- und Fertigungsstandards, die eher für eine Standortverlagerung in Frage kämen, kaum signifikant.

Ferner stellen die hohen Transaktionskosten für das Management (die Anbahnung, Koordinierung und das Controlling) von Auslandsproduktionsaktivitäten, entstehende Logistikkosten bzw. die Notwendigkeit des Aufbaus eines (kostenträchtigen) leistungsfähigen Zulieferwesens bei Standortverlagerungen gerade für KMU mit geringerer Kapitalausstattung eine wesentliche Hemmschwelle für eine Abwanderung dar. Aufgrund von relativ hohen Produktivitätsvorteilen an heimischen Standorten und hoher Kapitalintensität sind auch die Arbeitskosten als solche kaum Treiber von Auslandsproduktionsverlagerungen. Aufgrund geringerer tarifvertraglicher Verpflichtungen und administrativer Einschränkungen besteht bei KMU im Unterschied zu Großunternehmen im Regelfall eine höhere Flexibilität bei deren Nutzung von Arbeitskräften und Produktionsanlagen, was sich positiv auf ihre Produktivität auswirkt und ihre absoluten Arbeitskosten relativiert. Ferner existiert auch bei den anfallenden Material- und Energiekosten in den meisten potentiellen Zielländern kaum ein Preisvorteil zum Inland bzw. würden die internen Logistikkosten um ein Vielfaches steigen, abgesehen von schwer zu kalkulierenden „weichen Abwanderungskosten" in Form von Image- und Vertrauensverlusten.

Auch das Argument der Risikostreuung durch eine Standortstreuung ist für KMU weniger relevant als für MU. Dies kann zum einen damit begründet werden, dass deren Aktivitäten in der Regel auf einzelne, enge Geschäftsfelder ausgerichtet sind, sie keine (nachfragesensiblen) Massenmärkte bedienen, aufgrund spezifischer Produkt- und Kundenanforderungen eher Verkäufermärkte vorliegen und somit politisch und wirtschaftliche instabile Marktumwelten für die Unternehmensexistenz und -entwicklung weit weniger gefährdend sind als bei Großunternehmen, die aus diesem Grund oft eine regionale Standort- und/oder Geschäftsfelddiversifizierung anstreben.

Schließlich stellt auch die bessere Verfügbarkeit von qualifizierten Mitarbeitern im Inland ein wesentliches Argument für einen Verbleib an Heimatstandorten dar. Erfahrungsgemäß sind einschlägig qualifizierte Arbeitskräfte mit spezifischem Fachwissen, das in der Regel über unternehmensinterne Aus- und Weiterbildung erworben wird, in der erwünschten Form im Ausland kaum verfügbar und eine notwendige (interne) Qualifikation dort wäre für die betroffenen KMU wesentlich zeit- und kostenaufwändiger. Auch die fehlende Expertise von Führungskräften in der Führung komplexer internationaler Unternehmenseinheiten sowie traditionell eng begrenzte Managementkapazitäten in KMU sprechen gegen eine grundsätzliche Produktionsverlagerung an ausländische Standorte. Gerade in ländlichen Regionen ansässige kleinere KMU, die auf eng fokussierte internationale Märkte ausgerichtet sind, erzielen durch ihre Überschaubarkeit der Unternehmensstrukturen, ihrer Einbettung in ein stabiles regionales Umfeld und ihr hervorragend ausgebildetes, problemlösungsfähiges Personal über einen internationalen Wettbewerbsvorteil, den sie durch einen (risikoreichen Export) größerer Wertschöpfungsaktivitäten kaum preiszugeben bereit sind.

Nicht zuletzt standortspezifische unternehmensexterne Einflussfaktoren, sog. „externalities", wie z. B. die vorhandene Standortinfrastruktur oder das lokale Bildungssystem, die in ihrer Qualität direkt oder indirekt kostenwirksam sind, von Ort zu Ort und Land zu Land beträchtlich differenzieren und sich im Einzelfall zu beträchtlichen Größenordnungen summieren (vgl. Lemper 1994, S. 11 f.), sind ein wesentliches Motiv für einen vorwiegenden Verbleib an heimischen Standorten. Da derartige Externalitäten wirtschaftspolitisch gestaltbar und beeinflussbar sind, tragen sie mittelbar zur unternehmerischen Wettbewerbsfähigkeit dieser KMU bei.

5 Allgemeine ordnungspolitische Folgerungen und Forderungen für eine KMU-bedarfsgerechte(re) Standortpolitik am Beispiel international etablierter KMU

Eng gekoppelt an die Grundsatzfrage des „relocate or stay?" bei der Standortfrage und der internationalen Verteilung von Wertschöpfungsaktivitäten von internationalen KMU ist die Einschätzung und Bewertung der bestehenden nationalen Standortförderpolitik durch die betroffenen Unternehmen sowie deren Einfluss auf die Standortentscheidung(en). Diese war ebenso Bestandteil der empirischen Unternehmensbefragung von KMU im norddeutschen Raum wie die Frage nach dem konkreten außenwirtschaftlichen Handlungsbedarf, der gesondert in Kapitel 5 nachgegangen wird.

Was die generelle Berücksichtigung und Durchsetzung spezieller standortpolitischer Interessen betrifft, sehen sich internationale KMU wegen ihrer Heterogenität und somit geringem interessenpolitischen Organisationsgrad gegenüber Großunternehmen und etablierten Branchenverbänden grundsätzlich benachteiligt. So herrscht die überwiegende Meinung vor, dass bestehende Standortvergünstigungen an ihnen vorbeigehen und/oder nicht bedarfsgerecht ausgestaltet sind. Nicht zuletzt deshalb plädieren sie im Allgemeinen für eine grundlegende Deregulierung sowie Verallgemeinerung rechtlicher Tatbestände bei weitgehendem Verzicht auf gesetzliche Sonderregelungen für bestimmte unternehmerische Interessengruppen.

Diese Forderung wird im einzelnen begründet mit dem Verweis auf die bestehende Subventionspraxis für Unternehmen, wo Maßnahmen zur Strukturerhaltung dominieren und auf wenige Branchen beschränkt werden, während zukunftsgerichtete Strukturanpassungsmaßnahmen insgesamt vernachlässigt werden und an Branchen bzw. Unternehmensgrößen ausgerichtet sind, die nicht KMU-lastig sind. Gerne wird hierbei auf die bestehende Innovationsförderpolitik verwiesen, wo vorwiegend nur Grundlagenforschungsprojekte oder spezielle (für Großunternehmen typische) Produkt- oder Verfahrensverbesserungen gefördert werden, während spezielle Technologieförderprogramme für international ausgerichtete KMU entweder gar nicht existent sind (z. B. in Form erwünschter Beratungsförderung) oder sehr intransparent bzw. mit einem hohen bürokratischen Aufwand ausgestaltet und somit für KMU schwer zugänglich sind.

Zudem werden die überproportional hohen Bürokratiekostenbelastungen für KMU im Allgemeinen und für internationale KMU im Besonderen kritisiert und eine deutliche Reduzierung administrativer Pflichtdienste für den Staat angemahnt. Neben den herkömmlichen bürokratischen Auflagen und Reglementierungen, die alle KMU gleichermaßen betreffen, beziehen sich diese auf außenwirtschaftlichem Gebiet insbesondere auf Einfuhrumsatzsteuerformalitäten und Zollverwaltungsaufgaben, die in den letzten Jahren verstärkt in die Unternehmen hineinverlagert wurden. Hohe bürokratische Belastungen bei der Abwicklung von Auslandsgeschäften, die einer politischen Abhilfe bedürfen, werden ferner in uneinheitlichen grenzüberschreitenden Transport- und Zahlungsabwicklungsformalitäten sowie in aufwändigen öffentlichen Zulassungs- und Genehmigungsverfahren im Ausland gesehen. Ein EU-weiter Übergang vom Bestimmungslandprinzip zum Ursprungslandprinzip bei der Umsatzbesteuerung sowie ein WTO-konformer Abbau von Zöllen und nicht-tarifären Handelshemmnissen würden für internationale KMU dringende Abhilfe schaffen, ebenso wie eine Beseitigung sonstiger uneinheitlicher rechtlicher Bestimmungen im europäischen Binnenmarkt und in Drittmärkten. Ferner wird von der Außenhandelspolitik die Erreichung einer stärkeren Durchsetzung und Gewährleistung von Regelungen für einen besseren internationalen Schutz von Investitionen und geistiger Eigentumsrechte auf bilateralem oder multilateralem Verhandlungswege erwartet.

Geringeren politischen Handlungsbedarf sieht die Mehrheit der befragten internationalen KMU hingegen in der bestehenden Steuer- und Abgabenpolitik sowie Arbeitsmarktpolitik. Dies ist vor dem Hintergrund der gegenwärtigen allgemeinen Standortdiskussion und vorhandenen Standortklagen, die sich in der Öffentlichkeit überwiegend auf diese Politikbereiche konzentrieren, durchaus erstaunlich. Die Gründe hierfür liegen in der herausragenden Marktstellung, die diese KMU durch monopolistische Wettbewerbsvorteile (siehe Kapitel 2) einnehmen, die es ihnen erlauben, Kostenaspekte gegenüber Qualitätskriterien zu vernachlässigen und höhere Standortkosten auf diesen Gebieten (bei entsprechender Gegenrechnung entstehender „sunk costs" bei Standortverlagerungen) durchaus hinzunehmen (siehe Kapitel 3). Ferner unterliegen viele der betroffenen Unternehmen nicht den oft zitierten Höchststeuersätzen bei der Einkommen- oder Körperschaftsteuer und haben aufgrund ihrer vorwiegenden Ansiedlung in ländlichen Regionen auch niedrigere Gewerbesteuerbelastungen zu tragen. Ferner sind sie aufgrund ihrer hohen Familieneigentumskonzentriertheit weniger einem strikten shareholder value-Prinzip mit kurzfristiger Renditemaximierung und ausgiebigen Rechenschaftspflichten ausgesetzt und reinvestieren ihre Gewinne (steuerbegünstigt) zu einem hohen Grad zur langfristigen Unternehmenssicherung.

Auch auf arbeitsmarktpolitischer Ebene stimmten die befragten internationalen KMU nicht zwingend in den Chor herkömmlicher Standortkritiker mit ihren Beschwerden über die Rigiditäten des deutschen Arbeitsmarktes ein. Dies liegt zum einen daran, dass ein Großteil der befragten Unternehmen meist keinen Tarifverbänden angehört und somit keinen festen Tarifvertragspflichten unterliegt. Zudem ist der gewerkschaftliche Organisationsgrad ihrer Belegschaft eher gering und die Mitarbeiter in den vorwiegend ländlichen Standorten wissen die Vorzüge sicherer und örtlich naher Arbeitsplätze mehr zu schätzen als überproportionale Entlohnungen, was sich auch in ihrer hohen Unternehmenstreue zeigt. Zum anderen besteht aufgrund der hohen Fachspezialisierung der Unternehmen und ihrer Produkte bzw. Dienstleistungen in der Regel ein Mangel an qualifizierten Arbeitskräften, so dass der eigenen betrieblichen Ausbildung (unabhängig von rechnerischen Kosten-Nutzen-Relationen) ein hoher Stellenwert zukommt und dem einschlägig hoch qualifizierten Personal im regionalen Vergleich (freiwillig) überdurchschnittliche Löhne gezahlt werden.

Herkömmlichen standortpolitischen Forderungen nach einer stärkeren Flexibilisierung des Arbeitsmarktes in Form einer Lockerung von Kündigungsschutzvorschriften, mehr zeitlich befristeter Arbeitsverhältnisse, einer stärkeren Berücksichtigung regionaler Disparitäten bei der Lohnfindung, Entlastungen von Personalnebenkosten oder einer Rücknahme von Arbeitnehmermitbestimmungsgesetzen wird von den internationalen KMU hingegen weniger Bedeutung beigemessen.

Größter politischer Handlungsbedarf wird stattdessen im Bereich der Bildungspolitik konstatiert. Neben der Notwendigkeit einer effizienteren Grundlagenbildung und Wissensvermittlung an Schulen bzw. einer stärkeren Gewichtung schulischer Ausbildungsinhalte an den Anforderungen der Wirtschaft allgemein und am Mittelstand im Besonderen fordern sie eine gezieltere Vorbereitung von Schulabgängern auf die Internationalisierungsanforderungen der Wirtschaft, beispielsweise in Form der Fremdsprachenausbildung und der Sensibilisierung für andere Kulturen, welche nicht erst im Unternehmen stattfinden sollte. Die Gewinnung fachlich, methodisch, sprachlich und sozial hinreichend qualifizierter Mitarbeiter wird mitunter als größtes Wachstums- und Entwicklungshindernis von internationalen KMU gesehen, höher gewichtet als klassische „hard facts" bei der internationalen Markterschließung und Marktbearbeitung sowie direkt messbarer heimischer Standortbelastungen. Da das erforderliche Potential an qualifizierten Arbeitskräften auf dem heimischen Arbeitsmarkt oft nicht hinreichend verfügbar ist und vielfach nur aus dem (vorwiegend osteuropäischen) Ausland rekrutiert werden kann, werden hier verstärkt Forderungen nach einer breiteren Arbeitsmarktöffnung, beispielsweise in Form einer Aufhebung eingeschränkter Personenfreiheiten innerhalb der EU oder arbeitsmarktbedarfsgerechtere Zuwanderungsregelungen für geeignete Arbeitskräfte aus Drittländern erhoben.

6 Konkreter wirtschaftspolitischer Handlungsbedarf für eine KMU-gerechte(re) Außenwirtschaftsförderung

Obige Erkenntnisse über die strategische Standortpolitik und das konkrete Internationalisierungsgebaren von KMU beinhalten zahlreiche wirtschaftspolitische Implikationen und geben neben grundsätzlichen ordnungspolitischen Überlegungen in Kapitel 4 auch Anlass zu einer kritischen Hinterfragung der aktuellen direkten KMU-Außenwirtschaftsförderpolitik. Die Frage der Zweckmäßigkeit und Inanspruchnahme der derzeitigen Außenwirtschaftsförderinstrumente ist Untersuchungsgegenstand diverser wissenschaftlicher Abhandlungen und war auch Bestandteil der empirischen Befragungsaktion in den 65 international erfolgreichen KMU aus dem norddeutschen Raum.

Konkrete Fördermaßnahmen gelten insofern ordnungspolitisch als konform, wenn sie einem Nachteilsausgleich für bestimmte Marktakteure dienen (vgl. Sell 2007). Auf die Zielgruppe der KMU bezogen liegen deren unternehmensgrößenbezogene Marktnachteile und Problemfelder bei der Internationalisierung in deren begrenzten Managementkapazitäten, beschränkten Organisationspotentialen und unzureichenden Finanzierungspotentialen. Insofern sind sie meist nicht wie Großunternehmen in der Lage, das außenwirtschaftliche Engagement strategisch zu planen, finanzielle Risiken zu schultern, logistische Probleme bei der Auslandsmarktbearbeitung zu meistern oder Qualitätsdefizite bei ausländischen Partnern zu kontrollieren. Zusätzlich besteht häufig ein mangelndes Internationalisierungserfahrungspotential, begrenztes Problembewusstsein sowie eine unzureichende Risikofähigkeit und -bereitschaft in der Unternehmensführung von KMU.

Bei den wirtschaftspolitischen Maßnahmen zur Unterstützung außenwirtschaftlicher Aktivitäten von Unternehmen wird grundsätzlich zwischen finanzieller und institutioneller Außenwirtschaftsförderung unterschieden. Erstere zielt auf eine finanzielle Unterstützung der Auslandsmarkterschließung in Form von Exportkrediten, -versicherungen und –garantien oder Krediten für die Errichtung ausländischer Betriebsstätten durch öffentliche Organisationen wie die KfW oder Hermes AG. Die Erfahrungen zeigen, dass die Inanspruchnahme derartiger finanzieller Fördermittel vorwiegend durch Großunternehmen (mit eigenständigen Auslandsabteilungen) erfolgt, während KMU eine relativ geringe Antragshäufigkeit vorweisen und weitgehend ohne öffentliche finanzielle Unterstützung ihre Auslandsaktivitäten betreiben (vgl. DIHK 2005, S. 40). Hieraus lässt sich folgern, dass öffentlich bereitgestellte finanzielle Fördermittel für KMU-Erfolge im Auslandsgeschäft kaum relevant sind und somit für diese Zielgruppe vernachlässigbar erscheinen.

Im Unterschied zu finanziellen Förderangeboten wird institutionellen Außenwirtschaftsfördermaßnahmen von den betroffenen KMU ein höherer Stellenwert beigemessen. Grundsätzlich versteht man darunter die Bereitstellung von Basisinformationen über potentielle ausländische Märkte, unternehmensspezifische Maßnahmen zur Exportförderung, in der Regel in Form der Unterstützung der Teilnahme an Auslandsmessen, individueller Beratungen über Exporttätigkeiten oder die Errichtung von Betriebsstätten im Ausland, Auslandsrechtsauskünfte, konkrete Hilfestellungen bei der Suche und Identifikation geeigneter ausländischer Geschäftspartner (Netzwerkbildung) sowie konkrete Qualifizierungsmaßnahmen für Mitarbeiter mit Auslandsgeschäftsbeziehungen (vgl. EU-Kommission 2003, S. 52 f.).

Ähnlich wie bei den finanziellen Fördermaßnahmen beziehen sich diese Förderinstrumente auf alle Unternehmensgrößen gleichermaßen und sind somit nicht explizit auf die Unterstützung von KMU abgestimmt. Statistischen Erhebungen zufolge werden auch sie im Wesentlichen von Großunternehmen in Anspruch genommen, die in der Lage sind, diese systematisch in Erfahrung zu bringen und zu nutzen, während KMU kaum über die hierfür notwendigen unternehmensinternen Kapazitäten und know how-Voraussetzungen verfügen (vgl. Hauser 2006, S. 2).

Insofern beklagen vor allem kleinere Unternehmen die für ihre Bereiche unzweckmäßige Ausgestaltung des bestehenden Fördersystems und fühlen sich bei der Identifizierung, im Beantragungswesen und nicht zuletzt aufgrund der Nichtbedarfsgerechtheit einzelner Förderprogramme benachteiligt. Entsprechend fordern sie ein Fördersystem, das stärker an ihren konkreten Situationen ausgerichtet ist und der ordnungspolitischen Rechtfertigung einer staatlichen Außenwirtschaftsförderung zum Ausgleich unternehmensgrößenbedingter Nachteile des Mittelstandes stärker Rechnung trägt.

Die KMU-Kritik am bestehenden Außenwirtschaftsfördersystem bezieht sich im Einzelnen auf folgende Aspekte:

Beklagt wird vor allem die Zersplitterung der Förderinstitutionen und eine zu differenzierte Förderlandschaft, die neben den drei klassischen Säulen Auslandshandelskammern, Bundesagentur für Außenwirtschaft (bfai) und die Wirtschaftsabteilungen der Botschaften und Konsulate über 300 weitere Institutionen umfasst und allein auf Bundes- und Länderebene über 140 unterschiedliche Programme zur Unterstützung von KMU vorsieht (vgl. Hauser 2006, S. 2). Vor allem die begrenzten zeitlichen und personellen Managementkapazitäten lassen eine Transparenzgewinnung und „Lichtung des existierenden Förderdschungels" kaum zu und mit sinkender Unternehmensgröße nimmt der Kenntnisstand über öffentliche Fördermaßnahmen empirisch nachweisbar ab (vgl. Hauser 2006, S. 2).

Zudem ist die Relevanz einzelner Förderprogramme für die Internationalisierung von KMU gering, da deren Maßnahmen sich entweder auf einzelne Internationalisierungsformen und –stufen isoliert (wie z. B. reine Exporte oder Direktinvestitionen) beziehen und deren wechselseitige Verknüpfung und Ergänzung um andere Aktivitäten wie Kooperationen im Sinne wertkettenverzahnter ganzheitlicher Internationalisierungsprozesse nicht vorsehen (vgl. Feldmeier 2006, S. 348 f.).

Bezogen auf einzelne konkrete Förderinstrumente orientieren sich die meisten bestehenden Außenwirtschaftsfördermaßnahmen auf allgemeine Fördertatbestände, wie z. B. konkrete Messeförderprojekte oder Länderinformationsdienste, die wenig KMU-zielgerichtet oder KMU-interaktiv sind. Von den betroffenen Unternehmen gefordert wird auf diesem Gebiet hingegen eine mehr KMU-unternehmensspezifisch ausgerichtete Förderpolitik in Form spezifischer, maßgeschneiderter Unterstützungsleistungen, beispielsweise in Form individueller Beratungsleistungen zur Entwicklung von Internationalisierungsstrategien („Strategie-Coaching") oder zur Ausgestaltung individueller internationaler Aktivitäten (vgl. EU-Kommission 2003, S. 56).

Zur Behebung vorhandener unternehmensinterner Erfahrungsdefizite und zur Entlastung von Führungskräften in KMU wird ferner eine explizite Förderung konkreter Managementaufgaben erwünscht, wie z. B.. in Form der Finanzierung individueller Unternehmensberatungsleistungen für eine gezielte Partnersuche und –auswahl im Ausland oder konkreter Hilfestellungen von außen bei der Beantragung finanzieller Förderprogramme. Nationale Wirtschaftsfördereinrichtungen im Ausland wie die AHKn und die diplomatischen Dienste sollten ferner eine stärkere „Türöffner-Funktion" für KMU mit Foren und gezielten Maßnahmen zur Förderung der Herstellung persönlicher Kontakte zu potentiellen Auslandspartnern wahrnehmen und vor Ort konkrete Hilfsangebote bei Problemen mit organisierter Kriminalität und Korruption bereitstellen.

Die dargelegten empirisch ermittelten Förderbedarfe legen nahe, das bestehende Außenwirtschaftsfördersystem besser an den Bedürfnissen der Zielgruppe der KMU auszurichten. Insbesondere sollten sich die institutionellen Unterstützungsmaßnahmen für KMU weniger an den Merkmalen des Unternehmens als solchem orientieren, sondern mehr an den Erfahrungen des Unternehmers und der Entwicklung seiner Qualifikationen ansetzen (vgl. EU-Kommission 2003, S. 54).

Bei der empirischen Frage nach der Inanspruchnahme bzw. der Zufriedenheit mit institutionellen Außenwirtschaftsberatungseinrichtungen zeichnet sich eine klare Präferenz für die Industrie- und Handelskammern und das Netzwerk der Auslandshandelskammern ab (vgl. DIHK 2005, S. 41 f.), was deren gute Reputation und hohe Dienstleistungskompetenz unterstreicht. Am schlechtesten schneiden hingegen die Informations- und Beratungsleistungen der Bundes- und Landeswirtschaftsministerien sowie der Botschaften und diplomatischen Vertretungen im Ausland ab, denen vorwiegend mangelnde Servicebereitschaft und Kundenorientierung auf dem Gebiet der Außenwirtschaftsförderung bescheinigt wird.

Literatur

Boston Consulting Group (BCG) (2004), Produktionsstandort Deutschland – quo vadis?, Fertigungsverlagerungen – warum gibt es sie, wie sie sich entwickeln werden und was wir dagegen tun können; working paper, München.

Dieckmann, J. (2007), Globalisierung KMU – Entwicklungstendenzen, Erfolgskonzepte und Handlungsempfehlungen, herausgegeben von: Feldmeier, G. / Lukas, W. / Simmet, H., Leonberg.

DIHK (2005), Deutscher Industrie- und Handelskammertag (Hrsg.): „Going International": Erfolgsfaktoren im Auslandsgeschäft – Erfahrungen, Lösungen, Perspektiven", Broschüre, Berlin.

EU-Kommission (2003), Generaldirektion Unternehmen (Hrsg.): Beobachtungsnetz der europäischen KMU, Internationalisierung von KMU, Nr. 4/2003, Brüssel.

Feldmeier, G. (2007), Die Internationalisierung von KMU – Stiefkind im Schatten multinationaler Konzerne; in: Bass, H. H. / Gostomski, E. (Hrsg): Kleine und mittelgroße Unternehmen in Polen und Deutschland – Finanzierung, Internationalisierung, Strukturwandel, Sopot Bremen; S. 145-158.

Feldmeier, G. (2006), Die Internationalisierung kleiner und mittelgroßer Unternehmen (KMU) – Stand der Wissenschaft, Erklärungsdefizite sowie neuere Ansätze für die KMU-Internationalisierungsforschung, in: Abel, R./Bass, H.H./Ernst-Siebert, R. (Hrsg.): Kleine und mittelgroße Unternehmen im globalen Innovationswettbewerb – Technikgestaltung, Internationalisierungsstrategien, Beschäftigungsschaffung, Mering, S. 340-354.

Fischmann, T. / Heuser U. J. / Lamparter, D. (2005), Die kleinen Globalisierer, in: Die ZEIT vom 14.04.2005; S. 23.

Hauser, C. (2006), Hilfe für die Außenwirtschaft geht oft am Mittelstand vorbei, in: Nachrichten für Außenhandel, Nr. 180 vom 18. September 2006; S. 2.

Lemper, A. (1994): Globalisierung des Wettbewerbs und Spielräume für eine nationale Wirtschaftspolitik, in: Berichte aus dem Weltwirtschaftlichen Colloquium der Universität Bremen, Nr. 33, November 1994.

McKinsey (2005): Business Breakfast - How to go global; Chancen globaler Produktion; Ergebnisse der McKinsey PTW-Studie ProNet vom 16. Februar 2005; in: http://www.mckinsey.de/_downloads/Presse/bb_praesentation_050216.pdf.

Müller, S. / Kornmeier, M. (2002), Strategisches Internationales Management, München.

Obstfeld, M. / Rogoff, K. (2000), The Six Major Puzzles in International Macroeconomics: Is there a Common Cause?, Working Paper of National Bureau of Economic Research, No. 7777, Cambridge / Massachusetts, July 2000.

o.V. (2005), Wachsen mit dem deutschen Standort; in: Frankfurter Allgemeine Zeitung (FAZ) vom 14.11.2005, S. 26.

Sell, A. (2006), Erhaltung und Gestaltung eines innovationsförderlichen Umfeldes für KMU als wirtschaftspolitische Aufgabe, in: Abel, R. / Bass, H. H. / Ernst-Siebert, R. (Hrsg.), Kleine und mittelgroße Unternehmen im globalen Innovationswettbewerb – Technikgestaltung, Internationalisierungsstrategien, Beschäftigungsschaffung, Mering, S. 233-249.

Wohlmuth, K. (2000), Innovationen als Schlüsselfaktor für einen erfolgreichen Wirtschaftsstandort - Nationale und regionale Innovationssysteme im globalen Wettbewerb, in: Berichte des Forschungsinstitutes der Internationalen Wissenschaftlichen Vereinigung Weltwirtschaft und Weltpolitik (IWVWW) e. V., 10. Jg., Nr. 100, Berlin November 2000, S. 21-24.

Wohlmuth, K. (2002), Wichtig ist die Gestaltung der Globalisierung, S. 13-16, in: ifo Schnelldienst, Nr. 24, 55. Jg., 31. Dezember 2002.

Wohlmuth, K. (2003), Chancen der Globalisierung - für wen?, Berichte aus dem Weltwirtschaftlichen Colloquium der Universität Bremen, Nr. 81, März 2003.

Das Wachstum von Unternehmen und seine Relevanz für Armutsreduktion

The Growth of Enterprises and its Relevance for Poverty Alleviation

Robert Kappel

Abstract

Africa's economies have not turned the corner. Some countries made some progress during the last years, esp. improving the institutional framework, and some countries realized growth of GDP. Unfortunately the growing African economies have not been able to reduce poverty.

This paper makes it clear that private sector development is of major importance. But it seems to be necessary that structural change should be initiated in order to reduce poverty. Most significant are changes from subsistence and informal economies to market economies, reduced barriers for enterprise growth (incl. access to finance, knowledge, business services) and a proactive industrial policy, incl. incentives systems for clusters, linkages of formal and informal enterprises. In order to catch-up Africa needs productivity growth by enhancing human capital and managerial competence of enterprises.

Zusammenfassung

Afrikas Wirtschaft ist weiterhin in einer relativ prekären Lage. Zwar haben zahlreiche Länder in den letzten Jahren relativ gute Fortschritte in der Verbesserung der wirtschaftlichen Rahmenbedingungen erzielt, und viele Länder haben seit Jahren auch ein gutes Wachstum des Bruttoinlandsprodukts erreicht. Dieses Wachstum hat in sehr vielen Ländern jedoch nicht zu Armutsreduktion geführt.

In diesem Beitrag wird verdeutlicht, welche Rolle Unternehmen (Privatsektor) einnehmen können. Anknüpfend an die Illustration der Aktivitäten zu *private sector development* (PSD) der Gebergemeinschaft wird verdeutlicht, dass zusätzlich zu den bisher eingesetzten Instrumenten Maßnahmen zum Strukturwandel erforderlich sind, um besser Armut reduzieren zu können. Bausteine einer neuen PSD-Politik werden formuliert. Diese beinhalten u.a. die Umwandlung von subsistenz-orientierten und informellen Ökonomien in Marktwirtschaften, Beseitigung der Hindernisse für Wachstum von Unternehmen (bspw. im Zugang zu Finanzdienstleistungen, Kompetenzanhebung, Wissen, Technologie) und eine pro-aktive Industriepolitik (Anreizsysteme für Clusters, Linkages zwischen formellem Sektor und großen Unternehmen und Klein- und Mittelunternehmen (KMU) und informellem Sektor, Linkages zur Industrie). Ziel muss es sein, die Wettbewerbsfähigkeit der afrikanischen Ökonomien durch Produktivitätssteigerungen zu erhöhen, wozu es notwendig ist, einen wesentlichen Sprung in der Entwicklung von Humankapital zu machen (Lernen und Wissen, Kompetenzen, Innovation).

1 Einführung

In der Diskussion um Armutsbekämpfung wird von zahlreichen Autoren immer wieder die Bedeutung des Privatsektors betont. Nur wenn der Privatsektor wachse, werde es möglich sein, Armut wirksam zu reduzieren. Dabei bleibt es in vielen Studien recht vage, wie sich das Wachstum von Unternehmen bei den Armen durch mehr Beschäftigung und steigende Einkommen dieser niederschlägt (vgl. Sachs 2005, Kappel / Dornberger 2005). Häufig bleibt auch unklar, wie die Armutssektoren (also vor allem der urbane informelle Sektor) vom Wachstum profitieren können. Im Folgenden werde ich *Missing Links* in der gegenwärtigen Strategie des PSD nachzeichnen und Thesen für die Diskussion formulieren.

Afrikas Wirtschaft ist weiterhin in einer relativ prekären Lage (vgl. Wohlmuth 1999, Wohlmuth 2001a, Collier / Gunning 1999; Kappel / Müller 2007). Zwar haben zahlreiche Länder in den letzten relativ gute Fortschritte in der Verbesserung der wirtschaftlichen Rahmenbedingungen erzielt und einige Länder haben seit Jahren auch ein gutes Wachstum des BIP erreicht. Leider hat dieses Wachstum nicht die Armut gesenkt.

Welche Rolle spielen Unternehmen bei dieser Performance? Zwei Thesen werden formuliert:

These 1: In der gegenwärtigen Wirtschaftspolitik spielt der private Sektor (PS) eine viel zu geringe Rolle. Nur eine aktive Politik zugunsten des PS kann das erforderliche Wachstum des BIP und die Armut verringern. Nur ein wachsender PS kann Beschäftigung herbeiführen. Eine besondere Aufgabe ist es, den Aufbau bzw. die Weiterentwicklung der verarbeitenden Industrie zu fördern und Linkages zwischen Sektoren, formellem und informellem Sektor, zwischen verarbeitender Industrie und Landwirtschaft u.a. einzubeziehen, um einen Wandel zu höherer Produktivität zu sichern. Diese These widerspricht der gängigen Auffassung, wonach Armutsreduktion vor allem durch hohes Wachstum und *trickle-down* möglich ist.

These 2: Höheres armutsreduzierendes Wachstum ist nur erreichbar, wenn der Privatsektor wächst. Im Mittelpunkt zukünftiger Strategien sollen Upgrading-Potentiale des informellen Sektors und der Klein- und Mikrounternehmen stehen, da hier die Mehrheit der Armen außerhalb der Landwirtschaft agiert. Ferner sollten die Potentiale durch Clusterbildung und Linkages zwischen Groß-, Mittel- und Kleinunternehmen entwickelt werden. Ziel muss es dabei sein, die Wertschöpfung im Land zu erhöhen.

2 Wirtschaftswissenschaftliche Diskurse zu PSD und Armutsbekämpfung

Was sagen die bisherigen Untersuchungen? Viele unterschiedliche Studien behandeln den Zusammenhang von Unternehmensentwicklung und Armut mit unterschiedlichen theoretischen Ansätzen, Methoden, Modellen und empirischer Fundierung (vgl. Kappel / Dornberger / Meier / Rietdorf 2003, Liedholm / Mead 1999, Biggs / Bigsten / Collier et al. 2003).

Im Folgenden werden vier neue wirtschaftswissenschaftliche Ansätze referiert, die die Hindernisse für Wachstum von Unternehmen verdeutlichen (vgl. Kappel / Dornberger 2005, Wohlmuth 2004a, b und c).

a) Der *Firmengrößenansatz* (Weder 2003) vertritt als zentrales Argument, KMU seien mit größeren Hindernissen konfrontiert als Großunternehmen. Unterentwickelte Finanz- und Rechtssysteme schränkten die Wachstums-möglichkeiten der KMU ein. Da Markt- und Regierungsversagen in Entwicklungsländern weit verbreitet sind, werden KMU benachteiligt und somit Mobilität und Armutsreduzierung gebremst. Für eine effektive Armutsreduzierung müssen daher die Regierungen die entsprechenden Hindernisse für das Wachstum von KMU beseitigen. Spezielle Hindernisse sind Finanzierung, Infrastruktur, Steuern und Regulierungen, politische Unsicherheit und Instabilität, Inflation, Wechselkurs, Rechtssystem, Korruption, Kriminalität und wettbewerbsschädigende Praktiken der Regierung oder von Privatunternehmen. Die Studie von Weder zeigt, dass Kleinunternehmen jeden Aspekt als problematischer einschätzen als Großunternehmen. Da kleinere Unternehmen mit höheren Hürden konfrontiert sind, sollte der Fokus einer staatlichen Förderung auf diese Firmen gerichtet werden. Somit müssen sich Regierungen v. a. auf die Beseitigung der relevanten Hindernisse konzentrieren, um die Entstehung und das Wachstum von KMU zu fördern.

b) *Umverteilungsansatz* (Klein 2004): Der Schlüssel zur Armutsreduzierung im Umverteilungsansatz ist die Schaffung produktiver Arbeitsplätze durch den Privatsektor. Nach Ansicht von Michael Klein müssen Wachstumsprozesse in den armen Regionen direkt ablaufen: Die Reichweite von Strategien und Maßnahmen des PPG muss auf solche Gebiete, in denen überwiegend arme Bevölkerungsgruppen leben, ausgeweitet werden und diese Regionen in das Verbreitungsgebiet von best practices und (institutioneller) Leistungsfähigkeit einbeziehen.

In Kleins Ansatz gibt es einen deutlichen Zusammenhang zwischen der Armutsreduktion, der Verbreitung von Best Practices sowie der Schaffung von institutioneller und unternehmerischer Leistungsfähigkeit. Ein Schlüssel zu nachhaltiger Entwicklung eines Landes bzw. einer Region ist die Etablierung leistungsfähiger Institutionen. Des Weiteren ist die Ausarbeitung weitreichender Sozialprogramme und *sozialer Sicherungssysteme* wichtig. Es muss eine Basisversorgung an sozialer Sicherung vorhanden sein. Generell wird es dem Einzelnen leichter fallen, Risiken bei der Neugründung eines Unternehmens auf sich zu nehmen, wenn er sich im Fall des Scheiterns auf ein funktionierendes Versicherungssystem verlassen kann.

Allerdings unterstützen Sicherungssysteme auch versteckte Interessen und uneffiziente Unternehmen, was wiederum wirtschaftliches Wachstum hemmt.

Eine Verhinderung des Einflusses verdeckter Interessen ist für ein erfolgreiches Wachstum unerlässlich.

c) *Neue Industriepolitik*: Söderbom / Teal (2004) betonen die Rolle der verarbeitenden Industrie als zentrales Element einer Strategie zur Armutsreduzierung. Die verarbeitende Industrie könne höher bezahlte Arbeitsplätze unter bestimmten Umständen schaffen und damit einen Beitrag zur Armutsreduktion leisten. Söderbom / Teal verfolgen das Konzept einer neuen Industriepolitik, die die Weichen zur Schaffung von besser bezahlten Arbeitsplätzen stellt und damit Armut reduzieren hilft. Diese Maßnahme setzt jedoch wirtschaftliches Wachstum voraus..

Söderbom / Teal fragen, ob Arbeitsplätze speziell im industriellen Sektor entstehen müssen. Die Verbindungen zwischen der Schaffung von Arbeitsplätzen, wirtschaftlichem Wachstum und der Leistung des verarbeitenden Sektors werden anhand von Makro- sowie Mikrodaten untersucht. Die Autoren betonen, dass grundlegende Informationen aus *firm-level surveys* gezogen werden sollten, damit auch politische Akteure zu einem besseren Verständnis gelangen, wie Unternehmen operieren und wie industrielle Politik mit Armutsreduzierung verknüpft ist. Für insgesamt neun Staaten in Subsahara-Afrika stellen die Autoren eine deutliche Wachstumskette von Einkommenssteigerung und Exportwachstum bis hin zu einer Steigerung des BIP fest.

Wie können also viele gut bezahlte Arbeitsplätze geschaffen werden? Ein Mix verschiedener politischer Maßnahmen ist laut Söderbom / Teal erforderlich: z. B. *duty draw back* für Exporte, makroökonomische Stabilität, technische Kompetenz zur Erhöhung der Unternehmenseffizienz, Handelspräferenzen, Wissen über Exportmärkte etc. Ob die Exportaktivität wirklich profitabel für das einzelne Unternehmen ist, hängt von der jeweiligen Produktivität und den jeweiligen Kosten ab: Je arbeitsintensiver ein Unternehmen ist, desto profitabler ist es auch, wenn die Arbeitskosten im Vergleich zu den Kapitalkosten niedrig sind.

Konkrete Politiken können nicht allgemeingültig formuliert werden, sondern müssen für jedes Land bzw. jede Region speziell zugeschnitten werden. Grundsätzlich kann aber die Industriepolitik nur durch die Schaffung neuer und v.a. besserer Arbeitsplätze eine armutsreduzierende Wirkung erzielen. Diese Arbeitsplätze sind vorwiegend in der verarbeitenden Industrie zu entwickeln und nicht im Agrar- oder Dienstleistungssektor, da der verarbeitende Sektor sich als besonders exportfokussiert und tendenziell arbeitsintensiv erweist..

d) *Produktivität und Effizienz durch Cluster und Wertschöpfungsketten*

Wenn kleinste und kleine Unternehmen über vertikale, bilaterale Linkages in Value Chains (VC) eingebunden sind, ist einerseits ihre Position am Markt gesichert, andererseits können sie von teilweise standardisierten Bestellungen, von finanzieller und technischer Unterstützung, von Hilfe bei der Organisation von Produktionsabläufen oder bei der Qualitätskontrolle profitieren. Im Idealfall werden zwischen vor- und nachgelagerten Produktionsschritten einer Wertschöpfungskette Erfahrungen und konstruktives Feedback ausgetauscht, d. h. etwa, dass die Käufer ihre Zulieferer beaufsichtigen, ihnen Hilfestellung leisten und teilweise sogar zu deren Spezialisierung beitragen können. Innerhalb der VC geht der Einzelne ein wesentlich geringeres unternehmerisches Risiko ein (vgl. Ishengoma / Kappel 2006).

Das Hauptaugenmerk der Überlegungen liegt auf *Linkages*. Je nach Tiefe und Reichweite der Wertschöpfungskette, d. h. je nachdem wie hoch die Wertschöpfung ist, sie lokal, regional, national oder global angelegt ist, gestalten sich die Beziehungen zwischen den eingebundenen Unternehmen. Im Rahmen von Global Value Chains (GVC) z. B. finden lokale Kooperationen zwischen Unternehmen bezüglich Wettbewerb und Upgrading sowie Firmenassoziationen eher am Rande Berücksichtigung. Es lassen sich vier Dimensionen unterscheiden:

1. *Input-Output-Struktur*: Formen der Zusammenarbeit in VC zur Herstellung eines Produktes;

2. *Governance-Struktur*: Typen von Steuerungsstrukturen hinsichtlich der Verteilung von finanziellen, materiellen und Humanressourcen innerhalb einer Wertschöpfungskette sowie deren Einfluss auf die Zusammenarbeit zwischen Unternehmen;

3. *Raummuster*: Verteilung der Aktivitäten einer VC auf verschiedene Regionen bzw. Länder und deren Auswirkungen auf die Verteilung von Rückflüssen und auf regionale Entwicklung;

4. *Institutioneller Rahmen*: Regelungen im nationalen und internationalen Kontext für das Zusammenspiel einzelner Wertschöpfungsstufen.

Eine Rolle für die Entwicklung von Unternehmen können regionale industrielle Clusters spielen (vgl. Kappel / Dornberger et al. 2003, Bass 2003). Unterschieden werden groundwork clusters, industrializing clusters und complex industrial clusters.

Groundwork clusters in subsaharischen Ländern haben zur Entwicklung und Industrialisierung einiger Regionen beigetragen (McCormick 1999). Allerdings scheint ihr weiteres Wachstum aufgrund kleiner Absatzmärkte, dem Überangebot an Arbeitskräften oder institutionellen Schwächen, negativ beeinflusst zu werden. Aber es gibt auch unternehmerische Vorteile in Clusters, wie die Verbesserung des Marktzugangs, die erhöhte Anzahl von Unternehmensneugründungen, ein geringeres wirtschaftliches Risiko, ein Mindestmaß an sozialer Sicherheit usw.

Dagegen erschwert der Mangel an Infrastruktureinrichtungen, Interaktionen zwischen Unternehmen sowie an Ausbildungszentren und somit an (sehr) gut ausgebildeten Fachkräften eine Effizienzsteigerung für einzelne Firmen. Insgesamt ergeben sich Nachteile in groundwork clusters, die sich für einheimische Unternehmen eher negativ auswirken bzw. nur einen geringen Beitrag zur Stärkung von Wettbewerbsfähigkeit und Industrialisierung leisten. Einige wichtige Faktoren sind: geringes Ausbildungsniveau durch ein Überangebot an Arbeitskräften; kaum arbeitsteilige Produktionsketten wegen mangelndem Bedarf an Zulieferern und sonstigen Serviceleistungen; Mangel an technologischem Spillover sowie Linkages zwischen Unternehmen auf einfachstem Niveau wegen fehlender Spezialisierung; kaum Qualitätsanpassung wegen fehlendem Informationsaustausch zwischen Herstellern und Kunden und niedrigem Grad an Vertrauensbeziehungen.

Die Förderung von Clusters gründet sich auf die Erwartung, dass sich durch ein zunehmendes Wachstum bzw. die Bildung von Clusters eine das bisher weitgehend fehlende mittlere Unternehmertum entwickelt. Im Mittelpunkt steht dabei u. a. die verstärkte Zusammenarbeit, gemeinsame Investitionen oder wissensbasierte Spillover-Effekte zwischen verschiedenen clusterinternen Akteuren, wie Unternehmen, privaten und staatlichen Institutionen, Forschungseinrichtungen etc.

Liegt eine stärkere Spezialisierung oder Diversifizierung der KMU vor, spricht man von sog. *industrializing clusters*. Sie verfügen nicht über ein hohes Wissens-, Informations- und Technologieniveau und operieren auch nicht auf globalen Märkten, haben aber einen verbesserten Marktzugang als KMU in groundwork clusters. Außerdem ist die verstärkte Herausbildung von horizontalen, vertikalen, bi- und multilateralen joint actions zwischen allen Akteuren innerhalb der Clusters erkennbar. Die wegen Spezialisierung und Diversifizierung zwangsläufig entstehenden Linkages mit anderen Unternehmen unterstützen die Produktivitätssteigerung und senken das Risiko für den Einzelnen.

Um nachhaltiges Wachstum zu fördern, ist neben einer Effizienzsteigerung der Produktionsprozesse und einer Qualitätssteigerung der Produkte eine zunehmende Exportorientierung nötig. Dies ist ein erster Schritt in Richtung von sog. *complex industrial clusters*. Die Hauptmerkmale sind die Heterogenität der Unternehmensgrößen innerhalb eines Netzwerkes, die Abhängigkeit der KMU von einzelnen Großunternehmen und die Fähigkeit der Marktexpansion von der lokalen bis zur globalen Ebene.

Viele Denkschulen sind der Überzeugung, dass ein erfolgreiches Upgrading überwiegend auf der lokalen Ebene erfolgen, und dass eine effiziente Steigerung der Wettbewerbsfähigkeit im Rahmen der Weltwirtschaft zum größten Teil auf der Verbesserung von *tacit knowledge* (z. B. Erfahrungswissen) beruhen muss (vgl. Humphrey / Schmitz 2002). Uneinigkeit herrscht weitgehend darüber, ob globale oder lokale Linkages ein Upgrading mehr unterstützen. Dabei scheint es gerade bei exportorientierten, in den Weltmarkt integrierten Clusters wichtig zu sein, diese beiden Perspektiven miteinander zu verknüpfen.

Für ein armutsorientiertes Upgrading stehen die Möglichkeiten, die den betreffenden Unternehmen in Entwicklungsländern eröffnet werden, im Mittelpunkt: z. B. die Sicherung der Einkommen vor dem Hintergrund eines wachsenden Wettbewerbs auf dem Weltmarkt. Im Zusammenhang mit VC werden die Linkages zwischen Unternehmen und der Wissensaustausch betont, der zur Aufwertung von Standorten führen kann. Des Weiteren spielt der Lernprozess eine Rolle, den lokale Unternehmen durchlaufen, wenn sie mit globalen Abnehmern zusammenarbeiten. Dieser Prozess umfasst z.B. die

Verbesserung von Produktionsprozessen, das Erreichen einer höheren Qualität oder die Steigerung der Flexibilität.

Der Auslöser für ein Upgrading ist im Wesentlichen eine Kombination von steigender Nachfrage durch die Einbindung in eine Wertschöpfungskette sowie Weiterempfehlungen (Werbung) durch (internationale) Kunden. Die jeweiligen Abnehmer sind also die wichtigsten Bezugspunkte für die Anpassung von Produktionsprozessen. Ein weiterer Anreiz für das Upgrading ist der steigende Konkurrenzdruck des Marktes für einzelne Unternehmen, wenn neue Niedriglohnunternehmer in den (globalen) Markt eintreten. Dies führt zu einer Verstärkung des Wettbewerbs- und Preisdrucks für Unternehmen in arbeitsintensiven Sektoren. Ein Weg, auf diese Herausforderung zu reagieren, ist ein Upgrading des eigenen Unternehmens in Bezug auf Qualität und Effizienz des Produktionsprozesses. Eine andere Möglichkeit ist die Erschließung von Marktnischen.

Das erforderliche Wissen verbreitet sich innerhalb einer VC von oben nach unten und löst bestimmte Steuerungsmechanismen aus. Hier stellt sich die Frage, welche Dynamik bestimmte Clusters in Bezug auf die Faktoren Steuerung und Upgrading entwickeln, die in globale Wertschöpfungsketten eingebunden sind. Die einzelnen Wertschöpfungsstufen stehen bei der Steuerung durch in VC führende Konzerne, wie etwa international agierende Käufer, im Mittelpunkt. Die Gestaltung des lokalen Upgrading richtet sich dann nach der Art und Weise dieser Steuerung. In Quasi-Hierarchien kommt es überwiegend zu einer Beschleunigung der Prozess- und Produktaufwertung, während eine funktionelle Aufwertung eher behindert wird. In marktbasierten Strukturen ist es genau umgekehrt: Das funktionelle Upgrading wird unterstützt, das Produkt- und Prozess-Upgrading gebremst. Innerhalb von Wertschöpfungsketten, die auf Netzwerken beruhen, bestehen allgemein gute Voraussetzungen für ein Upgrading.

Allerdings trifft dies weniger für Unternehmen in Entwicklungsländern zu. Sie profitieren eher von einer Einbindung in *quasi-hierarchische Strukturen*. Solche Strukturen sind v.a. für das Upgrading von exportorientierten Produzenten in Entwicklungsländern entscheidend: Einerseits ermöglicht die Einbindung in eine GVC eine schnelle Erweiterung von leistungsfähigen Produkten und Prozessen, andererseits wird eben eine funktionelle Aufwertung gebremst und die vorhandenen Abhängigkeiten von führenden Abnehmern verstärkt. So haben kleinere Unternehmen oft keine Möglichkeit, ihren Kundenkreis zu vergrößern, weil sie an einen oder wenige Großkunden gebunden sind. Insgesamt scheinen aber die Vorteile für kleinere Unternehmen einer Wertschöpfungskette zu überwiegen: Der Aufbau dieser Strukturen kann langfristig zur Erschließung zusätzlicher Kompetenzen und neuer Märkte führen, was eine Veränderung des Machtgefüges zur Folge haben kann.

Es ergeben sich aus der Einbindung in eine VC und die verstärkte Kooperationen besonders für kleinste und kleinere Unternehmen folgende Vorteile: Zugang zum Markt, Zugang zu Informationen über Marketing, Nachfrage globaler Abnehmer und internationale Preis- und Qualitätsstandards sowie Senkung der Kosten zur Investitions- und Informationsakquisition usw. Deutlich wird der Einfluss des Informationsaustausches beim Vergleich zwischen KMU, die ihre Produktion entweder an inländischen oder an ausländischen Märkten orientieren: Während Erstere die Verbesserung ihrer Technologien relativ langsam voranbringen, erreichen Letztere schnellere Geschwindigkeiten bei der Einführung besserer Technologien, weil sie sich auf die Nachfrage hochqualifizierter Kunden einstellen müssen, um konkurrenzfähig zu bleiben (vgl. Ishengoma / Kappel 2006).

In diesem Zusammenhang können für die Entwicklung von *Quasi-Hierarchien* vier Faktoren identifiziert werden:

- Differenzierung der Produkte und Innovation als entscheidende Wettbewerbsvorteile;

- Anpassung der Endprodukte an wachsende Nachfrage nach bestimmten Sicherheits-, Arbeits- und Umweltstandards;

- Verringerung von Lagerbeständen sowie zunehmender Druck, die Zeitspanne zwischen Produktion und Verkauf zu verkürzen;

- Suche von global players nach neuen Zulieferern aus dem Niedriglohnbereich im Zusammenhang mit Operationen in arbeitsintensiven Sektoren.

Abgesehen von diesen externen Steuerungsfaktoren, die die Chancen zur wirtschaftlichen Entwicklung von KMU steigern, spielt die jeweilige Firmenstrategie eine große Rolle. Es sind Investitionen in die Geräteausstattung, organisatorische Strukturen und das Personal notwendig, um die Nachhaltigkeit der Aufwertung sichern zu können. Mit Hilfe einer geeigneten Strategie war es bisher z. B. vielen Unternehmen in Ostasien möglich, aus Quasi-Hierarchien auszubrechen. Meist gelingt dies durch die Verwendung von erlerntem Wissen und Informationen. Solchen Entwicklungen versuchen die meisten führenden Konzerne entgegenzuwirken, indem sie einen übermäßigen Informationsfluss zu KMU innerhalb der Wertschöpfungskette unterbinden und nur das nötigste Wissen an ihre Zulieferer weitergeben. Investitionen in die Herausbildung neuer Kompetenzen erfolgen außerdem meist mit einem relativ hohen Risiko, wie z. B. Marketing und Markenbildung im Fall von KMU in Entwicklungsländern.

Die Unternehmen müssen zu diesem Zweck auf bestimmte Rahmenbedingungen in Form eines innovativen Umfelds zurückgreifen können. Ein solches Umfeld kann durch kompetente makroökonomische Politiken, leistungsfähige und innovative Institutionen und Forschungseinrichtungen sowie eine innovative Kultur bzw. das soziale Kapital einer Gesellschaft geschaffen werden. Allerdings können diese meist regional variierenden Komponenten Unterschiede bezüglich der Entwicklung von Unternehmen innerhalb der Netzwerke hervorrufen, wenn Art und Maß der Integration sowie die Linkages voneinander abweichen. Es spielen dabei die spezifischen Beziehungen zu Großunternehmen, die Größe des lokalen Nachfragemarktes, die Industriepolitik des jeweiligen Staates oder die endogenen Unternehmenspotenziale eine Rolle. Die Integration von KMU in den Weltmarkt kann dann z. B. in Bezug auf die Wachstumsdynamik, das funktionelle oder das technologische Upgrading sehr unterschiedlich verlaufen.

Die internationale Wettbewerbsfähigkeit kann in Verbindung mit einer Steigerung der strukturellen Innovationsfähigkeit, effizienter Linkages-Strukturen auf dem Binnenmarkt, einer großen Binnennachfrage für KMU und der Nachfrage eines großen exportorientierten Unternehmens erhalten bzw. gesteigert werden kann. Der Nutzen durch die Teilnahme an Netzwerkstrukturen lässt sich durch Faktoren wie Marktanteil, Umsatz und Beschäftigung messen. Bei netzwerkgebundenen Firmen kommt es überwiegend zu einer Zunahme aller drei Aspekte. Ohne Governance- und Netzwerkstrukturen ist die Gefahr eines Abrutschens in die bzw. des Verbleibs in der Informalität wesentlich höher.

Gerade im Zusammenhang mit der Steigerung der Beschäftigung in Unternehmen, die in Netzwerke wie Wertschöpfungsketten und Clusters eingebunden sind, scheint dieses Modell des Wachstums von Produktivität und Effizienz einen Beitrag zur Armutsreduzierung leisten zu können. Auf der einen Seite bedarf es dafür leistungsfähiger Institutionen, die durch geeignete Maßnahmen den Privatsektor fördern, wie z.b. durch die Verringerung von Markteintrittsbarrieren von KMU oder andere Hindernisse. Auf der anderen Seite muss in der Gesellschaft und speziell beim Unternehmertum eine Offenheit gegenüber Innovationen vorhanden sein. Diese Innovationen und verbesserten Rahmenbedingungen können Unternehmen zur Interaktionen innerhalb von Clusters und/oder Wertschöpfungsketten zu ihrem Vorteil nutzen. Durch dieses Zusammenspiel kommt es zu wirtschaftlichem Wachstum, da Beschäftigung und Einkommen gesteigert werden können.

e) *Linkages formeller und informeller Sektor*

Der informelle Sektor (IS) ist zur dominierenden Ökonomie in vielen afrikanischen Ländern geworden. Der urbane IS (UIS) absorbiert die überschüssige Arbeitskraft, die aus Migration entsteht und keinen Zugang zu Beschäftigung im formellen Sektor (FS bekommt. Andererseits leistet er aber auch einen wichtigen Beitrag zur Beschäftigung. Oft wird in der Literatur nur eine dieser zwei Seiten hervorgehoben und beschrieben. Ranis / Stewart (1999) argumentieren jedoch, dass der IS beide Funktionen in gleicher Weise einnimmt.

Die durch das Bevölkerungswachstum entstehende Armut und Arbeitslosigkeit führen im ländlichen Raum zu dem Wunsch nach Einkommensmaximierung und urbaner Migration. In den Städten entsteht ein Arbeitskräfteüberschuss, den der FS nicht absorbieren kann, da er langsamer wächst als die Zahl der Arbeitskräfte. Zugangsbarrieren zum FS (Steuern, Regierungsvorschriften und Korruption) sowie schwache Institutionen (Bildung, Infrastruktur etc.) zwingen viele Beschäftigte zum Verbleiben im IS. Die Folgen sind hohe urbane Arbeitslosigkeit und ein Wachstum des UIS.

Der Ansatz von Ranis / Stewart (1999) untersucht den IS in Kombination mit dem FS und den makroökonomischen Rahmenbedingungen. Ranis/Stewart untergliedern den IS in zwei Bereiche: IS^{modern} (dynamisch) und $IS^{traditionell}$ (stagnierend). Erstens zeichnet sich der $IS^{traditionell}$ durch niedrige Kapitalausstattung, niedriges Einkommen, geringe Produktivität, Kapazität und Qualifikation, stagnierende Technologie, weniger als drei Arbeiter, Familienarbeit und Konsumgüterproduktion aus. Der IS^{modern} beschäftigt ca. zehn Arbeiter, er ist mit dem FS verbunden, es gibt Qualifikationsmaßnahmen für Mitarbeiter, eine dynamischere Technologie wird angewandt und Kapazität und Einkommen sind größer. Konsum- und Kapitalgüterproduktion kennzeichnet den IS^{modern}. Im urbanen Bereich absorbiert der $IS^{traditionell}$ die Arbeitskraft, die im IS^{modern} keinen Platz gefunden hat.

Im IS können verschiedene Arten von Linkages unterschieden werden (vgl. Ishengoma / Kappel 2006).

- Markt-Linkages entstehen durch den Austausch von materiellem Input (Gütern, Ressourcen und Werkzeug) sowie von Information und Technologie. Betroffene Aktivitäten liegen meist im Bereich Produktion, Handwerk, Handel, Transport, Dienstleistungen.

- Kreditfinanzierungs-Linkages zeichnen sich durch den Transfer von Fonds und anderen ökonomischen Dienstleistungen vom FS zur Investition und Entwicklung im IS aus.

- Konsum-Linkages bilden sich über die direkte Verbindung zu Konsumenten (d. h. Haushalte und Farmen).

Der FS hat eine bestimmte Nachfrage nach Produktions- oder Konsumgütern. Je höher das Einkommensniveau liegt, desto eher verlagert sich diese Nachfrage auf Importgüter. Die Form und das Ausmaß der jeweiligen Nachfrage hängen zudem von der Wettbewerbsfähigkeit, der Organisation, dem Wachstum und der Zulieferungsneigung des FS ab. Einer der Gründe, weshalb Linkages hergestellt werden, ist die Inflation: sie zwingt Händler, einen großen Teil ihrer Bestände von lokalen – auch informellen – Zulieferern zu beziehen.

Drei Fälle können entstehen, wenn man alle Einflussfaktoren von bilateralen vertikalen Linkages und sub-contracting auf den IS zusammenfasst:

1. Alle Veränderungen führen zum Upgrading und zur Weiterentwicklung des IS^{modern}: durch ein Wachstum des FS, gleichmäßige Einkommensverteilung, technologischen Fortschritt und Kapitalbildung.

2. Der IS wächst, obwohl der FS oligopolistisch ist, da er eine günstige Alternative zum FS bezüglich der Güterproduktion bietet. Jedoch ist hier der

IS^{modern} weniger rege als in Punkt 1, da die makro-ökonomischen Konditionen ungünstiger sind.

3. Der IS stagniert, weil auch der FS stagniert: durch ungleiche Einkommensverteilung, schwache Linkages, da das Angebot des IS nicht die Nachfrage des FS erfüllt etc.

Das Modell 1 ist das günstigste Modell, da IS und FS in einem komplementären und dynamischen Verhältnis zueinander stehen. Je langsamer der IS^{modern} wächst, desto eher bleibt der $IS^{traditionell}$ bestehen. Somit haben Verknüpfungen zwischen dem FS und dem IS^{modern} immer Einfluss auf das Verhältnis zwischen dem IS^{modern} und dem $IS^{traditionell}$.

Es sollte also die Frage geklärt werden, an welchem Punkt entwicklungspolitische und -wirtschaftliche Maßnahmen ansetzen sollten, um in Entwicklungsländern nachhaltige Armutsreduzierung zu erzielen. Ranis / Stewart setzen beim FS an: Wachstumsrate, Wettbewerbsfähigkeit und Organisation der Linkage-Beziehungen des FS mit dem IS^{modern} fördern das Wachstum des IS^{modern} und führen somit zu einer Verkleinerung des $IS^{traditionell}$. Das heißt, eine Politik, die den FS dynamischer, wettbewerbsfähiger und egalitärer macht, fördert dadurch auch den IS^{modern}. Eine Politik zur Förderung angepasster technologischer Entwicklung, Infrastruktur und finanzieller Institutionen des IS^{modern} ermöglicht es dem IS, durch ein entsprechendes Angebot auf die Nachfrage des wachsenden FS zu reagieren.

3 Schluss

Wird eine neue Industriepolitik und eine neue Wirtschaftspolitik für den PS benötigt?

Grundsätzlich kann eine *neue Industriepolitik* nur durch die Schaffung neuer und v.a. besserer Arbeitsplätze eine armutsreduzierende Wirkung erzielen. Ich plädiere für eine neue industriepolitische Agenda, die Investitions-, Handelspolitik und PSD-Policy umfasst und auch den Agrarsektor einbezieht. Diese Agenda für einen Shift in der wirtschaftspolitischen Reformpolitik berücksichtigt das Scheitern der Import-Substitutionsindustrialisierung (ISI) und das Scheitern des Staates als Unternehmer (auch wenn in anderen Teilen der Welt ISI und Staatsunternehmen erfolgreich waren, wie China, Südkorea, auch Indien) und sollte keinesfalls wiederholt werden.

Was spricht für eine neue Industrie- und PSD-Politik? 1. Die nichtausreichenden Erfolge der bisherigen PSD-Politik (zu geringe Industrialisierung, zu geringe Investitionen, zu geringer Beitrag des PS für Wachstum und Armutsbekämpfung). 2. Informelle Unternehmen und die subsistenzorientierten Bauernschaft können die Armut nicht wirksam bekämpfen.

Wo kann angesetzt werden? M.E. ist es erforderlich, durch wirtschaftliche Anreizsysteme einen Strukturwandel herbeizuführen. Dieser beinhaltet:

- *Beseitigung der Hindernisse* für Wachstum von Firmen (bspw. im Zugang zu Finanzdienstleistungen, Kompetenzanhebung, Wissen, Technologie).

- Pro-aktive Industriepolitik zur Entwicklung endogenen Unternehmertums – vor allem KMU durch neue *Anreizsysteme* für Exportförderung, Clusters, Linkages zwischen formellem Sektor und großen Unternehmen und KMU und informellem Sektor, Business Start-Ups, um den Strukturwandel aus der Informalität heraus und dadurch einen größeren Beitrag zu breitenwirksamen Wachstum zu erwirken.

- Größere Anstrengungen zur Hebung der Kompetenz, Lernen und Wissen, *skills development*, Humankapital, weil diese die erforderlichen Produktivitätsgewinne ermöglichen können.

- Sicherung einer *verlässlichen Makropolitik* (mit bspw. realistischen Währungen) und einer pro-aktiven Handelspolitik, um den Export zu fördern (bspw. Exportsubventionen, duty draw back schemes, wie sie in den erfolgreichen Ländern Ostasiens breit angewendet werden).

Wenn wir wirtschaftspolitische Maßnahmen hier ansetzen, wird höheres Wachstum und breitenwirksames Wachstum besser realisiert werden können.

Literatur

Bass, H.-H. (2003): Relevanz und Implikationen Neo-Schumpeterscher Theorien für die KMU-Förderung in Entwicklungsländern, in: Kappel, R. / Dornberger, U. / Meier, M. / Rietdorf, U. (Hrsg.): Klein- und Mittelunternehmen in Entwicklungsländern. Die Herausforderungen der Globalisierung, Hamburg, S. 25 - 43.

Biggs, T. / Bigsten, A. / Collier, P. / Dercon, S. / Fafchamps, M. / Gauthier, B. / Gunning, J. W. (2003), Risk Sharing in Labor Markets, in: World Bank Economic Review, Vol. 17(3), S. 349 - 366.

Collier, P. / Gunning, J. W. (1999), Explaining African Economic Performance, in: Journal of Economic Literature, Bd. 37, S. 64 - 111.

Humphrey, J. / Schmitz, H. (2002), Developing Country Firms in the Global Economy: Governance and Upgrading in Global Value Chains, Duisburg, INEF-Report Nr. 61.

Ishengoma, E. / Kappel, R. (2006), Economic Growth and Poverty: Does Formalisation of Informal Enterprises Matter?, GIGA Working Paper No. 20, April 2006, Hamburg.

Kappel, R. / Marie M. (2007), Breites Wirtschaftswachstum in Afrika – die große Wende?, GIGA Focus Afrika, Nr. 6/2007, Hamburg.

Kappel, R. / Dornberger, U. (2005), Internationale Privatsektorentwicklungsstrategien und die Schärfung des deutschen PWF-Instrumentariums, Hamburg, Juli 2005, Studie für Deutsche Gesellschaft für Technische Zusammenarbeit, Projektbearbeitungsnr.: 03.2284.2-001.00.

Kappel, R. / Dornberger, U. / Meier, M. / Rietdorf, U. (2003) (Hrsg.), Klein- und Mittelunternehmen in Entwicklungsländern, Die Herausforderungen der Globalisierung, Hamburg.

Klein, M. (2004), Ways Out Of Poverty. Diffusing Best Practices and Creating Capabilities – Perspectives on Policies for Poverty Reduction, Washington, D.C., World Bank Policy Research Working Paper 2990.

Liedholm, C., Mead, D.C. (1999), Small Enterprises and Economic Development, The Dynamics of Micro and Small Enterprises, London.

McCormick, D. (1999), African Enterprise Clusters and Industrialization: Theory and Reality, in: World Development, Vol. 27, Nr. 9, S. 1531 - 1551.

Ranis, G. / Stewart, F. (1999), V-Goods and the Role of the Urban Informal Sector in Development, in: Economic Development and Cultural Change, Vol.47, Nr.2, S. 259 - 288.

Sachs, Jeffrey D. (2005), Investing in Development. A Practical Plan to Achieve the Millennium Development Goals, London.

Söderbom, M., Teal, F.J. (2004), How Can Policy Towards Manufacturing in Africa Reduce Poverty?, in: African Development Perspectives Yearbook 9, S. 29 - 52.

Weder, B. (2003), Obstacles Facing Smaller Business in Developing Countries, in: Fields, G. S. / Pfeffermann, G. (eds.): Pathways Out of Poverty, Boston / Dordrecht / London, S. 215 - 225.

Wohlmuth, K. (1999), Die Grundlagen des neuen Wachstumsoptimismus in Afrika, in: Robert Kappel (Hrsg.), Afrikas Wirtschaftsperspektiven. Strukturen, Reformen und Tendenzen, Hamburger Beiträge zur Afrika-Kunde 59, Institut Für Afrika-Kunde, Hamburg 1999.

Wohlmuth, K. (2001a), Africa's Growth Prospects in the Era of Globalisation: The Optimists versus the Pessimists, in: African Development Perspectives Yearbook 2000/2001, S. 101 - 160.

Wohlmuth, K. (2004a), African Entrepreneurship and Private Sector Development. An Introduction, In: African Development Perspectives Yearbook 2002/2003, S. 205 - 234.

Wohlmuth, K. (2004b), Capacity Building and Private Sector Development, in: African Development Perspectives Yearbook 2004, S. 139 - 160.

Wohlmuth, K. (2004c), Private Sector Development and Economic Reform. An Introduction, in: African Development Perspectives Yearbook 2002/2003, S. 3 - 27.

Wohlmuth, K. (2004d), The African Growth Tragedy. Comments and an Agenda for Action, Berichte aus dem Weltwirtschaftlichen Colloquium der Universität Bremen, Nr. 91, Bremen.

Urban-Rural Dynamics and Entrepreneurial Activities in Tanzania

Städtisch-ländliche Dynamiken und unternehmerische Aktivitäten in Tansania

Meine Pieter van Dijk

Zusammenfassung

Die größer werdende Lücke zwischen den ländlichen und städtischen Gebieten führte zur Durchführung einer Studie, die sich dem Prozess des sich ausbreitenden Wachstums zu den ländlichen Gebieten hin widmete. Städtisch-ländliche Wechselwirkungen werden tiefgehender untersucht als in früheren Studien. Er wird erklärt, wie diese Mechanismen zum Verbreiten des wirtschaftlichen Erfolgs Tansanias beitrugen.

Abstract

The widening gap between the rural and urban areas has led to a study of the process the spreading growth to the rural areas. Urban-rural interactions will be conceived more broadly than in previous studies, to explain how these mechanisms contributed to the spreading of the economic success of Tanzania.

1 Introduction

Prof. Karl Wohlmuth (with Dirk Hansohm) contributed to the first book I edited for the Working group on industrialization in the Third World of the European Association of Development and Training Institutes (EADI: Van Dijk and Marcussen, eds, 1990) and I have been contributing to African Development Perspectives a number of times. I know his interest for the importance of entrepreneurial activities for the development of Africa and like to contribute on a dynamic case, which I studied in 2005 and 2006. Tanzania has grown more than 6 percent per year during the last three years.[1] The research started out of concerns about the widening gap between the rural and urban areas. Are there enough linkages between the two sectors and do the urban areas function as an engine of growth, also for the rural areas? So far the rapid economic growth seems to continue, although the economy has suffered in 2006 from drought and the resulting electricity cuts. Normally 70 percent of the energy would come from hydropower, but that is not achieved given the level of the water reservoirs. Load shedding happened about every other day in 2006. This is very disturbing for small businesses like welders and internet cafes. It could also have a negative effect on economic growth. However, activities like tourism, gold and minerals continued to increase in price or volume.

Tanzania and in particular Dar es Salaam benefited from economic restructuring in the nineties, but how is the growth spreading to the rural areas? Tanzania intends to achieve, according to Vision 2025, a modern resilient economy capable of achieving regional and international competitiveness. This contribution has five parts. After the introduction we will discuss different explanations for the success of Tanzania. Then a theoretical framework will be introduced to analyze rural-urban linkages. In the fourth part we consider how the urban-rural dynamics can be promoted and in part five we draw some conclusions.

2 Different explanations for the success of Tanzania

From the literature the following explanations of the success of Tanzania can be given and will be discussed, focusing in particular on the fourth:

- There is no success, prices of commodities and development aid have increased because Tanzania is a donor darling.
- In particular the capital Dar es Salaam benefited from economic restructuring, but what about the other regions?
- Regional effects of decentralization are important.

---

[1] The research on which this contribution is based has been undertaken for the World Bank (Van Dijk 2006b).

- The role of the (in)formal flows and the informal sector in spreading economic growth is important.
- There is not enough infrastructure outside the capital.
- Private and partially foreign investments in mining and tourism did it.
- Globalization is threatening, but also provides new opportunities.

2.1 Donor darling and commodity prices have increased

Some argue there is no success, but Tanzania is a donor darling. Donors supported the current reform process and have spent a lot in particular in Dar es Salaam. However, the centre is driving development. Much depends on the mechanisms to transmit the positive effects of these expenditures and investments. It is also true that the prices of commodities have increased substantially between 2002 and 2007, which means the values increase. However, volumes have also increased. Among traditional exports cotton increased by 52%, tobacco by 48% and cashew nuts by 28.6% in 2004, due to favorable weather conditions and availability and proper usage of agricultural inputs (URT 2005).[2] Several attempts have been undertaken to improve competitiveness and enterprise productivity. Tanzania's Business Environment Strengthening project (BEST) is providing support to private business organizations in Tanzania. They can get grants to advocate for changes in the business environment. Money can also be obtained to allow such organizations to improve their capacity to advocate more effectively for changes in government policies and regulations.

2.2 Dar es Salaam especially benefited from economic restructuring

The country has embarked on structural adjustment programs in the 1990s and is currently reaping the fruits. Tanzania belongs to the top of African pro-business reform countries. According to the Financial Times (6-9-2006) it

---

[2] The improvements were due to improved prices and export volumes, in particular the volume of cotton and cloves exported increased substantially. Of course the positive effects of the increased commodity prices were partly offset because Tanzania also had to pay more for its imported oil. However, the country is not facing a major balance of payments crisis, although the value of Tanzanian shilling was somewhat slipping during the summer of 2006.

simplified business regulation, improved property rights and made it easier to start an enterprise. IFC (2006) found that the cost to register a new enterprise reduced 40 percent. Through a change of the legislation small investors also receive better legal protection. Importing goods has been easier by using a computerized system. The average number of days to import goods went down from 51 to 39 days. For export the average went from 30 to 24 days. Finally the taxes to be paid for this kind of transactions went down 3 percent.

Agriculture is largely rain fed and contributes about 46% to GDP. The sector is very prone to droughts and only 191.000 hectares of land can be irrigated, which represents one fifth of the total area that could be irrigated (World Bank 2006a). The recent irrigation sector master plan aims to double the irrigated area in 10 years. Currently the on-farm water efficiencies are also very low (between 10 and 20%). Besides gold and tanzanite, Tanzania has an emerging horticulture sector and more traditional crops such as sisal, coffee and cotton.

Problems are that the current financial structures are completely against agriculture, production takes place far from the coast and the infrastructure and the technology are often rudimentary. However, there is no lack of entrepreneurship in the rural areas, which is proven by the fact that households engaged in off-farm activities are less poor.

Dar es Salaam, the capital enjoys some vary favorable conditions (Van Dijk 2006b):

- Strong growth of a relatively young and educated population,
- high tax revenues, the city generates 82% of all taxes in Tanzania,
- its share of GDP is 17.5% while it counts only 13% of the total population,
- manufacturing units 1405 out of the 3431 in Tanzania,
- establishments 9397 out of 28910,
- licenses 18106 out of 81661,
- buses 6600 out of 11279
- 62% of households involved in informal activities.

In Dar es Salaam you find the big businesses and very small indigenous businesses. Mining and tourism are flourishing, while informal sector incomes are very low. In purchasing power parity it is slightly better. However, differences are too big! The success of Dar es Salaam is due to its:

- Location: one finds there the largest part government's services and the formal sector;
- Enormous dynamics, decentralization resulted for example in more competitive municipalities;
- Increase in total factor productivity by 6.2%;
- Growing exports and 61% households in informal activities.

Table 1: Poverty reduction between 1991 and 2001

Variable	Dar es Salaam	Other urban	Rural	Comment
Poverty reduction 91-01	From 28 to 18%	From 29 to 26%	From 41 to 39%	National level 3% reduction
Average hh size	4.8	4.9	5.9	Average household is smaller in Dar es Salaam
Working age (15-64)	62.9%	57.0%	50.3%	Largest share working age in Dar es Salaam
Younger people	25.6%	22.2%	18.6%	More in 15-44 range in Dar es Salaam
Importance remittances	3.5%	3.2%	2.1%	2.4% of household budget at the national level

Source: Van Dijk 2006b.

Consequently a drop in poverty can be seen in table 1, in particular in Dar es Salaam, but also in the other urban areas and even in the rural areas. Sustainability and expansion of food and cash crop production in the Dar es Salaam region appears difficult to be achieved.

2.3 Regional initiatives are the effect of decentralization

Some of the existing problems and obstacles facing the agricultural sector are: poor farming methods and equipment, non existence of data about farmers and crop yield, great increase of people especially youths, high rate of urban expansion leading to decrease of agricultural land, land degradation due to soil erosion, inadequate knowledge on improving farming techniques by farmers, outbreak of crop pests and diseases affecting plants and crops, and shortage of inputs including better quality seeds and fertilizers.

A factor that favors in particular the rural areas is decentralization. An effect of decentralization is that more regional initiatives are taking place as has been shown by a comparison between Arusha and Kilimanjaro districts (Van Dijk, 2006b). Picking two regions in the north we found that the conclusion is that the Arusha region is booming because of tourism, but also because of agriculture and trade links with Kenya and Uganda. Wheat, coffee, flowers (ten Dutch horticulturalists and at least one Frenchman) and mining are mentioned, although the latter concerns mainly some small-scale activities. Tourism is an activity, which takes place outside Dar es Salaam. The increase in the number of tourists has had a positive impact on rural demand.

The national accounts of Tanzania give an impression of the distribution of the development between rural and urban. However, the distinction is never easy. For example around Dar es Salaam there is considerable 'urban agriculture', perishables in particular for the urban market. It is estimated that urban farming activities in the Dar es Salaam provides the population with 354,657 tons of food (134,060 tons in Kinondoni municipality, 55,597 tons in Ilala municipality and 164,100 tons in Temeke municipality). Major food crops grown in the Dar es Salaam region are: cassava, sorghum, maize, rice, sweet potatoes, bananas, and varieties of legume. Cash crops include: cashew nut, coconuts, oranges, pineapples, and mangoes. Farming of these crops is done on small scale plots and land tilling is mainly done by using hand equipments. Very few people are using tractors and traditional upgraded technology.

Cereals and meat tend to come from further away. Some regions have specific climates, which make them very appropriate for specific products. For example the Tanga region in the north is known for its temperate climate that allows it to grow all kind of fruits and vegetables, if appropriately stimulated to do so.

August 2006 a meeting of regional leaders was held for the second time in 2006. The president delivered an important speech and this event shows the authorities take decentralization more serious. There are advantages and disadvantages to decentralization. One needs an economic basis to make decentralization work, but it is good to make local people responsible through elections. The president addressed the meeting for two hours suggesting a code of conduct, which made it very explicit that a lot is expected from these regional leaders. Before the meeting a large number of regional leaders had been replaced.[3] The good thing is that the politicians now know they will be held accountable for what they have promised. The Arusha meeting is highly relevant, although promoting economic activities is not yet a policy at the local level. But supplying more facilities/services provision and creating the conditions for private sector development are.

The Netherlands is heavily involved in decentralization and local government reform, usually together with other donors. Recently it signed up for example for a new water project with different development banks and other donors. The Dutch development cooperation will go to the local governments who have to spend it. One of the remarkable achievements of Tanzania is the improved accountancy system for these kinds of decentralized projects. There is a problem that many of the good people are at the central level. The Ministry of Finance has trained 400 accountants for rural development projects.

2.4 Spread of economic growth is more important than expected

The role of the informal flows in spreading economic growth is more important than what would be expected from the available statistics. How to explain six percent growth in rural and urban, formal and informal sector? We concluded this is linked to the:

1. Flows of people: migrants as physical capital to Dar es Salaam, the migrant comes and returns with skills, ideas, equipment and goods;
2. Flows of goods and services in and out of the capital and the rural areas;

---

[3] It is quite remarkable that the president has retired or kicked out something like 31 regional commissioners, because they did not do what they were supposed to do! Many were not clean and corruption gets a lot of attention.

254 Kapitel 3: Unternehmen und Entwicklungsprozesse in der Globalisierung
Chapter 3: Business and Development Processes in the Globalisation

3. Flows of money: remittances, loans and savings flow largely through the informal sector to and from the rural areas.

Do these flows lead to rural development? Not according to incomes in household survey s of 1990 and 2001, where we found no significant differences. Also not according to the data on remittances, which are more important in the urban areas. However, these remittances are not really measured in the 2001 household survey because they are net (inflows minus outflows) and we do not know for which purpose they have been used. However, decentralization leads to better regional and urban governance (for example in Arusha and Dar es Salaam in Van Dijk 2006b). Also Tanzania has many pro-poor rural policies (Owen and Teal 2005) and there are now more infrastructures and there are better possibilities for transportation. The new agricultural survey is expected to show the effects of changes like more diversification and the use of new technologies. Finally the important positive effects of return migration should be noted.

Positive developments in the rural areas can be observed, because of the process of urban rural dynamics.[4] Indicators showing increased activity in the rural areas range from the sales of telephone cards to consumption of construction materials. The impression is that in the rural areas a lot of phone cards are sold and everybody is calling. That is a good sign that people are connected. The number of buses would also be a good indicator. All the consumption goods that one finds in the urban areas can also be bought in rural areas. Decentralization has provided an infrastructure. There are local multipliers for all these expenses. For example the rise of Jatropha biofuels (Van Eijck 2006) or the surge in horticultural investments. Other examples are the increase in horticulture (stimulated by foreign investors). Secondly, the Regional Administrative Secretariats are now assumed to deliver

---

[4] Examples of rural development initiatives mentioned in the local press in 2006 were:
1. Lack of laws dogs Public private road venture
2. Vodacom's mobile\health clinic provides services in Arusha
3. Lake Victoria environment wins protection
4. The importance of leadership (because of a speech by president Kikweta)
5. Corruption informers must be protected
6. Dodoma to breed beef cattle
7. President: no delegation of duties to regional commissioners

economic development supports services that focus on production related activities in agriculture, livestock, commerce, industry and natural resource sectors. There are also positive developments at the national level. In the first place the new president is really inspiring and still has a good press, even after being almost 9 months in office and despite the drought and the energy crisis.

2.5 Not enough infrastructures outside the capital

Tanzania is big (883,987 km^2) with a widely dispersed population of 34.4 million people in 2002. It has a very low population density of 39 people per km^2 (2002). There are big differences in altitude, ranging from sea level on the coast to 19,340 feet above sea level. This has made it difficult to develop a infrastructure that adequately serves all parts of the country. However recently a lot of money has been invested infrastructure. The question is whether this has been enough to sustain the current development process. Some argue that there are not enough infrastructures outside the capital.

Infrastructure delivers inputs to farms, helps to market agricultural produce, distributes raw materials and facilitates both domestic and international trade. There is a direct link between economic development and the growth rate of infrastructure. The rehabilitation of physical infrastructure, particularly the trunk and regional roads under the Integrated Road Program (IRP) improved significantly marketing networks. Recently the government is working on the privatization of the railroads, which hopefully leads to an improved functioning and could also be a big boost for the harbor of Dar es Salaam.

The lack of electricity of a good railway system and the relative high minimum wages mean that not many foreign investors are interested in setting up a factory in Tanzania. The cost of bringing a container to Rwanda is still higher then shipping one from the port of Dar es Salaam to Japan. A lot of money is spent on improving the infrastructure and transport (World Bank 2006b). Transport contributes to poverty alleviation by assuring cost-effective transport of goods and people. It also links the country to the global economy and assists neighboring landlocked countries to connect to the world. World Bank (2006b) provides an overview of the transport infrastructure and its management, but it is too easy to just point to the provision of infrastructure for the success of Tanzania.

2.6 Role of investments in booming sectors like mining and tourism

Tanzania received in 2004 more foreign direct investment than Uganda and Kenya, namely US$ 470, 237 and 46 million. Local newspapers made a lot of noise about the US$ 470 million foreign direct investments in the country in 2004, but this is a fraction of what for example the Netherlands invests in Brazil or the west invests in China every year. It is not so clear why China would invest in Tanzania other than for raw materials. You can not expect them to play the role that Japan has played for many East Asian tigers.

More joint ventures with US and Chinese companies are promoted. Tanzania woes Chinese investors and although these are mainly interested in selling their products and buying raw material in Africa, the last mission made some promises. According to the Guardian (24-8-2006) the vice president has pledged government support to investors trying to realize their goals. The Chinese answered that they seek investments in business industry, minerals, agriculture and irrigation and they have helped Tanzania with the development of an Export Processing Zone (EPZ). The government stimulates universities to pay more attention to improving 'business skills' of students and staff. Special programs have been developed at Dar Es Salaam University and also several institutes have specialized in providing appropriate technology for these self starters.

The role of private and partially foreign investments in booming sectors like mining and tourism is certainly important. The steep increase of the horticulture sector is driven by foreign direct investment. Technical education has also been neglected, meaning that companies have to train their own people. Again a factor increasing their costs and to be worked on to attract the necessary investments for becoming a real tiger economy.

2.7 Globalization is threatening and provides new opportunities

Globalization is certainly threatening, but we will argue that it also provides new opportunities for countries like Tanzania. In a more liberalized world economy a lot of specialized agricultural products could also be exported and the country has an interest to anticipate such developments, which can be expected in the framework of the Doha round and the current negotiations with the European Union (EU). It is not desirable to go against the effects of globalization.

Trade policies define the conditions for participation in the global economy. In 2003 the Ministry of Industry and Trade formulated a Trade policy for a competitive economy and export-led growth (MIT 2003). It is quite a comprehensive document and it really goes for competition, regional integration and multilateral trading, but as will be shown the current situation has become extremely complicated because of a breakdown of the World Trade Organization (WTO) negotiations and the economic partnership agreements (EPA) with the EU. There is also the pressure to choose between the Southern African Development Community (SADC) and the East African Community (EAC). In the meanwhile the EAC has started an ambitious program in the direction of African Unity, skipping a number of stages, which are normally in between full economic integration and a creating a free trade area. MIT (2003) attaches to trade a pivotal role and doesn't discuss autarky, import substitution and protection, but rather globalization and further integration

When at the beginning of 2006 a EU official said Tanzania had to choose between EAC or SADC he received a reprimand. During a recent meeting of SADC some members phrased the same question and Tanzania will have to answer. In its trade strategy it assumes it can follow both tracks, but both groupings have changed gear and want to go much further than originally announced. The EAC wants complete unification of the countries concerned and SADC intends to reach the next stage of integration in a relatively short period.

In August 2006 the 12th meeting of the EAC Council of Ministers has taken place. According to the Deputy Secretary General of EAC the community faces a big challenge of meeting the people's expectations. Already the launch of the EAC Custom Union had heightened expectations of increased productivity and trade in the region. People expected wealth creation and an improvement of people's standards of living. Negotiations concern the admission of Rwanda and Burundi to the Community and a protocol on the free movement of persons, labor and services (Citizen 25-8-06).

SADC will carry out a plan of transforming the block into a common market. The timetable is a free market by 2008, a custom union by 2010 and a common market by 2015. The SADC versus EAC issues was discussed in parliament in October 2006. The arguments used pro SADC are that Tanzania's roots are more in the Southern African countries by supporting their struggle against apartheid. Within the EAC Tanzania is very much afraid of Kenya and the experience with the first EAC has proved them right. The private sector sees more opportunities to do business in EAC and COMESA and fear South Africa in SADC.

For the SME the choice between SADC and EAC is not an important issue. Tanzania can do The Tiger model, it is just a question of increasing the efficiency levels. That requires that they continue to improve the business climate. The argument used now that there is no water in the lakes is no argument not to have electricity! Tanzania hired a South African consortium to manage electricity supply, but then changed the contract. For example the company is not allowed to increase the prices! The government also embarks on projects, such as housing for the middle-income groups, which could have been left to the market. The worry is that there are too few young people making a career by setting up a small business. They have to understand that wealth is not created by the government. Globalization is not just a threat, it also creates opportunities to import or export all kinds of goods and services.

3 Why focus on rural-urban dynamics in Tanzania?

3.1 Maximize positive interactions between rural areas and cities

The challenge concerning the relations between a city and its hinterland is to maximize the positive interactions between the rural areas and the towns and vice versa. Research has shown that regional economic systems with a clear role for their cities are a critical part of the development process (Jacobs, 1970). She suggests there were cities before there were agricultural communities. Secondly she argues that the cities have a huge impact on the surrounding areas. Then she considers cities to be examples of an import substitution policy to eventually develop their "exports". These policies create employment and wealth. Then the city has a much bigger impact on the neighboring rural areas and will eventually stimulate these areas to develop their export to the cities by providing ideas, technology and the necessary inputs.

The current research started focusing on informal flows in the case of Tanzania. We will provide a number of arguments to study rural-urban relations. Subsequently a number of the relevant questions are asked. In Tanzania statistics are often limited to the formal manufacturing and the agricultural sectors, but an important part of what is happening is not showing in the figures because it happens in the informal sector or 'informally'. There are estimates of the informal sector going up to 90 percent (if non estate agriculture would also be included). A more realistic figure of 58% is mentioned in several World Bank publications. It means that labor is allocated, investments are made and raw materials are used without really being measured for half of the economy. It involves flows of people and money, not shown directly in the statistics, but known to many people. We concentrated during our research on getting whatever data is available and on the stories about the urban informal economy and how it affects other Tanzanian cities and regions. These mechanisms are described in more detail in Van Dijk (2006b). The consequences for Dar es Salaam, the Kilimanjaro and Arusha region are analyzed separately in that report.

The informal sector plays an important role in the rural-urban relations. There are in Tanzania informal flows of people, money, goods and services (the 5 flows: Goods-Ideas-Money-People-Services or GIMPS), which spread development over the country. If a more positive approach to these activities is taken, attention can also be given to the issue of raising the productivity and increasing the competitiveness of the cities and regions wherever they are located. The quality of labor, entrepreneurship and existing financial mechanisms can be developed further.

3.2 Why call it informal flows?

What is the reason to call it informal flows? Some explanations:

1. They may not even be perceived;
2. The flows are often not measured;
3. They tend to fall outside the existing tax or registration system.
4. The use of the term informal is not important however; it mainly has a signaling function:
5. It is something usually not covered in the official statistics;
6. Some of these activities may take place in the informal sector;
7. They may have their own character, which could disappear if formalized.

An element which is left out in this conceptualization in terms of rural urban and urban rural flows is the impact of the urban areas on the quality of the environment in the rural areas. Research focusing on rural urban linkages can help to identify the 'foot prints' of the city (Rees, 1992), the much larger area affected by the pollution produced in the city.

3.3 Why study rural urban linkages?

There is a long tradition of studying rural urban linkages (for example UNCHS 1985 and Rondinelli / Ruddle 1978). The conceptualization has not changed very much ever since, although sometimes different terms are used (for example de-agrarianization). Usually economists would study the issue in terms of forward and backward linkages. It is all about the goods moving in and out of the rural areas, usually at the benefit of the towns. Data are collected for the construction of GDP and regional product figures. Flows are often netted, meaning a neglect of the important backward flows.

The relation is analyzed in terms of work or in terms of goods brought from the rural to the urban areas and back. Very little is known about the complex rural-urban interaction because:

1. Often very different disciplines take out different aspects of the issue, from diffusion of cultural ideas to increased smuggling. However, they don't try to get the whole picture.
2. Traditional data collection serves to produce national level statistics, in which the origin of goods and services is regions and not necessarily rural or urban
3. Rural and urban issues tend to be analyzed separately by different experts, disciplines and development organizations.

The distinction rural-urban is not always clear cut. For Dar es Salaam the Begamayo outskirts are peri-urban areas but there is still an infrastructure and a context of connectivity. The rural households are not really rural, more peri-urban. On the other hand there is hardly anyone in Dar es Salaam who has been born in Dar es Salaam. There are hardly any third generation urbanites. All of them still have projects in the rural areas. They send money and build a house in their village, stimulating this rural-urban dynamics.

3.4 Why do we want to study rural-urban linkages differently?

Why do we want to study rural-urban linkages in a different way? Three reasons can be mentioned:

1. To avoid thinking in terms of two separate systems, an urban and a rural, served by two types of experts and functioning more or less isolated from each other;
2. to find out whether the urban system can stimulate the rural and the rural can stimulate the urban; and
3. ro discover to possibilities of spreading development, given that in many countries the expenditures tend to be spent mainly in cities and bring about a process of development over there. In the cities most institutions spending the money are based.

3.5 Conceptualizing rural-urban linkages in terms of flows

Economists usually study rural-urban linkages in terms of 'exports' of goods from the rural areas and imports from the urban areas. In this contribution we will use the term informal flows of people, money, ideas, goods and services. This conceptualization goes beyond the traditional registration of goods exported from or imported in the rural areas and beyond the informal sector concept.[5] The idea is shown in figure 1 and the differences with the informal sector concepts are summarized in table 2.

This urban-rural dynamics conceptualization may help us to:

a. Discover a new dynamics between the rural and urban areas;

b. Do justice to ongoing redistribution practices;

c. Consider an issue in an integrated, rather than a sectoral (rural or urban sector) way;

d. Formulate policies, which may help to spread development through a more equal distribution and increased total development;

e. Discover mechanisms of innovation, of spreading ideas and initiatives;

f. Look at the rural to urban and the urban to rural flows.

Figure 1: A conceptualization of rural-urban linkages:

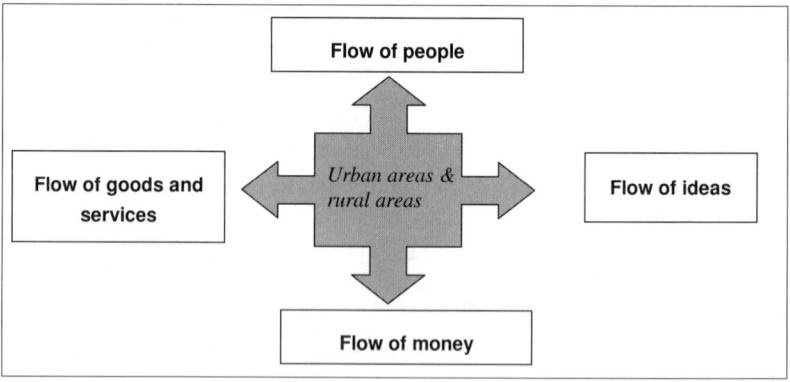

Source: Author's illustration.

---

[5] We have left out certain negative and positive aspects of rural areas in this conceptualization:
   a. The environmental impact, the footprint approach
   b. The criminal relations: smuggling, illegal woodcutting, prostitution, etc.
   c. The recreational aspects of staying in the rural areas, to the extent that this is not measured as a service.

This conceptualization emphasizes that the rural and urban systems cannot be separated It also shows that the relations are much more complex and go in both directions. The relations can be very positive for the urban or for the rural areas. Through these relations a more equal distribution of the benefits of development can be achieved.

3.6 Differences between urban informal sector and informal flows

Informal flows are different from the urban informal sector (see table 2). The focus is not on the enterprise any more and the goal is no longer just local economic development, but developing these relations and maximizing their positive impact on the rural and the urban systems. Rural-urban linkages are also about linking up to global formal/informal value chains! Do not put the emphasis on more protection because it will not work. Rather find out where Tanzania can be competitive.

Table 2: The terms informal sector and informal flows compared

Differences	Urban Informal sector	Informal flows between the rural and urban areas
Definition	Poorly defined concept after 30 years of research	Possibility to measure the five flows, if efforts are made
Informal meaning	Not registered enterprises, or not paying tax or the minimum legal wage	Not registered flows
Goal of promoting it	Local economic development	Link up with global value chains for goods, services, ideas, capital or even migration
Focus	Focus is on the enterprise	Focus is not on the enterprise, but on the business environment and value chains
What is new? Dynamics Scale Competition	From a static approach From local economic development to From local competition to	To a more dynamic one Global value chains Global competition

Source: Author's illustration.

4 Can the urban rural dynamics be promoted?

Using this framework, the following relevant questions can be asked and will be discussed in this section:

1) Do these flows lead to rural development in the case of Tanzania?
2) How can Tanzania benefit more from these flows?
3) Can we increase the positive effects?
4) What is required for more positive effects?

4.1 Do these flows lead to rural development?

The theory would expect positive effects whose measurement is possible. Many ideas flow back to the rural areas, driven by trade and technology and in particular telecommunication. Increasingly internet and computers also play a role. You can see it happening. It is an example, but in a village you may see a copy shop or an internet cafe! Most investment is driven by entrepreneurs and their relatives, since banks provide no loans to these people. Remittances are also a very important source of finance.

4.2 How can Tanzania benefit more from these flows?

How can Tanzania benefit more from these flows? Globalization also affects the informal sector but it also provides new opportunities. Our suggestion is to use the informal flows to further spread development. Decentralization provides the opportunities; the challenge is now to design mechanisms to get more capital and entrepreneurial talent to rural areas. If capital the real bottleneck, try to set up micro credit or loan schemes.[6] In all case, try to promote 'exports'.

There are also other SME promotion policies in Tanzania, such as training and innovation support activities. The BEST project with the Tanzania Private Sector Foundation (TPSF) will be taken over by the World Bank as the major

---

[6] Micro finance schemes can be very useful (see Gallardo et al. 2005). The National Micro Finance Bank may be one of the banks to be equipped for this kind of assistance.

donor. The Bank will be using this structure to develop SMEs. There is 100 million dollar available, which is a strong increase in budget from an organization that currently handles 25 to something like 60 to 70 million dollars per year! One of its tasks was modernizing the legal system, but a mid term review showed that to adjust the old laws really takes time. These kinds of adjustments are a slow process. The Better Regulation Unit in the Ministry of Planning had to fight for its position and the chief officer has been replaced. So there are not as many concrete results as hoped.

The World Bank supported 100 million dollar project wants to give matching grants to companies that try to be competitive. It will not select markets or take the entrepreneurs by the hand. Rather give them a grant if they want to export, or if they need information about standards for flowers. It would be co-financing to assure that they are really interested as well.

The World Bank will use this structure for an enterprises development program, but only a part of it is for SME. US$ 40 million will go into developing a proper business environment, dealing with things like registration of land, of companies, etc. US$ 10 million is for access to finance and US$ 50 million goes to enterprise development and is mainly matching existing initiatives. There are about three or four serious NGOs in the micro finance sector in Tanzania.

For the Tanzanian bureaucracy it is important that the president is in favor of small enterprise development and decentralization. Many officials still see enterprises only as units to be taxed. The advantages of working with the Tanzania Private Sector Foundation is that the organization manages to speak with one voice in the negotiations with the governments. There is a need for more non-Asian black entrepreneurs in this organization. This is a question of using networks, which are more difficult to access for an African entrepreneur. Cultural diversity is generally considered an asset for a country or a city (Van Dijk, 2006a). In Tanzania it is also important to maintain the multicultural character of the society. Even if this means that black entrepreneurs need preferential treatment, if only because entrepreneurs from Europe or Asia have better access to business support services (BSS).

4.3 Can we increase the positive effects?

It is possible to stimulate these flows by taking the real problems as points of departure (see for a list Tripp 1997) and by:

- Stimulating entrepreneurship;
- Promoting innovation in agriculture and in off-farm employment (non agricultural activities);
- Developing literacy and professional skills;
- Reinforce rural urban relations;
- Increasing the purchasing power in rural areas.

Rutasitara (2002: 85-86) mentions as characteristics of the non agricultural activities that these are typical sole proprietorship activities, mostly managed by family members. The activities tend to be intertwined with the agricultural calendar and usually use local inputs. Income may be unstable and hired labor is limited. However, there are low capital requirements to enter into the rural non-agricultural activities and the technology tends to be simple. These activities are easily differentiated by gender, offering employment (and hence income) to the disadvantaged.

However, rural households with non-agricultural activities suffer less of poverty (Rutasitara 2002). He gives characteristics of these activities, which can be considered the origin of many urban informal sector activities and hence we will draw on this study. The importance of non-farm activities is very much linked to the possibility of markets for these products. These products can be marketed more easily than agricultural products, which all come on the market at the same time and require the farmers to deal with only one party (the private trader, or some marketing board), who has a much better understanding of the price. Plus agricultural products face transport and storage cost; it requires more information and more capital. However, it is more difficult to get the message to the rural population that non-farm activities are more rewarding. It also requires knowledge and technologies and some small investments.

A lot of these products and services end up in cities and towns. The rural informal sector, or non-agricultural activities are important examples of rural-urban linkages (Bagachwa 1997). He notes that a dynamic rural informal sector not only employs 21 percent of the nation's labor force, but it also provides estimates of the value added of the sector. He considers the sector (including the urban informal sector) contributes one third of the total official economy's value added.

4.4 What is required for more positive effects?

This requires change in policies, attitudes and investment:

1) Policies: for example improve purchasing power through off-farm employment in labor intensive rural public employment schemes to build required infrastructure;

2) Attitude: stimulate decentralization, promote entrepreneurship and facilitate flows;

3) Investments: more in education, health, infrastructure, micro finance and innovation.

5 Conclusions

How can the rural areas benefit even more from these urban-rural flows? It is possible to think in terms of an alternative approach to the urban rural dynamics. This approach would facilitate these flows and try to maximize their positive effect, just like the government is trying to maximize the effects of a gold mining company for the rural areas where it is working. Stimulating the flows would mean:

1) No longer local economic development, but linking to global formal/informal value chains;

2) Not: more protection because it will not work;

3) Rather find out where Tanzania can be competitive;

4) Develop literacy and professional skills;

5) Stimulate entrepreneurship;

6) Promote innovation in agriculture and in off-farm employment (non agricultural activities);

7) Reinforce rural urban relations;

8) Increase purchasing power in rural areas.

The government should inspire confidence and involve the private sector, NGOs and organizations of producers themselves. Many business support services, new ideas, technologies and expertise are located in cities. The challenge is to strengthen the spontaneous process of flows between urban and rural and maximize its potential positive effects. Sectors like flowers and horticulture, mining and tourism can be stimulated to maximize the local impact. Coming back to Jacobs (1970) cities provide ideas, products and markets to the rural areas and in this way can contribute to their development. It would not be wise to isolate the urban and rural systems too much.

References

Bagachwa, M. S. D. (1997), The rural informal sector in Tanzania, in: Bryceson, B. / J. Jamal (eds, 1997), A farewell to farms, de-agrarianization in Africa. Aldershot: Ashgate.

Dijk, M. P. van / Marcussen, H. S. (eds, 1990), Industrialization in the Third World, The need for alternative strategies, London: F. Cass.

Dijk, M. P. van (2006a), Managing cities in developing countries, The theory and practice of urban management. Cheltenham: Edward Elgar.

Dijk, M. P. van (2006b), Tanzania, regional dynamics and informal redistribution mechanisms. Washington: World Bank.

Eijck, J. van (2006), Transition towards Jatropha biofuels in Tanzania? An analysis with strategic niche management, Eindhoven: TU.

Gallardo, J. / Ouattara, K. / Steel, W. F. (2005), Microfinance regulation: Lessons from Benin, Ghana and Tanzania, in: Savings and development, Vol. XXIX, No. 1, pp. 85-96.

IFC (2006), An international investment climate study, Washington: IBRD.

Jacobs, J. (1970), The economy of cities, New York: Vintage.

MIT (2003), National trade policy, Background papers, Trade policy for a competitive economy and export-led growth, Dar es Salaam: Ministry of Industry and Trade.

Owen, T. / Teal, F. (2005), Paths Out of Poverty in Ghana and Tanzania in the 1990s, Oxford: Centre for the Study of African Economies of the University of Oxford, March..

Rees, W. E. (1992), Ecological footprint and appropriated carrying capacity: what urban economics leaves out, Environment and Urbanization, 4, 2.

Rondinelli, D. A. / Ruddle, K. (1978), Urbanization and rural development, A spatial policy for equitable growth, New York: Praeger.

Rutasitara, L. (2002), Economic policy and rural poverty in Tanzania: A survey of three regions, Dar es Salaam: REPOA.

Tripp, A. M. (1997), Changing the rules, The politics of liberalization and the urban informal economy in Tanzania, Berkeley: University of California.

UNCHS (1985), The role of small and intermediate settlements in national development, Nairobi: UN.

URT (2005): Economic survey 2004, draft, 121 pages, Dar es Salaam: NBS.

World Bank (2006a), Water resources management, Dar es Salaam: IBRD.

World Bank (2006b), Transport and poverty, Dar es Salaam: IBRD.

The Impact of Privatization on Enterprise Performance in Nigeria

Der Einfluss von Privatisierungen auf die Unternehmensperformance in Nigeria

Afeikhena Jerome / Dipo T. Busari

Zusammenfassung

Trotz eines beeindruckenden Umfangs an Privatisierungsaktivitäten überall in Afrika und dem Forschungsaufschwung in der Unternehmensperformance von privaten Firmen in bereits entwickelten und sich entwickelnden Volkswirtschaften ist die empirische Literatur des Privatisierungsprogramms in Afrika begrenzt und steht erst am Anfang. Diese Studie begutachtet die Post-Privatisierungsleistung von 27 Privatunternehmen in Nigeria unter Nutzung von eindimensionaler und Panel-Analyse. Die Untersuchungsergebnisse zeigen auf, dass die Privatisierung uneinheitliche Ergebnisse zur Folge hat. Die eindimensionale Analyse ist nicht beweiskräftig bezüglich der Prä- und Postprivatisierungsperformance der Beispielfirmen, da einige Variablen eine starke Verbesserung nach der Privatisierung zeigen während dies bei anderen nicht der Fall ist. Die konsistente Signifikanz des Postprivatisierung-Testversuchs in der Panel-Analyse deutet an, dass in unserem Beispiel die Privatisierung die Unternehmensperformance der privatisierten Firmen beeinflusst.

Abstract

Despite an impressive level of privatization activity across Africa and the upsurge in research on the operating performance of privatized firms in both developed and developing economies, the empirical literature of the privatization programme in Africa is limited and only just evolving. This study appraises the post-privatization performance of 27 privatized enterprises in Nigeria using both univariate and panel analysis. The findings indicate that privatization has had mixed results in Nigeria. The univariate analysis is inconclusive about the pre- and post-privatization performance of the sampled firms as some variables show strong improvement after privatization while others do not. The consistent significance of the post privatization dummy in the panel analyses suggest that privatization has impacted on the performance of the privatized firms in our sample.

1 Introduction

For much of the 1990s, privatization was heralded as the elixir that would transform ailing, lethargic state enterprises into sources of creative productivity and dynamism serving the public interest. After decades of poor performance and inefficient operations by State-Owned Enterprises (SOEs), governments all over the world embraced market reform and privatization since the 1980s as a means of fostering economic growth, attaining macroeconomic stability and reducing public sector borrowing requirements. Kikeri and Sunita (2005), for example, estimated that between 1990 and 2003, 120 developing countries carried out nearly 8,000 privatization transactions and raised $410 billion in privatization revenues.

Although, privatization has been implemented on a relatively smaller scale than in other regions, Africa was not left out in the privatization race. Currently, only nine countries in Africa are yet to initiate a privatization programme (Ariyo / Jerome 2003). Despite the mounting evidence that associates privatization with improved performance, higher profitability, output and productivity growth, fiscal benefits, quality improvements and better access for the poor (Boubakri and Cosset 1998 and 1999; Megginson et al. 1994; Dewenter / Malatesta, 2001; Chong / López-de-Silanes 2003), there is increasing disenchantment with privatization. The initial trend has lost momentum and there is growing resentment and questioning of the benefits of privatization by both populist and academic voices in the face of some high profile failures in infrastructure privatization and concern that privatization does not produce macroeconomic and distributional gains equivalent to its microeconomic benefit. As a result, there is a swing of the pendulum back toward increased governmental provision and supervision (Kikeri / Nellis, 2004).

The spate of empirical works on privatization has increased in the last two decades (La Porta / Lopenz-de-Silanes 1997; D'Souza / Megginson 1998; Boubakri / Cosset 1998; Dewenter / Malatesta 1998). However, despite the upsurge in research, our empirical knowledge of the privatization programme in Africa is limited. Given the prevailing public hostility towards privatization, widespread institutional weaknesses in several African countries which inhibit effective privatization and the lacuna in the literature, the need for empirical studies on Africa has become imperative.

In the main, Nigeria has had a very active privatization programme since the adoption of the structural adjustment programme (SAP) in 1986 when privatization of public enterprises came into the forefront as a major component of Nigeria's economic reform process.

As a befitting tribute to Karl Wohlmuth,, Professor of Comparative Economic Systems and Coordinating Editor of the African Development Perspectives Yearbook, who turns 65 this year, we evaluate the impact of privatization on enterprise performance in Nigeria. Specifically, we evaluate 27 enterprises that were privatized during the first phase[1] using both univariate and panel analysis.

Our choice of topic is dictated by the realization that Prof. Karl Wohlmuth has devoted a significant part of his very productive career to research on African Development. As Coordinating Editor of the African Development Perspectives Yearbook, the first English-language and most influential periodical published in Germany concerning development problems in Africa, he has made concerted efforts to involve Africans in publication of these volumes over the years. Moreover, Volumes 9 and 10 of the 12 volumes of the African Development Yearbooks that have so far been published since 1989 have been devoted to the issue of private sector development in Africa. In fact, Unit 3 of Volume 10 (2003/2004) on *"Private and Public Sectors: Towards a Balance"* was dedicated to the issue of privatization in Africa. We

---

[1] A detail rendition on the Nigerian Privatization Programme especially progress made in the first phase can be found in Jerome (1996) and Obadan / Ayodele (1998).

make some distinct contribution to the literature. Apart from complementing the evolving literature on privatization in Africa, it is the first systematic attempt to evaluate the impact of privatization on enterprise performance in Africa using both univariate analysis and panel data.

The paper is structured in four sections. Section 2 presents the methodology while section the results are presented in section 3 and section 4 concludes.

2 Methodology

The analysis is conducted at two levels, namely; univariate analysis and panel estimation. The univariate analysis is carried out over the (stacked) pooled sample. In conducting the test for performance changes, we adopted the same matched pairs (pre vs. post-privatization) methodology used by Megginson, Nash / Van Randenborgh (1994), Boubakri / Cosset (1998), and D'Souza / Megginson (1999). Empirical proxies for each variable and each firm are computed for a period of up to seven years encompassing three years before through three years after privatization. Thus we develop a performance "time-line" that reflects operating results, from the last three years of public ownership through the first years as a privatized entity. The mean and median of each variable for each firm over the pre-and post-privatization windows (pre-privatization: years -3 to -1 and post-privatization: years +1 to +3) is then calculated in the pooled data. For all firms, the year of privatization (year 0) is excluded from the calculations since it include both the public and private ownership phases of the enterprise, though the variable values for year 0 are frequently used to normalize other annual realizations (year – 0 value = 1.00).

Having computed pre- and post-privatization means and medians, we use the Wilcoxon signed-rank test to check for significant changes in each of the variables. We then draw conclusions based on the standardized test statistic Z, which for samples of at least ten follows approximately a standard normal distribution. In addition to the Wilcoxon test, we compute a proportion test (using 50% of sample as theoretical base, i.e. $\rho = 0.5$) to determine whether the proportion (ρ) of firms experiencing changes in a given direction is greater than would be expected by chance (i.e. testing whether $\rho = 0.50$). We divide our univariate test results into three sections: those examining (1) profitability, output, and efficiency changes, (2) employment changes, and (3) changes in capital investment spending and financing after privatization.

We then conduct panel data analysis to examine the principal determinants of performance amongst the privatized firms. Particularly, we examine how changes in the ownership structure and the domestic competitive and regulatory environment of the privatised companies over time. Some of the variables used in the univariate analysis are also employed in the panel analysis.

Panel data estimation is considered as the most suitable method of capturing the variation over time of firm performance indicators because it can control for individual, firm-specific heterogeneity, as well as for temporal changes in firms' operating environment (Bortolotti et al. 2001). In its general form the model is expressed as follows:

$$y_{it} = \alpha + x_{it}\beta + v_i + \varepsilon_{it} \qquad (1)$$

Where v_i is the observable cross-sectional unit specific residual that accounts for individual effects not included in the regression and ε_{it} is the usual error term. As is the usual case in panel data analysis, we estimate both a fixed effect and a random effect model. The fixed effect specification assumes that firm-specific effects are fixed parameters to be estimated, whereas the random effect model assumes that companies constitute a random sample. The fixed-effect estimator (sometimes called the within estimator) is obtained by estimating equation (2) by ordinary least squares:

$$(y_{it} - \overline{y}) = (x_{it} - \overline{x})\beta + (\varepsilon_{it} - \overline{\varepsilon}_t) \qquad (2)$$

The model typically assumes that the error term ε are uncorrelated with the independent variables and that the v are fixed. The random effects models assumes that $v \sim IID(0, \sigma^2_v)$ and $\varepsilon \sim IID(0, \sigma^2_\varepsilon)$, v to be independent from the ε_{it}, and the independent variables X_{it} to be uncorrelated both to the v and the ε for all i and t. The random effect model is expressed as follows:

$$(y_{it} - \theta \overline{y}_t) = (1-\theta)\alpha + (x_{it} - \theta \overline{x}_t)\beta + \left[(1-\theta)v_i + (\varepsilon_{it} - \theta \overline{\varepsilon}_i)\right] \qquad (3)$$

Where θ is a function of σ^2 and σ^2_ε. The random effect estimator is seen as a weighted average of the within and the between estimators since the between estimator is the estimator used to estimate β coefficients in a regression where both the dependent and the independent variables are the mean of the corresponding variable for each particular unit which is seen to provide more efficient estimates.

The procedure is to first test whether individual effects exist and, if so, to identify which is the best model to estimate them. We use the Breusch-Pagan test to identify the existence of individual effects. If the hypothesis of homogeneous effects across units and over time is rejected, then a model capturing individual heterogeneity is considered more appropriate. We also use the Hausman test to examine if the random effects are correlated with the explanatory variables, which could infer that the fixed effect estimator and the random effect estimator are not statistically different.

3 Results and Interpretation

3.1 Univariate Analysis

We divide our univariate test results into three sections: those examining (1) profitability, output, and efficiency changes, (2) employment changes, and (3) changes in capital investment spending and financing after privatization. These results, plus a description of the empirical proxies used, are detailed in Table 1. In the sections below, we first state for each variable the predicted effect of privatization, and then present and interpret the empirical findings.

Profitability indicators

One particular concern to governments of all political stripes is the burden that loss-making state owned enterprises (SOEs) place on public budgets, particularly in developing countries. Privatization typically transfers both control rights and cash flow rights to the managers who then show a greater degree of interest in profits and efficiency than did the politicians (Boycko et al. 1996, Boubakri / Cosset 1998). As firms move from public to private ownership, their profitability should increase. We measure profitability using four ratios: return on sales (ROS), operating income to sales (OI/S), return on Asset (ROA) and return on equity (ROE).

We observed that only OI/S has insignificant mean shift. All the other measures of profitability recorded significant positive difference after privatization. The three tests confirm this. Over two-third of the firms experience increase in ROS (80%), ROA (68%) and ROE (71%). The Z test on proportional change indicates that the change is significant (see column 15). 52% of the firm recorded rise in OI/S which is not significantly different from the 50% theoretical level. In general, we could conclude that there was a rise in profitability after privatization (except for OI/S).

Furthermore, we appraise the cost structure of the sampled firms with a view to determining the reasons for the significant change in profit margin. The cost measures adopted are cost of goods sold to sales (CG/S), interest expense to operating income (IE/OI) and interest expense to total debt (IE/TD). All measures of cost structure show negative mean and median changes as shown in columns 9 and 10. However, the Wilcoxon Z test did not suggest any significant mean shift between the pre- and post-privatization data. The t statistics and ANOVA F-test suggest significant change at 90 percent. The proportion test shows that a significant proportion of the firms achieved reduction in ratio of cost of goods sold to sales and interest expense to total debt. We thus infer that the significant mean change observed in ROS. ROA, and ROE could be due to some significant changes in interest expense and reduction in cost of goods sold in relations to sales.

Output

Privatization when correctly conceived should foster efficiency, stimulate investment and a corresponding increase in output. Our proxy for output is real sales RS (in local currency), normalised to evaluate whether the monetary value of sales increase significantly after privatization. Each year's observation is normalised by dividing its value by real sales in the privatization year (year zero) to obtain a ratio less than, greater than or equal to year zero sales level. The test is conducted by computing the average inflation-adjusted sales level for the pre-privatization period and comparing it to the three-year average level for the post-privatization period.

We observed that Real sales, RS, witnessed positive mean and median changes. The t-test, ANOVA-F, and the Wilcoxon Z tests all indicate significant mean change after privatization. The proportion test indicates that the number of firms that witnessed changes in RS are significantly different from the theoretical value ($\rho = 0.50$). The proportion test shows that the proportion of firms that achieve such changes are significant. Since the sales have been adjusted for inflation, it can be concluded that the changes in sales is due mainly to output adjustment rather than price adjustment

Operating Efficiency

Flowing from the property rights and public choice literature, privatization is expected to result in increased efficiency in privatized enterprises as a result of new investment, new technology and improved corporate governance. We test for changes in efficiency by analysing normalized real sales per employee, RS/E. We observed a fall in mean change in RS/E (-7.11) while there was a rise in median change (0.85). Though both the t-test and ANOVA-F indicate no significant change in the mean, the Wilcoxon Z test indicates significant mean change at 99 percent. The proportion test further indicate that the 88 percent rise in the number of firms in RS/E is significantly different from our theoretical $p = 0.50$. In conclusion the Wilcoxon and proportion tests both find significant increases (at the 99 percent level) in real sales per employee.

Employment

Prior to privatization, most SOEs tended to be overstaffed. Consequently, in order to increase efficiency, extensive layoffs should be following government divestiture (Boubakri / Cosset, 1998). The employment measures adopted are absolute change in the number of employees, CNOE and normalised level of employees, LOEN. We observed no median change in CNOE but a 201 change in LOEN. The t-test and ANOVA F test indicates no significant mean change in both variables. However, the Wilcoxon Z test indicates significant (at 99 percent) mean change in LOEN. The proportion test indicates that the number of firms that adjusted LOE is significant (at 99 percent). None of the statistics is significant for CNOE. Only 48 percent of the firms show decline in CNOE as against the significant 92 percent that show decline in LOEN.

The normalized employment measures all show insignificant declines. In other words, employment tends to decline after privatization, but only modestly.

Capital Expenditure

Greater emphasis on efficiency is anticipated to lead newly privatized firms to increase their capital investment spending. Once privatized, firms should increase their capital expenditures since they have access to private debt and equity markets (Baubakri / Cosset 1998). To assess the impact of privatization on capital formation, we compute three indicators: normalised capital expenditure (RCE), capital expenditure to sales (CE/S) and capital spending to total asset (CS/TA).

We observed positive mean and median change for normalised real capital expenditure while the ratio of capital expenditure to sales and the ratio of capital spending to total asset both witnessed negative mean and median change. None of these three variables show any significant mean shift from the pre-privatization level using our three test statistics.

However, the proportion test indicates (at 90 percent significant level) that a sizeable number of firms (64 per cent) had positive (though insignificant) mean shift in real capital expenditure. The proportion test was not significant for CE/S (44 percent) and CS/TA (48 per cent). One explanation for the negative mean\median change in CE/S and CS/TA is that, for most of the firms, sales, assets and capital expenditure all increased after privatization, but investment increases less rapidly than assets and sales.

Table 1: Univariate Analysis

VARIABLE	NO. of	AVERAGE	MEDIAN	AVERAGE	MEDIAN	AVERAGE	MEDIAN	T-STAT	F-STAT	Wilcoxon -z	% Firm	Z-prop.
CODE	OBS.	BEFORE	BEFORE	AFTER	AFTER	CHANGE	CHANGE		Difference in Means		Rise	
ROS	75	7.41	5.81	9.43	8.41	2.02	2.60	1.94*	3.76*	-4.38***	0.80	5.20***
OI/S	75	71.06	86.71	73.17	80.28	2.11	-6.43	0.47	0.22	-0.25	0.52	0.35
ROA	75	10.74	6.48	20.57	7.81	9.83	1.33	2.84***	8.04***	-3.98***	0.68	3.12**
ROE	72	30.79	13.28	92.27	33.27	61.48	19.99	3.28***	10.73***	-5.11***	0.71	3.54**
CG/S	75	75.54	80.76	72.34	78.87	-3.20	-1.89	1.21	1.46	-1.98	0.36	-2.42*
IE/OI	75	21.29	15.12	19.18	6.41	-2.11	-8.71	0.60	0.36	-0.79	0.48	-0.35
IE/TD	74	78.80	9.40	10.45	9.14	-68.34	-0.27	2.43*	5.89*	-0.56	0.36	-2.41*
RS	72	0.85	0.68	1.40	1.17	0.54	0.50	3.03***	9.18***	-4.45***	0.83	5.66***
RS/E	75	68.29	0.18	61.17	1.03	-7.11	0.85	0.14	0.02	-5.19***	0.88	6.58***
CNOE	75	191.71	40.00	580.12	40.00	388.41	0.00	1.30	1.70	-0.27	0.48	-0.35
LOE	75	2842.75	1280.00	4320.77	1490.00	1478.02	210.00	1.43	2.03	-6.44***	0.92	7.27***
RCE	74	19.51	7.69	25.48	9.16	5.96	1.48	0.31	0.09	-0.81	0.64	2.41*
CE/S	74	7.88	6.48	7.09	6.03	-0.79	-0.45	0.63	0.39	-0.65	0.44	-1.03
CS/TA	74	52.58	20.78	23.67	19.66	-28.91	-1.12	1.10	1.20	-0.97	0.48	-0.34
TD/TA	75	39.71	18.60	31.90	21.67	-7.81	3.07	1.21	1.46	-0.51	0.52	0.35
LD/TA	74	4.50	0.57	34.39	1.14	29.89	0.57	1.52	2.31	-3.08**	0.80	5.16***

Source: Author's Computation.

3.2 Panel Estimation Results

The results from Table 2 show that operating income to sales did not improve significantly after privatization. The significance of the constant terms in the random effect estimations indicates the mean effect of omitted variables. It is interesting to note that our univariate analysis confirms the non significance of this variable after privatization.

Table 2: Panel Estimation Results I

Dependent	Operating Income to sales			
Independent Variables	Fixed Effects	Random Effects	Fixed Effects	Random Effects
Constant		71.006902***		71.98307***
		5.724816		7.310682
Post_Priv	2.133111	2.108443	1.718637	1.341449
	2.099082	2.086895	4.435774	4.291616
GDP_Growth	-0.1010281	-0.007277	-0.10498	-0.016378
	2.03867	2.0221148	2.047216	2.023665
Govt_Res_share			-9275	-0.017176
			0.08734	0.083875
Obs	150	150	150	150
R^2 Adj	0.79	0.83	0.79	0.82
Tests				
F	6.13***		1.63*	
Wald		1.45		1.83
Hausman		6.23**		2.69
Breusch-Pagan		120.12** *		52.74**

Post_priv = post privatisation dummy. GDP_Growth = real growth of GDP. Govt_Res_Share = government residual state in the privatised firm. The asterisks indicate the level of significance. Standard errors are below the coefficients

Source: Author's Computation.

In Table 3 we observed that without including the residual of government share in the model, the fixed and random effect estimations indicate the significance of the post-privatization dummy in explaining return on sales. In the random effect, the constants are still significant. The direct implication is that return on sales improved significantly after privatization. The factors responsible for such improvement could be found in the cost structure of the firms as explained in the univariate analysis.

Table 3: Panel Estimation Results II

Dependent	Return on sales			
Independent Variables	Fixed Effects	Random Effects	Fixed Effects	Random Effects
Constant		7.421819***		8.154887***
		1.331156		1.739219
Post_Priv	2.010735***	2.019613***	0.868296	1.404222
	0.544153	0.541273	1.143933	1.108447
GDP_Growth	0.027178	-0.006655	0.016985	-0.01373
	0.528494	0.523762	0.527952	0.527288
Govt_Res_share			-0.025564	-0.01378
			0.022524	0.021594
Obs	150	150	150	150
R^2 Adj	0.75	0.79	0.75	0.79
Tests				
F	10.75***		4.53*	
Wald		14.30		5.21
Hausman		8.02**		4.21
Breusch-Pagan		174.92***		79.12**

Post_priv = post privatisation dummy. GDP_Growth = real growth of GDP. Govt_Res_Share = government residual state in the privatised firm. The asterisks indicate the level of significance. Standard errors are below the coefficients

Source: Author's Computation.

From Table 4 we observed that the post-privatization dummy, the growth of GDP, and the residual of government share were significant in explaining return on assets. The policy implication is clear. The assets of the firms were not probably managed/utilised when they were owned by the state. Hence, privatization brought about proper asset utilisation such that the return on assets improved significantly. In the forth and fifth columns of Table 4 (under fixed and random effects) we observed the non-significance of the post-privatization dummy. This could be due to the fact that government share reduced at the same time privatization was declining such that management restructuring took place which gave the effect to the reduction in government share. However, the tentative conclusion is that the reduction in government control (indicated by the reduction in share ownership) and the performance of the economy significantly contributed to the improved utilisation of assets of the privatised firms.

Table 4: Panel Estimation Results III

Dependent	Return on assets			
Independent Variables	Fixed Effects	Random Effects	Fixed Effects	Random Effects
Constant		16.67225***		24.76561***
		4.413739		6.410271
Post_Priv	11.3483***	11.28165***	2.08621	4.470476
	2.307493	2.297138	4.782386	4.511554
GDP_Growth	-5.777336***	-5.523332***	-5.859975***	-5.586978***
	2.241089	2.214817	2.207185	2.19157
Govt_Res_share			-0.207258***	-0.152431**
			0.094165	0.087185
Obs	150	150	150	150
R^2 Adj	0.60	0.66	0.62	0.67
Tests				
F	4.67**		3.21**	
Wald		3.13		14.98**
Hausman		1.42		27.89**
Breusch-Pagan		102.31***		34.18**

Post_priv = post privatisation dummy. GDP_Growth = real growth of GDP. Govt_Res_Share = government residual state in the privatised firm. The asterisks indicate the level of significance. Standard errors are below the coefficients

Source: Author's Computation.

Table 5: Panel Estimation Results IV

Dependent	Normalised Real Capital Expenditure			
Independent Variables	Fixed Effects	Random Effects	Fixed Effects	Random Effects
Constant		21.36773***		11.99906
		9.615094		14.51612
Post_Priv	4.620154	4.692242	5.686343	12.64138
	5.317289	5.497865	11.19494	10.66958
GDP_Growth	-1.629463	-1.0071	-1.619879	-0.96754
	5.144759	5.267715	5.166481	5.255153
Govt_Res_share			0.023924	0.178623
			0.220795	0.205616
Obs	149	149	149	149
R^2 Adj	0.61	0.66	0.61	0.66
Tests				
F	0.84		0.64	
Wald		0.91		1.42
Hausman		1.01		0.84
Breusch-Pagan		0.96		0.76

Post_priv = post privatisation dummy. GDP_Growth = real growth of GDP. Govt_Res_Share = government residual state in the privatised firm. The asterisks indicate the level of significance. Standard errors are below the coefficients

Source: Author's Computation.

Table 5 indicates that no significant changes occurred in capital spending after privatization. This could be interpreted to imply the existence of large unused capacity before privatization such that after privatization management was concerned with efficient utilisation of existing capacity rather than expanding capacity.

4 Conclusion

Taken together, the univariate analysis seems to be inconclusive about the pre- and post-privatization performance of the sampled firms. Some variables show strong improvement after privatization while a good deal of others shows no significant improvement after privatization. The results could be described as mixed. One reason for this is that the sampled firms cut across different economic sectors. Privatization may be expected to affect economic sectors differently. It could be observed from the panel analyses that privatization impacted on the performance of the privatised firms in our sample. The consistent significance of the post privatization dummy could be observed. The major driving force behind the post privatization performance of firms was not exactly brought out due to data limitations. It is expected that new set of variables are required to examine the particular determinants of post privatization performance in a sector specific framework. However, it was observed that the decline in government stake in these firms accounted in part for the improved performance of these firms. This implies that some measures of efficiency could have been introduced with the change in ownership. It becomes important to identify and measure the forms of restructuring that were undertaken by firms. It was observed that sales and employment were particularly sensitive to privatization. These results are still tentative pending the collection of a more elaborate data set. Firm level data on some other variables need to be obtained in other to identify the micro-determinants of firm performance.

References

Ariyo, A. / Jerome, A. (1999), Privatization in Africa: An Appraisal, World Development, Vol. 27, (1). 201 - 213.

Beck, T. / Cull, R. / Jerome, A. (2005), Bank Privatization and Efficiency in Nigeria. Empirical Evidence, Journal of Banking and Finance, 29, (8-9): 2355 – 2379.

Boubakri, N. / Cosset, J. C. (1998), The financial and operating performance of newly privatised firms: Evidence from developing countries, Journal of Finance 53, 1081 – 1110.

Dewenter, K. / Malatesta, P. H. (2000), State-owned and privately-owned firms: An empirical analysis of profitability, leverage, and labour intensity. American Economic Review, forthcoming.

D'Souza, J. / Megginson, W. (1999), The Financial and Operating Performance of Privatized during the 1990s, forthcoming Journal of Finance, August 1999.

D'Souza, J. / Nash, R. / Megginson, W. L. (2000), Determinants of performance improvement in newly-privatized firms: Does restructuring and corporate governance matter? Working paper, University of Oklahoma: Norman.

Jerome, A. (1996), Public Enterprise Reform in Nigeria: Expectations, Illusion and Reality, in: Ariyo, A. (ed.) Economic Reform and Macroeconomic Management in Nigeria, Ibadan: Ibadan University Press.

Jerome, A. (2004), Technical Efficiency in Some privatised Enterprises in Nigeria. African Journal of Economic Policy, 2 (1) 17 – 34.

Kikeri, S. / Nellis, J. / Shirley, M. (1992), Privatization: The lesson of experience, The World Bank, Washington, D. C.

La Porta, R. / López-de-Silanes, F. (1999), Benefits of privatization – Evidence from Mexico, Quarterly Journal of Economics 114, 1193 – 1242.

López-de-Silanes, F. (1997), Determinants of privatization prices, Quarterly Journal of Economics 112, 965 – 1025.

Nellis, J. and S. Kikeri (1989):, Public Enterprise Reform: Privatization and the World Bank, World Development 17, pp. 659 – 672.

Obadan Mike, I. / Ayodele, S. A. (1998), Commercialisation and Privatisation Policy in Nigeria, National Center for Economic Management and Administration, Ibadan, Nigeria.

Kapitel / Chapter 4

Globalisierung und Arbeitsgesellschaft

Globalisation and Labour

Bevölkerungsentwicklung in Deutschland und Trends in der Verteilung des Volkseinkommens[1]

The Population Development in Germany and Trends in the Distribution of the National Income

Heinz Schäfer

Abstract

While a high growth of population tightens the problems in developing countries, the developed economies of the west will be increasingly burdened with the excessive aging and decline of population. The current economic situation of the Federal Republic of Germany is affected by a high base of unemployed – especially permanently unemployed – persons and by an income distribution imbalance. The real employees' fees have stagnated for years, while the incomes from entrepreneurial activities and properties partially offer considerable increments, especially in the upswing period of the last two years caused by exports. The question arises if the situation on the employment market and the imbalance concerning the income distribution could also be expected in medium and long term and what kind of impact the aging of the society on the development could have. By means of ministerial statistical prognoses about the population 'the workforce potential and plausible assumptions to the average annual change of working hours, the productivity, the global complexity and the vertical range of manufacture in the time period up to 2020 and 2050 a future scenario will be developed for the formation and distribution of national income and action-oriented recommendations will be derived. To avoid profound conflicts in society it is necessary to use market incomes from entrepreneurial activities and properties to a greater extent for financing the state duties and responsibilities as well as social networks.

---

[1] Schriftliche Fassung eines Vortrags, gehalten im Fachbereichscolloquium VWL am 9. Februar 2007.

Zusammenfassung

Während starkes Bevölkerungswachstum die Probleme von Entwicklungsländern verschärft, werden die entwickelten Volkswirtschaften des Westens- insbesondere Deutschland - durch Überalterung und Schrumpfung der Bevölkerung zunehmend belastet. Die gegenwärtige wirtschaftliche Situation der Bundesrepublik Deutschland ist durch einen hohen Sockel an Arbeitslosen – insbesondere Langzeitarbeitslosen - und eine Schieflage in der Einkommensverteilung geprägt. Die realen Arbeitnehmerentgelte stagnieren seit Jahren, während die Einkommen aus Unternehmertätigkeit und Vermögen zum Teil erhebliche Zuwächse aufweisen, insbesondere in der durch den Export generierten Aufschwungphase der letzten beiden Jahre. Es stellt sich die Frage, ob die Situation auf dem Arbeitsmarkt und die Schieflage der Einkommensverteilung auch für die mittlere und lange Frist zu erwarten sind und welche Auswirkungen die Alterung der Gesellschaft auf die Entwicklungen haben kann. Anhand der Prognosen der Amtlichen Statistik über die Bevölkerung ,das Erwerbspersonenpotenzial und plausibler Annahmen über die durchschnittliche jährliche Veränderung der Arbeitszeit, der Produktivität, der globalen Verflechtung und der Fertigungstiefe in den Zeiträumen bis 2020 und 2050 wird ein Zukunftsszenario für die Entstehung und Verteilung des Volkseinkommens entwickelt und Handlungsempfehlungen für die Politik abgeleitet. Danach sind, um tief greifende Konflikte in der Gesellschaft zu vermeiden, die Markteinkommen aus Unternehmertätigkeit und Vermögen in Zukunft wieder stärker zur Finanzierung der staatlichen Aufgaben und der sozialen Sicherungssysteme heran zu ziehen.

1 Fragestellung

Während Kollege Wohlmuth in seinem Lebenswerk die Entwicklungsprobleme und Perspektiven im Rahmen der Globalisierung insbesondere der Länder Afrikas mit ihrem starken Bevölkerungswachstum zum Schwerpunkt seiner Forschungstätigkeit gemacht hat (siehe u. a. Wohlmuth 2004), werden in meinem Beitrag - *vice versa* - die Probleme einer entwickelten Volkswirtschaft mit alternder und schrumpfender Bevölkerung am Beispiel der Bundesrepublik Deutschland diskutiert und ein Zukunftsszenario erstellt.

Grundlage meines Beitrags ist ein Diskurs im volkswirtschaftlichen Colloquium des Fachbereichs Wirtschaftswissenschaft. In diesem Diskurs haben Ehrig und Staroske in einer empirischen Analyse auf die Schieflage der aktuellen Einkommensverteilung und deren stabilisierende Wirkung auf die wirtschaftliche Entwicklung in Deutschland hingewiesen.

Kern der Schlussfolgerungen aus der Studie (Ehrig / Staroske 2005) sind: Die gesamtwirtschaftlichen Konsumausgaben werden überproportional (gemessen am Anteil der Haushalte an den Gesamthaushalten) von den oberen und mittleren Einkommensklassen getragen (gehobener Mittelstandsbauch). Träger einer Konsumdynamik auch bei nachlassendem Massenkonsum in einer Zeit nachlassender Wachstumsdynamik sind die Bezieher mittlerer und höherer Einkommen. Damit wirken sie im Kreislauf von Wachstum, Einkommen und Konsum Gleichgewicht stabilisierend. Eine weitere, politisch vielleicht unangenehme Schlussfolgerung: Für eine Politik der Gleichgewichtsstabilisierung bedarf es keiner Stärkung des Massenkonsums. An seine Stelle kann der Konsum der oberen Einkommensklassen treten. Ein an die Erfüllung von makroökonomischen Gleichgewichtsbedingungen gebundener wirtschaftspolitischer Konsens lässt sich auch durch eine Umverteilung von Einkommen von unten nach oben erreichen. Mehr denn je ist ein Diskurs über die Ausgestaltung der politischen Ökonomie der Verteilung notwendig.

An den Ergebnissen und Überlegungen von Ehrig und Staroske anknüpfend sind folgende Fragen von zentraler Bedeutung:

1. Ist das aktuelle makroökonomische Gleichgewicht von Angebot und Nachfrage bei gleichzeitiger Unterbeschäftigung mit asymmetrischer Verteilung der Einkommen bei ihrer Entstehung und Spreizung der Konsumnachfrage – Stichworte: Konsumtempel einerseits, Aldi und Lidl andererseits – auch längerfristig zu erwarten und wird dies von der Gesellschaft und der Politik mehrheitlich akzeptiert werden?

2. Welche Bedeutung spielt in diesem Zusammenhang die zunehmende Alterung der Bevölkerung? Ist dadurch eine Verschärfung der Auseinandersetzungen zu erwarten und welche sozialen Ausgleichmechanismen könnten gesellschaftlich mehrheitsfähig und politisch durchsetzbar sein? In den nachstehenden Szenarien wird versucht diese Fragen zu beantworten.

2 Zur Bevölkerungsentwicklung in Deutschland

Zunächst werden aus der amtlichen Statistik (Statistisches Bundesamt 2006) die aktuellen Prognosen der Bevölkerung und ihrer Altersstruktur für die Bundesrepublik Deutschland bis zum Jahre 2020 und 2050 zusammengestellt.

Heute leben in Deutschland ca. 82 Millionen Menschen. Mit den Annahmen

1. unveränderte Geburtenhäufigkeit
2. Anstieg der Lebenserwartung der Männer um 7,6 und der Frauen um 6,5 Jahre
3. Wanderungssaldo von 100.000 Personen („mittlere" Bevölkerung, Obergrenze)

wird die Bevölkerung auf ca. 69 Millionen zurückgehen. Bei einem doppelt so hohen Wanderungssaldo (200.000 Personen) ist der Rückgang der Bevölkerung auf ca. 74 Millionen nicht so stark.

Da für unsere Überlegungen die Frage nach der Bevölkerung im erwerbsfähigen Alter entscheidend ist, konzentrieren wir uns auf diese Komponente der mittleren Bevölkerungsprognose des Statistischen Bundesamtes (siehe Tabelle 1).

Tab. 1: Bevölkerung im Erwerbsalter - Basis „Mittlere Prognose"

Jahr	in Millionen	
	Untergrenze	Obergrenze
2005	50,1	50,1
2020	48,0	49,0
2030	42,4	44,2
2050	35,5	39,1

Quelle: Statistisches Bundesamt (2006).

Danach wird ab 2030, wenn die Generation der Baby-Boomer mindestens 65 Jahre alt ist, die Zahl der Erwerbspersonen stark schrumpfen. Im Jahr 2050 ist die Bevölkerung im Erwerbsalter um 22% niedriger als heute. Bei dieser Variante der Prognose des Statistischen Bundesamtes wird angenommen, dass jährlich netto 200.000 Personen zuwandern (mittlere Prognose „Obergrenze"). Falls die Zuwanderung nur 100.000 Personen beträgt- mittlere Prognose „Untergrenze"), gibt es 2050 ein noch kleineres Erwerbspersonenpotenzial (-29% gegenüber heute).

Auf der Grundlage der Prognosen über die Personen im erwerbsfähigen Alter des Statistischen Bundesamtes für den Zeitraum bis zum Jahre 2050 werden für das nachstehende Szenario folgende Annahmen für die Zahl der Erwerbspersonen gemacht: *Bis zum Jahre 2020 nehmen die Erwerbspersonen nur geringfügig ab, von z. Z. (Ausgangsjahr 2005) 42,6 Mio. auf 41,5 Mio. in 2020. Danach nimmt die Zahl der Erwerbspersonen dramatisch ab, bis auf nur noch 35 Mio. in 2050.*

3 Annahmen und Trends im Zukunftsszenario

Die weiteren Annahmen für das Szenario knüpfen an der aktuellen und der zukünftig von mir eingeschätzten Entwicklung an, wobei für das Basisjahr 2005 die Daten für die Entstehung und Verwendung des Bruttoinlandsproduktes und des Volkseinkommens aus dem Jahresgutachten 2006/07 (Sachverständigenrat 2006, s. Tabellen) zugrunde gelegt werden:

- Die *durchschnittliche jährliche Arbeitszeit* bleibt bis zum Jahre 2020 unverändert, danach steigt sie als Folge der sinkende Zahl der Erwerbspersonen um 250 Stunden auf 1690 Stunden pro Jahr und Erwerbstätigen an.

- Die *Produktivität je Erwerbstätigenstunde* – gemessen als BIP/Arbeitsvolumen – steigt von z. Z. 1,3%-Wachstum jährlich auf Grund der Intensivierung des Innovationsprozesses in Deutschland auf 1,6% jährliches durchschnittliches Wachstum bis 2020 an und bleibt bis zum Endjahr des Szenarios auf diesem Niveau.

- Die *Entwicklung des Bruttoinlandsprodukts* in den nächsten Jahrzehnten wird in erster Linie durch die erfolgreiche Teilnahme der deutschen Wirtschaft am Globalisierungsprozess bestimmt. Aus dieser These wird langfristig durchschnittlich ein jährliches Wachstum von 1,6% abgeleitet.

- Der rückläufige Trend in den *Lohnkosten je Produkteinheit* – hier definiert als Einkommen aus unselbständiger Arbeit am Volkseinkommen – wird in den Jahren bis 2020 weiter anhalten, da auch in Zukunft wie bisher eine Entspannung am Arbeitsmarkt nur allmählich eintreten wird und damit gewerkschaftliche Positionen - insbesondere auch im Hinblick auf das nicht nur von Arbeitgeberseite vorgebrachte Argument der Gefährdung der internationalen Wettbewerbsfähigkeit - sich nur reduziert durchsetzen lassen. Die Gewerkschaftsmacht nimmt weiter ab.

- Im Westen sind gegenwärtig nur noch 59%, im Osten 42% der Arbeitnehmer in Verbandstarifverträgen beschäftigt. Ebenso nimmt die Tendenz zur Leiharbeit langfristig zu (auch wenn aktuell im Aufschwung ein Abbau erfolgt).

- Weiter wird unterstellt, dass die Verflechtung unserer Volkswirtschaft mit den Volkswirtschaften der übrigen Welt anhält ebenso die Abnahme der Fertigungstiefe, sodass der Anteil der Produktions- und Importabgaben am Bruttoinlandsprodukt zunimmt. Ebenso wird die Produktion zunehmend kapitalintensiver, sodass die Abschreibungen relativ zunehmen. Beide Entwicklungen führen dazu, dass die deutschen Primäreinkommen tendenziell relativ rückläufig sind, d. h. der Anteil des Volkseinkommens am BIP langfristig weiter abnimmt. So lag der Anteil des Volkseinkommens am BIP 1991 bei 77,7%, im Jahre 2005 bei bereits nur 74,7%.

- Die bisher unterstellten Trends implizieren, dass der Anteil der Einkommen aus Unternehmertätigkeit und Vermögen am BIP zu Lasten der Arbeitnehmerentgelte steigt, d. h. die Lohnquote von z. Z. ca. 67% auf 58% bis 2020 und auf 47% bis 2050 absinkt.

- Selbst wenn der relative Rückgang der Einkommen aus unselbständiger Arbeit numerisch nicht so krass ausfallen wird – wie im Szenario unterstellt- dürfte klar sein, dass bei Annahme einer unveränderten Abgabenquote aller am Wirtschaftsprozess Beteiligten von insgesamt ca. 40% am BIP die gegenwärtige Verteilung der Abgaben und Steuern zur Finanzierung der sozialen Sicherungssysteme zwischen den Beziehern von Einkommen aus Unternehmertätigkeit und Vermögen einerseits und den Arbeitnehmern andererseits zu modifizieren ist. Um diese zentrale Botschaft aus dem Szenario nochmals zu verdeutlichen, betrachten wir die Entwicklung der Steuern und Sozialbeiträge in Abb. 1. Mit der Annahme einer Quote am BIP von 40% - wie z. Z. - muss mit einem durchschnittlich erforderlichen Transferzuwachs von ca. 16 Mrd. € jährlich bis 2020, danach von ca. 23 Mrd. € jährlich bis 2050 gerechnet werden. Da die Arbeitnehmerentgelte nur mit ca. 3 Mrd. € bzw. 11 Mrd. € jährlich anwachsen, dürfte klar sein, dass aus diesen geringen realen Zuwächsen der mindestens erforderliche zusätzliche Transfer an den Staat und die sozialen Sicherungssysteme nicht finanziert werden kann. Dagegen eröffnen die höheren Zuwächse der Einkommen aus Unternehmertätigkeit und Vermögen mit 22 Mrd. bzw. 27 Mrd. Spielräume für die Finanzierung der Abgabenquote.

Abb. 1: Zusammenfassung des Szenarios

Anteile am Volkseinkommen, in %	2005	2020	2050
Arbeitnehmerentgelte	67,40 (1129 Mrd. €)	57,00	47,00
Unternehmens- und Vermögenseinkommen	33,20 (546 Mrd. €)	43,00	53,00
davon : Betriebsüberschüsse der Kapitalgesellschaften	21,00 (353 Mrd. €)	28,00	37,00
Betriebsüberschüsse./Selbständigeneinkommen der Privaten Haushalte und der Priv. Org. ohne Erwerbszw.	12,20 (204 Mrd. €)	15,00	16,00
Saldo der Vermögenseinkommen mit der Übrigen Welt	-0,40 (- 6 Mrd. €)	0,00	0,00
Betriebsüberschüsse des Staates	-0,20 (- 3 Mrd. €)	0,00	0,00
Insgesamt =Volkseinkommen	100 (1675 Mrd.€)	100	100

	2005 = 100		
	2005	2020	2050
Entwicklung der/des	2242 Mrd. €	127	204
Bevölkerung	82,44 Mio.	98	87
Erwerbspersonen	42,62 Mio.	97	82
Arbeitsvolumen, jährlich	55804 Mio. St.	105	105
Arbeitszeit, jährlich	1441 Stunden	100	117
Produktivität	40,16 €	121	195
Erwerbstätige	38,73 Mio.	105	89
Erwerbslosenquote (ILO)	9,1%	2,4%	1,4%

Wird fortgesetzt auf nachfolgender Seite...

Abb. 1: Fortsetzung, Zusammenfassung des Szenarios

durchschnittliche jährliche Veränderungen	in % 2005 bis 2020	in % 2020 bis 2050	in Mrd. € 2005 bis 2020	in Mrd. € 2020 bis 2050
Bruttoinlandsprodukt	1,600	1,600	40,1	57,8
Volkseinkommen	1,347	1,504	24,8	38,6
Einkommen aus Unternehmertätigkeit und Vermögen	3,150	2,246	21,6	27,4
Arbeitnehmerentgelte	0,285	0,835	3,2	11,2
Steuern und Sozialbeiträge	1,600	1,600	15,9	22,9

Quelle: Eigene Schätzungen nach Angaben des SVR und des Statistischen Bundesamtes.

4 Schlussfolgerungen aus dem Szenario für den Arbeitsmarkt und die Einkommensverteilung

Mittelfristig, d. h. auch schon vor dem dann vehement einsetzenden Rückgang der Erwerbspersonen ab 2020 scheinen die Probleme am Arbeitsmarkt durch Verzicht auf einen Reallohnzuwachs bzw. den Verzicht auf jegliche Ausschöpfung des Verteilungsspielraums im Rahmen des Produktivitätszuwachses lösbar. Insbesondere da das aktuelle Wachstumstempo des BIP von 2,5% vor allem durch eine wesentlich verbesserte Wettbewerbsfähigkeit der deutschen Volkswirtschaft im Internationalen Kontext kein Strohfeuer sein dürfte. Die Vorgabe eines langfristigen Wachstumstrends von 1,6% im Szenario erscheint somit nicht zu hoch angesetzt zu sein.

Allerdings geht im Szenario die Lösung der Probleme am Arbeitsmarkt einher mit einer wesentlichen Verschiebung der Einkommensverteilung zugunsten der Einkommen aus Unternehmertätigkeit und Vermögen. Die Lohnquote geht dramatisch zurück, die sog. Gerechtigkeitslücke wird von Jahr zu Jahr größer. Dieser Rückgang ist irreversibel, da kaum davon ausgegangen werden kann, dass nach 2020 über einen Zeitraum von mehreren Jahren ein Zuwachs der realen Arbeitnehmerentgelte, der wesentlich über der Wachstumsrate der Stundenproduktivität liegt, durchgesetzt werden kann. Wie Dr.Ehrig und Staroske in ihrer Studie schlüssig dargelegt haben, kann der Konsumausfall bei Arbeitnehmern in vollem Umfang durch ein Wachstum des Konsums der „Reichen" kompensiert werden, sodass *ceteris paribus* die Entwicklung „gleichgewichtig" verlaufen kann.

Langfristig, nach 2020 bestehen nach dem Szenario die Probleme darin, dass Sinken des Erwerbspersonenpotenzials durch eine laufende Verbesserung seiner Effizienz und durch eine wesentliche Erhöhung der Arbeitszeit zu kompensieren und damit das Potenzial in die Lage zu versetzen, ein weiteres Wachstum der deutschen Volkswirtschaft zu ermöglichen. In dieser Phase kann dann der Verteilungsspielraum in voller Höhe des Produktivitätszuwachses zugunsten der Arbeitnehmer ausgeschöpft werden- ohne aber – wie oben ausgeführt- die Verteilungsverluste im Zeitraum 2005 bis 2020 auszugleichen.

5 Handlungsempfehlungen für die Politik

Um weiter im globalen Wachstumsprozess einbezogen zu werden, ist die Intensivierung der Innovationsprozesse in inländischen Unternehmen durch eine Doppelstrategie zu fördern, wie ich im Rahmen der Bremer Universitätsgespräche vorgeschlagen habe (Schaefer 2005, S 89ff.):

1. Top down: Auf allen Ebenen (Bund, Länder, Kommunen) ist der Anteil der Ausgaben für Bildung, Wissenschaft und Forschung zu steigern, falls notwendig Finanzierung der Zuwächse auch über Kredit.

2. Bottom Up: Primäre Aufgabe der regionalen Wirtschaftspolitik muss die Initiierung von Innovationsprozessen durch Forschungsförderung, Ausbau der wissenschaftlichen Infrastruktur und des Wissenstransfers in den regionalen Zentren anhand regions- und länderübergreifender Konzepte sein. Eine ständige Erneuerung von Produkten und Produktionsverfahren ist mit einer sich an Megatrends orientierenden konsistenten Innovationspolitik möglich (Claassen 2006). Diese setzt aber eine entsprechende Analyse der Megatrends hinsichtlich Lebenszyklen und Wertschöpfungsketten voraus. Hierbei gibt es erhebliche Probleme in

Deutschland durch den Wirrwarr von Zuständigkeiten. Die Folge ist ein Rückstand in der technologischen Entwicklung in wichtigen Bereichen, z. B. in der Informations- und Kommunikationstechnologie. Beispiel eines Megatrends nach Claassen mit deutschem Führungspotenzial könnten die erneuerbaren Energien sein. Analyse- und Forschungsfelder wären dann z. B.

- Aspekte der Versorgungssicherheit und des Klimaschutzes,
- neue Speichersysteme zum Ausgleich problematische Netzbelastungen,
- Netzoptimierungen im Zusammenhang mit Energiemix-Zielsetzungen,
- Entwicklung hochbelastbarer Betone und Metallwerkstoffe bei der Windenergie und
- Erforschung komplexer städtischer Energie-Versorgungssysteme.

Empfehlung an die Tarifparteien sind: Bei Verlängerung der Arbeitszeit ohne Lohnausgleich ist diese flexibel zu gestalten und vor allem auch für betriebliche Weiterbildungsmaßnahmen zu nutzen.

Zur Finanzierung der staatlichen Aufgaben und der sozialen Sicherungssysteme, die durch die Alterung der Bevölkerung eine zusätzliche dramatische Belastung erfahren werden, sind die Markteinkommen aus Unternehmertätigkeit und Vermögen in Zukunft wieder stärker heranzuziehen - insbesondere da die aktuelle Unternehmenssteuerreform den Unternehmen eine erhebliche Entlastung bringt. Ebenso sind Konsumgüter mit Luxuscharakter stärker zu belasten (durch Sondersteuer oder/und Erhöhung der Mehrwertsteuer für diese Konsumgüter). Weiter darf eine Erhöhung der Spitzensteuersätze aus wahltaktischen Gründen nicht weiter tabuisiert werden. Dies bedeutet, dass grundsätzlich das gegenwärtige Steuersystem und die Systeme der sozialen Sicherung und die Gesundheitsvorsorge wesentlich stärker als bisher erfolgt an eine alternde Gesellschaft anzupassen sind.

Das hier entwickelte Szenario und die Handlungsempfehlungen stimmen weitgehend - was die nähere Zukunft angeht - mit Überlegungen überein, die aktuell auch von Kollegen aus der empirischen Wirtschaftswissenschaft in die Diskussion eingebracht werden (z. B. von Corneo 2006). Seine Aussagen kann man wie folgt zusammenfassen: *Globalisierung führt zu Wachstum mit schieferer Wohlstandsverteilung. In allen Industrienationen verteilt die Globalisierung Einkommen von den Arbeitnehmern zu den Kapitalbesitzern und von den gering Qualifizierten zu den Spezialisten.*

Damit Deutschland an der Wachstumsdynamik der Globalisierung teilhaben kann, dürfen die Tariflöhne über einen längeren Zeitraum (5-6 Jahre) nur in Höhe der Inflationsrate erhöht werden. Dies führt über den Technischen Fortschritt und den damit verbundenen Produktivitätssteigerungen zu einer dauerhaften Verbesserung der Wettbewerbsfähigkeit auf den globalen Märkten. Gleichzeitig sind dann die Unternehmer wegen der dann gegebenen Vorhersehbarkeit der Lohnentwicklung eher bereit, dauerhafte Einstellungen vorzunehmen, d. h. die Gesamtbeschäftigung steigt mittelfristig und langfristig kontinuierlich an.

Eine Absenkung der Sozialbeiträge oder Steuersenkungen sind entgegen dem Tenor der aktuell dominierenden Lehrmeinung abzulehnen. Sie führen wegen Mitnahmeeffekten nicht zu einer Erhöhung der Beschäftigung. Um den schieferen Wohlstandsverteilungen im Wachstumsprozess der Globalisierung entgegenzuwirken und den Zusammenhalt in der Gesellschaft zu fördern ist eine stärkere Umverteilung der Einkommen und Vermögen sicher zu stellen. Der Spitzensteuersatz der EKST ist wieder auf 49% anzuheben, größere Erbschaften sind höher zu besteuern, auf eine Senkung der Unternehmenssteuern ist zu verzichten.

Die aus den tariflichen Änderungen resultierenden Mehreinnahmen und die zusätzlichen Steuereinnahmen aus mehr Beschäftigung sollen zur Finanzierung der Verbesserung der vernachlässigten Infrastruktur (öffentliche Verkehrsmittel) und der Verbesserung der Dienstleistungen für Arbeitnehmerfamilien im Gesundheits- und Bildungswesen sowie der Kinder-, Jugend- und Altenbetreuung herangezogen werden

Abschließend zu dem hier vorgestellten Szenario und den daraus abgeleiteten Handlungsempfehlungen noch eine ergänzende Anmerkungen: Die regionale Dimension der hier für die Zukunft angenommenen Wachstums-, Verteilungs- und Schrumpfungsprozesse von Bevölkerung und Wertschöpfung (Stichwort: Rückbauproblematik in Teilen der neuen Bundesländer) wurde in diesem Beitrag nicht berücksichtig. Sie ist aber bei der detaillierten Ausarbeitung der wirtschaftspolitischen Maßnahmen zu beachten.

Literatur

Ehrig, D. / Staroske, U. (2007), Makroökonomische Gleichgewichte und ungleiche Verteilung: Eine kreislauftheoretische Betrachtung, Bremen.

Claassen, U. (2006), Wir brauchen einen systemischen Ansatz, Anzeigenveröffentlichung des BMBF in der Welt am Sonntag vom 31.12.2006.

Corneo, G. (2006), New Deal für Deutschland, Frankfurt / New York.

Schaefer, H. (2005), Die regionale und sektorale Perspektive, in: Erfolgreiche Führung in schrumpfenden und stagnierenden Märkten, Bremer Universitätsgespräche, Bremen-Oldenburg.

Statistisches Bundesamt (2006), Bevölkerung Deutschlands bis 2050, 11. koordinierte Bevölkerungsvorausberechnung, Wiesbaden.

Sachverständigenrat (2006), Tabellen im Jahresgutachten 2006/07, Widerstreitende Interessen – Ungenutzte Chancen.

Wohlmuth, K. / Bass, H.-H. u. a. (Hrsg.) (2004), Neue Instrumente zur sozialen und ökologischen Gestaltung der Globalisierung: Codes of Conduct, Sozialklauseln, nachhaltige Investmentfonds.

Deutschland in der Internationalen Arbeitsteilung: Das Konzept der Basarökonomie auf dem Prüfstand

Germany and the International Division of Labour: Scrutinizing the Concept of the Bazaar Economy

Rudolf Hickel

Abstract

One can use the analyses of Karl Wohlmuth, specifically on the dynamics and international integration of the German economy in the era of globalisation, to criticise the concept of a "bazaar economy" developed by Hans-Werner Sinn. The concept of the "bazaar economy" argues that Germany's export strength is based on the increased utilisation of cheap intermediate imports in the production process. The 'strength' of the Germany export economy would therefore be its weakness. A significant reduction of labour costs would be necessary to produce the intermediate products that are imported domestically. A critical empirical analysis confirms that the proportion of imported contents on Germany's export products has increased. It is, however, argued that Sinn's analysis underestimates two relevant factors: first, the increasing relevance of the international division of labour and second, the increasing supply of intermediate export products by German companies. Indeed, the German export economy is a winner in the globalisation process. This creates, however, another problem: the German export strength results in the crowding-out of domestic production in importing countries and bears the risk of a "beggar-my-neighbour policy".

Zusammenfassung

Karl Wohlmuths Analysen gerade auch zur Dynamik der internationalen Verflechtung der deutschen Wirtschaft unter dem Regime der Globalisierung eignen sich, das von Hans-Werner Sinn propagierte Konzept einer „Basarökonomie" einer kritischen Analyse zu unterziehen. Diese Konstruktion „Basarökonomie" rückt die Behauptung in den Vordergrund: Die Exportstärke sei auf den wachsenden Einsatz von preiswerten Vorleistungen aus den Billiglohnländern in die Produktion von Exportgütern zurückzuführen. Dadurch wird die Exportstärke in eine Schwäche der deutschen Ökonomie umgemünzt. Daraus resultiert die Forderung nach deutlicher Senkung der Arbeitskosten, um die importierten Vorleistungen wieder im Inland zu produzieren. Eine kritische Überprüfung der Empirie zeigt, dass zwar der Anteil der in die inländische Produktion von Exportgütern eingehenden Vorleistungen zugenommen hat. Unterschätzt werden jedoch die wachsende internationale Arbeitsteilung einerseits und die zunehmende Lieferung inländischer Unternehmen an die Exportwirtschaft andererseits. Am Ende zeigt sich, dass die deutsche Exportwirtschaft zu den eindeutigen Gewinnern der Globalisierung gehört und damit ganz andere Probleme schafft. Die deutsche Exportstärke führt zur Verdrängung inländischer Produktion in den importierenden Ländern und damit zur Gefahr einer „beggar-my-neighbor-policy".

Widmung für Karl Wohlmuth:

Meine erste Begegnung mit dem Internationalisten aus Wien fiel in die Gründungstage der Universität Bremen Anfang der 1970er Jahre. Gemessen an der heute betonten Notwendigkeit, die Entwicklungstrends und Gestaltungsmöglichkeiten der Internationalisierung bzw. Globalisierung in der Verflechtung von Wirtschaft und Politik zu erforschen, war er der Zeit weit voraus. Von Anfang an hat er maßgeblich hoch qualitativ die „International Economics" mit all ihren Ausprägungen in die Lehre des Studiengangs Wirtschaftswissenschaft eingebracht und seine Forschung darauf konzentriert. Dass heute im Fachbereich Wirtschaftswissenschaft diese Gebiet theoretisch fundiert und empirisch abgesichert über eine so hohe Qualität verfügt, ist vor allem auch sein Verdienst. Die Gründung des erfolgreichen „Instituts für Weltwirtschaft und Internationales Management" geht ebenfalls auf sein Engagement zurück. Dabei ist der Titel des IWIM Programm: Verknüpfung der gesamtwirtschaftlich ausgerichteten Analyse der Weltwirtschaft mit den Anforderungen an internationales Management in den Unternehmen.

Quantifizierbare Messgrößen für den Erfolg eines Hochschullehrers sind die Lehrveranstaltungen, die damit verbundenen Prüfungen, die Examina sowie die Förderung des Forschungsnachwuchses, aber auch der Publikationen sowie Forschungsaufenthalte im Ausland. Gemessen daran gehört Karl Wohlmuth zu den erfolgreichsten Hochschullehrern, die der Fachbereich seit seiner Gründung aufzuweisen hat. Dieser immer wieder erarbeitete Erfolg hat natürlich auch den Preis seiner Hartnäckigkeit, die gelegentlich im ressourcenarmen Fachbereich zu Reibereien führen musste.

Bereits nach meinem altersbedingten Ausscheiden aus dem Fachbereich im Februar 2007 fehlt mir dieser wissenschaftlich anregende, gelegentlich auch spitzbübisch daher kommende Kollege. Meinem geschätzten Kollegen Karl Wohlmuth wünsche ich noch für viele Jahre die Kraft, seine Forschungs- und Publikationsprojekte voranzutreiben. Sein Sachverstand wird weit über die Zäsur durch die Emeritierung hinaus gebraucht. Seiner Festschrift wünsche ich eine großflächige Verbreitung nach dem Prinzip „buten un binnen".

1 Basarökonomie – Was ist damit gemeint?

Über die Auszeichnung des deutschen Standorts auch 2006 – nunmehr zum vierten Mal hintereinander – als Exportweltmeister Deutschland wird eine heftige Debatte geführt. Massiver Widerspruch gegen die mit dem Titel Exportweltmeister suggerierte Vorrangstellung im internationalen Güterhandel kommt maßgeblich von Hans-Werner Sinn, dem Chef des Ifo-Instituts. In seiner Deutschlandrede bei der „Stiftung Schloss Neuhardenberg" hat er erstmals den Begriff „Basarökonomie" in den Mittelpunkt gerückt. In seinem nachfolgenden Buch unter dem Titel „Ist Deutschland noch zu retten?" präsentiert er seine Aufklärung über die aus seiner Sicht irreführende Exportstärke ausführlich (Sinn 2004, zur Kritik vgl. Hickel 2006). Der als historisch bezeichnete Wechsel vom exportstarken Produktionsstandort zur Basarökonomie Deutschland löste intensive Kritik in der Wirtschaftswissenschaft aus. Die meisten der wirtschaftswissenschaftlichen Forschungsinstitute aber auch der „Sachverständigenrat zur Begutachtung der gesamtwirtschaftlichen Entwicklung" sowie Studien des Bundesministerium für Wirtschaft und Arbeit und des Bundesfinanzministeriums widersprechen dieser These vom Wandel Deutschlands zu einem Handelsplatz, auf dem Waren vor allem aus den Billiglohnländern einkauft und dann nur noch zu Exportprodukten zusammengebaut werden (Sachverständigenrat zur Begutachtung der gesamtwirtschaftlichen Entwicklung 2004, Diekmann / Meurers / Felgentrau 2005). Das Statistische Bundesamt liefert den Kritikern der Sinnschen Behauptung von der Basarökonomie wichtige Daten vor allem zu den inländischen und ausländischen Vorleistungen in der Exportwirtschaft sowie dem Beitrag der Exportwirtschaft zum gesamtwirtschaftlichen Wachstum (Statistisches Bundesamt 2004). Auf diese massive Kritik hat Hans Werner Sinn mit seinem Buch „Die Basar-Ökonomie" reagiert (Sinn 2005a). Dabei ist die Antwort auf die Frage im Untertitel – „Deutschland: Exportweltmeister oder Schlusslicht?" – für den Autor völlig klar. Deutschland ist Schlusslicht. Immerhin ringt er sich zu dem Eingeständnis durch, der Begriff Basarökonomie sei „eine Karikatur" und er bedürfe einer intensiven Diskussion. Dennoch wird diese „Entdeckung" nochmals ausführlich bestätigt. Dabei wird die Diskussion erschwert, weil das Etikett „Basarökonomie" ziemlich griffig und damit auch populär ist. Für die Dauerschelte – nicht nur aus der Wirtschaft – über die viel zu hohen Lohnkosten scheint ein schlagkräftiger Begriff gefunden zu sein. Bis in die betrieblichen Konflikte zwischen Geschäftsführungen und Betriebsräte hinein werden Forderungen zur Verbesserungen der Lohn- und Arbeitsbedingungen mit der Beschwörung der Zulieferung von Produkte aus dem „osteuropäischen Hinterland" zurückgewiesen (Sinn 2005b, S. 4). Auch die Medien präferieren mehrheitlich dieses gegenüber der ach so komplizierten Wirt- schaftswelt vereinfachende Deutungsmuster. So schreibt Robert von Heusinger in der renommierten „Die Zeit": „Die deutsche Volkswirtschaft entwickelt sich zum Basar. Die Löhne sind zu hoch. Osteuropa zu nah" (Heusinger 2005). Auf dem Hintergrund dieser populären Übersetzung der Botschaft von der erfolgreichen Niedriglohnkonkurrenz aus Osteuropa gerät die Sinnsche Antikritik zur uneingeschränkten Verteidigung der Basarökonomie. Bei der Verteidigung der Basarökonomie fällt die teils aggressive Sprachwahl durch H.-W. Sinn auf. Mehrfach ist von der „Pathologie" der Exporte ebenso wie der Verhinderung der Einschnitte des Hochlohnstandorts Deutschland die Rede. Gegen den Eindruck, die Exportstärke sei ein Beitrag zur gelungenen Bewältigung der Globalisierung aus der Sicht der Exportwirtschaft, wird beispielsweise die „pathologische Reaktion" Deutschlands auf die wachsende Konkurrenz durch die Niedriglohnländer kritisiert: „Arbeitslosigkeit, wachsende

Wertschöpfung im Außenhandel, Basar-Effekt und Exportrekorde sind gemeinsames Kennzeichen einer pathologischen Reaktion auf die Kräfte der Globalisierung, die durch die Starrheit der Löhne hervorgerufen wird" (Sinn 2005a, S. 171f.).

Das Konstrukt „Basarökonomie" ist schnell beschrieben. Der gigantische Zuwachs der Güterexporte wird auf wachsende Vorleistungen aus den Billiglohnländern – vor allem dem „osteuropäischen Hinterland" (H.-W. Sinn) – zurückgeführt. Damit sinkt der aus Deutschland der Wertschöpfung im Exportbereich zugefügte Beitrag. Diese importierten Vorleistungen zeigen, dass die Fertigungstiefe in Deutschland und damit die inländische Wertschöpfung je produzierter Produkteinheit für den Export gesunken ist. Deutschland mutiert vom Produktionsstandort zu einer „Drehscheibe des Handels". Güter- und Dienstleistungen werden aus den Billiglohnländern zusammengekauft. Der deutsche Beitrag zur Wertschöpfung reduziert sich auf das Zusammenbauen zu Endprodukten für den Export. Was draufsteht – Made in Germany – ist kaum noch in den Produkten drin. Am Ende bleibt lediglich eine „Unternehmenshülle" (G. Horn) übrig. Logischerweise mutieren die handelnden Personen, die deutschen Unternehmer in Personen- und Kapitalgesellschaften zu „Basaris". Seine These vom Umbau Deutschlands in eine „Drehscheibe für den Handel" versucht Sinn mit dem vergleichsweise großen Angebot an Messen, wie die Industriemesse in Hannover, zu belegen. Dabei wird wohl übersehen, dass die große Anzahl von Messen gerade auch als Schaufenster für Produktion aus Deutschland – etwa im erfolgreichen Maschinen- und Werkzeugbau – genutzt wird. Die entscheidende Ursache für diesen „Weg in die Basarökonomie", der als der Beginn eines „neuen Kapitels in der Wirtschaftsgeschichte" bezeichnet wird, entdeckt Sinn in den erheblich niedrigen Löhnen im Ausland – vor allem in Osteuropa. Dieses Lohnkostengefälle treibt den Zusammenbruch des Produktionsstandorts Deutschland voran. Nur durch eine konsequente Anpassung deutscher Arbeitskosten an das Niedriglohnniveau in den Konkurrenzländern kann das Ende der „Made-in-Germany"-Ökonomie verhindert werden. Genau diese Anpassung wird jedoch, so Sinn, durch Politik und das „Gewerkschaftsmonopol" verhindert. Immer wieder wird die Botschaft verbreitet: „Das zentrale Problem ist und bleibt das Niveau der deutschen Lohnkosten"(Sinn 2004, S. 118 - 128). Hierin sieht Sinn auch die Ursache für den Exodus deutscher Unternehmen in die Billiglohnländer.

Wachsendes Outsourcing von Produktion und Offshoring beschreiben die Wanderbewegung deutscher Unternehmen, die durch die Verhinderung der Anpassung über sinkende Faktorkosten in Deutschland erzwungen wird. H.-W. Sinn versucht mit Unternehmensbeispielen seine Basarökonomie zu untermauern. Das ursprünglich gewählte Demonstrationsbeispiel war die Audi-Produktion. Die Motoren werden in der ungarischen Stadt Györ hergestellt, nach Ingoldstadt geliefert und im dortigen Werk nur noch eingebaut. In seiner gegen die Kritiker der Basarökonomie gerichteten Rechtfertigungsschrift fügt er ein neues Beispiel aus der Automobilproduktion nach. Es geht um die Produktion des Porsche Cayennne aus der Kategorie SUV (Sports, Utility, Vehicles). Mit hohen staatlichen Zuschüssen ist der dazu zuständige Produktionsstandort Leipzig aufgebaut worden. Die größten Teile für diesen PKW werden jedoch nicht in Leipzig produziert. Die massige Karosserie wird fix und fertig im VW-Werk Bratislava hergestellt. Immerhin wird auch der gesamte Antriebsstrang im westdeutschen Hochlohnland Stuttgart-Zuffenhausen produziert. Eigentlich passt diese inländische Zulieferung nun gar nicht in die Sinnsche Basarökonomie. Dabei fällt auf, dass diese Vorleistung aus Stuttgart-Zuffenhausen im Widerspruch zur These von der Basarökonomie steht. Denn es handelt sich um im Inland erzeugte Vorleistungen aus dem westdeutschen Hochlohnland für das Porschewerk in Leipzig. Dieses Beispiel belegt durchaus die sinkende Fertigungstiefe. Allerdings wird – im Gegensatz zur Basarökonomie – diese Vorleistung im Inland produziert. Aber auch die Produktion der massiven Karosserie für den Porsche Cayenne in Bratislava sowie des Audimotors in Ungarn ist kein Beleg für die Abwanderung der Produktion in Billiglohnländer. Denn die neuen Netzwerke internationaler Arbeitsteilung mit dem Stammwerk in Deutschland werden mit dem Konzept nicht erfasst. Aus den beiden Beispielen lässt sich die allgemeine Beobachtung erklären. Während die als Importe erfassten Vorleistungen aus den osteuropäischen Ländern zunehmen, wachsen gleichzeitig die deutschen Exporte in diese Länder im Gleichschritt. Nach Sinns These müsste die Handelsbilanz mit diesen Ländern negativ sein, d.h. die Importe nach Deutschland deutlich über den Exporten aus Deutschland liegen. Dies lässt sich jedoch nicht belegen. Direktinvestitionen ziehen Warenexporte nach sich.

2 Basarökonomie: Eine problematische Reduktion interindustrieller und internationaler Verflechtung

Wegen der Folgen für die Ausrichtung der Lohn- und Wirtschaftspolitik in Deutschland ist eine intensive Auseinandersetzung über die Frage, ob im Strukturwandel der internationalen Arbeitsteilung massiv Arbeitsplätze aus Deutschland in die Billiglohnländer exportiert werden, dringend erforderlich. Hierbei müssen jedoch die Fakten und Entwicklungen berücksichtigt werden. H.-W. Sinn unterbreitet das Konstrukt Basarökonomie ohne eine ausreichende empirische Beweisführung. Immerhin hat H.-W. Sinn mit seiner Reduktion der interindustriellen und internationalen Verflechtung der deutschen Wirtschaft auf eine Basarökonomie rege Aktivitäten in der empirischen Forschung ausgelöst. Mehrere Untersuchungen liegen zu der Frage vor, ob sich Deutschland empirisch belegbar von einer Produktions- zu einer Händlerökonomie entwickelt hat. Dabei widerlegen alle vorliegenden empirischen Untersuchungen die Sinnsche These von der Entwicklung zur Basarökonomie (Horn / Behnke 2004, Bundesministerium der Finanzen 2004).

Dabei ist die Ausgangsbeobachtung von H.-W. Sinn unbestreitbar richtig: Seit Mitte der neunziger Jahre ist vor allem im Verarbeitenden Gewerbe die Produktion schneller gestiegen als die Bruttowertschöpfung. So hat zwischen 1995 und 2000 die Produktion im Verarbeitenden Gewerbe jahresdurchschnittlich um 4% zugenommen, während die Bruttowertschöpfung mit 2,2% pro Jahr um gut die Hälfte schwächer wuchs (Sinn 2005a, S. 67). Diese Scherenentwicklung verweist auf die anteilige Zunahme der für die Produktion in wachsendem Ausmaß eingesetzten Vorleistungen aus dem Ausland. Sinn zieht aus dieser unbestreitbaren Beobachtung jedoch einen Fehlschluss: Diese Zunahme der Vorleistungen wird einzig und allein auf Importe aus den Billiglohnländern zurückgeführt, die vorrangig im Bereich der Exportproduktion eingesetzt werden. Die Vorleistungen – etwa in der deutschen Automobilproduktion – gehen jedoch nicht nur auf die zunehmenden Importe aus dem Ausland, sondern auch auf wachsende Lieferungen durch inländische Firmen zurück. Die interne Arbeitsteilung in Deutschland wächst mit dem Ziel, die Kernkompetenz zu stärken. Vom Abbau der Fertigungstiefe der Unternehmen profitieren Zulieferfirmen aus Deutschland. Allein der Einsatz von Vorleistungen aus dem Inland trägt mit 9,4 Prozentpunkten zum Wachstum des Verarbeitenden Gewerbes von 1995 bis 2000 um 22% bei (Schintke / Weiß 2004). Die importierten Vorleistungen erklären nur mit 9,1 Prozentpunkten die Gesamtproduktion im Verarbeitenden Gewerbe. Schließlich gehen 3,5 Prozentpunkte auf den nachfragebedingten Anstieg der Bruttowertschöpfung zurück. Die zunehmenden Vorleistungen aus dem Inland werden durch eine wachsende interindustrielle Verflechtung im Inland komplettiert. Hier schlägt sich die unternehmensstrategische Reduktion auf das Kerngeschäft und damit die Verkürzung der Fertigungstiefe nieder. Bestes Beispiel für diese Zusammenhänge ist die Automobilindustrie. Neue Bauteile werden von inländischen Unternehmen geliefert. Ein Beispiel ist die umfangreichere Ausstattung von Fahrzeugen mit elektronischen und elektrischen Komponenten, die deutsche Unternehmen produzieren und zuliefern. Ein weiteres Beispiel ist die erwähnte Zulieferung des Antriebsstrangs aus dem Werk Stuttgart-Zuffenhausen nach Leipzig zum Bau des Porsches Cayenne. Nicht nur in der Automobilindustrie setzen sich Cluster als Form interindustrieller Vernetzungen durch. Sinn erwähnt nicht die wachsende Relevanz vernetzter, moderner Produktionsstrukturen, die maßgeblich auch die internationale Konkurrenzfähigkeit erhöhen. Die Netzwerk- und Clusterbildung im Inland, die zu hochwertigen Exportgütern führt, fallen der überspitzten These von der alles erklärenden Lohnkostendifferenz gegenüber den Billiglohnländern zum Opfer. Zweifellos wird diese zunehmende interindustrielle Verflechtung im Inland durch eine sich intensivierende internationale Arbeitsteilung überlagert. Dabei spielt die Integration in die europäischen Märkte eine herausragende Rolle. Insgesamt lässt sich feststellen, dass die Wachstumsbeiträge aus inländischen gegenüber importierten Vorleistungen innerhalb des Verarbeitenden Gewerbes sehr unterschiedlich ausfallen. Nur in sieben von dreiundzwanzig Produktionsbereichen sind die Vorleistungen aus dem Inland stärker als die aus dem Ausland gestiegen. Allerdings haben diese Produktionsbereiche mit einem Anteil von 45% an der Produktion ein großes Gewicht. Die Bedeutung der Importe aus dem Ausland hat in den letzten Jahren in vielen Branchen zugenommen. Dieser Trend ist bereits mit Zahlen belegt worden. Aus der Entwicklung dieser Vorleistungsimporte lässt sich jedoch noch lange nicht eine heranwachsende Basarökonomie ableiten. Sinn versäumt es, den Anteil der steigenden Auslandsimporte, der der Produktion für das Inland dient, zu spezifizieren. Er rechnet die gesamten Importe aus den Billiglohnländern der Herstellung von

Exportwaren zu. Darüber hinaus wird die Gesamtwirkung der sich verändernden internationalen Arbeitsteilung, von der die deutsche Wirtschaft auch profitiert, schlichtweg nicht berücksichtigt.

3 Theoretische und empirische Hinweise zur Veränderung der internationalen Arbeitsteilung im Zuge der Globalisierung

Zum einen ist schon gezeigt worden, dass bei der Basarökonomie nach H.W. Sinn der Beitrag der für die Exportproduktion genutzten Importe (exportinduzierte Importe) nicht spezifiziert wird. Seine Basisthese vom Rückgang der inländischen Wertschöpfung pro Exporteinheit ist nicht haltbar. Spiegelbildlich muss die zur Produktion von Exportwaren im Inland erforderliche Wertschöpfung (exportinduzierte inländische Bruttowertschöpfung) erfasst werden. Zum anderen gilt es jedoch auch die Frage zu beantworten, inwieweit der Anteil der inländischen Produktion an Exportwaren gegenüber den Vorleistungen aus dem Ausland zunimmt. Auf der Basis einer Input-Output-Analyse hat das Statistische Bundesamt die Importabhängigkeit deutscher Exporte sowie den inländischen Beitrag der Exportwirtschaft differenziert untersucht (Statistisches Bundesamt 2004). Diese Untersuchung widerlegt die Existenz einer Basarökonomie. Nach dieser Studie sind die Exporte zwischen 1995 und 2002 im Jahresdurchschnitt um 8,2% auf 732,53 Mrd. € gestiegen (vgl. Daten in der Tabelle 1 im Anhang). Gleichzeitig sind die exportinduzierten Importe von 99,84 Mrd. € 1991 auf 283,87 Mrd. € gewachsen. Dazu zählen auch die importierten Güter, die über Deutschland ohne eigene zusätzliche Wertschöpfung wieder exportiert werden. Immerhin ist das Volumen dieser Geschäfte im Zeitraum von 1991 bis 2002 jahresdurchschnittlich um 14,7% auf 111,40 Mrd. € gestiegen. Entscheidend für die Sinnsche Basarökonomie ist jedoch die Entwicklung der durch die Produktion von Exportgütern induzierten Vorleistungsimporte (direkt zur Produktion sowie auf den vorgelagerten Produktionsstufen eingesetzte importierte Vorleistungen). Diese sind seit 1991 jahresdurchschnittlich um 11,1% auf 172,47 Mrd. € gestiegen. Beim Vergleich mit den gesamten Exporten zeigt sich, dass der Importanteil von 26,7% auf 38,8% zugenommen hat. Spiegelbildlich dazu ist der Anteil inländischer wirtschaftlicher Wertschöpfung an den Exportgütern von 77,3% auf 61,2% zurückgegangen. Sinn bleibt bei der Ableitung seiner Basarökonomie bei dieser zweifellos zutreffenden Beobachtung stehen. Dabei offenbaren diese Daten nur die halbe Wahrheit über die Veränderungen der internationalen Arbeitsteilung. Denn gleichzeitig ist es gelungen, die zur Herstellung von Exportwaren induzierte inländische Bruttowertschöpfung (direkt und auf vorgelagerten Produktionsstufen im Inland) deutlich stärker auszuweiten. Der Anteil der exportinduzierten inländischen Bruttowertschöpfung am Bruttoinlandsprodukt stieg nach der vorliegenden Analyse von 16,2% im Jahr 1995 auf rund 20,8% im Jahr 2002. Während also der Importanteil an den Exporten gestiegen ist, wuchsen die Exportmengen schneller als das Bruttoinlandsprodukt. Dadurch wurde die Abnahme der inländischen Wertschöpfung pro Exporteinheit überkompensiert. Die entscheidende Ursache liegt in einer zunehmenden interindustriellen Verflechtung vor allem durch die Bildung von Produktionsclustern in Deutschland. So konzentrieren sich, wie bereits erwähnt, die Unternehmen der Automobilindustrie auf ihre Kernkompetenzen und beziehen hochwertige Komponenten – wie etwa die Elektronik – von spezialisierten Unternehmen. Diese produktionsstrukturelle Optimierung begründet die im Vergleich hohe internationale Konkurrenzfähigkeit. Das Statistische Bundesamt stellt zur Saldierung dieser Effekte fest: „Auch wenn man davon ausgeht, dass sich der gestiegene Importanteil der Exporte im Zeitraum von 1995 bis 2002 dämpfend auf das Bruttoinlandsprodukt ausgewirkt hat, wurde dies überkompensiert von der positiven Wirkung der stark gestiegenen Exportnachfrage nach inländischen Produkten" (Statistisches Bundesamt 2004, S. 3). Derzeit trägt dieser Schwerpunkt der Wertschöpfung ein Fünftel zur Produktion des Bruttoinlandprodukts bei. Dieses generelle Ergebnis wird auch durch die Entwicklung großer, für den Export wichtiger Branchen belegt. Der steigende Bezug von Leistungen aus dem Ausland hat den Nutzen der Exportindustrie in Deutschland nicht geschwächt. Dies zeigt sich beim Maschinenbau und dem Kraftfahrzeugbau. Während dort der Anteil der importierten Vorleistungen zugenommen hat, stieg die inländische Wertschöpfung, die in den Export ging, überproportional.

4 Deutsche Exportwirtschaft – Ein Gewinner der Globalisierung

Die bei der Basarökonomie unterstellte Reduktion auf Lohnkostendifferenzen verbaut den Blick auf die wachsenden Verflechtungen mit den Ländern Osteuropas. Während Teile der Produktion per Importe aus diesen Ländern bezogen werden, nehmen die Exporte aus Deutschland dorthin teils sogar stärker zu.[1] So liefert Audi aus Deutschland Vorleistungen an das Motorenwerk in der Stadt Györ (Ungarn). Zur Außenhandelsbilanz gehört auch der rege Austausch von Know-how (Ingenieurleistungen, Management etc.) Insgesamt entstehen zwischen den neuen Produktionsstätten in Osteuropa und den alten Standorten produktive Netzwerke. Dagegen lenken die aus dem Konzept der Basarökonomie abgeleiteten Strategien der Lohnsenkung von der Notwendigkeit, über Innovationen die Konkurrenzfähigkeit zu stärken ab. Mit der Anpassung an die niedrigeren Lohnkosten in Osteuropa und einem damit beschleunigten Lohndumping werden die wichtigen Ziele Innovation und Qualifikation der Beschäftigten unterschätzt.

Im Konzept der Basarökonomie werden die theoretisch begründbaren und empirisch belegbaren Impulse für die Warenexporte durch die Verlagerung von Produktionsprozessen (Direktinvestitionen) nicht berücksichtigt. Dabei zeigt eine umfassende Untersuchung der Deutschen Bundesbank wie „der Aufbau von Produktions- und Vertriebsstätten in einer Region mit verstärkten Lieferungen von Investitionsgütern und Vorprodukten aus Deutschland dorthin verbunden" ist (Deutsche Bundesbank 2006, S. 60). Zu ähnlichen Ergebnissen kommt eine neue Studie des „Instituts für Weltwirtschaft" in Kiel (Klodt / Christensen 2007). Unternehmen, die im Ausland investieren und produzieren, schaffen auch neue Arbeitsplätze im Inland. Mit den Auslandsinvestitionen steigt jedoch der Bedarf an hoch qualifizierten Arbeitkräften. Dies ist mit der wachsenden Bedeutung von hochwertigen Dienstleistungen sowie der Produktion und dem Vertrieb vom Heimatstandort aus zu erklären.

---

[1] In der Branchenanalyse zur Automobilindustrie hat die IG Metall nachgewiesen, dass trotz steigender Importe für die Fertigung von PKW für den Export von einer „Basarökonomie" nicht die Rede sein kann. Wie sonst wäre zu erklären, dass immer noch 773 Tsd. Beschäftigte in deutschen Automobilwerken tätig sind und gleichzeitig die Produktionsverflechtungen mit den neuen Standorten auch zum Vorteil der deutschen Werke ausgebaut werden. Vgl. IG Metall 2004, S. 20.

Während sich die Gesamtzahl der Arbeitsplätze im Inland kaum verändert, vollzieht sich jedoch ein starker Wandel der Beschäftigtenstruktur. Die durch von H.-W. Sinn präsentierte Studie zu den negativen Beschäftigungswirkungen durch Produktionsverlagerungen in mittel- und osteuropäischen Billiglohnländern reduziert die Betrachtung ausschließlich auf eine Lohnerhöhung (um 1 Prozentpunkt) in Deutschland, die zu einer Zunahme der Beschäftigung in den osteuropäischen Niederlassungen und damit zum Arbeitsplatzexport führen soll (um 2,1%). Die Studien sind in der Übersicht im Anhang zusammengefasst. Die Wechselwirkungen zwischen Direktinvestitionen und Außenhandel sowie die Veränderungen der qualifikatorischen Anforderungen an Arbeitskräfte werden im Konzept der Basarökonomie schlichtweg ausgeblendet. Zu dem sind die methodischen Annahmen dieser Berechnungen äußerst problematisch.

Auch die makroökonomische Betrachtung der Rolle der Außenwirtschaft widerspricht dem Konstrukt der Basarökonomie. Handels- und Dienstleistungsbilanz weisen seit Jahren Überschüsse aus, d.h. die Exporte aus Deutschland liegen weit über den Importen. Der Außenbeitrag (Anteil des Saldos der Handels- und Dienstleistungsbilanz im Umfang von 144,5 Mrd. € am Bruttoinlandsprodukt) mit knapp 6% im Jahr 2007 ist der beste Beleg für die internationale Wettbewerbsfähigkeit der deutschen Wirtschaft. Neben der Innovationsfähigkeit sind es die im internationalen Vergleich nahezu stagnierenden Lohnstückkosten, bei denen die Arbeitskosten pro Stunde der Arbeitsproduktivität pro Stunde gegenübergestellt werden. Die Lohnstückkosten zeigen die Balance zwischen den Lohnkosten im Verhältnis zur Leistungsfähigkeit der Wirtschaft. Die durch H.-W. Sinn vorgetragene Kritik an der Aussagefähigkeit des „Außenbeitrags" ist nicht nachvollziehbar. Behauptet wird, dieser sei nur für die nachfrageorientierte Konjunkturanalyse relevant (Sinn 2005a, S. 177ff.). Damit widerspricht er seiner eigenen Argumentation. Der Außenbeitrag zeigt strukturell den Anteil der Importe, mit dem der Spielraum für inländische Produktion eingeschränkt wird, gegenüber dem Export inländischer Produktion. Darin spiegelt sich in der Tat produktionsbezogen die internationale Konkurrenzfähigkeit wieder. Die international Wettbewerbsfähig dominiert in wichtigen Sektoren, wie dem Maschinenbau und in der Automobilbranche. Schließlich liegt Deutschland auch bei forschungsintensiven Produkten wieder an der Spitze. Heute ist nicht die Exportschwäche im Zuge wachsender Importe zur Herstellung von Exportgütern das Problem, sondern vielmehr die Stärke der Exportwirtschaft. Die Exporterfolge hängen maßgeblich von den ökonomischen Bedingungen der Importländer ab. Eine weitere Forcierung der deutschen Exporte durch Senkung der Arbeitskosten belastet einerseits die Arbeitsverhältnisse und damit die Produktivität. Andererseits stößt die Exportexpansion an die Absorptionsgrenze der Importländer. Eine „beggar-my-neighbour"-Politik, mit der die Importländer unter Druck gesetzt werden, wird am Ende zu Gegenreaktionen führen und schließlich den internationalen Handel belasten. Zunehmend massiver Protektionismus als Gegenwehr steht für diese Fehlentwicklung. Die Wirtschaftswissenschaft muss viel mehr den Blick auf Fehlentwicklungen in den Importländern durch die gigantischen Exportüberschüsse Deutschlands, die am Ende auch negativ auf Deutschland zurückwirken, lenken. Die Exportstärke durch nahezu stagnierende Lohnstückkosten, die wie eine reale Abwertung innerhalb des einheitlichen Währungsraums wirken, droht den ökonomischen Zusammenhalt im Euroland zu sprengen. In Deutschland zwingen einerseits die massiven Risiken infolge der Exportüberschüsse und andererseits die anhaltende inländischen Wirtschaftsschwäche zu einer umfassenden Strategie der Stärkung der Binnenwirtschaft.

5   Ein kurzes Fazit

Die durch H.-W. Sinn geschaffene Konstruktion von einer Basarökonomie hält einer empirischen und theoretischen Überprüfung nicht stand. Die für die Exportstärke bedeutsame Herausbildung von modernen Produktionsclustern und damit die Ausweitung und Intensivierung der interindustriellen Verflechtungen im Inland wird durch die Basarökonomie nicht berücksichtigt. Dagegen wird die Politik „Zur Rettung Deutschlands" einseitig auf die Anpassung der hiesigen Produktionsverhältnisse an die der Billiglohnländer konzentriert. Aber auch die Triebkräfte und positiven Wirkungen der sich ausweitenden internationalen Arbeitsteilung werden nicht erkannt. Dabei zeigt sich seit 2000 bis 2003, dass bei praktischer Stagnation der jahresdurchschnittlichen Produktion im Verarbeitenden Gewerbe die Bruttowertschöpfung um 1,1% im Jahresdurchschnitt gestiegen ist (Schintke / Weiß 2004, S. 722). Ob es sich hier um ein neues Phänomen oder nur um einen konjunkturellen Einfluss handelt, lässt sich nicht sicher spezifizieren. Der Blick zurück auf die wirtschaftliche Entwicklung Westdeutschlands zeigt jedenfalls, dass die Quote der Vorleistungsimporte und damit die internationale Arbeitsteilung bereits seit den sechziger Jahren zunehmen. Was damals unter den Bedingungen der Vollbeschäftigung selbstverständlich war, wird heute als Bedrohung empfunden. Anstatt die Zukunft Deutschlands durch den Umbau in ein Niedriglohnland zu verbauen, kommt es vielmehr darauf an, die Wertschöpfung im Inland durch moderne Produktionsstrukturen, effiziente Entlohnungs- und Arbeitsbedingungen sowie hochwertige Infrastruktur vor allem im Bereich von Bildung, Ausbildung und Forschung auf lange Sicht zu verstärken. Dazu gehört auch eine angemessen expansive Lohnpolitik, mit der die Binnenwirtschaft an Kraft gewinnt. Diesen Spielraum hat ein Land, das mit seiner Exportwirtschaft immer noch zu den großen Gewinnern der Globalisierung gehört.

Anhang

Tabelle 1: Importabhängigkeit der deutschen Exporte
- in jeweiligen Preisen -

	1991	2000	2002
	Mrd. €		
Exporte[1]	374,12	662,16	732,53
davon:			
-Exporte aus inländischer Produktion	347,53	570,43	621,13
-Exporte von importieren Gütern	26,59	91,73	111,40
Exportinduzierte Importe	99,84	252,33	283,87
- Exportinduzierte importierte Vorleistungen[2]	73,26	160,61	172,47
- Exporte von importierten Gütern	26,59	91,73	111,40
Exportinduzierte inländische Bruttowertschöpfung[3]	269,31	401,93	439,79
	Kennzahlen in %		
Importanteil: Exportorientierte Importe in % der Exporte	26,7	38,1	38,8
Exportorientierte Bruttowertschöpfung in % des BIP	17,9	19,8	20,8

[1] Ohne Reiseausgaben ausländischer privater Haushalte im Inland.
[2] Direkt bei der Produktion für den Export sowie auf vorgelagerten Produktionsstufen eingesetzte importierte Vorleistungen.
[3] Direkt bei der Produktion für den Export sowie auf vorgelagerten Produktionsstufen im Inland entstandene Bruttowertschöpfung.

Quelle: Statistisches Bundesamt 2004.

Übersicht 1: Studien zu den Beschäftigungswirkungen durch die Produktionsverlagerungen in mittel- und osteuropäische Billiglohnländer: Sinns affirmative Auswahl

Zur Frage, wie sich die Verlagerung von Produktionsstätten nach Osteuropa infolge niedriger Lohnkosten auf den deutschen Arbeitsmarkt auswirkt, gibt es sehr unterschiedliche empirische Studien. Dabei ist klar, dass diese empirischen Analysen zu den Arbeitsmarkteffekten der Direktinvestitionen wegen der komplexen Wirkungszusammenhänge nur mit größter Vorsicht interpretiert werden sollten. Dies erklärt auch die sehr unterschiedlichen Ergebnisse der vorliegenden Studien.

H.-W. Sinn präsentiert in seiner „Basarökonomie" nur die, seine Grundthese bestätigende Studie ohne einen Hinweis auf die eingeschränkte Aussagefähigkeit wegen der methodischen und empirischen Probleme. Die Ergebnisse der hauseigenen Studie lauten: (Becker / Ekholm / Jäckle / Muendler 2005a) Eine einprozentige Lohnerhöhung in Deutschland führt bei gegebenen Löhnen in Osteuropa zu einer Erhöhung der Beschäftigung in den osteuropäischen Niederlassungen um 2,1%. Umgekehrt löst eine Lohnsenkung bei den osteuropäischen Standorten um 1% bei gegebenen Löhnen in Deutschland eine Abnahme der deutschen Beschäftigung um 0,05% aus. Dabei verschweigt H.-W. Sinn, dass dasselbe Forscherteam unter demselben Titel beim „Kieler Institut für Weltwirtschaft" eine Studie veröffentlicht hat, die zwar die Grundthese Sinns bestätigt, jedoch zu veränderten Ergebnissen kommt (Becker / Ekholm / Jäckle / Muendler 2005b).

Ärgerlich ist die Tatsache, dass eine allerdings frühere Studie (2001), die zu einem gegensätzlichen Ergebnis kommt, nicht einmal erwähnt wird. J. Konnings und A. Murphy haben auf der Basis von Paneldaten für europäische Direktinvestitionen die Evidenz der These von der Verlagerung heimischer Arbeitsplätze durch den Standortwettbewerb mit Mittel- und Osteuropa nicht nachweisen können (Konings / Murphy 2001). Auch die der Sinnschen These widersprechende Untersuchung von A. Marin (2004) wird nicht erwähnt (Marin 2004). Marin kommt auf der Basis der Schätzung einer Funktion der Arbeitsnachfrage der deutschen Muttergesellschaften zu dem H.-W. Sinn widersprechendem Ergebnis: Ein um 1% geringerer Lohn bei den deutschen Tochterunternehmen in den mitteleuropäischen EU-Mitgliedsländern steigert die Beschäftigung am Heimatstandort um 0,16%.

Von einem Wissenschaftler ist auch in der popularisierten Fassung seiner „Basarökonomie" zu erwarten, dass er in diesem strittigen Punkt auf die begrenzte Aussagefähigkeit solcher Studien eingeht (Federico / Gaetano 2005). Vor allem gebietet es die wissenschaftliche Objektivität, sich mit Studien auseinander zusetzen, die seiner These von der Arbeitsplatzvernichtung durch die Niedriglohnkonkurrenz aus Osteuropa widersprechen.

Literatur

Becker, S. O. / Ekholm, K. / Jäckle, R. / Muendler, M. A. (2005a), Location Choice and Employment Decisions: A Comparison of German and Swedish Multinationales, CESifo Working Paper, Nr. 1374, Januar 2005.

Becker, S. O. / Ekholm, K. / Jäckle, R. / Muendler, M. A. (2005b), Location Choice and Employment Decisions: A Comparison of German and Swedish Multinationales, Kieler Working Paper, Nr. 1243, Juni 2005.

Bundesministerium der Finanzen (2004), Arbeitsplatzeffekte der Globalisierung, in: Monatsbericht des BMF, August 2004, Berlin, S. 59 - 65.

Deutsche Bundesbank (2006), Die deutschen Direktinvestitionsbeziehungen mit dem Ausland: Neuere Entwicklungstendenzen und makroökonomische Auswirkungen; in: Monatsbericht der Deutschen Bundesbank Nr. 9, Jg. 58, September 2006, S. 45 - 61.

Diekmann, B. / Meurers, M. / Felgentrau, N. (2005), Basarökonomie Deutschland?, Bundesministerium für Wirtschaft und Arbeit, Wirtschaftsanalysen, Nr. 4, Berlin.

Federico, S. / Gaetano, A. (2005), Fear of Relocation? Assessing the Impact of Italy`s FDI on Local Employment; 2nd Euroframe Conference on Economic Policy Issues in the European Union „Trade, FDI and relocation: challenges for the EU?", 03. Juni 2005, Wien, http://www.ecb.int/events/ pdf/conferences/lmw/Fedrico.pdf, 05.06.07.

Heusinger, R. von (2005), Die Zeit, 11.12.2005.

Hickel, R. (2006), Kassensturz – Sieben Gründe für eine andere Wirtschaftspolitik, Reinbek.

Horn, G / Behncke, S. (2004), Deutschland ist keine Basarökonomie, in: DIW Wochenbericht Nr. 40, Berlin, S. 583 - 589.

IG Metall (2004), Die Automobilindustrie – Branchenanalyse 2004, hrg. von FB Wirtschaft-Technologie-Umwelt, Oktober 2004, Frankfurt am Main.

Klodt, H. / Christensen, B. (2007), Home Market Effects of Foreign Direct Investments: The Case of Germany, in: Aussenwirtschaft, Heft 1, Jg. 62, S. 63 - 76.

Konings, J. / Murphy, A. (2001), Do Multinational Enterprises Substitute Parent Jobs for Foreign Ones? Evidence form European Firm Level Panel Data, Centre for Economic Policy Research (CEPR), Discussion Papers, Nr. 2972, September 2001, London.

Marin, D. (2004), A Nation of Poets and Thinkers - Less So With Eastern Enlargement? Austria and German; Centre for Economic Policy Research (CEPR), Discussion Papers, Nr. 4358, März 2004, London.

Sachverständigenrat zur Begutachtung der gesamtwirtschaftlichen Entwicklung (2004), Jahresgutachten 2004 / 2005, Erfolge im Ausland Herausforderungen im Inland, Wiesbaden 2004.

Schintke, J. / Weiß, J.-P. (2004), Zunehmende Arbeitsteilung dämpft Wertschöpfungsentwicklung im verarbeitenden Gewerbe; in: DIW-Wochenbericht, Nr. 46, Berlin, S. 715 - 722.

Sinn, H.-W. (2004), Ist Deutschland noch zu retten?, Berlin München.

Sinn, H.-W. (2005a), Die Basar-Ökonomie, Deutschland: Exportweltmeister oder Schlusslicht?, Berlin München.

Sinn, H.-W. (2005b), Das deutsche Rätsel, Warum wir Exportweltmeister und Schlusslicht zugleich sind, http://www.cesifo-group.de/portal/page/portal/ifoContent/N /publ/Zeitschriften/zs-sd/zs-sd-abstractscontainer/IFO_SCHNELLDIENST_2005/Das%20deutsche%20 R%E4tsel.pdf, 05.06.07.

Statistisches Bundesamt (2004), Volkswirtschaftliche Gesamtrechnungen, Input-Output-Rechnungen, Importabhängigkeit der deutschen Exporte, Wiesbaden.

Social Contributions and Real Rates of Interest: On the Causes of Germany's High Unemployment*

Sozialabgaben und reale Zinraten: Zu den Gründen für Deutschlands hohe Arbeitslosigkeit

Dieter Spethmann / Otto Steiger

Zusammenfassung

Trotz des Aufschwungs in der deutschen Wirtschaft seit Mitte 2006 leidet das Land weiterhin an hoher Arbeitslosigkeit. In dem Beitrag soll diskutiert werden, ob (i) die Ursache der Arbeitslosigkeit seit Mitte der 90er Jahre eine falsche Finanzierung des sozialen Sicherheitsnetzes des Landes durch hohe Sozialabgaben statt höherer Steuern ist und ob (ii) die höhere Realzinsrate seit dem Beginn der Europäischen Wirtschaft und Monetären Union (EMU) im Jahr 1999 das ökonomische Wachstum erschwert hat.

Abstract

In spite of the upswing in the German economy since mid-2006, the country still suffers from high unemployment. This paper discusses (i) whether the

---

* Updated and abridged version of a paper on "Stagnation and Unemployment. The Case of Germany", presented at the *Sénat Conférence Internationale* on *"Quel modèle de croissance pour la France?"*, Paris: Sénat de la République française, 30 June 2006. For valuable suggestions we thank Cornelia Boltz (Ahlhorn) and Gunnar Heinsohn (Universität Bremen). Boltz is also acknowledged for a careful reading of the text. Final version: 29 June 2007.

This contribution, especially section 3, is a tribute to Karl Wohlmuth's outstanding research on European economic integration. As his colleague for over 30 years at the Economics Department of Universität Bremen, Steiger had the opportunity to profit from his findings in several common teaching projects. Spethmann, who as an entrepreneur had always been interested not only in business but also in economics, is familiar with parts of Wohlmuth's works, too.

cause of unemployment since the mid-1990s is a wrong financing of the country's social safety net by high social contributions instead of high taxes, and (ii) whether its high real rate of interest since the start of the European Economic and Monetary Union (EMU) in 1999 has hampered economic growth.

1 The Scenario

Since the mid-1990s, Germany has been suffering from stagnation and high unemployment. While unemployment ranged between 3.7 and 4.9 million from 1995 to 2005, or 10-12% of the active population, the annual growth rate of Germany's GDP at the same time amounted to only 1.03% annually (Sinn 2005, 26).

Although there has been a remarkable upswing in the German economy since the second half of 2006, with an expected growth rate of 2.5% for 2007 and a drop in the rate of unemployment by 2.4% or 732.000 job seekers in one year since May 2006, the number of unemployed is still very high: 3.8 million or 9.1% of the active population of 39.2 million (Astheimer 2007b).

The bad German figures during the recent decade were not helped by the perplexing fact that Germany is still the World's largest exporter with, during 2006, a surplus in the trade balance of € 162 billion (US $ 211 billion) and a surplus in the current account balance of € 127 billion ($ 165 billion).

The official reason for the scourge of stagnation and high unemployment in Germany has until recently been encapsulated in the political slogan most fiercely supported by Hans-Werner Sinn (2005), president of the Munich based IFO-Institute for economic research, the most prestigious in Europe: both *wages and taxes are too high*! Especially, the urges for curbing an increase of real wages to gain competitiveness are at the heart of his recommendations on how to fight unemployment in Germany: inefficient competition policies, especially in the labour market, have supposedly resulted in a high-cost economy. Within the European Union (EU), Germany, in 2002, with € 27.50 per working hour for industrial labourers had the highest labour costs (Sinn 2005, 108). The inefficient policies should be rectified quickly by structural reforms, meaning the need to implement supply-side reforms that had been pushed ahead in the United States and Great Britain since the early 1980s.

Sinn, however, does not mention what had happened in the United States and in the United Kingdom in this period. During those days in the States, short-term interest rates climbed to 22%, the yields on 30-year treasury bonds rose as high as 14%, the trade balance was deeply in the red, and the dollar near to collapsing. There was double-digit inflation, and labour strikes were staged everywhere. Unemployment rose, and the rate of growth fell. Great Britain did not fare much better. The economic indicators in both countries pointed "to a serious supply constraint in *an economy with a strong demand*" (Koo 2003, 2; emphasis added).

In contrast, the refinance rate at the Deutsche Bundesbank, determined by the Council of Governors of the Eurosystem, the decentralized central banking system of the EMU (see section 3 below), with 2% between June 2003 and November 2005 was very low; and the recent rise to 4% (as of 6 June 2007) is not much to worry about. The same holds for inflation. Germany's rates of 2.0% in 2005 and 1.7% in 2006 are nothing to worry about, either. In addition, the trade balance of the EMU ran a surplus of € 5.4 billion in 2005 (current account balance: € −34.7 billion) and the euro is strong, especially in relation to the dollar, with a rise from US $ 0.82 to the euro in October 2002 to $ 1.35 in June 2007. The only indicators that are the same in the United States in the early 1980s and in Germany between 2001 and 2007 are high unemployment and (until mid-2006) stagnation. But while in the Anglo-Saxon countries, these indicators were the result of the battle against high inflation caused by strong demand in combination with supply constraints, in Germany, they were – and still are (in June 2007) – a result of, first of all, a *lack of aggregate demand*.

This lack has been threefold: a lack in the demand for private consumption as well as for private and for public investment. While private consumption stagnated between 2001 and 2005 (with a high savings rate of 11%), it did not rise until 2006, by 0.8% (however, mostly owing to the anticipation of the rise in the value-added tax rate on 1 January 2007). And while private gross investment fell from roughly 23% of the GDP in 1995 to about 17.5% in 2005, its increase by 6.5% during the recent upswing does not imply a rebound: its share of 17.8% is still very low (Welter et al. 2007)[1]. Figures get still worse when looking at the share of private *net* investments of aggregate disposable income: it fell from 10.8% in 1991 to 2.7% in 2005, with an increase to 3.8% only in 2006 (Welter 2007). In addition, while the contribution of public gross investments to the GDP (in the former West Germany) amounted to 4.7% in 1971 and maintained a level of 3% during the 1980s, it declined to 1.9% in 2003 (in the united Germany), that means, during three decades, its share was reduced by around 60% (Bofinger 2005, pp. 132 f.). Measured in absolute numbers, public investments fell from € 52.5 billion in 1992 to 32 billion in 2006, that is, by 38%, with negative annual *net* investments between 2003 and 2006 of € 5 billion (Welter 2007).

The fall in public investment is, of course, due to the Maastricht stability pact of 1992 preparing the way for Germany's membership in the EMU and becoming effective with its start in 1999, which demands a public deficit below 3% of the GDP. The advocates for abolishing the deficit forget, however, that public consumption is bound by legal obligations and, therefore, a reduction of the public deficit can only be achieved by reducing the number of State employees and/or public investments, that is, a reduction of the budget deficit, which, in the end, will only increase the deficit! Therefore, we are in sympathy with the Keynesian diagnosis saying that

Private investment + State deficit = household net savings + firms' profits

This crucial operational identity states that, to avoid a fall in aggregate demand and, thereby, firms' profits, a fall in private investment and/or private consumption (that means, a rise in household net savings) must be compensated by a rise in the State deficit. The German figures for aggregate demand indicated above seem to support such a policy which, for example, was implemented in Japan between 1991 and 2005 to fight the financial crisis of the late 1980s. However, we hesitate to adhere to such proposals because we think one must first ask what has caused the fall in, first of all, private investments – and how it can be remedied – before relying on an increase in the State deficit to compensate for this fall. This will be done in section 2, where we discuss the financing of Germany's social safety net, while section 3 will

---

[1] In 2006, the corresponding shares for France, Italy, Japan and Switzerland were above 20%, while they amounted to 25-30% in Greece, Ireland and Spain.

ask whether the EMU means an obstacle to the German growth rate owing to the high real rate of interest.

2 Are Wages and Taxes too High, or How to Finance the Social Safety Net?

As stated above, within the EU, Germany, in 2002, had the highest labour costs. Although these costs have been stagnating between 2000 and 2006 and, at the same time, increasing by 8% in the other EMU countries, they are still among the highest. Before discussing in detail why labour costs in Germany are so high, a short outline of our view of the economy must be given.

As demonstrated by Gunnar Heinsohn's and Otto Steiger's approach of property economics (Heinsohn and Steiger 1996, 2006 and 2007a), a reproduction system that deserves the name "economy" must be a property-based system. In contrast to what is taught by neoclassical economics, the economic system is not, first of all, determined by agents optimizing the possession of their scarce resources according to their preferences, with the *consumer* as the possessor of the resources being the key agent. Rather, an economy deserving that name is determined, first and foremost, by indebted proprietors who are eager to defend their property. To keep the economy running, proprietors, of course, need resources, but to make use of them, they first need money; and to have money available, they cannot avoid running into debt. Hence, in an economic system, the *indebted entrepreneur* is the key agent. Unlike the optimizing operations in neoclassical economics, running into debt is not a risk-free business, because it is not only by paying interest that the entrepreneur will get the money needed for production but, first of all, by supplying collateral to his lender – a property title he will lose when not fulfilling his obligation to pay back the loan with interest.

One of the main causes for this risk, beside the drop in the expected rate of profit, is the wage contract concluded between the entrepreneur and the labourers to be employed in production. Wages must be advanced, that is, they must be financed by a money loan, because workers must be paid *before* production starts, its time-consuming process is finished and the products are sold on the market as commodities to other entrepreneurs or to consumers. (It is only at this stage, that is, at the end of production, not at its start, that the optimizing consumer will play a role). However, unlike the debtor in the loan contract or the entrepreneur in the wage contract, in most cases, the indebted entrepreneur cannot take it for granted that he will find partners on the market who could guarantee a reflux of the money taken up for the payment of wages. Therefore, the advance of wages financed by the money loan is, after all, a strategic variable to be considered when asking what determines aggregate employment.

However, when discussing labour costs, one must distinguish between net and gross wages, with the latter including so-called "social contributions". Only with regard to net wages, Keynes's dictum in chapter 18 of his *General Theory* (1936) holds that the level of wages – if set according to labour productivity – is not an obstacle to employment, but rather a stabilizing ingredient of the economy, and that a reduction of wages would involve the risk of triggering deflation.

Social contributions in a property-based economy are aimed at providing the means necessary to finance the *social safety net*, which the economy's manifold contracts, its *property net*, unlike the loyalty nets in possession-based reproduction systems – the tribal reciprocity system and the feudal command system – is unable to develop out of itself (Heinsohn and Steiger 2006, 28; and 2007, 495). Now, the question to be discussed is whether social welfare should be financed mainly by social contributions or by other means, for example, taxes.

In Germany, around 50% of public revenues consist of taxes; and the other half, of social contributions, the total share of the GDP being 34.7% (2004) – one of the lowest in the EU 15 countries (39.7%; see Grözinger 2007, 32). During the 1950s, social contributions amounted to only 20% of gross wages. In 1970, they rose to 26.5%; in 1990, to 35.8%; and in 2003, to as much as 42.1%.[2] As effective of 1 January 2007, they are still at 40.9%. For a medium wage earner (single and no children) this means that he has to pay as much as 52.5% out of his gross income to the State authorities (2006): 35% for social

---

[2] For the so-called "mini" or € 400 jobs, that is, jobs with tax-free earnings up to € 400 per month, only employers have to pay social contributions: 30% (since 2007) on the gross earnings. It has been estimated that owing to the popularity of these jobs – 8 million in 2004 – the number of full-time jobs has decreased by 500,000 (Bofinger 2005, p. 171); see also our comments below on the shadow economy.

contributions and 17.5% in taxes (Sauga et al. 2007, 29; for slightly different figures see Welter 2006a).[3] From the entrepreneur's perspective, however, things are still worse, because 40.9% for social contributions on gross wages imply for his labour cost calculation that he must add as much as nearly *70%* to net wages! And this is, in fact, nothing but a heavy tax on production or labour, with no reductions at all for low wage incomes like those provided in the progressive income tax with its generous allowances, given a tax-free income of at least € 7,670 per year (for singles; € 15,340 for couples). On the contrary, this "labour" tax must be paid from the first euro earned up to a salary of around € 5,250 (€ 4,400 in East Germany) per month or € 63,000 (€ 52,800) per year (the median gross income in Germany amounts to approximately € 30,000; Welter 2006a). People who earn more are exempted from these contributions, as are civil servants with a permanent contract whose much higher pensions (ca 72% of the last income) are exclusively paid from taxes (health expenditures at least at 50%).

In an effort to prevent a further increase of the high social contributions and to stimulate unemployed to supply their labour power instead of relying on benefits, unemployment relief, the so-called "unemployment money I", was reduced as of 1 January 2005: until then, unemployed were entitled to 67% of their last net incomes for a period of 24 months up to a maximum of € 2,117 per month (€ 1,848 in East Germany) which was financed by the unemployment insurance. Thereafter, unemployment relief, the so-called "unemployment money II", was reduced to 50% of net incomes and, without time limitation, up to a maximum of € 1,600 per month, financed by taxes. Today, unemployment relief is paid only for a period of 12 months. Thereafter, unemployed will have to rely on the benefits granted on the basis of the so-called "Hartz IV" reform, a combination of mere social benefits and unemployment relief. People who are able to work at least three hours per day are entitled to € 345 per month plus benefits for housing and heating (ca € 400 per month for a single). However, just like the former recipients of social welfare, unemployed are only entitled to these benefits provided that they do not own assets exceeding € 150 per year of age or a maximum of € 9,750 plus € 250 per year

---

[3] Why social contributions in Germany should amount to only 35% of gross wages and not to 42.1% in 2006, the authors, basing their results on the OECD study *Taxing Wages 2006*, do not explain.

of age for life insurances (see Budras 2007 for details). This restriction leads to the fatal consequence that after one year of unemployment, people risk to become Karl Marx's property-less proletarians, that is, they will be prevented from becoming what is of utmost necessity in property-based economy: entrepreneurs able to run into debts!

So far, the "Hartz IV" reform has turned out to be a disaster. Its costs, which had originally been budgeted at roughly € 15 billion per year, have nearly doubled to € 28 billion in 2006.[4] This is, of course, due to an effect politicians should have thought about beforehand: while many individuals hesitated to apply for social welfare out of shame, asking for unemployment benefits – which, in addition, are 17% higher than the former social welfare benefits – is not seen as disgrace, in spite of many politicians qualifying such benefit seekers as "parasites". But what is worse is the fact that the main expectation connected with the reform, that is, to stimulate unemployed to look for jobs, has not been fulfilled: the labour market simply does not offer the jobs the reformers wanted. While there are still 3.8 million unemployed (May 2007), vacancies amount to 643,000 only. And while the number of people receiving "unemployment money I" has decreased by 25% since April 2006, the number of those receiving "unemployment money II" has fallen by 12% only. They amount to a total of 5.2 million, half of them people who earlier would have been classified as living on social welfare, that is, people who are unable to work (Astheimer 2007a and 2007b).

On the other hand, the shadow economy, circumventing the heavy burden of social contributions, is thriving. According to a recent report by Friedrich Schneider (2006), the foremost expert on illicit work in Germany, the number

---

[4] On the other hand, the Federal Labour Agency as the administrator of the unemployment insurance made a surplus of €11.2 billion in 2006 and, in spite of a reduction of the contributions to the insurance from 6.5% to 4.2% on 1 January 2007, the Agency expects to make a surplus of € 5.5 billion in 2007. Would it not have been more efficient to distribute this money to the unemployed as it was done before the "Hartz IV" reform?

of "full-time domestic illicit labourers" is estimated at as many as 8.124 million;[5] and the number of temporary foreign illicit labourers, at 925,000. As the medium wage of these shadow workers is estimated at 12 € per hour, they account for roughly 15% of the German GDP or € 345.5 million. According to a more recent survey by the IZA, the German Institute on the Future of Labour, "the gross value added of the total illicit employment in Germany amounts to between 6 and 7 million full-time jobs" (Geinitz 2007).

But what about the supposedly high taxes in Germany? In the 1990s, they have been dramatically reduced: from a marginal tax rate of 56% for personal incomes to 53% in 1991 and to 42% in 1998. This implies that, today, the medium wage earner, with a taxable income of € 30,000, has a tax rate of 19.4% as a single and of 10.3% as a married person. Only 5% of personal incomes are taxed with a rate of more than 30%; and roughly 15%, with more than 20%. At the same time, the nominal tax rate for corporate incomes was reduced from 45% to 25% and, together with the so-called trade tax of 13% (raised by the municipalities), now amounts to around 38%. As this rate is regarded as one of the highest in the EU, the German government decided, in May 2007, to further reduce the corporate tax rate to 15% as effective of 1 January 2008, which will lead to a total tax rate for corporations of below 30%. Last but not least, in the 1990s, the wealth tax was abolished.

It goes without saying that tax reductions in Germany have neither created jobs nor stimulated growth. Still worse, wage earners' net incomes decreased: by 6.6% between 1994 and 2005 (Welter 2006a). At the same time, income distribution worsened, with a rise – in the first quarter of 2006 – of income from entrepreneurship and assets by 4.6% (Welter 2006b). Between 1995 and 2006, labourers' gross incomes increased by 15.2%,[6] while inflation rose by 16.5%; and productivity, by 11.7%, that is, their margin in the increase suitable for distribution, 27.7%, decreased by 12.5% (Sauga et al. 2007, p. 36).

---

[5] Not surprisingly, this number is nearly equal to the 8 million € 400 jobs (see footnote 2 above), that means, because nobody can make a living on € 400 per month, many of these "mini" jobs, allowing for a maximum of 40 hours per month, seem to be supplemented by additional illicit working hours.

[6] During the same period, wage earners' gross incomes increased by as much as 49% in France and 56% in the EU 15 countries.

All that has been achieved with the policy of tax reductions is a deficit in the State budget, which between 2001 and 2005 has remained above the 3% deficit rule of the Maastricht Stability and Growth Pact. Therefore, the German government raised the value-added tax from 16% to 19%, as effective from 1 January 2007, thereby partly reversing the policy of tax reductions, however, with the bias of further worsening income distribution.

However, to stimulate private investment and, thereby, growth and jobs, a complete shift from social contributions to taxes in financing the social safety net will be necessary. Therefore, we approve of a statement by Warnfried Dettling (2006), in the 1970s one of the leading mentors of the CDU, Germany's ruling conservative party. "The manifold problems which [German] governments have been struggling for a long while are rooted in a simple cause: *the public sector raises its money in the wrong way, and it spends it in the wrong way, too.* Therefore, not the level and extent of the means extracted are the true problem, but how the State raises them and for what purpose they are spent. In Germany, revenues come more from social contributions and less from taxes than in other countries; and they are spent above average on transfers and less on investment in human capital and infrastructure."

3 Different Real Rates of Interest as an Obstacle to Growth

However, the combination of high social contributions and low income taxes is not the only cause for high unemployment in Germany. An important obstacle to growth, only recently recognized in the debate on the euro by Spethmann and Steiger 2004 (2005), is the problem of different *real* rates of interest in the EMU. The neglect of this problem may be due to the fact that such divergences were not discussed in the theoretical debate on monetary unions, most prominently the theory of the "optimal currency area" (OCA) as initiated by Robert Mundell (1961). Although asymmetric demand shocks in countries with a single currency forms an important topic in the OCA-approach, it is flawed by the fact that it never recognized such shocks as a challenge to the single monetary policy in a currency union. Focusing above all on the factor mobility as the decisive condition for a monetary union, interest rates and the question of how to organize central banking are not mentioned at all in the OCA-debate.

To understand the problem of divergences in real interest rates, a few words must be said about the Eurosystem, the decentralized central banking system in the EMU, consisting of the European Central Bank (ECB) and the EMU's thirteen national central banks (NCBs). What most euro "experts" do not know is the fact that, as recognized first by Heinsohn and Steiger (2002; see also 2007b), the ECB, in spite of its name, is neither the central monetary institution of the EMU nor a bank of issue. Furthermore, "the whole question of the role of the NCBs ... is highly sensitive and rarely addressed in public by central bank and government officials" (Wyplosz 2008).

Why does a monetary union need a "true" central bank for all its member nations? This question was first discussed by the Swedish economist Erik Lindahl (1891-1960) who, in 1930 – for the first time in the history of economics – had developed a decentralized central banking system for a single currency in a union of independent nations (Steiger 2007, pp. 43-45).

This system, Lindahl postulated, should consist of (i) the NCBs of the union's member countries and (ii) a "main central bank". Both types of central banks should be tied together into a single central banking system based on the fundamental rule that the main central bank is able to control the NCBs by allowing the former to determine the refinancing of the latter in the same way as the NCBs determined the refinancing of their domestic commercial banks.

Why did Lindahl urge for such a control? He knew that in a monetary union of different nations, business cycles and, thereby, price levels often diverge, implying different *real* rates of interest. Therefore, the main central bank should be able to differentiate the (nominal) rate of interest according to such divergences. A higher (lower) rate of interest for the NCB of a boom (stagnation) country would lead to a curbing (stimulation) of its credit to that NCB and, by a corresponding curbing and stimulation of the NCBs' credit to their domestic banks, smooth business cycles and price levels in the monetary union. Lindahl was convinced that the possibility of a higher rate of interest in one country would not disturb capital markets in others. However, such a differentiation of credit would perhaps fail because of *political* considerations.

Furthermore, Lindahl recognized that monetary stability could not be guaranteed by the monetary authority alone but needed, in addition, the fiscal authority, especially through the balance of its budget. Therefore, he warned that the relation between the main central bank and the NCBs in a monetary union cannot be compared with that between the NCB and its domestic banks in a country with a currency of its own. A central bank for several nations is not supported by a central governmental power but has to base its action on agreements between the nations. The political squabbles in Euroland during recent years on the 3% deficit rule confirm most clearly that Lindahl was right.

A proposal for a decentralized central banking system in the EMU, very similar to that of Lindahl, was developed by Carlo Ciampi (1989), then President of the Banca d'Italia, in a comment to the so-called Delors Report of 1989. His proposal consisted of three levels: a central monetary institution, the NCBs and the commercial banks, where the central monetary institution would act as the central bank of the NCBs, while the latter would maintain their relationships with domestic commercial banks.

Ciampi's proposal implied three fundamental components: (i) the central institution would have an autonomous balance sheet allowing it to take operational decisions; (ii) it would have the monopoly of issuing banknotes; (iii) it would control the NCBs' demand for central bank money in credit operations with the latter. This would have meant that the NCBs could not create euros but would have been forced to obtain them by delivering good securities to the central institution and depositing compulsory reserves there.

In Ciampi's ingenious plan, the NCBs would indeed have suffered a severe loss of monetary autonomy. The prospective European currency, however, would have thrived. Yet, nothing of this proposed structure made it into the Statute of the Eurosystem. Instead, the NCBs kept their domestic monopoly to issue euros, while the margin of the ECB to do so is very limited.

However, the Maastricht Treaty with its weak ECB makes it impossible to perform a monetary policy that is able to smooth over different real rates of interest, because even the NCBs in the Eurosystem are weak central banks. Although they have the monopoly to issue banknotes in the main refinancing operations, they are no longer entitled to set interest rates and to determine the amount of central bank money to be allotted to their domestic commercial banks. These decisions are left entirely to the Council of the Eurosystem. The Council does not only determine the refinancing rate, which is equal for all NCBs but also the amount of liquidity to be allotted in the Eurosystem, while the distribution of central bank money to the different NCBs is predetermined by their share in the ECB's capital.

"The euro has robbed Germany of its advantage of lower rates of interest." With this statement, Sinn (2004) revealed what the EMU has meant for the German economy: low investments and high unemployment. While Germany, since the introduction of the deutsche mark in 1948, always enjoyed Europe's lowest nominal and real rates of interest (undercut only by the Swiss rates), from the start of the euro in 1999, it has had to bear the highest real rates of interest. This fact is, of course, a simple consequence of the still diverging inflation rates in Euroland, with Germany having the lowest figures (see Bohley 2004 and Spethmann 2007).

While from 1999 through 2006, the consumer price level in Germany increased by 11.8%, it climbed by 16.5% in the EMU: Slovenia 44.9%, Ireland 28.8%, Greece 26%,7 Spain 25.5%, Portugal 24.3%, Italy 18.6%, the Netherlands 18.4%, Luxembourg 18.3%, Belgium 16.2%, Austria 14.4%, France 13.6%, and Finland 12.4%. Therefore, with a refinancing rate between 2 and 3.5% in this period, Germany, with its annual inflation rate of 1.5%, clearly had the highest real rate of interest, while the same rates for Italy and the Benelux countries were only slightly above zero; and in Ireland, Spain and Portugal, in the negative.

There are two consequences of these divergences. First, a huge welfare transfer in the form of savings in interest expenditures on public debt during 1999-2004 has occurred. While out of six EMU members (Germany, Italy, Spain, the Netherlands, Belgium, and Ireland) five could reduce their interest payments as a share of GDP – even those that, like Spain, increased the public debt – only Germany suffered an increase, with the result that the five made savings between € 25 billion and as much as € 400 billion (Italy), while Ger-

---

[7] It must be mentioned, however, that Greece joined the EMU only in 2001; and Slovenia, in 2007.

many incurred a welfare loss of € 100 billion (Spethmann and Steiger 2004 [2005], p. 57).

Second, the burden of the highest real rate of interest has resulted in a loss of growth in Germany, which the German Ministry of Finance has estimated at 1.4% of GDP or ca € 30 billion per year (Wolf-Doettinchem 2005, 34). From 1999 through 2006, growth rates in Germany have always been the lowest in the EMU, with 1.3% per year or 10.4% in total. On the other hand, the corresponding figures for countries with lower real rates of interest in this period were 52% (Ireland), 37.5% (Luxembourg) and 29.3% (Spain). Germany, which, in 1989, ranked at the top of GDP per capita in Europe, surpassed only by Switzerland and Luxembourg, reached a little bit above the medium figures in Euroland in 2003 (Spethmann and Steiger 2004 [2005], p. 58).

What has happened in the EMU is not convergence of the European economies but divergence. Meanwhile even the ECB (2005, 61; see also McCarthy and Watson 2006, pp. 108-142) has conceded that the euro area is not an optimal but a "heterodox currency area", because – in spite of smaller inflation differentials – the differences in the real rates of interest have not been reduced sufficiently.

In accordance with the ECB (2005, p. 70), one might, of course, argue that a lower rate of inflation would stimulate a country's rate of competition and, thereby, its surplus in the trade balance. This has happened, indeed, in the case of Germany. But such reasoning does not take the fact into account that, within a monetary union, such a surplus means the financing of other countries' deficits and, thereby, a huge wealth transfer. In the period between mid-2005 and mid-2006, for example, the EMU's low-inflation countries had an accumulated surplus of € 123 billion (Germany € 77 billion) in their trade balances, while the high-inflation countries had a deficit of € 144 billion (Spain € 69 billion).

Without a differentiation in the refinancing rate in the Eurosystem according to the different inflation rates in the EMU countries, the single monetary policy will continue to be an obstacle to growth not only for Germany but also for the Eurozone (a disappointing annual growth rate of 2% over 1999-2006) because the country accounts for 27% of the area GDP. Furthermore, it must be emphasized that this policy is characterized not only by a single refinancing rate, but also by its rigid rule that the allotment of central bank money has to be allocated to the different NCBs according to their share in the ECB's capital. In the case of Germany, owing to its lower share in the EMU's GDP since 1999, its share in the capital of the ECB was reduced from 29.6 to 27% on 1 January 2004, meaning that the Bundesbank's share in the Eurosystem's supply of central bank money has been reduced by the same amount.

But Germany needs not only lower nominal rates of interest but also a higher share of that money. However, to achieve this goal, a reform of the Eurosystem in accordance with Lindahl's and Ciampi's proposals would be necessary – a reform which, although highly recommendable, we, however, see politically out of reach.

To sum up, we have identified two main causes for the high unemployment in Germany: (i) the high rate of social contributions, and (ii) the high level of the real rate of interest, which are both obstacles to private investment. If these problems could be eliminated by a drastic change from social contributions to taxes on income and wealth and/or a reorganization of the Eurosystem allowing for different nominal rates of interest, unemployment, we are convinced, could be reduced and the slow growth rate stimulated more easily.

References

Astheimer, S. (2007a), Langzeitarbeitslosen nutzt der Aufschwung kaum, Frankfurter Allgemeine Zeitung, no. 102, 3 May, p. 11.

Astheimer, S. (2007b), Arbeitslosigkeit so niedrig wie seit fünf Jahren nicht, Frankfurter Allgemeine Zeitung, no. 125, 1 June, p. 13.

Bofinger, P. (2005), Wir sind besser, als wir glauben. Wohlstand für alle, Munich: Pearson.

Bohley, P. (2004), Euro. Eine Bremse für das deutsche und europäische Wirtschaftswachstum, Wirtschaftsdienst. Zeitschrift für Wirtschaftspolitik, vol. 84, pp. 568-575.

Budras, C. (2007), Dauerbaustelle Hartz IV, Frankfurter Allgemeine Zeitung, no. 120, 25 May, p. 5.

Ciampi, C.A. (1989), An Operational Framework for an Integrated Monetary Policy in Europe, in: Report on Economic and Monetary Union in the European Community [together with] Collection of Papers Submitted to the Committee for the Study of Economic and Monetary Union, Brussels: European Commission, pp. 225-232.

Dettling, W. (2006), Halbierte Modernisierung, Die Tageszeitung, 22 June, p. 9.

ECB (European Central Bank, 2005), Monetary Policy and Inflation Differentials in a Heterodox Currency Area, ECB Monthly Bulletin, no. 5, pp. 61-77.

Geinitz, C. (2007). Schwarzarbeit auch unter West-Arbeitslosen hoch, Frankfurter Allgemeine Zeitung, no. 128, 5 June, p. 13.

Grözinger, G. (2007), Hochsteuerland Deutschland? Langlebiger Mythos, problematische Folgen, Intervention – Zeitschrift für Ökonomie / Journal of Economics, vol. 4, pp. 28-39.

Heinsohn, G. / Steiger, O. (1996), Eigentum, Zins und Geld. Ungelöste Rätsel der Wirtschaftswissenschaft, 4th edition, Marburg: Metropolis, 2006.

Heinsohn, G. / Steiger, O. (2002), The Eurosystem and the Art of Central Banking, Studi Economici (University of Naples), no. 76, pp. 5-30.

Heinsohn, G. / Steiger, O. (2006), Eigentumsökonomik, Marburg: Metropolis.

Heinsohn, G. / Steiger, O. (2007a), Interest and Money. The Property Explanation, in: Arestis; P. / Sawyer, M. (eds), A Handbook of Alternative Monetary Economics, Cheltenham et al.: Edward Elgar, pp. 490-507.

Heinsohn, G. / Steiger, O. (2007b), The European Central Bank and the Eurosystem. An Analysis of the Missing Central Monetary Institution in the European Monetary Union, in: Ehrig, D. / Steiger, O. (eds), The Euro, the Eurosystem and the European Economic and Monetary Union, Hamburg: LIT-Verlag.

Keynes, J.M. (1936), The General Theory of Interest, Money and Employment, London: Macmillan.

Lindahl, E. (1930), Penningpolitikens medel [The Means of Monetary Policy], Lund: C.W.K. Gleerup.

McCarthy, M. / Watson, M. (Eds.) (2006), The EU 2006 Economy Financial Review. Adjustment Dynamics in the Euro Area – Experiences and Challenges, Brussels: European Commission.

Mundell, R. (1961), A Theory of Optimum Currency Areas, American Economic Review, vol. 51, pp. 657-665.

Sauga, M. et al. (2007), Die wahre Unterschicht, Der Spiegel, no. 14, 2 April, pp. 22-38.

Schneider, F. (2006), Acht Millionen "inoffizielle" Jobs [Interview], Weser-Kurier, no. 146, 26 June, p. 6.

Sinn, H.-W. (2004), Wie die Globalisierung Länder auseinander reisst, Neue Zürcher Zeitung, no. 146, 26-27 June (International edition), p. 19.

Sinn, H.-W. (2005), Ist Deutschland noch zu retten?, Berlin: Ullstein.

Spethmann, D. (2007), The Eurosystem. Some Observations, mimeo, Düsseldorf, 21 April.

Spethmann, D. / Steiger, O. (2004 [2005]), The Four Achilles' Heels of the Eurosystem. Missing Central Monetary Institution, Different Real Rates of Interest, Nonmarketable Securities, and Missing Lender of Last Resort, International Journal of Political Economy, vol. 34, no. 2 (published 2005), pp. 46-68.

Steiger, O. (2007), "Erik Lindahl och Eurosystemet" [Erik Lindahl and the Eurosystem], Ekonomisk Debatt (Stockholm), vol. 35, no. 2, pp. 42-54.

Welter, P. (2006a), Einkommen und Löhne in Deutschland, Frankfurter Allgemeine Zeitung, no, 58, 9 March, p. 12.

Welter, P. (2006b), Die Deutschen konsumieren wieder mehr, Frankfurter Allgemeine Zeitung, no. 120, 24 May, p. 12.

Welter, P. (2007), Unternehmen und Haushalte investieren wieder mehr. Der Staat baut dagegen das vierte Jahr nacheinander Sachkapital ab, Frankfurter Allgemeine Zeitung, no. 139, 19 June, p. 14.

Welter, P. / et al. (2007), Deutschland im Aufschwung, Frankfurter Allgemeine Zeitung, no. 112, 15 May, pp. 10-11.

Wyplosz, C. (2008), European Monetary Union, in: Durlauf, S. / Blume, L. (eds), The New Palgrave Dictionary of Economics. Second Edition, London and New York: Palgrave Macmillan, forthcoming.

Contemporary Globalisation, Agricultural Transformation and Well Being of Labour in Rural India

Globalisierung, landwirtschaftliche Transformation und das Wohl der Arbeiter im ländlichen Indien

Praveen Jha

Zusammenfassung

In den letzten Jahren unterlag Indien einer wahren ‚Agrarkrise' aufgrund der Liberalisierungspolitik, der Öffnung gegenüber dem globalen Wettbewerbsdruck, des schrittweisen Abzugs der staatlichen Unterstützung, der Stilllegung von institutionellen Kreditquellen etc. – d.h. diese organisch verbunden mit den typischerweise neoliberalen Kosten resultieren in starken und hauptsächlich nachteiligen Konsequenzen für den Agrarsektor des Landes. Wie erwartet, führt dies zu signifikanten Rückschlägen bezüglich des Wohlbefindens der Landarbeiter.

Abstract

In the recent years, India has been subjected to a veritable 'agrarian crisis', by the policies of liberalisation; measures such as opening up to the global forces of competition, withdrawal of government support, drying up of the institutional sources of credit etc. – i.e. those organically connected with the typical neoliberal fare, have resulted in unleashing major adverse consequences for the country's agricultural sector. As one would expect, this has resulted in significant set-backs for the well-being of its agricultural workers.

1 Introduction

It gives me immense pleasure to contribute to this volume in honour of Professor Karl Wohlmuth, an economist of great distinction and wide-ranging interests. Theoretical and empirical investigations of the linkages between macroeconomic policy regimes and the trajectories of economic transformations in developing countries have occupied an important place in Professor Wohlmuth's academic contributions, and this paper looks at some of these issues in the context of Indian economy in the contemporary phase of globalisation

In terms of simple common sense, globalisation may be viewed as a process that entails increasing levels of interaction in different walks of life across people of different countries. In such a spirit, economic globalisation may be defined to imply greater and increasing degree of openness, with respect to all economic transactions (e. g. trade in goods and services, mobility of factors of production etc.), between different countries; theoretically, the ultimate destination of such a process should lead to the dissolution of national boundaries in all economic interactions and decisions. However, advocacy for globalisation rarely comes in such a general form, and typically arguments are advanced, to accelerate rates of integration across countries, with reference to selected areas and measures, which largely reflect unequal economic power relation in the global arena. More importantly, the contemporary process of globalisation (which indeed shows increases in the rates of integration with respect to several measures), is largely contextualized within the ideology and policy regime of laissez faire – generally known as liberalisation – and, thus, in most contemporary discourses, globalisation is often interpreted as a short-hand for an economic regime that is pro-market and anti-state, while seeking greater (selective) openness across countries. It is quite apt to characterize, as many researchers do, such a globalisation as neoliberal globalisation.

Sure enough, advocacy for neoliberal globalisation comes with different degrees of stridency and in different shades. The socalled 'Washington Consensus', to use John Williamson's expression (1990), is a relatively belligerent celebration of an untrammeled market and a fervent rejection of any useful economic role for the state. 'Market knows-and-does the best' is the philosophical foundation and 'getting-prices-right' the key policy mantra of such a perspective. Given the belief that individual economic agents, left to themselves, would ensure 'efficient' resource allocation, by definition, any governmental intervention will be harmful.

As is well-known, such a claim of efficiency has been critiqued extensively within the mainstream economic theory itself, and there is a huge theoretical literature that incorporates the idea of 'market failure'. Nonetheless, the above noted claim enjoys a substantial degree of support within the profession; in part, it has to do with collapsing the extreme version with the relatively less strident versions, which acknowledge market-failures of different kinds but are skeptical of governmental interventions to rectify the same. However, probably the greater part of the explanation for adherence to the advocacy of neoliberal globalisation has to do with ideology, and utter disregard for the theories and evidences, which are very substantial, that go against the orthodoxy.

Thus, with respect to agriculture, as with any other sector, policy perspective consistent with neoliberal globalisation is relentlessly pro-market and anti-state. It may be noted in passing that even before the Washington consensus became prominent in the 1980s, the Chicago dons were hardly impressed by the dirigisme of the 'old' development economics, that had become dominant in the post World War II period, drawing and building upon the rich legacy of a variety of contributions from Classical Political Economy, Keynesianism, Marxism, Structuaralism etc. Theodore Schultz's well-known book called Transforming Traditional Agriculture, published in 1964, reads almost like a manifesto with respect to agriculture, for what we would call neoliberal orthodoxy today.

Of course, Schultz was not alone and he had the company of some other economists at this time (such as Dale Jorgenson, Anthony Bottomley, among others), who were celebrating the 'efficient' economic agents and institutions in the rural areas of the developing countries, and were opposed to interventions by the state. However, it would be fair to say that, even though these voices emanated from influential quarters, they were on the margin and state-engineered economic transformation, both in agriculture and in industry, was central to the dominant discourse during the 1950s and 1960s.

As is well-known, the dirigiste development paradigm was subjected to increasing attack since the early 1970s and the assault finally culminated in what John Toye has aptly described as the neoliberal counter-revolution (Toye 1993). As it happens, theoretical foundations of the counter-revolution are rather slippery, to say the least, and the mounting critical empirical scrutiny has exposed, yet again, the proverbial wonderful clothes of the emperor; nonetheless, the neoliberal orthodoxy continues to be hegemonic at the current juncture, and an obvious major intellectual challenge for researchers is to comprehend this hegemony and to unravel it.

Among the most damaging implications of contemporary neoliberal globalisation is an agrarian crisis, afflicting almost the entire developing world, with horrendous consequences for the peasantry and agricultural labourers. Essentially, the onset of the neoliberal regime has meant a rolling back a vision of development, central to the post-colonial agenda, that livelihoods of the masses in general, located in agriculture and other segments of petty production, were not supposed to be left to the predatory mercy of the market-forces; in such a vision, these segments were not supposed to be swamped by the ruthless forces of 'primitive accumulation', leading to large scale pauperization and destitution, that Marx had associated with early stages of 'laissez-faire' capitalist transformation. Rather, the crux of the vision (or the promise) in third world states, most of which had the history of anti-colonial struggles as the backdrop while charting their course of action after independence, was to 'take everyone together', to embark on the processes of economic transformation that would improve prospects of well-being in general, even while major structural changes in the economy (such as rapid industrialisation) were to be effected.

It is not the objective of this paper to assess the merits, or otherwise of such a vision. Also, I do not wish to examine here the 'successes' and 'failures' of post-colonial third world countries. Rather the objective of this paper is rather a limited one; it attempts to sketch out the consequences of neoliberal economic globalisation on agriculture and the masses, in particular labourers, dependent on it by focusing on the Indian economy, arguably one of the most talked about economies in the recent times. As is well-known, in terms of macro economic policy regime, a marked transition from dirigisme to neoliberalism took place in the early 1990s. Subsequently the country has been hailed by many as yet another 'miracle' in the developing world and this new kid on the block, along with China, is considered a veritable power house in contemporary global economy. The much touted 'India shining' campaign has a substantial body of subscribers, both within the country and abroad, and typically the GDP growth rates of the recent years constitute the basis for celebration. Sure enough, India has experienced more than respectable growth not only since the early 1990s, but for more than 25 years now; however, as is often taught in an elementary development economics course, growth per se is hardly a robust indicator of the well-being of citizens in any country, and other issues, such as the basis and the structure of growth are critical in this respect. In fact, the relevant experience of India reiterates this elementary common sense wisdom almost in a dramatic manner.

2 Crisis in the Countryside in the Time of Reforms

Careful observers of the Indian economy take it as an incontrovertible conclusion that the country is currently witnessing a serious agrarian crisis, in fact, the worst since independence. The most chilling manifestation of the crisis has been farmer's suicides, which has been in the news even in the mainstream media since the late 1990s; this extreme step that the peasantry has been driven to resort to, has been reported from several regions of the country, including even prosperous states like Punjab, Kerala and Maharashtra. Factors like substantial compression of rural development expenditures, increasing input prices, vulnerability to world market price fluctuations due to greater openness, inadequate /non-existent crop insurance and substantial weakening of the provisioning for credit, along with the governments' apathy to the demand for remunerative prices for farm produce are among the obvious causal correlates of the contemporary agrarian crisis in the country. The point worth emphasizing is that all these correlates are organically connected with the ascendant neoliberal globalisation (for a detailed exposition of this argument, see Patnaik 2005).

It is commonsense wisdom, that for a country like India, the importance of agriculture in facilitating decent livelihood continues to be critical, given that the majority of the country's population, almost 60 per cent, still depends primarily on it. As is well-known, among the obvious symptoms of agrarian crisis in the country has been a significant deceleration in the rate of agricultural growth, and marked increase in disparities between the agriculture and non-agricultural sectors since the early 1990s (for detailed accounts of these, see Sen 2003 and Bhalla 2005).

According to one estimate, between 1994-95 and 2003-04, per capita real income of agriculture-dependent population was virtually stagnant when per capita real income for the country as a whole increased at a rate of more than 4 per cent on an average.[1] The per capita production of food grains has witnessed an unprecedented decline, since independence, during the 1990s; in 1991, it was around 510 grams but the recent estimate puts it at around 427 grams. The all India absorption of food grains per capita per annum has fallen by 22 kilograms between the triennium 1995-98 and 2000-03. This would obviously imply that a larger section of the population is further exposed to food vulnerability reflected in hunger and malnutrition.[2]

Let us recall the most obvious indicators of the health of the agricultural sector, namely the production and yield growth rates. The period since the early 1990s is much worse compared to any other period since independence, and this comparison is quite stark when compared to the preceding decade, i.e. 1980s. In the eighties, the annual rate of growth of agricultural output (all crops) was 3.19 per cent; this figure was halved to 1.58 per cent, in the subsequent period, and the yield growth rate was reduced to almost one-third over the comparable time frame.

Also, there is a small fall in the growth rates of area under major crops, and in the aggregate, since the early nineties, compared to the eighties. The area under cultivation for all crops saw a negative annual growth rate of -0.25 per cent during 1990-91 to 2003-04, compared to the 0.1 per cent experienced during 1980-81 to 1990-91; this may, in part, reflect growing landlessness

---

[1] To quote Patnaik, "Let us ask ourselves the question: how much has the command over specific bundle of goods, by an average person belonging to the 'agriculture-dependent population', increased over the last decade? As our 'benchmarks' bundle of goods, let us take that bundle which is actually supposed to be consumed by the average industrial worker according to official statistics. It turns out that between *1994-95 and 2003-04, the per capita command over this bundle of goods by the agriculture-dependent population increased by only 5 percent in absolute terms, which amounts to virtual stagnation*" (Patnaik 2005, p. 1).

[2] For a detailed discussion of these issues see Patnaik (2006).

among the peasantry, and transfer of land for non-agricultural purposes. The declining trends in area, yield and production are witnessed in the case of almost all crops, except for the marginal improvement in the growth rate of yield of coarse cereals and the growth rate of area cultivated under wheat. The decline in yields for most crops is quite dramatic and careful explanations are required to explain this; however, it may not be inappropriate to put one's finger on the dwindling of government's research effort, in particular on seed varieties, along with the shrinking of public support in many other ways discussed below, as the more important elements in this story.

As suggested above, one of the consequences of agrarian distress has been an increase in landlessness and a decline in the proportion of cultivators; this may have added to the pressure on an already overcrowded agricultural labour market. As per the information generated by the National Sample Survey Organisation (henceforth NSS), one of India's premier statistical organizations, the proportion of households without any access to land in the total rural households has increased from 38.7 per cent in 1993-94 to 40.9 per cent in 1999-00 and further to 43.1 per cent during 2004-05.

Clearly, the lower end of the peasantry, many of whom are also in the agricultural labour market, may have been forced to sell or give up their land due to the growing difficulties of cultivation. Thus, it is hardly surprising that within agricultural labour households, there has been a very significant increase in landlessness between 1987-88 to 2004-05 as the proportion of such households in total agricultural households increased from about 52 to 62 percent; also, it is worth noting that the trend in the 1980s was in the opposite direction.

Apart from the above cited numbers, there are several other indicators which convey unambiguously a picture of agrarian distress and the consequent adverse implications for rural well-being. But, as noted right at the outset, most economists agree that the Indian agriculture is in the grips of crisis and one does not require to labour the point any further. However, as regards explanations for the contemporary agrarian crisis, the burden of emphasis, not unexpectedly, varies across researchers (Chandrasekhar / Ghosh 2002; Sen 2003, Bhalla 2005, Patnaik 2005, Patnaik 2006, Vyas 2006, Vaidyanathan 2006, among others, provide detailed discussions of some of the critical issues in alternative discourses). We do not wish to attempt a comprehensive survey of the contending arguments towards explaining the contemporary crisis; rather, our limited objective is to focus on, arguably, the most plausible trajectory of explanation, i.e. the change in the macroeconomic policy regime since the early 1990s. The paper goes along with the view 'that the crisis of the countryside is intimately linked to the neo-liberal policies themselves, and that it cannot be overcome within a neo-liberal regime' (Patnaik 2005, p. 4).

In the following, we briefly touch on the major components of such a neo-liberal regime which have impacted adversely on the country's agrarian economy. Given the WTO commitments, a progressive opening up of the domestic agriculture to the world market since the second half of the 1990s has been a source of considerable distress for farmers in general, and in the recent years a very acute one for those growing cotton, spices, plantation crops, among others; by now, it is well acknowledged that as a result of liberalisation of imports several crops have been hit by unfavourable price trends, and in all probability even more importantly, by violent price fluctuations. In the recent years, from 1995 onwards and till a couple of years ago, the agricultural commodity prices in world market witnessed a secular and sharp downtrend, although within this, there have been significant fluctuations. For instance, between 1997 to 2002, most prices had taken a nosedive, but subsequently they started climbing. Obviously one requires careful and disaggregated accounts as regards the impact of long term price trends on India's farmers. However, it may be appropriate to argue that the increased openness, through price fluctuations, has increased the vulnerability of a very large section of the peasantry, given severe limitations of their coping mechanism. Along with this, state intervention and support in domestic market for agricultural produce tended to weaken considerably, (e.g. to note a couple of policy measures in this regard: government procurement has been abandoned or scaled down; for crops covered by minimum support prices (MSP), such as paddy or wheat, MSP has not kept pace with rising costs), and private players, including multinational corporations, have been allowed to have a significant say in the course of events. In fact, the Indian government appears to have been more loyal to the emperor than the emperor himself, as it removed quantitative restrictions on agricultural imports in 2001 itself, that is, two years before the WTO stipulated date. Combination of these factors has increased the vulnerability of the Indian peasantry to the fluctuations in global markets, while also inflicting substantial losses on them. Coupled with the increasing openness, the neo-liberal regime has also pushed up the input prices, for instance through a curtailment of subsidies (e. g. fertilizer subsidies),[3] cost of power for irrigation etc. Thus, as a direct consequence of the above noted policies, the peasantry has been squeezed from both sides; it is akin to getting trapped in a pincer.

As is well-known, the essence of neo-liberalism is a move towards expenditure deflating policies at the macroeconomic level, and some of the outcomes reported in the preceding paragraph were obvious fallouts of such policies. However, it is not only with respect to a couple of areas with respect to agriculture that such policies have unfolded, but in a pervasive and generalised manner for the rural economy as a whole. Following Patnaik (2006), we include the five expenditure heads of a) Agriculture, b) Rural development c) Village and small scale industry d) Irrigation and flood control, and e) Special areas programme, to have an aggregate head called Total Rural Development Expenditure, and summarise the central conclusions relating to the expenditure trends since 1990-91 under this head, for all the state governments, and for the Centre and the state governments together. Quite clearly, government expenditure has undergone a drastic decline in the countryside, and the following are among the key aspects of the expenditure trends.

(I) Plan expenses incurred on total rural development by all the state governments was 42.9 per cent of the total budget in 1990-91, but declined to a little over 30 per cent of the total budget in 2002-03; this means a drop of almost 25 percentage points.

---

[3] Sometimes subsidies are opposed by even progressive economists on ecological grounds. But it is elementary commonsense that to move farmers away from harmful chemical fertilizers to organic cultivation itself may necessitate incentives in the form of subsidies.

(II) Likewise, the non-plan expenses incurred by all the state governments on total rural development went down, as a percentage of budget, from 13.3 per cent during 1990-91 to 9.9 per cent during 2001-02 and further to 8.4 per cent during 2002-03.

(III) Taking both plan and non-plan heads together, the total expenses incurred on rural development went down from 22.2 per cent of the total budget to about 13.8 per cent during 2002-03.

(IV) Taking together the central and all the state governments, we have a similar story. Total Rural Development expenditure shows a drastic compression and as a proportion of Net National Product, it has come down from 3.6 per cent during the sixth five-year plan (1980-85) to about 2.2 per cent during the ninth plan (1997-2002).

(V) If we focus specifically on the agricultural sector, then again a marked slowdown in capital formation and other important heads is evident. Investment in agriculture as a proportion of GDP has fallen from 1.92 per cent in 1990 to 1.31 per cent in 2003-04. The Gross Capital Formation in agriculture, as a percentage of GDP, has also declined from 3.8 per cent during 1980-81 to about 1.7 per cent during 2004-05. Similarly, the expenditure on irrigation coverage and flood control has witnessed a declining trend during the reform period.

Apart from the drastic compression in government expenditure for agriculture in particular, and rural areas in general, there has been a drying up of institutional credit for agriculture, leading to an increased dependence on money lenders, traders etc. i. e. private sources of usurious credit. The percentage share of agricultural credit, in the total credit of all Scheduled Commercial Banks[4] since the early 1990s has taken a severe beating compared to the levels reached in the 1980s. It is true that in the last couple of years, since 2003, there has been a substantial increase in the absolute amount of credit for agriculture, and it may have eased the pressure on the relatively better off farmers. However, it is quite possible that for a very large section of the peasantry, there has been no turn around in this respect.

---

[4] All Scheduled Commercial Banks constitutes the nationalized banks, the regional rural banks, foreign banks and other scheduled commercial banks (private banks).

Secondly, it is worth emphasizing that the share of indirect credit in the total agricultural credit showed a declining trend during the 1970s and the '80; however, from the mid-1990's onwards, the share of indirect credit in total agricultural credit is increasing.[5] As is well-known, (and it should be quite clear from the preceding footnote), that a great deal of the indirect credit is outside the reach of farmers, and thus a shift in composition of credit for agriculture in favour of the indirect component may be considered a cause of concern from the point of view of the immediate well-being of farmers, particularly so when almost every other aspect of the macroeconomic policy has put them in a tighter spot.

Another important factor contributing towards the deceleration of growth in agriculture since the early 1990s has been the weakening of scientific research and extension services by the government. By all accounts, the Agricultural Universities, which had played a critical role in the development and dissemination of better quality seeds, other inputs and improvement in agricultural practices, have been starved of funds, with obvious adverse consequences. The agents of Multinational Seed Corporations have developed strangleholds in several regions of the country, and the peasantry has to pay exorbitant prices for seed varieties producing dubious results. Almost every link in the chain of public provisioning, from the laboratory to the farm, has suffered seriously due to the withdrawal of the State in the recent years, and the consequences are not difficult to imagine. It is not only the petty capitalist agriculture that has suffered on this count, but the agricultural sector as a whole. In the long-run, the consequences of such a neglect may be perilous[6], and leaving it to the private sector is more a problem than a solution.

To conclude this section: it should be evident from the foregoing discussion that there is a strong basis to argue that India's contemporary agrarian crisis is organically connected with the neo-liberal regime that has been ascendant

---

[5]   Indirect Credit includes a whole range of provisions that do not benefit the overwhelming majority of cultivators (for details, see Jha 2007).

[6]   The urgency of the issue is noted in the approach paper to the 11th five-year plan document: "It calls for a well considered strategy for prioritized basic research, which is now all the more urgent in view of mounting pressure on scarce natural resource, climate change and also the shrinking availability of spill-over from international public research".

since the early 1990s. Agriculture, in a country like India, can hardly do without substantial state support and it is precisely this support that has been hit hard by neo-liberalism. Apart from the peasantry, agricultural labourers have been at the receiving end, as almost every correlate of their well-being, such as employment, indebtedness, access to land etc. have been impacted adversely; this argument is elaborated in the next section.

3 Well-being of Agriculture Labour: Some Indicators

As regards the well being of agricultural labourers, there are a variety of indicators like employment, wages, consumption, indebtedness etc., on which very substantial information is provided by the well-known official data systems. There is a huge and sophisticated literature on the methodologies of these large scale data systems, quality of information emanating from these, the trends with reference to the above noted variables, and a host of other relevant issues. It is not my objective here to get into a discussion of these issues. The limited concern in this paper is to recall the significant developments with respect to the well-being of agricultural labourers, as emerging from the most frequently used data sources, which, prima-facie, are connected with the contemporary agrarian crisis discussed in the earlier section. For instance, whichever analytical perspective one adopts, a significant deceleration in the rate of growth of agricultural output is likely to impact adversely on wages, employment opportunities etc. for agricultural labourers. There is already a substantial literature that has tracked the trends, with reference to most of these aspects, during the reform period. I would only like to draw attention to the salient features, largely at the all-India level, using the information mainly from the different rounds of the NSS.

It is useful to recall here that agricultural labourers constitute a very substantial section of India's workforce. Going by the most recent estimates (based on the 61st round of the NSS, conducted in 2004-05), of the total count of about 458 million workers in the country, almost 93 million were agricultural labourers; further, of the total rural households in India, about one-third were agriculture labour households.

One of the major difficulties confronting agricultural labourers is that of inadequate employment throughout the post-independence period; as per the

NSS data for the 1980s and 1990s, there is not too much of a story in terms of trends, except that during the second half of the '90s, there is a decline in work days, which fits in well with the picture of very significant deceleration in aggregate employment generation, particularly in rural India. However, the information for the 61st round of the NSS, covering 2004-05, some of which have been released recently, suggest that the aggregate employment generation for the country as whole, and for the rural areas, has recovered substantially.

Nonetheless, the most important component of employment for agricultural labourers, namely the agricultural wage employment has shrunk very substantially during the first half of this decade. Total agricultural employment saw some upturn between 1999-00 to 2004-05, but it was due to higher self employment particularly by women. It may well be the case that the increase in self-employment, along with a contraction in wage employment, may simply reflect a distress – driven phenomenon. Such a possibility gets confirmed further if we look at the growth rates of real agricultural wages.

Given the inherent attributes of the different variables reflecting the wellbeing of labour households, the methodologies of information gathering, and several other related issues, the quality of information may not be uniform across the variables; further my own sense is that the wage data may provide relatively more significant and reliable pointers than the information on variables such as employment, indebtedness, consumption etc.

In case of agricultural operations the rate of growth of earnings for male workers shows quite a disquieting picture in the recent years. The rate of growth of wages during the period 1983-1987 was a little over 60 per cent, which came down to about 28 per cent during 1987-88 to 1993-94; it further fell to 16 per cent for the period 1993-94 to1999-2000, and was only 8 per cent for the period 1999-99 to 2004-05. Similar trend is noticeable for the female and child workers in agricultural operations. The trends in the movement of real average daily earnings of workers in non-agricultural operations are along a similar track. Essentially, the picture is one of very significant declines in the rates of growth of average daily earnings since the early 1990s.

Several researchers have tracked the movement of agricultural wages since the 1980s, using a variety of available data sources, at the level of all-India as also at the level of states or even lower administrative units, (e.g. papers in the Indian Journal of Labour Economics, Vol. 43, No. 2, 2005, by Himanshu, Srivastava / Singh and Sharma among others). The unambiguous conclusion from the existing literature is that the growth rate of real agricultural wages declined substantially during the period designated as that of agrarian crisis in this paper, at the all-India as well as state levels.

In fact, a simple-minded exercise, based on the data provided in Agricultural Wages in India, a publication of the Ministry of Agriculture, Government of India, suggests that at a disaggregated level, the *decline* in absolute real wages was rampant during the 1990s. For instance, in case of male field labourers 96 per cent of the districts all over India had experienced a positive growth rate of real wages during 1980s but during the 1990s, only 50 per cent of the districts experienced a positive growth of real wages. The decline is sharpest in Maharashtra where as many as 23 out of 29 districts experienced a decline in absolute wages. In case of female field labourers, 96 per cent of the districts had experienced a positive growth of real wages during the 1980s but during the 1990s only 53 per cent of the districts experienced an increase in real wages. Essentially, we have a story for almost every operation, of very significant increases in the number of districts recording declines in real wages. As it happens, there are very few districts which reported higher growth for the 1990s compared to 1980s. For instance, in the case of field labour for females, 56 out of 61 reporting districts experienced a lower growth rate for 1990s compared to the '80, and for male field-labour, the number of such districts was 58 (out of 61) (for a detailed discussion of these trends, see Jha 2007).

Thus, information on arguably the single-most important variable from the available data sources, with reference to the well-being of agricultural labourers, clearly suggests deeply disturbing developments. Infact, it is likely that the wage earnings for agricultural labourers in the recent years are even lower than those suggested by the large-scale data systems, due to significant changes in the nature of wage contracts, which may have created upward biases in reporting, an issue I have discussed in detail elsewhere (Jha 2004; also, see Himanshu 2005).

Thus, most vulnerable of India's workers appear to have been impacted very adversely since the early 1990s, and part of the explanation has to do with the generalised agrarian distress. Moving to some other indicators of their economic well-being, such as consumption and indebtedness, we have further confirmation of their dismal state. As per the NSS data the real daily per capita consumption, at 1986-87 prices, was in the horribly small range of Rupees 3.3 to 4.27 between 1983 to 1999-00; in terms of exchange rate, this was approximately in the range of approximately $1/5^{th}$ to $1/6^{th}$ of one Euro. Obviously to keep afloat, a substantial number of labour households have to take recourse to debt, at usurious interest rates, from informal sources. Not surprisingly, by 1999-00, moneylenders had re-emerged as the single most important source of debt for these households. Clearly Banks have increasingly been shying away from lending to these households, and their share in the debt has reduced from more than 30 per cent during 1983 to about 16.6 per cent during 1999-00; over the same period, the share of moneylenders went up from 18.6 to 34 percent.

In sum, the most obvious correlates of the economic well-being of agricultural labourers have certainly come under pressure during the period of neo-liberal economic reforms. In substantial measure, it is through the adverse mechanisms induced by such reforms in the country's agricultural sector; however, it is worth emphasizing again that the rural economy, in general, has been hard-hit by the neo-liberal economic regime and consequently, there are mechanisms outside agriculture as well that have impacted adversely on agricultural labour households.

4 A Concluding Remark

The socio-economic conditions of agricultural labourers obviously have complex linkages with the larger structure and pace of economic transformation, and specific public policies addressed at their well-being. However, it is only natural that in a predominantly agricultural country (in terms of occupational structure), well-being of labour in rural areas has a lot to do with the developments in the agricultural sector. It seems evident that the neo-liberal economic regime since the early 1990s has affected the rural economy in a number of adverse ways with ominous consequences for the well-being of agricultural labourers, who in any case are at the bottom of the heap; it may not be an exaggeration to say that the agrarian proletariat is probably trapped for some time now, in one of the most distressing situations since independence. True, the recent National Rural Employment Guarantee Act, whose implementation began in February 2006 on a limited scale, is a most welcome step by the current central government, and the reach of the programmes needs to be up scaled-up and expanded. Apart from its potential contribution to the well-being of rural labourers, its demand-side effect for the economy as a whole is obvious. However, it needs to be kept in mind that the larger picture, in terms of overall economic policies, continues to be unfavourable for India's rural economy, as the neoliberal assault on it continues. The scramble for resources in rural India – land, forests, mines, water – by national and international capital continues unabated; in fact, in the tribal dominated central Indian belt, comprising of parts of Maharashtra, Madhya Pradesh, Chhatisgarh, Orissa and Jharkhand, instances of dislocation, land alienation and loss of access to a variety of natural resources for the peasantry appears to have accelerated in the recent years, with obvious ominous consequences for those at the bottom of the rural economy. The processes at work in the contemporary era of neoliberal globalisation are reminiscent of what Marx had called 'primitive accumulation'; of course, strictly speaking, history does not repeat itself, but certainly there are underlying mechanisms in a capitalist dynamic which, every once in a while, come as reminders of a gruesome and hoary past. To use a phrase by David Harvey, we are witnessing a process of 'accumulation by dispossession' (Harvey 2005), on a global scale, which bears close resemblance to 'primitive accumulation' with ominous consequences for the actual producers.

References

Bhalla, S. (2005), India's Rural Economy: Issues and Evidences, Working Paper Series, No.25, Institute for Human Development.

Bottomley, A. (1963), The Cost of Administering Private Loans in Underdeveloped Rural Areas, Oxford Economic Papers, Vol.15, July.

Chandrasekhar, C. P. / Ghosh, J. (2002), The Market that Failed, Leftword.

Government of India (2000), Ministry of Labour, Labour Bureau, "Report on Wages and Earnings of Households" 7th Rural Labour Enquiry based on the 55th round of N.S.S 1999-2000.

Government of India (2004), Ministry of Agriculture, Agricultural Statistics at a Glance.

Government of India, Ministry of Labour (various Years), Rural Labour Enquiry Reports.

Harvey, D. (2005), A Brief History of Neoliberalism, Oxford University Press, New York.

Himanshu (2005), Wages in Rural India: Sources, Trends and Comparability, The Indian Journal of Labour Economics. vol.48, no.2, April-June, pp. 375 - 406.

Jha, P. (1997), Agricultural Labour in India, Vikas Publishing House, New Delhi.

Jha, P. (2004), Continuity and Change: Some Observations on the Land scope of Agricultural Labourers in North Bihar, India, Journal of Agrarian Change, Vol. 4, No. 4.

Jha, P. (2007), Some Aspects of the Well-being of India's Agricultural Labour in the Context of Contemporary Agrarian Crisis, Indian Journal of Labour Economics, 48th ISLE Conference Volume.

Jorgenson, D. W. (1961). The Development of a Dual Economy, Economic Journal, Vol.71, March.

Patnaik, P. (2005), The Crisis in India's Countryside, Paper presented in a seminar titled 'India: Implementing Pluralism and Democracy', organised by the department of Philosophy, University of Chicago, Nov 11 to 13.

Patnaik, U. (2006), Poverty and Neo-Liberalism, Rao Bahadur Kale Memorial Lecture delivered at Gokhale Institute of Politics and Economics, Pune Feb 03.

Reserve Bank of India (2006), Handbook of Statistics on State Government Finances.

Sen, A. (2003), Globalisation, Growth and Inequality in South Asia: The Evidence from Rural India in Work and well-Being in the age of Finance in Ghosh / Chandrasekhar (ed), Tulika, New Delhi.

Sharma. H. R (2005), Economic Conditions of agricultural Labour Households in 1990s: A State Level Analysis of Wage Earnings and Indebtedness, The Indian Journal of Labour Economics. Vol.48, No.2, April-June, pp. 425 - 436.

Srivastava, R. / Singh, R. (2005), Economic Reform and Agricultural Wages in India, The Indian Journal of Labour Economics, Vol. 48, No. 2.

Schultz, T. W. (1964), Transforming Traditional Agriculture, New Haven, Yale University Press.

Vaidyanathan, A (2006), Farmer's Suicides and the Agrarian Crisis, Economic and Political Weekly. Vol. XLI, No.38, Sep 23.

Vyas, V. S. (2006), Agrarian Distress: Strategies to Protect Vulnerable Sections" The Indian Journal of Labour Economics. Vol. 48.No. 1, January-March.

Williamson, J. (1990), The Debt Crisis at the Turn of the Decade, IDS Bulletin, 21(2).

Außenhandelsliberalisierung und Arbeitsmärkte in China: ein Beitrag zur Debatte um die Entwicklungseffekte der Globalisierung

Trade Liberalisation and Labour Markets in China: a Contribution to the Debate on Development Effects of Globalisation

Hans-Heinrich Bass

Abstract

China's labour markets are dominated by four secular trends: population growth, late industrialisation, regional imbalances, and the transformation of the economic system. In the framework of a globalisation analysis provided by Karl Wohlmuth, this paper discusses some implications of China's recent trade liberalisation for these trends and the repercussions on employment, income and social conditions with particular reference to agriculture and the textile / clothing industry.

Zusammenfassung

Die langfristige Entwicklung des chinesischen Arbeitsmarktes wird von vier Faktoren bestimmt: Bevölkerungswachstum, nachholende Industrialisierung, regionale Ungleichgewichte und Transformation des Wirtschaftssystems. In einer von Karl Wohlmuth inspirierten Sichtweise auf die Globalisierung werden einige Implikationen der durch Chinas WTO-Beitritt induzierten weiteren Außenhandelsliberalisierung für diese Faktoren untersucht und die Rückwirkung der Liberalisierung auf Beschäftigung, Einkommen und soziale Lage - insbesondere in der für die Beschäftigung immer noch dominierenden Landwirtschaft und der Leichtindustrie - dargestellt.

1 Themenstellung

Die Transformation des Wirtschaftssystems, die davon ausgehende außenwirtschaftliche Öffnung und das anhaltend starke Wirtschaftswachstum der chinesischen Volkswirtschaft können in ihrer Bedeutung für die gegenwärtige Weltwirtschaft kaum überschätzt werden. Professor Wohlmuth hat sich mit verschiedenen Aspekten dieses Prozesses eingehend auseinandergesetzt (Wohlmuth 1995, Bass / Wohlmuth (Hrsg.) 1996) – übrigens auch mit seinen Schattenseiten (Bass / Wauschkuhn / Wohlmuth (Hrsg.) 1996).

Parallel zur außenwirtschaftlichen Öffnung ist in China, gemessen zumindest an Standardkennzahlen, in beachtlichem Ausmaß eine Armutsreduzierung gelungen. So konnte der Bevölkerungsanteil, der von weniger als 1 US$ (Kaufkraftparität) pro Tag leben muss, von 32% (1990) auf 10% (2004) gesenkt werden: eine weit vorfristige Übererfüllung des Ersten Milleniumsziels der Vereinten Nationen (Worldbank MDG Database 2007).

Allerdings: Zwischen außenwirtschaftlicher Öffnung, wirtschaftlichem Wachstum und Armutsreduktion eine Kausalität zu konstruieren, wie es die „revisionistische" Schule der Entwicklungsökonomie mit Länderquerschnittsstudien versucht, ist wegen der großen Komplexität der Zusammenhänge im globalen Maßstab problematisch (Kappel 2003, Nissanke / Thorbecke 2007) und für China in der behaupteten Pauschalität nicht zutreffend (wie Ravallion 2007 zeigt). Außerdem wird auf gegenläufige Tendenzen verwiesen: So sollen 1978 immerhin 85% der ländlichen Bevölkerung Chinas über eine einfache Gesundheitsversorgung verfügt haben, heute hätten 80% der Landbevölkerung gar keine Gesundheitsversorgung (Wen 2006, S. 19).

Eine systematische, kritische und hinreichend differenzierte Darstellung der Zusammenhänge zwischen Weltmarktintegration, wirtschaftlichem Wachstum und sozialer Lage in China fehlt allerdings noch (auch auf Grund der unbefriedigenden Datenlage). Eine solche Studie wird sich insbesondere mit den Arbeitsmärkten beschäftigen müssen, denn Armut ist (neben geringer Bodenausstattung auf dem Lande) vor allem eine Folge geringer oder fehlender Einkommensmöglichkeiten aus dem Verkauf der Arbeitskraft, die in weltmarktintegrierten Volkswirtschaften wiederum mehr oder weniger stark von außen beeinflusst sind. An dieser Stelle sollen ansatzweise einige integrationsinduzierte Veränderungen der Arbeitsmärkte in China dargestellt werden, rekurrierend auf Anregungen aus zwei Theorieangeboten Karl Wohlmuths zur Analyse von Beschäftigungs-, Armuts- und Verteilungsproblemen in Entwicklungsländern.

Eine der frühen Arbeiten Wohlmuths behandelt die Frage, welche Chancen für Entwicklungsländer bestehen, ein langfristiges Gleichgewicht zwischen dem Bevölkerungswachstum und der Beschäftigung zu erreichen, also das Problem der strukturellen Arbeitslosigkeit – und damit letztlich auch das Problem der Armut – zu lösen: sein 1973 erschienener Aufsatz „*Political Economy of Employment Creation: Some Critical Remarks on the Possibilities of Employment Creation in Dependent Economies*" (verfasst gemeinsam mit Walter Kersten). Die Autoren argumentieren hier im Rahmen eines Modells, das von einem zweifachen Dualismus ausgeht: dem weltwirtschaftlichen Dualismus von Metropole und Peripherie sowie dem Dualismus zwischen metropolitan beherrschtem, dadurch weltmarktintegriertem („modernem") Sektor und abgekoppeltem, rückständigem Sektor innerhalb der peripheren oder „abhängigen" Volkswirtschaften.

Da die Ökonomie eine Erfahrungswissenschaft ist, deren Gegenstand beständigem Wandel unterworfen ist, können ihre Modelle keine zeitlose Gültigkeit beanspruchen. Im letzten Viertel des 20. Jahrhunderts hat es technische, wirtschaftliche und politische Revolutionen gegeben. Grenzen von wirtschaftswissenschaftlichen Paradigmen wurden erkennbar, neue Paradigmen entwickelt. Dennoch wird man die Aktualität einiger der *Kritischen Anmerkungen* von 1973 zur Beschäftigungsproblematik in weltmarktorientierten Entwicklungsländern nicht übersehen können, nämlich:

- dass die Wirkung der weltwirtschaftlichen Integration auf Entwicklungsländer nicht allein an einem pauschalen Einkommenskriterium (beispielsweise dem Pro-Kopf-Einkommen) gemessen werden dürfe, sondern vor allem an sozialen Kriterien zu messen sei – Einkommensverteilung, Beschäftigungsmöglichkeiten, Gesundheit und Ernährung;

- dass der Transfer von Technologien für den Erfolg eines Entwicklungsprozesses von ausschlaggebender Bedeutung sei, wobei Wohlmuth 1973 die Chancen der Entwicklungsländer für eine darauf aufbauende nationale Beschäftigungsstrategie skeptisch beurteilt: „*They have a choice between technological inferiority combined with uncompetitiveness on the world markets and technological dependency combined with limited competitiveness on the world markets. This is no choice in terms of economic independence, growth, or a long-term employment creation policy."* (Kersten / Wohlmuth 1973, S. 32);

- und dass eine – modern ausgedrückt: „nachhaltige" – Beschäftigungsstrategie in Entwicklungsländern nicht punktuell möglich ist, sondern alle Sektoren der Volkswirtschaft erfassen muss (also auch den vielfach vernachlässigten Agrarsektor) und zudem umfassender institutioneller Veränderungen bedarf – nicht nur national, sondern auch im Weltmaßstab.

Nach mehreren Arbeiten in den 1990er Jahren zu den Chancen der langfristigen Beschäftigungsschaffung in Afrika nahm Karl Wohlmuth mehr als dreißig Jahre nach dem oben zitierten Aufsatz den Faden einer Analyse des Problems der strukturellen Armut in Entwicklungsländern im globalen Zusammenhang wieder auf: in dem 2004 erschienenen Aufsatz „*Chancen der Globalisierung – für wen?*". Ausgangspunkt ist hier die Unterscheidung mehrerer Globalisierungsdimensionen, insbesondere einer „breiten" und einer „tiefen" Form der Globalisierung: nämlich die Zunahme grenzüberschreitender Transaktionen einerseits und die Integration in hierarchisch strukturierte Wertschöpfungsketten andererseits (Wohlmuth 2004, S. 21ff.). Ist dieses Modell auch viel komplexer – so gibt es doch eine gewisse Ähnlichkeit zu dem 1973 genutzten Dependenzmodell, etwa die Berücksichtigung des Machtfaktors in internationalen Wirtschaftsbeziehungen, hier im Sinne der „*chain governance*" (zu weiteren Spezifika dieser strukturalistischen Interpretation vgl. Raikes / Jensen / Ponte 2000).

In dem Aufsatz von 2004 argumentiert Wohlmuth hinsichtlich der intra- und inter-nationalen Wirkungen der Globalisierung auf Beschäftigung, Armut und Einkommensverteilung,

- dass verschiedene Facetten der Globalisierung (wie Handelsliberalisierung oder Kapitalverkehrsliberalisierung) verschiedene Wirkungen haben (weshalb die Analyse hinreichend disaggregiert sein müsse);

- dass die Triebkräfte der gegenwärtigen weltwirtschaftlichen Integrationsdynamik vor allem technisch-organisatorische Innovationen und Finanzinnovationen seien: „*Die finanzielle Globalisierung verstärkt ('finanziert') die technologische Globalisierung, und die technologische Globalisierung 'schiebt' die finanzielle Globalisierung an.*";

- und dass sich daher echte Chancen für arme Länder aus der Weltmarktintegration nur dann ergeben, wenn sie kohärente Innovations- und Finanzsysteme aufbauen können – ergänzt durch die „*Ausgestaltung von internationalen Regimes und die Errichtung von Institutionen zur Produktion von entsprechenden internationalen öffentlichen Gütern*".

Ausgehend von diesen Überlegungen sollen nun, auf der Grundlage einer Skizze der langfristigen Entwicklungen des chinesischen Arbeitsmarktes, einige Auswirkungen der jüngsten Phase der chinesischen Weltmarktintegration (seit dem WTO-Beitritt 2001) auf die Beschäftigung dargestellt werden.

2 Entwicklungslinien des Arbeitsmarktes

Für den chinesischen Arbeitsmarkt sind vier Trends relevant: (1) die Bevölkerungsentwicklung, (2) die nachholende Industrialisierung, (3) die raumwirtschaftliche Dynamik, sowie (4) die Transformation des Wirtschaftssystems.

(1) Durch den natürlichen Bevölkerungsanstieg in China wächst das Erwerbspersonenpotential jährlich um 8 bis 10 Promille, also 6 bis 9 Millionen Menschen. Deren Absorption auf dem Arbeitsmarkt – und damit ihre aktive Teilhabe an Erzeugung und Konsum des wirtschaftlichen Wohlstands – erfordert ein beständiges Wachstum der gesamtwirtschaftlichen Leistungserbringung.

Da aber die chinesische Volkswirtschaft zunehmend kapitalintensivere Produktionsprozesse verwendet, muss das Wirtschaftswachstum weit stärker sein als der natürliche Zuwachs des Erwerbspersonenpotentials. Im Jahr 1980 entsprach ein einprozentiger Zuwachs der Wirtschaftsleistung einem Zuwachs in der Zahl der Arbeitsplätze von 0,33 Prozent. Diese Beschäftigungselastizität des Wirtschaftswachstums ist inzwischen auf 0,16 gesunken (Brooks / Ran 2003, Bhalla / Qiu 2002) – ein für ein take-off-Land sehr niedriger Wert, verglichen etwa mit dem Wert von 0,7 für Südkorea in der dortigen Hochwachstumsphase in den 1970er Jahren (Khan 2007).

Rechnerisch ist es daher erforderlich, dass die chinesische Volkswirtschaft jedes Jahr um mindestens 5% wächst. Eine Passivierung eines Teil des Erwerbspersonenpotentials – etwa durch längere Ausbildungszeiten (was in China deutlich beobachtbar ist) – ist eine Alternative, setzt aber die Bereitschaft zu relativ höheren gesellschaftlichen Transferzahlungen von Beschäftigten an Nichtbeschäftigte voraus, was bei einer dann nur noch aus Effizienzgewinnen (langsam) wachsenden Produktion wenig wahrscheinlich ist.

Hinzu kommt, dass es in jeder marktgesteuerten Volkswirtschaft zwangsläufig „Mismatches" auf dem Arbeitsmarkt gibt, also ein Auseinanderklaffen von Arbeitsangebot und Arbeitsnachfrage in räumlicher oder qualifikatorischer Hinsicht. Um diese Mismatches abzufedern, muss das gesamtwirtschaftliche Wachstum möglichst weit oberhalb der genannten Marke liegen. Das ist bislang tatsächlich gegeben, wird aber kaum weitere zehn Jahre anhalten. Der „demographische Faktor" ist mithin eine schlummernde Gefahr für das Gleichgewicht auf Chinas Arbeitsmarkt.

Andererseits droht extensives wirtschaftliches Wachstum die Grenzen der ökologischen Tragfähigkeit endgültig zu überschreiten. Dies bedeutet, dass es unumgänglich für ein nachhaltiges Gleichgewicht auf dem Arbeitsmarkt ist, ein außerordentlich hohes Wachstum zu generieren, das weder zusätzliche Ressourcen beansprucht noch die Absorptionskapazität der Umweltmedien weiter belastet – eine extreme Herausforderung an die Wirtschaftspolitik.

(2) China ist im besten Wortsinn ein Entwicklungsland – auf dem Weg von einer agrarischen Niedrigeinkommensökonomie zu einer industriellen Hocheinkommensökonomie. Dies beinhaltet eine Verschiebung im Arbeitskräftebedarf zwischen den Sektoren: Rückgang in der Landwirtschaft und in der arbeitsintensiven Industrie, Anstieg in der kapital- und technologieintensiven Industrie sowie im Dienstleistungssektor. Von 1980 bis 2005 sank der Beschäftigtenanteil im Landwirtschaftssektor von 69% auf 45%, während der Anteil der Industriebeschäftigten von 18% auf 24% nur leicht anstieg und sich der Anteil der Beschäftigten im tertiären Sektor (private und staatliche Dienstleistungen) von 13% auf 31% mehr als verdoppelte (CSY, versch. Ausgaben).

Ausdruck dieses Strukturwandels sind die unterschiedlichen *sektoralen* Beschäftigungselastizitäten des wirtschaftlichen Wachstums: Derzeit wird eine Steigerung des gesamtwirtschaftlichen Wachstums um 1% durch einen zusätzlichen Arbeitskräfteeinsatz in der Industrie von nur 0,09% generiert, aber durch 0,51% mehr Arbeitskräfte im tertiären Sektor, während in der Landwirtschaft auch bei steigendem gesamtwirtschaftlichen Output der Arbeitskräfteeinsatz weiter abnimmt (um 0,07% mit jedem Prozent Wirtschaftswachstum) (Bhalla / Qiu 2002, S. 10).

(3) Ungesteuerte wirtschaftliche Entwicklungsprozesse führen – wie durch die Neue Wachstumstheorie begründbar – sektoral und regional zu Wachstumsungleichgewichten und demographisch zu Entleerungs- und Zuwanderungsräumen. Diese Prozesse sind oft verbunden mit sozialen Nettokosten, resultierend aus dem „brain drain" in den Entleerungsräumen und den Integrationsproblemen in den Verdichtungsräumen.

In China hat die Staatsführung diesem „natürlichen" Prozess von regional und lokal ungleichmäßiger Entwicklung (insbesondere der Verschärfung des West-Ost-Gefälles, aber auch der Urbanisierung) zwischen 1949 und 1978 politisch immer wieder entgegengewirkt („Hinauf in die Berge, hinunter in die Dörfer!") – seither bricht sich die den ökonomischen Gesetzmäßigkeiten folgende Migration umso stärker Bahn. Schätzungen sprechen von derzeit landesweit 100 Millionen Arbeitsmigranten (Tang / Kupfer 2002). Die Existenz der Migranten ist zwar allgegenwärtig – auf den Baustellen in Shanghai, in den Hinterhoffabriken in Guangzhou oder in den Privathaushalten Beijings – aber kaum in den offiziellen Statistiken sichtbar. So wird die Arbeitslosigkeit offiziell (NBSC 2007) mit 4,1% (Ende 2006) als Anteil registrierter Arbeitsloser an den städtischen Erwerbspersonen angegeben, während bei Berücksichtigung der Nicht-Registrierten von mehr als 10% der arbeitsfähigen Bevölkerung als „Menschen auf der Suche nach Arbeit" gesprochen wird (Tang / Kupfer 2002).

(4) Im chinesischen Wirtschaftssystem sind seit 1979 zunehmend staatliche Koordinationsmechanismen durch Marktmechanismen ersetzt worden und staatliches Eigentum an Produktionsmitteln durch privates Eigentum. Diese Transformation des Wirtschaftssystems brachte auch die Freisetzung von Arbeitskräften im Staatssektor und das Entstehen neuer Arbeitsplätze in der privaten Wirtschaft mit sich: in formalen Privatbetrieben, darunter solchen mit ausländischer Kapitalbeteiligung, sowie im „informellen" Sektor. In den ersten Reformjahren nach 1978 war der private Sektor lediglich additiv zum

staatlichen Sektor („schleichende" Transformation) gewachsen: zuerst in der Landwirtschaft, dann im Dienstleistungssektor seit den 1980er Jahren, in der Industrie seit Anfang der 1990er Jahre. Inzwischen aber sind die ökonomischen Probleme der mit Arbeitskräften überbesetzten und durch betriebszweckfremde soziale Aufgaben belasteten Staatsbetriebe so groß geworden, dass es seit Mitte der 1990er Jahre nicht nur zu Privatisierungen kleinerer Staatsbetriebe kam, sondern auch zu einem Beschäftigungsabbau in den großen Staatsbetrieben (teilweise als „Beurlaubungen" unter Fortbestehen von Elementen sozialer Sicherung: *„xiagang"*). Damit kam es zu einem nicht nur relativen, sondern auch absoluten Bedeutungsverlust der Staatsbetriebe für die Beschäftigung (aktive Transformation). Neben den wachsenden städtischen Privatsektor trat (obwohl in offiziellen Dokumenten – etwa IOSC 2004 – nicht einmal erwähnt!) der informelle Sektor, der heute etwa die Hälfte der städtischen Arbeitsplätze umfassen soll (Li 2003, Ghose 2005).

3 Wirtschaftspolitische Reaktionen

Schon im Zuge der Verhandlungen über den WTO-Beitritt hatte China die Importmöglichkeiten für Waren, Dienstleistungen und Kapital erheblich liberalisiert. So sank der durchschnittliche Importzollsatz – keineswegs die einzige, aber eine leicht messbare Importbarriere – für verarbeitete Waren von 1992 bis 2000 von 42,4% auf 16,2% (WTO Statistics Database). Nach dem Beitritt zur WTO 2001 gab es weitere Importerleichterungen. Im Gegenzug verbesserte der WTO-Beitritt die Zutrittsmöglichkeiten chinesischer Exporteure zu den Märkten der anderen Mitgliedsstaaten. Weitere Schritte werden in den nächsten Jahren noch folgen, da einige Länder relativ lange spezifische Schutzmechanismen gegenüber Leichtindustrieprodukten aus China durchsetzen konnten.

Durch den WTO-Beitritt hat die chinesische Wirtschaft insgesamt deutliche Vorteile erzielen können: billigere Vorprodukte, bessere Absatzchancen. Die meisten ökonometrischen Simulationen (zusammenfassend: UNCTAD 2002) prognostizierten daher, dass der WTO-Beitritt zu einer Steigerung des realen Wirtschaftswachstums um etwa einen Prozentpunkt pro Jahr führe. Im Folgenden sollen jedoch – auch unter Berücksichtigung der Hinweise von Karl

Wohlmuth (1973) – die Beschäftigungswirkungen im Mittelpunkt stehen: exemplarisch im Landwirtschaftssektor und im Industriesektor.

3.1 Einkommens- und Beschäftigungseffekte in der Landwirtschaft

Der Agrarsektor ist in der Vor-WTO-Zeit von der Handelsliberalisierung weitgehend ausgespart worden, so dass es seit 2001 zu besonders drastischen Veränderungen kam (Anderson et al. 2003, Bhalla / Qiu 2004): erhebliche Einfuhrzollsenkungen, Abschaffung von Staatshandelsmonopolen und von Exportsubventionen. Die chinesische Landwirtschaft, die mit relativ viel Arbeitskraft, aber relativ wenig Anbaufläche ausgestattet ist, wird auf mittlere Sicht vor allem solche landwirtschaftlichen Produkte wettbewerbsfähig herstellen können, die den reichlich vorhandenen Produktionsfaktor Arbeit besonders stark nutzen (Fisch, Gemüse, Obst, Blumen), während Erzeugnisse mit relativ hohem Flächenbedarf (Getreide, Baumwolle, Zucker) billiger importiert werden können. Allerdings stellen die hohen Transportkosten innerhalb Chinas noch eine substanzielle Importbarriere dar.

Die chinesische Landwirtschaft ist im internationalen Vergleich noch stark selbstversorgend – nur etwa 30 Prozent der Produktion wird durchschnittlich vermarktet – und im Großen und Ganzen kleinbäuerlich organisiert. Daher ist die in absoluter Armut subsistent lebende ländliche Bevölkerung (etwa ein Viertel der ländlichen Haushalte) von den Auswirkungen des WTO-Beitritts in direkter Weise weniger betroffen.

Die negativen Auswirkungen des Strukturwandels haben vor allem die marktorientierten Bauern in den mittleren und westlichen Provinzen zu tragen, die im innerchinesischen Vergleich zwar einen komparativen Vorteil bei der Produktion von Getreide und Baumwolle haben – diese Produkte aber im internationalen Vergleich dennoch zu teuer herstellen, als dass sie ohne spezifische Subventionen mit den Weltmarktkonkurrenten mithalten könnten: Der Weltmarktpreis für Baumwolle beispielsweise ist derzeit wesentlich niedriger als der vom chinesischen Staat den Bauern garantierte Ankaufspreis (O. V. 2006). So kam es nach dem WTO-Beitritt bis heute zu einer Verzehnfachung der chinesischen Baumwollimporte. Hauptlieferant für den wichtigsten Rohstoff der chinesischen Textilindustrie sind derzeit mit einem Anteil von etwa

45 Prozent die USA (deren Agrarexporte aber ebenfalls als stark subventioniert gelten!).

Durch den WTO-Beitritt hat sich daher in den ländlichen Gebieten für die nachwachsende Generation die Zahl der lohnenden Arbeitsplätze verringert, was für die Industrie die Situation eines „unlimited supply of labour" (W. A. Lewis) perpetuiert und zu entsprechend niedrigen Industrielohnsätzen beiträgt. Ob dies allerdings unmittelbar zu einem zusätzlichem Migrationsdruck führt ist offen angesichts der arbeitsmarktpolitischen Rückhaltefunktion der Landwirtschaft („Arbeitsmarktschwamm"). Diese Schwammfunktion trägt dazu bei, dass das Tempo des Strukturwandels eher von der Aufnahmekapazität von Industrie- und Tertiärsektor bestimmt wird (pull-Faktor der Migration), und nicht so sehr von den Verdrängungseffekten, die durch die Importkonkurrenz im Agrarsektor selbst entstehen (push-Faktor der Migration) (Cai / Zhang 2002, S. 88).

Wie lange diese Situation in China anhalten wird, ist eine jetzt kontrovers diskutierte Frage. Das Landwirtschaftsministerium schätzt die Zahl der redundanten Arbeitskräfte auf dem Lande auf 150 Millionen Menschen, während die Akademie für Sozialwissenschaften von nur 50 Millionen spricht und daher prognostiziert, dass es bereits ab 2010 zu einem Ende des strukturellen Arbeitskräfteüberschusses kommen könnte – und dann zu einer steigenden Entlohnung der Arbeitskräfte in der Industrie (Wang / Cai / Gao 2006).

3.2 Einkommens- und Beschäftigungseffekte in der Industrie

Die Verstärkung der Importkonkurrenz und die Erweiterung der Exportmöglichkeiten sind die beiden grundlegenden Mechanismen, durch die der WTO-Beitritt auf die chinesische Industrie einwirkt. Kurzfristig kann eine Importkonkurrenz zu einer Verdrängung der bisherigen Anbieter (und der dort bestehenden Arbeitsplätze) durch ausländische Anbieter führen. Aber der verstärkte Wettbewerb ist auch eine „Produktivitätspeitsche", die einheimische Unternehmen zu effizienterer Produktion zwingt. Da Effizienzsteigerung in der Regel auf der Ersetzung von Arbeit durch Kapital beruht, kann man generell von einer Verstärkung der Tendenz zu steigendem Einkommen bei sinkender Zahl der Beschäftigten ausgehen – aber auch von einer langfristigen

Sicherung der Arbeitsplätze in denjenigen Unternehmen, die sich im Wettbewerb behaupten konnten.[1] Dieses wird besonders am Textil- und Bekleidungssektor deutlich. Grundsätzlich ergaben sich mit dem WTO-Beitritt, und insbesondere durch das allmähliche Auslaufen der globalen Textilquoten bis Anfang 2005, für China Chancen, mit „echten" Kostenvorteilen Wettbewerber aus anderen Ländern zu verdrängen, die zuvor durch präferenzielle Handelsabkommen der Importländer begünstigt waren. Tatsächlich konnten die chinesischen Exporte in die wichtigsten Abnehmergebiete, die EU und die USA, dramatisch gesteigert werden. Allerdings zogen beide Wirtschaftsräume schon wenige Monate nach dem Auslaufen der Quotenregelung die Notbremse – durchaus im Einklang mit den Regeln der WTO: Für verschiedene „sensible" Produktgruppen aus China wurden, zunächst für drei Jahre, neue Importobergrenzen (Kontingente) festgelegt (kritisch zu den Motiven der EU: Reil 2007).

Importliberalisierung und Exporterfolge haben Veränderungen in der Struktur der industriellen Beschäftigung beschleunigt. Dies ist in Tab. 1 ersichtlich, wobei allerdings konjunkturelle Schwankungen ebenso wenig Berücksichtigung finden wie die große Bedeutung der nicht-städtischen Industriebetriebe in Kollektivbesitz (Township and Village Enterprises). Unbestreitbar ist jedoch die Verschiebung des Beschäftigungsschwergewichtes von der (einfacheren) Textilindustrie zur (komplexeren) Bekleidungsindustrie. Da Textilien eher in staatseigenen Unternehmen produziert werden, führt die Liberalisierung des Außenhandels mit Textilien und Bekleidung im Verein mit einer Weiterentwicklung der chinesischen Industrie zu komplexeren Wertschöpfungsprozessen („upgrading") dann nicht nur zu einer Veränderung der Branchenstruktur, sondern auch zu einer weiteren Verschiebung der Gewichte

---

[1] Es ist noch viel zu früh, um hierüber eine belastbare Aussage zu treffen. Allerdings zeigt eine Korrelation der Beschäftigungsveränderungen mit den Nominallohnveränderungen für die Jahre 2002 bis 2004 für 29 Branchen städtischer Industrie tatsächlich einen leicht negativen Zusammenhang zwischen dem prozentualen Wert der Beschäftigungsveränderung in einer Industrie und der prozentualen Steigerung des durchschnittlichen Nominallohnes dieser Industrie (b = –0.23, allerdings mit einem Korrelationskoeffizienten von nur 0.16). Anschaulicher formuliert: Die Bekleidungsindustrie stellt zwar viele neue Arbeitskräfte ein, aber zu Hungerlöhnen; auf der anderen Seite streicht die Tabakindustrie zwar in drei Jahren 17% ihrer Arbeitsplätze, aber die verbleibenden Beschäftigten erfreuen sich eines Lohnzuwachses von 47%! Eigene Berechnung mit Daten aus CLSY versch. Ausgaben, versch. Jahre.

zwischen privatem und staatlichem Sektor. Auch neue Arbeitsplätze entstehen fast ausschließlich im Privatsektor (Lu et al. 2002).

Abb. 1: Beschäftigung in städtischen Industriebranchen, China 1999-2004

	Beschäftigte 1999 (in Mill.)	Veränderung 1999-2004
Gesamt	34,96	– 13%
darunter Textilindustrie (SIC 321)	3,53	– 25%
darunter Bekleidungsindustrie (SIC 322)	1,22	+ 37%

Quelle: Eigene Berechnung nach CLSY, versch. Jahre; ILO, LABORSTA Database.

„Sozialer Sprengstoff" (Kupfer (Hrsg.) 2004) entsteht vor allem dadurch, dass es selbst bei steigendem gesamtwirtschaftlichen Beschäftigungsvolumen zu einer Verschärfung von bereits bestehenden entwicklungs- und transformationsbedingten „Mismatches" auf dem Arbeitsmarkt kommt, d.h. zu einem weiteren Auseinanderklaffen von Arbeitsangebot und Arbeitsnachfrage in qualifikatorischer und/oder regionaler Hinsicht, da neue Arbeitsplätze vor allem in den Boomregionen an der Küste entstehen. Anders als in den hochaggregierten Simulationsmodellen dargestellt, sind sektorale und regionale Transfers von „redundanten" Arbeitskräften an neu entstehende Arbeitsplätze mit hohen sozialen Kosten (dem Elend der Wanderarbeiter) und zeitlichen Verzögerungen belastet.

Durch die Gewichtsverschiebung zu Ungunsten des Staatssektors werden zudem Mikrosicherungsnetze in Frage gestellt, ohne dass durch denselben Prozess für die Verlierer hinreichend schnell und umfangreich Kompensationen entstünden. Die chinesische Arbeitseinheit, die *danwei*, gewährleistete nämlich bis zum Beginn der Systemtransformation und teilweise weit darüber hinaus eine Absicherung der Lebensrisiken auf betrieblicher Ebene (im Mikrosystem) entsprechend dem Versorgungsprinzip („Fünf Garantien", „Eiserner Reistopf"). Die Systemtransformation wird im Endergebnis zu einer sozialen Absicherung auf volkswirtschaftlicher Ebene (im Makrosystem) entsprechend dem Versicherungsprinzip führen (Grundsätzliches dazu bei Althammer / Lampert 2001, S. 226ff.).

Dass das neue System noch keinen hinreichenden Ersatz bietet, sieht man hinsichtlich des Erwerbslosigkeitsrisikos allein schon daran, dass (2003) in den

Städten 8 Mio. Arbeitslose registriert sind, aber nur 4,15 Mio. Menschen Lohnersatzleistungen aus dem nationalen Arbeitslosenfonds bezogen (IOSC 2004). Dies hat systematische Gründe: Derzeit (2006) sind nur 40% der Beschäftigten in Städten gegen Arbeitslosigkeit versichert (und nur 36% gegen Arbeitsunfälle) (NBSC 2007).

3.3 Wirtschaftspolitische Reaktionen

Für die Entschärfung dieses „sozialen Sprengstoffes" sind daher Form und Tempo von aktiven Anpassungsprozessen (Migration, Qualifikation) ebenso entscheidend wie der politische Wille, eine Passivierung von Arbeitskräften durch Transferzahlungen abzusichern (auch aus volkswirtschaftlichen Wohlstandsgewinnen der WTO-Mitgliedschaft). Dass die chinesische Regierung diese Herausforderungen annimmt, beispielsweise in der umfassenden Erläuterung ihrer Vorgehensweise in der Arbeitsmarkt- und Beschäftigungspolitik im White Paper „China's Employment Situation and Policies" (IOSC 2004), gibt – bei allen Kritikmöglichkeiten im Detail – Anlass zum Optimismus. In diesem politischen Grundsatzdokument wird eine pragmatische Mischung aus Instrumenten mit makroökonomischem Ansatz (gesamtwirtschaftliche Beschäftigungspolitik durch Ausdehnung der Binnennachfrage und aktive Fiskalpolitik), mesoökonomischen Instrumenten (Industriepolitik, Förderung des Kleinbetriebssektors) und arbeitsmarktpolitischen, also mikroökonomischen Instrumenten (Qualifikation zur Behebung von Mismatches, effizientere Arbeitsvermittlung, Stützung von flexiblen Arbeitsverhältnissen) verbunden mit einer sozialpolitischen Komponente (passive Arbeitsmarktpolitik durch Garantie von Lohnersatzleistungen einschließlich einer Sozialhilfe als unterstem Sicherungsnetz im Rahmen von „drei Garantien"). Dass es sich hier ganz offensichtlich nicht um einen Ansatz „aus einem Guss" handelt, sollte nicht irritieren: im internationalen Vergleich sind solche synkretistischen Konzepte oft erstaunlich erfolgreich.

4 Fazit

Chinas Beitritt zur WTO und die damit verbundene weitere Liberalisierung der Außenwirtschaft geschah nach zwei Jahrzehnten anhaltenden wirtschaftlichen Wachstums, welches teilweise auf einer Transformationsdividende, teilweise auf Kapitalimporten als Folge früherer außenwirtschaftlicher Liberalisierung basiert. Dies unterscheidet China von anderen Entwicklungsländern, die ihre Außenwirtschaft von der Importsubstitution zur Weltmarktöffnung umstellten. Die Bedingungen sind daher günstig, dass eine insgesamt wachsende Volkswirtschaft die Vorteile der internationalen Arbeitsteilung ausschöpfen und zugleich die entstehenden Strukturprobleme kompensieren kann. Entscheidend ist aber, dass die sozialen Herausforderungen politisch angenommen werden: aktive, qualifikationsorientierte Arbeitsmarktpolitik, aktive Regionalpolitik, die Anerkennung des informellen Sektors / Kleingewerbesektors und die Förderung von ländlicher Industrialisierung sowie eine soziale Absicherung des Anpassungsprozesses sind relevante Politikfelder.

Die vorangegangen Überlegungen zeigen, dass der Hinweis von Karl Wohlmuth (1973), die Wirkung der weltwirtschaftlichen Integration nicht allein an einem pauschalen Einkommenskriterium, sondern vor allem an sozialen Kriterien zu messen, gerade für China sehr wichtig ist. Es wurde zudem deutlich, welch wichtige Rolle der Agrarsektor für eine nachhaltige Beschäftigungsstrategie spielt. Andererseits wurde auch deutlich, dass die chinesische Industrie noch weit davon entfernt ist, den Rhythmus der Weltwirtschaft zu beeinflussen, sondern ihre Beschäftigungsrhythmen von der Weltwirtschaft dominiert sind. Dies wäre wohl nur zu verändern, wenn es China gelänge, durch ein eigenes, kohärentes Innovationssystem die Volkswirtschaft so weit zu modernisieren, dass der wirtschaftliche Takt selbst vorgegeben werden kann (Wohlmuth 2004).

Literatur

Althammer, J. / Lampert, H. (2001), Lehrbuch der Sozialpolitik, Berlin etc.

Anderson, K. / Huang Jikun / Ianchovichina, E. (2003), Long-run impacts of China's WTO accession on farm-nonfarm income inequality and rural poverty, World Bank Policy Research Working Paper 3052.

Bass, H. / Wauschkuhn, M. / Wohlmuth, K. (Hrsg.) (1996), Menschenrechte, Arbeitsverhältnisse und Gewerkschaften in China – internationale Perspektiven, Berichte des Arbeitsbereichs Chinaforschung im Institut für Weltwirtschaft und Internationales Management, Bremen, Nr. 6.

Bass, H. / Wohlmuth, K. (Hrsg.) (1996), China in der Weltwirtschaft, Hamburg: Institut für Asienkunde, Nr. 271.

Bhalla, A. S. / Shufang Qiu (2002), China's accession to WTO: its impact on Chinese employment, Geneva: United Nations Conference on Trade and Development, Discussion Paper No. 163.

Bhalla, A. S. / Shufang Qiu (2004), The Employment impact of China's World Trade Organisation accession, London and New York.

Brooks, R. / Ran Tao (2003), China's labor market performance and challenges, IMF Working Paper 03/210.

Cai Fang. / Zhang Chewei (2002), How to observe the impact of China's entry into the WTO on employment, in: Social Sciences in China, Bd. 23, 4, S. 85 – 93.

CLSY (China Labor Statistical Yearbook), verschiedene Jahrgänge, Beijing, versch. Jahre.

CSY (China Statistical Yearbook), verschiedene Ausgaben, Beijing, verschiedene Jahre.

Ghose, A. K. (2005), Employment in China: recent trends and future challenges. [ILO] Employment Strategy Papers, 2005/14.

ILO (International Labour Organisation), LABORSTA Database www.laborsta.ilo.org.

IOSC (Information Office of the State Council) (2004), White Paper China's Employment Situation and Policies, Peoples Daily Online, 26.04.2004, www.english.peopledaily.com.cn.

Kappel, R. (2003), Kirschen und Kerne. Mehr Wohlstand für die Entwicklungsländer durch die Liberalisierung des Weltmarktes?, ULPA – University of Leipzig Papers on Africa. Politics and Economics No. 66.

Kersten, W. / Wohlmuth, K. (1973), Political Economy of Employment Creation: Some Critical Remarks on the Possibilities of Employment Creation in Dependent Economies, in: Wohlmuth, K. (Hrsg.), Employment Creation in Developing Societies. The Situation of Labor in Dependent Economies, New York, S. 15 – 40.

Khan, A. R. (2007), Asian Experience on Growth, Employment and Poverty. An overview with special reference to the findings of some recent country case studies, UNDP Regional Centre, Colombo and the ILO.

Kupfer, K. (Hrsg.) (2004), Sprengstoff in China? Dimensionen sozialer Herausforderungen in der Volksrepublik, Focus Asien Bd. 17, Essen.

Li Lixu (2003), Feizhenggui jiuye pojie woguo jiuye nanti [Informelle Beschäftigung löst Beschäftigungsprobleme in China], in: Jingji Guanli, Bd. 15, S. 58 – 60.

Lu Ming et al. (2002), Employment restructuring during China's economic transition, in: Monthly Labor Review, S. 25 – 31.

NBSC (National Bureau of Statistics of China) (2007), Statistical Communiqué on the 2006 National Economic and Social Development, www.stats.gov.cn.

Nissanke, M. / Thorbecke, E. (2007), Channels and Policy Debate in the Globalization-Inequality-Poverty Nexus, in: Nissanke, M. / Thorbecke, E. (Hrsg.), The Impact of Globalization on the World's Poor. Transmission Mechanisms, Houndsmill and New York, S. 22 – 55.

O. V. (2006), "Unrentable Agrarprodukte", in Beijing Rundschau 49/2006, www.bjrundschau.com.

Raikes, P. / Jensen, M. F. / Ponte, S. (2000), Global Commodity Chain Analysis and the French Filière Approach: Comparison and Critique, CDR Working Paper 00.3.

Ravallion, M. (2007), Looking beyond averages in the Trade and Poverty Debate, in: Nissanke, M. / Thorbecke, E. (Hrsg.), The Impact of Globalization on the World's Poor. Transmission Mechanisms, Houndsmill and New York, S. 118 – 145.

Reil, F. (2007), Kurzlebige Liberalisierung. Zweifelhafter Schutz der Entwicklungsländer durch erneuten Protektionismus gegen China im Textilhandel, in: eins. Entwicklungspolitik. Information Nord-Süd, 2/3, S. 49 – 51.

Tang Jun / Kupfer, K. (Interview) (2002), China braucht eine aktive Arbeiterklasse, in: die tageszeitung, 27.04.2002.

UNCTAD (United Nations Conference on Trade and Development) (2002), Trade and Development Report 2002: Developing Countries in World Trade, New York / Geneva.

United Nations, Comtrade Database, comtrade.un.org/db.

Wang Dewen / Cai Fang / Gao Wenshu (2006), Globalization and Internal Labor Mobility in China: New Trend and Policy Implications, Institute of Population and Labor Economics Working Paper.

Wen Dale (2006), Wie China die Globalisierung bewältigt. Ein kritischer Blick auf die Reformpolitik seit 1978. Essen: Focus Asien, Nr. 28.

Wohlmuth, K. (1995), China im internationalen Währungs- und Finanzsystem, Berichte des Arbeitsbereichs Chinaforschung im Institut für Weltwirtschaft und Internationales Management, Bremen, Nr. 5 (2. erw. Aufl. 1996).

Wohlmuth, K. (2004), Chancen der Globalisierung – für wen?, in: Bass, H.H. und Melchers, S. (Hrsg.), Neue Instrumente zur sozialen und ökologischen Gestaltung der Globalisierung, Münster, S. 15 – 80.

World Bank MDG (Millenium Development Goals) Database, ddp-ext.worldbank.org [13.07.2007].

WTO (World Trade Organisation), Statistics Database, stat.wto.org.

Kapitel / Chapter 5

Neue Herausforderungen für Entwicklungsländer

New Challenges for Developing Countries

Messung des Fortschritts im Entwicklungsprozess: Die Millenniumsziele

Measuring Progress in Development – The Millennium Development Goals

Markus Wauschkuhn[*]

Abstract

The United Nations Millennium Declaration, adopted by 189 world leaders in 2000, is formulated as a strong commitment of developing and donor countries to improve essentially the human conditions by 2015. Moreover, the Millennium Declaration has a broad underlying definition of poverty, based substantial on the ideas of Nobel Laureate Amartya Kumar Sen and contrary to the foremost economic definition of poverty. The Millennium Declaration led also to a eight goals action plan, known and Millennium Development Goals (MDGs), defined by 48 indicators. Measurable goals and indicators require appropriate monitoring either by international organisations or by the national statistical system. Unavailability of accurate data, lack of coordination and willingness to be coordinated are widespread problems and international organisations responsible for an MDG indicator rely on own data and estimates rather then the data produced in the national system. Strengthening statistical capacity of the national statistical system without increasing demand of and trust in national generated data on the part of organisations like UNDP and World Bank seems challenging.

---

[*] Der Beitrag spiegelt die Meinung des Autoren wider, die sich nicht notwendigerweise in allen Punkten mit der der InWEnt decken muss.

Zusammenfassung

Die Millenniumserklärung der Vereinten Nationen, im Jahr 2000 beschlossen von 189 Staaten, ist eine Verpflichtungserklärung von Entwicklungsländern und Geberländern, die Lebensbedingungen bis zum Jahr 2015 entscheidend zu verbessern. Darüber hinaus liegt der Millenniumserklärung ein breites Armutsverständnis zugrunde, das auf den Ideen des Nobelpreisträgers Amartya Kumar Sen basiert und sich im Gegensatz befindet zu der bis dato führenden ökonomischen Definition von Armut. Die Millenniumserklärung führe zu einem Aktionsplan mit 8 Zielen, bekannt als den Millenniumszielen (MDGs), die durch 48 Indikatoren definiert werden. Messbare Ziele und Indikatoren erfordern ein adäquates Monitoring, entweder durch internationale Organisationen oder durch das nationale statistische System. Nichtverfügbarkeit von korrekten Daten, das Fehlen von Koordination oder des Willens, sich koordinieren zu lassen sind weit verbreitete Probleme und führen dazu, dass sich die Organisationen, die für die einen der MDG-Indikatoren zuständig sind, sich eher auf eigene Daten und Einschätzungen verlassen als auf die Daten, die im nationalen System produziert werden. Die Stärkung der statistischen Kapazitäten des nationalen statistischen Systems ohne eine wachsende Nachfrage nach und Vertrauen in nationale Daten seitens Organisationen wie UNDP und Weltbank scheint eine schwierige Herausforderung.

1 Einleitung

Die Millenniumserklärung und die daraus folgenden Millenniumsziele waren ein wichtiger Schritt in Richtung einer Festlegung von Seiten der Entwicklungs- *und* Geberländer auf messbare und zeitlich gebundene Entwicklungsziele – begleitet von einem kontinuierlichem Monitoring der Zielerreichung.

Die tatsächliche Messung der Indikatoren, die der Grad der Erreichung dieser Ziele belegen sollen, ist jedoch nicht nur mit methodischen Problemen verbunden. Vielfach übersteigt es die Kapazitäten der nationalen statistischen Systeme, zu denen neben den Statistischen Ämtern auch die datenproduzierenden Akteure aus anderen Sektoren wie Gesundheit, Landwirtschaft oder Bildung gehören.

Zwar gibt es eine Reihe von internationalen Initiativen, diese nationalen Systeme zu stärken, jedoch werden für die MDG Indikatoren – aufgrund des zeitlichen Drucks, der Nichtverfügbarkeit oder mangelnden Vergleichbarkeit nationaler Daten – vor allem internationale Daten verwendet, wie sie von Weltbank oder Weltgesundheitsorganisation zur Verfügung gestellt werden.

Nationale Institutionen haben hier nur noch eine geringe ‚Ownership' in der Berichterstattung über die Entwicklung des Landes auf Basis der MDGs, was zum einen den Initiativen zur Stärkung des nationalen statistischen Systems zuwiderläuft, zum anderen den Bezug der politischen Entscheidungsträger des Landes zu evidenz-basierten Entscheidungen schwächt. Um diese Entkopplung entgegen zu wirken, scheint eine stärkere Einbeziehung nationaler Akteure durch internationale Organisationen notwendig.

2 Die Millenniumserklärung

Die Millennium Declaration wurde beschlossen im September 2000 beim Millenniumsgipfel, dem bis dahin größten Gipfeltreffen der Staats- und Regierungschefs von 189 Ländern der Vereinten Nationen.

Die hier beschlossene Millenniumserklärung definierte programmatisch vier Felder für internationale Politik des neu beginnenden Jahrhunderts und betonte zugleich, den sich gegenseitig beeinflussenden und bedingenden Charakter dieser Handlungsfelder:

- Frieden, Sicherheit und Abrüstung
- Entwicklung und Armutsbekämpfung
- Schutz der gemeinsamen Umwelt
- Menschenrechte, Demokratie und gute Regierungsführung

Damit wurde, auf höchstem internationalen Parkett, ein Konsens zu einem Entwicklungsverständnis gefunden, der sich deutlich weiterentwickelt hatte von dem oft sehr dominierenden ökonomischen Armutsbegriff der vorhergehenden Dekaden (Gsänger 1996).

Insbesondere die 80er Jahre waren sehr geprägt von einer vor allem von Weltbank und Internationalem Währungsfond präferierten Politik, die makroökonomischen Rahmenbedingungen – oft durch so genannte Strukturanpassungsprogramme – für Wirtschaftswachstum zu verbessern, da dieses schlussendlich auch den Ärmsten zugute käme und somit ein entscheidender Schlüssel zur Armutsbekämpfung wäre.

Dass dieser Armutsbegriff zu eng wäre, dass es keineswegs automatisch bei positivem wirtschaftlichem Wachstum zu einer Verbesserung anderer wichtiger sozialer Indikatoren wie Bildung oder Gesundheitsversorgung käme, darauf wies im Jahr 1990 der erste Human Development Report des United Nations Development Programmes (UNDP) hin, eine deutliche Replik auf den jährlichen World Development Report der Weltbank mit seiner engeren Interpretation von Entwicklung. Diese Diskussion wurde maßgeblich geprägt durch den Wirtschaftswissenschaftler und späteren Nobelpreisträger Amartya Kumar Sen und seinem „capabilities approach", der Armut ansieht als einen grundsätzlichen Mangel von Verwirklichungschancen, was sowohl ökonomisch, aber beispielsweise auch sozial oder politisch bedingt sein kann (Sen 1999).

Durch die Milleniumserklärung scheint sich dieser multidimensionale Erklärungsansatz von Armut zunächst einmal im Mainstream der entwicklungspolitischen Diskussion etabliert zu haben.

3 Die Millennium Development Goals

Auf Basis der Milleniumserklärung wurden später nach langen Diskussionen acht internationale Entwicklungsziele abgeleitet, die Millenniumsentwicklungsziele („Millennium Development Goals", MDGs).

MDG1: den Anteil der Weltbevölkerung, der unter extremer Armut und Hunger leidet, halbieren

MDG 2: allen Kindern eine Grundschulausbildung ermöglichen

MDG 3: die Gleichstellung der Geschlechter fördern und die Rechte von Frauen stärken

MDG 4: die Kindersterblichkeit verringern

MDG 5: die Gesundheit der Mütter verbessern

MDG 6: HIV/AIDS, Malaria und andere übertragbare Krankheiten bekämpfen

MDG 7: den Schutz der Umwelt verbessern

MDG 8: eine weltweite Entwicklungspartnerschaft aufbauen

Die MDGs reflektieren die Ziele – die im übrigen nur zwei der oben genannten Themenbereiche abdecken: „Entwicklung und Armutsbekämpfung" sowie „Schutz der gemeinsamen Umwelt", auf die sie die Staaten auf UN-Ebene einigen konnten und die quantitativ messbar und zeitlich gebunden bis zum Jahr 2015 erreicht werden sollen.

Die Messbarkeit der MDGs soll gewährleistet werden durch das Herunterbrechen der 8 MDGs auf 18 Unterziele (Targets), deren Erreichung wiederum anhand von 48 Indikatoren gemessen werden sollen (siehe Tab. 1).

Damit sollen die Fortschritte auf dem Weg zur Verwirklichung der MDGs konkret messbar gemacht werden. Während sich die ersten sieben Millenniumsziele mit Unterstützung der Geber vor allem vor Ort in den Entwicklungsländern umgesetzt werden müssen, werden im Ziel acht und teilweise im Ziel sieben vor allem die Industrieländer angesprochen: Sie sollen Rahmenbedingungen schaffen, die es den Entwicklungsländern ermöglichen, ihre Verpflichtungen aus der Millenniumserklärung umzusetzen.

Tab. 1: Millennium Development Goals (MDGs) und die Indikatoren für das Monitoring, hier Goals 1 bis 6 (von 8)

Goals and Targets (from the Millennium Declaration)	Indicators for monitoring progress
Goal 1: Eradicate extreme poverty and hunger	
Target 1: Halve, between 1990 and 2015, the proportion of people whose income is less than one dollar a day	1. Proportion of population below $1 (PPP) per day 2. Poverty gap ratio [incidence x depth of poverty] 3. Share of poorest quintile in national consumption
Target 2: Halve, between 1990 and 2015, the proportion of people who suffer from hunger	4. Prevalence of underweight children under-five years of age 5. Proportion of population below minimum level of dietary energy consumption
Goal 2: Achieve universal primary education	
Target 3: Ensure that, by 2015, children everywhere, boys and girls alike, will be able to complete a full course of primary schooling	6. Net enrolment ratio in primary education 7. Proportion of pupils starting grade 1 who reach grade 5 8. Literacy rate of 15-24 year-olds

Wird fortgesetzt auf der nächsten Seite ....

Fortsetzung...
Tab. 1: Millennium Development Goals (MDGs) und die Indikatoren für das Monitoring, hier Goals 1 bis 6 (von 8)

Goal 3: Promote gender equality and empower women	
Target 4: Eliminate gender disparity in primary and secondary education, preferably by 2005, and in all levels of education no later than 2015	9. Ratios of girls to boys in primary, secondary and tertiary education 10. Ratio of literate women to men, 15-24 years old 11. Share of women in wage employment in the non-agricultural sector 12. Proportion of seats held by women in national parliament
Goal 4: Reduce child mortality	
Target 5: Reduce by two-thirds, between 1990 and 2015, the under-five mortality rate	13. Under-five mortality rate 14. Infant mortality rate 15. Proportion of 1 year-old children immunised against measles
Goal 5: Improve maternal health	
Target 6: Reduce by three-quarters, between 1990 and 2015, the maternal mortality ratio	16. Maternal mortality ratio 17. Proportion of births attended by skilled health personnel
Goal 6: Combat HIV/AIDS, malaria and other diseases	
Target 7: Have halted by 2015 and begun to reverse the spread of HIV/AIDS	18. HIV prevalence among pregnant women aged 15-24 years 19. Condom use rate of the contraceptive prevalence rate 19a. Condom use at last high-risk sex 19b. Percentage of population aged 15-24 years with comprehensive correct knowledge of HIV/AIDS 19c. Contraceptive prevalence rate 20. Ratio of school attendance of orphans to school attendance of non-orphans aged 10-14 years
Target 8: Have halted by 2015 and begun to reverse the incidence of malaria and other major diseases	21. Prevalence and death rates associated with malaria 22. Proportion of population in malaria-risk areas using effective malaria prevention and treatment measures 23. Prevalence and death rates associated with tuberculosis 24. Proportion of tuberculosis cases detected and cured under directly observed treatment short course DOTS (Internationally recommended TB control strategy)

Quelle: United Nations Statistics Division.

4 Monitoring der Indikatoren

Die konkrete Formulierung von messbaren Zielen und die zeitliche Bindung für die Erreichung dieser Ziele machen ein regelmäßiges Monitoring der jeweiligen Indikatoren möglich – ein ernsthaftes Bestreben zur Erreichung dieser Ziele von Seiten der Geber und Nehmer vorausgesetzt: sogar erforderlich.

Die acht Ziele, die bis zum Jahr 2015 erreicht werden sollen, können nur nachverfolgbar gemacht werden, wenn die entsprechenden Daten und Indikatoren auf internationaler und nationaler Ebene verfügbar sind und verfügbar gemacht werden. Damit erwuchs der Statistik – hier als Sammelbegriff für das nationale und internationale System Daten sammelnder und analysierender Einheiten verstanden – einerseits eine neue, große Aufgabe, andererseits gewann sie daraus auch einen immensen Bedeutungsschub. Zudem wurde deutlich, dass es vielen Länder an einem Dialog fehlt zwischen den statistischen Einheiten als den Produzenten von Daten und den Nutzern von Daten, die diese für einen regelmäßigen Fortschrittsbericht bezogen auf die MDGs, aber auch zunehmend andere Entwicklungsindikatoren brauchen.

Auch die Staaten Sub-Sahara- Afrikas haben sich auf eine konkrete Wirkungsagenda festgelegt, die neben den MDGs auch Poverty Reduction Strategy Papers (PRSPs) und andere nationale und sektorale Entwicklungspläne umfasst. Diese Wirkungsagenda erfordert eine eindeutige und systematische Messung und Berichterstattung von Ergebnissen, Nutzen und Wirkungen von entwicklungspolitischen Politiken.

Eine klare Anforderung für eine deutliche Verbesserung des statistischen Systems in Sub-Sahara Afrika, die sich vor allem in einer erhöhten Nachfrage nach Daten seitens nationaler und internationaler Institutionen deutlich machte – einer Nachfrage, denen die existierenden statistischen Systeme in den meisten Ländern Sub-Sahara Afrikas nicht in der Lage waren nachzukommen.

Nicht nur dass, bezogen auf die MDG-Indikatoren, für sehr viele Länder keine Daten für das Basisjahr 1990 vorhanden sind – von dem ausgehend ja die Verbesserungen gemessen werden sollen – auch für das Tracking der Folgejahre standen und stehen oftmals nicht genügend verlässliche Daten zur Verfügung. Darüber hinaus gibt es keineswegs Einigkeit über die Definition der

Indikatoren, was die internationale Vergleichbarkeit und – bei Änderung der Indikatordefinition – auch die intertemporale Vergleichbarkeit erschwert. Doch selbst wenn Indikatoren international generiert werden, müssen zum Teil nationale Daten als Input genutzt werden – bei jedem Indikator, der einen Anteil der Bevölkerung beschreiben soll, natürlicherweise demographische Daten. Neben der Problematik der nicht vorhandenen Daten für das Basisjahr kommt hinzu, dass nationale statistische Institutionen solche Daten in längern Zyklen erheben, als es das jährliche MDG-Reporting erfordern würde – Bevölkerungszensen, die auch für die alters- oder geschlechtsbezogenen Daten relevant sind, werden idealtypischerweise alle 10 Jahre, viele gesundheitsbezogen Daten werden zyklisch alle fünf Jahre erhoben. Dass solche Zyklen nicht immer realistisch sind, zeigt dass Beispiel Deutschlands, dass sich erst im Jahr 2011 wieder nach der politisch umstrittenen Volkszählung in den 1980er Jahren an einer europaweiten Zensusrunde mit einem Registerzensus beteiligen wird, also im Vertrauen auf vollständige amtliche Register auf eine Befragung verzichtet. Nigerias Zensus im Jahr 2006 ergab eine Bevölkerungszahl von über 140 Millionen und damit ein Bevölkerungswachstum von über 60% binnen 15 Jahren seit dem letzten Zensus - was die Weltbank zu einer Korrektur ihrer Zahlen von nahezu 10 Millionen veranlasste[1].

Zu diesen genannten Schwierigkeiten des fehlenden Basisjahrs und der problematischen Schätzung kommt hinzu, dass die Definitionen und Erhebungsmethoden von Land zu Land variieren, so dass auch Ländervergleiche methodisch fragwürdig sind. Für einige der Indikatoren – beispielsweise die Indikatoren 4 "Prevalence of underweight children under-five years of age" oder 5 "Proportion of population below minimum level of dietary energy consumption" – gibt es typischerweise keine nationalen Daten, neben der generellen Problematik, Indikatoren tatsächlich messen zu wollen.

Bei anderen Indikatoren wie dem auf AIDS-Weisen bezogenen Indikator 20 "Ratio of school attendance of orphans to school attendance of non-orphans aged 10-14 years" wird es wohl auch künftig kaum nationale Daten geben, da in den meisten Ländern die Bildungsstatistiken AIDS-Weisen nicht separat zählen.

---

[1] Schätzung für 2005: 132 Millionen Einwohner (World Bank 2006), korrigiert für das genannte Jahr mit 141,4 Millionen (World Bank 2007).

Eine Vielzahl von internationales Initiativen versucht seit vielen Jahren die statistischen Kapazitäten in Entwicklungsländern auszubauen und nachhaltig zu etablieren – was nicht immer synchron verlief mit den Bedürfnissen vieler Geber, für einen spezifischen und meist einmaligen Zweck eine Datenerhebung durchzuführen und diese auch finanziell zu gewährleisten.

Trotz dieser langen und vielen Versuche in den vergangenen Jahrzehnten, die statistischen Kapazitäten aufzubauen, bleiben die statistischen Institutionen beispielsweise in den Ländern Sub-Sahara-Afrikas schwach. Empirische oder administrative Daten bilden kaum die Grundlage für Politik, sei es, dass sie nicht vorhanden sind, sei es, dass sie nicht für politische Entscheidungen nutzbar gemacht werden können – oder auch nicht eingefordert oder beachtet werden.

Die Schwäche dieser Institutionen ist Teile einer generellen institutionellen Schwäche in vielen Ländern Sub-Sahara-Afrikas, die insbesondere das gesamte System politischer Entscheidungsprozesse betrifft, die oftmals so sehr ohne Kenntnisnahme der sozio-ökonomischen Realitäten erfolgten, dass sich die Forderung nach "Good Governance" als eine der Vorbedingungen für erfolgreiche Umsetzung jeglicher entwicklungsfördernden Maßnahme etablierte. Dies schließt ein die Stärkung jener Institutionen, die wichtige Entscheidungshilfen geben können und von den politischen Entscheidungsträgern auch als solche wahrgenommen werden sollten (Wohlmuth 1999).

Andererseits erhöht sich auf vielen Ebenen der Druck, Daten zu erheben, verfügbar zu machen und sie als Basis für politische Entscheidungen zu verwenden. Neben dem zentralen Thema des Monitorings der nationalen Entwicklung kommt auch vielfach die Forderung nach Transparenz bei Entscheidungen zum Tragen – formuliert durch internationale Akteure oder durch eine nationale Öffentlichkeit. Zunehmend formulieren auch Geberländer diese Anforderung, um ein eigenes Monitoring der ‚Aid Effectiveness' gewährleisten zu können.

De größere Verfügbarkeit von Daten führt jedoch nicht per se zu einem klareren Bild. Vielmehr zeigen sich erstaunliche Inkonsistenzen, sowohl im Vergleich nationaler Daten verschiedener nationaler Institutionen – beispielsweise wenn die demographischen Daten des Statistischen Amtes über den Grundschulbesuch vergleichen werden mit den administrativen Daten des Bildungsministeriums – als auch im Vergleich dieser Informationen mit denen internationaler Institutionen. Diese Daten, die auch stärker noch auf Einschätzungen und Anpassungen durch Experten beruhen, können nicht nur wesentlich von denen des nationalen statistischen Systems abweichen, auch die Konsistenz internationaler Daten, beispielsweise Quellen von Weltbank und UNDP, ist nicht immer gegeben.

Unter der Eingangs erwähnten Notwendigkeit, mit Hilfe der MDG-Indikatoren den Entwicklungsprozess eines Landes nach zu verfolgen, zeigen sich zwei, wenn auch nicht in letzter Konsequenz gegenläufige, so doch aber ressourcen-konkurrierende Trends: der Aufbau von nationalen statistischen Systemen mit einer entsprechend hohen Ownership einerseits und die schnelle Verfügbarkeit international generierter und vergleichbar gemachter Daten andererseits. Letzteres findet seinen praktischen Ausdruck darin, dass es letztlich UN-Organisationen sind, die für die jeweiligen Länder über die Indikatoren berichten – beispielsweise beim Indikator 1: "Proportion of population below $1 (1993 PPP) per day" ist es die Weltbank, die den Indikator berichtet.

5 Aufbau eines Statistischen Systems

Obgleich es also die Notwendigkeit gibt, im Zuge des verstärkten Monitoring des Entwicklungsprozesses, auf Daten zurückzugreifen, führt dies nicht automatisch zu einer Stärkung des nationalen statistischen Systems. Vielmehr schein der Umkehrschluss zu gelten: bei ausreichenden statistischen Kapazitäten wird, eine deutliche Einforderung der Ownership bei der Berichterstattung nationaler Daten vorausgesetzt, auf national generierte Daten zurückgegriffen.

Notwendig scheint also auch weiterhin eine unabhängige Stärkung statistischer Institutionen. Hierzu wurden in den letzten Jahren eine Reihe vielversprechender Ansätze unternommen. Zentral ist hier zu nennen der „Marrakech Action Plan for Statistics (MAPS)" von 2004, auf dem sich internationale und nationale Akteure einigten auf einen recht konkreten Mehrpunkteplan zur Verbesserung der evidenzbasierten Politikentscheidungen (MAPS 2004). Das Thema wurde auf einer Reihe von Folgekonferenzen vertieft, auf denen sich vor allem die regionalen und sub-regionalen Organisationen zur Unterstützung dieses Prozesses verpflichteten.

Für Sub-Sahara Afrika sind hier vor allem die Aktivitäten der African Development Bank (AfDB) und der United Nations Commission for Africa (UNECA) zu nennen, die sich gemeinsam mit der Weltbank und Paris21 auf ein Reference Regional Strategic Framework for Statistical Capacity Building in Africa" geeinigt haben, mit dem programmatischen Untertitel: Better Statistics for Improved Development Outcomes (UNECA 2006).

All diese Initiativen und Strategien zielen tatsächlich auf eine Stärkung der nationalen Systeme – ob diese jedoch auch zu einer stärkeren Ownership beim Monitoring der MDGs und PRSPs wie auch anderer nationaler Entwicklungsprogramme führen, wird auch davon abhängen, inwieweit bilaterale Geber und vor allem internationale Organisationen wie UNDP und Weltbank auf national generierte Daten zurückgreifen, statt mit eigenen Systemen zu arbeiten. Subregionale Organisationen wie die East African Community (EAC) und regionale Organisationen wie die African Development Bank und vielleicht auch die politisch erstarkende African Union könnten hier auf eine stärkere Kohärenz im Wirken der nationalen und internationalen Stakeholder wirken und so auch zur Nachhaltigkeit dieses Prozesses beitragen.

Literatur

Gsänger, H. (1996), UN-Weltkonferenzen 1990-1996. Globale Lösungsansätze und lokale Umsetzung, in: E&Z – Entwicklung und Zusammenarbeit, Bd. 37, Nr. 12, S. 324-325.

MAPS (2004), The Marrakech Action Plan for Statistics. Better Data for Better Results – an Action Plan for Improving Development Statistics, presented to the Second International Roundtable on Managing for Development Results, Marrakech, Morocco, February 4-5, 2004, http://www.mfdr.org/documents/MarrakechActionPlanforStatistics.pdf.

PARIS21 (Partnership in Statistics for Development in the 21st Century): National Strategies for Statistical Development (NSSD) General Presentation. http://www.paris21.org/documents/1100.pdf.

Sen, A. (1981), Poverty and Famines. An Essay on Entitlement and Deprivation, Oxford.

Sen, A. (1999), Development as Freedom, Oxford.

UNECA (2006), Reference Regional Strategic Framework for Statistical Capacity Building in Africa – Better Statistics for Improved Development Outcomes. Economic Commission for Africa, February 2006. http://www.uneca.org/statistics/docs/rrsf/stat_RRSFDocument_Final.pdf

United Nations Statistics Division: Millennium Development Goals Indicators (http://millenniumindicators.un.org/unsd/mdg/Host.aspx?Content=Indicators/OfficialList.htm).

Wohlmuth, K. (1999), Good Governance and Economic Development in Africa. An Introduction, in: Wohlmuth, K. u. a. (Hrsg.), Good Governance and Economic Development, African Development Perspectives Yearbook 1997/98, Vol. 6, LIT Verlag, Münster, Hamburg und London.

World Bank (2002), A Sourcebook for Poverty Reduction Strategies. October 2002. http://web.worldbank.org/WBSITE/EXTERNAL/ TOPICS/ EXTPOVERTY/EXTPRS/0,,contentMDK:20175742~pagePK: 210058~piPK:210062~theSitePK:384201,00.html.

World Bank (2006), World Development Report 2007: Development and the Next Generation 2007, Washington D.C. Sep. 2006.

World Bank (2007), World Development Indicators 2007, Washington D.C. April 2007.

The Aid Business in South Sudan after the Comprehensive Peace Agreement[1]

Das Entwicklungshilfegeschäft im Südsudan nach dem umfassenden Friedensabkommen

Elke Grawert

Zusammenfassung

Ausgehend von einer Diskussion der Entwicklungsprogramme der regionalen Regierung und der internationalen Hilfsorganisationen für den Südsudan werden die Rollen dieser beiden Parteien hinsichtlich der politischen und ökonomischen Steuerung der Dienstleistungs- und entwicklungsbezogenen Sektoren im Südsudan untersucht. Ein geschichtsorientierter Ansatz wird genutzt, um die Veränderungen in den Beziehungen zwischen den Hilfsorganisationen und der Sudanesischen Volksbefreiungsbewegung bzw. -armee in den befreiten Gebieten einerseits, zwischen den Hilfsorganisationen und der Regierung des Südsudan nach dem Bürgerkrieg andererseits zu erfassen. Die Analyse zeigt, dass das internationale Hilfe-Geschäft im Südsudan gewachsen und so dominant geworden ist, dass es für die junge Regierung schwierig ist, die Kontrolle über politische Entscheidungen hinsichtlich sozioökonomischer Entwicklungsprogramme zu übernehmen.

---

1 I am very grateful to Willi Dühnen, George Katete, Samson Samuel Wassara and Abdou Agaw for valuable comments on the draft of this article. Errors are of course my responsibility alone.

Abstract

Starting from a discussion of the development programmes for South Sudan of the regional Government of South Sudan (GOSS) and the international aid agencies, this study looks into the roles of the two parties in the governance of the services and development-related sectors in South Sudan. A historical approach is applied in order to assess changes in the relationship between aid agencies and the Sudan People's Liberation Movement / Army (SPLM/A) in the liberated areas, on the one hand, and between the agencies and the GOSS after the civil war, on the other. The analysis reveals that the aid business in South Sudan has grown and tends to overwhelm attempts of the young government to take over control of governance.

1 Introduction

After a long process of negotiations the Government of Sudan (GOS) and the SPLM/A agreed on a 'Comprehensive Peace Agreement' (CPA) in January 2005 (see appendix in Adar et al. 2004). Wealth and power sharing, institutionalized by an interim Government of National Unity (GNU), a regional Government of South Sudan (GOSS) and local governments in 26 federal states, form the core of this agreement (Agreement on Wealth Sharing 2004, Agreement on Power Sharing 2004). Building infrastructure and delivering social services while holding revenues subject to public accountability are considered as priority issues for the South which is yet to recover from the war.

For this purpose, the GNU and the GOSS each established a Reconstruction and Development Fund whilst donor countries created two Multi-Donor Trust Funds (MDTFs), one for northern and one for southern Sudan, in 2005. The latter are administered by the World Bank and open to applicants from the local level up to international organizations (World Bank 2007).

However, local non-governmental organizations (NGOs) complain that the procedures are hermetic. Officials of the GOSS strongly criticize not only the exaggerated bureaucracy involved in getting access to the MDTF, but also the imposition of the World Bank's terms of reference for project and programme management. In addition, they complain that NGOs are pursuing their own agendas and are not willing to follow the rules of the government (Interviews with Monydit, Mar, Nienkel and Andruga 2007).

This raises questions about the underlying power relations of the emerging governance structures after the CPA. How are aid agencies and international finance institutions involved in the governance of South Sudan, and how do the particular governance structures in South Sudan affect the newly emerging political system?

A historical perspective has been applied to investigate the interactions of international aid agencies with the SPLM/A during the civil war in South Sudan and the GOSS after signing the CPA. Information has been collected by the author, together with George Onyango Katete, in Juba and Nairobi. The author also visited Bor, the capital town of Jonglei State, Bentiu in Unity and Malakal in Upper Nile State in South Sudan, Khartoum, and Lokichoggio in Kenya for interviews with representatives of international aid and development agencies, local NGOs, members of state assemblies and the regional assembly as well as government officials. Internet self-presentations of the organizations involved and secondary sources complement the material for analysis. On this basis, a historically informed account of the dynamics of the aid business and the relations between international agencies and SPLM/A, other governance institutions and the GOSS is provided and critically discussed.

2 Development Programmes for South Sudan

Sudan has developed more and more towards a typical oil economy. The growth rate of the GDP has been estimated at 10.8 per cent in 2006, based mainly on oil production. The output of oil is likely to reach 559,000 barrels per day in 2007. In 2005, Sudanese oil exports amounted to 86.7 per cent of exports by value, the forecast for 2007 is 94 per cent (UN & Partners 2007, 11). The growing revenues of both, GNU and GOSS could become the basis for reconstruction and rehabilitation of the war-affected areas. According to the requirements of the CPA, both the GNU and the GOSS have established own development funds and in addition, benefit from various donor funds for their respective development programmes.

Both the national and regional government are eager to attract investors. For this purpose, the GNU has established the 'Sudan Development Program' as an official institution to promote the development of the Republic of Sudan. Within this framework, the ministries, state companies and private entrepreneurs form a network which aims to facilitate commercial development within Sudan. The focus is on incentives for investment and improved international trade relations as well as enhancing the know-how of the participants through exchange during summits, workshops and business fairs. Sectors included in the programme are infrastructure, irrigation and water, food and agriculture, oil, gas, mining, transport, education, communication, technology and security (SDP 2007). The investors active in South Sudan largely come from China, India, Kenya, Uganda and Egypt and compete mainly in the construction, hotel and restaurant sectors, whereas shops are frequently run by northern Sudanese. Southern Sudanese private businesses hardly exist so far.

Besides the private sector, the United Nations and their partners have opened numerous offices in Juba and the state capitals in South Sudan in order to enhance development-oriented activities. According to the UN and partners' 'Workplan 2007' for South Sudan, US$ 349 million shall be used for recovery and development projects and US$ 279 million for humanitarian assistance. Compared to 2006, the funding for development would be more than doubled. For the first time, the humanitarian component would be lower than the planned development expenditure for the South (UN & Partners 2007, 1). The fund for development projects includes donor funds that flow directly to the involved agencies as well as funds of the MDTF for South Sudan.

However, extreme weather conditions during the rainy season 2007 require more humanitarian assistance in South Sudan than anticipated, in particular due to the ongoing return of internally displaced people (IDPs) and refugees. This may shift the balance again towards a higher humanitarian aid expenditure compared to development projects. Nevertheless, in the following analysis, only the development aspect will be discussed.

According to the post-war conditions, the recovery and development projects of the aid agencies for South Sudan prioritize basic infrastructure and settlement development. Secured funding accounts to US$ 68.3 million but the projected requirements for 2007 are estimated to be nearly double as much. US$ 32.4 million US-Dollars are assigned to governance and rule of law projects (projected amount: 90 million US-Dollars). For food security and livelihood projects, development funds of US$ 16.2 million have been secured (projected: US$ 80 million). Disarmament, demobilization and reintegration of combatants are funded with US$ 10.3 million (projected: US$ 28 million). For health and nutrition, US$ 4.8 million have been secured (projected: US$ 60 million). For development projects in the field of education, only US$ 4.1 million have been secured (projected: US$ 110 million) (UN & Partners 2007, 3-4).

The MDTFs were created during a donors' conference in Oslo, Norway, in April 2005, with pledges amounting to US$ 4.5 billion for the interim period until 2011. The donor group includes the Netherlands, Norway, United Kingdom, the European Commission, Sweden, Germany, Denmark, Finland, Italy, Iceland, Greece, Canada, and Saudi Arabia. The purpose of the MDTFs is to enhance development outcomes, in particular to reduce poverty, increase income, foster human development and improve governance within a "Framework for Sustained Peace, Development and Poverty Eradication" (World Bank 2007). The World Bank has currently no own projects in Sudan but administers the development-related part of the MDTFs in cooperation with UN organizations, the donors, civil society organizations, the GNU and the GOSS through the respective Ministries of Finance. According to the original formula, the GNU and the GOSS had to contribute twice the amount of the MDTF share for each project.

For the period of 2005-2007, US$ 574.5 million were pledged for development projects within the MDTFs. Until August 2007, US$ 482.2 million were paid of which US$ 174.2 million were allocated to national projects and US$ 308 million to South Sudanese projects. However, since the GOSS faces budget constraints due to uncertainties in the oil revenue flows from the GNU, high cost of stabilizing the security situation in the South, and fund embezzlement, the original formula has been moderated. Until August 2007, thirteen projects have been finally signed with varying ratios, whereby the total share of the MDTF South Sudan accounts for US$ 188.3 million and the one of the GOSS for US$ 213 million. Transport and infrastructural projects received 37.4 per cent of these combined funds, health projects were funded with 15 per cent, Rapid Emergency Impact Projects for various sectors got 11.7 per cent of the combined fund, water and sanitation, education and fiduciary projects got 7.5, 5.8 and 1.5 per cent, respectively, of the combined funds. Whereas, the GOSS took over the larger share in livestock and fishery and in police and prison projects which amount to 4.1 and 3.9 per cent respectively of the combined fund, the MDTF fully paid for support projects of the census preparation and the national currency reform, which add up to 7.6 per cent of the whole approved fund. 3.4 per cent of this fund was spent on capacity building, with a 3:2 ratio between the MDTF and the GOSS (Interview with Yankey, World Bank, 2007).

As this overview shows, infrastructure and food programmes appear to be a common priority of the main aid agencies and the GOSS. The quite substantial funds the donor community intends to spend on governance and the rule of law indicate that the UN and their partners consider the GOSS as the main actor with regard to reconstructing and developing South Sudan in the long run. Through capacity building and policy dialogue the donors are trying to catalyze decision-making towards what they consider to be effective and efficient development programming. On the other hand, MDTF funds have been released to a small extent so far, indicating long procedures to reach an agreement between donors, aid agencies and the GOSS that leads to final approval of projects. To explain this, the relationship between international aid agencies and the GOSS requires some deeper analysis. This will be done from a historical perspective.

3 Contested Governance

International aid agencies were active in South Sudan already during the 1970s, after the Addis Ababa Agreement had been concluded between the GOS and the resistance army (Anyanya). Aid agencies claim that the failure of the agreement in 1983 was not only caused by the divide and rule policy of president Jaafar al-Nimeiri but also due to a lack of administrative capacity of the partly autonomous regional government of South Sudan. Scholars state that aid agencies took care of most of the welfare and some of the local administrative functions of the state (Tvedt 1994, 91). However, the reason for this low capacity might have been the lack of funds transmitted from the central to the southern government at that time (Interview with Agaw 2007).

Intensive involvement of international aid agencies in South Sudan started again in 1989, when most of the aid agencies with projects in Sudan created a united structure, the 'Operation Lifeline Sudan' (OLS). The greater part of aid for OLS came from UNICEF and the WFP. From their operational bases in Lokichoggio in Kenya, Koboko in Uganda, Khartoum and El-Obeid in Sudan, the agencies provided the SPLA-held areas with basic goods and services during the civil war. The estimated annual funds for South Sudan were US$ 100 - 200 million. OLS has been the world's largest continuous humanitarian aid operation (Riehl 2001, 6-8).

As a military formation, the SPLA did not establish civilian administrative structures in the liberated areas. Zonal commanders governed the SPLA-held areas and commissioners were responsible at county level in a top-down command system (see Johnson 2003). Within this framework, there was no state power in place that could guarantee security or deliver services.

Whereas SPLA took the responsibility to maintain security in the liberated areas as far as this was possible under war conditions, the international aid agencies provided original state functions in the field of service delivery and, related to this, they also went into administrative functions. Hence, the aid agencies were in charge of health institutions, food distribution centres, road construction, schools, education and professional training. They brought the material resources and the required personnel, planned and coordinated operations and administered the social service system at the local level.

In order to avoid that donors had to cooperate directly with the liberation army the aid agencies established the Sudan Relief and Rehabilitation Association (SRRA) as the civilian branch of the SPLM/A in 1992. This institution was staffed by the SPLM/A, representing all ministries of the 'SPLA government' vis-à-vis the aid agencies, and was responsible to coordinate humanitarian assistance in South Sudan. During the civil war, the international aid agencies continuously funded the SRRA offices in the liberated areas and in the neighbouring countries of Sudan and provided for the required facilities and flights of staff (Interview with Nienkel 2007).

The power of SRRA in relation to the aid agencies rose and fell with the strength of SPLA. During a period of considerable weakness of SPLA due to internal splits and war successes of the Sudan Armed Forces, 'Ground Rules' were negotiated and agreed upon between the GOS, the OLS agencies and SPLA/SRRA in 1995. These rules provided more security for the aid agencies when exerting their operations in war-torn South Sudan, guaranteed the protection of the property rights of the aid agencies and clarified the rights and obligations of the aid agencies and SRRA. With this tripartite agreement, the aid agencies and even the GOS recognized SPLM/A de facto as a political partner (Riehl 2001, 9). Subsequently, the aid agencies intensified engagement in capacity building of SRRA, the local administration and civil society organizations. Riehl (2001, 13) went so far to label this period the "INGO -SRRA Condominium",[2] which led to considerable changes in the internal structures of SPLM/A.

However, the rivalry between SRRA and the international aid agencies soon mounted. The agencies accused the SPLA of not making use of aid in building a civil administration and increasing their legitimacy but instead, of using it as a welcome resource in their struggle. They distrusted the state-like structures in South Sudan, blamed these structures for creating obstacles to development and hence, they gave Sudanese individuals little chance for cooperation (Riehl 2001, 11-13). From the perspective of the emerging South Sudanese state, the aid agencies with their strong organizational structures, their own bureaucracies and infrastructures added to the already existing centrifugal forces formed by particular ethnic groups in South Sudan. The SRRA, on the other hand, claimed recognition as a political lead organization and made the criticism that 'the INGOs' tended to focus on their own needs rather than those of the South Sudanese population, use the bulk of the aid budget for their own logistics, salaries and travel expenditures of their personnel, and made considerable mistakes. Examples were the provision of food to food-sufficient areas by WFP and the strengthening of the grassroots judicial system by USAID with the effect of weakening the formal judiciary (Riehl 2001, 10, 13). As a consequence, the SRRA demanded more power and self-reliance and autonomous access for indigenous NGOs to the donor

---

[2]   International NGOs - Sudan Relief and Rehabilitation Association Condominium.

funds (Elizabeth Ogwaro, SRRA/SPLM UK, interviewed by Riehl 2001, 8).

In 2000, when SPLM/A had consolidated their structures, they issued a Memorandum of Understanding (MoU) which they presented to the aid agencies in terms of an ultimatum. The MoU was meant to strengthen the control of the SRRA over the activities of the aid agencies, among other things, through the imposition of a fee for work permits for foreign agency personnel to be paid to SRRA. As a consequence, eleven aid agencies withdrew from the SPLA areas. By comparison, the fees and taxes for aid agencies that are based in Kenya are about ten times as much for a period of two years (Riehl 2001, 9, Interview with Dühnen 2007).

With this MoU, SPLA/SRRA intended to clarify that they were in charge of development coordination, decision-making and executive power and signalled that they claimed control of the emerging administrative and political structures. Moreover, the MoU between SPLA/SRRA and the OLS agencies clarified that the GOS had no more any role with regard to the humanitarian and development affairs in South Sudan (Riehl 2001, 13).

Nevertheless, the international aid agencies still had the lead in governing South Sudan. They were still the only service delivering organizations, they paid teachers, provided community health workers and supplied vaccines, medicines and other material (Interview with Dühnen 2007). The aid agencies also fostered new forms of networking and political representation through local civil society organizations which were closely linked to international or bilateral partner organizations. What is more important, they maintained total control over the aid budget, which they had to secure constantly from donor countries and the larger international donor agencies according to conditions set by these organizations. Riehl (2001, 10-15) identified a powerful political role of the international aid agencies in South Sudan during one and a half decades, which can be summarized in five points:

- In the absence of own structures in the SPLA-held areas, the international aid agencies introduced health and educational systems in South Sudan according to their own terms and standards.

- Norwegian agencies and some NGOs engaged in establishing a public administration, capacity and peace building in terms guided by their own agendas of development and democratization.

- International aid agencies and NGOs took over the roles of providing checks and balances that political parties and civil society play in democracies.

- The public voice of the Southern Sudanese society was mainly articulated through self-help groups, community-based organizations and community labour groups. Some of their demands were incorporated in the humanitarian and development projects of the aid agencies and in turn, strengthened the indigenous institutions. In this respect, the aid agencies exerted similar functions as democratic states.

- The aid agencies, together with Christian churches and the US administration, contributed to conditions that leave secession and self-determination of South Sudan as the only realistic option, driven by a mainstream agenda directed against the spread of Islamic fundamentalism to South Sudan.

The danger of this strong involvement of aid agencies in the governance of South Sudan was the creation of long-term dependency. A future South Sudan would continue to depend on the aid agencies, since its structures substituted parts of any emerging state. The poor capacities and cognitive resources of the local power groups of SPLM and SRRA would be absorbed in the aid system rather than set free for political and civil society activities. Lack of ownership of the service and administrative structures would lead to unsustainable systems which could be easily eroded during political unrest (Riehl 2001, 15).

The process of the formation of the GOSS, the ministries and the parliament, started in mid-2005 and was finalized at the regional level at the end of that year. In this context, the SRRA was renamed Southern Sudan Relief and Rehabilitation Commission (SSRRC) and re-established as a permanent commission of the GOSS which is directly accountable to the President of South Sudan. The SRRA offices in the counties and states that were there during the war have been maintained and new offices opened in the former garrison towns of the GOS. Currently the SSRRC is the link between the GOSS and humanitarian organizations in South Sudan. Liaison offices are maintained in the capitals of most of the neighbouring countries of Sudan.

5 Contested Socio-Economic and Political Governance after the CPA

The Workplan 2007 is again used here as a basis to assess the power relations between international aid agencies and the GOSS in the governance of a number of services and development-related sectors. The number and type of aid organizations and the projected budgets may provide insights to what extent the GOSS has to deal with external agendas, influences and money.

Compared to the OLS funds, which were already high, the current budget for humanitarian and development assistance in South Sudan has increased immensely and accounts currently for a total amount of US$ 600 million. This indicates that the market for aid agencies in South Sudan has grown considerably after the CPA. The WFP is the UN organization with the largest projected assistance fund, amounting to 43 per cent of the total aid budget. The second largest is UNICEF with 10 per cent and UNDP has the third-largest budget (about 5 per cent). The projected budget of the UNHCR amounts to 4.7 per cent of the total aid budget for 2007. 17 further UN organizations are planning to operate projects in Sudan at a smaller scale. Altogether, the projected funds to be managed by the UN organizations will cover 83.1 per cent of the total aid funds. 78 INGOs and the Red Cross / Red Crescent share 16.8 per cent of the projected funds and 0.2 per cent goes to Sudanese NGOs (UN & Partners 2007, 6).

However, in general only a tiny proportion of these funds materialize in concrete supplies for the Southern Sudanese population, an estimated 80 per cent is consumed for salaries of aid agency personnel, radio communication, security measures, flights and logistics (Interview with Dühnen 2007).

The UN claims that the Workplan 2007 has been the result of a more consultative procedure than the Workplan 2006. Representatives of the GNU, GOSS, donor governments, civil society organizations and UN organizations were included in drafting the plan. However, the distribution of projects between these partners reflects the predominance of the United Nations in both the humanitarian and the development fields. Whereas the UN intends to operate 170 humanitarian and 184 development projects, Sudanese NGOs have been assigned only five humanitarian and six development projects. INGOs will be involved in 225 humanitarian and 183 development projects, but at a much smaller scale than the UN in terms of finance. Whereas the humanitarian UN projects will cost more than US$ 1 billion, those of the INGOs will be worth US$ 185 million and those of the Sudanese NGOs US$ 193,000. In the field of development, UN projects are planned at the cost of US$ 437 million, the INGOs will spend US$ 231 million and Sudanese NGOs US$ 2.6 million (UN & Partners 2007, 3).

The major UN agencies apparently continue to be in charge of the services sectors in South Sudan. They cooperate with particular implementing agencies in established networks and compete from a well-established level with other agencies. These are in particular NGOs which, due to their organizational structures usually only cover limited and particular areas in the fields of humanitarian and development assistance, mostly at the local level. The label of 'INGO-SRRA Condominium' or other terms like 'NGO-istan' (Riehl 2001, 13) are misleading, and the wide-spread aversion against NGOs in the GOSS as well, because the agencies that are contesting governance in South Sudan at a meaningful level are UN organizations and the World Bank, not INGOs.

The GOSS that mainly consists of inexperienced administrators and, at the senior level, of former SPLA commanders has formed a set of institutions according to policy advice of international aid agencies. Short-term training and capacity building programmes are equipping the young government (executive as well as legislative) with the rhetoric of good governance including democracy, rule of law, decentralization, accountability and development orientation. At the same time the senior leaders maintain a hierarchical and authoritarian political culture derived from the command structures of the military. Those leaders that have been co-opted from the Diaspora and are neither familiar with the role of the aid system nor the military thinking that are both dominating the emerging governance structures in South Sudan, may bring in different ideas from their hosting societies. However, most of the returnees that have become part of the new political class in South Sudan are not specialized in the skills of political rule and only half-committed to a life in South Sudan. They mostly have left their families in their hosting societies and are frequently absent for visits and to secure the livelihoods of their families in the Diaspora.

Civil society in South Sudan consists of a small number of intellectuals - journalists, university staff, teachers, consultants - who have mostly spent the years of the civil war abroad or in Khartoum and challenge the government with various ideological aims as well as demands for more democracy and transparency. Moreover, numerous self-help, community development, women's, youth and professionals' groups as well as church-based groups and a few local NGOs have emerged with diverse aims. Most of them are development or humanitarian-oriented and closely linked to the international aid system with regard to financial support as well as development approaches. As part of the aid system, their capacities are being built according to the terms of 'civil society promotion', which foster pluralism and economic empowerment rather than involvement in political checks and balances or advocacy work.

6 Conclusion

The analysis of the 'aid business' in South Sudan has revealed that major fields of post-conflict reconstruction and rehabilitation, including the repatriation of IDPs and refugees, are being governed by international aid agencies. This shows a continuity from the era of the civil war, when UNICEF and WFP as leading agencies of the OLS significantly shaped the emerging civilian governance structures in the liberated areas of South Sudan. This finding also implies that governance in South Sudan is informed to a considerable extent by the internal structures and guidelines of the international aid system, which increasingly operates according to the principles of a competitive liberal market. Priorities are rather set according to focus areas and fields of specialization of organizations that emerge due to harsh competition for donor funds than by the needs of the war-affected population. The SSRRC as an institution originally set up by the aid agencies tends to support the approaches to repatriation and reintegration of IDPs and refugees favoured by the donors, since it has been informed from the outset by the ways and procedures applied by humanitarian and development organizations.

The GOSS will still need time to consolidate itself and gain the capacity to guide policy processes in the services sector. So far it seems to concentrate on fulfilling the state function of security, which is the most crucial aspect of governance in the post-war situation and as long as the problems in implementing the CPA remain unsolved. Civil society in South Sudan is still weak and highly influenced by the agendas of the aid agencies. It will also take time until it will be able to play a meaningful part in governance of South Sudan.

Altogether this conglomerate of governance actors is not likely to lead to a 'strong state' in terms of reaching out all over the Southern Sudanese territory, formulating and adopting inclusive policies that integrate the centrifugal tribal forces in the South and securing fair service delivery to the majority of the population. This will be left to the aid agencies, so that the 'market' for them in South Sudan will remain in existence in the long run.

In the face of the looming threat of new confrontations with the majority faction of the GONU or even war between the Sudan Armed Forces and SPLA, this prospect is worrying. Even in the case of successful separation of South Sudan, the perspectives for the new state are dark, since it will take a long time to gain sovereignty from the influences of the aid system and to free itself and its society from aid dependence.

References

Adar, K. G. / Yoh, J. G. N. / Maloka, E. (eds.) (2004), Sudan Peace Process. Challenges and Future Prospects. Pretoria: Africa Institute.

Agreement on Wealth Sharing (2004) between the Government of Sudan and SPLM/A, Naivasha, 2004/01/07.

Agreement on Power Sharing (2004) between the Government of Sudan and SPLM/A, Naivasha, 2004/05/26.

Johnson, D. H. (2003), The Root Causes of Sudan's Civil Wars. Oxford.

Riehl, V. (2001), Who Is Ruling in South Sudan? The Role of NGOs in Rebuiliding Socio-political Order. Report No. 9, Studies on Emergencies and Disaster Relief, Uppsala: Nordiska Afrikainstitutet.

SDP - Sudan Development Programme (2007), The Sudan Development Program Summit, in: http://www.sudandevelopmentprogram.org/sp/events/sdps06/sdps06.htm (2007/06/10).

Tvedt, T. (1994): The Collapse of the State in Southern Sudan after the Addis Ababa Agreement, A Study of Internal Causes and the Role of NGOs, in: Harir, S. / Tvedt, T. (eds.): Short-Cut to Decay: The Case of the Sudan, Uppsala, Nordiska Afrikainstitutet.

UN – United Nations & Partners (2007), 2007 Workplan for Sudan. Khartoum, United Nations.

WFP – World Food Programme (2007/04/28), WFP welcomes US$55 million pledge from Government of southern Sudan, in: http://www.wfp.org/english/?ModuleID=137&Key=2462 (2007/06/10).

World Bank (2007), Sudan Multi Donor Trust Funds, in: http://web.worldbank.org/WBSITE/EXTERNAL/COUNTRIES/AFRICAEXT/SUDANEXTN/EXTAFRMDTF/0,,menuPK:2193680~pagePK:64168427~piPK:64168435~theSitePK:2193668,00.html (2007/06/10).

Interview Partners

Agaw, Abdou, Secretary General of the GOSS, Juba, Interview: 05/10/2007.

Andruga Duku, John, Liaison Office of the GOSS / Ministry of Regional Cooperation, Nairobi, Interviews: 22/02/2007 and 14/08/2007.

Dühnen, Willi, VSF (Vétérinaires sans Frontières) Germany Head of Office, Nairobi, Interview: 21/02/2007.

Mar, Hussein, Deputy Governor of Jonglei State, Interview: 17/03/2007.

Monydit, Daniel Deng, Member of the Regional Assembly and Head of the Parliamentary Committee for Security and Public Order, Juba, Interview: 05/03/2007.

Nienkel, Peter Pur, SRRC (Sudanese Relief and Rehabilitation Commission) Liaison Office, Nairobi, Interviews: 06/02/2007 and 14/08/2007.

Yankey, Frederick, World Bank Sub-office, Financial Management, Juba, Interview: 02/10/2007.

Fostering Africa's Growth through South-South-Cooperation: South Africa's Role

Wachstumsförderung in Afrika durch Süd-Süd-Kooperationen: Die Rolle Südafrikas

Oluyele Akinkugbe[1]

Zusammenfassung

Regionale Integration wurde von der afrikanischen Bevölkerung und ihren politischen Führern immer als Wachstumsinstrument geschätzt und es wurden in den vergangenen Jahrzehnten erhebliche Anstrengungen unternommen, um regionale Integration in Afrika voranzutreiben. Auch wenn die Ergebnisse eher mager ausgefallen sind, bleiben regionale Kooperation und Integration für die Zukunft Afrikas relevant. In dem vorliegenden Beitrag wird die Rolle Südafrikas im regionalen Integrationsprozess untersucht; vor allem in Bezug auf intraregionale Handels- und Investitionsflüsse. Der Autor argumentiert, dass intensivierte regionale Kooperation in Afrika eine notwendige Voraussetzung für erhöhtes Wirtschaftswachstum und Entwicklung ist. Die NEPAD Initiative wird in diesem Zusammenhang als wichtiges Instrument gesehen, die das Potenzial hat, regionale Integration in Afrika voranzutreiben und eine neue Partnerschaftsform mit Industrieländern einzugehen. Es besteht zudem die Hoffnung, dass NEPAD die die Süd-Süd Kooperation afrikanischer Länder vorantreibt.

---

[1] The author gratefully acknowledges the support of UNDP, Pretoria, South Africa towards the research that led to the production of an earlier version of this paper.

Abstract

Regional cooperation and integration, as a vehicle for achieving African unity and sustainable economic recovery and growth, has always been a cherished goal for the people of Africa and their leaders. A number of efforts have gone into making this a reality in the last couple of decades. Although the record of achievement has fallen short of expectation in this regard, the prospect of African cooperation and integration remains a powerful symbol that continues to inspire the people of the continent. In this paper, we examine the emerging role of South Africa as the agent-facilitator in Africa's search for economic recovery and sustainable growth, through deepening intra-Africa trade and investment flows. We also highlight the fact that a lot more could be achieved with strengthened regional cooperation arrangements in Africa if the levels of intra-African trade and investment flows are to be raised to such levels as to inspire high rates of growth and development on the continent.

Evidently, the launching of NEPAD has been acclaimed as an important initiative to boost the development efforts of African countries and to establish new forms of partnerships with the developed world. It is hoped that the smooth and efficient functioning of NEPAD will move Africa in the desired direction of south-south cooperation on the African continent.

1 Introduction

The growth of regional trading blocs has been one of the major developments in international relations across the world in recent years. Virtually all countries are now members of at least one bloc or trade arrangement; and in more recent time, over a third of world trade has been found to take place within such agreements (Schiff / Winters 2003, p. 1) and nearly two third, if Asia-Pacific Economic Cooperation (APEC) is included. Realising the inherent benefits (both static and dynamic) derivable from membership in trading blocs, African countries have been pushing for regional integration (mostly understood as the integration of goods and factors markets through discriminatory trade arrangements) over the past three decades. The eventual creation of an Africa common market as envisaged by the Abuja Treaty of 1994 represents the ultimate objective of the various existing integration schemes on the continent. As a vehicle for individual countries to overcome the barriers of small size and poor human and physical capital endowment, regional integration (RI) has often been promoted as a prerequisite for breaking away from the colonial pattern of trade and fostering economic growth. For most African countries, the inherited trade structure is characterized by heavy reliance on an undiversified and vulnerable structure of exports. The desirability of enhanced participation in world trade and of increased trade among African countries continues to strengthen the arguments in favour of deepening regional economic integration or south-south cooperation in Africa.

At the global level, it has become increasingly clear since the Uruguay Round of multilateral trade negotiations and particularly in recent years; (from Seattle to Doha to Cancun and the recent collapse of the negotiations in Hong Kong) that further rounds of global trade negotiations are likely to continue to be contentious. Developing countries and African countries in particular have voiced their concerns about the development-credibility problem of the new WTO regime. Developing countries now find that access to developed countries markets for such basic commodities as textiles and agriculture continues to be elusive, perpetuating their apparent marginalization in the global value chain. Consequently, African countries continue to suffer from slow growth and declining trade. Table 1, for instance, shows Africa's export performance in world trade between 1980 and 2004.

Table 1: Africa's percentage share of world exports, 1980 – 2004

	1980	1990	1995	1999	2000	2001	2002	2003	2004
Europe	42.8	47.2	44.5	43.4	40.1	42.0	42.8	43.6	42.6
America	14.4	14.9	15.0	16.4	16.4	16.0	14.6	13.3	12.5
Japan	6.4	8.2	8.6	7.3	7.4	6.5	6.4	6.3	6.3
Africa	5.9	3.2	2.2	2.0	2.3	2.2	2.3	2.4	2.5
Asia	18.0	16.9	21.0	21.7	23.8	23.1	24.0	24.7	25.8

Source: UNCTAD 2005a.

The table reveals quite clearly that Africa accounted for an average of about 2.5 of world exports for the entire period; without an appreciable increase being projected for the foreseeable future.

Furthermore, countries in Sub-Saharan Africa often export a narrow range of products (Collier 1998, Wohlmuth et al. 2006). A study, (Morrissey / Filatotchev 2000), noted that in the late 1990s, 39 of 47 African countries depended on two primary commodities for over half of their export earnings.

As a result, these countries are highly vulnerable to commodity terms-of-trade shocks. Diversifying exports away from primary commodities into labour-intensive manufacturing, which currently accounts for only a relatively modest share of GDP and even more modest share of exports, could reduce this vulnerability. In addition to reducing vulnerability to shocks, increasing exports might boost income by increasing economic growth (Bigsten et al. 2003), while exporters have also been found to be more efficient than non-exporters in Sub-Saharan Africa (World Bank 2004).

Thus, while Table 1 reveal that Africa's participation in the global trading system has not only been quite marginal, but has also not recorded any marked improvement since 1980, Table 2 shows that Africa as a whole (Sub-Saharan Africa and North Africa as represented by MENA) also lags significantly behind the rest of the regions of the world on account of manufacturing value added as percentage of GDP. In 2004, manufacturing value added was only equal to about 15 percent of GDP as opposed to about 25 percent in China. The difference between the successful Asian economies and Sub-Saharan Africa is even more pronounced when looking at manufacturing exports (Table 2).

Table 2: Regional manufacturing value added and manufactured exports, 1995–2004

	Exports of goods and services (% of GDP)			Manufactures exports (% of merchandise exports)			Manufacturing, value added (% of GDP)		
	1995	2000	2004	1995	2000	2004	1995	2000	2004
East Asia & Pacific	29.38	36.10	42.95	73.57	80.19	79.85	...	...	...
Europe & Central Asia	31.05	40.88	41.20	54.87	56.44	56.75	22.62	18.87	18.84
Latin America & Caribbean	18.73	20.63	25.75	54.52	57.73	56.00	20.44	18.17	15.94
Middle East & North Africa (MENA)	25.91	28.40	33.88	17.28	19.26	20.39	14.66	12.56	13.46
South Africa	22.77	27.87	26.57	43.51	54.31	57.58	21.22	18.95	20.03
Sub-Saharan Africa	28.72	32.35	32.29	28.57	31.15	31.37	14.86	13.51	15.20

Source: World Bank 2005.

Manufacturing exports as a percentage of total merchandise exports were equal to about 80 percent in East Asia and the Pacific in 2004 and about 57 percent in Europe and Central Asia for the same period - compared to just 31 percent in Sub-Saharan Africa. As a percentage of GDP, Clarke (2005) indicated that manufactured exports from Sub-Saharan Africa were just about 3 percent.

Against this dynamics, one is tempted to posit that the growth prospects of developing countries of Africa may have to be linked more aggressively to South-South trade, and harnessing the hidden opportunities from the expansion of such. In other words, there is a dire need on the African continent for increased mutual trade and cross border investment flows.

South Africa is the most industrialized country in Africa, accounting for about 25% of Africa's real GDP in 2003. Its GDP is about twice that of Nigeria and all the other Southern African Development Community (SADC) countries put together (African Development Bank 2004). South Africa would therefore appear to be an obvious agent-facilitator in the process of Africa's integration and trade expansion, both globally and from within Africa. Against this background, and deriving from the NEPAD's (New Partnership for Africa's Development) objective of promoting export expansion in Africa, South Africa's Department of Trade and Industry (DTI) has clearly articulated in its trade strategy formulations that Africa is a foreign policy priority for South Africa. In the last few years DTI has attempted to develop its trade strategy for the continent, focussed primarily on deepening intra-African trade. The DTI envisages that South African government can assist other African countries in export diversification by promoting investment in infrastructure as well as industrial projects. Moreover, particularly for the Southern African region, the South African government aims to strengthen trade relations through the offer of improved and asymmetrical access to the South African market.

The objectives of this paper derive in part from the above. We seek to examine the current trade and investment relations between South Africa and the rest of Africa, with particular emphasis on countries of the Southern African region. Hopefully this examination this will help tease out some possibilities for further strengthening of intra-Africa trade and investment flows and correct the over-dependence on North-South trade for growth and even survival.

The paper has 5 sections. Following this introduction, section 2 highlights very briefly the recent economic performance of Africa as a bloc. The institutional arrangements (existing or planned), that may facilitate trade and investment flows between South Africa and the rest of Africa are examined in section 3. In section 4, investment flows from South Africa to other countries on the continent are highlighted, while conclusions are presented in section 5.

2 Africa's Recent Economic Performance – A Brief Summary

Africa comprises 53 internationally recognised sovereign states, 35 of which are officially listed as least developed countries (LDCs), out of a total of 50 in the world (UNCTAD 2005b). In the 1980s and early 1990s, Africa's economic situation was characterized by slow GDP growth, little progress in manufacturing, relatively static trade structures with limited diversification, a declining share in world trade, limited participation in the growing globalisation of investment and production, and a weak private sector.[2]

Although there have been positive signs of progress since the late 1990s, available statistics, as shown in table 3 and table 4 reveal a not too encouraging economic performance in Africa. Since the early 1980's, real GDP growth averaged only 2.5% a year, and real per capita GDP remained virtually the same (Table 3). Thus, extreme poverty is still widespread, particularly in Sub-Saharan Africa (SSA). Furthermore, table 4 shows that despite impressive growth rates recorded across the developing world in the last three years, there are still 47 developing countries which did not manage to reach a growth rate of 3 per cent in GDP per capita. This group includes a large number of African countries, suggesting that economic development in Africa continue to fall short of what would be needed to achieve the internationally agreed poverty reduction goals as stipulated in the Millennium Development Goals (MDGs).

---

[2] For more details, see Onitiri (1995) as cited in Dieter (1997).

Table 3: Real GDP growth trends cross regions of the world, 1980 – 2002

	Real GDP growth (%)			Growth of real GDP per capita (%)		
	1980s	1990s	2000-2002	1980s	1990s	2000-2002
Africa	2.6	2.2	3.3	0.1	-0.2	0.6
Sub-Saharan Africa	2.5	2.1	3.2	0.1	-0.5	0.4
Sub-Sahara excl. Nigeria South Africa	2.7	2.3	4.2	0.0	-0.4	1.3
Asia	6.9	7.4	5.8	5.5	5.8	4.8
Middle east	2.2	3.8	2.6	-0.4	1.6	0.3
Western Hemisphere	2.1	3.0	0.0	0.7	1.4	-1.5
World	3.4	3.1	2.5	3.0	2.1	1.6

Source: Funke / Nsouli 2003.

Weak domestic policies, deteriorating terms of trade, external debt burden and so on, may all have contributed to this poor performance, particularly in the 1980's and the first half of the 1990s. However, from the mid 1990s, improved macroeconomic management, market liberalisation, progress in private sector development, debt relief initiatives and increased inflow of foreign investments; all have contributed to observed improvements in Africa's growth performance.

Confronted by the poor performance over time, the questions then remains as to how Africa, particularly Africa south of the Sahara hope to make a breakthrough in this new world, where competitiveness, high-tech industrial production, capacity to invest or the ability to attract foreign direct investment (FDI), and vibrant private sector are the weapons of winners. The simple answer is that Africa will need to adopt a new vision for the development of the continent and translate this vision into concrete programmes. However, such programmes may not be feasible on an individual country basis because in most African countries, the markets are too narrow; and the level of domestic savings and other financial resources available for investment is also too low to sustain the establishment of the large industries required in today's globalizing world. Hence the need for African countries to join forces in regional and sub-regional economic integration arrangements.

In this regard, African leaders came together and resolved to undertake the New Partnership for Africa's Development (NEPAD). The opening paragraph of the NEPAD framework sets out three interrelated objectives for African countries: eradicating poverty, achieving sustainable growth and development and participating actively in the world economy. The core elements of NEPAD are the promotion of private sector development, as well as regional and global economic integration. The NEPAD programme of action therefore places great emphasis on promoting trade and ensuring market access in Africa through strengthened participation in regional trade and investment flows on the continent.

Table 4: Frequency of high and low growth of per capita output, 2004 – 2007

	Number of countries monitored	Decline in GDP per capita				Growth of GDP per capita exceeding 3 per cent			
		2004	2005	2006	2007	2004	2005	2006	2007
		Number of countries							
World	159	15	13	7	6	86	87	92	88
Of which:									
Developed economies	33	1	2	0	0	14	11	14	12
Economies in transition	19	0	1	0	0	18	17	18	19
Developing countries	107	14	10	7	6	54	59	60	57
Of which:									
Africa	51	10	6	6	5	20	26	23	25
East Asia	13	1	1	0	0	11	11	11	11
South Asia	6	0	0	0	0	5	5	5	5
Western Asia	13	2	2	1	1	7	5	8	4
Latin America	24	1	4	0	0	11	12	13	12
Memorandum items:									
Least developed countries	39	10	5	5	4	14	18	15	18
Sub-Saharan Africa	44	10	6	6	5	16	20	17	19
Landlocked developing country	25	3	4	2	1	12	14	12	13
Small island developing states	17	4	1	1	0	6	7	9	8

Source: World Bank 2007.

3 South Africa in Africa: Strategy, Institutional Arrangements and Trade flows

South Africa seems to have accepted the leadership position imposed upon it given its economic base and its political influence, exemplified in President Thabo Mbeki's leadership role in the formation of the African Union (AU) and NEPAD. South Africa's current foreign policy framework and global economic strategy acknowledge the inextricable link of the South African economy, geography, politics, and culture to that of the African continent and the SADC sub-region in particular (DTI 2003). Countries on the continent are considered vital and strategic, such that South Africa's developmental challenges are viewed not only in light of the opportunities for South African economic agents, but also in terms of the prospects for a mutually beneficial, self-reinforcing, existence in Africa.

South Africa's partnership with the continent is predicated on a number of policy priorities. These are the promotion of intra-African trade, strengthening of Africa's trade negotiating capacity as well as promoting investment flows from South Africa into other African countries. In this regard South Africa's trade strategy is geared towards building effective institutions and partnerships (such as the African Union and NEPAD) at the continental, regional and bilateral levels. On the bilateral front, South Africa's strategic objective is to build strong relations with African countries (as defined in Table 5) across the different regions of the African continent, based on a number of considerations such as - the size of the country's economy and its long–term export potential; the scope and nature of market access in the country; the importance of the country as an investment source; shared development concerns; common multilateral strategies; and common geo-political strategies.

Table 5: South Africa's Sectoral Priorities in Africa

Region	Countries	Sectoral Priority
Southern Africa	Mozambique, Zimbabwe, Tanzania, Angola, DR Congo	Northern Mozambique Power Pool; SDI infrastructure Projects; Southern Africa Cotton Pipeline
Equatorial Africa	Nigeria, Ghana, Kenya, Senegal, Uganda, Cameroon	Free trade area with Nigeria; Iron Ore mining; Kampala industrial and Inland Project; Eco-tourism; Regional Investment Forum
North Africa	Algeria, Egypt	Railway construction; Airport rehabilitation; Road construction; Water Treatment; Gold Mining
NEPAD	Nigeria, Egypt, Kenya, Cameroon, Tunisia, Algeria, Senegal, Libya.	Capacity building; Intra Africa trade Plan; Private sector Mobilization

Source: DTI 2003.

The bilateral relations are to take the form of either Ministerial Joint Economic Commissions or Presidential Bi-National Commissions depending on strategic importance. To date, the major bilateral mechanisms established by South Africa are the South Africa-Zimbabwe Joint Commission and a Commission on Foreign Affairs; South Africa-Nigeria Bi-National Commission; South Africa-Egypt Joint Bilateral Commission; Joint Commission on Cooperation with Mozambique; South Africa-Mozambique Heads of State Economic Bilateral Forum and a Joint Permanent Commission for Co-operation; South Africa-Tunisia Joint Bilateral Commission; and the South Africa-Algeria Bi-National Commission.

The DTI has also put in place different trade and investment facilitation instruments and it is seriously exploring all opportunities for linkages through joint venture partnerships at business level aimed at promoting cross border projects, through spatial development initiatives.

3.1 Institutional Arrangements between South Africa and other African countries

As is the case in other parts of the world, South Africa's trade relations in Africa and in the Southern African Region in particular, have been largely shaped by it's nearly a century membership of the Southern African Customs Union (SACU). SACU is a free trade arrangement between South Africa, Botswana, Lesotho, Swaziland, and (since 1990) Namibia. The remaining four countries of the union (so called BLNS) are small compared to South Africa, in terms of market size, level of development and national income. In addition to membership in SACU, South Africa is also in one form of partnership or another with a number of other African countries. Some of these are; the Southern African Development Community (SADC) and more recently the African Union (AU). Other initiatives, launched in recent years or are being planned also include the African Economic Community, Association of African Central Banks, the SACU-USA FTA (negotiations recently stalled), SACU-MERCOSUR FTA, and the Economic Commission for Africa and the Indian Ocean Rim Association for regional cooperation. Given the fact that that the Southern African region constitutes the centre piece of South Africa's recent foreign policy, in what follows, we have briefly highlighted SA's partnership in SACU and SADC in the light of recent developments.

3.1.1   The Southern African Customs Union (SACU)

South Africa's membership of SACU dates back to 1910. Under the SACU agreement, members make a commitment not to set up tariffs against one another, but rather to maintain a single goods market with a common external tariff against the rest of the world. Over the years, the SACU agreements have been renegotiated and amended; the most recent being the 2002 agreements which was signed by Heads of State. The main objectives of the new agreement is to democratize decision-making; maintain and enhance free trade amongst the Member States; maintain a common external tariff; maintain a common excise tariff; establish SACU as an international organization with a Secretariat and headquarters in Windhoek; create new institutions for greater coherence and policy development; implement a new revenue-sharing formula; strive towards better co-operation regarding industrial and agricultural development; provide for improved customs co-operation; and address unfair trade practices and settle disputes.

In addition, under the new agreements, the South Africa Board of Tariffs and Trade is to be replaced by the SACU Tariff Board which will consist of a panel of professionals appointed by each member state to consider all changes to the common external tariff. All recommendations emanating from the Tariff Board must be ratified by the SACU council of Ministers.

The new SACU agreements may be viewed in terms of creating an avenue for a stronger trade relation between South Africa and the BLNS countries, as well as providing for a number of new democratic regional institutions. These changes are made with the ultimate goal of a rapid and equitable economic development within SACU. Furthermore, all trading arrangements being negotiated between South Africa and other regions or countries of the world will have to be tabled at the SACU Trade Ministers' meetings for consideration and approval.

3.1.2 The Southern Africa Development Community (SADC)

SADC was established in August 1992, as the successor of the Southern African Development Coordination Conference (SADCC)[3]. Together, the 14 member countries of SADC cover about 9.1 million square kilometers; have a population of about 121.4 million (African Development Bank 2005). Economically, South Africa dominates SADC. It accounts for about 79.1 percent of region's GDP and about 22 percent of its population (African Development Bank 2005). Given the diversified nature of the 14 countries, the resource base as well as the recently improving economic performance – GDP growth rate increased from an average of 3.1 percent during the period 2000-2003 to 4.0 percent in 2004– there is ample evidence to suggest the existence of enormous potentials for increased inter and intra-regional trade. These are potentials that need to be exploited by South Africa in the quest for deepening south-south trade and investments.

In August 1996, member states initialed the SADC Trade Protocol, which foresees the creation of a free trade area within 8 years after ratification. Eleven countries are implementing the protocol through their tariff reduction schedules and special agreements for some sectors. SADC is also developing a protocol on finance and investment. The aim of this protocol is integration and harmonization of the financial services and investment policies in the region. The specific areas of cooperation are to include the harmonization of the legal and regulatory framework for efficient provision of financial services; the development of new instruments that can lead to increased domestic savings and investments in the region; developing policies which will lead to macroeconomic convergence; creation of a favorable environment for the development of small and medium enterprises, particularly those run by women.

The ultimate goal of the SADC trade protocol, the protocol on finance and investment and related instruments is to address the current situation of the least developed member countries of the community. Regional industrialization programme is also envisaged that will ensure equitable

---

[3] SADC consists of Angola, Botswana, Congo Dem. Rep., Lesotho, Malawi, Mauritius, Mozambique, Namibia, Seychelles, South Africa, Swaziland, Tanzania, Zambia, and Zimbabwe.

spatial location of industries across the region so as to counter any form of industrial polarization in favor of the more developed countries. Transport and Development corridors (Trans Kalahari, Maputo, Dar es Salaam) are also being conceptualized and strengthened with the objectives of removing all forms of impediments to the efficient flow of goods, reducing transaction costs, stimulating linkages in economic activities (such as industrial cluster development along the corridors) and promoting competitiveness in the region.

Box 1: Transboundary Water Cooperation between South Africa and Mozambique

An important regional cooperation initiative between Mozambique, Swaziland and South Africa came into effect at the World Summit on Sustainable Development in Johannesburg, when the countries signed a water-sharing agreement governing the use of two of their shared rivers. The Interim IncoMaputo Agreement, involving the Incomati and Maputo watercourses, immediately unlocked financial support for a major new irrigation development in Swaziland (since completed and now operational). This entails developing over 11,000 ha, which will create direct employment for about 10,000 people. The agreement guarantees the water supply for the Mozambican capital of Maputo, enhancing economic and social stability in the sub region.

For the first time, Mozambique is provided with protection against overexploitation of the rivers by neighbors

South Africa benefits as there is substantial scope for emerging small farmer development on the impoverished lower end of the Pongola River, which is part of the Maputo Watercourse.

Source: African Development Bank 2005.

3.1.3 South Africa and Africa (NEPAD)

The most recent institutional arrangement for fostering enhanced trade and investment flows within Africa is NEPAD. Before the adoption of NEPAD, President Thabo Mbeki of South Africa advocated the idea of an African Renaissance, which was to signal an end to the marginalization of Africa in global commerce and politics. President Mbeki's chairmanship of the AU put South Africa in a prominent position to advocate the conception of the NEPAD as the Development Programme of the Africa Union.

In order to advance the implementation of the NEPAD Programme, a number of institutional mechanisms have been put in place in South Africa. These include integrating NEPAD into government policies and programmes. Some government departments have created NEPAD divisions (e. g. the DTI, Agriculture, Science and Technology and National Treasury); the establishment of a policy advisory unit on NEPAD in the President's Office. The President's Office has also set up a NEPAD Outreach programme to raise awareness about NEPAD across South Africa. The programme targets rural communities through education campaigns and NEPAD local economic development pilot programmes (e. g. the Kgalagadi Municipality in the Cross-Boundary North West / Northern Cape Provinces and the OR Tambo Municipality in the Eastern Cape Province). South Africa is one of the first countries to set up a NEPAD business group, which seeks to advance the development of cross-border business partnerships across the continent.

The fact remains moreover that for NEPAD to succeed in encouraging export diversification and ensuring market access on the African continent, regional economic integration arrangements must be strengthened. Quality progress will also have to be made in the areas of trade liberalisation; harmonization of trade policies, standards and regulatory frameworks for the movement of goods, capital and persons. Additionally, for increased investment flows, further improvements are essential in the political and institutional environment and in the functioning of domestic financial markets.

3.3   South Africa's Trade with the Rest of the World and Africa

Official statistics seem to suggest that trade among African countries as a whole as well as among various regional groupings in Africa is a small fraction of each country's total; and that share has remained roughly constant over the years. Many observers of African affairs believe this level of intra-African trade is too small, and should be expanded further. The different regional schemes in Africa are working towards achieving this objective. Moreover, the fact still remains that far greater levels of success may be attainable if South Africa could constitute the driving force for Africa's recovery by engaging in more import and export trade and investment flows with the rest of Africa than it currently does.

In table 6 we show the trend in intra-Africa trade flows between 1980 and 2004. The table reveals that the Southern African region as represented by SADC and the West African region (ECOWAS) led the rest of the regional groupings in Africa in terms of intra-regional trade over the years. Exports within the two regions (SADC and ECOWAS), relative to regional exports of the group was on average above 70 percent between 1980 and 2004. However in terms of the share of intra-regional trade in global trade of each group, table 6 shows that most of the regional groupings trade more with the rest of the world than with other African countries (regions).

Table 6: Intra Trade of Regional Groups in Africa (Mill. US$), 1980-2001

	1980	1990	1995	2000	2003	2004
CEPGC	2	7	8	10	15	19
COMESA	555	889	1025	1266	1978	2619
ECCAS	89	163	163	196	235	309
ECOWAS	661	1532	1875	2715	2972	3910
MRU	7	0	1	5	6	8
SADC	108	1058	4124	4280	4867	6007
CEMAC (UDEAC)	75	139	120	101	157	206
UEMOA	460	621	560	741	1043	1370
UMA	109	958	1109	1094	1338	1755
As Percentage of Regional Exports of each group						
CEPGC	3.6	6.2	6.0	29.9	9.2	9.1
COMESA	78.5	61.2	45.3	51.8	54.4	54.2
ECCAS	49.1	26.0	35.5	56.8	35.7	28.0
ECOWAS	73.5	75.5	77.0	74.2	65.8	65.5
MRU	59.3	0.7	1.6	7.2	6.4	6.4
SADC	54.9	86.3	82.0	79.0	72.6	71.8
CEMAC (UDEAC)	66.0	27.9	38.9	34.3	32.3	38.4
UEMOA	52.9	49.3	47.2	46.6	46.6	46.7
UMA	33.6	69.3	66.8	66.8	64.3	64.4
As Percentage of Total Exports of each group						
CEPGC	0.1	0.5	0.5	0.8	1.1	1.3
COMESA	5.7	6.3	6.0	4.9	6.2	6.3
ECCAS	1.4	1.4	1.5	1.1	1.1	1.1
ECOWAS	9.6	8.0	9.0	7.6	8.3	8.2
MRU	0.8	0.0	0.1	0.4	0.3	0.4
SADC	0.4	3.1	10.6	9.3	9.1	9.8
CEMAC (UDEAC)	1.6	2.3	2.1	1.0	1.4	1.3
UEMOA	9.6	13.0	10.3	13.1	13.0	14.2
UMA	0.3	2.9	3.8	2.3	2.4	2.4

Source: UNCTAD 2005.

Where: CEPGL – Economic Community of the Great Lakes Countries; COMESA- Common Market for Eastern and Southern Africa; UMA – Arab Maghreb Union; ECOWAS – Economic Community of West African States; MRU – Mano River Union; CEMAC – Economic and Monetary Community of Central Africa; SADC – Southern African Development Community.

With respect to trade between the developing African Countries and South Africa, the situation between 1980 and 2000 is as revealed in table 7. That is, a situation in which South Africa receives only an insignificant proportion of less than 1 percent on average of the total exports from the developing African countries between 1980 and 1995. This figure rose to just 1.1 percent in 2000. This may of course be explained by the nature of the exportables from these other African countries, which consist mainly of primary commodities (raw materials) and probably minerals.

Table 7: Developing African Countries Exports by Destination (Percentage Share), 1980 – 2000

	World	Eastern Europe	Europe	USA	Canada	Japan	Australia New Zealand	South Africa	Developing America	Africa	West Asia	Other Asia	Oceania
1980	100	2.6	48.7	31.3	0.2	2.1	0.1	**0.3**	6.2	**3.1**	1.9	1.5	0.0
1990	100	2.7	56.8	19.0	1.2	1.4	0.1	**0.6**	2.2	**5.9**	4.1	4.6	0.0
1995	100	2.9	50.7	18.2	1.4	1.8	0.1	**0.9**	2.7	**7.6**	4.0	7.0	0.1
2000	100	1.3	43.2	23.4	1.5	1.4	0.2	**1.1**	4.0	**7.3**	3.1	10.2	0.1

Source: UNCTAD 2003.

Perhaps, the most important concern raised by the trade statistics as briefly highlighted above, is the glaring and historically weak trade links between Africa and the developing countries in general; and the continued strong dependence of developing countries on developed country markets (mostly in the form of uni-directional-dependent-preferential trade arrangements that continue to lock them in primary sector operations and generally low value exports). Achieving greater levels of intra-Africa trade flows remain a serious challenge in the coming years of the implementation of the different arms of NEPAD.

4 Investment flows in Africa

4.1 Global trends in Foreign Direct Investment (FDI) flows

The developing countries of the world have in general been recipients of both official and private financial flows over the last four decades. Understandably so, since in many of these countries, the level of domestic savings is generally very low, the financial sector is widely underdeveloped and the capacity to harness domestic financial resources for the development of key sectors of the economy is constrained. A wide body of literature has investigated the role that this flow of external financing could play in the development of recipient countries. The convergence of opinion seems to be that on the balance, there is a net positive relationship between external financial assistance and economic performance, particularly the FDI component of such assistance, if and when it is accompanied by conducive policy environment (Burnside / Dollar 2000). Thus in the last decade or so, the world witnessed an upsurge in the flow of FDI to developing countries. An interesting characteristic of this increased flow of FDI is that it has been directed at just a few countries or regions. Many low-income countries of Africa and the Pacific region have been left out in terms of the benefit derivable from these flows since they continue to be neglected by international investors. According to UNCTAD (2003) between 1994 and 2001 Africa received only 1.4% of the world's direct investment flows compared to Asia and the Pacific (14%) and Latin America and the Caribbean (10%); while for 2004, Africa's share of world FDI flows was only 3% (UNCTAD 2005b). Most importantly, these FDIs have been concentrated in a few relatively developed and/or mineral-rich economies such as South Africa, Nigeria, Egypt, Morocco, Tunisia and Angola.

Similarly, according to the UNCTAD's World Investment Report (2002), the sectoral distribution of accumulated FDI inflows into Africa between 1996 and 2000 indicate the continued dominance of the primary sector (54.6%) – crude oil and gas. This is followed by the tertiary sector (24.8%) as dominated by investment flows into banking and finance as well as into transportation and trading; though it is being alleged that this transportation flows may have included flows into Liberia as a result of the large number of flag of convenience shipping allowed by that country. Secondary sector, dominated by food, metal and steel products accounted for about 20.6 percent of the flows. This distribution of the flow of FDI in Africa may be indicative of the sizeable reserves of natural resources in some African countries which continue to constitute a significant pull factor for FDI flows, particularly to countries such as Nigeria and Angola. Furthermore, UNCTAD (2005b) reports that rising oil prices may have contributed to relatively high levels of FDI inflows to the major oil-producing African countries especially Nigeria, Angola, Sudan and Equatorial Guinea in 2004. These four countries, together with Egypt were noted to be the top recipients of FDI to Africa in 2004. With over $1 billion each in inflows, their combined total amounted to $8.6 billion (or a little under 50% of Africa's total inflows), while the top 10 host countries accounted for 69% in 2004 (UNCTAD 2005b).

From the foregoing, the question then remains as to what the developing countries of Africa could do to encourage intra-regional flows of FDI, in the light of seeming neglect by the international business community. As mentioned above, South Africa may have a role to play in this regard. In what follows, we highlight South Africa's recent attempt at promoting investment flows to other countries and sub-regions on the continent. We also highlight the fact that South Africa may not be doing enough, and that there exists the potentials to do more to exploit the available opportunities for more investment in Africa.

4.2 South Africa's investments in other African countries and SADC

Tables 8 to 14 reveal the flow of investments from South Africa to other African countries and SADC in particular. Tables 8 and 9 indicate that even though South Africa's outward FDI increased significantly between 1998 and 2004 (from R157.2 billion to R16.7 billion)[4], only a small proportion of this (about 3.45%) was directed at other African countries as compared to the flows to Europe and America. Tables 10 and 11 reveal that the flow of FDI from South Africa to SADC which was about $1,688 in 2001 represented just

---

[4] Rand (R) is the South African currency and currently exchanges at about R7.2/US$1.00.

one quarter (25%) of total FDI flows to the region for that year. This goes a long way to show that South Africa can do more in terms of the flow of FDI to other African countries.

Table 8: Foreign Assets of South Africa, R Millions, 1998 – 2004

	1998	1999	2000	2001	2002	2003	2004
Direct Investment							
Public Corporation.	388	2826	3819	4414	6766	4707	3764
Banking Sector	6538	8543	14277	7284	3411	3758	2818
Private non-banking sector	150460	191667	226557	201486	179734	172042	210078
Total Direct investment	157203	203036	244653	213184	189911	180507	216660
Portfolio Investment	106877	258530	343861	367927	259787	270594	266323
Other Investment	68906	135001	135001	226185	211792	237940	263135
Total Foreign Assets	333168	569490	723515	807296	661490	689041	746118

Source: South African Reserve Bank 2005.

Table 9: Foreign Assets of South Africa by Selected Regions / Countries, 31 December 2005, Mill. R

	Total Direct Investment	Portfolio Investments	Other Investments	Total Foreign Assets	Total Direct Investment	Portfolio Investments	Other Investments	Total Foreign Assets
					As Percentage of Total foreign Assets			
Europe	165503	219735	122871	508109	76.43	82.51	52.35	70.81
North & South America	17454	44417	85186	147051	8.06	16.68	36.29	20.49
Botswana	619	183	636	1438	0.29	0.07	0.27	0.20
Lesotho	256	-	804	6060	0.12	0.00	0.34	0.15
Swazi-land	841	7	448	1296	0.39	0.00	0.19	0.18
Namibia	840	5	3000	3845	0.39	0.00	1.28	0.54
Zimbabwe	645	10	378	1033	0.30	0.00	0.16	0.14
Mauritius	8116	153	1646	9915	3.75	0.06	0.70	1.38
Mozambique	4396	-	1818	6214	2.03	0.00	0.77	0.87
Zambia	412	-	1095	1507	0.19	0.00	0.47	0.21
Other: Africa	7476	14	2870	10360	3.45	0.01	1.22	1.44
Asia	3174	1655	10128	14957	1.47	0.62	4.32	2.08
Oceania	6817	144	3824	10775	3.14	0.05	1.63	1.50
International organisations	121	-	28437	28558	0.06	-	10,81	3.83
Total	216660	266323	263135	746118	100	100	100	100

Source: South African Reserve Bank 2005 and author's computations.

According to the BusinessMap Foundation, South Africa invested an average of $435m a year into the SADC region since 1994. South Africa's investments started from a low of $23 million in 1994 to a high of $107 billion in 2001. Over the period 1994-2003, table 12 shows that Mozambique received 51 percent of South African companies' investments in the continent followed by Malawi (10%), Tanzania (9%), and Zambia (9%).

Table 10: SA FDI inflows in SADC

Country	2001 (Actual) ($M)	2002 (Actual) ($M)
Angola	19	42
DRC	139	4
Botswana	9	na
Lesotho	na	10
Malawi	14	33
Mauritius	-60	na
Namibia	-2	na
Tanzania	166	20
Zambia	68	na
Zimbabwe	135	47
Mozambique	1182	188
Madagscar	20	na
Total	**1690**	**344**

Source: The BusinessMap Foundation 2003.

Table 11: SADC FDI inflows by Country of Origin

Country	2001 (Actual) ($M)	2002 (Actual) ($M)[5]
Australia	na.	208
Canada	1.5	103
Cayman islands	70	na
France	331	na.
Germany	28	na.
Ireland	na	186
Israel	33	na
Italy	na	na.
Luxembourg	6	na
Malaysia	105	na.
Multi-State	3360	na.
Netherlands	180	140
Norway	1	na.
Portugal	na.	3
Singapore	39	na.
South Africa	**1690**	**344**
Taiwan (ROC)	97.5	na.
UK	492	77
US	50	31
Zimbabwe	5	na.
Total	6,489	1,092

Source: The BusinessMap Foundation 2003.

---

[5] Complete actual figures for most countries for 2002 were not available at the time of compilation.

Table 12: South African investment in SADC countries between 1994 – 2003

Country	Percentage share (%)
Mozambique	51
Malawi	10
Tanzania	9
Zambia	9
Zimbabwe	7
Botswana	6
Other	8

Source: The BusinessMap Foundation 2003.

In terms of the sectoral allocation of FDI from South Africa into other SADC member countries, table 13 reveals that resources and utilities sectors account for greater proportion of the cumulative flows between 1994 and 2003.

Table 13: FDI by Sector, 1994 - 2003

Sector	Total Rm	%
Resources	18,316	36
Utilities	12,815	25
Basic industries	8,544	17
Non cyclical consumer goods	2,905	6
Cyclical services	2,873	6
Non cyclical services	2,995	6
Financials	1,382	3
Cyclical consumer goods	567	1
General industrials	106	0
Information technology	72	0
Total	**50,575**	**100**

Source: The BusinessMap Foundation 2003.

In table 14, we have presented a summary of the other major South Africa's investments on the continent. The tables reveal that Vodacom has major investments in telecommunications in a number of African countries such as Tanzania, Lesotho, and the Democratic Republic of Congo. MTN also has major investments in Nigeria, Cameroon, Rwanda, Swaziland, and Uganda. These investments are making a major contribution to the NEPAD's priority of closing the digital divide in Africa, as well as bringing an efficient ICT infrastructure for business services. In addition, these companies are also involved in major social investment projects (e. g. education, sport, empowerment of women, etc) in the various countries. Similarly, the Standard Bank group of South Africa now operates in over 17 Africa countries.

Table 14: Other major South African investments in the continent, 1994– 2003

Country	Projects and Capital invested
Democratic Republic of Congo	• Vodacom $108 million and a 44% market share (launched May 2000) • Memorandum of Understanding between S. Africa-Eskom, Angola-ENR, Namibia-NamPower, Botswana-BPC and DRC-Snel = $6 billion
Lesotho	• Vodacom R185 million and 80% market share (Project started May 1996) • The Maluti Drakensburg Trans-Frontier Conservation area, which was initiated through the signing of a Memorandum of Understanding between South Africa and Lesotho with $15.5 million grant from the Global Environmental Facility.
Tanzania	• Vodacom $132 million and a 53% share of mobile phone market (Project started August 2000) • South Africa Airways, 49% stake in Air Tanzania for $20 million as part of its plan to build an African regional network.
Mozambique	• Vodacom has been given a 15-year licence to commence April 2004 due to regulatory issues with an expected capital investment, $200 million over next 10 years. Vodacom to own (98%) and local partner Emotel 2%. Vodacom has warehoused 25% of the shares of its Mozambican partners to buy back over four years • Mozal aluminium smelter as a partnership between the Industrial Development Corporation (IDC), the Mozambique government and Billiton (Australia); • Sasol has invested R10 billion in the Pande and Temane gas fields through a partnership between Sasol, the South Africa and Mozambican governments. The project involves building a pipeline from the gas fields to Sasol's Secunda facility, as well as gas extraction from wells and a central processing facility in Mozambique. The project involves building a pipeline from the gas fields to Sasol's Secunda facility, as well as gas extraction from wells and a central processing facility in Mozambique.

Sources: The BusinessMap Foundation 2003; Vodacom 2003; UNCTAD 2003.

GMA Resources, in which a South African executive hold a share has a 52 percent interest through ENOR, operates a gold exploration and production in Algeria. In retailing, Shoprite chain supermarket stores of South Africa have stores in most SADC countries, as well as in Egypt, Ghana, Uganda and Nigeria. The joint South Africa-Swaziland-Mozambique, Maputo Development Corridor Borderless Initiatives focused on infrastructure development (i. e. development of rail and road infrastructure), whereas the South African Airways is the strategic partner for Air Tanzania, Royal Swaziland Airways and most recently, Air Mozambique. The partnership between Swaziland and South Africa can also be observed in the Manzini Industrial Training Centre for youth vocational training and the Maguga Dam joint venture for sustainable water supply.

5 Conclusions

Regional cooperation and integration, as a vehicle for achieving African unity and sustainable economic recovery and growth, has always been a cherished goal for the people of Africa and their leaders. A number of efforts have gone into making this a reality in the last couple of decades. Although the record of achievement has fallen short of expectation in this regard, the prospect of African cooperation and integration remains a powerful symbol that continues to inspire the people of the continent. In this paper, we have examined the emerging role of South Africa as the agent-facilitator in Africa's search for economic recovery and sustainable growth, through deepening intra-Africa trade and investment flows. This role is manifest in the increasing levels of trade and investment flows from South Africa to other African countries. We also highlight the fact that a lot more could be achieved with strengthened regional cooperation arrangements in Africa if the levels of intra-African trade and investment flows are to be raised to such levels as to inspire high rates of growth and development on the continent.

The generality of African countries will similarly need to continue deepening their policy and structural reforms so as to attract sufficient private capital flows and to diversify their export basket. They will also need to rationalize and strengthen the various institutions that they have created to enhance such efforts. Evidently, the launching of NEPAD has been acclaimed as an important initiative that has a high potential to give a new boost and direction to the development efforts of African countries as well as establish new forms of partnership with the developed world. It is hoped that the smooth and efficient functioning of NEPAD will move Africa in the desired direction of south-south cooperation on the African continent.

References

African Development Bank (2004), African Development Report 2004. ADB, Abidjan.

Bigsten, A. / Collier, P. / Dercon, S. / Fafchamps, M. / Gauthier, B. / Gunning, J.W. / Oduro, A. / Oostendorp, R. / Pattillo, C. / Soderbom, M. / Teal, F. / Zeufack, A. (2003), "Macro and Micro Perspectives of Growth and Poverty in Africa". In: World Bank Economic Review, Vol. 17, No. 3, pp. 349 - 366.

Burnside, C. / Dollar, D. (2000), Aid, Policies and Growth. American Economic Review, 90(4): pp. 847 - 868.

Clarke, G. R. G. (2005), Does Internet Connectivity Affect Export Performance? Evidence from the Transition Economies", World Bank: Washington DC.

Collier, P. (1998), "Globalization: Implications for Africa" in: Iqbal, Z. / Khan, M. S. (eds.), Trade Reform and Regional Integration in Africa, Washington DC: International Monetary Fund.

Department of Trade and Industry (DTI) (2003), Global Economic Strategy and the Africa Strategy, 2003 / 2004; Government Communication and Information System, Foreign Relations, Pretoria.

Dieter, H. (Ed.) (1997), The Regionalization of the World Economy and Consequences for Southern Africa; Metropolis-Verlag, Marburg.

Funke, N. / Nsouli, S. (2003), The New Partnership for Africa's Development (NEPAD): Opportunities and challenges. IMF Working Paper WP/03/69, IMF, Washington DC.

Morrissey, O. / Filatotchev, I. (2000), Globalization and Trade: The Implications for Exports from Marginalized Economies, Journal of Development Studies, Vol. 37, No. 2, pp. 1 – 12.

Schiff M. / Winters; A. (2003), Regional Integration and Development. World Bank, Washington DC.

South African Reserve Bank (2005), Quarterly Bulletin, December 2005.

The BusinessMap Foundation (2003), Investment 2002: Challenges and Opportunities, Johannesburg.

United Nations Conference on Trade and Development (UNCTAD) (2005a), Handbook of Statistics 2005, Geneva.

United Nations Conference on Trade and Development (2005b), World Investment Report 2005, Geneva.

United Nations Conference on Trade and Development (2003), World Investment Report 2003, Geneva.

Vodacom (2003), Annual Report 2003, Vodacom, Johannesburg.

Wohlmuth, K., et al. (2006), African Development Perspective Yearbook 2005/2006: Africa - Escaping the Primary Commodities Dilemma, Vol. 11, LIT Verlag, Berlin.

World Bank (2004), Investment Climate Assessment: Enterprise Performance and Growth, World Bank, Washington DC.

World Bank (2005), World Economic Indicators 2005 (Online); World Bank, Washington DC.

World Bank (2007), World Economic Indicators 2007 (Online); World Bank, Washington DC.

Is Africa really the Loser from Globalisation? The Case of Nigeria

Ist Afrika wirklich Verlierer der Globalisierung? Der Fall Nigerias

Osmund O. Uzor

Zusammenfassung

Dieser Beitrag soll die Chancen afrikanischer Länder im Globalisierungsprozess untersuchen. Dies geschieht anhand diverser Indikatoren wie Handel, Kapital- und Investitionsflüsse und Verschuldung, die Aufschluss über die Position Afrikas im andauernden Globalisierungsprozess geben. Hierzu zählen auch die Wachstumsanalysen von Wohlmuth (2001, 2003) sowie der Zusammenhang zwischen Entwicklungshilfe und Wirtschaftswachstum. Der Beitrag analysiert die Gründe für Afrikas Marginalisierung in der Globalisierung, die trotz erhöhter Export- und Importvolumen zu verzeichnen ist. Diesbezüglich werden zwei Probleme aufgeworfen: Erstens, die Art der Exportprodukte und zweitens, das Problem von Politikversagen. Der Beitrag zeigt Schritte auf, die als notwendige Voraussetzung dafür betrachtet werden, dass Nigeria und andere afrikanische Lander am Globalisierungsprozess partizipieren.

Abstract

This article is not intended to focus on the winner-loser debate on globalisation, rather attempts to review the chances of Sub-Saharan African countries in the ongoing globalisation process. The analysis is designed to capture the performance of the region in international trade, trends in global capital, debt, and FDI flows. In other words, the article seeks to analyse Africa's positions in the changing nature and qualities of the economic dimensions of globalisation. Issues relating to the growth prospect of the region in the era of globalisation analysed by Wohlmuth (2001, 2003) and the relationship between international aid flow and economic development are also reflected in the discussion. The article analyses the reasons for Africa's marginalisation in the globalisation process despite countries' increased export and import share of GDP. In this context, two major problems were revealed: first, the problem of the type of export products and second, the problem of policy failures. This article outlines steps that are regarded as necessary for Nigeria's and other African countries' participation in the globalisation process.

1 Introduction

The continued academic analysis, endless public debates, and as well the current resistance movements on "Globalisation" have shown how significant the issue is in the world economic, political and social order. The terms such as global governance or management, global warming and globalisation of production and trade signify how the world has come closer due to advancement in technology supported by fragmented global networks. The question "is Sub-Saharan Africa (SSA) really the loser from globalisation" suggests that the region explicitly or implicitly failed to be part of or has been left behind in the share of the "real" benefits from world technological advancement. The two underlining signals leading to the ever-occurring questions and debates on globalisation issues with respect to SSA are the growth problems similar to the analysis of the "African Growth Tragedy" (Easterly / Levine, 1997; Wohlmuth, 2004b) and unmanageable conflicts as a result of the resource curse (Wohlmuth et al., 2007). The obvious issues are related to weak exports base, low productivity, ethnic conflicts and poor human capital development in the region. These problems coupled with poor economic governance lead to the marginalisation of the region in the share of global income.

This article is divided into five sections. Following the introduction, section 2 provides the theoretical framework while section 3 shows the position of SSA in each dimension of globalisation. The relationship between Africa's past policy failures and poor economic and social outcome is analysed in section 4 quoting Nigeria as reference. Section 5 concludes by highlighting the challenges the region face.

2 The theoretical framework

The definition of globalisation has increasingly broadened but most widely refers to economic globalisation including international integration of trade, production of goods and services, labour, technology and capital (Wohlmuth 2003, p. 9). Globalisation involves multiple integration and disintegration processes across countries. This can be in the form of convergent and divergent processes between countries induced by liberalisation of trade regimes and deregulation of the market (type 1). It can also mean how firms implement production strategies that involve compatibility of business partners across borders (type 2). The effects of globalisation process include among others: reduced transaction and information costs, reduced tariff and non-tariff barriers, increased movement of capital across borders as well increased competition (Wohlmuth 2003, Almas 2007, p. 59).

In this context, globalisation processes usually have effects on accumulation and distribution of income within and between countries. Globalisation depends also on finance and technology because both factors determine the speed of different globalisation processes. Such integration processes which usually involve nations, firms and workers are determined by the National Innovation System (NIS) and National Finance System (NFS) of the country (Wohlmuth 2003, pp. 16-17). The stock of human capital and the nature of the political economy are the catalysts which influence the NIS and NFS. Thus, a country can exploit the gains (growth) that usually occur in globalisation processes through the country's NIS and NFS (Wohlmuth 2004b, p. 37). With respect to SSA, Wohlmuth (2003, p. 42) explicitly argues that if a higher level of human capital is available *and* effective policy is in place, the region would have effectively gained from the current "network age" that supports spillover and diffusion of knowledge across the borders. This suggests that the main obstacle for African countries to gain from world technological advancement is due to low human capital development and policy problems.

3 Africa in the globalisation process

3.1 African trade

The debate on SSA and globalisation always reflect on the extent trade has contributed to poverty alleviation, on how foreign direct investment and official aid transfers have influenced poverty reduction and the implications of migration. The potential role of trade on poverty reduction in SSA can be correlated to rural income (Goldin and Reinert, 2006, p. 51). Africa's export products are predominantly primary commodities. The region naturally has comparative advantage in agricultural production. In this respect, export quality, export quantity, export prices and government policy are the major factors that usually influence or shape the direction of rural income. A change in these factors can affect the rural income positively or negatively (Goldin and Reinert, 2006, p. 66). Figure 1 and 2 shows the annual percentage change in value and volume of Africa's exports and imports over the past decade.

Fig. 1: Annual percentage change in value of total exports of merchandise in SSA between 1998 and 2007 expressed in US$

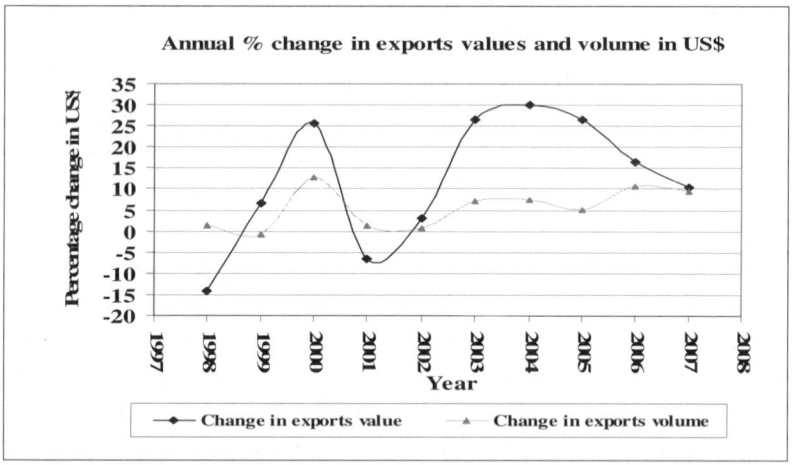

Source: IMF, 2006, p. 209

Figure 1 shows the fluctuations in annual export values and the corresponding demand in terms of export volume of traded goods from SSA to the world market. A decline in world prices often leads to a drastic decline in export volumes. The effect of the instability of the world's primary commodity market is arguably linked to the problems of primary commodity dependence and rural poverty in Africa[1]. Figure 2 suggests that the value of import increased rapidly between 2001 and 2003, which could be related to liberalisation policies pursued in some countries in the region

Fig. 2: Annual percentage change in volume of total import of merchandise in SSA between 1998 and 2007 expressed in US$

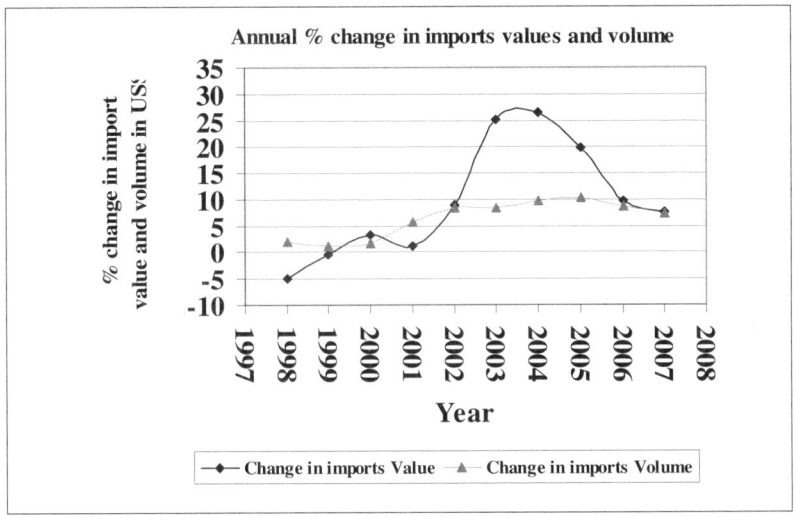

Source: IMF 2006, p. 209.

3.2 Capital inflows into Africa

Foreign direct investment (FDI) is probably the most important capital flow to promote poverty reduction in SSA especially when it is directed to labour intensive industries. The positive impact of FDI covers not only creating employment and improving local technology and knowledge but also promoting competition among local and foreign firms (Goldin / Reinert 2006, p. 92)[2]. Unfortunately, SSA has received only little FDI inflow (Table 1). However,

---

[1] Wohlmuth et al (1991) suggested two major approaches to Africa's primary commodity dependence. One is focused on industrialisation based on agricultural in order to encourage rural-urban linkages and to promote agricultural processing industries. The second approach is directed at diversification and upgrading of export products.

[2] Nissanke / Thorbecke (2007, p. 5) argue that FDI can reduce poverty and increase rural income in resource-rich African countries through the mechanism of North-South technology transfer in biotechnology.

FDI inflow into the region increased from 0.42 percent of total FDI in 2000 to 1.96 percent in 2005. Lall / Kraemer-Mbula (2005, p. 68) considered this to be the effect of successful economic reform and privatisation efforts undertaken by some countries.

Table 1: FDI flows to sub-Saharan Africa (SSA) in millions of US$ and in % of global and developing world FDI

Year	1992-97 (AAv.)	1998	1999	2000	2001	2002	2003	2004	2005
World	310,879	690,905	1,086,750	1,387,953	817,574	678,751	559,576	710,755	916,277
DCs	118596	194055	231880	252459	219721	152612	172033	275032	334285
SSA	4010	6209	8558	5810	14126	8149	9250	11294	17934
FDI in SSA as a % of Global FDI									
SSA	1.29	0.90	0.79	0.42	1.73	1.20	1.65	1.59	1.96
FDI in SSA as a % Of Developing World FDI									
SSA	3.38	3.20	3.69	2.30	6.43	5.17	5.38	4.11	5.36

Key: A.Av. = Annual Averages; DCs= Developing Countries; SSA= Sub-Saharan Africa

Source: UNCTAD 2004, pp. 367-368, UNCTAD 2006, p. 299.

In addition to FDI, equity portfolio investment seems to generate more positive impact on economic growth and development than bond financing or commercial bank lending. Equity inflows along with FDI always act as catalyst to growth, development and poverty alleviation. The obvious reasons are its role as source of funds for development; assisting in moving investment strategies from short-term to long-term finance. The equity market usually plays an effective role in channelling venture capital and provides information for the evaluation of domestic firms (Goldin / Reinert 2006, p. 99). The argument on market failure in Africa includes among others the underdeveloped capital market for project financing. Existence of developed stock market could have minimised the problem of funding private investors' projects in the region. Those small investors who wish to invest part of their savings in high-return/high risk investments cannot invest (Fafchamps 1994, p. 8).

As shown in figure 3, the global equity capital inflow into Africa is highly volatile. This is related to a herd and contagion effect in the sense that foreign investors have usually little information about the market. An external crisis similar to the Asian crisis can induce detrimental effect to equity inflow into Africa (Wohlmuth 2000, p. 2, Wohlmuth 2003, p. 33). The figure also shows that bond finance rose gradually between 1998 and 2003 and suddenly dropped in 2004 while bank and trade related lending have shown a negative trend since 1996 but are on the verge of recovery since 2002.

Fig. 3: Global capital and debt flow to sub-Saharan Africa

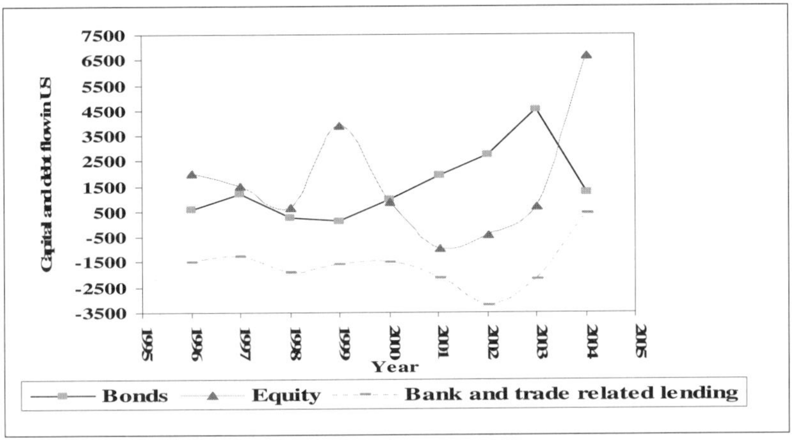

Source: World Bank 1997-2005.

3.3 Trends in African aid inflows

Official development assistance (ODA) comprises financial and non-financial assistance. The non-financial assistance covers technical assistance and capacity building. Aid usually plays an important role in development especially in a post-conflict era or in the framework of economic reform. However, large-scale financial assistance or transfers cannot perform wonders in an environment with bad policy, in conflict affected areas or in weak states. Figure 4 represents a multifaceted interpretation of ODA inflow into SSA in terms of aid effectiveness and returns on economic reforms. The figure suggests that some countries in the region have engaged in economic reform that can absorb increased large scales of aid allocation (hence there is an upward trend in ODA inflow into the region from 2001).

Fig. 4: International Aid flow and Aid per capita to SSA region

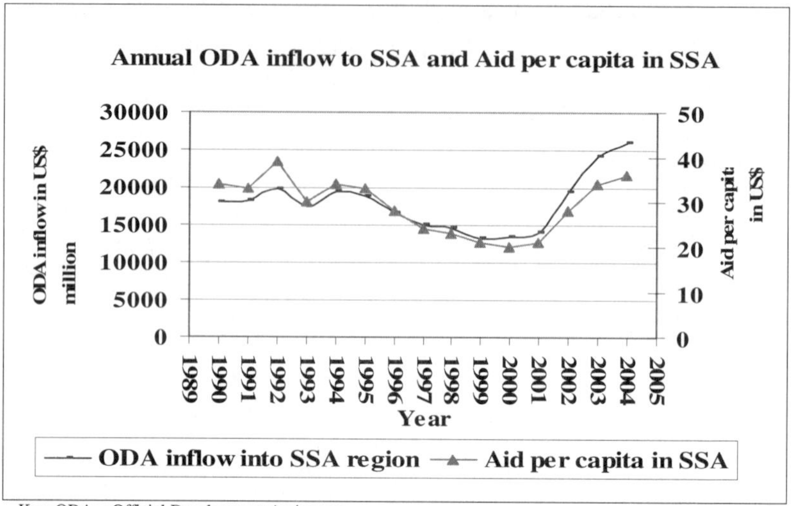

Annual ODA inflow to SSA and Aid per capita in SSA

[Chart: ODA inflow in US$ million (0–30000) and Aid per capita in US$ (0–50), years 1989–2005. Lines: ODA inflow into SSA region; Aid per capita in SSA]

Key: ODA = Official Development Assistance

Source: World Bank 1997-2005.

On the other side, the high aid inflow might also be an indicator that some countries in the region lack the political will to restructure their economy and that the effectiveness of ODA is still poor. This leads to fluctuations and a general decline of transfers since the 1990s (see figure 5).

Fig. 5: SSA aid dependency ratio

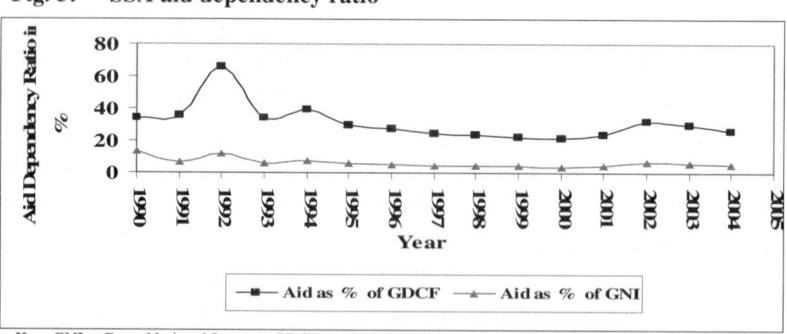

Key: GNI = Gross National Income; GDCF = Gross Domestic Capital Formation

Source: World Bank 1997-2005.

The high Aid dependency ratio as shown in figure 5 can be explained by socio-economic and political problems in Africa. Wohlmuth (1999, p. 27) argues that external interventions at the meso- and micro-governance level should be the most relevant area to focus on in aid programmes. This is because any change in political regime will not directly affect an on going development assistance programme. He further argues that aid can be effective if there are changes in public administration systems because aid itself cannot induce or initiate such changes (Wohlmuth 1999, p. 49).

Figure 6 shows Africa's performance in the global economy expressed in trade and capital flows. It can be obtained that the sum of exports and imports expressed as a percentage of GDP increased rapidly in 1999 and has remained fairly stable since then while the gross private capital flows in the region have remained relatively low.

Fig. 6:   SSA integration with the global economy

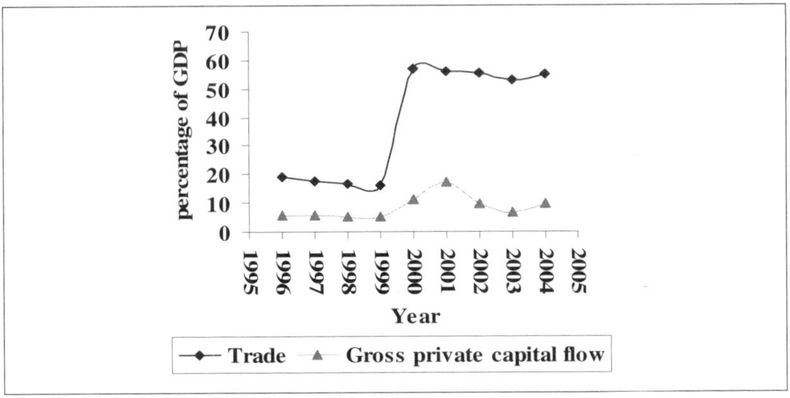

Source: World Bank 2005, p. 364.

Another central problem of Africa in the globalisation process is its low level of human capital development. The level of human development in Sub-Sahara Africa remains the central issue for development economists and policymakers. Though there has been improvement in the value of HDI index from 0.471 in 2000 to 0.515 in 2003 the value is still very low. Compared to other regions Africa has the lowest educational index of 0.56, GDP index of 0.63 and longevity index of 0.35 (UNDP 2006, p. 222). This poor human capital performance has contributed immensely to Africa's economic marginalisation. The required manpower for technology, FDI and private capital is still limited. Moreover, policy inefficacy is a central problem that hampers Africa's development. Frequent policies changes create uncertainty and instability in macroeconomic management which usually hurts the market. It can even lead to the introduction of regulatory measures that are unfavourable to foreign investors and trade (Wohlmuth 2003, p. 43).

4 Nigeria's development record

4.1 Agriculture

Changes in Nigeria's policy objectives soon after its independence affected not only the production structure but also the resource allocation system in the economy. For example, Federal expenditure on agricultural development in the 1st Nigerian Development Plan (NDP) was only 9.8 per cent of total allocation while non agricultural expenditures accounted for 90.2 per cent of the resource allocation. Okowa (1985, p. 82) argues that rather than promoting smallholder farm activities, 59 per cent of the expenditure in agriculture in the planned period was directed to government production activities. In the 2nd NDP, resource allocation to agriculture further declined by 1 per cent. The effect was a drastic decline of Nigeria's total farm output which shrunk annually by 0.4 per cent between 1960 and 1970 and by 0.1 per cent between 1970 and 1980 (World Bank 1981, p. 136, World Bank 1993, p. 240).

4.2 Health

In the era of military administrations, the health-care system deteriorated immensely as a result of poor finance management and policy (UNDP, 2004). WHO data reveals an alarming state of the Nigerian health-care system with total expenditure that constituted an average of 3.18 per cent of GDP between 1995 and 2002.[3]

---

[3] Total expenditure on health is defined as the sum of general government expenditure on health and private expenditure on health. It covers the provisions of the health services, family planning activities, nutrition activities, and emergency aid designated for health (World Bank, 2005, p. 103).

Table 2: Nigeria's health expenditure between 1995 and 2002

Indicators	1995	1996	1997	1998	1999	2000	2001	2002
TE on health as % of GDP	2.8	2.6	2.8	3.1	3.0	3.0	3.4	4.7
GGE on health as % of TE on health	14.5	11.7	11.7	15.4	16.0	14.1	23.2	25.6
PE on health as % of TE on health	85.5	88.3	88.3	84.6	84.0	85.9	76.8	74.4
GGE on health as % of TGE	1.7	1.3	2.1	2.3	1.7	1.7	1.9	n.a.
ER for health as % of TE on health	n.a.	n.a.	1.3	1.2	3.8	7.1	7.1	6.1
ER for health as % of GGE	1.7	1.3	2.1	2.9	3.2	3.0	n.a.	n.a.

Key: TE = Total Expenditure; GDP= Gross Domestic Product; GGE = General Government Expenditure; PE = Private Expenditure; TGE = Total Government Expenditure; ER = External Resources; GE = Government Expenditure; n.aa = not available.

Source: WHO 2002, p. 207, p. 215, WHO 2003, p. 175, p. 180, World Bank 2005, p.101.

Government's overall commitment to the health-care sector is reflected by general government expenditure on health-care expressed as percentage of total government expenditure. Despite revenue increases from oil, the poor government commitment to health-care is clearly pronounced in 1996 with the lowest budget allocation of 1.3 per cent.

External assistance also plays an important role in promoting Nigeria's health-care system. The date in table 2 shows that external resources for health care increased from 1.3 per cent of total expenditure on health in 1997 to 7.1 per cent in 2000 (but declined slightly to 6.1 per cent in 2002).

Table 3: Health care delivery in Nigeria

Health Services	1999	2000	2001	2002	2003
Annual Federal Budget to Health (%)	4.5	2.7	3.9	4.7	4.7
Number of patients per Physician	4,479	4,529	4,675	4,722	4,769
Number of patients per Nurse	906	920	1,082	1,104	1,129
Number of patients per Bed	1,564	1,611	2,124	2,230	2,342

Source: Nigeria Federal Office of Statistics, 2004.

Table 3 further reveals the problem of poor health-care infrastructure. The average annual government budget to the health care sector between 1999 and 2003 was 4.1 percent. The implication is that if out-of-pocket expenditure continues to increase, poor households will be handicapped in financing their health-care expenses; and will have little access to health care services (WHO 2003, p. 120).

Health care delivery is a labour-intensive sector and demands trained staffs. Hence, performance enhancement in the sector depends on knowledge, skills motivation and adequate physical working materials (WHO 2000, p. 77)[4]. As shown in Table 3, the number of patients per doctor and nurse as well as the number of patients per hospital bed increased in the past years. Effective health care delivery of a nation will be limited if the basic infrastructure is poorly supplied or not available.

4.3 Education

The percentage of GNP allocated to education always explains to what extent government resources have been translated to educational outcome. As shown in Table 4 the share of government resources allocated to education declined drastically from 6.4 per cent in 1980 to 0.76 per cent in 2000. This explains Nigeria's current weakness in achieving the Millennium Development Goal of eradicating illiteracy in the year 2015[5].

Table 4: Total education expenditure as a % of GNP

	1980	1985	1990	1995	2000
Public Expenditure on Education as a % of GNP	6.4	1.1	0.9	0.6	0.76

Source: World Bank, 2006.

Poor funding of education can simply be correlated to the fluctuations in gross primary school enrolment rate. Access to primary education is an overriding priority of any national development policy because it represents the basic foundation of formal education and as well the beginning of poverty eradication. As shown in table 5, the primary school enrolment ratio in Nigeria is fluctuating though it shows an increasing trend (from 79 percent in 1991 to 93 percent in 2001). The fluctuation in the enrolments ratio indicates that the government is not committed to the 'Education for All' goals (EFA) to which the country is a signatory.

---

[4] The collapse of the health care sector in Nigeria is also as a result of brain drain induced by poor motivation and poor institutional capacity (Sofo et al 2003, p. 9).

[5] Poor supply of education facilities such as teachers, libraries, laboratories and teaching materials in a country with an annual population growth rate of about 2.8, will invariably produce poor human capital.

Table 5: Primary school enrolment ratio between 1991 and 2001

	1991	1992	1993	1994	1995	1996	1997	1998	1999	2000	2001
M	87	91	95	94	88	75	77	85	98	105	103
F	77	75	77	77	74	65	65	66	85	85	82
M/F	79	83	86	86	81	70	71	76	92	95	93

Source: UNDP 2004, p. 16.

The school enrolment ratio does not imply the actual school attendance because children may well enrol in their local schools, yet may not be able to attend daily classes due to poverty pressure. The primary school completion rates in Nigeria stood at 83 per cent in 2001 (i.e. a dropout rate of 17 per cent). The percentage of children between the age of 10 and 14 who had to work in Nigeria stood at 23 per cent in 2003 (World Bank 2005, p. 77).

The poor human capital development in Nigeria and other African states is also due to weak "state capacity" especially in public administration. This is due to a lack of skilled manpower, poor leadership and limited financial resources to support the administration system (Wohlmuth 1999, p. 45). In this respect, capacity building will be the basic strategy to build up human capacity in the public sector. To correct the deficiency, the first step is to initiate learning processes, institutional changes, and political stability with ethnic and social cohesion (Wohlmuth 2004a, pp. 140-141).

5 Conclusion: chances and challenges towards active participation in the globalisation processes

This article tried to analyse the position of SSA region within the framework of the three dimensions of globalisation namely trade, private/public capital and FDI inflow. The analyses revealed the types of globalisation and how each type can positively influence poverty reduction in SSA. The analysis also reviewed the role of NIS and NFS in the globalisation process which is very weak in Africa due to poor human development. The point of departure is therefore the empirical explanation of the relationship between the variation of rural income in Africa and the continent's exports. The downward trend of global commodity prices, the nature of export products and poor agricultural policies had negative effects on Africa's export performance. Though aggregate volumes of exports and imports have recently increased the domestic value added of Africa's export products did not improve. Africa's main export products are still primary commodity products with low value added and high volatility or fluctuation index. This suggests that African policymakers failed to channel resources to infrastructure development, security and the development of market institutions, which would have stimulated local and foreign investment. In addition to this, low human capital development is a major constraint that affects private capital inflow into the region.

This article argues that development is a learning process. If the quality of human capital is low, the ability to apply or adapt new technology and interpret scientific information will be very low. Nigeria's poor commitment to human development in the areas of health and education are therefore a central reason for its poor economic performance.

The challenge Nigeria and other African countries face is a reintegration process into the global economy. There are several steps which are necessary to induce such a process.

First, an intensive build-up of human capital accumulation in order to initiate learning process; second, the creation of an environment conducive for the transfer of know-how and technology accumulation; third, an institutional reform process that supports and enhances access to global finances; and fourth the democratisation and stabilisation of political institutions so that ethnic and social interactions become possible and in order to increase the confidence of local and foreign actors. In general, the new policy strategies in Africa should aim to stimulate growth and, in so doing, African countries will be able to reduce their aid dependency. As Wohlmuth (1999, p. 77) put it: *"New foundations for growth in Africa are therefore related to governance programme that emphases the necessity of own programming for growth as based on indigenous institutions and policies. It will also be necessary to broaden the outlook on sustainable growth in Africa by referring to new interventions for growth-oriented strategies that are based on human capital accumulation, technological accumulation, international technological learning, and on a new generation of market development and private sector support policies."*

References

Almas, H. (2007), The Relationship between Income Inequality, Poverty and Globalisation, in: M. Nissanke and E.Thorbecke (eds.), The Impact of Globalisation on the World's Poor, Transmission Mechanisms, Palgrave Macmillan in association with United Nations University, UNU-WIDER, pp. 59-93.

Easterly, W. / Levine, R. (1997), Africa's Growth Tragedy: Policies and Ethnic Divisions, in: The Quarterly Journal of Economics, vol. CXII, Issue 4, pp.1203-1256.

Fafchamps, M. (1994), Industrial Structure and Micro Enterprises in Africa. Journal of Development Areas, Vol. 29, No. 1, pp. 1-30.

Goldin, I. / Reinert, K. (2006), Globalisation for Development - Trade, Finance, Aid, Migration and Policy, a co-publication of the World Bank and Palgrave Macmillan, The IBRD / World Bank, Washington D.C. and Palgrave Macmillan, New York.

IMF (2006), World Economic and Financial Surveys, World Economic Outlook, Globalisation and Inflation International Monetary Fund, Washington D.C.

Lall, S. / Kraemer-Mbula, E. (2005), Industrial Competitiveness in Africa, Lessons from East Africa. ITDG Publishing, Schumacher Centre for Technology and Development, Bourton Hall, Bourton-on-Dunsmore. Warwickshire CV239QZ, UK.

Nigeria Federal Office of Statistics (2004), Annual Report 2004, Lagos.

Nissanke / Thorbecke (2007), Linking Globalization to Poverty, in: Policy Brief No. 2, United Nations University, UNU-WIDER.

Okowa, W. (1985), Public Policy and rural-urban distribution of income in Nigeria, in: C. Ake (ed.): Poltical Economy of Nigeria. Longman, London / Lagos.

Sofo, C. A. / Ali-Akpajiak, T.-P. (2003), Measuring Poverty in Nigeria, in: Oxfam, Working paper series, June.

UNDP (2004), National Millennium Development Goals Report, 2004, Lagos.

UNDP (2006), Human Development Report: International Cooperation at a crossroads. Aids, Trade and Society in an Unequal World, The United Nations Development Programme, New York.

UNCTAD, (2004), The Shift Towards Services, World Investment Report, United Nations Conference on Trade and Development, United Nations, New York / Geneva.

UNCTAD (2006), FDI from Developing and Transition Economies: Implications for Development. World Investment Report. United Nations Conference on Trade and Development, United Nations, New York / Geneva.

WHO (2000), The World Health Report, Health Systems: Improving Performance World Health Organisation, Geneva.

WHO (2002), The World Health Report, Reducing Risks, Promoting Healthy life, World Health Organisation, Geneva.

WHO (2003), The World Health Report Shaping the Feature, World Health Organisation, Geneva.

Wohlmuth, K. (1991), Industrialisation based on Agricultural Development. An Introduction, in: K. Wohlmuth / P. Oesterdiekhoff / R. Kappel. / D. Hansohm / B. Worch / H.-H. Bass / E. Grawert / G. Zdunnek / J. Franz / M. Conrad / K. Kleine (eds.): Industrialisation based on Agricultural Development, African Development Perspectives Yearbook, vol. 2, Lit-Verlag, Münster / Hamburg, pp. 3-29.

Wohlmuth, K. (1999), Global Competition and Asian Economic Development. Some Neo-Schumpeterian Approaches and their Relevance, in: Berichte aus dem Weltwirtschaftlichen Colloquium der Universität Bremen, No. 63, Universität Bremen, Bremen.

Wohlmuth, K. (2000), Africa's Reintegration into the World Economy - Basic Issues. An Introduction, in: K. Wohlmuth / H.-H. Bass / E. Grawert, / A. Gutowski / R. Kappel / A. König / M. Wauschkuhn (eds.): Africa's Reintegration in the World Economics, African Development Perspectives Yearbook, Vol. 8, Lit-Verlag, Münster / Hamburg, pp. 3-29.

Wohlmuth, K. (2001), Africa's Growth Prospect in the Era of Globalisation, The Optimists versus The Pessimists, in: Berichte aus dem Weltwirtschaftlichen Colloquium der Universität Bremen, No.71, Universität Bremen, Bremen.

Wohlmuth, K. (2003), Chancen der Globalisierung- für wen?, in: Berichte aus dem Weltwirtschaftlichen Colloquium der Universität Bremen. No. 81, Universität Bremen, Bremen.

Wohlmuth, K. (2004a), Capacity Building and Private Sector Development: An Introduction, in: K. Wohlmuth / A. Gutowski / T. Knedlik / M. Meyn / S. Pitamber (eds.) African Development Perspectives Yearbook Book, Vol. 10, Lit-Verlag, Münster / Hamburg, pp. 139-159.

Wohlmuth, K. (2004b), The African Growth Tragedy: Comments and an Agenda for Action, in: Berichte aus dem Weltwirtschaftlichen Colloquium der Universität Bremen. No. 91, Universität Bremen,

Bremen.

Wohlmuth K. / Meyn, M. / Knedlik, T. / Gutowiski, A. / Jerome, A. / Eboue, C. / Mama T. / Schoname, A. (eds.) (2007), Africa – Commodity Dependence, Resource Curse and Export Diversification. African Development Perspectives Yearbook, vol. 12, 2007, Lit-Verlag, Münster / Hamburg.

World Bank (1981), World Development Report, The World Bank /IBRD, Washington D.C.

World Bank (1993), World Development Report, Investing in Health, The World Bank / IBRD; Washington D.C.

World Bank (2004), Global Development Finance: Harnessing Cyclical Gains for Development, The World Bank/IBRD, Washington D.C.

World Bank, (1997-2005), World Development Indicators, The World Bank / IBRD; Washington D.C.

World Bank (2005), World Development Report, A better Investment Climate for Everyone, The World Bank /IBRD, Washington D.C.

World Bank (2006), World Development Report, 2000/01, Summary Education Profile, in: World Bank Development Data, 2006 (online): http://devdata.worldbank.org/edstats/SummaryEducationProfiles/Co; accessed 01 April 2006.

Die Wirtschaftspartnerschaften der EU mit den Ländern Afrikas, der Karibik und des Pazifiks – der richtige Weg für Handel und Entwicklung?

The EU's Economic Partnership Agreements with African, Caribbean and Pacific Countries – are the Trade and Development Components Compatible?

Mareike Meyn

Abstract

Since 2002 the European Union has been negotiating Economic Partnership Agreements (EPAs) with six regions in Africa, the Caribbean and the Pacific (ACP). EPAs are supposed to replace the preferential trade component ACP countries have enjoyed for the past 30 years by a free trade agreement which shall enter into force in January 2008. It is the objective of EPAs to promote regional integration and economic development among ACP countries as well as to intensify ACP trade and investment relationship with the EU. This article argues that it is not clear whether and how EPAs will connect trade and development policy. There is the risk that comprehensive trade agreements are used as a substitute for development policy which would rather hamper than promote development in ACP countries.

Zusammenfassung

Die Europäische Union verhandelt seit 2002 mit sechs Regionen Afrikas, der Karibik und des Pazifiks (AKP) über sogenannte Wirtschaftspartnerschaftsabkommen (EPAs). Kern der EPAs sind regionale Freihandelsabkommen zwischen der EU und den AKP Regionen, die die über 30-jährigen einseitigen Handelspräferenzen der AKP Länder ab Januar 2008 ersetzen sollen. Ziel ist es, regionale Integration und wirtschaftliche Entwicklung in den AKP Landern zu fördern und die Handels- und Investitionsbeziehungen zur EU zu stärken. In diesem Beitrag wird argumentiert, dass es den EPAs bislang nicht gelingt, eine klare Verbindung zwischen Handels- und Entwicklungspolitik zu schaffen. Es besteht die Gefahr, dass umfassende Handelsabkommen als Substitut für Entwicklungspolitik genutzt werden, was die Entwicklung in den AKP Ländern eher behindert als befördert.

1 Hintergrund der EU-AKP Wirtschaftspartnerschaften

Die Europäische Union (EU) hat seit 1975 mit ihren Ex-Kolonien in Afrika, der Karibik und dem Pazifik (AKP) ein auf Präferenzen ausgelegtes Handelsregime. In den Lomé Abkommen (I-IV) und im Cotonou Abkommen (seit 2000) wurden enge wirtschaftliche, soziale und politische Kooperationen festgelegt. Herzstück dieser Abkommen sind umfangreiche Handelspräferenzen (ohne die Notwendigkeit entsprechender Marktöffnung seitens der AKP) und die Finanzierung der Kooperationen im Rahmen des Europäischen Entwicklungsfonds.

Ende der 1990er Jahre, mit Auslaufen des Lomé IV Abkommens, zeichnete sich ab, dass die EU Handelsbeziehungen zu den AKP Ländern geändert werden müssen, da sie nicht mit dem Grundprinzip der Welthandelsorganisation (WTO) vereinbar sind, nach dem nicht zwischen Handelspartnern diskriminiert werden darf. Da die AKP Länder keine homogene Ländergruppe sind, sondern sowohl Entwicklungsländer als auch von den Vereinten Nationen als ärmste Länder der Welt (Least Developed Countries – LDCs) klassifizierte Länder beinhalten, diskriminiert die EU Entwicklungsländer, die nicht der AKP Gruppe angehören.

Der Nachfolger der Lomé Abkommen, das Cotonou Abkommen, sieht deshalb vor, dass die AKP Länder ab dem Jahre 2008 in so genannte Wirtschaftspartnerschaftsabkommen (Economic Partnership Agreements – EPAs) eintreten, wenn sie bestehende Präferenzen beibehalten wollen. Kern der E-PAs ist ein „asymmetrisches" Freihandelsabkommen zwischen AKP Regionen und der EU.

Die Neuordnung der EU Handelsbeziehungen mit den AKP Ländern stellt einen Paradigmenwechsel in der EU Entwicklungspolitik dar. Erstmals werden Freihandelsabkommen als aktives Instrument für die Entwicklungsperspektiven der AKP Länder eingesetzt. Auch wenn die Kommission betont, dass die Freihandelskomponente nur ein Teil der EPAs sei und nicht ausreiche die wirtschaftliche und soziale Marginalisierung der AKP Länder zu überwinden, so stellt sich doch die Frage, ob ein Freihandelsabkommen zwischen den hoch entwickelten Ländern der EU und den ärmsten Ländern der Welt, letzteren hilft, sich wirtschaftlich zu entwickeln.

2 Die EU-AKP Wirtschaftspartnerschaften als entwicklungspolitisches Instrument – divergierende theoretische Annahmen

Die Europäische Kommission argumentiert, dass die AKP Länder davon profitieren würden, ihre Märkte für EU Güter zu öffnen. Zum einen aufgrund von Konsumenteneffekten und dem Import von günstigen und qualitativ hochwertigen Inputs und zum anderen aufgrund von Lern- und Technologieeffekten, die durch eine engere Kooperation mit EU Firmen induziert würden. Des Weiteren würde erhöhte Konkurrenz im heimischen Markt die Wettbewerbsfähigkeit der heimischen Industrie befördern und die Allokation der Produktionsfaktoren optimieren.[1] Kritiker halten dem entgegen, dass Nord-Süd Freihandelsabkommen die klassischen Überlegungen regionaler Integrationstheorie vernachlässigen würden. So werde es aufgrund einer komplementären, also sich ergänzenden, Produktions- und Handelsstruktur, die durch den AKP Export von wenigen Primärgütern und dem Import von Kapitalgütern gekennzeichnet ist, zur Manifestierung der bestehenden Handelsstruktur kommen. Darüber hinaus könnten Importe der AKP Länder von wettbewerbsfähigen Drittländern durch EU Importe verdrängt werden, da die EU nun verbesserten Marktzugang im Vergleich zu Drittländern hat. Das Resultat wären schlechtere Importprodukte sowie Zollverluste.[2]

Mögliche positive und negative Implikationen von EPAs auf AKP Länder und Regionen wurden in diversen Studien untersucht. Zum einen wurden die Chancen in Form eines vertraglich gesicherten Präferenzmarktzugangs oder erhöhter technischer und finanzieller Unterstützung zur Verbesserung des ef-

---

[1] Foroutan (1993) und Collier und Gunning (2000) unterstützen diese positive Sichtweise von Nord-Süd Freihandelsabkommen.
[2] Siehe Venables (1999) und UNCTAD (2002) für einen kritischen Überblick über Nord-Süd Freihandelsabkommen.

fektiven Marktzugangs hervorgehoben. Zum anderen wurden Schätzungen über die fiskalischen Auswirkungen von EPAs, erhöhte Konkurrenzrisiken für heimische Sektoren und mögliche Präferenzverluste bei einem Ablehnen von EPAs angestellt.

Die weitaus umfassendere und eigentlich relevante Frage, was Nord-Süd Freihandelsabkommen aus entwicklungspolitischer und –ökonomischer Sicht bewirken können und inwieweit von ihnen positive Impulse für wirtschaftliche Entwicklung und regionale Integration ausgehen, konnte jedoch bislang nicht befriedigend beantwortet werden. Ein wesentlicher Grund hierfür ist, dass bislang nicht klar ist, wie EPAs genau aussehen und was sie beinhalten, d.h.

1. welchen Umfang und Zeitrahmen die Liberalisierung zwischen der EU und den AKP Regionen umfassen wird;

2. inwieweit sich der *effektive* Marktzugang zur EU für die AKP Länder verbessern wird;

3. ob die EPAs auch Regelungen für Dienstleistungen, Investitionen, Wettbewerbspolitik, geistiges Eigentum, Transparenz für öffentliche Vergaberechte, und Handelserleichterungen („trade facilitation") beinhalten bzw. in *welcher Form* handelsbezogene Theme aufgenommen werden;

4. welche AKP Länder die EPAs letztendlich unterzeichnen und inwieweit diese *de facto* implementiert werden. Hiervon hängt maßgeblich ab, was für Auswirkungen EPAs auf regionale Integrationsbündnisse in den AKP Ländern haben werden und inwieweit die EPAs von den AKP Ländern getragen werden;

Wohlmuth (2004, 2) verweist in diesem Zusammenhang auf die Relevanz von ‚ownership' im entwicklungspolitischen Prozess und warnt: „„...the term "ownership of reforms" is too often associated with an undue mixture of intervention from outside and an encouragement of local actors to present some inputs". In der Tat werden EPAs von den AKP Ländern eher als Intervention und Bevormundung denn als gleichberechtigte Partnerschaften wahrgenommen. Dies wirft die Frage auf, ob EPAs der richtige Politikansatz sind, um

Entwicklung in den AKP Ländern zu fördern und wie ein solcher Ansatz aussehen müsste.

In diesem Beitrag soll dargestellt werden, welche Punkte für die „Entwicklungsfreundlichkeit" von EPAs im Sinne der im Cotonou Abkommen getroffenen Zielvereinbarungen relevant sind. Ziel ist es, zu untersuchen, inwieweit die Ziele der EU-AKP Partnerschaft in den momentanen Verhandlungen reflektiert werden und wie ein EPA konzipiert sein sollte, um diesen Zielen gerecht zu werden. Die Diskussion konzentriert sich hierbei auf die folgenden Punkte:

a) Reziprozität und Importliberalisierung;

b) Möglichkeiten der Sonderbehandlungen für LDCs;

c) den verbesserten EU Marktzugang für AKP Exporte;

d) den Umgang mit Zollverlusten und Unterstützung institutioneller Reformen;

e) inwieweit EPAs regionale Integration in den AKP Ländern fördern und/oder behindern; und

f) welche Alternativen es zu EPAs gibt und wie mit dem Problem des geringen verbleibenden Zeithorizonts umgegangen werden kann.

3 Die Entwicklungsziele der EU-AKP Wirtschaftspartnerschaftsabkommen

3.1 Die Entwicklungsziele laut Cotonou Abkommen

Im Cotonou Abkommen einigten sich die Parteien darauf, dass EPAs helfen sollen, wirtschaftliche Entwicklung in den AKP Ländern zu fördern, Armut zu bekämpfen, regionale Integrationsbündnisse zu stärken und die Integration der AKP Länder in die Weltwirtschaft zu befördern. Im Einzelnen wurde im Cotonou Abkommen vereinbart, dass EPAs

- WTO kompatibel sein müssen, dabei jedoch die Sonderbehandlung („Special and Differential Treatment") von LDCs gewährleisten sollen[3]

---

[3] Diese Vorgehensweise entspricht auch der gängigen WTO Definition von „Special and Differential Treatment" (Art. XVIII) für Entwicklungsländer, nach der LDCs von der Implementierung der WTO Regularien ausgenommen sind. SDT für andere Entwicklungsländer impliziert hingegen i.d.R. nur längere Implementierungszeiten für die Umsetzung vereinbarter Handelsregeln.

und die Verwundbarkeit der AKP Binnenstaaten und Inselökonomien berücksichtigen (EC 2000: Art. 2, Art. 34.4, Art. 35.3);

- bei der Importliberalisierung den Entwicklungsstand, die Kapazitäten und die Anpassungsfähigkeiten der jeweiligen AKP Länder in Betracht ziehen und ausreichend Zeit für den Transformationsprozess von Präferenz- zu Freihandelsabkommen lassen (Art. 2 und Art. 37.7).
- den Marktzugang der AKP Länder in die EU verbessern (Art. 37.7);
- die Produktions- und Handelskapazitäten der AKP Länder stärken (Art. 34);
- eine klare Verbindung zwischen finanzieller Entwicklungszusammenarbeit und Handelspolitik herstellen (S. 9);
- auf existierende regionale Integrationsinitiativen aufbauen und regionale Märkte konsolidieren, bevor die Regionen gegenüber der EU liberalisieren (Art. 1, 2 and Art. 35:2).

3.2 Die Prioritäten der laufenden Verhandlungen

3.1.1 Reziprozität und Importliberalisierung

EPAs müssen mit den Bestimmungen der WTO im Einklang stehen, was bedeutet, dass sie „den wesentlichen Handel" in einer „angemessenen Zeitspanne" liberalisieren (GATT, Art. XXIV, § 4-10). Die genaue Bedeutung dieser Phrase ist strittig, wird aber von der EU so interpretiert, dass ca. 90% des bilateralen Handels innerhalb von ca. 10 Jahren liberalisiert werden müssen. Aufgrund der enormen Entwicklungsdivergenzen zwischen der EU und den AKP Ländern, signalisiert die EU jedoch zwischenzeitlich, dass es denkbar sei, dass die AKP Länder bis zu 25 Jahre Zeit für die Liberalisierung von EU Importen haben (Mandelson 2007). Weiterhin strittig ist jedoch der Umfang der Liberalisierung. Die Kommission verhandelt mit AKP Regionen, die 8-15 Länder umfassen und will erreichen, dass die Länder sensitive Produkte nicht auf nationaler sondern auf regionaler Ebene festlegen, ohne dabei die WTO Bestimmungen zu verletzen. Dies führt zu enormen Schwierigkeiten, da sich die Zollraten und -strukturen der Länder einer EPA Region stark unterscheiden (Stevens 2006; Khandelwal 2004). Während die meisten AKP Länder auf nationaler Ebene gegenüber der EU liberalisieren *und* den Großteil ihrer sensitiven Produkte schützen könnte, ist dies auf regionaler Ebene nur schwer möglich (ODI 2007c). Entgegen den Hoffnungen der EU sind die ökonomischen Integrationsfortschritte in den AKP Regionen marginal – in den meisten besteht nicht einmal eine funktionierende Freihandelszone. Die Problematik, dass keine der sechs EPA Konfigurationen eine funktionierende Zollunion ist und keine gemeinsamen Regeln und Institutionen für eine regionale Handelspolitik hat, ist nicht zu unterschätzen. Wie soll eine „Region", deren Mitglieder noch nicht einmal den Handel untereinander liberalisiert haben, geschweige denn sich auf einen gemeinsamen Zollsatz gegenüber Drittländern geeinigt haben, als einheitliche Region ein Freihandelsabkommen mit einem Drittland verhandeln?

3.1.2 Sonderbehandlung von Least Developed Countries

Die Sonderbehandlung von Entwicklungsländern, die bereits in Art. XVIII des 1947 GATT Abkommens festgelegt wurde, sieht vor, dass Entwicklungsländer ihre Zölle flexibel gestalten können und in einem geringeren Umfang liberalisieren müssen als Industrieländer, wenn dies ihrer ökonomischen und industriellen Entwicklung förderlich ist. Diese Bestimmung wird jedoch seit Bestehen der WTO (1995) so interpretiert, dass Entwicklungsländer die gleichen reziproken Verpflichtungen haben wie Industrieländer und ihnen nur für deren Implementierung mehr Zeit gelassen wird. Nur die von den Vereinten Nationen als „least developed countries" (LDC) klassifizierten Länder sind von der Reziprozität der WTO Bestimmungen ausgenommen.

Die Kommission geht mit den EPAs einen Schritt weiter: Reziprozität und Regionalisierung werden als zentrale Elemente von EPAs gewertet. Da alle sechs EPA Regionen sowohl Entwicklungsländer als auch LDCs beinhalten, müssen auch die LDCs, die einem EPA beitreten, ihre Zölle gegenüber der EU liberalisieren (EC GD Handel 2006a). Auch wenn LDCs theoretisch die Option haben, im Rahmen der EU „Everything But Arms" Initiative weiterhin einseitige Präferenzen zu genießen, so ist dies aufgrund des regionalen Charakters von EPAs praktisch kaum möglich. Aufgrund der Schwierigkeiten der LDCs, das Ursprungsland ihrer Importe zu identifizieren, besteht das Risiko, das indirekte EU Importe im Rahmen regionaler Liberalisierungsinitiativen nicht entsprechend verzollt werden. Vor allem für die ‚landlocked' LDCs dürfte dies ein Problem darstellen.

454 Kapitel 5: Neue Herausforderungen für Entwicklungsländer
Chapter 5: New Challenges for Developing Countries

3.1.3 Marktzugang und Ursprungsregeln

Nach langem Widerstand hat die Kommission am 04. April 2007 erklärt, allen AKP Ländern (bis auf Südafrika), die in ein EPA eintreten, sofortigen freien Marktzugang für all ihre Produkte zu gewähren.[4] Da die LDCs bereits freien Marktzugang haben und die AKP Entwicklungsländer 97% ihrer Exporte frei in die EU einführen können (EC GD Handel 2006b), scheint es zweifelhaft, dass diese Maßnahme zu einer nennenswerten Erhöhung von ACP Exporten in die EU führen wird. Nicht-tariffäre Handelsbarrieren in Form restriktiver Ursprungsregeln,[5] Mindestmengen und immer restriktiver werdenden sanitären und phytosanitären Standards beschränken den AKP Marktzugang in die EU weitaus wirkungsvoller als die geringen verbleibenden Zollbarrieren.

3.1.4 Zollverluste, institutionelle Reformen und "aid for trade"

Je nach Zollniveau und Relevanz der EU als Importquelle, werden die Zollverluste für einige AKP Länder, vor allem in Afrika, schmerzhaft sein. Bislang sind weder Umfang noch Zeitraum der AKP Importliberalisierung klar, so dass Studien über das Ausmaß der Zollverluste spekulativ bleiben müssen.[6] Auch über die dynamischen Effekte der Zollverluste können nur Spekulationen angestellt werden: durch erhöhte EU Importe zu Lasten von Drittländerimporten (Handelsumlenkung) könnten sich die Zollverluste aufgrund von EPAs weiter erhöhen, während sie sich durch erhöhte Gesamtimporte und verbesserte wirtschaftliche Rahmenbedingungen als Resultat der Liberalisierung wiederum reduzieren könnten. Fraglich ist allerdings, ob sich, wie von der Kommission angenommen, die Zollverluste durch eine effektivere Zolladministration und die Implementierung eines Mehrwertsteuersystems voll kompensieren lassen (EC GD Handel, 2006a,b). Aufgrund der schmalen

---

[4] Bis auf Reis und Zucker, die schrittweise bis 2015 liberalisiert werden sollen. Zwischenzeitlich sind aufgrund des Drucks einiger EU Mitgliedsstaaten auch Bananen und Zitrusfrüchte als ‚Ausnahmen' im Gespräch.
[5] Theoretisch werden Ursprungsregeln benötigt, um das Ursprungsland zu identifizieren und simple Re-exporte zu vermeiden. Die bestehenden Ursprungsregeln des Cotonou Abkommens haben jedoch sehr strikte Kumulierungsregeln, die die Weiterverarbeitung und Diversifizierung in den AKP Ländern behindern. Die EU wollte im Jahr 2005 ein ‚vereinfachtes und entwicklungsfreundliches' Urpsungsregelwerk vorlegen, das jedoch bislang noch aussteht.
[6] Die Auswirkungen der Zollverluste für die einzelnen EPA Regionen werden auf 5-10% für Westafrika, 1-12% für die ESA Region und 12% für Zentralafrika geschätzt (Busse et al. 2005, Karingi et al. 2005, Khandelwal 2004).

Steuerbasis sowie institutionellen und administrativen Schwächen innerhalb der AKP Länder, sind die Möglichkeiten erhöhter Steuereinnahmen zumindest kurzfristig begrenzt (Busse et al., 2005). Eine weitere Herausforderung für EPAs ist es deshalb, die Verbindung zwischen fiskalischer Reform und handelpolitischer Reform zu meistern. So muss verhindert werden, dass Zolleinnahmeverluste in reduzierten öffentlichen Ausgaben resultieren, die für die Entwicklung der AKP Länder essentiell sind, wie beispielsweise Bildung oder eine rudimentäre Gesundheitsversorgung.

Um dies zu gewährleisten, wäre ein Vorschlag, eine verbindliche finanzielle Zusicherung für die Implementierung der EPAs in das Vertragswerk mit aufzunehmen und diese mit den einzelnen Kapiteln zu verbinden. Dadurch könnte in transparenter Weise nachvollzogen werden, wieviel Geld zur Verfügung stünde, um alternative Einkommensquellen aufzubauen, die einzelnen Komponenten des Abkommens zu implementieren (u.a. Wettbewerbs- und Investitionsregularien) oder die regionale Komponente der EPAs zu sichern (z. B. durch die institutionelle Stärkung der Regionalorganisationen). Obwohl im Cotonou Abkommen das Ziel vorgegeben wurde, eine klare Verbindung zwischen finanzieller Entwicklungszusammenarbeit und Handelspolitik herzustellen (S. 9), verweigert die Kommission bislang jegliche finanzielle Zusage, die über die im 10. Europäischen Entwicklungsfond (2007-2013) festgelegte Summe hinausgeht und verweist auf bilaterale „aid for trade" Zusagen der EU Mitgliedsländer (Europäischer Rat, 2006). Auch wenn der Großteil dieser Hilfe für die AKP Länder bestimmt sein wird, bleibt unklar, ob diese Hilfe *zusätzlich* als handelsbezogenen Hilfsmaßnahme eingesetzt wird oder ob es sich um eine Umdeklarierung bestehender Hilfsmaßnahmen für die Bereiche Handel und regionale Integration handelt. Angesichts der Selbstverpflichtung der EU die Offizielle Entwicklungshilfe (ODA) bis zum Jahre 2015 auf 0.7% des BSP zu erhöhen, gibt es noch umfangreichen Spielraum für verbindliche finanzielle Zusagen im Rahmen von EPAs.

3.1.5 Regionale Integration

Die Förderung regionaler Integrationsbemühungen der AKP Länder ist ein wesentliches Ziel des Cotonou Abkommens (Art. 1). Regionale Integration in Form von Freihandelszonen und Zollunionen soll helfen, die kleinen AKP Märkte zu integrieren, Transaktionskosten senken, den Wettbewerb stärken und damit die Effizienz der Produktion zu erhöhen und intra-regionalen Handel und Investitionen zu fördern. Darüber hinaus sollen durch regionale Integration grenzübergreifende Infrastrukturprojekte gefördert werden und regionale Konflikte entschärft werden. Alles in allem, wird regionale Integration oftmals als erfolgreiches Instrument zur Erreichung ökonomischer und politischer Ziele verstanden, das helfen soll, nationale und regionale Wohlfahrtseffekte zu maximieren (Wohlmuth 2001, Wohlmuth 2004, 40).

Es scheint, als habe die Kommission die Schwierigkeiten der AKP Länder regionale EPA Verhandlungen zu führen, stark unterschätzt. Da keine der sechs AKP Regionen eine gemeinsame Handelspolitik hat oder gemeinsame Verhandlungsmechanismen und –mandate aufweist, ist es für die Länder extrem schwierig, zu gemeinsamen Positionen zu kommen. Keine der sechs EPA Regionen wird am 1. Januar 2008 einen gemeinsamen Außenzollsatz gegenüber der EU implementiert haben. Dies bedeutet, dass die Implementierung einer regionalen Zollunion sowie die Liberalisierung des Außenzollsatzes gegenüber der EU Hand in Hand gehen werden und steht im Widerspruch zum Cotonou Abkommen, wonach regionale Märkte konsolidiert werden sollen, bevor es zur Marktöffnung von EU Importen kommt (Art. 1, Art. 2). Aus entwicklungspolitischer Sicht ist es deshalb wichtig, lange Übergangsfristen in den EPAs festzulegen, die es den Ländern ermöglichen, intra-regionalen Freihandel und einen gemeinsamen Außenzollsatz zu realisieren, bevor sie sich als Region gegenüber der EU öffnen (Meyn 2006).

Ob dies der Fall sein wird, bleibt allerdings fraglich. Selbst wenn man von einem maximalen Liberalisierungszeitrahmen von 20 Jahren ausgeht, ist es EU-Praxis, dass in mehreren Chargen liberalisiert wird. Damit bliebe den AKP Regionen im besten Fall 10 Jahre Zeit, ihre Märkte zu konsolidieren, bevor sie sich umfangreich gegenüber der EU öffnen müssten. Angesichts des geringen Integrationsgrades und den umfangreichen Herausforderung innerhalb der Länder und den Regionen ist dieser Zeitraum sehr kurz, um funktionierende Zollunionen voll zu implementieren.

4 Risiken und Optionen für 2008

Im September 2007, als dieser Artikel geschrieben wurde, sollten die EPA Verhandlungen so gut wie abgeschlossen sein, um ihre Fertigstellung und ihr provisorisches Inkrafttreten im Januar 2008 zu gewährleisten. Bislang hat jedoch keine der AKP Regionen ein annähernd vollständiges Abkommen mit der EU ausgehandelt. Die vorliegenden Entwürfe der Eastern Southern African (ESA) und Southern African Development Community (SADC) EPA Regionen haben weder den Umfang noch den Zeitrahmen der Liberalisierung bestimmt, geschweige denn sich auf die entsprechenden Anhänge der zu liberalisierenden Produkte geeinigt.[7] Die zentral- und westafrikanischen EPA Konfigurationen haben noch keinen Entwurf präsentiert und der Entwurf der Pazifik Region wurde von der Kommission in vielen Punkten als unzureichend abgelehnt. Darüber hinaus hat sich aus der ESA/SADC Gruppe heraus eine siebte Konfiguration gebildet: die Eastern African Community,[8] die separat ein EPA verhandeln möchte. Auch wenn diese Konfiguration generell zu begrüßen ist, da sie ein genuines Integrationsbündnis widerspiegelt, so bedeutet diese Neuordnung weitere Verzögerungen sowie die Zerschlagung des ESA EPAs.[9]

Angesichts des noch verbleibenden Zeitraums weniger Monate wird die Fertigstellung eines umfassenden Handelsabkommens von nahezu allen Beobachtern als unmöglich eingestuft. Die Kommission verweist darauf, dass es angesichts des auslaufenden WTO Waivers notwendig ist, den Verhandlungsdruck aufrecht zu erhalten und EPAs fristgerecht abzuschließen. Auch wenn diese Taktik verständlich scheint, so widerspricht sie doch dem von der

---

[7] Auch in den Bereichen Dienstleistungen und handelsbezogenen Maßnahmen sind bislang keine Einigungen erzielt worden. Da diese jedoch nicht relevant für die Aufrechterhaltung des AKP Marktzugangs sind, ist die Dringlichkeit ihrer Fertigstellung sekundär.

[8] Burundi, Kenia, Ruanda, Tansania und Uganda.

[9] Von den verbleibenden ESA Landern sind nur Mauritius und Zimbabwe als Nicht-LDCs klassifiziert und müssten zur Aufrechterhaltung ihrer Präferenzen ihre Handelsbeziehungen zur EU bis Ende des Jahres WTO konform gestalten.

Kommission annunziertem Hauptziel der Entwicklungsfreundlichkeit" von EPAs und trägt dazu bei, das ohnehin stark strapazierte Vertrauensverhältnis zwischen der Kommission und den AKP Ländern weiter zu verschlechtern.

Was sind die Alternativen? Welche Möglichkeiten WTO kompatibler, Cotonou äquivalenter Handelsregime gibt es, wenn die Parteien bis Ende des Jahres kein EPA abschließen?

Leider nicht viele. Die bestehenden alternativen Handelsregime der EU umfassen entweder nicht alle AKP Länder[10] oder bieten keinen äquivalenten Marktzugang. Studien des Overseas Development Institute (ODI 2007a und 2007b) haben gezeigt, dass fast Zweidrittel der AKP Länder, die nicht als LDCs eingestuft sind, unter dem einzig verfügbaren alternativen Handelsregime der EU[11] Zollerhöhungen von über 25% ihres Gesamtexportwertes gegenüber stünden. Die Länder, die am stärksten betroffen wären, sind vor allem jene, die am meisten vom protektionierten EU Agrarmarkt profitieren: Belize, Surinam und Swasiland (Zucker), Kenia (Zucker und Blumen) und Namibia (Rindfleisch). Für viele AKP Länder würde dies nicht nur das Ende ihrer Exporte in die EU bedeuten, sondern auch den Zusammenbruch ihrer (international nicht wettbewerbsfähigen) Industrien.

Die Möglichkeit eines neuen WTO Waivers, also der befristeten Legalisierung eines WTO inkompatiblen Handelsregimes, wird von der Kommission generell abgelehnt und von Beobachtern als unrealistisch eingestuft.[12] Eine weitere Möglichkeit wäre es, „die Uhr anzuhalten", also das Ende des WTO Waivers zu ignorieren und mit den EPA Verhandlungen fortzufahren. Das Ende des WTO Waivers bedeutet nicht, dass die EU Zölle auf AKP Waren erheben muss; es bedeutet lediglich, dass die die Konkurrenz der AKP Länder gegen ihre Diskriminierung vor dem WTO Schiedsgericht klagt. Dieses Prozedere dauert im Durchschnitt zwei Jahre und es ist äußerst unwahrscheinlich, dass ein Land Klage erhebt, wenn sich abzeichnet, dass die WTO Kompatibilität der Diskriminierung in Kürze gewährleistet ist. Es liegt damit allein in der Hand der Kommission, ob sie ein Exempel statuieren will, welches das

---

[10] Die 'Everything But Arms' Initiative umfasst nur die Least Developed Countries.
[11] General System of Preferences (GSP).
[12] Siehe z. B. Bilal (2007), ComSec (2007).

Risiko birgt, negative Entwicklungen in den AKP Ländern zu induzieren oder ob sie zur Kooperation bereit ist.[13]

5 Schlussbetrachtung

Die laufenden EPA Verhandlungen spiegeln nur unzureichend die im Cotonou Abkommen festgelegten Entwicklungsziele für die AKP Länder wider. Den enormen Entwicklungsdivergenzen zwischen der EU und den AKP Ländern muss sowohl im Umfang als auch im Zeitrahmen der Marktöffnung Rechnung getragen werden, um den AKP Ländern Spielraum für nationale und regionale Entwicklungsprioritäten zu lassen und dem geringen wirtschaftlichen Integrationsgrad der AKP Regionen Rechnung zu tragen. Der momentane Stillstand der WTO Doha „Entwicklungsrunde" und die fehlende Neuinterpretation von Art. XXIV (regionale Integrationsräume) und Art. XVIII (Sonderbehandlung von Entwicklungsländern) erlauben Spielraum für die innovative Gestaltung der Importliberalisierung von EPAs. Inwieweit die Kommission diesen Spielraum nutzt und eine entsprechend großzügige Asymmetrie der Liberalisierung in EPAs einbauen wird bleibt jedoch offen.

Bislang divergieren die Positionen der Kommission und der AKP Länder in nahezu allen Bereichen, die die EPAs beinhalten sollen. Obwohl die meisten AKP Länder, inklusive der LDCs, generell daran interessiert sind, ein EPA einzugehen, um ihren präferierten Marktzugang in die EU zu erhalten und die Beziehungen zu ihrem Haupthandels- und Entwicklungspartner vertraglich zu sichern, werden die AKP Länder dies nicht um jeden Preis tun. Nur wenn die EPAs dazu beitragen, dass die ein EU ein attraktiver Handelspartner bleibt – trotz sinkender Präferenzmargen und steigender Markteintrittskosten - werden die AKP Länder die EPAs als Chance für ihre Entwicklungsperspektiven begreifen. Bislang jedoch überwiegen Frustrationen über die allumfassende Agenda der EPAs (Güter, Dienstleistungen, Investitionen, Wettbewerb, intellektuelle Eigentumsrechte etc.), den rigiden Zeitplan und den andauernden Widerstand der Kommission über verbindliche finanzielle Zusagen, die die Implementierung der EPAs begleiten, zu sprechen.

---

[13] Eine weitere Möglichkeit wäre es, nur die Klauseln zu verhandeln, die notwendig sind, um die WTO Kompatibilität der EPAs gemäß Art. XXIV zu gewährleisten und die ausstehenden Kapitel nach 2008 zu diskutieren.

Angesichts des momentanen Verhandlungsstandes ist es mittlerweile schlicht zu spät, umfassende Handelsabkommen bis Ende des Jahres zu verhandeln. Ob und in welcher Form EPAs im Januar 2008 in Kraft treten, ist also offen. Die Erhebung von Importzöllen während laufender Handelsverhandlungen (die *nie* rechtzeitig beendet werden) wäre allerdings ein einmaliger Vorgang und dürfte weder im entwicklungspolitischen Interesse Europas sein, noch zur Förderung des 2. EU-Afrifa Gipfels in Lissabon im Dezember 2007 beitragen.

Literatur

Bilal, Sanoussi (2007), Concluding EPA Negotiations: Legal and institutional issues, ECDPM, Maastricht.

Busse, M. / Borrmann, A. / Neuhaus, S. (2005), Trade Institutions and Growth: An Empirical Analysis of the Proposed ACP/EU Economic Partnership Agreements for ECOWAS countries. Hamburg: HWWA.

Collier, P. / Gunning, J. W. (2000), The Potential for Restraint through International Trade Agreements, in: Collier, P. / Pattillo, C. (eds.): Investment and Risk in Africa. Macmillan Press, Basingstoke et al., S. 338 - 351.

ComSec (Commonwealth Secretariat) (2007), The General Preferential Regime Applicable to Imports Originating in ACP Non-LDCs Failing in the Conclusion and Entry into Force of EPAs By 1 January 2008, Commonwealth Secretariat, London.

EC (Europäische Kommission) (2000), ACP-EU Partnership Agreement signed in Cotonou on 23rd June, 2000, Supplement to the Courier, September 2000, Brüssel.

EC GD Handel (Europäische Kommission, Generaldirektion Handel) (2006a), EPA Newsletter No. 8. Information on the Economic Partnership Agreements Negotiations, (online): http://europa.eu.int/comm/trade/issues/bilateral/regions/acp/nswl08_en.htm, (26/04/06).

EC GD Handel (2006b), Africa, Caribbean, Pacific. Key Aspects of Current Trade Relations, (online): http://ec.europa.eu/trade/issues/bilateral/regions/acp/keyaspects_en.htm, (23/10/06).

Europäischer Rat (2006), Press Release 2756th Council Meeting, General Affairs and External Relations, External Relations, Luxembourg, 16-17 October 2006 (online): http://www.consilium.europa.eu/ueDocs/newsWord/en/gena/91351.doc, (19/11/06).

Foroutan, Faezeh (1993), Regional integration in Sub-Saharan Africa: past experience and future prospects, in: De Melo, J. / Panagariya, A. (eds.): New dimensions in regional integration, Cambridge University Press, Cambridge, S. 234-71.

Karingi, S. / Lang, R. / Oulmane, N, / Perez, R. / Jallab, M. S. / Hammouda, H. B. (2005), Economic and Welfare Impacts of the EU-Africa Economic Partnership Agreements, ATPC Work in Progress vol. 10, UN-ECA, Addis Abeba.

Khandelwal, P. (2004), COMESA and SADC: Prospects and Challenges for Regional Trade Integration, IMF WP/04/227, IMF, Washington D.C.

Mandelson, P. (2007), European Parliament debate on Economic Partnership Agreements, remarks by P. Mandelson, Strasbourg 22 May 2007, (online): http://ec.europa.eu/commission_barroso/mandelson/speeches_articles/sppm149_en.htm (26/07/2007).

Meyn, M. (2006), The Impact of EU Free Trade Agreements on Economic Development and Regional Integration in Southern Africa. The Example of EU-SACU Trade Relations, Diss., Heidhues / von Baun (eds.): Development Economics and Policy, vol. 55, Frankfurt et al., Peter Lang Verlag, 2006.

ODI (Overseas Development Institute) (2007a), The Costs to the ACP of Exporting to the EU under the GSP, Final Report, März 2007, ODI, London.

ODI (2007b), Analysis of the Economic and Social Effects of Namibia's Potential Loss of Current Preference to the European Union, Final Report, Mai 2007, ODI, London.

ODI (2007c), ACP Tariff Policy Space in EPAs: The possibilities for ACP countries to exempt products from liberalisation commitments under asymmetric EPAs, Final Report, August 2007, ODI, London.

Stevens, C. (2006), The EU, Africa and Economic Partnership Agreements: unintended consequences of policy leverage, in: Journal of Modern African Studies, vol. 44:3, S. 441-458.

UNCTAD (2002), Trade and Development Report 2002, United Nations, Genf und New York.

Venables, A. (1999), Regional Integration Agreements: A force for convergence or divergence?, (online): http://wbln0018.worldbank.org/Research/workpapers.nsf/12e6920265e1e0d3852567e50050df1f/c5bb87436e472aaf8525684800687db4/$FILE/wps+2260.prn.pdf (14/04/2006).

Wohlmuth, K. (2004), The African Growth Tragedy: Comments and an Agenda for Action, Berichte aus dem Weltwirtschaftlichen Colloquium der Universität Bremen Nr. 91, Universität Bremen.

Wohlmuth, K. (2001), Regional Integration in the Era of Globalisation. An Introduction, in: Wohlmuth, K. et al. (Hrsg.): African Development Perspectives Yearbook vol. 8A (2000/2001): Africa's Reintegration into the World Economy, S. 366-374, Lit-Verlag: Hamburg / Münster.

Promoting Renewable Energy Technologies in Africa: Efforts and Challenges

Die Förderung erneuerbarer Energietechnologien in Afrika: Bestrebungen und Herausforderungen

Temesgen Kifle

"Despite favourable overall perspectives for renewable energy technologies in developing countries and also in Sub-Saharan Africa, there are serious constraints to dissemination." (Wohlmuth 1994b, p. 157)

Zusammenfassung

Der Beitrag diskutiert das Potenzial erneuerbarer Energien in Afrika. Der massive Anstieg des Weltölmarktpreises seit den 1970ern hat zusammen mit den Energiekrisen in Afrika und den allgemeinen Bedenken eines globalen Klimawandels zu einem erhöhten Interesse an erneuerbaren Energieressourcen geführt. Die Nutzung erneuerbarer Energien birgt erheblichen Nutzen: sie sind sauber und unerschöpflich und Investitionen in erneuerbare Energien schaffen Arbeitsplätze und Wirtschaftswachstum.

Afrika ist reich an erneuerbaren Energieressourcen wie Biomasse, Wind, Solarenergie und Geothermalwärme; allerdings ist das Potenzial bislang nicht ausreichend genutzt worden. Die Hauptgründe hierfür sind mangelnder politischer Wille, Vorurteile gegenüber erneuerbaren Energien, Finanzengpässe, mangelhafte Informationen und eine schwache Infrastruktur. Es gibt einige erfolgreiche Beispiele, in denen Länder die Nutzung erneuerbarer Energietechnologien gefördert haben. Es ist jedoch noch ein weiter Weg bis Afrika sein volles Potenzial zur Nutzung erneuerbarer Energien entwickelt hat.

Abstract

This paper discusses the issue of renewable energy in Africa. The huge increase in the world price of oil since the 1970s, together with power crises in Africa and the widespread concern about global climate change, has led to greater interest in renewable energy resources. The benefits that accrue from the use of renewable energy technologies are substantial. Renewable energy sources are clean and inexhaustible and investment in renewable energy creates jobs and fuels local economies.

Africa is rich in renewable energy resources like biomass, wind, solar and geothermal power; however, the potential has not yet been fully exploited. There are a number of reasons for the modest fraction of current renewable energy use in Africa. An inconducive policy environment, a bias against renewable energy, a shortage of finance, a lack of information and underdeveloped infrastructure are the most widely recognized reasons. There are some successful examples of countries that have promoted the use of renewable energy technologies; however, there is still a long way to go before Africa fully develops its renewable energy potential.

1 Introduction

This paper reviews Karl Wohlmuth's contribution to the importance of and barriers to Renewable Energy Technologies (RETs) in Africa. It almost exclusively refers to the article written by Wohlmuth (1994b, pp. 136-158) on policy reform and promotion of RETs in Sub-Saharan Africa (SSA) Countries. The paper also presents the suggestions made on the possible solutions to overcome the barriers to adopt RETs in Africa. Furthermore, recent developments in the promotion of renewable energy are incorporated in this paper.

Africa has substantial renewable energy sources, including hydropower, geothermal, biomass, solar and wind. However, the contribution of renewable energy to the total energy use has not increased much over the years. It is widely known that traditional energy use has many drawbacks. The combustion of woodfuel can exacerbate deforestation; soil quality and agricultural as well as livestock productivity can be affected by the use of crop residual and animal waste as fuels; and smoke from the burning of traditional fuels has also a negative health effects. The challenges of growing use of traditional sources of energy can be tackled by adopting renewable energy usage from local sources. Efforts to increase RETs in Africa have not yet brought the desired result, despite some improvements. There are a number of factors that limit the dissemination of RETs in Africa and thus policy makers and community leaders should overcome the barriers to the adoption of RETs so as to meet energy needs of various sectors.

Following this introduction, the rest of the paper is structured into five sections. Section two describes the rationale for the need to adopt RETs in Africa. Section three discusses promotion efforts and barriers to the adoption of RETs in Africa. Suggestive measures to overcome these barriers are presented in section four. Finally, the concluding section summarizes the main points of the paper.

2 The Rationale for Adopting RETs in Africa

Renewable energy is a type of energy obtained from regenerative resources. Sources of renewable energy include biomass, solar, wind and hydropower. Africa has significant renewable energy sources that could be exploited to meet the growing demand for energy.

In his paper on RETs in Sub-Saharan Africa (SSA) Countries, Wohlmuth (1994b, p. 136) discussed the increasing interest in renewable energy. The three most widely known reasons for the interest in renewable energy in Africa are increase in oil prices, repeated power crisis in the region and global environmental initiatives. The negative effect of the 1973 and 1979 oil prices increase on the continent can be seen from two angles. One is the increase in import expenditure and the other is the increase in food imports in consequence of higher dependence on fuelwood (and thus resource degradation) as a substitute for high oil price. Both consequences, therefore, should be seen as factors causing balance of payment problems. Wohlmuth (1994a, p. 60) has mentioned that African countries have to pay more than 50% of their import bill for oil.

Another reason for the importance of RETs is because the economies of many African countries are affected by recurrent power crisis which is partly attributable to inadequate generation, transmission and distribution capacities.

There is an argument that poor governance that leads to conflicts is the main cause of Africa's power crisis, an argument which is also shared by Wohlmuth (1994a and b). The heavy dependence on external financing, for instance, has hindered mobilization of local finance for development of energy resources. Lack of coordination among stakeholders, together with inconducive legal, regulatory and institutional frameworks as well as poor project implementation, has contributed to energy crisis in the region. The heavy reliance on traditional biomass such as firewood and charcoal creates energy losses. Wohlmuth (1994a, p. 60) has discussed that the uses of energy are highly wasteful despite limited supplies and greater demand for energy services. In addition, a large number of people in Africa depend on biomass energy to meet the household energy needs and generate income; however, the use of this energy in a traditional way has significant negative consequences such as air pollution, land degradation and deforestation. The fact that renewable energy resources in Africa are unevenly distributed hinders initiatives to build cooperative mechanisms between countries and sub-regions, implying that benefits from renewable energy are not harnessed optimally.

Though renewable energy alone cannot bring a solution to all of Africa's energy crisis, the use of RETs has the advantage of reducing the existing power problems. African countries have a significant unexploited potential of renewable resources and thus, challenges of the growing demand for energy in the region can partially be met through the use of renewable energy.

Greater interest in RETs is also stimulated by global warming initiatives. It is known that carbon dioxide is one of the main sources of greenhouse gases Carbon dioxide is created by fossil fuel burnings (such as coal, oil and natural gas) to generate electricity, heat homes, power factories and run cars. The use of fossil fuels, therefore, is a major threat to the environment. Actually, developed countries have by far the largest carbon dioxide emissions. According to the World Bank report (2006a), SSA's share of carbon dioxide emissions in 2002 was only 2.1%, whereas high income countries accounted for 52.1% of the carbon emissions in the world. Though overall Africa's energy per capita consumption is low and thus its contribution to global warming is minimal, the evidence of localized impacts such as wood extraction for fuel is extreme and exceeds reforestation rates. Furthermore, forest clearing to use for agriculture and settlement affects the climate system and jeopardizes water supply system. This implies that a promising alternative to the traditional use of energy sources can be achieved by developing RETs, which do not cause environmental problems.

3 RETs in Africa: Efforts and Barriers

Africa has substantial renewable energy sources, however, most of theses resources are still unexploited and thus it is unable to meet its growing industrial, agricultural, transport and commercial sector energy demand. Though Africa's share in world Total Primary Energy Supply (TPES) is only 5.3%, it has a large percentage of renewables in TPES (see Table 1). The statistical figures for 2004 show that the top ten African countries that have a greater share of TPES are South Africa, Nigeria, Egypt, Algeria, Ethiopia, Tanzania, Libya, Sudan, Kenya and Democratic Republic of Congo (for details see Table 2). Out of these countries, six are also among the top ten countries with greater share of renewables in TPES. Countries like South Africa, Egypt, Algeria and Libya have less renewables despite being among the top in terms of TPES.

Table 1: Regional renewables indicators, 2004

	TPES (Mtoe)	Of Which Renewables (Mtoe)	Share of Renewables in TPES (%)
Africa	586	287	49.0
Latin America	486	140	28.9
Asia	1289	411	31.8
China	1627	251	15.4
Non-OECED Europe	104	11	10.6
Former USSR	979	30	3.0
Middle East	480	3	0.7
OECD	5508	315	5.7
World	11059	1404	13.1

Notes: TPES = Total Primary Energy Supply and Mtoe = Million tons of oil equivalents. Asia excludes China. The rest of the world's TPES is oil (34.3%), coal (25.1%), gas (20.9%), nuclear (6.5%) and non-renewable waste (0.2%).

Source: IEA 2007, p. 11.

Table 2: Top ten African countries in TPES, 2004

	TPES (Mtoe)	Share of renewables in TPES (%)
South Africa	131.1	10.2
Nigeria	99.0	80.8
Egypt	56.9	4.5
Algeria	32.9	0.3
Ethiopia	21.2	91.5
Tanzania	18.7	92.7
Libya	18.2	0.8
Sudan	17.6	79.7
Kenya	16.9	80.8
Democratic Republic of Congo	16.6	96.0

Notes: TPES = Total Primary Energy Supply and Mtoe = Million tons of oil equivalent. In terms of share of renewables in TPES, the top ten African countries are Democratic Republic of Congo, Mozambique, Tanzania, Ethiopia, Zambia, Cameroon, Kenya, Nigeria, Sudan and Ghana.

Source: IEA 2007, pp. 9-10.

In his paper, Wohlmuth (1994b) has discussed in detail the substantial gap between the enormous African energy potential and the actual energy use. Evidence from ICSU (2006) indicates that Africa uses significantly less energy compared to other continents. Davidson and Sokona (2002) have documented that Africa consumes only 3%, despite producing around 7% of the world's commercial energy. Efforts to introduce RETs in Africa have not yet brought the desired results.

Generally, SSA has made modest progress in developing its energy sector, mainly attributable to initiatives taken at national, regional and international levels. Nationally, power sector programs, improved road and pipeline networks, investment in human capital, promotion of Research and Development (R&D) in the field of energy and creation of small and medium sized energy service enterprises are some of the efforts made to promote the energy sector. As stated by ICSU (2006), bilateral agreements between countries in the region have brought positive results. Pipeline projects between Kenya and Burundi (through Uganda) and gas pipelines between South Africa and Mozambique are worth mentioning examples. Countries like Botswana, Sudan, Senegal and Ghana have made efforts to replace the use of traditional fuels with liquid petroleum gas. Large scale renewable energy projects in Zimbabwe and in West African countries have also brought some success.

With regard to cost-competitive renewable energy to diversify Africa's energy sector and lower risks, Karekezi (2007) has presented evidence from countries like Malawi, Kenya and Mauritius that respectively produce transport fuel from biofuels, generate geothermal power and produce electricity from bagasse. Kenya and Mauritius are two countries that highly exploit their renewable energy sources to mitigate risks associated with drought and high oil prices. Karekezi (2007) further stated that the use of windpumps for irrigation in South Africa, small hydropower for agro-processing in Kenya, application of geothermal heat for fruits and vegetables in Kenya and the use of solar water heaters and solar photovoltaics in many African countries are practical examples of benefits of using RETs.

Despite all efforts, there are barriers to the adoption of RETs in Africa. Wohlmuth (1994b, p. 136) wrote "The energy transition from fuelwood and other biomass sources to commercial fuels like coal and gas proves to be extremely difficult in the SSA context". There are a number of factors that limit the dissemination of RETs in Africa. Karekezi and Kithyoma (2003) have identified the widely recognized drawbacks to the success of RETs in Africa, including lack of institutional framework and infrastructure, inadequate policies and legal issues regarding RETs, lack of RETs program coordination, distortions in price, financial barriers (especially high initial costs) and technical barriers. In his paper, Wohlmuth (1994b, pp. 145-146) has emphasized the ten core issues that need to be considered in the economics of RETs in Africa. He mentioned the inconsistency of projections on cost and market development, the ambitious type of assumptions used for projections, the bias that exists against RETs, the lack of innovative financial modalities to bridge the payback gap, the lack of market information, the unrealistic assumptions considered for promoting renewable energy and the lack of policy and planning coordination and integration of programs for the dissemination of RETs.

4 Solutions to Overcome Barriers to RETs

To promote RETs in Africa a number of factors should be taken into consideration. There are certain conditions that have to be fulfilled before implementing projects of RETs. Projects need to be economically sound, financially feasible, institutionally sustainable and locally replicable. Africa needs pro-active and long-term policy-oriented renewable energy programs. Policy programs should aim at exploiting the economic and environmental benefits accruing to the country from investments in renewable energy supply. In so doing, a country can create jobs and improve people's standard of living.

In disseminating RETs, countries should take the existing technical knowledge and local industries into account. Domestic technical know-how is a prerequisite for adopting RETs. Renewable energy training programs should be sustainable. In this regard, energy NGOs and international organizations can contribute towards developing human capital in the energy sector.

The Establishment of innovative and sustainable financial programs is also a key factor influencing the implementation and promotion of RETs in Africa. In connection with this, Wohlmuth (1994b, p. 142) has suggested that local saving associations, sectoral credit institutions, revolving funds and other domestic and international financial mechanisms can play their part in covering the high investment cost and bridging the longer payback gap.

Another possible way of solving financial barriers of RETs in Africa is by attracting Clean Development Mechanism (CDM) projects. As one of the three flexible mechanisms introduced by the Kyoto Protocol, a CDM mechanism allows industrialized countries to gain emissions credit for projects that aim at reducing emissions in developing countries. It is an arrangement that allows industrialized countries to invest in emission reducing projects in developing countries as an alternative to the more costly emission reductions in their own countries. Projects that are eligible under CDM comprises renewable energy, energy efficiency, recovery and utilization of methane, switching from fuels with greater to less greenhouse gas intensity and planting trees and other biomass to sequester carbon. The CDM is believed to be one of the most attractive instruments for countries in Africa because it gives these countries the opportunity to gain technology transfer and attract foreign investment needed for sustainable development. But in practice, CDM projects in Africa are very few in number. World Bank data (2006b) revealed that, as of the end of October 2006, 19 projects from SSA were in the CDM project pipeline, out of a total of 1274 projects for all developing countries. One reason for few CDM projects in Africa is that developing countries like China, India and Brazil have greater capacity to attract foreign direct investment than most African countries. In addition, there are few options for implementing CDM projects in Africa because Africa's carbon emissions are low. As indicated by UNEP (2006) currently Africa gets more benefit capacity building on CDM rather than from the actual CDM projects.

Renewable energy R&D is also among the crucial steps needed to promote RETs in Africa. Wohlmuth (1994b, p. 138) has highlighted that many African countries have developed some R&D competence; however, coordination is still a major hindrance. Therefore, governments should strive to harmonize private business enterprises' interest with state-support R&D. Coordination in R&D between national, sub-regional and regional capacities is also essential for the effective use of RETs.

5 Conclusion

This paper focuses on renewable energy in Africa based on Wohlmuth's contributions to the policy reform and promotion of RETs in SSA countries. Despite the greater share of renewables in TPES, Africa has not yet managed to exploit its renewable energy resources. Some efforts have been done to diversify Africa's energy sector using cost-competitive renewable energy, however, enormous problems still persist. Most of the problems identified by Wohlmuth remain unresolved. Thus, policy makers should design sustainable renewable energy policy by assessing the constraints to dissemination of RETs. It is also crucial to ensure the involvement of all stakeholders in policy formulation and development.

References

Davidson, O. / Sokona, Y. (2002), Think bigger, act faster, EDRC/ENDA University of Cape Town, South Africa.

ICSU (International Council for Science, 2006), Sustainable energy in Sub-Saharan Africa, ICSU regional office for Africa, draft science/work plan, online: http://www.icsu-africa.org, date accessed 01/06/2007.

IEA (International Energy Agency, 2007), Renewables in global energy supply: An IEA fact sheet, France: OECD/IEA.

Karekezi, S. (2007), What works for renewables for in Africa, online: http://www.ren21net/forumforum.asp?id=5, date accessed 01/06/2007.

Karekezi, S. / Kithyoma, W. (2003), Renewable energy development, online: http://www.un.org/esa/sustdev/sdissues/energy/op/nepadkarekezi, date accessed 30/05/2007.

UNEP (United Nations Environment Programme, 2006), African regional implementation review for 14th session on the commission on sustainable development (SCD-14): Report on climate change, online: http://www.un.org/esa/sustdev/csd/csd14/ecaRIM_bp1.pdf, date accessed, 03/01/2007.

Wohlmuth, K. (1994a), Towards a new energy policy for Africa – An introduction, in: Bass H. H., Messner, F., Wohlmuth, K. (eds.), African Development Perspectives Yearbook, Vol. 3/1992-1993: Energy and Sustainable Development, Münster and Hamburg: LIT Verlag, pp. 57-73.

Wohlmuth, K. (1994b), Policy reform and promotion of renewable energy technologies in Sub-Saharan African countries, in: Bass, H. H., Messner, F., Wohlmuth, K. (eds.), African Development Perspectives Yearbook, Vol. 3/1992-1993: Energy and Sustainable Development, Münster and Hamburg: LIT Verlag, pp. 136-158.

World Bank (2006a), World development indicators, Washington D.C.: The World Bank.

World Bank (2006b), State of the African carbon market: Despite increases Africa left behind in the carbon market, Press Release No. 2007/146/SDN, online: http://www.worldbank.org, date accessed 09/02/2007.

Luftverkehr in Afrika: Können „schwarze Listen" den Sicherheitsstandard substantiell erhöhen?

Air Transportation in Africa: Will „Blacklisting" Substantially Increase Safety Standards?

Andreas Knorr

Abstract

After a series of (mostly) fatal accidents in August 2005, European Union-wide 'blacklist' of (allegedly) unsafe airlines was published in spring 2006. As a result, 100 airlines are completely banned from entering EU airspace. 71 of them are registered in Sub-Saharan Africa, the region with the worst aviation safety record worldwide. A similar country-based "blacklist" has been a crucial element of the USA's international air transport policy since 1992. Their political appeal notwithstanding, this paper argues that "blacklists" nevertheless do not address the causes of Africa's aviation safety malaise.

Zusammenfassung

Nach einer Serie zumeist tödlich verlaufener Unfälle im August 2005 veröffentlichte die EU im Frühjahr 2006 erstmals eine ‚schwarze Liste' (angeblich) unsicherer Fluggesellschaften. Sie untersagt etwa 100 Airlines, die meisten davon aus Afrika, den Zugang zum europäischen Luftraum. Die EU folgt damit dem Vorbild der USA, die seit 1992 eine ähnliche, allerdings länderbasierte ‚Blacklist' erstellen. In der folgenden Abhandlung soll jedoch gezeigt werden, dass und warum derartige ‚schwarze Listen' kein ursachenadäquates Mittel zur Überwindung der gravierenden Sicherheitsprobleme im afrikanischen Luftverkehr darstellen.

1 Einführung

Seit dem Ende des Zweiten Weltkriegs ist das Fliegen weltweit erheblich sicherer geworden. Nur etwa zwei Flüge von einer Million enden mit dem Totalverlust des Fluggeräts und/oder für (einige) Passagiere und Besatzungsmitglieder tödlich; 1959 betrug dieses Risiko noch 45 zu einer Million. Eine gegenläufige Entwicklung ist allerdings in den Staaten Afrikas südlich der Sahara (im folgenden ‚Afrika') zu verzeichnen. Nicht nur erreicht das Unfallrisiko dort mit einem Wert von 9,2 zu einer Million das Zwölffache (!) des globalen Mittelwertes von 0,76. Anders ausgedrückt: Mit insgesamt dreizehn Abstürzen ereigneten sich im Jahr 2005 dort 37 Prozent aller tödlichen Unfälle in der Zivilluftfahrt – bei einem Anteil Afrikas von gerade einmal drei Prozent an allen in diesem Zeitraum durchgeführten Flügen (vgl. o.V. 2006a, vgl. Boeing 2006, 10, vgl. Aviation Safety Network 2006, 12, vgl. Ssamula 2007, 1) Die unbestrittenen Sicherheitsprobleme im afrikanischen Luftverkehr spiegelt auch die so genannte „schwarze Liste" wider (EU-Kommission 2007a), welche die EU-Kommission am 22. März 2006 der Öffentlichkeit präsentierte und die sie inzwischen viermal aktualisierte. Sie führt sämtliche Fluggesellschaften aus Nicht-EU-Staaten auf, denen aufgrund mutmaßlicher Sicherheitsmängel der Einflug in die Europäische Union untersagt ist. Derzeit sind einhundert Fluggesellschaften betroffen, darunter 71 (!) aus Afrika. Hinzu kommen vier weitere Airlines, darunter zwei afrikanische, die lediglich mit einzelnen, genau benannten Flugzeugen den EU-Luftraum ansteuern dürfen. Beschlossen wurde die „schwarzen Liste" der EU nach einer Absturzserie in der ersten Augusthälfte 2005. Neben der Bruchlandung eines Airbus A340 der Air France in Toronto am 2. August 2006, bei der keine Toten zu beklagen waren, starben damals bei drei weiteren Abstürzen insgesamt 297 Menschen, überwiegend EU-Bürger. Bereits wenige Tage später veröffentlichten die zuständigen Aufsichtsbehörden Frankreichs, Belgiens, der Schweiz und Großbritanniens nationale „schwarzen Listen". In den USA existiert eine solche, allerdings länderbezogene Liste bereits seit 1992.

Der Nutzen „schwarzer Listen" ist allerdings höchst umstritten. So betonen ihre Befürworter vor allem das Recht der Öffentlichkeit auf vollständige Information und Transparenz. Sie argumentieren zudem, dass die bloße Existenz einer „schwarzen Liste" den wirtschaftlichen Druck auf alle Fluggesellschaften erhöhe, die Sicherheitsstandards einzuhalten, da ansonsten massive ökonomische Nachteile bis hin zum Konkurs drohten. Dieser Aspekt ist insbesondere für die afrikanischen Fluglinien von zentraler Wichtigkeit, da aufgrund der geographischen Nähe, vor allem aber aufgrund der ehemaligen kolonialen Bindungen, heute noch immer etwa zwei Drittel des grenzüberschreitenden Flugverkehrs des Kontinents auf die Verbindungen von und nach Europa entfallen. Angesichts erheblicher methodischer Probleme erhebt der Verfasser dieses Beitrags jedoch grundsätzliche Einwände gegen „schwarze Listen" als Instrument der Unfallbekämpfung im Luftverkehr.

2 Flugsicherheit als ökonomisches Gut

Eine zentrale Erkenntnis der Informationsökonomik besagt, dass sich Marktversagen ceteris paribus einstellen kann, wenn die Nachfrager einer Leistung die Qualitätsunterschiede, die zwischen den am Markt konkurrierenden Anbietern bestehen, vor Vertragsabschluss aufgrund von Informationsdefiziten nicht erkennen können (vgl. Dulleck / Kerschbamer 2006). Beispielsweise ist es dem durchschnittlichen Flugpassagier unmöglich, den Sicherheitsstandard der von ihm gewählten Airline, die Lufttüchtigkeit des eingesetzten Fluggeräts oder die Qualifikation der Besatzung objektiv zu prüfen. Die Nachfrager gehen (im Modell) deshalb irrtümlich davon aus, dass die Produktqualität bei allen Anbietern identisch sei. Da weiterhin (vereinfachend) angenommen wird, dass höhere Qualität stets mit höheren Produktionskosten und folglich höheren Endverbraucherpreisen einhergeht, führt dies zwangsläufig zu adverser Selektion: Die qualitativ minderwertigen Anbieter verdrängen die qualitativ höherwertigen Anbieter vom Markt. Im theoretischen Extremfall bräche der Markt schließlich zusammen. Übertragen auf den Markt für Flugleistungen bedeutet dies, dass die Nachfrager wegen des durch diesen Prozess verursachten Anstiegs der Unfallwahrscheinlichkeit das Flugzeug durch andere – (mutmaßlich) sicherere – Verkehrsmittel ersetzen werden, sofern diese Alternativen existieren.

Freilich treten wie jedem Vertragsabschluss auch bei der Auswahl einer möglichst sicheren Fluggesellschaft Informationsasymmetrien auf. In der Praxis können diese in der Regel durch Aktivitäten der davon betroffenen Marktteilnehmer selbst in Kombination mit staatlichen Vorgaben überwunden bzw. substantiell gemildert werden. Diese bedienen sich dabei überwiegend so genannter „Screening"- und „Signalling"-Strategien. Beim „Screening" versucht der schlechter informierte Marktteilnehmer – d.h. der Passagier selbst, oder im Charterverkehr stellvertretend der Reiseveranstalter, – seinen Informationsstand durch eigene Recherchen oder durch Einschaltung von Sachverständigen zu verbessern. Zu Letzteren zählen im Luftverkehr, wie unmittelbar einsichtig ist, auch die Cockpitbesatzungen, in deren offensichtlichem Eigeninteresse es liegt, das Fluggerät vor dem Abheben gründlich zu inspizieren. Beim „Signalling" versucht dagegen der besser informierte Marktteilnehmer – hier also die Fluggesellschaft –, potentiellen Kunden ihre Qualitätsstandards zu demonstrieren. Da unter Fluggesellschaften Werbung, insbesondere vergleichende Werbung mit Sicherheitsstandards jedoch verpönt ist, kommt in diesem Zusammenhang der Reputation, die die fragliche Airline in Sicherheitsfragen genießt, zentrale Bedeutung zu. Eine in den vergangenen Jahren an Bedeutung zunehmende Alternative stellen schließlich private Zertifizierungssysteme dar, deren Gütesiegel einen Mindestqualitäts- respektive Sicherheitsstandard signalisieren sollen.

Abgesehen davon, dass sämtliche der zuvor genannten Aktivitäten für die Betroffenen mit Kosten verbunden sind, sollten deren mitunter erhebliche Funktionsprobleme nicht unterschätzt werden. So besteht beim „Screening" gerade bei hochkomplexen Produkten das Hauptproblem darin, dass der Nachfrager auch die Kenntnisse der Sachverständigen nicht bewerten kann. Er muss folglich auf deren Sachkunde, Objektivität und Unabhängigkeit vertrauen können. Gleiches gilt für „Signalling" durch Gütesiegel. Da hier die Auftraggeber die Kosten ihrer Evaluation zu tragen haben, stellt sich auch in diesem Kontext die Frage nach der Qualität und Unabhängigkeit dieser Agenturen.

Flankierende staatliche Eingriffe zur Qualitätssicherung sind somit grundsätzlich unverzichtbar. Im hier diskutierten Bereich der Flugsicherheit üblich sind vor allem, strikte Haftungsregeln – i. d. R. in Verbindung mit einem Versicherungszwang –, die Pflicht zur Offenlegung sicherheitsrelevanter Daten und Ereignisse gegenüber den zuständigen Behörden sowie gesetzliche Ausbildungs-, Trainings-, Wartungs- sowie Flugdurchführungsvorschriften sowie Mindestkapitalnachweise als Voraussetzung für die Erteilung einer Betriebserlaubnis als Airline. Dabei stellen einige Besonderheiten afrikanischer Fluggesellschaften die staatliche Luftfahrtaufsicht dort vor besondere Herausforderungen. Zum einen – und dies ist die Hauptursache – ist die wirtschaftliche Leistungsfähigkeit und Finanzkraft der dort tätigen Fluggesellschaften i. d. R. ausgesprochen schlecht (vgl. Fatokun 2005, 47 ff, vgl. Essenbert 2005, 14 ff.) Aufgrund der substantiellen Unterkapitalisierung der überwiegenden Mehrzahl der Airlines erreicht wiederum das Durchschnittsalter des in der Region eingesetzten Fluggeräts mit knapp über achtzehn Jahren den höchsten Wert weltweit (vgl. Airclaims 2006, 4).[1] Zum anderen nutzen die dort ansässigen Fluggesellschaften aus Kapitalmangel häufig das so genannte Wet-Lease-Verfahren, d.h. sie mieten ein in einem anderen Land registriertes und dort auch versichertes und gewartetes Flugzeug inklusive Besatzung an. Die Notwendigkeit einer besonders stringenten staatlichen Luftfahrtaufsicht sowie einer effektiven Kooperation der zuständigen nationalen Aufsichtsbehörden ist vor diesem Hintergrund offensichtlich.

Die Effektivität der staatlichen Luftfahrtaufsicht sollte freilich, selbst für die Gruppe der Industrienationen, nicht überschätzt werden. So sind selbst in der EU erst 2004 etwaige haftungsrechtliche Ansprüche Betroffener oder ihrer Angehörigen formal umfassend abgesichert. Ein auch nur annähernd vergleichbares haftungsrechtliches Schutzniveau existiert schon in Ermangelung einschlägiger gesetzlicher Regelungen allerdings in praktisch keinem Staat Afrikas, wobei Südafrika, Kenia, Äthiopien und Mauritius eine positive Ausnahme bilden. Dies hat mehrere Gründe. So verfügen diese Länder mit ihren jeweiligen „Flag Carriers" South African Airways, Kenya Airways, Ethiopian Airlines und Air Mauritius als einzige Staaten des Kontinents seit langem über renommierte, wirtschaftlich stabile und auch im internationalen Vergleich sehr sichere Fluggesellschaften, die zudem durchweg modernstes Fluggerät einsetzen. Einige darunter, so Kenya Airways und Air Mauritius sind darüber hinaus partiell über Minderheitsbeteiligungen an große europäische oder asiatische Airlines angebunden. Andere, wie Ethiopian Airlines, genießen eine hohe Reputation im Bereich der Flugzeugwartung. All diesen Airlines gemeinsam ist aber, dass sie auf ihren internationalen Kernrouten potenten Wettbewerbern europäischer, asiatischer wie zunehmend nordamerikanischer

---

[1] Zum Vergleich: Das Durchschnittsalter der Flotten in Europa beträgt etwas über neun Jahre, das in Nordamerika etwas mehr als elf Jahre.

Provenienz sowie nicht zuletzt aus der Golfregion ausgesetzt sind, die Passagiere also i. d. R. unter mehreren Anbietern wählen können.

Schwieriger zu bewerten sind in diesem Zusammenhang demgegenüber drei weitere zentrale Aspekte: die Adäquanz der geltenden Sicherheitsvorschriften, das Problem möglicher sicherheitsrelevanter Lücken im Regelwerk sowie die Frage, inwieweit die staatlichen Aufsichtsbehörden tatsächlich willens und in der Lage sind, Verstöße gegen die gesetzlich vorgeschriebenen Mindeststandards aufzudecken und effektiv zu sanktionieren (vgl. Wohlmuth 2004). Die wesentlichen Voraussetzungen – absolute Unabhängigkeit gegenüber politischer Einflussnahme, eine ausreichende Zahl fachlich kompetenter, unbestechlicher Prüfer sowie harte und zeitnah öffentlich bekannt gegebene Sanktionen bis hin zum Lizenzentzug (vgl. Knorr 1997,: 100 ff.) – sind in der Praxis selbst in den Industrienationen nicht immer und in der Mehrzahl der Staaten Afrikas gar nicht erfüllt. Stattdessen ist es für dortige Offizielle offenbar vielfach lukrativer, gegen entsprechende Bestechungsgelder auf die Durchführung selbst grundlegender regulatorischer Aufgaben zu verzichten und dafür bspw. Betriebsgenehmigungen ohne Zuverlässigkeitsüberprüfung und regelmäßige Sicherheitschecks zu erteilen. Ein besonders extremes, keineswegs aber untypisches Beispiel stellt der Absturz einer in der Demokratischen Republik Kongo registrierten Antonov A-12 am 8. Januar 2005 infolge eines Triebwerksausfalls unmittelbar nach dem Start im ugandischen Entebbe dar. Wie sich bei der Unfalluntersuchung herausstellte, war das Flugzeug nicht nur um 6,5 Tonnen überladen. Es war zum anderen auch weder versichert noch mangels Lufttüchtigkeitszeugnis für den Verkehr freigegeben. Die betroffene Fluggesellschaft Service Air verfügte darüber hinaus über keine gültige Betriebserlaubnis, und an Bord fanden sich weder die ebenfalls vorgeschriebenen Dokumentationen über erfolgte Wartungsarbeiten und über das Crewtraining (vgl. o.V. 2006b).

3   Exogene Determinanten der Flugsicherheit

Aus Sicht der Passagiere tragen die Fluggesellschaften die alleinige Verantwortung für die sichere Durchführung eines Flugs. In der Tat ist die überwiegende Mehrzahl aller Unfälle primär auf Pilotenfehler zurückzuführen (vgl. Boeing 2006, 17). Allerdings entziehen sich zahlreiche Determinanten der

Flugsicherheit ganz oder teilweise der Kontrolle der Fluggesellschaften. Dies trifft, wie unmittelbar einsichtig ist, zunächst auf die Qualität der staatlichen Aufsicht zu. Gleiches gilt für etwaige, zuvor vom Hersteller und den Zulassungsbehörden unentdeckt gebliebene Konstruktionsmängel am eingesetzten Fluggerät. Ganz wesentlich beeinflusst wird der Sicherheitsstandard einer Fluggesellschaft des Weiteren auch durch das Einsatzumfeld, in dem sie ihre Beförderungsleistungen erbringen muss. Gemeint ist damit neben der Ausstattung der bedienten Flughäfen mit sicherheitsrelevanten bodenseitigen Einrichtungen wie Navigations- und Landehilfen, Rollbahnmarkierungen, Feuerwehr und ähnlichem mehr zum einen die Leistungsfähigkeit der Flugsicherung, vor allem bei ungünstigen topographischen Gegebenheiten, aber auch im Reiseflug bei Flügen, die mehrere Kontrollsektoren durchqueren. Einen wichtigen Faktor stellen zum anderen auch die am Abflughafen, auf der Flugroute, am Zielflughafen und an möglichen Ausweichflughäfen herrschenden Witterungsbedingungen dar. Schließlich ist, wie nicht zuletzt der 11. September 2001 gezeigt hat, der Luftverkehr viel häufiger als andere Verkehrsträger von Terroranschlägen betroffen.

Die soeben genannten infrastrukturellen Rahmenbedingungen für die sichere Durchführung des Luftverkehrs sind in den meisten afrikanischen Staaten nicht oder nur sehr eingeschränkt erfüllt. Dies belegen neben vielfältiger anekdotischer Evidenz (o.V. 2005a) auch eine jüngst von der Industry Safety Strategy Group (ISSG) vorgelegte Analyse sowie Dokumente der ICAO (vgl. Industry Safety Strategy Group 2005, insbesondere Appendix I; vgl. ICAO 2004). Das tatsächliche Ausmaß der Defizite staatlicher Aufsichtsbehörden in den meisten afrikanischen Staaten belegt schließlich die jüngste radikale Reform der Flugaufsicht in Nigeria, in deren Folge fünfzehn dort registrierte Fluggesellschaften aufgrund erheblicher Verstöße gegen internationale Standards die Betriebsgenehmigung entzogen wurde. Außerdem wurden seither zahlreiche Flugzeuge sonstiger nigerianischer Fluggesellschaften aufgrund von Sicherheitsmängeln oder Verstößen gegen die Zulassungsvorschriften stillgelegt (vgl. o.V. 2007).

Verstärkt wird das überdurchschnittliche hohe Unfallrisiko in Afrika schließlich noch durch die im Vergleich zu Nordamerika und Europa dort wesentlich häufiger auftretenden extremeren Wetterlagen, vor allem in Kombination mit den genannten Infrastrukturmängeln. So gesehen stellt die Eröffnung des ersten rund um die Uhr geöffneten Flugwetterdienstes Westafrikas durch die nigerianische Regierung im Frühjahr 2006 durchaus einen signifikanten Sicherheitsgewinn dar.

4 Indikatoren der Flugsicherheit und ihre Aussagekraft

Ohne verlässliche Indikatoren der Flugsicherheit geriete das Erstellen einer „schwarzen Liste" zur Willkür wie jeder andere Versuch, aktuelle und potentiell sicherheitsrelevante Schwachstellen im System Luftverkehr zu identifizieren. Allerdings sind die in der Praxis üblicherweise verwendeten Indikatoren allesamt mit erheblichen Mängeln behaftet, was eine eindeutige Analyse massiv erschwert.

4.1 Unfallstatistiken und Unglückswahrscheinlichkeiten

Die aus Vergangenheitsdaten ermittelte durchschnittliche Unfallhäufigkeit und vor allem die Veränderung dieser Größe im Zeitablauf gelten gemeinhin als aussagekräftiger Indikator des Sicherheitsstandards einer Fluglinie oder eine Landes. Als Unfall gilt dabei nach der Definition der ICAO (Annex 13 des Chicagoer Übereinkommens) jedes unvorhergesehene Ereignis, das den Tod oder erhebliche Verletzungen mindestens einer Person an Bord oder am Boden herbeiführt und/oder durch welches das Fluggerät so stark beschädigt wird, dass Reparaturbedarf besteht (Ausnahme: Triebwerksschäden) und/oder bei dem das Flugzeug verschollen bzw. das Wrack unerreichbar ist. Zur Berechnung der Unfallwahrscheinlichkeit ist es erforderlich, die Zahl der so definierten Unfälle zu einer Messgröße der Verkehrsleistung in Beziehung zu setzen. Da Letztere auf verschiedene Art und Weise erfasst werden kann, lässt sich das in der Referenzperiode erreichte Sicherheitsniveau rechnerisch sehr unterschiedlich ermitteln. Besonders gebräuchlich sind die Indikatoren (tödliche) Unfälle je 1 Mio. Passagierkilometer bzw. (tödliche) Unfälle je 100.000 Flüge. Allerdings ist die Unfallwahrscheinlichkeit per se für einen Vergleich der Sicherheitsstandards einzelner Fluggesellschaften nur sehr bedingt geeignet, auch wenn nach schweren Unfällen in den Medien häufig Ranglisten der (angeblich) (un)sichersten Airlines zirkulieren. Dies hat im Wesentlichen folgende Gründe. So sind zunächst Unfälle in der gewerblichen Luftfahrt statistisch außerordentlich selten. Daraus folgt unmittelbar, dass die statistische

Unfallwahrscheinlichkeit einer Fluggesellschaft aufgrund der äußerst geringen Zahl relevanter Ereignisse in sehr hohem Maße abhängig ist von der Wahl des Beobachtungszeitraums. Das statistische Unfallrisiko einer Airline hängt auch maßgeblich von ihrem operativen Umfeld – also den weiter oben diskutierten exogenen Faktoren – sowie ihrem Spezialisierungsmuster ab. So ist die Unfallwahrscheinlichkeit auf den vergleichsweise schlechter mit Flugsicherungs- und Navigationsanlagen ausgestatteten Flughäfen – manche Regionalflughäfen und vor allem zahlreiche Plätze in der Dritten Welt – wie bereits erwähnt signifikant höher (vgl. Netherlands Directorate-General of Civil Aviation 1996, 23). Wegen der äußerst geringen Aussagekraft dieses Indikators generell abzulehnen ist auch die Berechnung des Unfallrisikos mittels so genannter "Fatality rates". Dabei wird die absolute Zahl der bei einem Unfall zu Tode gekommenen Passagiere ins Verhältnis zur Verkehrsleistung der fraglichen Airline gesetzt. Die Problematik dieser Methode besteht darin, dass die Zahl der Todesopfer zufallsbedingt enormen Schwankungen unterliegt und sich zudem meist der Einflussnahme durch die betroffene Airline entzieht. Sie hängt vielmehr wesentlich vom Aufprallwinkel und der Aufprallgeschwindigkeit, der Zahl der noch funktionstüchtigen Notausgänge, der Reaktionszeit der Rettungsdienste und Flughafenfeuerwehren sowie vor allem vom Auslastungsgrad des verunglückten Flugzeugs ab. Schließlich bieten statistische Unfallwahrscheinlichkeiten keinerlei Information über die Unfallursache(n). Die letztlich entscheidende Frage nach einem (Mit-)Verschulden der betroffenen Fluggesellschaft oder ein eventuelles Versagen der Aufsichtsbehörden lässt sich mit ihrer Hilfe folglich nicht beantworten.

4.2 Frühindikatoren

Aufgrund der geringen Aussagekraft von Unfallwahrscheinlichkeiten und wegen ihres Ex post-Charakters gewinnen Frühindikatoren – zwecks Unfallprävention – an Bedeutung. Besondere Bedeutung kommt in diesem Zusammenhang der Annahme eines statistisch signifikanten Ursache-Wirkungs-Zusammenhangs zwischen den in sicherheitsrelevanten Bereichen getätigten Sach- und Personalinvestitionen und dem von einer Airline bzw. in einem Land erreichten Sicherheitsstandard. Dahinter verbirgt sich die Annahme, dass nachhaltig defizitäre Fluggesellschaften und solche, die älteres Fluggerät einsetzen, sowie ärmere Staaten einem vergleichsweise höheren Unfallrisiko unterliegen. Statistisch lässt sich ein solcher Zusammenhang zumindest bei denjenigen Fluggesellschaften nicht nachweisen, die einer effektiven staatlichen Luftfahrtaufsicht und der zusätzlichen Kontrolle der Versicherungswirtschaft – Stichwort: Haftpflicht – unterliegen sowie dem Druck eines funktionierenden intramodalen und/oder intermodalen Wettbewerbs ausgesetzt sind. Die simple Argumentation „hohe Gewinne = hoher Sicherheitsstandard" bzw. „moderne Flotten = geringere Unfallwahrscheinlichkeit" verkennt zum einen, dass ein positives Betriebsergebnis auch die Folge von Einsparungen sein kann, die sich erst auf längere Sicht als sicherheitskritisch erweisen könnten. Zum zweiten sagt die Existenz von Gewinnen für sich betrachtet nichts darüber aus, ob diese Ressourcen für zusätzliche Investitionen in sicherheitsrelevanten Bereichen verwendet werden.

Gleiches gilt für das Argument „moderne Flotte = geringes Unfallrisiko". Da schließlich der Wartungsaufwand bei älteren Flugzeugen zunimmt und es den Flugzeugherstellern regelmäßig gelingt, die Wartungsintervalle zu verlängern, hängt der zu leistende Wartungsaufwand selbst bei identischer Typenwahl auch noch von der Altersstruktur der Flotten der betrachteten Fluggesellschaften ab. Die Einhaltung der Wartungsvorschriften und die konsequente Ahndung von Verstößen durch die Aufsichtsbehörden und Versicherer vorausgesetzt, stellt schließlich das Alter des eingesetzten Fluggeräts für sich genommen kein Sicherheitsproblem dar. So erreicht die von den Herstellern angegebene technische Lebensdauer bei Verkehrsflugzeugen inzwischen regelmäßig mehr als vierzig Jahre. Bei Militärflugzeugen, bei deren Weitereinsatz betriebswirtschaftliche Überlegungen naturgemäß nur eine untergeordnete Rolle spielen, wie dem Boeing B-52-Bomber, strebt die US Air Force sogar den Weiterbetrieb bis in das Jahr 2040 an (die Produktion dieses Flugzeugtyps wurde im Oktober 1962 (!) eingestellt). Dass es in vielen Ländern Afrikas allerdings an der erforderlichen stringenten Kontrolle seitens der zuständigen Aufsichtsbehörden mangelt, beweist die Tatsache, dass dort älteres Fluggerät in einen Großteil aller Unfälle verwickelt ist (vgl. Essenbert 2005, 19 f.).

5 „Schwarze Listen" in der Praxis

5.1 Methoden, Resultate und Sanktionen

5.1.1 Die „schwarze Liste" der EU

Vergleicht man die derzeit von den in der Einführung genannten Staaten erstellten Länder, lassen sich zwei Grundtypen „schwarzer Listen" unterscheiden. So führt die „schwarze Liste" der EU die Namen derjenigen Fluggesellschaften auf, denen angesichts mangelnder Sicherheitsstandards der Einflug in den Luftraum der EU verwehrt ist. Sie wurde erstellt auf der Grundlage von Empfehlungen von Experten aus den EU-Mitgliedsstaaten – des Sachverständigenausschusses für die Flugsicherheit – auf der Grundlage „objektiver und transparenter Kriterien", die wiederum in der Verordnung 2111/2005 verankert sind (vgl. EU-Kommission 2005a). Entscheidungsgrundlagen sind demnach im Wesentlichen die Resultate der auf europäischen Flughäfen durchgeführten Inspektionen („Ramp checks") und „betreffen den Einsatz schlecht gewarteter, instandsetzungsbedürftiger oder nicht mehr normgerechter Luftfahrzeuge, die Unfähigkeit der Luftfahrtunternehmen, bei Inspektionen festgestellte Mängel abzustellen, und die Unfähigkeit der für die Aufsicht über ein Luftfahrtunternehmen zuständigen Behörde, diese Aufsicht auszuüben" (vgl. EU-Kommission 2006). Die genauen Prüfkriterien sind im Anhang der Verordnung aufgeführt.

Wie bereits erwähnt, wurde die Liste bislang vier Mal aktualisiert und umfasst derzeit 104 Fluggesellschaften (vgl. EU-Kommission 2007b). Dabei wurden mehrere Fluggesellschaften von der Liste entfernt, nachdem ihnen zur Zufriedenheit der EU-Kommission gelungen war, die beanstandeten Mängel zu beheben; allerdings hat sich die Zahl der betroffenen Fluggesellschaften seit der erstmaligen Veröffentlichung am 22. März 2006 netto um zwölf erhöht (vgl. EU-Kommission 2006). Derzeit gilt ein generelles Einflugverbot für sämtliche Fluggesellschaften, die in der Demokratischen Republik Kongo – mit Ausnahme von Hewa Bora Airways –, in Äquatorialguinea, Liberia, Sierra Leone, Swasiland sowie in Kirgisien registriert sind. Letzteres das einzige nicht afrikanische Land, gegen das diese besonders drastische Sanktion verhängt wurde. Die von den Behörden dieser Staaten ausgestellten Betriebsgenehmigungen – in der Liste finden sich die Namen von 71 Fluggesellschaften – werden somit von der EU derzeit nicht anerkannt. Konkret erstreckt sich das Verbot auf folgende Staaten (in Klammern die Zahl der jeweils betroffenen Airlines): Afghanistan (1), Äquatorialguinea (5), Demokratische Republik Kongo (44), Kirgisien (24), Liberia (0, da in diesem Land aktuell keine Airline registriert ist), Ruanda (1), Sierra Leone (8), Sudan (1), Surinam (1), sowie Swasiland (6). Hinzu kommen vier Fluggesellschaften, die lediglich mit einzelnen, anhand der jeweiligen Registriernummer exakt identifizierbaren Flugzeugmustern in den EU-Luftraum einfliegen dürfen. In dieser Gruppe befinden sich mit Hewa Bora Airways (Demokratische Republik Kongo) und Air Services Comores (Komoren) ebenfalls zwei afrikanische Fluglinien. Allen von der „schwarzen Liste" erfassten Airlines ist es jedoch freigestellt, EU-Flughäfen „durch den Einsatz betriebsbereit gecharterter Luftfahrzeuge („wet leasing") eines Luftfahrtunternehmens auszuüben, das nicht Gegenstand einer Betriebsuntersagung ist, sofern die einschlägigen Sicherheitsnormen eingehalten werden." (vgl. EU-Kommission 2007b: 8, FN 1).

5.1.2 Die „schwarze Liste" der FAA

Die Federal Aviation Association (FAA) überprüft bei ihrer Variante „schwarzer Listen" demgegenüber die Fähigkeit der zuständigen Luftfahrtaufsichtsbehörden eines Landes, die Mindeststandards der Internationalen Zivilluftfahrtsorganisation ICAO effektiv anzuwenden. Sie differenziert dabei zwischen Staaten, deren nationale Aufsichtsbehörden dazu in der Lage sind – sie werden der „Category 1" zugerechnet – und solchen, bei denen dies ihrer Ansicht nicht der Fall ist. Zu Letzteren, zusammengefasst in der so genannten „Category 2", rechnet die FAA derzeit 21 der exakt einhundert Staaten, welche sie bislang dieser Prüfung unterzogen hat. Mit der Elfenbeinküste, der Demokratischen Republik Kongo, Gambia, Ghana, Swasiland und Zimbabwe sind derzeit sechs afrikanische Staaten darunter; die Region ist somit auch auf dieser „schwarzen Liste" überdurchschnittlich häufig vertreten (die drei übrigen bislang überprüften afrikanischen Staaten Marokko, Äthiopien und Südafrika sind momentan in die „Category 1" eingestuft) (vgl. FAA 2007).

5.2 Kritische Würdigung

Vergleicht man die von den „schwarzen Listen" der EU bzw. der FAA, fällt eine Reihe von Ungereimtheiten auf. Zunächst ist keine der betroffenen Fluggesellschaften ein Großkunde des Airbus-Konsortiums bzw. von Boeing. Des Weiteren liegt die statistische Unfallhäufigkeit der überwiegenden Mehrzahl der direkt (EU-Liste) oder indirekt (FAA-Liste) betroffenen Fluggesellschaften nicht wesentlich über dem Durchschnitt aller Fluggesellschaften weltweit[2] – trotz meist sehr ungünstiger klimatischer, topographischer und/oder infrastruktureller Bedingungen, unter denen sie ihren Flugbetrieb abzuwickeln haben. Nicht wenige von ihnen flogen zudem bislang unfallfrei. Demgegenüber waren fast alle anderen Fluggesellschaften, und nicht zuletzt auch so renommierte Airlines wie Lufthansa Air France oder American Airlines, trotz ihrer anerkanntermaßen sehr hohen Sicherheitsstandards in ihrer Geschichte zwar selten, aber eben doch auch regelmäßig von (tödlichen) Unfällen und schwerwiegenden Zwischenfällen betroffen. Ein Einflugverbot für bestimmte Fluggesellschaften auf der Basis „schwarzer Listen" bietet dem Passagier somit keinen absoluten Schutz vor dem Risiko eines (tödlichen) Unfalls. Erfasst wurden bislang außerdem nur kleine bis sehr kleine ausländische Fluggesellschaften überwiegend aus Ländern der Dritten Welt, deren Dienste wegen der geringen Handelsverflechtungen im bilateralen Verkehr von und nach der EU ohnehin nur von sehr wenigen Passagieren genutzt würden. Die einzige Ausnahme bildet seit der letzten Aktualisierung der EU-Liste am 5. März 2007 die staatliche pakistanische Fluggesellschaft Pakistan International Airlines. Sie darf seitdem EU-Flughäfen nur noch mit ihren sieben Boeing B777-Flugzeugen bedienen. Insgesamt betrachtet ist der Schutzeffekt beider „schwarzen Listen" für europäische und amerikanische Passagiere – der Zielgruppe der Verantwortlichen in den EU und den USA – folglich minimal und für diejenigen Passagiere aus Drittstaaten, die mangels Alternativen die Dienste dieser Fluggesellschaften nutzen müssen, gleich Null.

Sehr erstaunlich ist darüber hinaus die Tatsache, dass Überschneidungen zwischen den jeweiligen „schwarzen Listen" die absolute Ausnahme darstellen. So fanden sich auf den vier bereits erwähnten nationalen „schwarzen Listen"

---

[2] Vgl. dazu die sehr umfangreiche Datenbasis des renommierten Aviation Safety Network unter http://aviation-safety.net/database/operator/.

Frankreichs, Großbritanniens, Belgiens und der Schweiz keine Dubletten, sondern jeweils völlig andere Fluggesellschaften. Vergleicht man diese Listen des Weiteren mit der aktuellen harmonisierten „schwarzen Liste" der EU, ergaben sich derzeit mit Ausnahme von Silverback Cargo Freighters aus Ruanda, die zuvor auf der belgischen Liste geführt wurde, keine weiteren Übereinstimmungen. Selbst bei den früheren Versionen der EU-Liste lassen sich nur sehr wenige Überlappungen feststellen. Konkret waren zuvor die armenische Frachtfluglinie Air Van Airlines, die sich auf den nationalen „schwarzen Listen" sowohl der Schweiz als auch Belgiens wiedergefunden hatte, und die thailändische Phuket Airways, die zuvor aus Frankreich und Großbritannien ausgesperrt worden war, ebenfalls aus dem gesamten EU-Luftraum verbannt. Diese Unternehmen wurden inzwischen aber allesamt wieder von der EU-Liste entfernt. Vergleicht man des Weiteren die EU-Liste mit der FAA-Liste ergibt sich im einzigen Fall, in dem seitens der EU eine größere Fluggesellschaft betroffen ist, schließlich eine nur schwer erklärliche Diskrepanz. Wie bereits erwähnt, darf der pakistanische „Flag carrier" Pakistan International Airlines seit kurzem aufgrund von der EU-Kommission behaupteter Sicherheitsmängel die EU nur noch mit Maschinen des Typs Boeing B777 ansteuern. Demgegenüber stuft die amerikanische FAA Pakistan als „Category 1"-Staat ein, d.h., alle dort registrierten Fluggesellschaften unterliegen im bilateralen Verkehr keinerlei Restriktionen, noch werden sie in den USA seitens der FAA zusätzlichen Kontrollen unterzogen.

Diese sehr widersprüchlichen Ergebnisse können wiederum grundsätzlich mehrere Ursachen haben, die allerdings wiederum die Aussagekraft „schwarzer Listen" nicht unwesentlich relativieren:

- Die betroffenen Airlines fliegen nicht alle Länder an, die eine „schwarze Liste" erstellen.
- Die fraglichen Airlines fliegen diese Länder mit unterschiedlich sicherem Fluggerät an.
- Die gesetzlich vorgeschriebenen Sicherheitsstandards der Staaten, die „schwarze Listen" aufstellen, sind nicht gleich streng.
- Die nationalen Aufsichtsbehörden sind bei der Aufdeckung von Verstößen gegen die Sicherheitsvorschriften unterschiedlich effektiv.
- Infolge politischen Drucks auf die Aufsichtsbehörden werden Verstöße von Fluggesellschaften aus bestimmten Ländern bzw. Versäumnisse der

dortigen Aufsichtsbehörden nicht geahndet, da es sich um wichtige politische oder militärische Verbündete der heimischen Regierung oder um bedeutende Handelspartner handelt.
- Der Informationsaustausch zwischen den nationalen Aufsichtsbehörden funktioniert nicht.
- Es liegen Fehler der ersten und zweiten Art vor (α- und β-Fehler).

Erschwerend hinzu kommt außerdem, dass auch die Aussagekraft von Vorfeldinspektionen („Ramp checks") – die ein zentrales Element der Sicherheitsphilosophie „schwarzer Listen" darstellen – begrenzt ist. So wird es den Prüfern schon angesichts der begrenzten Zeit, die dafür zur Verfügung steht – üblich sind zwischen 15 und 45 Minuten –, nur gelingen, die offensichtlichsten Verstöße gegen technische und operationelle Sicherheitsbestimmungen festzustellen, und selbst dies auch nur für einzelne Flugzeuge und/oder Besatzungen jedoch nicht für eine Fluggesellschaft in toto. Vor allem aber ist ihre Aussagekraft deswegen begrenzt, weil einige für die sichere Durchführung eines Fluges zentrale Faktoren während der Standzeiten am Boden prinzipiell nicht bewertbar ist. Bedenkt man, dass Pilotenfehler bei über der Hälfte aller Unfälle als Hauptursache identifiziert wurden, ist in diesem Zusammenhang insbesondere das Verhalten und Zusammenwirken der Cockpitbesatzung während des Fluges und natürlich vor allem in kritischen Situationen zu erwähnen (Stichwort: „Crew Resource Management"). Erschwerend kommt schließlich hinzu, dass sich die Vorfeldinspektionen von Land zu Land ressourcenbedingt und aus politischen Gründen qualitativ und was ihre Häufigkeit angeht sehr stark unterscheiden (vgl. EU-Kommission 2005b).

Nicht übersehen sollte darüber hinaus eine zentrale Schwäche „schwarzer Listen" werden: ihre bereits kurz erwähnte Anfälligkeit für politische Einflussnahme und Vergeltungsmaßnahmen. Zwar lässt sich dies im konkreten Einzelfall von Außenstehenden nicht objektiv nachweisen; handfeste Indizien für diese Vermutung gibt es gleichwohl. Dazu zwei Beispiele: Im Frühjahr 2005 verhängte die niederländische Aufsichtsbehörde am 12. Mai 2005 nach zwei publik gewordenen Zwischenfällen (ohne Personenschäden) gegen die türkische Chartergesellschaft Onur Air ein temporäres Einflugverbot, dem sich wenig später die deutschen, französischen und schweizerischen Behörden anschlossen. Daraufhin verweigerte die türkische Regierung nach massiven Protesten EU-Fluggesellschaften, die ersatzweise die etwa 40.000 gestrandeten

Urlauber ausfliegen sollten, kurzzeitig und entgegen geltendem internationalem Recht die Einfluggenehmigung. Das Flugverbot für Onur Air wurde nur wenig später wieder aufgehoben. Auch die USA wählten im Rahmen ihres International Aviation Safety Assessment (IASA)-Programms bei der erstmaligen Evaluation Chinas und Russlands Mitte der neunziger Jahre eine markant andere Vorgehensweise im Vergleich zum Standardprozedere; inzwischen rechnet die FAA beide Länder der Kategorie 1 zu. Zunächst wurde jedoch eine gemeinsame Untersuchungskommission der nationalen Aufsichtsbehörden dieser Länder und der FAA gebildet, um etwaige Systemmängel aufzudecken und Ansätze zu ihrer Beseitigung zu erarbeiten. Auch auf deren Einstufung verzichtete die FAA zunächst, wohl aus

der nicht ganz unbegründeten Furcht, Boeing könnte auf diesen Märkten gegenüber Airbus ins Hintertreffen geraten. Dabei hatte Russland damals noch kein nationales Luftfahrtrecht im Sinne der FAA-Prüfkriterien verabschiedet, weswegen das Land zum damaligen Zeitpunkt eindeutig nur der heutigen „Category 2" hätte zugerechnet werden müssen – mit allen bereits weiter oben beschriebenen negativen ökonomischen Folgen für die in Russland ansässigen Airlines. Stattdessen, auch dies ein im Programm selbst nicht vorgesehenes verfahrenstechnisches Novum, erteilte die FAA sämtlichen international tätigen russischen Fluggesellschaften „minimally passing marks" und damit das Recht, auch weiterhin die USA gemäß den Bestimmungen des bilateralen Luftverkehrsabkommens uneingeschränkt anfliegen zu dürfen. Ein weiteres Beispiel für die hochgradige Politisierung des Verfahrens ist aber auch der bereits erwähnte Fall der Pakistan International Airlines bzw. Pakistans, das bekanntlich eine wichtige Schlüsselrolle im „War on terror" der US-Regierung einnimmt.

Speziell länderbezogene „schwarze Listen" sind schließlich aus zwei weiteren Gründen fragwürdig. So besteht zum ersten zwischen den Kontrollmöglichkeiten einer beliebigen nationalen Luftaufsichtsbehörde und dem Sicherheitsstandard der in diesem Land ansässigen Fluggesellschaften keineswegs ein enger Kausalzusammenhang. So lassen zahlreiche Fluggesellschaften aus der Dritten Welt Wartungsarbeiten und die Schulung ihrer Piloten in den Industrieländern, oft von den Herstellern des von ihnen eingesetzten Fluggeräts selbst, nach den dort üblichen hohen Standards vornehmen – eigentlich eine überaus begrüßenswerte Praxis, die das IASA-Programm der FAA jedoch ignoriert bzw. im Gegenteil sogar bestraft; gleiches gilt für die von der EU verhängten pauschalen Einflugverbote für alle Fluggesellschaften aus sechs Ländern. Gerade dies beleuchtet das unverhältnismäßige Diskriminierungspotential, das länderbasierten „schwarzen Listen" innewohnt. Während sämtliche in diesen Staaten registrierten Fluggesellschaften die für Mängel der staatlichen Luftaufsicht in ihren Heimatländern gleichsam in „Sippenhaft" genommen werden, werden deren Konkurrenten aus der EU und den USA nur für einzeln nachgewiesene und von ihnen selbst verschuldete Verstöße gegen bestehende Sicherheitsbestimmungen bestraft. Die daraus resultierenden Wettbewerbsverzerrungen sind offensichtlich und bedürfen keiner weiteren Diskussion. Zumindest ist auffällig, dass amerikanische und europäische Fluggesellschaften in der jüngeren Vergangenheit massiv in die von den „schwarzen Listen" der EU und der FAA besonders betroffenen, wirtschaftlich aber gleichwohl sehr lukrativen Verkehrsregionen Afrika und Lateinamerika expandieren.

6 Alternativen

Angesichts der offenkundigen Mängel des Instruments „schwarze Liste" stellt sich die Frage nach effektiveren Alternativen. Empfehlenswert erscheint dabei folgendes Maßnahmepaket. Erforderlich ist zweifellos eine massive Aufstockung der Ressourcen sowie die Stärkung der Kompetenzen der nationalen Aufsichtsbehörden sowie ein besserer Informationsfluss zwischen ihnen. Dies schließt die Pflicht zum zeitnahen Austausch aller sicherheitsrelevanten Informationen – z. B. über eine gemeinsame Datenbank wie sie beim Safety Assessment of Foreign Aircraft (SAFA)-Programm in der EU derzeit im Aufbau ist – ein. Eine vergleichbare Initiative der Länder Afrikas wäre in hohem Maße zielführend und könnte durch entsprechende Programme der Weltbank in Kooperation mit der ICAO entscheidend vorangetrieben werden. Dringend erforderlich sind des Weiteren substantielle Investitionen in die Infrastruktur (Flughäfen, Flugsicherung). Auch in diesem Bereich wäre eine noch stärkere Rolle der Weltbank denkbar; immerhin wurde 2006 ein erstes Projekt – das West and Central Africa Air Transport Safety and Security Project für die Länder Äquatorialguinea, Kamerun, Mali und Burkina Faso – begonnen (vgl. Weltbank 2006). Wünschenswert wären auch verschärfte Haftungsregeln. So ist trotz der kürzlichen Reform das Prinzip der vollen Haftung – einschließlich der Pflicht für alle Airlines zum Abschluss einer Haftpflichtversicherung – für Personen- und Sachschäden vor allem in den unfallträchtigeren Ländern der Dritten Welt einschließlich weiter Teile Afrikas noch immer nicht umfassend verwirklicht. Anzustreben ist zusätzlich eine noch stärkere Differenzierung der von den einzelnen Fluggesellschaften zu entrichtenden Versicherungsprämien für Schäden an dem von ihnen eingesetzten Fluggerät. Daher sollten auch die Versicherungsunternehmen über sicherheitsrelevante Ergebnisse von Vorfeldinspektionen, nachgewiesene Verstöße gegen Sicherheitsvorschriften und schwere Zwischenfälle ihrer Versicherungsnehmer informiert werden. Aber auch die Öffentlichkeit – und zwar einschließlich der Reiseveranstalter – sollte von Aufsichtsbehörden und Flugunfalluntersuchungsstellen über sicherheitsrelevante Vorkommnisse bei einzelnen Airlines unterricht werden. Beispielsweise gibt die amerikanische FAA durch Pressemitteilungen bekannt, welche Sanktionen sie gegen welche Airline aus welchem Grund verhängt bzw. empfohlen hat, während etwa das deutsche Luftfahrtbundesamt auf entsprechende Hinweise komplett verzichtet. Und während es in fast allen westlichen Ländern üblich ist (USA, Schweiz, Großbritannien etc.), dass die Unfalluntersuchungsstellen in ihren Untersuchungsberichten stets auch die betroffene Airline nennen, fehlt diese Schlüsselinformation in den Berichten der deutschen Bundesstelle für Flugunfalluntersuchung generell.

Als sehr sinnvoll erscheinen auch internationale Initiativen. So initiierte die ICAO als Reaktion auf das IASA-Programm der USA 1998 ihr Universal Safety Oversight Audit Programme (USOAP) (vgl. o.V. 2005b, 3).Es dient der Evaluation der nationalen Aufsichtsbehörden ihrer 190 Mitgliedsstaaten und stellt den ersten ernsthaften Versuch der Organisation dar, die gerade in den Staaten der Dritten Welt noch immer häufigen Verstöße gegen ICAO-Mindeststandards erstmals systematisch zu erfassen und – langfristig – durch den gezielten Einsatz von Finanzmitteln und Know-how sowie durch politischen Druck der übrigen Mitgliedsstaaten zu überwinden. Die Effektivität des U-SOAP dürfte sich durch eine im Frühjahr ergangene Entscheidung der ICAO-Mitgliedsstaaten noch erhöhen. Ihr zufolge wird die ICAO ab dem 23. März 2008 erstmals in der Geschichte der Organisation diejenigen ihrer Vertragsstaaten öffentlich benennen, die ihre Zustimmung zur Veröffentlichung ihres

USOAP-Ergebnisses verweigert haben. Sowohl die Weltbank als auch die EU haben bereits angekündigt, nur die Transparenz bereiten Staaten weiter unterstützen zu wollen (vgl. Learmount 2006). 2001 begann schließlich die International Air Transport Association (IATA) ein eigenes Zertifizierungsverfahren (vgl. IATA 2003, 22 ff.). Im Rahmen dieses so genannten IATA Operational Safety Audit (IOSA) evaluieren unabhängige, von der IATA designierte private Akkreditierungsagenturen die sicherheitsrelevanten Verfahren und Prozesse von Fluggesellschaften. Das für die Auftraggeber kostenpflichtige Programm steht nicht nur den derzeit 265 IATA-Mitgliedern, sondern allen interessierten Airlines offen. In einem öffentlich zugänglichen Register werden alle Fluglinien erfasst, die die Evaluation bestanden haben (vgl. IATA 2007), wobei das IOSA-Zertifikat eine Gültigkeitsdauer von zwei Jahren besitzt. Danach ist in regelmäßigen Abständen eine erneute Zertifizierung nötig. Die Evaluierungsberichte bleiben im Besitz der fraglichen Airline, können mit ihrer Zustimmung jedoch von anderen Fluggesellschaften – z. B. im Zuge der Anbahnung von Codeshare-Abkommen – eingesehen werden. Ab 2008 ist eine erfolgreich absolvierte IOSA-Überprüfung zudem Voraussetzung für die (weitere) Mitgliedschaft in der IATA. Allerdings hat die IATA lediglich 29 Mitglieder in Afrika; die überwiegende Mehrzahl der dort registrierten Fluggesellschaften wird von IOSA folglich nicht erfasst. Es wäre deshalb erwägenswert, dort – und weltweit – die Vorlage eines IOSA-Zertifikats zur Voraussetzung für den Erhalt einer Betriebsgenehmigung als Fluggesellschaft zu machen. Zumindest in Nigeria wird dies derzeit ernsthaft erwogen (vgl. o.V. 2007, 32).

7 Fazit

„Schwarze Listen" vermögen aus den in dieser Abhandlung erörterten Gründen keinen nennenswerten positiven Beitrag zur Verbesserung der Flugsicherheit im Luftverkehr zu leisten. Nicht nur stellen sie keinen verlässlichen Indikator des von einer Airline oder in einem Land tatsächlich erreichten Sicherheitsstandards dar. Sie sind auch sachlich überflüssig, da die zuständigen Aufsichtsbehörden auch ohne dieses Instrument jederzeit berechtigt sind, beim Verdacht von Sicherheitsmängeln gegen die fragliche Fluggesellschaft ein (Ein-)Flugverbot zu verhängen. Schließlich werden „schwarze Listen" der zentralen, weil grundsätzlichen Herausforderung nicht gerecht: der Gewährleistung dauerhaft höherer Sicherheitsstandards in vielen Staaten der Dritten Welt und nicht zuletzt in den Ländern Afrikas.

Literatur

Airclaims (2006), Airline Fleet & Network Management No. 43, London, Mai/Juni 2006, http://www.airclaims.com/downloads/Airline-Fleet-&-Network-Management-article.pdf.

Aviation Safety Network (2006), Airliner Accident Statistics 2005, Statistical summary of fatal multi-engine airliner accidents in 2005, ohne Ort, http://aviation-safety.net/pubs/asn/ASN%20Airliner%20Accident%20 Statistics%202005.pdf.

Boeing (2006), Statistical Summary of Commercial Jet Airplane Accidents, Worldwide Operations 1959 - 2005, Seattle, http://www.boeing.com/ news/techissues/pdf/statsum.pdf.

Dulleck, U. / Kerschbamer, R. (2006), On Doctors, Mechanics and Computer Specialists, The Economics of Credence goods, in: Journal of Economic Literature, Vol. 44, S. 5 - 42.

Essenbert, B. (2005), The Future of Civil Aviation in Africa, Restructuring and social dialogue, Working Paper WP.231 der Internationalen Arbeitsorganisation, Genf, http://www.ilo.org/public/english/dialogue/sector/papers/transport/wp23 1.pdf.

EU-Kommission (2005a), Verordnung (EG) Nr. 2111/2005 des Europäischen Parlaments und des Rates vom 14. Dezember 2005, Brüssel, http://eur-lex.europa.eu/LexUriServ/site/de/oj/2005/l_344/l_ 34420051227de00150022.pdf.

EU-Kommission (2005b), Ex Post and Mid Term Evaluation of the Safety Assessment of Foreign Aircraft Programme (SAFA), Final Report (TREN/04/ST/S07.38506), http://ec.europa.eu/dgs/energy_transport/evaluation/activites/doc/reports/ transports/2005_safa_en.pdf.

EU-Kommission (2006), Verordnung (EG) Nr. 474/2006 der Kommission vom 22. März 2006, Brüssel, http://eur-lex.europa.eu/LexUriServ/site/de/oj/2006/l_084/l_08420060323de00140 028.pdf.

EU-Kommission (2007a), Weitere Informationen, Brüssel, http://ec.europa.eu/transport/air-ban/furtherinfo_de.htm#3.

EU-Kommission (2007b), Verordnung (EG) 235/2007 der Kommission vom 5. März 2007, Brüssel, http://eur-lex.europa.eu/LexUriServ/site/de/oj/2007/l_066/l_06620070306de00030013.pdf.

FAA (2007), FAA Flight Standards Service, International Aviation Safety Assessment (IASA) Program, Washington, http://www.faa.gov/safety/programs_initiatives/oversight/iasa/.

Fatokun, O. S. (2005), African air transport in the 21st century, A case study of the contrasting experience of Nigeria and Kenya, Cranfield (zugleich Master Thesis; Cranfield University School of Engineering), http://www.tiaca.org/content/African_Air_Transport.pdf.

IATA (2003), Airlines to undergo initial IATA operational safety audit by 2006, in: ICAO Journal, Vol. 58, No. 9, S. 22 - 24 sowie S. 30.

IATA (2007), The IOSA Registry, Montréal, http://www.iata.org/ps/services/iosa/registry.htm.

ICAO (2004), Progress Report on the Implementation of the ICAO Universal Safety Oversight Audit Programme (USOAP), Montréal, http://www.icao.int/icao/en/assembl/a35/wp/wp067_en.pdf.

Industry Safety Strategy Group (2005), Implementing the Global Aviation Safety Roadmap, ohne Ort, Dezember 2005, http://www.flightsafety.org/pdf/roadmap2.pdf.

Knorr, A. (1997), Wettbewerb und Flugsicherheit – ein Widerspruch?, in: Zeitschrift für Verkehrswissenschaft, 68. Jg., S. 93 - 122.

Learmount, D. (2006), ICAO to shame secretive states, in: Flight International, 28.3.-3.4.2006, S. 5.

Netherlands Directorate-General of Civil Aviation (1996), Airport Safety: A Study of Accidents and Available Approach-and-Landing Aids, in: light Safety Digest, Vol. 15, No. 3, S. 1 – 36, http://www.flightsafety.org/fsd/fsd_mar96.pdf.

o.V. (2005a), In safe hands, in: Flight International, 6.9.-12.9.2005, S. 3.

o.V. (2005b), Lax oversight and aircraft that should not take off, in: Flight International, 19.7. - 25.7.2005, S. 40.

o.V. (2006a), South Africa special: African authorities prepare to meet safety deadline, in: Flight International (Online Edition), 31.10.2006. , http://www.flightglobal.com/articles/2006/10/31/210251/south-africa-special-african-authorities-prepare-to-meet-safety.html.

o.V. (2006b): Safety compliance, Another bad year for Africa, in: Flight International (Online Edition), 10.1.2006, http://www.flightglobal.com/ articles/2006/01/10/203961/safety-compliance-another-bad-year-for-africa.html.

o.V. (2007), Safety oversight: Reformed Nigeria gets tough, in: Flight International, 9.1. - 15.1.2007, S. 32.

Ssamula, B. (2007), Management of Safety-Related Accidents, Processes Africa Can Adopt, in: Aerlines e-zine edition, Nr. 36, März 2007, S. 1 – 5, http://www.aerlines.nl/issue_36/36_Ssamula_African_Safety.pdf.

Weltbank (2006), West and Central Africa Air Transport Safety & Security Project, Washington, http://web.worldbank.org/external/projects/main?pagePK=64283627&piPK=73230&theSitePK=40941&menuPK=228424&Projectid=P083751.

Wohlmuth, K. (2004), Capacity Building and Private Sector Development – An Introduction, in: Karl Wohlmuth u.a. (Hrsg.): African Development Perspectives Yearbook 2004. Band 10: Private and Public Sectors: Towards A Balance, Hamburg, Münster u.a., S. 139 - 160.

Erdölproduktion und deren Implikationen auf globaler und nationaler Ebene: Arme Importländer – Reiche Exportstaaten?

Oil production and its Implications on a Global and National Level: Poor Importers – Rich Exporters?

Tino Urban

Abstract

The oil-sector has been a driving factor of international trade and globalisation during the last century. Generally, a steady oil supply has been perceived as normal and the high dependency on oil was only recognised in emergencies. However, increased prices and the increasing price volatility of oil during the last decade have raised questions about the security of energy supply. Additionally, concerns about climate change have contributed to thoughts about alternative energies and a more efficient energy utilisation. While the efforts to improve the supply of alternative energies are increasing, fossil fuels like crude oil, natural gas and coal still remain the primary energy sources. This article argues that the income of the oil-exporting countries will increase considerably during the next decade due to increased energy consumption and rising oil prices. This again will increase the bargaining power of the oil exporting countries within the international community, especially of the OPEC. However, this increased bargaining power does not necessarily translate into improved development. Numerous countries face serious constraints to manage their resource properly, including political instabilities, poor economic performance and high degrees of social inequalities. On the other hand there also exist several countries that have successfully met the challenges of the so-called "resource curse" by implementing appropriate macroeconomic policies (particularly sound fiscal and monetary policies) as well as by installing functioning institutions and a sound regulatory framework. Less successful countries should be encouraged to implement such policies in order to overcome the "resource curse". Such a successful policy framework would not only contribute to national poverty reduction and a more stable international trading environment but also to a secured fuel supply until the suitable substitutes of fossil energies have fully developed.

Zusammenfassung

Der Erdölsektor wurde im letzten Jahrhundert zum Schmierstoff und Treiber des internationalen Handels und der Globalisierung. Eine konstante Versorgung der Industrie und des Transportsektors mit Erdöl wurde stets als Normalzustand vorausgesetzt, die hochgradige Abhängigkeit von Erdöl erscheint Verbrauchern erst bei Knappheit des fossilen Brennstoffes durch Krisen oder Produktionsengpässe im Bewusstsein. Wert und Preisvolatilität des Rohöls stiegen insbesondere während der letzten Dekade enorm an. Vermehrt werden Fragen über Versorgungssicherheit und Klimawandel gestellt und verstärkt über alternative Energien und effizientere Nutzung vorhandener Energiequellen nachgedacht. Trotz aller Bemühungen zum Ausbau alternativer Energien können die fossilen Brennstoffe Erdöl, Erdgas und Kohle in naher Zukunft voraussichtlich nicht substituiert werden und bleiben für die kommenden Jahrzehnte weiterhin primäre Energiequellen. Bei zu erwartendem, ansteigendem Energieverbrauch sowie steigenden Ölpreisen erhalten erdölproduzierende Staaten unvorstellbar hohe Summen an monetären Zuflüssen. Die internationale Verhandlungsmacht der erdölexportierenden Staaten wird weiter zunehmen, insbesondere die der OPEC-Staaten. Sollte man annehmen, dass alle erdölexportierenden Staaten uneingeschränkte Gewinner des Ölbooms auf internationaler Ebene seien, findet man bei einer Vielzahl der Produzenten auf nationaler Ebene jedoch elementare Störungen im Management der Reichtümer an Ressourcen, oftmals verbunden mit politischen Instabilitäten, geringerem wirtschaftlichen Wachstum und hohen sozialen Ungerechtigkeiten. Dem so genannten „Ressourcenfluch" begegnen dagegen erfolgreich einige Länder mit einer zweckmäßigen Wirtschaftspolitik, insbesondere im Bereich der Fiskal- und monetären Politik, und auch durch die Etablierung qualitativer Institutionen und fairer Gesetzgebung. Auch in den bisher weniger erfolgreichen Ländern sollten entsprechende Maßnahmen zur Überwindung des „Ressourcenfluchs" eingeleitet werden – im Sinne einer weltweiten Armutsbekämpfung und der Stabilisierung des Welthandels, aber auch im Sinne der Sicherung einer langfristig stabilen Versorgung der OECD-Staaten mit Erdöl – bis entsprechende Substitute zur Energieerzeugung und im Transportsektor Marktreife erlangen können.

1 Einführung

Der enorme Anstieg des Ölpreises in den letzten Jahren ist für die Öffentlichkeit nicht zuletzt an gestiegenen Heizkosten und Spritpreisen spürbar. Industrialisierte Staaten und Entwicklungsländer sind vom „Blut der Wirtschaft" hochgradig abhängig, der weltweite Warentransport und Logistik basieren nahezu komplett auf Erdöl als Treibstoff. Der heutige weltweite Energieverbrauch wird bis 2030 voraussichtlich um 52% steigen, fossile Brennstoffe wie Erdöl, Erdgas und Kohle werden die weltweite Energieerzeugung mit einem Anteil von 81% weiterhin dominieren, trotz zahlreicher Absichtserklärungen der Regierungen, verstärkt in alternative Energien zu investieren (IEA 2005). Während Politiker der OECD-Staaten die Regierungen der Entwicklungsländer auffordern, vermehrt in Umweltschutz- und Energieeffizienzprogramme zu investieren, fürchten diese Wachstumshemmnisse und einen langfristigen Verlust des komparativen Wettbewerbsvorteils durch zu rigide Umweltschutzbestimmungen. Stattdessen sehen sie die Industriestaaten in der Alleinverantwortung der bisher verursachten Emissionen und bestehen auf ihr Recht auf Wachstum und Wohlstandsmehrung. Nachhaltiger Umweltschutz wird vorerst nicht als primäres Ziel in die Agenda von Entwicklungsländern aufgenommen. Die OECD-Staaten müssen sich dieser komplexen politischen Situation bewusst sein und sollten die Chance als „First Mover" wahrnehmen, verstärkt in alternative Energiequellen, Transportmittel und Energieeffizienzprogramme zu investieren. Durch die Installation und Nutzung alternativer Energiequellen, wie Solarenergie, Wind- und Wasserkraft und weitere technische Innovationen im Bereich der Energieeffizienz, können langfristig auch die Entwicklungsländer profitieren, hinsichtlich einer stabileren Grundversorgung mit Energie und einer effizienteren Klimabilanz, bei kontinuierlichem Wirtschaftswachstum und nachhaltiger Verbesserung der Lebensstandards.

Sowohl Entwicklungsorganisationen als auch potentielle Investoren sollten sich, trotz des hohen (Markt-)Potentials erneuerbarer Energien auf mögliche Investition- und Erfolgshemmnisse vorbereiten, aufgrund einzeln vorhandener, restriktiver politischer Ökonomien, ungelöster Sicherheits- und Rechtsfragen sowie unklarer Finanzier- und Machbarkeit einzelner Projekte (Wohlmuth 1993).

2 Störungen des Erdölhandels auf globaler Ebene

Trotz ansteigender weltweiter Bedeutung der erneuerbaren Energien werden fossile Brennstoffe, insbesondere Erdöl und Erdgas, den Energiemarkt in den nächsten Dekaden weiterhin dominieren, inklusive der bereits existenten Marktcharakteristika und vor allem Marktstörungen. Während die Preisfindung des am Weltmarkt gehandelten Erdöls vollständig den Bedingungen eines perfekten Marktes zu unterliegen scheint, in dem gleichberechtigte Marktteilnehmer störungsfrei und ohne Informationsvorsprung gegenüber konkurrierenden Teilnehmern über Angebot und Nachfrage eines homogenen Gutes verhandeln, finden sich bei detaillierter Betrachtung durchaus ernsthafte Störungen im globalen Erdölhandel. So ist der Erdölsektor schon allein durch seine sehr hohen Kapitalintensitäten sowie langfristigen Investitionszyklen und Kapitalrenditen nur auf eine sehr geringe Zahl von Akteuren begrenzt, vornehmlich bestehend aus einigen wenigen multinationalen Unternehmen und einer zunehmenden Anzahl von Staatsbetrieben. Zudem wird nur ein äußerst geringer Anteil der weltweiten Erdölförderung über den sichtbaren, internationalen Spot-Markt gehandelt. Der Großteil des weltweiten Erdölhandels wird über langfristige und nicht publizierte, intransparente Lieferverträge zwischen Ölproduzenten und Verbraucherstaaten beziehungsweise der ölverarbeitenden Industrie abgewickelt (Müller 2005). Aufgrund abnehmender Erdölproduktion und Ölreserven in den Hauptverbraucherstaaten, vorwiegend OECD und Südostasien, bei gleichzeitig steigendem Bedarf, verschieben sich globale Machtverhältnisse in Richtung der erdölproduzierenden Länder.

Die Gruppe der MENA-Staaten („Middle East and Northern Africa", engl.f: Mittlerer Osten und Nördliches Afrika) als haupterdölproduzierende Region[1], zeichnet sich neben geschätzten geringsten Produktionskosten von derzeit ca. 8 bis 12 US$ je Barrel, durch eine im Vergleich zu anderen Staaten effizientere 'R/P-Ratio'[2] aus, was ihnen eine langfristige Förderung von Erdöl und einen Wettbewerbsvorteil gegenüber anderen Förderstaaten garantiert (Müller 2006).

Nach wirtschaftstheoretischer Vorstellung und praktischer Erfahrung ebenso problematisch ist die schleichende Verstaatlichung der erdölproduzierenden Unternehmen innerhalb der letzten 20 Jahre. Während in den 1980er Jahren noch Privatunternehmen den Ölsektor dominierten, sind heute bereits 85% aller erdölproduzierenden Unternehmen verstaatlicht, Tendenz steigend. Diese prekären Eigentumsverhältnisse werden die individuellen Verhandlungspositionen der Regierungen erdölproduzierender Staaten (insbesondere die der Mitgliedsstaaten der OPEC („Organisation of Petrol Exporting Countries") in der internationalen Politik langfristig stärken (Harks 2006). Dass diese These bereits heute in der Realität angekommen ist und sich die erdölreichen Staaten ihrer Machtrolle durchaus bewusst sind, belegen zahlreiche Beispiele in den Medien, nicht nur aus der jüngsten Vergangenheit (Spiegel Online 2007, The Economist 2007). Nicht zuletzt errichten die Regierungen der wichtigsten erdölfördernden Staaten hohe Barrieren für internationale Direktinvestitionen oder Beteiligungen; oder verbieten jegliche privatwirtschaftlichen Aktivitäten innerhalb des Erdölsektors[3]. Dies ist insofern bedenklich, da in einer Vielzahl

---

[1] In der MENA-Region liegen die drei Länder mit den höchsten Erdölvorkommen weltweit: Saudi Arabien, Iran und Irak (2005: zusammen 42,7% der Weltreserven) Die Reserven aller MENA-Staaten umfassen insgesamt 61,5% der weltweiten Reserven (BP 2007).

[2] R/P-Ratio: Verhältnis der Reserven zur Jahresproduktion; beschreibt, wie viele Jahre die nachgewiesenen Reserven bei gleich bleibender Fördermenge anhalten. In den MENA-Staaten wird die R/P-Ratio derzeit geschätzt auf 82 Jahre, während die geschätzte R/P-Ratio in Europa bei 8 Jahren, Nordamerika bei 13 Jahren und Asien/Pazifik bei 14 Jahren liegt (Harks / Müller 2006).

[3] So gibt es strikte Investitionsbeschränkungen für ausländische Privatunternehmen in Russland, Venezuela und Iran (zudem verbunden mit hohen Risiken, wie z. B. Zwangsenteignung). Saudi Arabien erlaubt es ausländischen Investoren nicht, nach Erdöl zu suchen oder zu fördern. Der Irak ist politisch hochgradig instabil, Unternehmer müssten unter Gefahr für Leib und Leben arbeiten (Müller 2006).

der Förderanlagen massive Investitionen getätigt werden müssten, um ein langfristig stabiles Angebot an Erdöl zu gewährleisten, beziehungsweise um die Fördermengen aufgrund der steigenden Nachfrage weiter anzuheben.

3 Herausforderungen erdölexportierender Länder auf nationaler Ebene

Während im vorausgehenden Kapitel genannte Störungen des globalen Erdölmarktes die Verbraucherländer direkt betreffen, muss sich die Mehrheit der erdölexportierenden Länder zusätzlichen Herausforderungen stellen. Wenn auch die Vielzahl der OECD-Staaten als Erdölimporteure von diesen Herausforderungen nicht direkt betroffen ist, werden sie zumindest indirekt berührt, aufgrund potentiell höherer interner und externer Konflikthäufigkeiten in einzelnen Ölländern oder schwach, beziehungsweise real nicht existenter Institutionen in Staaten, die kaum in der Lage sein werden, ihren Bürgern nötigste Grundbedürfnisse befriedigen zu können. Zusätzlich rücken Fragen wie die Verringerung von Armut und sozialer Ungleichheit, Migration, Umweltverschmutzung, internationale Sicherheit und nicht zuletzt die langfristige Versorgung mit dem Treibstoff des Welthandels in den Vordergrund – und damit ebenso in den Fokus der OECD-Staaten.

In erster Linie erscheint es paradox, dass ausgerechnet Länder, reich beschenkt mit natürlichen Ressourcen, von eben diesem Reichtum sowohl im Wirtschaftswachstum als auch in der sozialen Entwicklung negativ beeinflusst werden könnten. Dennoch existiert eine Vielzahl ressourcenreicher Staaten, die von langsamem Wirtschaftswachstum, stagnierender sozialer und humaner Entwicklung, politischer Instabilität oder gar von gewalttätigen Konflikten gezeichnet ist, wie zahlreiche wissenschaftliche Studien darlegen. Raúl Prebisch (1959) beobachtete eine mögliche negative Korrelation zwischen Ressourcenreichtum und Wirtschaftswachstum erstmalig in Lateinamerika. In seiner Studie zeigte er auf, dass Wachstum, hervorgerufen durch die Ausbeutung natürlicher Ressourcen, nicht nachhaltig sei, da die Arbeitsproduktivität durch den Abbau der Ressourcen nicht gesteigert werden würde. Er wies zudem auf langfristig sinkende Rohstoffpreise auf dem Weltmarkt hin, mit der Folge sinkender Einnahmen durch Primärexportgüter[4].

Weitere negative Wachstumseffekte werden in der renommierten „Dutch Disease" Theorie beschrieben, benannt nach dem Phänomen, welches nach einem Fund größerer Erdgasvorkommen in den Niederlanden in den 1960er Jahren auftrat. Nach dem Modell zufolge wird in einer offenen Ökonomie ein bereits existenter Industriesektor, durch den Transfer von Arbeit und Kapital hin zu einem mit hohen (kurzfristigen) Erträgen versehenen Rohstoffsektor geschwächt. Gestiegene Importraten durch höhere Einkommen und eine Währungsaufwertung würden zu höheren Absatzpreisen der Exportgüter auf dem Weltmarkt und zur weiteren Schwächung der Kompetetitivität führen. Der Rückgang des Industriesektors erschwert zudem ein nachhaltiges Wachstum durch mangelnde vertikale und horizontale Integration innerhalb des Rohstoffsektors, verbunden mit unzureichender Spezialisierung und fehlendem Wissenstransfer (Hirschmann 1958, Matsuyama 1992). Auty (1994) zeigte in einer empirischen Studie, dass ressourcenreiche Staaten im Zeitraum der 1960er bis 1990er Jahre im Durchschnitt geringere Wachstumsraten aufwiesen als Staaten, deren Wachstum unabhängig von natürlichen Ressourcen erfolgte. Sachs und Warner (1995, 1999) stellten in ihren richtungweisenden Studien ebenso fest, dass ressourcenabhängige Staaten bis Anfang der 1990er Jahre durchschnittlich langsamer wuchsen als vergleichbare, ressourcenunabhängige Staaten. Bestrebungen zur vertikalen Integration innerhalb der Wertschöpfungskette und Exportdiversifikation scheiterten in der Mehrzahl (oftmals auch am Unwillen politischer Führungen), Importsubstitutionen in lateinamerikanischen Staaten wirkten sich langfristig nicht nur positiv auf staatliche Institutionen und Exportstrukturen aus. Ressourcenarme Staaten hingegen waren (und sind) darauf angewiesen, komparative Wettbewerbsvorteile durch Humankapital, Innovation, Infrastruktur und Technologie aufzubauen, profitieren zudem von sinkenden Transport- und Beschaffungskosten bei in der Vergangenheit überwiegend gesunkenen Rohstoffpreisen. Sachs und

---

[4] Im Fall des Rohstoffes 'Erdöl' sind nicht fallende Weltmarktpreise das Hauptproblem, sondern die hohe (und in den letzten Jahren gestiegene) Volatilität der Ölpreise. Die daraus resultierenden hohen Schwankungen verhindern eine adäquate Haushaltsplanung und verursachen mögliche extreme Überschüsse oder unerwartete Haushaltsdefizite. Dies erschwert folglich eine gerechte Einkommensdistribution und erfordert zusätzlich geeignete Absicherungsmaßnahmen („Hedging").

Warner verwiesen weiter auf häufige Mängel an profunder Rechtssprechung, Formen von Protektionismus und fehlgeleiteten makroökonomischen Reformen sowie auf vielfache Strukturschwächen innerhalb ressourcenreicher Staaten.

Diverse Studien haben gezeigt, dass Politik und die Qualität von Institutionen häufig negativ von hohen Ressourcenabhängigkeiten beeinflusst sein können (Auty 1997, Ross 1999). Hohe Abhängigkeiten von natürlichen Ressourcen – und speziell von Erdöl – scheinen ineffektive, überladene Bürokratien zu provozieren, sowie Formen von „Rent-seeking", hochgradiger Korruption, Gier und Selbstbereicherung der regierenden Eliten, während soziale Ungleichheiten signifikant erhöht werden (Lane / Tornell 1999, Isham et al. 2001). Anstatt Interesse an einer nachhaltigen Entwicklung breiter Schichten der Bevölkerung zu zeigen, etablieren Regierungen oftmals Patronats-Regime, die der Befriedigung der Wünsche ausgewählter Klientel dienen, sowie selektiv Vermögen verteilen (vgl. auch Wohlmuth 2004). Zur Machterhaltung unterdrücken Regime häufig Opposition und Bürgerbewegungen durch Kriminalisierungstaktiken und Aufrüstung der Staatsapparate. Die Staaten sehen sich zudem oftmals erhöhten Gefahren gewaltsamer interner oder externer Konflikten ausgesetzt (Wohlmuth 2007), häufig unter aktiver Unterstützung externer Akteure, finanziert mit Einnahmen aus dem Ressourcenabbau (Collier / Hoeffler 2005, vgl. auch Patey 2006).

4 Differenzierte Betrachtung des Ressourcen-Fluchs

Autoren diverser Studien der letzten Jahre konnten durch Prüfung der Argumentationen der oben genannten Theorien und durch eigene empirische Studien weiterführende und teilweise konträre Ergebnisse erlangen. Ledermann / Maloney (2002) zum Beispiel konnten in ihren Studien keinen direkten Zusammenhang zwischen Ressourcenabhängigkeit und negativen Wachstumseffekten nachweisen. Basierend auf den Ergebnissen von Sachs und Warner bestätigten sie, dass hohe Offenheitsgrade und Investmentraten sowie Staatskonsum das Wirtschaftswachstum positiv beeinflussen können[5], ebenso eine hohe Anzahl regelmäßiger Schulbesuche der jungen Bevölkerung eines Landes (Barro / Lee 2001). Ein anhaltendes Wachstum würde zudem langfristig zu einer geringeren Abhängigkeit von Rohstoffen und einer Vermehrung von Wohlstand, Wissen und Humankapital führen (vgl. auch Stijns 2005)[6].

Weitere Studien weisen auf unterschiedliche Wirkungen differenzierter Rohstofftypen hin. Länder, überwiegend ausgestattet mit „punktuellen Ressourcen", die in einem eng begrenzten Areal abgebaut werden, wie Mineralienabbau in einem Bergwerk oder Off-Shore-Öl- und Erdgasfelder, benötigen für eine relativ kapitalintensive und technisch aufwendige Produktion eine vergleichbar geringe Anzahl von Arbeitskräften. Diese Ressourcen sind höheren Risiken gewaltsamer Konflikte ausgesetzt, bei gleichzeitig geringerer Beschäftigungsgenerierung, mangelnder vertikaler Integration und geringerer Wertschöpfung (Le Billon 2001). „Diffuse Ressourcen" wie Fischerei, Landwirtschaft, Holz und leicht schürfbare Mineralien sind hingegen über weite Areale verteilt und benötigen einen relativ hohen Beschäftigungsaufwand. „Diffuse Ressourcen" würden somit Beschäftigung generieren bei ungleich geringeren Risiken gewalttätiger Konflikte (Le Billon 2001). Ross (2002) unterscheidet in diesem Zusammenhang zwischen „lootablen" (engl. f.: einfach zu plündern) und „unlootablen" (engl. f.: nicht zu plündern) Ressourcen. Ross argumentiert, dass einfach zu produzierende und zu transportierende 'lootable' Ressourcen, wie Fisch- und Landwirtschaftsprodukte, Holz und angeschwemmte Edelsteine kein hohes Konfliktpotential besitzen und zudem für Beschäftigungswachstum sorgen könnten, insbesondere für geringer qualifi-

---

[5] Sie beschrieben zudem, dass relative hohe Einkommen zu Beginn des Ressourcenabbaus sowie hohe Anfangsgrade der Exportkonzentration negative Wachstumseffekte generieren, ebenso eine hohe makroökonomische Volatilität und eine durch den Ressourcenboom bedingte Aufwertung der Landeswährung. Hingegen wurden keine relevanten Zusammenhänge zwischen den Exporten natürlicher Ressourcen und Wachstum gefunden (Ledermann / Maloney 2002).

[6] Mit hoher Wahrscheinlichkeit würde die langfristige Akkumulation von physischen und Humankapital heute wesentlich geringer ausfallen als erwartet, aufgrund stärkerer Integration der Exportländer in die Weltwirtschaft, liberalisierten Kapitalmärkten (nach Einführung der Strukturanpassungsprogramme der internationalen Finanzinstitute in Entwicklungsländern) und dem Agieren multinationaler Unternehmen, die einen Großteil der Wertschöpfung intern generieren.

zierte Arbeiter und die Landbevölkerung[7]. 'Unlootable' Ressourcen, wie Bergbau, Erdöl- und Erdgasförderung benötigen hingegen eine kapitalintensivere Produktion und stellen häufig Ursachen für gewalttätige, unter anderem separatistische Bewegungen dar, aufgrund höherer Gewinne für gut ausgebildete Kräfte (gewertet als Synonym für regierende Eliten, ebenso wie externe Parteien, z. B. Drittstaaten oder multinationale Unternehmen).

Trotz mehrfacher Fallbeispiele hoher Konfliktpotentiale und Studien über negative Wachstumseffekte in ressourcenreichen Ländern existiert eine ebenso hohe Anzahl von Ländern mit durchaus positiven Indikatoren, in denen sich Wachstum und Ressourcenreichtum nicht ausschließen und es gelungen ist, natürliche Ressourcen als Basis für ein langfristiges Wachstum und eine nachhaltige Entwicklung zu nutzen (vgl. z. B. Brunnschweiler 2006) wie zum Beispiel Australien, Kanada, die USA, Großbritannien, Finnland oder Norwegen, noch heute hochgradig abhängig von Erdölexporten, dennoch seit Jahren als das Land mit dem höchsten menschlichen Entwicklungsstand weltweit bewertet (UNDP 2006).

5 Ansätze zur Überwindung des Ressourcenfluchs

Die erwähnten makroökonomischen Risiken, die vom oben genannten Ressourcenfluch ausgehen, sind zu einem großen Teil durch hohe, kurzfristige Renditen verursacht[8]. Die hohen, unerwarteten Renten wären im Gegenzug ebenso adäquat einsetzbar, um langfristig positive Wachstumseffekte und eine nachhaltige Entwicklung für das Wohl der eigenen Bevölkerung zu generie-

---

[7] Offensichtlich sind die Gewinnmargen (und somit die Anreize für Raub oder offene Gewalt) bei Agrarprodukten im Vergleich geringer, solange es sich um Produkte handelt, die legal angebaut werden. Illegale landwirtschaftliche Produkte (wie Rauschgift) erhöhen das Konfliktpotential, organisierte Kriminalität und Rebellenbewegungen kontrollieren diese Anbaugebiete dann in der Regel.

[8] Definiert als so genannte „Windfall Profits" (engl.f. Unerwartete Gewinne). Diese hohen Geldzuflüsse können durch den Export hochpreisiger natürlicher Ressourcen entstehen, ebenso auch durch Einnahmen aus Tourismus oder Entwicklungshilfe. Es existieren Beispielländer, die ähnliche Symptome (bewaffnete Konflikte, Korruption, soziale Ungleichheit, extreme Armut) des Ressourcenfluchs erleiden, ohne hochgradig abhängig von Rohstoffexporten zu sein (z. B. Äthiopien, Somalia, Haiti). Die Untersuchung zur Überwindung des Ressourcenfluchs kann also durchaus auch Anhaltspunkte geben, wie Entwicklungshilfegelder nachhaltig genutzt werden können – und umgekehrt ebenso.

ren, und nicht zur privaten Gewinnmaximierung und Bereicherung zu nutzen - wenn es politisch gewollt ist.

Allein unter dieser Prämisse ist es möglich, folgende nötige politische Rahmenbedingungen zu schaffen und makroökonomische Reformen einzuleiten:

a) *Die Schaffung eines adäquaten rechtlichen Rahmens* auf Basis des Rechtsstaatsprinzips mit verfassungsrechtlichem Schutz des Lebens, und der körperlichen Unversehrtheit, der Unabhängigkeit der Rechtssprechung im Einklang mit einer ordnungsgemäßen Durchsetzung der Gesetze, sowie der Freiheit des Individuums und der Presse.

b) *Die Schaffung eines entrepreneur- und investitionsfreundlichen Umfeldes* mit Garantien über den Schutz des Eigentums und geringen bürokratischen Hürden bei der Aufnahme von Geschäften. Insbesondere kleinere und mittlere Unternehmen sind in der Lage, effektiv für ein anhaltendes Beschäftigungswachstum und damit langfristig zur Armutsbekämpfung beizutragen.

c) *Die Schaffung zweckmäßiger und stabiler makroökonomischer Rahmenbedingungen* mit dem Ziel der Förderung von Wirtschaftswachstum und sozialer Entwicklung, teilweise konträr zu den seit den 1980ern proklamierten Zielen internationaler Finanzinstitutionen, die in erster Linie auf makroökonomische Stabilität (Inflationsbekämpfung) und Verbesserung der Rahmenbedingungen für internationale Finanzinstitute und Investoren abzielten – teilweise unter fehlgeleiteten Voraussetzungen, mit häufig resultierenden anfälligen und schwachen Ökonomien und wiederholten Finanzkrisen.

Regierungen der Entwicklungsländer können insbesondere moderate Fiskal- und Geldpolitik sinnvoll einsetzen, um nachhaltiges Wachstum und soziale Entwicklung zu forcieren. Nicht nur die Bürger des Staates würden langfristig von dieser Entwicklung begünstigt, auch internationale Investoren und Unternehmen könnten durch die Generierung stabiler Produktions- und Absatzmärkte langfristig von dieser Entwicklung profitieren.

Unter der Prämisse der Wachstums- und Entwicklungsförderung, hätte die Fiskalpolitik drei Funktionen zu erfüllen:

a) *Die kurzfristige, 'anti-zyklische Stabilisierungsfunktion'* mit dem Ziel, durch flexible Staatsinvestitionen und Stabilisierungsprogramme oder Steuersenkungen die Auswirkungen externer Schocks weitestgehend abzufedern, da langfristig wirtschaftliche und soziale Kosten eines Schocks unvergleichbar höher sein könnten.

b) *Die kurz- und mittelfristige 'wachstums-stimulierende Funktion'* mit dem Ziel, wachstumsfördernde Maßnahmen durch staatliche Programme einzuleiten, insbesondere den Ausbau der Gesundheits- und Bildungssysteme, um langfristig Humankapital aufzubauen.

c) *Die langfristige 'kapital-bildende Funktion'* mit dem Ziel, Armut und Ungleichheit durch gezielte Steuerpolitik und Staatsausgaben langfristig zu verringern. Ziel sollte zudem die Etablierung effizienter Steuersysteme sein, da diese in Entwicklungsländern oftmals nicht ausreichend entwickelt sind. Insbesondere sollte der Fokus auf Unternehmens- und Einkommensteuern als primäre Einnahmequellen gelegt werden, während Verbrauchssteuern auf Konsum und Services weniger intensiv eingesetzt werden sollten, um Produktpreise (z. B. von Grundnahrungsmitteln) nicht künstlich zu erhöhen und den privaten Konsum nicht zu beschränken. Staatliche Ausgaben sollten indessen in die Weiterentwicklung des Gesundheits- und Bildungssektors investiert werden, genau wie in den Infrastrukturausbau und in weitere arbeitsbeschaffende Maßnahmen (Weeks / Patei 2007).

Eine adäquate Geldpolitik sollte flankierend und unterstützend zur Fiskalpolitik eingesetzt werden. Hier sollte der Schwerpunkt auf die Bereitstellung günstiger Kredite insbesondere für kleinere und mittlere Unternehmen und auf die langfristige Absicherung der Währung vor Spekulationen und zu hoher Aufwertung gesetzt werden (Filho 2007).

Durch eine zweckmäßige Implementierung dieser makroökonomischen Maßnahmen besteht für betroffene Staaten eine reelle Chance, Ressourcenreichtum in langfristiges Wachstum und eine positive Entwicklung umzuwandeln. Zu beachten ist vor allem, dass vor Umsetzung solch weitgreifender Maßnahmen, individuelle Studien im jeweiligen Land durchgeführt werden und jedes Land mit seinen spezifischen Charakteristika betrachtet werden sollte, eine für jedes Fallland allgemeingültige Maßnahme wird es nicht geben können. Die implementierten, standardisierten Strukturanpassungsprogramme der letzten Jahrzehnte haben dies anschaulich gezeigt; nur ein spezifische Behandlung der individuellen Fallländer kann gewährleisten, dass die 'trickle-down'-Theorie, wenn nicht immer selbst erfüllend, doch aber, begleitet durch elementare wirtschaftspolitische Maßnahmen, durchaus zu realisieren ist.

Literatur

Auty, R. M (1994), Industrial Policy Reform in Six Large Newly Industrializing Countries: The Resource Curse Thesis, World Development Vol. 22, Issue 1, January 1994, S. 11-26.

Auty, R. M. (1997), Natural Resource Endowment, The State and Development Strategy, Journal of International Development 9 (4), S. 651-663.

Barro R. / Lee J. W. (2001), International Data on Educational Attainment: Updates and Implications, Oxford Economic Papers 53(3), S. 541-563.

BP (British Petroleum, 2007) Statistical Review of World Energy 2007, http://www.bp.com/productlanding.do?categoryId=6848&contentId=703 3471, Abruf: 14.07.2007.

Brunnschweiler, C. (2006), Cursing the blessing? Natural resource abundance, institutions and economic growth, Institute of Economic Research, ETH Zürich, University of Zurich.

Collier, P. / Hoeffler, A. (2005), Resource Rents, Governance and Conflict, Journal of Conflict Resolution 49(4), 625-633.

Filho, A. S. (2007), Training Modules of the Research Programme: Economic Policies, MDGs and Poverty – Monetary Policy, Centre for Development Policy & Research / UNDP International Poverty Centre, Brasilia, July 2007.

Harks, E. (2006), Was nach dem Ölpeak übrig bleibt, Berliner Republik 5/2006, S. 33-35.

Harks, E. / Müller, F. (2006), Internationale Energiesituation und geostrategische Trends, Energiepolitische Tagesfragen, 56. Jahrgang, Special Nr. 1, S. 3-7.

Hirschmann, A. O. (1958), The Strategy of Economic Development, New Haven CT, Yale University Press.

IEA (International Energy Agency, 2005), World Energy Outlook 2005, OECD/IEA, Paris.

Isham, J. / Pritchett, L. / Woolcock, M. (2001), The Varieties of the Rentier Experience: How Natural Resource Endowments and Social Institutions Affect Economic Growth, The World Bank, Washington D.C.

Lane, P. / Tornell, A. (1999), The Voracity Effect, American Economic Review 89, S. 22-49.

Le Billon P. (2001), The Political Ecology of War: Natural Resources and Armed Resources and Armed Conflicts, Political Geography 20/2001, S. 561-584.

Ledermann, D. and Maloney, W. (2002) Open Questions about the link between Natural Resources and Economic Growth: Sachs and Warner Revisited, Central de Chile, Documtentos de Trabajo, No.141, Febrero 2002 / Bank of Chile, Working Papers No. 141, February 2002.

Matsuyama, K. (1992), Agricultural Productivity, Comparative Advantage, and Economic Growth, Journal of Economic Theory, no. 58, S. 317-334.

Müller, F. (2005), Geopolitische Marktstörungen bei endlichen Ressourcen, Zeitschrift für Energiewirtschaft 29/2005, S. 197-204.

Müller, F. (2006), Global Energy Resource Supply: Strategic Trends, Stiftung Wissenschaft und Politik, Working Paper FG8 May 2006, SWP Berlin.

Patey, L. A. (2006), Understanding Multinational Corporations in War-torn Societies: Sudan in Focus, in: Wohlmuth, K. / Urban T. (eds.) (2007), Reconstructing Economic Governance after Conflict in Resource-rich African Countries, Berlin, Lit-Verlag.

Prebisch, R. (1959), Commercial Policy in the Underdeveloped Countries, American Economic Review, Papers and Proceedings 49(2), S. 251-273.

Ross, M. (1999), The Political Economy of the Resource Curse, World Politics 51.2, S. 297-322.

Ross, M. (2002), Oil, Drugs and Diamonds: How do Natural Resources Vary in their Impact on Civil War?, Economic Agendas in Civil War, Working Paper, Department of Political Science, Bunche Hall, UCLA University, June 5, 2002.

Sachs, J. D. / Warner, A. M. (1995), Natural Resource Abundance and Economic Growth, Working Paper 5398, National Bureau of Economic Research, Cambridge.

Sachs, J. D. / Warner A. M. (1999), The big Push, Natural Resource Booms and Growth, Journal of Development Economics 59, S. 43-76.

Spiegel Online (2007), Opec warnt Westen vor Biosprit-Investitionen 06.06.2007, www.spiegel.de/wirtschaft/0,1518,487000,00.html, Abruf: 07.06.2007.

Stijns, J.-P. C. (2005), Natural Resource Abundance and Economic Growth Revisited, Resources Policy 30/2005: S. 107-130.

The Economist (2007), The oil price - The visible hand on the tap, July 19th 2007, www.economist.com/finance/displaystory.cfm?story_id=9523371, Abruf: 16.08.2007.

UNDP (United Nations Development Programme, 2006), Statistics in the Human Development Report 2006,http://hdr.undp.org/hdr2006/statistics, Abruf: 14.06.2007.

Weeks, J. / Patei, S. (2007), Training Modules of the Research Programme: Economic Policies, MDGs and Poverty – Fiscal Policy, Centre for Development Policy & Research / UNDP International Poverty Centre, Brasilia, July 2007.

Wohlmuth, K. (1993), Policy Reform and Promotion of Renewable Energy Technologies in Sub-Saharan African Countries, in: Bass, H.H. / Franz, J. / Grawert, E. / Hein, W. / Kappel, R. / Messer, F. / Pohlan, J. / Wohlmuth, K. (eds.), African Development Perspectives Yearbook 1992/93 – Energy and Sustainable Development, Münster: Lit Verlag, S. 136-158.

Wohlmuth, K. (2004), The African Growth Strategy. Comments and an Agenda for Action, Berichte aus dem Weltwirtschaftlichen Colloquium der Universität Bremen Nr. 91, IWIM, Universität Bremen.

Wohlmuth, K. (2007), Reconstructing Economic Governance after Conflict in Resource-rich African Countries: Issues, in Wohlmuth, K / Urban, T. (eds.), Reconstructing Economic Governance after Conflict in Resource-rich African Countries, IWIM Bd.15, Berlin, Lit Verlag, S. 9-3.

Autorenverzeichnis – *List of Contributors*

Akinkugbe, Oluyele

Dr. Oluyele Akinkugbe ist Professor an der volkswirtschaftlichen Fakultät der University of Botswana in Gaborone, Botswana. Er hat zahlreiche Beiträge im African Development Perspectives Yearbook verfasst. Seine Forschungsschwerpunkte liegen im Bereich Entwicklungspolitik, Handels- und Kapitalflüsse, menschliche Entwicklung mit Schwerpunkt Gesundheit und Bildung sowie Armutsforschung. Kontakt: AKINKUGBE@mopipi.ub.bw

Dr Oluyele Akinkugbe is an Associate Professor in the Department of Economics at the University of Botswana in Gaborone, Botswana. He has published in various issues of the African Development Perspectives Yearbook. His research areas are development policy analysis, trade and capital flows, human development focussing on health and education, and poverty issues. Contact: AKINKUGBE@mopipi.ub.bw

Bass, Hans-Heinrich

Dr. Hans-Heinrich Bass war von 1990 bis 2000 in verschiedenen Funktionen am IWIM tätig, vor allem als Wissenschaftlicher Assistent von Professor Wohlmuth. Seit Februar 2000 ist Hans H. Bass Professor für Volkswirtschaftslehre mit dem Schwerpunkt Internationale Wirtschaftsbeziehungen an der Hochschule Bremen. Seine Forschungsschwerpunkte liegen in den Bereichen Internationale Wirtschaftsbeziehungen, KMU-Ökonomie, Entwicklungsökonomie und Wirtschaftsgeschichte. Kontakt: bass@fbn.hs-bremen.de

Dr Hans-Heinrich Bass was a Researcher, Lecturer and later Assistant Professor at the Institute for World Economics and International Management (IWIM) from 1990 to 2000. Since February 2000 he has been Professor of Economics with a focus on international economics at Bremen University of Applied Sciences. His research interests include International Economic Relations, Small Enterprise Economics, Development Economics, and Economic History. Contact: bass@fbn.hs-bremen.de

Burger, Philippe

Prof. Dr. Philippe Burger leitet die volkswirtschaftliche Fakultät der University of the Free State in Bloemfontein, Südafrika. Sein Veröffentlichungen beinhalten ein Buch zu fiskalischer Nachhaltigkeit und wirtschaftlicher Stabilität sowie diverse wissenschaftliche Artikel zu den Themen Phillipskurve und ihre Anwendung im südafrikanischen Kontext; die Beziehung zwischen fiskalischer Nachhaltigkeit und nachhaltiger Entwicklung; fiskalische und monetäre Regeln für Entwicklungsländer; Public-Private Partnerships; die Ökonomien rohstoffreicher vs. rohstoffarmer Länder; und soziales Kapital. Philippe Burger leitet zusammen mit Prof. Wohlmuth die Kooperation zwischen den wirtschaftswissenschaftlichen Fakultäten der University of the Free State und der Universität Bremen. Philippe Burger hat zahlreiche Beiträge für das African Development Perspectives Yearbook und andere Schriften des IWIM verfasst und ist Mitglied der Research Group on African Development Perspectives. Kontakt: BurgerP.EKW@ufs.ac.za

Prof Dr Philippe Burger is the Chairperson of the Department of Economics at the University of the Free State in Bloemfontein, South Africa. His publications include a book on fiscal sustainability and economic stability, and numerous academic articles on topics that cover, among other, the Phillips curve and its applicability to South Africa, the relationship between fiscal sustainability and sustainable development, fiscal and monetary rules for emerging market countries, public-private partnerships, the economics of resource-abundant vs. resource-poor countries as well as social capital. Together with Prof Wohlmuth he leads the cooperation between the economic and management science faculties of the University of the Free State and the University of Bremen. Philippe Burger has widely published in the African Development Perspectives Yearbook and other publications of the IWIM and is part of the Research Group on African Development Perspectives.
Contact: BurgerP.EKW@ufs.ac.za

Busari, Dipo T.

Dr. Dipo T. Busari war bis vor kurzem als Dozent an der volkswirtschaftlichen Fakultät an der University of Ibadan in Nigeria tätig. Er arbeitet zur Zeit als Dozent und Wissenschaftlicher Mitarbeiter am Afrika Institut für Wirtschaftliche Entwicklung und Planung der Vereinten Nationen (UNIDEP) in

Dakar, Senegal. Seine Forschungsschwerpunkte liegen im Bereich makroökonomische Stabilität und politische Analyse, Investitionen und Wachstum. Er hat diverse Publikationen zu Nigeria und Afrika veröffentlicht. Kontakt: dbusari@unidep.org

Dr Dipo Busari was until recently a lecturer in the Department of Economics at the University of Ibadan, Nigeria. He is currently working as Lecturer and Researcher at the United Nations African Institute for Economic Development and Planning (UNIDEP) in Dakar, Senegal. His research focus is primarily on macroeconomic stabilization and policy analysis, investment and growth. He has published extensively on Nigeria and Africa.
Contact: dbusari@unidep.org

Ehrig, Detlev

Dr. Detlev Ehrig ist seit 1978 Wissenschaftlicher Mitarbeiter des Fachbereiches Wirtschaftswissenschaft der Universität Bremen. Seine Forschungsschwerpunkte liegen in den Bereichen Wachstumstheorie und –politik, Arbeitsmarkttheorie und –politik sowie Theorie und Empirie der Volkswirtschaftlichen Gesamtrechnung. Seit 2007 ist Detlev Ehrig Studiendekan des Fachbereiches Wirtschaftswissenschaft. Kontakt: dehrig@uni-bremen.de

Dr Detlev Ehrig is a Senior Researcher at the Department of Economics of the University of Bremen. His main fields of research are growth theory and policy, labour market theory and policy as well as theory and empiricism of national accounts statistics. Since 2007 Detlev Ehrig has been the Dean of Academic Studies of the Faculty of Economics. Contact: dehrig@uni-bremen.de

Feldmeier, Gerhard M.

Prof. Dr. Gerhard Feldmeier war wissenschaftlicher Mitarbeiter am IWIM und promovierte dort 1993 mit dem Dissertationsthema "Ordnungspolitische Perspektiven der Europäischen Integration". Seit Januar 2000 ist Gerhard Feldmeier Professor für Volkswirtschaftslehre und Internationales Management im Studiengang Betriebswirtschaftslehre an der Hochschule Bremerhaven. Er ist dort Mitleiter des „Institute for Management and Economics", das sich insbesondere mit der empirischen Forschung, Beratung und Weiterbildung für KMU befasst. Sein gegenwärtiger Forschungsschwerpunkt liegt im Themengebiet "Internationalisierung von KMU". Ferner fungiert er seit 2002 als Konrektor für Internationalisierung und Weiterbildung an seiner Hochschule Bremerhaven. Kontakt: gfeldmeier@hs-bremerhaven.de

Prof. Dr. Gerhard Feldmeier was a Research Fellow at the IWIM where he also finalised his PhD thesis in 1993. Since January 2000 he has been a Professor of International Economics and Management at the University of Applied Sciences in Bremerhaven. In addition he is a foundation member of the "Institute for Management and Economics" (IME) at the University of Applied Sciences and since 2002 Vice-Rector for Internationalization, Further Education and Institutional Co-operations. His current research focuses on "Internationalization strategies and processes of extraordinary successful small local companies". Contact: gfeldmeier@hs-bremerhaven.de

Grawert, Elke

PD Dr. Elke Grawert ist seit Oktober 2005 Akademische Rätin am IWIM und Koordinatorin des kooperativen Forschungsprojekts "Governance and Social Action in Sudan after the Peace Agreement of January 9, 2005: local, national and regional dimensions", das von Prof. Wohlmuth und Dr. El-Battahani von der University of Khartoum, Sudan geleitet wird. Elke Grawert hat in zahlreichen Ausgaben des African Development Perspectives Yearbook und der Sudan Resarch Papers veröffentlicht. Ihre Forschungsschwerpunkte sind Demokratisierungs- und Systemtransformationsprozesse, Ressourcenkonflikte, Dezentralisierung, Gender und Globalisierung sowie Konflikte und Friedensprozesse in Afrika. Kontakt: grawert@uni-bremen.de

Prof Dr Elke Grawert is a Senior Research Fellow at the IWIM and Coordinator of the cooperative project "Governance and Social Action in Sudan after the Peace Agreement of January 9, 2005: local, national and regional dimensions" which is led by Prof Wohlmuth and Dr El-Battahani from the University of Khartoum, Sudan. Elke Grawert published in various contributions of the African Development Perspectives Yearbook and the Sudan Research Paper. Her research focuses on democratisation and system transformation, resource conflicts, decentralisation, Gender and globalisation and on processes of conflicts and peace negotiations in Africa.
Contact: grawert@uni-bremen.de

Gutowski, Achim

Dr. Achim Gutowski war Wissenschaftlicher Mitarbeiter von Prof. Wohlmuth am IWIM von 1998 bis 2001. Seit 1998 ist er Mitglied der Research Group on African Development Perspectives. Achim Gutowski arbeitet als kaufmännischer Angestellter beim Rationalisierungs- und Innovationszentrum der Deutschen Wirtschaft in Bremen und ist Lehrbeauftragter an der Universität Bremen und der Hochschule Bremen. Kontakt: agutowski@bremen.de

Dr Achim Gutowski worked from 1998 to 2001 as Research Assistant for Prof. Wohlmuth at the IWIM. He has been a member of the Research Group on African Development Perspectives since 1998. Achim Gutowski works as an employee at the Innovation Centre of the German Industry in Bremen and as a lecturer at the University of Bremen and the University of Applied Sciences in Bremen. Contact: agutowski@bremen.de

Hansohm, Dirk

Dr. Dirk Hansohm hat von 1984 bis 1991 als Research Associate in der Sudan Economy Research Group gearbeitet. Er hat mit Prof. Wohlmuth an diversen Ausgaben des African Development Perspectives Yearbook und der Sudan Economy Research Papers gearbeitet. Seine Forschungsschwerpunkte liegen im Bereich Wirschaftspolitik, strukturelle Anpassung, Industriepolitik und – förderung sowie Agrarentwicklung. Seit 2006 ist Dirk Hansohm als Senior Economic Advisor bei UNDP Kartum, Sudan tätig. Kontakt: dirk.hansohm@undp.org

Dr Dirk Hansohm worked from 1984 to 1991 as Research Associate in the Sudan Economy Research Group. He worked with Prof Wohlmuth on the African Development Perspectives Yearbook and the Sudan Economy Research Papers. His research focus is on economic policy, structural adjustment policy, industrial policy, small industry promotion, and agricultural credit. Dirk Hansohm works as Senior Economic Advisor at UNDP Khartoum, Sudan since 2006. Contact: dirk.hansohm@undp.org

Hickel, Rudolf

Prof. Dr. Rudolf Hickel war von 1974 bis 2006 Professor an der Universität Bremen und ist seit November 2001 Direktor des Institutes Arbeit und Wirtschaft (IAW) an der Universität Bremen. Rudolf Hickel hat aktiv an der Gründung der Universität Bremen mitgewirkt und vor allem die ökonomische Lehre mitgestaltet. Rudolf Hickel hat viele Publikationen zur ökonomischen Theorie, der Wirtschaftspolitik sowie zur Finanzwissenschaft veröffentlicht. Er ist Mitbegründer und Mitglied der „Arbeitsgruppe alternative Wirtschaftspolitik". Kontakt: hickel@uni-bremen.de

Prof Dr Rudolf Hickel worked as Professor at the University of Bremen from 1974 to 2006. Since November 2001 he has been working as Director of the Institute of Labor and Economy (IAW) at the University of Bremen. He was actively involved in building-up the University of Bremen and in establishing the Faculty of Economics and Business Sciences. Rudolf Hickel published many books, articles and essays on economic theory, economic policy and public finance. He is a co-founder and member of the „Working Group on Alternative Economic Policy".Contact: hickel@uni-bremen.de

Hozumi, Toshihiko

Dr. Toshihiko Hozumi ist Professor für Volkswirtschaftslehre am Fachbereich Wirtschaftswissenschaft der Aichi Universität in Japan. Er hat mehrere Bücher über die Geschichte der politischen Ökonomie und die Geschichte der deutschen Sozialdemokratie veröffentlicht. Zusammen mit weiteren japanischen Professoren untersuchte er in Kooperation mit dem IWIM von 1997 bis 2003 die Situation der asiatischen Volkswirtschaften vor und nach der Asienkrise. Seine Forschungsfelder umfassen die Geschichte der politischen Ökonomie und die Geschichte der volkswirtschaftlichen Lehrmeinungen in Deutschland. Kontakt: hozumi@aichi-u.ac.jp

Dr Toshihiko Hozumi is Professor of Economics in the Department of Economics at the Aichi University in Japan. He has published several books on the history of political economy and the history of German social democracy. Together with other Japanese professors and the IWIM he undertook research on Asian economies and the impact of the Asian Crisis in the period from 1997 to 2003. His research areas are the history of political economy and the history of German economic thoughts. Contact: hozumi@aichi-u.ac.jp

Jerome, Afeikhena

Dr. Afeikhena Jerome ist zur Zeit Koordinator für "Wirtschaftspolitik und Management" im NEPAD Sekretariat in Midrand, Südafrika. Davor war er als Dozent in der volkswirtschaftlichen Fakultät der University of Botswana, als Wissenschaftlicher Mitarbeiter beim National Institute of Economics in Johannesburg sowie also Dozent in der volkswirtschaftlichen Fakultät der University of Ibadan, Nigeria tätig. Afeikhena Jerome ist Mitherausgeber des African Development Perspectives Yearbook und Autor zahlreicher Beiträge. Er konzentriert sich in seiner Forschung auf den Bereich wirtschaftliche Entwicklung in Afrika. Kontakt: afeikhenaj@nepad.org

Dr Afeikhena Jerome is currently the Coordinator for Economic Governance and Management with the NEPAD/African Peer Review Mechanism, Midrand, South Africa. Prior to his current engagement, he worked as Senior Lecturer in the Department of Economics at University of Botswana, Gaborone, as Senior Economist with the National Institute of Economic Policy, Johannesburg, and as Senior Lecturer in the Department of Economics at the University of Ibadan. Afeikhena Jerome is co-editor of the African Develoment Perspectives Yearbook and has contributed with several articles to various Yearbook editions. His research focus and expertise has been geared primarily towards Economic Development in Africa. Contact: afeikhenaj@nepad.org

Jha, Praveen

Dr. Praveen Jha arbeitet an der volkswirtschaftlichen Fakultät an der Jawaharlal Nehru Universität in New Delhi, Indien. Seit 1999 ist Dr Jha Gastprofessor an der Universität Bremen und arbeitet mit Prof. Wohlmuth im Rahmen der Forschungsschwerpunkte des IWIM. Eine besonders enge Zusammenarbeit mit Prof. Wohlmuth findet sich in den Bereichen landwirtschaftlicher Transformation in Entwicklungsländern. Die Forschungsschwerpunkte von Praveen Jha liegen ferner in den Bereichen Arbeit und Landwirtschaft in Entwicklungsländern sowie Resourcenökonomie, Wirtschaftsgeschichte und Makroökonomie. Kontakt: Praveen@mail.jnu.ac.in

Dr Praveen Jha works at the Faculty of the Centre for Economic Studies and Planning, Jawaharlal Nehru University, New Delhi, India. He has also been a visiting professor to the University of Bremen since 1999 and has worked with Prof Wohlmuth on a range of shared interests and has taught in some of his programmes at IWIM. In particular, he has had very fruitful engagements with Prof Wohlmuth on issues relating to rural economic transformations in developing countries. His major areas of interest include labour and agriculture with special focus on developing countries. His other areas of interest include resource economics, history of economic thought and macroeconomics of developing countries. Contact: Praveen@mail.jnu.ac.in

Kappel, Robert

Prof. Dr. Robert Kappel ist Präsident des in Hamburg ansässigen Leibniz-Institut für Globale und Regionale Studien (GIGA) und Professor an der Universität Hamburg (Fachbereich Sozialwissenschaften) und der Universität Leipzig (Institut für Afrikanistik). Über viele Jahre hat Robert Kappel an der Universität Bremen (1989-1996) mit Professor Wohlmuth kooperiert und das African Development Perspectives Yearbook mitherausgegeben sowie zahlreiche Beiträge im Yearbook publiziert. Robert Kappels Hauptforschungsgebiete sind gegenwärtig Entwicklungsökonomie, Armut, Globalisierung, neue regionale Führungsmächte und Unternehmensentwicklung. Kontakt: kappel@giga-hamburg.de

Prof. Dr. Robert Kappel is President of the Hamburg based German Institute of Global and Area Studies (GIGA) and a professor at the University of Hamburg (Department of Social Science) and the University of Leipzig (Department of African Studies). He worked with Professor Wohlmuth on the African Development Perspectives Yearbook from 1989 to 1996 and has published numerous contributions in the Yearbook. His main research areas include development economics, poverty, globalisation, new regional powers, and private sector development. Contact: kappel@giga-hamburg.de

Kifle, Temesgen

Dr. Temesgen Kifle hat an der Universität Bremen zum Thema „Return to and Demand for Education in Eritrea and the Role of International Remittances" promoviert. Seine Dissertation, die von Prof. Wohlmuth betreut wurde, wurde mit dem Bremer Studienpreis 2005 ausgezeichnet. Temesgen Kifle hat in zahlreichen Ausgaben des African Development Perspectives Yearbook und in anderen Schriften des IWIM publiziert. Seine Forschungsschwerpunkte sind Arbeitsmarkttheorie und internationale Migration. Seit 2006 arbeitet Temesgen Kifle als Dozent und wissenschaftlicher Mitarbeiter an der volkswirtschaftlichen Fakultät der University of Queensland in Brisbane, Australien. Kontakt: temesgenk2000@yahoo.de

Dr Temesgen Kifle did his PhD at the University of Bremen on the topic "Return to and Demand for Education in Eritrea and the Role of International Remittances". His PhD thesis, which was supervised by Prof. Wohlmuth, received an award ("Bremer Studienpreis 2005"). Temesgen Kifle published in several editions of the African Development Perspectives Yearbook and other publications of the IWIM. His research areas include labour economics, migration and international remittances. Since 2006 Temesgen Kifle has been a Postdoctoral Research Fellow at the School of Economics, The University of Queensland, Brisbane, Australia. Contact: temesgenk2000@yahoo.de

Knedlik, Tobias

Dr. Tobias Knedlik hat von 2002 bis 2005 als Wissenschaftlicher Mitarbeiter bei Prof. Dr. Wohlmuth am IWIM gearbeitet. Er hat mit Prof. Wohlmuth an verschiedenen Ausgaben des African Development Perspectives Yearbook, der Sudan Economy Research Papers und einem Buch zur Asienkrise gearbeitet. Seine Forschungsscherpunkte liegen im Bereich der nationalen, regionalen und internationale Geld- und Währungspolitik und der empirischen Finanzkrisenforschung. Seit 2005 forscht Tobias Knedlik am Institut für Wirtschaftsforschung in Halle (IWH). Kontakt: Tobias.Knedlik@iwh-halle.de

Dr Tobias Knedlik worked from 2002 to 2005 as Research Fellow of Prof Dr Wohlmuth at the IWIM. He worked with Prof Wohlmuth on different issues of the African Development Perspectives Yearbook, of the Sudan Economy Research Papers and on a book about the Asian financial crisis. His research focus is on national, regional and international monetary and exchange rate policy issues and on the empirics of financial crises. Tobias Knedlik is researcher at the Halle Institute for Economic Research (IWH) since 2005. Contact: Tobias.Knedlik@iwh-halle.de

Knorr, Andreas

Prof. Dr. Andreas Knorr war von Februar 2000 bis September 2004 als Professor für Aussenwirtschaftstheorie und -politik am IWIM tätig. Seine Forschungsschwerpunkte sind Verkehrspolitik, Europäische Integration und Wettbewerbspolitik. Seit Oktober 2004 ist Andreas Knorr Inhaber des Lehrstuhls für Volkswirtschaftslehre, insbesondere nationale und internationale Wirtschaftspolitik, an der Deutschen Hochschule für Verwaltungswissenschaften in Speyer. Kontakt: knorr@dhv-speyer.de

Prof Dr Andreas Knorr was professor of international economics at the IWIM from February 2000 until September 2004. His primary research interests include transport policy, European economic integration and competition policy. Since October 2004 Andreas Knorr has held the Chair in Economics: National and International Economic Policy at the German University of Administrative Sciences in Speyer. Contact: knorr@dhv-speyer.de

Lemper, Alfons

Prof. Dr. Alfons Lemper, geb. 1934, war nach einer praktischen Industrietätigkeit etwa 10 Jahre an leitender Stelle in der Stiftung Deutsches Übersee-Institut in Hamburg tätig. 1977 wurde er Professor an der Universität Bremen für das Gebiet Internationale Wirtschaftsbeziehungen mit dem Schwerpunkt Handelstheorie und Handelspolitik. Daraus entstanden mehrere Veröffentlichungen, z. B. „Handel in einer dynamischen Weltwirtschaft". Seit 1998 befindet er sich im Ruhestand.

Prof. Dr. Alfons Lemper, born 1934, has been working some years in the industry and about 10 years in a leading position in the Foundation German

Overseas Institute in Hamburg, Germany, before coming to the University of Bremen in 1977. His main research area has been International Economic Relations, especially Trade Theory and Trade Policy. He retired in 1998. Several publications, for instance "Trade in a dynamic World Economy".

Menck, Karl Wolfgang

Dr. Karl Wolfgang Menck hat in der Abteilung Entwicklungspolitik des HWWA – Hamburgisches Welt-Wirtschafts-Archiv gearbeitet und neben zahlreichen Veröffentlichungen Forschungsreisen und Unterrichtsaufenthalte in Afrika und Asien durchgeführt. Er war Gutachter und Experte für internationale Organisationen und befasst sich derzeit mit Fragen der Konflikte in Entwicklungsländern und der Steuerpolitik in diesen Staaten und in Transformationsländern. Karl Wolfgang Menck hat zahlreiche Beiträgen im African Development Perspectives Yearbook publiziert.
Kontakt: karl.wolfgang.menck@t-online.de

Dr. Karl Wolfgang Menck was a senior researcher in the department of development policy of the Hamburg Institute for International Economics (HWWA). He published on various items of development policy and development cooperation. His research focuses now on conflict generation and solution in the development process and taxation in developing and transforming economies. Karl Wolfgang Menck published numerous articles in the African Development Perspectives Yearbook.
Contact: karl.wolfgang.menck@t-online.de

Meyn, Mareike

Dr. Mareike Meyn war von April 2002 bis Dezember 2006 Wissenschaftliche Mitarbeiterin und von Oktober 2004 bis Dezember 2006 Geschaftsführin am IWIM. Seit 2002 ist sie Mitherausgeberin des African Development Perspectives Yearbook. Ihre Arbeitsschwerpunkte liegen im Bereich internationale Handelspolitik und –theorie, regionale Integration und afrikanische Handels- und Entwicklungsperspektiven. Mareike Meyn arbeitet seit Januar 2007 beim Overseas Development Institute (ODI) in London.
Kontakt: m.meyn@odi.org.uk

Dr Mareike Meyn worked as Research Assistant and General Manager at the IWIM (2002-2006). Since 2002 she has been a co-editor of the African Development Perspectives Yearbooks. Her research focus is on international trade policy and theory, regional integration and African trade and development perspectives. Today Mareike Meyn works at the Overseas Development Institute (ODI) in London, UK. Contact: m.meyn@odi.org.uk

Missong, Martin

Dr. Martin Missong ist Professor für empirische Wirtschaftsforschung und angewandte Statistik an der Universität Bremen. Seine Forschungsgebiete sind die Analyse des Verbrauchsverhaltens privater Haushalte und die empirische Kapitalmarktforschung. Kontakt: missong@uni-bremen.de

Dr Martin Missong is Professor for Empirical Economics and Applied Statistics at the University of Bremen. His main areas of research are applied household economics and empirical finance.
Contact: missong@uni-bremen.de

Rolf, Anja

Anja Rolf studierte Volkswirtschaftslehre mit quantitativem Schwerpunkt an der Universität Kiel. Sie arbeitet im Finanzsektor, ihr beruflicher Schwerpunkt ist die Anwendung quantitativer Methoden im Asset Management.

Anja Rolf studies economics at the University of Kiel and specialized in econometrics and statistics. Today she works in the financial sector, with quantitative asset management as the main vocational field.

Schäfer, Heinz

Prof. Dr. Heinz Schaefer war seit seiner Berufung nach Bremen im Jahre 1977 bis zu seiner Emeritierung im Jahre 2004 Kollege von Prof. Karl Wohlmuth am Fachbereich Wirtschaftswissenschaft der Universität Bremen. Sein Forschungsschwerpunkt liegt in der Konjunktur und Strukturanalyse- insbesondere der statistischen Modellierung der gesamtwirtschaftlichen Entwicklung sowie der Analyse und Prognose sektoraler und regionaler Strukturen in der Bundesrepublik Deutschland. In den letzten Jahren kam die Evaluation von Infrastrukturinvestitionen der Gebietskörperschaften, einschl. der Forschungsförderung, hinzu.

Prof Dr Heinz Schaefer was a colleague of Prof Wohlmuth at the Department of Economics and Business Sciences at the University of Bremen from 1977 to 2004. His research focuses on the structural analyses of economic cycles and the statistical modeling of macroeconomic developments as well as the prognosis of sectoral and regional structures in Germany.

Schauf, Tobias

Tobias Schauf war von 1997 – 2000 Wissenschaftlicher Mitarbeiter und von 2001 bis 2004 Geschäftsführer am IWIM. Seit Oktober 2004 arbeitet er als Dozent für Internationale Wirtschaft an der Deutschen Außenhandels- und Verkehrsakademie (DAV) in Bremen, Deutschland. Zusätzlich ist er als Trainer und Berater für Fragen der Internationalisierung tätig. Seine Forschungsschwerpunkte liegen im Bereich Technologiepolitik, Internationale Wirtschaftsbeziehungen und Internationales Management. Kontakt: tobias.schauf@dav-akademie.de

Tobias Schauf was Research Assistant at the Institute for World Economics and International Management (IWIM) from 1997 – 2000 and General Manager from 2001 – 2004. Since October 2004 he has worked as Lecturer for International Economics and International Business at the German Foreign Trade and Logistics Academy (DAV) in Bremen, Germany. He is also a trainer and consultant for internationalisation-processes. His research areas are technology policy, international economic relations and international management. Contact: tobias.schauf@dav-akademie.de

Sell, Axel

Prof. Dr. Axel Sell ist seit 1982 als Professor der Universität Bremen im Bereich "Wirtschaftswissenschaft mit dem Schwerpunkt internationale Wirtschaftsbeziehungen unter besonderer Berücksichtigung multinationaler Unternehmungen" tätig. Er gründete zusammen mit Prof. Wohlmuth und Prof. Lemper 1983 die Wissenschaftliche Einheit Weltwirtschaft, die 1987 in das IWIM umgewandelt wurde. Axel Sells Forschungsschwerpunkte liegen in den Bereichen Internationale Wirtschaftsbeziehungen, Multinationale Unternehmen, Internationale Kooperationen sowie Auslandsaktivitäten von Unterneh-

men mit den Schwerpunkten Planung, Finanzierung und Bewertung von Projekten. Axel Sell ist seit Januar 2005 erneut der Sprecher des IWIM.
Kontakt: sell@uni-bremen.de

Prof Dr Axel Sell has worked at the University of Bremen as a professor in economics focussing on international economic relations and multinational corporations since 1982. Together with Prof Wohlmuth and Prof Lemper he founded the Economic Research Unit "World Economy" which was transformed to the IWIM in 1987. His research areas include international economics, multinational corporations, international cooperation, global activities of corporations, and planning, financing and evaluation of projects. Since January 2005 Axel Sell is again the spokesman of the IWIM.
Contact: sell@uni-bremen.de

Staroske, Uwe

Dr. Uwe Staroske war von 1998 bis 1999 Geschäftsführer des IWIM. Seine Forschungsschwerpunkte liegen in den Bereichen Dienstleistungen und Strukturwandel, Distribution, Arbeitsmarkttheorie und –politik sowie Weltwirtschaft. Seit 1999 ist Uwe Staroske Fachreferent für Wirtschaftswissenschaft der Staats- und Universitätsbibliothek Bremen.
Kontakt: ustar@suub.uni-bremen.de

Dr Uwe Staroske was General Manager of the IWIM from 1998 to 1999. His main fields of research are services and structural change, distribution, labour market theory and policy and world economics. Since 1999 Uwe Staroske has been working as referee for economics and business studies at the library of the University of Bremen. Contact: ustar@suub.uni-bremen.de

Spethmann, Dieter

Prof. Dr. Dieter Spethmann ist Titular-Professor und Rechtsanwalt in Düsseldorf. Seit 1955 war er in verschiedenen Funktionen bei den Thyssen Stahlwerken tätig, seit 1973 als Vorsitzender des Vorstands der Thyssen AG. Nach seiner Pensionierung 1991 hat er sich in zahlreichen Veröffentlichungen mit der deutschen und der europäischen Währungsunion kritisch auseinandergesetzt und dabei als erster erkannt, daß das Zeitalter der Zeichenwährungen zu Ende geht. In den letzten Jahren hat er mehrere Aufsätze über den Euro zusammen mit Prof. Steiger verfaßt, der ihn auf Prof. Wohlmuths Forschungen zur EWU aufmerksam machte. Kontakt: DieterSpethmann@aol.com

Prof Dr Dieter Spethmann worked as a lawyer and in the board of directors for Thyssen Steelworks since 1955. He published widely on the German and European Monetary Union. Recently, he published several articles on the Euro together with Prof Steiger who also drew his attention to Prof Wohlmuth's research on the European Monetary Union.
Contact: DieterSpethmann@aol.com

Steiger, Otto

Prof. Dr. Otto Steiger ist seit 1973 Professor für Allgemeine ökonomische Theorie, insbesondere Geldtheorie und Makroökonomik am Institut für Konjunktur- und Strukturforschung (IKSF) der Universität Bremen. Er hat mit Prof. Wohlmuth in den 1980er und 1990er Jahren in verschiedenen Lehrprojekten zusammengearbeitet und ihn als Mitarbeiter für eine von ihm herausgegebene Festschrift für den gemeinsamen Lehrer Prof. Hajo Riese gewonnen (1993). Seine gegenwärtigen Forschungsschwerpunkte behandeln (i) die mit Prof. Gunnar Heinsohn entwickelte Eigentumsökonomik, eine Eigentumstheorie von Zins, Geld und ökonomischer Entwicklung, sowie (ii) die Analyse des Eurosystems. Kontakt: osteiger@uni-bremen.de

Prof Dr Otto Steiger is Professor for General Economic Theory at the Institute for Economic Research and Structural Change (IKSF) at the University of Bremen. He cooperated with Prof Wohlmuth in several areas in the 1980s and 1990s, among others in different lecturing projects and the edition of a celebration publication for their joint teacher Prof Hajo Riese (in 1993). Otto Steiger's current research interests include the ownership theory of interest rates, money and economic development as well as the analysis of the Euro.
Contact: osteiger@uni-bremen.de

Urban, Tino

Tino Urban ist seit 2007 Wissenschaftlicher Mitarbeiter am IWIM und schreibt seine Doktorarbeit zum Thema „Erdölexportierende Entwicklungs- und Transformationsländer und ‚Good Governance'" bei Prof. Wohlmuth. Seine Forschungsinteressen liegen im Bereich Resourcenabhängigkeit und de-

ren Auswirkungen auf Institutionen, Wirtschaftswachstum und soziale Entwicklung sowie im Bereich Störungen des globalen Erdölhandels.
Kontakt: tinourban@email.de

Tino Urban is Research Assistant at the IWIM since 2007. He writes his PhD thesis on "Oil exporting developing and transition countries and good governance" under the supervision of Prof Dr. Karl Wohlmuth. His research topics are the impact of natural resource abundance on institutions, economic growth and social development as well as distortions in the global oil market. Contact: tinourban@email.de

Uzor, Osmund Osinachi

Osmund Osinachi Uzor ist Doktorand an der Universität Bremen und schreibt seine Doktorarbeit bei Prof. Wohlmuth zum Thema „Cluster, Netzwerke, Innovationen und die Rolle von Investitionen für die KMU Entwicklung in Nigeria." Osmund Uzor hat mehrere Beiträge in diversen Ausgaben des African Development Perspectives Yearbook verfasst und in anderen Schriften des IWIM publiziert. Seine Forschungsschwerpunkte sind dynamische Faktoren industrieller Entwicklung, die Analyse von Wertschöpfungsketten und Wirtschaftspolitik in Afrika. Kontakt: uzor@uni-bremen.de

Osmund Osinachi Uzor is a PhD student at the University of Bremen and writes his thesis under the supervision of Prof Wohlmuth on "Clusters, Networks, Innovation and the Role of Investment in SME Development in Nigeria." Osmund Uzor wrote several articles in various issues of the African Development Perspectives Yearbook and other publications of the IWIM. His research interests are dynamic factors in industrial development, value chain analysis and economic policies in Africa. Contact: uzor@uni-bremen.de

van Dijk, Meine Pieter

Dr. Meine Pieter van Dijk ist Ökonom und arbeitet als Professor beim UNESCO-IHE Institute for Water Education in Delft sowie an der Wirtschaftswissenschaftlichen Fakultät der Erasmus Universität in Rotterdam, in den Niederlanden. Er arbeitet seit 1973 in und an Entwicklungsländern und hat in zahlreichen Ausgaben des African Development Perspectives Yearbook publiziert. Kontakt: vandijk@ihs.nl

Dr Meine Pieter van Dijk is an economist and professor of Water Services Management at the UNESCO-IHE Institute for Water Education in Delft and professor of urban management in emerging economies at the Economic Faculty of the Erasmus University in Rotterdam (EUR), both in the Netherlands. He worked on and in developing countries since 1973 and published in various editions of the African Development Perspectives Yearbook.
Contact: vandijk@ihs.nl

Wauschkuhn, Markus

Markus Wauschkuhn ist Projektleiter im Zentrum für Wirtschafts, Umwelt- und Sozialstatistik der InWEnt Capacity Building International in Bonn. Bis 2004 war er wissenschaftlicher Mitarbeiter im IWIM und hat als Mitglied der Forschungsgruppe African Development Perspectives mit vielen Veröffentlichungen zum Jahrbuch beigetragen.
Kontakt: Markus.Wauschkuhn@inwent.org

Markus Wauschkuhn works as Senior Project Manager at the Centre for Economic, Environmental and Social Statistics for InWEnt Capacity Building International in Bonn. Until 2004 he worked as Research Assistant at the IWIM and contributed as a member of the Research Group on African Development Perspectives to various issues of the Yearbook.
Contact: Markus.Wauschkuhn@inwent.org

Wiegand-Kottisch, Maren

Maren Wiegand-Kottisch ist seit 1997 am Institut für Weltwirtschaft und Internationales Management (IWIM) als wissenschaftliche Mitarbeiterin in der Funktion der Geschäftsführung tätig. Sie ist Mitherausgeberin/-editorin dieser Festschrift für Professor Wohlmuth. Vorher war sie in einem Industrieunternehmen und einer internationalen Unternehmensberatung tätig. Am Fachbereich ist sie stellvertretende Beauftragte für Sokrates/Erasmus-Angelegenheiten und internationale Beziehungen. Kontakt: mwiegand@uni-bremen.de

Maren Wiegand-Kottisch works since 1997 as general manager at the Institute for World Economics and International Management (IWIM) and research assistant. She is Co-editor of this celebration publication for Professor Wohlmuth. Before, she was working at an industrial enterprise and at an international consultancy. At the Faculty for Business Studies and Economics, University or Bremen, she acts as deputy Co-ordinator for Sokrates/Erasmus Affairs and International Relations. Contact: mwiegand@uni-bremen.de

Yun, Chunji

Dr. Chunji Yun ist Professor für Volkswirtschaftslehre an der Yamaguchi Universität in Japan. Er war Gastprofessor am IWIM und publizierte in der IWIM-Reihe das Buch "Japan and East Asian Integration: Myth of Flying Geese, Production Networks, and Regionalism". Seine Forschungsschwerpunkte umfassen Entwicklungsökonomik, die ostasiatischen Volkswirtschaften, sowie die mittel- und osteuropäischen Volkswirtschaften.
Kontakt: cyoon@yamaguchi-u.ac.jp

Dr. Chunji Yun is Professor in the Department of Economics at the Yamaguchi University in Japan. He was a visiting professor at the IWIM and published the book "Japan and East Asian Integration: Myth of Flying Geese, Production Networks, and Regionalism" in the IWIM series. His research areas are development economics, East Asian economy, and Eastern and Central European economy. Contact: cyoon@yamaguchi-u.ac.jp

Institut für Weltwirtschaft und internationales Management
hrsg. von Prof. Dr. Andreas Knorr,
Prof. Dr. Alfons Lemper,
Prof. Dr. Axel Sell und
Prof. Dr. Karl Wohlmuth
(Universität Bremen)

Carsten Köllmann; Peter Oesterdiekhoff;
Karl Wohlmuth (Hg.)
Kleine Energieprojekte in Entwicklungsländern
Bd. 1, 1993, 280 S., 19,90 €, br.,
ISBN 3-89473-701-8

Markus Wauschkuhn;
Karl Wohlmuth (Hg.)
Die Sudanforschung in der Bundesrepublik Deutschland
Ergebnisse der Bremer Tagung 1993
Bd. 2, 1994, 350 S., 30,90 €, br.,
ISBN 3-8258-2151-x

Axel Sell (Hg.)
Neue Perspektiven für internationale Unternehmenskooperationen
Bd. 3, 1995, 256 S., 19,90 €, br.,
ISBN 3-8258-2432-2

Manfred M. Gößl; Alfons Lemper (Hg.)
Geschäftspartner VR China
Chancen und Risiken für den Handels- und Investitionserfolg der deutschen Industrie
Bd. 4, 1996, 192 S., 24,90 €, br.,
ISBN 3-8258-2733-x

Maren Wiegand; Karl Wohlmuth (Hg.)
Bremen im nationalen und internationalen Standortwettbewerb
Bestandsaufnahme und Perspektiven
Bd. 5, 1998, 288 S., 35,90 €, br.,
ISBN 3-8258-3770-x

Feng Wei
China's Financial Sector Reform in the Transition to a Market Economy
Key issues and policy options
The book is a problem-oriented study of China's financial sector in the transitional process since 1979. It provides deep and precise insights into the characteristics and problems of China's financial sector with respect to investment finance, the central banking and commercial banking systems, the financial market, and the legal and institutional framework of bank supervision in China. More importantly, the book has also proposed workable strategies for resolving two acute problems: interest rate liberalization and solving the issue of non-performing loans in China's banking system. The recent financial crisis in Asia is also a subject of the book, especially as regards its effects on the banking sector, stock markets, and external financial market liberalization in China. Furthermore, a projection is made about the trends in Chinese economic policies, particularly the interest rate policy, the exchange rate policy, and the fiscal policy, and about the perspectives of China's financial sector reform. This book is a valuable reference for academic researchers, investors, business managers, and policy-makers who are concerned with China's banking and financial system.
Bd. 6, 2000, 328 S., 30,90 €, br.,
ISBN 3-8258-4555-9

Toshihiko Hozumi;
Karl Wohlmuth (Eds.)
Schumpeter and the Dynamics of Asian Development
This book is the result of a cooperation between Aichi University in Toyohashi, Japan and Bremen University, Germany. Research groups of the two universities were responsible for the scientific preparation of a conference, which took place in Bremen in September 2 – 4, 1998. The research groups then went on redrafting the contributions and preparing for the production of the book. It highlights impressively the work of the research groups on issues of dynamic development

LIT Verlag Berlin – Hamburg – London – Münster – Wien – Zürich
Fresnostr. 2 48159 Münster
Tel.: 0251 / 620 32 22 – Fax: 0251 / 922 60 99
e-Mail: vertrieb@lit-verlag.de – http://www.lit-verlag.de

and crisis in Asia, relating therein dynamic growth and the crisis in Asia to the theories of J. Schumpeter.
Bd. 7, 2000, 408 S., 45,90 €, br.,
ISBN 3-8258-4977-6

Uwe Staroske; Maren Wiegand-Kottisch; Karl Wohlmuth (Hg.)
Innovation als Schlüsselfaktor eines erfolgreichen Wirtschaftsstandortes
Nationale und regionale Innovationssysteme im globalen Wettbewerb
Innovationen stellen einen der wichtigsten Schlüsselfaktoren für das wirtschaftliche Wachstum einer Volkswirtschaft bzw. einer Region dar. Das Innovationsverhalten von Unternehmen, der damit verbundene technologische Fortschritt und dessen Auswirkungen auf die Arbeitsnachfrage stehen insbesondere in Zeiten hoher Arbeitslosigkeit im Mittelpunkt der wirtschaftswissenschaftlichen Diskussion.
Bd. 8, 2000, 304 S., 35,90 €, br.,
ISBN 3-8258-5018-8

Toshihiko Hozumi; Karl Wohlmuth (Editors); Tobias Knedlik (Assistant Editor)
After the Asian Crisis
Schumpeter and Reconstruction
The book is the result of a cooperation between the Postgraduate Course of Aichi University in Toyohashi, Japan and the Institute of World Economics and International Management of Bremen University, Germany. Research groups of the two universities on "Schumpeter and Asian Development" work since 1996 on various aspects of Asian Development, and cooperate in conferences, workshops, publications and translations, exchange of professors and students. This book is the result of a conference that took place in Toyohashi, Japan where the two research groups assessed the situation *After the Asian Crisis*. By using Schumpeterian and other scientific approaches the two groups came to important conclusions with regard to the impacts of the Asian Crisis on the future of the region. The new book highlights impressively the work of the two research groups on issues of dynamic development and crisis in Asia.
Bd. 9, 2002, 568 S., 50,90 €, br.,
ISBN 3-8258-6464-2

Axel Sell; Tobias Schauf (Hg.)
Bilanz und Perspektiven der Transformation in Osteuropa
Seit Öffnung des Eisernen Vorhanges ist mehr als ein Jahrzehnt vergangen, das durch Reformen, die Integration Mittelost- und Osteuropas in die Weltwirtschaft, aber auch durch Rückschläge auf politischem und wirtschaftlichem Gebiet geprägt war. Dabei wurden sehr unterschiedliche Wege gegangen. Einige der Länder stehen nach erheblichen Reformen kurz vor ihrem Eintritt in die EU. Vorgestellt werden Ergebnisse der VII. Jahreswirtschaftstagung des Instituts für Weltwirtschaft und Internationales Management der Universität Bremen, bei der Experten aus West- und Osteuropa ihre Sicht vorstellten.
Bd. 10, 2003, 168 S., 14,90 €, br.,
ISBN 3-8258-7265-3

Andreas Knorr; Tobias Schauf (Hg.)
See- und Luftverkehrsmärkte im Umbruch
Weltwirtschaftliche Strukturveränderungen auf strategischen Märkten
Dieser Band stellt die Ergebnisse der VIII. Jahreswirtschaftstagung des Instituts für Weltwirtschaft und Internationales Management vor. Zunächst werden die Zusammenhänge zwischen See- und Luftverkehr und dem Prozeß der Globalisierung aufgezeigt; im Anschluß werden die aktuellen Entwicklungstendenzen der Verkehre und die Rolle des Staates und internationaler Organisationen auf liberalisierten Märkten behandelt. Darauf aufbauend wurden drei aktuell herausragende Aspekte der betrachteten Märkte diskutiert: Sicherheit, Umwelt, sowie die Privatisierung und Finanzierung von Airports und Seehäfen.
Bd. 11, 2004, 280 S., 24,90 €, br.,
ISBN 3-8258-8236-5

LIT Verlag Berlin – Hamburg – London – Münster – Wien – Zürich
Fresnostr. 2 48159 Münster
Tel.: 0251 / 620 32 22 – Fax: 0251 / 922 60 99
e-Mail: vertrieb@lit-verlag.de – http://www.lit-verlag.de

Beata Heimann
The comparison of the Polish tax system with the tax systems in the EU countries
Implications for the international location competitiveness
The experience of the last decades has shown that the tax competition, which has been engaging a great number of countries of the European Union and countries of Central and Eastern Europe, has increased significantly. In this book the author takes an in-depth look at the Polish tax system, and analyses alternative tax measures to improve the international location competitiveness of Poland and the smooth integration into the European Union. This book investigates the link between taxation and the country's international location competitiveness.
Bd. 12, 2005, 424 S., 34,90 €, br.,
ISBN 3-8258-8288-8

Chunji Yun
Japan and East Asian Integration
Myth of Flying Geese, Production Networks, and Regionalism
East Asia is now one of the most dynamic parts of the increasingly regionalized world economy. This book explores the structure and upgrading mechanism of the highly integrated economy, reviewing the previous paradigm centered on Japan. The focal points are on the flying geese paradigm, the regional production networks, a reinterpretation of the East Asian crisis, the post-crisis transformation of the regional economy and a search for further regional cooperation. This volume aims at presenting, through these analyses, an alternative view for and a perspective on future East Asian regionalism.
Bd. 13, 2005, 392 S., 24,90 €, br.,
ISBN 3-8258-8980-7

Axel Sell;
Maren Wiegand-Kottisch (Hg.)
Wirtschafts- und Beschäftigungspolitik in der Globalisierung
Spielräume regionaler, nationaler und internationaler Akteure
Exportweltweltmeister Deutschland ist Schlusslicht bei der Beschäftigung; Besserung ist bislang nicht in Sicht. Empfehlungen zur Überwindung der Beschäftigungskrise kommen von allen Seiten und könnten widersprüchlicher nicht sein: an den Staat die Aufforderungen zu rigorosem Sparen einerseits und Forderungen nach Beschäftigungsprogrammen andererseits; bei den Tarifparteien Lohnsenkung zur Stärkung der Wettbewerbsfähigkeit einerseits und Lohnerhöhung zur Stützung der Konjunktur andererseits. Offen bleibt, wer beschäftigungswirksame Maßnahmen ergreifen soll und wie diese aussehen könnten. Diese und weitere Fragen standen im Mittelpunkt der Vorträge und Diskussionen anerkannter Fachexperten der IX. Jahreswirtschaftstagung 2005 des Instituts für Weltwirtschaft und Internationales Management der Universität Bremen. Die Tagungsreferate sind in diesem Band in überarbeiteter Form wiedergegeben.
Bd. 14, 2007, 256 S., 24,90 €, br.,
ISBN 978-3-8258-0245-5

Karl Wohlmuth; Tino Urban (Eds.)
Reconstructing Economic Governance after Conflict in Resource-rich African Countries
This book is a collection of Policy Briefs on the issue of reconstructing economic governance in resource-rich African countries. This is the first book that covers this particular issue. Many researches have been undertaken on the causes of conflict and violence in resource-rich African countries, but the particular point in this book is how to manage the economic affairs in these countries for the benefit of the people and on a long-term and sustainable basis. The term good economic governance is used for this type of management, and we have applied the concept to a number of African countries that are richly

African Development Perspectives Yearbook

Research Group on African Development Perspectives University of Bremen

Industrialization Based on Agricultural Development
Bd. 2, 1992, 800 S., 50,90 €, br.,
ISBN 3-89473-234-2

Energy and Sustainable Development
Bd. 3, 1994, 650 S., 50,90 €, br.,
ISBN 3-89473-227-x

Frank Messner; Karl Wohlmuth (eds.)
Active Labour and Employment Policies
Bd. 4, 1997, 504 S., 40,90 €, br.,
ISBN 3-8258-2150-1

Hans H. Bass; Robert Kappel; Frank Messner; Markus Wauschkuhn; Karl Wohlmuth (eds..)
Regional Perspectives on Labour and Employment
Bd. 5, 1997, 500 S., 40,90 €, br.,
ISBN 3-8258-3101-9

Karl Wohlmuth; Hans H. Bass; Frank Messner (eds.)
Good Governance and Economic Development
Bd. 6, 1999, 696 S., 51,90 €, br.,
ISBN 3-8258-4215-0

Karl Wohlmuth; Achim Gutowski; Elke Grawert; Markus Wauschkuhn (Eds.)
Empowerment and Economic Development in Africa
Bd. 7, 1999, 760 S., 45,90 €, br.,
ISBN 3-8258-4330-0

endowed with natural resources and have suffered from various forms and intensities of conflict.
Bd. 15, 2007, 320 S., 29,90 €, br.,
ISBN 978-3-8258-0468-8

Karl Wohlmuth; Elke Grawert; Robert Kappel; Markus Wauschkuhn; Hans-Heinrich Bass; Bankole Oni; Achim Gutowski
Africa's Reintegration into the World Economy
Bd. 8, 2001, 992 S., 50,90 €, br.,
ISBN 3-8258-4781-0

Karl Wohlmuth; Achim Gutowski; Tobias Knedlik; Mareike Meyn; Sunita Pitamber (Eds.)
African Entrepreneurship and Private Sector Development
This volume IX of the African Development Perspectives Yearbook on "AFRICAN ENTREPRENEURSHIP AND PRIVATE SECTOR DEVELOPMENT" presents analyses, policy papers, development projections and proposals for reform with regard to the role of African entrepreneurs, as they are now more and more exposed to a more market-oriented economy and to a new policy of the governments to support private sector development in Africa. This is how Africa is responding to the globalisation trend. Major policy problems facing entrepreneurs in Africa in the era of globalisation are analysed and solutions for macro policies and micro policies are outlined. This is done in the Yearbook with regard to issues as industrial policy, support for small and medium enterprises, financing small enterprises, investment promotion and regulation, and redirecting macro policies so that they are more pro-market. Cases of successful entrepreneurship in Africa are reviewed, and the role of networks and clusters for the success is analysed. Issues of women entrepreneurship are discussed with regard to empowerment, education and employment policies. The country cases reviewed in the Yearbook highlight the role of entrepreneurs in African societies, and the impact of the new policy trend towards private sector development. However, also the complexities of policy formulation and adaptation in the era of globalisation are discussed. Book Reviews and Book Notes are presented, and News and Information follow with up-to-date

LIT Verlag Berlin – Hamburg – London – Münster – Wien – Zürich
Fresnostr. 2 48159 Münster
Tel.: 0251 / 620 32 22 – Fax: 0251 / 922 60 99
e-Mail: vertrieb@lit-verlag.de – http://www.lit-verlag.de

entries. This volume does not only present facts, trends and analyses, but also builds the foundation for a comprehensive strategy of policy reforms in Africa in the era of globalisation that are directed towards private sector development. Complementary to this volume IX is volume X on "PRIVATE AND PUBLIC SECTORS: TOWARDS A BALANCE". Both volumes are of use for all those working in African countries as officials, executives, managers, researchers, and policy-makers, but also for all those in the world-wide donor community that are actively supporting Africa's development at the regional, country, local and project levels. Development practitioners, government officials, business executives, and development researchers as well as media people will experience this volume 9 and also the complementary volume 10 as indispensable sources of insight, reference and inspiration.

Bd. 9, 2004, 696 S., 69,90 €, br.,
ISBN 3-8258-7406-6

Karl Wohlmuth; Achim Gutowski; Tobias Knedlik; Mareike Meyn; Samuel Ngogang (Eds.)
Private and Public Sectors: Towards a Balance
The African Development Perspectives Yearbook fills a gap in the literature on Africa's development problems. Experts from African institutions and regional organisations, from international organisations, from universities and research institutions, from governmental and non-governmental organisations, and from the donor community analyse issues and report on problems and solutions, on new policies, programmes, projections and visions, and on new and ongoing projects in and for Africa. Various levels of action that are relevant for Africa's development are considered in this Yearbook – the international community in its relation to Africa, interregional and national issues of Africa's development, but also local projects and local development achievements are documented. Africa's development perspectives are therefore analysed and commented from the global to the local space, by presenting analytical surveys and policy statements, declarations and programmes of international, regional, national and voluntary organisations. It is also the purpose of the African Development Perspectives Yearbook to establish a news-and-information network, a forum for international communication on Africa's development perspectives. This volume X of the African Development Perspectives Yearbook on "PRIVATE AND PUBLIC SECTORS – TOWARDS A BALANCE" presents analyses, policy-oriented papers, development projections, and proposals for reforms with regard to the role of public and private sectors in Africa. The balance between private and public sector development in Africa is challenging due to a rapidly changing international environment in the era of globalisation. This Volume X of the Yearbook discusses the role of the private sector, the functions of the private sector institutions, the state of the privatisation programmes, and the importance of a strengthening of public policies, public infrastructures and public institutions in Africa.

Bd. 10, 2004, 736 S., 69,90 €, br.,
ISBN 3-8258-6807-9

Karl Wohlmuth;
Philippe Burger; Achim Gutowski;
Mohammed N. Hussain (†),
Tobias Knedlik; Mareike Meyn (Eds.)
Africa – Escaping the Primary Commodities Dilemma
This volume XI of the African Development Perspectives Yearbook on *AFRICA – ESCAPING THE PRIMARY COMMODITIES DILEMMA* presents and analyses policy-oriented papers, development projections, and proposals of how to overcome African countries' dependence on few primary commodities. The relevance of the issue to escape the primary commodity trap and to diversify into new products and markets is without doubt one of the major challenges for African countries. In the era of globalisation and increasing international competition it has however become much more difficult for African countries to diversify into new products and processes

and to enter new niche markets successfully. This Volume XI of the Yearbook discusses the state of primary commodity dependence of African countries by analytical surveys based on examples of countries, sectors and products. Options for horizontal and vertical diversification are analysed by detailed case studies, and supply- and demand-side constraints for successful diversification efforts are elaborated. Successful cases of diversification and upgrading activities are presented, possibilities to improve the position of countries and firms in the global value chain are outlined, and options for primary commodity producers to use their resources for successful diversification are discussed for the countries of the Southern African Development Community (SADC). Book Reviews and Book Notes are included, and News and Information follow with up-to-date entries. This volume builds the foundation for a comprehensive strategy of policy reforms in Africa of how to escape the primary commodities dilemma. Complementary to this volume XI is volume XII on *AFRICA – COMMODITY DEPENDENCE, RESOURCE CURSE AND EXPORT DIVERSIFICATION*. Both volumes are of use for all who work in African countries as officials, executives, managers, researchers, and policy-makers, but also for all those in the world-wide donor community who actively support Africa's development concerns at the international, regional, country, local and project levels. Development practitioners, government officials, business executives, and development researchers as well as media people will experience this volume XI and also the complementary volume XII as indispensable sources of insight, reference and inspiration.
Bd. 11, 2006, 576 S., 69,90 €, br.,
ISBN 3-8258-7842-2

Karl Wohlmuth; Chicot Eboué; Achim Gutowski; Afeikhena Jerome; Tobias Knedlik; Mareike Meyn; Touna Mama (Eds.)
Africa – Commodity Dependence, Resource Curse and Export Diversification
This volume XII of the African Development Perspectives Yearbook on *AFRICA – COMMODITY DEPENDENCE, RESOURCE CURSE AND EXPORT DIVERSIFICATION* presents and analyses policy-oriented papers, development projections, and proposals of how to overcome African countries' dependence on a few primary commodities. In country cases and comprehensive analyses, African countries' state of commodity dependence, their efforts to diversify exports, and their vulnerability to crises, conflicts and disasters are discussed. These problems are considered in the context of the continent's abundance of natural resources, especially with regard to the strategic oil resources of the continent. Resource curse problems are discussed in various contributions, focussing on Cote d'Ivoire, Angola, Sudan, Democratic Republic of Congo, Cameroon, and Nigeria. Full country cases for Nigeria and Cameroon highlight the export diversification issues by product and function. The implications for the required policy and institutional changes of overcoming the resource curse problems are analysed at the level of national, regional and sub-regional level. Book Reviews and Book Notes are included, and News and Information follow with up-to-date entries. This volume builds the foundation for a comprehensive strategy of policy reforms in Africa of how to escape the primary commodities dilemma. Complementary to this volume XII is volume XI on *AFRICA – ESCAPING THE PRIMARY COMMODITIES DILEMMA*.
Bd. 12, 2007, 664 S., 69,90 €, br.,
ISBN 978-3-8258-0256-1

LIT Verlag Berlin – Hamburg – London – Münster – Wien – Zürich
Fresnostr. 2 48159 Münster
Tel.: 0251 / 620 32 22 – Fax: 0251 / 922 60 99
e-Mail: vertrieb@lit-verlag.de – http://www.lit-verlag.de